Françoise Dolto,
aujourd'hui présente

Françoise Dolto, aujourd'hui présente

Dix ans après
Actes du colloque de l'Unesco
14-17 janvier 1999

Organisé et supervisé
par l'association Archives
et Documentation Françoise Dolto
et Catherine Dolto

nrf

GALLIMARD

INTRODUCTION

Françoise Dolto, une femme à ne pas imiter

Le titre de cette introduction peut paraître provocateur, pourtant il ne cherche pas à l'être. Il rend tout simplement compte de ce qui m'est venu spontanément à l'esprit quand, il y a plusieurs mois déjà, j'ai réalisé que ma fonction de présidente de l'association Archives et Documentation Françoise Dolto impliquait que je vous accueille ici en ce premier moment. Comme on peut l'imaginer, il n'existe pas d'étanchéité absolue entre la présidente des Archives et la fille de Françoise et Boris Dolto.

Il me semble que ce titre m'a d'abord été soufflé par la fille de mes parents dans la mesure où la question de l'imitation a été un trait caractéristique de l'éducation qu'ils ont choisi de donner aux enfants que nous étions. Chez nous l'imitation était plus que mal vue. Si on avait fait une chose valeureuse mais en imitant on s'entendait dire : « C'est bien mais ce n'est pas vraiment toi, puisque tu as imité. » Pas de félicitations à attendre pour un succès obtenu dans ces conditions. Si une bêtise collective était commise (une vraie bêtise, pas un accident qui a mal tourné), c'est ceux qui avaient suivi qui étaient les plus sévèrement grondés. L'auteur de l'idée originale était aussi puni ou grondé, mais il y avait toujours un commentaire sur l'intéressante créativité qui avait été mise en jeu dans la bêtise. La morale de l'histoire étant qu'imiter c'est toujours mal, mais imiter une bêtise alors là c'est idiot.

Mais en réfléchissant un peu plus, j'ai réalisé que ce titre évoquait parfaitement ce que nous souhaitons faire lors de ce colloque. Nous ne sommes pas réunis ici pour faire l'apologie de Françoise Dolto, les Archives ne sont pas un mausolée et je n'ai pas une vocation de « vestale-chef ».

Il évoque aussi le poids de la notoriété qui fut la sienne. Elle en a souffert, elle s'en est servie, elle s'en est amusée et moquée, elle s'en est inquiétée. Surtout, elle en a tiré les conséquences en cessant de recevoir de nouveaux patients très tôt, alors qu'elle en aurait encore eu la force. Elle voulait ainsi éviter « la pollution » du travail psychanalytique par les effets de la notoriété sur le transfert. Entendre ce qu'on lui rapportait de ceux qui « doltoïsaient » doctement l'amusait mais l'inquiétait pour l'avenir; ce dernier lui a donné raison.

Nous qui sommes ici avons chacun reçu une part, une parcelle, un écho direct ou indirect de son travail. Certains ont connu la personne qu'elle était, d'autres pas. Certains l'ont adorée, d'autres l'ont détestée, cela relève de leur espace intime, ce n'est pas notre sujet.

Nous avons souhaité à travers ce colloque mettre au travail l'héritage qu'elle nous a laissé. Comprendre ce qui porte fruit, dix ans après sa mort, et tenter de comprendre pourquoi. Voir ce qui tient et ce qui ne résiste pas au temps. Se donner le recul nécessaire en termes de temps et *de liberté de penser, maintenant que les effets de deuil et les rivalités interpersonnelles s'estompent. Entendre ceux qui travaillent avec ses concepts sans l'avoir jamais rencontrée. Découvrir que l'on peut partager ses convictions sans partager sa foi. L'affubler du qualificatif de bondieusarde pour réfuter sa pensée, c'est aller un peu vite en besogne d'exclusion. Cette petite fille qui s'était inventé un avenir de « médecin d'éducation » a fait évoluer la société, à plusieurs niveaux de ce que l'on pourrait appeler le « mille-feuille social », en devenant une praticienne qui disait sans cesse que l'enfant était un citoyen. Nous tâcherons de faire l'inventaire des changements qu'elle a apportés. (Ce mille-feuille social, il faut le voir comme celui qu'aurait produit un pâtissier très atypique puisque toutes les feuilles s'y interconnectent dans un extraordinaire méli-mélo.)*

Cette notion de l'enfant citoyen, futur responsable et déjà *responsable, avait des conséquences éthiques en termes de responsabilité de chaque approchant, qu'il soit familial, amical ou professionnel. Françoise Dolto se préoccupait sans cesse et toujours de cette cohérence entre la place d'où on parle et la responsabilité éthique que cette place implique.*

Elle pensait en termes de devoirs avant de penser en termes de droits.

Disant cela, elle se tenait au carrefour crucial où se lient l'éducation familiale, individuelle et la socialisation permanente de chaque membre de la société en fonction de son âge et de sa place, maintenant et dans l'avenir.

Elle a toujours lié éducation et responsabilisation en refusant d'utiliser la culpabilisation. C'est une gageure. C'est subtil et pas toujours facile, elle en était consciente et s'est exprimée sur le fait que personne ne peut le pratiquer tout le temps. Mais le plus souvent possible, ce n'est déjà pas mal, disait-elle. Perdre patience, frapper, hurler, ça peut arriver à tous les parents, même (et peut-être surtout?) aux soi-disant « bons » parents. Il s'agit simplement de ne pas confondre cela avec l'éducation et d'en parler avec ses enfants.

Elle se situait sur la ligne des crêtes, juste là où on prend le risque de voir sa parole confisquée ou dénaturée. De passer, par exemple, pour celle qui apprenait aux parents à laisser tout faire aux enfants alors qu'elle proposait exactement le contraire. Respecter n'est pas abandonner, comprendre n'est pas refuser de poser des limites mais sans humilier l'enfant. Faire de l'échec d'un moment une expérience pour toute la vie, tel était le projet qu'elle défendait. Elle n'a jamais rien dit d'autre et je m'étonne que certains lui fassent dire le contraire. Une seule explication : ils ne l'ont probablement pas lue.

Il est temps, face au désarroi dans lequel le désespoir et la violence des jeunes placent les parents, de relire ce qu'elle écrivait à propos de la délinquance, des interdits et des frustrations nécessaires, dès 1939. Tout au long de sa vie, elle s'est exprimée sur ces sujets et a fait des propositions. Elle avait bien souvent de l'avance sur son temps et, de ce fait, ce qu'elle disait là n'était pas pris en compte puisque ça ne concernait pas comme maintenant « les brûlures » que nous inflige l'actualité.

Imitation et identification sont deux processus différents mais on les voit souvent confondus. On est là encore sur la ligne des crêtes, celle qui oblige à réfléchir, à évaluer pour chaque pas la responsabilité à laquelle il nous engage.

La ligne des crêtes pourrait devenir fil du rasoir quand on réalise que pour transmettre son métier à ses collègues (les vrais, pas les bébés dont elle se plaisait à dire qu'ils étaient ses collègues) elle avait choisi le système de la consultation publique.

Était-ce tendre un piège aux imitateurs? Certainement pas dans son esprit. Mais cela a eu sans doute cet effet pervers bien souvent. C'était au contraire faire confiance à ceux qui étaient là. C'était une consultation avec *et non* devant *les collègues. Mais pour le vivre comme tel il fallait se sentir son égal car c'est la place qu'elle donnait* a priori *à ceux qu'elle rencontrait.*

Je crois qu'il s'agissait de leur donner à voir et à vivre avec elle ce qui ne pouvait ni se dire ni s'expliquer, ce qui était en deçà et au-delà de la théorie. Il s'agissait d'un savoir-être, s'articulant à un savoir-faire, qui s'appuyaient sur sa théorie de l'image inconsciente du corps. C'était faire le pari que les participants ne tomberaient pas dans le travers de l'imitation mais passeraient par les chemins de l'identification pour intégrer ce qu'ils vivaient, et en faire leur pratique personnelle.

Françoise Dolto était quelqu'un qui faisait confiance. Ceux qui la connaissent bien savent que cela lui a parfois joué des tours. Mais c'est sur cette foi confiante dans le sujet du désir, quels que soient l'état et l'âge de celui qui était en face d'elle, que reposait tout son travail. Confiance dans le fait que, si on s'adressait à lui avec ce respect qu'implique forcément le statut de sujet, on l'emmènerait hors des ornières de l'imitation et du « formatage »; que ce formatage soit celui de la « folie » ou celui de la trop bonne insertion qui vous mène loin de votre essentialité. Ne pas confondre l'ornière et le sillon, tout est là. On était bien toujours autour de cette problématique de l'imitation et de l'identification.

Françoise Dolto avait de l'humour. *Elle avait du* culot, *par exemple celui d'inventer les mots que ne lui offrait pas la langue française. Elle trouvait ça tout simplement normal. Elle avait une* grâce *et une* liberté de parole *qui lui permettaient de trouver des formules et des mots poétiques souvent percutants. Pour certains cela parut parfois brutal. Elle faisait des* trouvailles *dans le domaine des* métaphores. *Elle était curieuse de tout. Elle n'était pas dogmatique et toujours à l'écoute quand on lui disait qu'elle se trompait, quitte à débattre de la question avec énergie.*

Quand il s'agissait de réfléchir, elle ne se départait jamais *de sa position de psychanalyste. Refusant, à moins que cela ne soit de l'ordre de l'incapacité, de permettre au social, au politique ou à la simple prudence d'infléchir sa réflexion et* parfois *son expression.*

Cela a été souvent une source de malentendus et de maladresses de sa part. Françoise Dolto ne trichait pas, *même pour être polie, c'était quelqu'un qui* disait ce qu'elle faisait et faisait comme elle disait, *ce qui n'était pas toujours commode pour ceux qui l'aimaient, mais avait le mérite de la clarté. Telle a été la liberté qu'elle s'est donnée.*

Dans la vie quotidienne, elle ne se prenait pas pour une psychanalyste et ne se prenait jamais au sérieux. Ce qu'elle prenait au sérieux, c'était le sujet, le désir et la vie.

Elle avait la foi, non seulement dans l'autre mais dans celui qu'elle appelait le maître du désir, Jésus-Christ. Mais sur sa table de nuit, les grands mystiques de toutes les civilisations avaient rendez-vous les uns avec les autres à travers leurs écrits. À sa quête du nouage entre la parole et le corps s'articulait un questionnement aigu sur la spiritualité.

Le tout donnait un cocktail unique, assez tentant à imiter, mais absolument inimitable. S'y risquer est dangereux pour ceux avec lesquels on travaille, et surtout pour soi-même. L'imiter c'est oublier que chacun travaille avec une histoire et une culture uniques. C'est aussi se faire prendre par le mirage de « la géniale clinicienne ».

Elle l'était d'une certaine façon, dans le sens où, en présence d'un autre en souffrance, elle déployait toutes ses antennes sensorielles, qui étaient vastes et bien entraînées, et écoutait dans la réciprocité de ce qu'elle éprouvait en écho dans son propre corps.

Mais son vrai secret était l'art de faire correspondre tout cela avec la théorie qu'elle s'était façonnée et qu'elle remaniait à l'épreuve de la clinique jour après jour.

Elle l'avait tellement intégrée qu'elle la vivait à proprement parler dans la rencontre, comme ces outils de travail que se forgeaient les paysans d'autrefois. Cette théorie de l'image inconsciente du corps et des castrations symboligènes faisait partie d'elle. Cela lui donnait cette rapidité qui, vue de l'extérieur, produisait ce qui pouvait être désigné comme des « fulgurances cliniques ». Elle était toujours en mesure d'en fournir l'explication théorique pour peu qu'on la lui demande.

Ceux qui connaissent bien cette théorie, et qui comme elle s'y réfèrent, découvrent ce que tout le monde sait mais dont personne ne parle assez : pour fonctionner il faut quand même que cela passe par un tamisage à travers l'éprouvé, le ressenti intime et l'intelligence de chaque *praticien. L'avoir vécu cela vaccine certainement contre l'imitation et nous ouvre un abîme de réflexions.*

Faire comme elle sans l'imiter, c'est très simple. Il s'agit de reprendre ses concepts et de les faire vivre à travers son propre prisme, sans jamais lâcher le fil de l'éthique. Avoir foi dans l'enfant, sujet du désir et sujet de son histoire dès sa conception, cela fonctionne très bien. Nul besoin de partager la foi en celui qu'elle appelait Dieu. « Soutenir l'autre dans sa position tout en ne lâchant pas la vérité », ainsi que le dit Denis Vasse à son propos, on peut y tendre. Articuler toujours la question de la vie à celle de la vérité et de la parole, voilà déjà un vaste projet.

J'ajouterai que ne pas se prendre au sérieux ne saurait faire de mal. Alors, que ceux qui veulent marcher sur les pas de Françoise Dolto n'hésitent pas ! Qu'ils se risquent, comme elle aimait à dire, sur les sentiers qu'elle a défrichés pour parvenir à leur propre chemin. Mettons-nous au travail.

Une femme est passée. Elle a travaillé, transmis, aimé, ri, elle s'est forcément trompée par moments, elle a inévitablement fait des erreurs. À vous, à nous de réfléchir, de trier, de placer ce travail, dix ans après sa mort, dans la perspective de nos réflexions critiques.

Bon travail à ceux qui l'aiment, bon travail à ceux qui la détestent, et que chacun d'entre nous, moi la première, puisse repartir d'ici en connaissant mieux son œuvre et sa quête. En n'ignorant pas ce qui se cache de projection sous ce que l'on appelle la pensée afin de mieux discerner ce qui est important dans son travail, sans juger sa personne. Françoise Dolto est morte mais sa pensée est vivante, mettons-la à l'œuvre. Je suis sûre que si elle pouvait être là elle en aurait, comme elle disait d'elle enfant, « les yeux ronds » en nous voyant ici ensemble. Risquons-nous !

Avant que le travail réel ne commence, je souhaite remercier tous nos sponsors sans lesquels nous ne serions pas ici aujourd'hui : la Fondation de France, le ministère de la Solidarité et du Travail, l'Association Docteurs Bru, l'Unesco, le journal Psychologies, *les Éditions du Seuil, les Éditions Gallimard et Antoine Gallimard qui soutiennent les Archives Françoise Dolto depuis plusieurs années.*

Je tiens à remercier aussi ceux qui sans être véritablement des sponsors nous ont apporté beaucoup : Miguel Angel Estrella et son association Musique Espérance, les bénévoles qui nous ont généreusement offert leur temps et leur patience, Christine d'Allens qui nous a apporté une aide précieuse dans la recherche de nos sponsors, la société MK2 qui nous a permis d'utiliser ses films, le journal Le Monde *qui a adouci le prix de ses annonces, ainsi que Michel Amram et Fabienne d'Ortolli qui ont tourné des images très émouvantes quelques semaines avant la mort de Françoise Dolto. Leur film s'intitule* L'École avec Françoise Dolto. *Elle y parle de cet événement qui était à l'époque son futur et dernier projet de vie. Arnaud de Mezamat et sa société Abacaris Films ont réalisé trois films :* Tu as choisi de naître, Parler vrai, N'ayez pas peur.

Je remercie par ailleurs tous les intervenants de ce colloque qui ont accepté que leurs communications soient publiées dans cet ouvrage, et qui renoncent à leurs droits au profit des Archives et Documentation Françoise Dolto.

Enfin je remercie Colette Percheminier, directrice des Archives Françoise Dolto, dont la présence à mes côtés est essentielle.

Catherine Dolto*

* Présidente de l'association Archives et Documentation Françoise Dolto.

PREMIÈRE PARTIE

Les professionnels de l'enfance

DANIÈLE LÉVY*

Madame Dolto dans le mouvement psychanalytique

Une psychanalyste exemplaire

« Madame Dolto » : cette formule de politesse dans un titre peut sembler distante, et c'est bien d'une question de distance que j'ai à traiter aujourd'hui. De distance d'accommodation : on ne perçoit pas ce qui est trop près des yeux ou des oreilles. L'action au contraire implique un contact. Si j'ai bien compris, c'est justement parce que je ne connaissais pas personnellement F. Dolto, parce que je n'ai jamais travaillé avec elle, qu'il m'a été demandé de la situer, non dans le transfert, mais dans une autre sorte de reconnaissance/méconnaissance : d'un point de vue historique, quelle place occupe-t-elle dans le mouvement psychanalytique ?

Mme Dolto est assurément une psychanalyste historique, et j'essaierai tout à l'heure de situer quelques-uns de ses apports.

Auparavant, à propos de distance et de transfert, je me souviens d'un rêve où elle figurait, un rêve de tapis volant... en rapport avec lequel me revient une anecdote du temps de l'École freudienne. Au moment de partir pour les congrès ou colloques, il y avait toujours quelques personnes que l'avion effrayait. Alors on leur disait : « Ne t'inquiète pas, Dolto est là. — Sur le même vol, tu es sûr ? — Sur le même

* Psychanalyste. Membre fondateur et secrétaire de l'APUI (Association pour une instance tierce des psychanalystes). Cette association a pour but de « travailler à la constitution d'une interface entre les psychanalystes et leurs associations d'une part, l'État et la société civile d'autre part ».

vol. » Voler, sans tomber et sans se fatiguer, n'est-ce pas un des rêves les plus constants de l'humanité ? En d'autres termes, avec Dolto, du transfert, même à distance, il y en a. Premier sens du terme « psychanalyste exemplaire ».

Dans la foulée de ces souvenirs, je commencerai par dire en quoi et pourquoi il ne me paraît pas facile de situer F. Dolto d'un point de vue historique, avant d'avancer quelques points sur lesquels elle a apporté des solutions nouvelles à des questions qui se posent dans le mouvement psychanalytique depuis son origine.

MIRACLE OU MIRAGE ?

Pour beaucoup, F. Dolto était (et reste) *la* psychanalyste, la psychanalyse incarnée ; au-delà et en deçà de toute représentation évolutive, elle était la bonne fée qui ramène la vie. Devant elle, toutes les Carabosse s'évanouissaient soudain. Sortie tout armée de son seul génie clinique, que l'expérience de la psychanalyse et la révélation des thèses freudiennes n'avaient fait qu'autoriser, réunissant tout naturellement les noms de Freud et Lacan, semblant ignorer les combats de ce qu'Élisabeth Roudinesco appelle « la bataille de cent ans », elle incarnait la psychanalyste idéale, une sorte d'archétype.

Cette incarnation miraculeuse, c'est ce qui arrive chaque fois qu'apparaît, dans quelque discipline que ce soit, un grand talent, voire un génie. Il a quatre ans, cinq ans. Vous lui mettez un violon sur l'épaule gauche, un archet dans la main droite, vous lui dites : il y a quatre cordes et sept notes. Deux ans plus tard, il maîtrise tout le répertoire. Il renouvelle l'interprétation des grandes œuvres et fait oublier tous les autres violonistes « historiques ». Il devient *le* violoniste et quiconque touche un violon se réfère à lui, s'il ne se prend pas pour lui, et je ne dis rien ni des parents ni des collègues...

Seulement, cette image idéale, portée par la jouissance miraculeuse que le prodige provoque, dérobe la réalité de l'acte par lequel il la produit et aussi la réalité de la personne, du sujet sommé, forcé de se montrer égal à cet idéal vertigineux, à cette valeur sans prix.

Ainsi F. Dolto a tout de suite compris qu'elle était une psychanalyste et c'était évident aussi pour ses collègues. La psychanalyse était l'instrument qu'elle attendait pour réaliser son désir génialement nommé de « médecin d'éducation »; autrement dit, sa certitude (sa tentative désespérée ?) de pouvoir éviter aux parents d'être aussi rigides et bornés que ceux auxquels elle avait affaire. Il suffisait d'ouvrir les yeux et les oreilles, de faire attention à l'autre, de laisser aller son sens de l'invention poétique et d'avoir en main deux clés : la libido et le mécanisme du refoulement freudien d'une part et, dans l'autre main, le « tout est langage » inspiré de Lacan. Les deux ensemble composant la notion d'un sujet défini non plus par sa place dans un univers prédéterminé mais par le mouvement de son désir singulier, quelles qu'en soient les contradictions. C'est à ce niveau, au niveau du désir lui-même et non dans un ordre institué avant, que se situe le filtre psychanalytique, le filtre symbolique. Le désir n'est viable que s'il passe par la fonction symbolique, c'est-à-dire l'échange et la parole. Cette essence parlante et désirante du sujet humain est bien plus importante que tous les accidents de parcours qu'on appelle malheurs, défauts et manques, symptômes ou maladies. Rendre le sujet à cet essentiel, telle est pour Dolto (comme pour nous) la thérapeutique psychanalytique.

Forte de cette certitude, elle ne se laissera (presque) jamais impressionner par le pathétique ou la gravité apparente. Cette connaissance qu'elle a du fonctionnement humain prend à contre-pied tout savoir objectivant. Elle n'a jamais affaire à une pathologie mais à un sujet « allant-devenant », occupé à trouver une issue acceptable pour son désir et à le vivre parmi les siens, souffrant de ne pas y parvenir. La vie est là, il ne faut qu'éviter les pièges de la crispation défensive — de la haine ? F. Dolto est une psychanalyste positive, solaire, par opposition apparemment à ces noirs prophètes que sont Freud et Lacan.

Cette valeur-là aussi est sans prix : le sujet, la vie psychique retrouvée. C'est Lacan qui l'a remarqué et énoncé le premier, Freud le savait et chaque psychanalyste l'agit. Les débats sur l'argent, le paiement, le prix de l'analyse trouvent là un de leurs ressorts.

Mais cette valeur n'est pas pour autant une merveille. Au contraire, elle implique que soient déjoués les pièges de l'idéalisation, que l'idéal se modifie et change de place pour pouvoir s'articuler à l'action, c'est-à-dire, au corps et au désir. Il ne peut plus, alors, se présenter comme véritablement incarné.

HISTOIRE ET DIVISION

Freud et Lacan réunis sans problème : et l'histoire, alors ? Oublierions-nous à quel point F. Dolto est impliquée et mise en cause nommément dans la scission qui a marqué le mouvement psychanalytique français et à sa suite le mouvement mondial ? Scission d'un type nouveau : alors que Jung, Adler et d'autres reconnaissent leurs divergences d'avec Freud, le processus de séparation qui se déroule en France entre 1953 et 1964 a pour enjeu la légitimité freudienne, chaque groupe se voulant plus authentiquement freudien ou psychanalytique que l'autre. Comme l'annonçait Marie Bonaparte, cette division a été suivie de beaucoup d'autres. Quel que soit le parti que finalement ils prendront, les analystes de cette génération-là resteront marqués par cette irruption de la politique dans leur cure.

Entre 1953 et 1964, c'est la grande époque dite du « retour à Freud » : relecture radicale des textes dans leur langue originale, confrontation dialectique des écrits à la clinique et à l'expérience, recherche de la logique qui soutient et la pratique et les élaborations théoriques. Ce travail immense fécondera tout le mouvement psychanalytique français.

Au bout de dix ans d'interrogatoires et de tractations, arrive la réponse finale de l'Association internationale de psychanalyse : d'accord pour conférer à la SFP le statut de groupe d'étude au sein de l'Association internationale de psychanalyse, d'accord à quelques *requirements* près. Ces réquisits sont tous plus ou moins acceptables. Un seul fera problème, le numéro 13, longtemps tenu secret : « que les docteurs Lacan et Dolto soient exclus de toute fonction formatrice ou enseignante ». Lacan doit être écarté définitivement. F. Dolto, jusqu'à ce qu'elle s'amende et accepte de se former à... une conception plus traditionnelle de la psychanalyse d'enfants.

Lacan, on sait ce qui lui est reproché : les séances courtes, la multiplication du nombre des élèves, l'« utilisation abusive » du transfert, le mélange des cures et de l'assistance à son séminaire. Pour F. Dolto, c'est à la fois moins clair et plus radical : premièrement, comme Lacan dont elle est et se proclame l'amie et qu'elle soutient, elle traîne trop de disciples derrière elle. Deuxièmement, bien qu'elle fasse des séances de cinquante-cinq minutes, elle ne se soucie aucunement des standards et n'est pas convaincue de leur bien-fondé. Enfin, elle s'est spécialisée dans la psychanalyse d'enfants, mais sa pratique semble peu orthodoxe. Elle rencontre les parents, elle n'interprète pas directement au niveau des formations de l'inconscient mais formule plutôt les souffrances du sujet, voire de la famille.

Cette question de la psychanalyse d'enfants a toujours été une pomme de discorde dans le mouvement psychanalytique. Aux États-Unis, par exemple, les psychanalystes d'enfants ne font pas partie des sociétés de psychanalyse. C'est le ressort de certains ennuis de Bettelheim, par exemple, qui ne faisait d'ailleurs pas de psychanalyses, ni d'enfants ni d'adultes. Injuste ? F. Dolto est sensiblement du même avis : on ne peut pas se dire psychanalyste si on n'a pas conduit des cures psychanalytiques d'adultes, dit-elle ; c'est-à-dire, affronté l'intensité, voire la violence du transfert, de la résistance et de la régression qui sont infiniment moins prégnants chez l'enfant.

En rappelant ce point d'histoire, je voulais attirer votre attention sur ceci : cette union de Freud et Lacan que Dolto présente comme toute naturelle, et qu'elle représente, ne convient-il pas de la rapporter à cette scission déchirante qui a divisé « freudiens » et « lacaniens », tout le monde se retrouvant ainsi mal nommé ? Car Lacan par son travail avait jeté le doute sur la fidélité de l'IPA à la démarche freudienne, tandis que lui-même ne s'estimait pas lacanien mais freudien. Dès lors, une partie de l'aura de F. Dolto ne tient-elle pas à ce qu'elle incarne le rêve idéalisé d'une psychanalyse qui n'aurait perdu ni son unité ni sa légitimité ? L'imaginaire parfois cache par sa brillance le malheur symbolique (mais qui pourrait être « symboligène », comme elle dit) de la division.

Ainsi, le personnage de F. Dolto, la place à laquelle elle est mise par les psychanalystes eux-mêmes pour éviter de se confronter à la vérité déchirante et déchirée de leur histoire serait précisément l'obstacle invisible qui nous détourne de la situer dans l'histoire du mouvement psychanalytique. Cette place de cache-malheur des psychanalystes lacaniens, et non lacaniens, je le précise, ne dit rien de la vraie F. Dolto, même si dans sa façon d'être, disons comme au cinéma, elle accrochait bien la lumière. Il s'agit de ce que nous projetons sur elle, de la mission imaginaire dont nous la chargeons.

Mme Dolto, elle, reste cette psychanalyste admirablement perspicace et culottée (comme disait Lacan) que vous avez vue à l'œuvre. Mais — difficulté supplémentaire — son génie propre n'incite pas non plus à chercher quelles influences se sont exercées sur elle. Même Freud ou Lacan ne sont que rarement mentionnés. Elle ne cite guère les auteurs, puisqu'elle invente en permanence et en direct. Deuxième sens du terme « psychanalyste exemplaire ». Elle ne connaît que « la psychanalyse », dont elle a parfaitement et très vite assimilé le fond, la logique, l'éthique, et qu'elle pratique comme elle l'entend.

Mentionnons tout de même son analyste, Laforgue, dont elle honore certaines intuitions, par exemple celle de la « névrose familiale », ainsi que son intérêt pour l'artiste, pour l'homme d'exception (il avait écrit par exemple un livre très drôle et très percutant sur Talleyrand). Elle, elle verra en tout sujet l'exceptionnel et la créativité qui sont en lui. Si F. Dolto lui a dit à la fin de sa cure : « Tout ce que vous m'avez dit ne parlait que de vous », cela ne l'a pas empêchée de se former : comme quoi l'identification à l'analyste ne résume que très imparfaitement l'issue didactique d'une cure.

Elle a parlé quelques fois de la « technique » de Sophie Morgenstern, la première psychanalyste d'enfants installée à Paris, avec qui elle a travaillé en particulier les dessins d'enfants. Le destin funeste de cette juive allemande émigrée en France qui se suicide en 1944 explique-t-il l'oubli dans lequel elle est tenue ? Il y aurait un travail synthétique et historique à faire sur la lecture psychanalytique du dessin d'enfants. À ma connaissance, il n'en existe pas[1].

Sans doute F. Dolto a-t-elle lu aussi les psychanalystes d'enfants plus officiels, Melanie Klein, Anna Freud, Winnicott... Winnicott qui disait d'elle : « Elle est très douée, mais elle ne fait pas assez attention aux standards, aux règles. » Remarque ironique ou sérieuse ? Le cadre imposé, « le standard » sert parfois de garde-fou, pour des patients qui redoutent tout particulièrement l'arbitraire de l'Autre. Il est aussi utile dans les moments — il y en a — où l'analyste n'est pas bien sûr d'être en phase avec le patient.

Mais devinez qui a écrit le texte suivant : « Du point de vue du nourrisson, tout exercice du corps est bon. La

1. Mais : Cl. Jeangirard et W. de Graaf, *La troisième dimension dans la construction du psychisme.*

respiration en elle-même, une réussite nouvelle pour le nouveau-né, peut être très intéressante jusqu'à ce qu'elle devienne naturelle. Crier, hurler, pleurer, sous toutes les formes, sont vraiment des choses excitantes. Reconnaître ce fait, c'est-à-dire la valeur des pleurs, a son importance. [...] Parler vient plus tard. » Dolto ou Winnicott ? Winnicott[1].

FORMATION ET INVENTION

« Chaque psychanalyste a à réinventer la psychanalyse », disait Lacan à la fin de sa vie. La transmission ne peut pas être intégrale. « C'est bien dommage », ajoutait-il. Cela ne signifie pas que les efforts de transmission et d'apprentissage soient vains. Mais on n'en prend la mesure qu'à la suite de la transformation subjective produite par la cure. Les contenus de savoir, les règles et préceptes ne prennent leur place et leur sens que progressivement. Au fur et à mesure, premièrement de l'avancée de la cure, condition nécessaire, et deuxièmement du travail de formation de l'analyste, dont on aimerait qu'il soit suffisant. La cure ouvre le sujet à la dimension inconsciente de son psychisme et lui fait découvrir le transfert. Elle l'amène aussi à se convaincre de la justesse des concepts analytiques en les éprouvant sur lui-même. Ils acquièrent alors leur poids de réalité. De là à en conclure que ceux qu'on ne comprend pas correspondent à des problématiques personnelles non analysées, il n'y a qu'un pas que je serais fort tentée de franchir ; le suivant serait de constater qu'on ne peut pas les comprendre tous... raison de plus pour aller au-delà de soi. Il y a quelque chose d'héroïque dans la démarche psychanalytique.

Tout est langage mais tout n'est pas dicible dans la cure, une portion du psychisme ne peut apparaître que mise en acte (dans le transfert notamment). Il en va de même de la théorie. Elle peut nous « parler », mais sans en passer par le réel de l'expérience nous ne pourrons jamais en répondre.

La cure personnelle apporte l'expérience de l'altérité en soi. Reste à acquérir une perception clinique de l'altérité de l'autre, de sa différence, de sa logique et de sa dynamique propres. C'est une des raisons d'être de la formation

1. D. W. Winnicott, « Pourquoi les bébés pleurent-ils », in *L'enfant et sa famille*, Payot, « Petite bibliothèque Payot », p. 63.

(contrôle, travail des textes, échanges avec d'autres analystes, contacts avec des « patients »). Celle-ci enseigne aussi à intervenir dans le transfert, à percevoir les formes et les moments opportuns pour ponctuer, interpréter, soutenir ou laisser filer. Elle apporte enfin l'étayage théorique nécessaire ; encore faut-il mettre la théorie à sa place, qui n'est pas celle d'une grille de lecture, car alors elle ne sert à rien dans la pratique. Les concepts psychanalytiques ne s'apprennent pas, ils se conquièrent un à un, par un travail clinique qui toujours coûte, en émotions, en angoisse, en surdité, bref, en résistance. Et cette conquête est chaque fois à refaire, les concepts ne sont pas acquis une fois pour toutes. Chaque reconquête enrichit leur sens.

C'est à travers ce double parcours, confrontation avec soi, confrontation avec l'autre, que chaque analyste réinvente la psychanalyse. Il se hisse à la hauteur de sa rigueur tout en la mettant à sa main. Il trouve la façon d'exercer qui convient à son caractère et en même temps il redécouvre le cours de la cure : la nécessité du cadre, les notions théoriques, les préceptes pratiques, tout se révèle bien fondé. Même s'il y a des exceptions, même si l'analyste apporte certaines variantes liées à ses façons d'être, l'essentiel tient car chacun en éprouve lui-même la justesse. Il me paraît important de souligner devant vous qu'il y a une méthode psychanalytique, même si les façons de l'appliquer varient. Je dis bien : une méthode, je n'ai pas dit : une théorie. La psychanalyse interdit de confondre l'agir avec le dire, la représentation avec l'acte. Même si du point de vue de l'inconscient (que personne ne peut adopter !) l'un peut valoir pour l'autre, leur relation est dialectique et le besoin (subjectif) de synthétiser n'efface pas les différences.

En réinventant la psychanalyse, chacun va résoudre à sa façon certains problèmes qui se posent avec une acuité variable suivant les époques et les personnes. La psychanalyse n'est pas une science achevée, disait Freud. Certaines de ces trouvailles restent individuelles, d'autres, éventuellement, méritent d'être communiquées et sont reprises par d'autres. C'est ainsi me semble-t-il qu'on peut situer les « contributions » de F. Dolto à l'avancée de la psychanalyse.

J'en donnerai trois exemples : bien sûr, au niveau théorique, la notion d'image du corps (inventée par Paul Schilder) qu'elle a renouvelée et développée, ainsi que celle des castrations symboligènes. Au niveau clinique et pour ainsi dire technique, la prise directe du signifiant sur le corps, qui mènera à des découvertes cliniques majeures. Enfin, au niveau de la diffusion de la psychanalyse, une certaine idée de la présence et de la fonction du psychanalyste.

L'image du corps

Ainsi, la notion d'image du corps vient apporter une solution à un problème qui se pose depuis longtemps dans la psychanalyse : celui des rapports entre le narcissisme et le désir, celui de l'intégration des pulsions partielles.

Après Abraham, Melanie Klein avait insisté sur les objets partiels introjectés ou projetés qui peuplent les fantasmes de l'enfant. Ces fantasmes cependant semblaient toujours liés à des angoisses de morcellement dont on ne voyait pas bien, du moins dans la théorie, comment elles pouvaient être dépassées.

De son côté, comme en réponse, Lacan propose le stade du miroir, qui fait exister le prototype du moi comme une forme perçue par le sujet en face de lui, forme à laquelle il va s'identifier, non pas parce qu'elle « ressemble » à son corps, mais parce qu'elle lui est désignée comme étant « lui » par le regard de l'Autre : dans cette image, il se voit aimable, aimé peut-être, il se voit en tout cas comme objet de l'Autre. Quant à « ses » objets partiels, ils « tombent », dit Lacan, ils n'ont pas leur place dans cette image : le moi n'est pas une forme intégrante pour le désir.

La notion d'image inconsciente du corps articule ensemble les pulsions désirantes et le corps vécu, habité. Le corps ne se réduit pas à son enveloppe, cette forme qui n'est presque jamais conforme à l'image idéale ; il est aussi le lieu réel du désir, de l'action, de la satisfaction... et de l'angoisse. C'est le sujet qui s'origine de cette façon, celui qui aura à s'entendre avec le moi autant que possible, par des « formations de compromis », comme dit Freud.

Les « castrations » apportent à chaque registre du désir — scopique, oral, anal, phallique, plus tard génital — la possibilité de devenir vi(v)able car elles permettent le refoulement et la sublimation, autrement dit, les formations de compromis. Cette idée remarquable s'appuie sur une thèse que Lacan a lue chez Freud : la castration est certes une angoisse fantasmatique majeure, mais c'est aussi le processus même de l'humanisation et de la civilisation.

F. Dolto en élargit la portée en montrant que la limite, l'interdit, le « pas tout » ne se jouent pas seulement au niveau où la sexualité entre en jeu par ses organes spécifiques, mais à tous les niveaux où la jouissance s'oppose à la satisfaction, à tous les niveaux de l'activité humaine.

Il y a là, je crois, une différence sensible aujourd'hui encore entre « lacaniens » et, disons, « prélacaniens ». Cette différence correspond d'ailleurs à un débat intra-freudien : celui portant sur l'érotisation ou la désexualisation de la « libido du moi ».

Chez bien des tenants de la psychanalyse dite « freudienne », on a de plus en plus le sentiment que la série narcissique, ou archaïque, relève d'une autre « technique » que la portion névrotique, œdipienne. D'où l'insistance sur les « états limites », les *borderline*, dans la lignée des « névroses narcissiques » (c'était le nom que Freud à un certain moment donnait à la psychose).

Les lacaniens au contraire radicalisent le « primat de la sexualité » en maintenant que c'est toujours le désir qui est en jeu. Ce qui se présente comme « narcissisme » est en réalité un attachement invétéré (« fixation ») à des objets et à une satisfaction pulsionnelle qui implique la non-séparation entre le sujet et l'autre, la confusion des désirs. C'est ce que thématise la notion lacanienne de jouissance. Les castrations sont ce qui permet cette séparation et induit un rapport différent aux mêmes objets. Cette généralisation de la castration vient comme une réponse à la constatation freudienne énoncée dans « L'analyse avec fin, l'analyse sans fin[1] » suivant laquelle les analyses des hommes comme des femmes butent sur le « roc de la castration ».

Quant à la dé-sexualisation, ou détournement du but pulsionnel, elle vient avec le langage. En tant que fonction *symbolique*, c'est lui qui la rend possible et en est responsable, le symbole effaçant la chose et venant à sa place. Comme dans le sens originaire, chimique du terme — passage direct de l'état solide à l'état gazeux —, il y a dans le langage un saut, une hétérogénéité par rapport au réel. Pour F. Dolto, le langage est une sublimation, voire la sublimation : là encore, notre Œdipe en jupe résout le plus simplement du monde une énigme laissée par Freud.

1. S. Freud, « L'analyse avec fin, l'analyse sans fin », in *Résultats, idées, problèmes II*, PUF, 1937, p. 231-267.

Et pour filer la métaphore, l'inconscient serait cet état intermédiaire, fluide, insaisissable (le geste fugitif), qui ne s'attrape que par les « quantités discrètes » du symbole. C'est pourquoi il n'y a pas lieu pour les lacaniens de distinguer deux « techniques » différentes. Bien sûr, l'analyste se conduit différemment avec des sujets différents, mais son acte est toujours le même : déceler où en est le sujet de son désir, c'est-à-dire de son rapport (difficile, contradictoire) à ses objets, et l'amener par l'interprétation à nommer cette difficulté. Une fois situées dans l'ordre symbolique, les réalités du désir trouvent de nouvelles combinaisons et débouchent sur une façon moins perturbante, plus adéquate et plus acceptable de passer dans les actes.

Ce décalage entre « freudiens » et « lacaniens » au niveau des points de départ entraîne toute une série de différences de conception, en particulier sur la notion de sujet et sur celle de réalité. Avons-nous affaire à deux psychanalyses différentes, ou à deux langues parlant du même objet ? Laissons la question ouverte, ouverte surtout à l'épreuve de réalité : qu'en est-il des rencontres ou des oppositions éthiques, là où des psychanalystes des deux bords sont amenés à travailler ensemble ?

Le signifiant tient au corps

Cette réflexion un peu longue permet d'exposer plus brièvement un autre apport de F. Dolto, qui touche directement à la technique psychanalytique, même si on peut y entendre un écho de sa position et de sa formation de médecin. Il s'agit de l'articulation du signifiant et du corps. « La structure s'attrape par où le signifiant prend corps », dit Lacan. En réponse à certains qui estiment la psychanalyse « intellectuelle » — manifestant par là leur désir de « chaleur humaine » ou d'affrontement violent ? —, F. Dolto sait lire et interpréter en termes de signifiants les mouvements les plus intimes, les plus infimes, les plus cachés du corps et les relier aux affects correspondants. Elle sait identifier les mouvements du corps (ouvrir, fermer, expulser, tourner, frapper) comme mouvements de désir, comme modes de rapport à l'autre, comme tentatives d'échange, comme des façons d'être et de dire. Cette attention au corps lui permet de travailler avec les bébés. F. Dolto est un as de la signification, c'est-à-dire, de la reconnaissance du sens qui restitue au sujet son aptitude à se supporter désirant.

Conjoindre la parole et le désir, cela ne peut passer que par le corps et par l'action. La thérapeutique analytique ne vise pas directement à atténuer les angoisses du moi, comme font les psychothérapies ; elle estime que la vraie guérison passe par les actes, le sentiment de sédation n'en étant qu'une conséquence. L'essentiel du « soin » psychanalytique, si l'on veut utiliser ce terme, consiste à faire en sorte qu'une articulation devienne possible entre les représentations et les actes.

C'est la proximité de F. Dolto au corps/parole, au corps parlant, qui rend possibles ses découvertes cliniques, tant en ce qui concerne les enfants que la sexualité féminine — et masculine, même si elle ne l'a pas thématisée. Concernant les enfants, signalons l'audace et la justesse du terme d'éthique dont elle use pour qualifier la façon dont l'enfant se conduit à l'intérieur d'un univers pulsionnel : éthique de la phase orale, éthique anale, etc. C'est un usage juste du terme, car éthique veut bien dire : principe d'action, de conduite ayant un but spécifique, dans un cadre spécifique. L'éthique, ce ne sont pas des principes mais la façon dont ils sont appliqués. Mme Dolto montre ainsi qu'il y a de la loi même dans des régions de l'expérience qu'on croyait livrées à l'arbitraire.

Quant à la sexualité féminine, elle en décrit les diverses formes corporelles et psychiques avec un aplomb que Lacan sera à la limite de lui reprocher puisque c'est à son rapport sur la sexualité féminine, longtemps resté sous le boisseau, qu'il réagira en disant : « Tu es culottée. » Rappelons que ce rapport fut rédigé en liaison avec les « Propos directifs pour un congrès sur la sexualité féminine » (1958), texte dans lequel Lacan signalait la carence des psychanalystes depuis Freud concernant l'élaboration de la part féminine de la sexualité et de la théorie du phallus. Nul doute que cette bravoure qu'elle avait dans le voir et le dire ait joué son rôle dans les élaborations lacaniennes ultérieures, celles qui ont révolutionné la théorie sexuelle. « Ce que je dis, c'est ce que tu fais », lui disait-il lorsqu'elle déclarait ne rien comprendre à ce qu'il racontait[1].

1. Il faut absolument signaler à propos de ce rapport et de son histoire la belle édition et la passionnante préface qu'en ont récemment données Muriel Djéribi-Valentin et Élisabeth Kouki, chez Gallimard.

Sans tomber dans le piège où tombait Jones, celui d'une détermination de la position sexuelle par l'anatomie qui dénie la castration (« aux boys le phalle, aux girls le c... », ainsi que le résume Lacan qui lui non plus ne manque pas d'audace), F. Dolto raccorde la vie sexuelle aux données anatomiques et psychiques en tant qu'elles résultent de la castration et y ramènent. La castration n'est pas seulement un fantasme angoissant, c'est aussi une constante, une donnée de base de la psyché. C'est sur cette érotique féminine que Michèle Montrelay appuiera sa notion de « concentricité » ainsi que l'ensemble de son article vraiment refondateur sur la sexualité féminine[1].

En réintroduisant le corps dans la psychanalyse, ou la psychanalyse dans le corps, F. Dolto répond à une difficulté constante du mouvement psychanalytique. Est-ce parce qu'il s'agit de « psychique » que souvent les psychanalystes ou leurs lecteurs semblent oublier le corps ? Corps érogène, corps biologique, quelle articulation ? Toute la question du rapport de la psychanalyse à la science d'aujourd'hui apparaît là en filigrane. Bizarrement, ce sont souvent les femmes, qui plus est psychanalystes d'enfants, qui retrouvent le corps et en rappellent l'existence.

Le psychanalyste dans le social

Il existe depuis toujours une autre tension dans le mouvement psychanalytique : celle qui confronte — ou voit coexister — les psychanalystes purs et durs, ceux qui s'en tiennent à la pratique de la cure en cabinet, et ceux qui tiennent à en apporter l'écho — et les éventuels bienfaits — dans ce qu'on appelle le « social », le terme étant pris dans ses deux acceptions : faire place à la psychanalyse dans la cité et répercuter quelque chose de la démarche analytique auprès de ceux qu'on n'appelle plus aujourd'hui « les malheureux ».

Suivant les pays, cette dimension sociale du mouvement psychanalytique est plus ou moins active, mais elle est toujours présente. En effet, les pédagogues, les travailleurs sociaux, les professionnels de la santé, en fait tous ceux qui ont affaire au « sujet », s'intéressent naturellement à la psychanalyse car elle leur apporte une compréhension

1. M. Montrelay, *L'ombre et le nom*, Minuit, « Critique », 1977.

nouvelle. Ils peuvent y entrevoir des solutions à la dureté de leur travail, de nouveaux espoirs de remédier à la misère et aux difficultés de la condition humaine, ou du moins de nouvelles façons d'y faire face. La psychanalyse a ainsi, dès avant 1920, accompagné les espoirs de changements politiques et sociaux. Freud lui-même était sensible à cette dimension de son apport à la civilisation. « Les juifs qui émigraient en Palestine arrivaient avec leurs valises à la main et un livre sous chaque bras : *Le Capital* et *L'Interprétation des rêves* », lui écrit Arnold Zweig.

On sait que, frappé par les événements historiques, Freud en a rabattu sur ces espérances, ce qui ne signifie pas qu'il se soit désintéressé de l'enjeu social de la psychanalyse. L'un de ses tout derniers livres, le *Moïse* n'a-t-il pas pour objet l'articulation du fonctionnement subjectif et du fonctionnement social ?

Cependant, la coexistence de ces deux composantes du mouvement psychanalytique a toujours soulevé des problèmes. Sur le front social, on a tendance à perdre de vue la rigueur et la radicalité de la démarche qui seule permet le travail analytique : le respect de la logique subjective se noie sous les bonnes intentions, l'intention d'être bon, et l'impulsion corrélative à imputer toute difficulté à l'extérieur. Le besoin de savoir fait oublier la nécessité d'inventer.

Quant aux sociétés de psychanalyse, elles se sont originairement constituées dans le but de protéger la psychanalyse contre les dérives et mainmises qui la menacent sans cesse. Telle est en substance la raison invoquée par Freud pour la fondation de l'association internationale. Cet héritage leur donne une allure centripète, un peu fermée sur soi et sur la « pureté » de la psychanalyse comme expérience subjective unique et comme doctrine de cette expérience. Pour elles, ce n'est pas en tant que psychanalystes mais en tant que personnes, éventuellement analysées, que médecins, psychologues, éducateurs, etc., vont tenter de modifier leur pratique professionnelle.

Cette attitude ferme n'est pas dénuée de justesse. Car c'est toujours l'expérience fondamentale de la cure menée à son terme qui est la plus menacée, celle qui pousse au plus radical le travail avec l'inconscient et interroge le désir ; parce que c'est la plus difficile à mener sans compromission, disons pour aller vite, la plus opposée au principe de plaisir.

Mais d'un autre côté, pour les mêmes raisons, les psychanalystes ne peuvent pas se désintéresser de cette extension de leur discipline et laisser leurs analysants affronter seuls la misère humaine et les machineries administratives. C'est leur responsabilité de psychanalystes qui est en cause. De plus, s'ils ne font pas en sorte de maintenir le cap, on voit très vite apparaître sous le nom de psychanalyse toutes sortes de modes de « prise en charge » qui, au nom d'une ou de quelques notions psychanalytiques prises comme fétiches, rejettent les autres et se débarrassent de leurs implications pratiques.

F. Dolto était consciente de ces dangers. Comment y a-t-elle paré ? En gros, nous le savons tous car c'est ainsi qu'elle est devenue célèbre. Essayons tout de même de caractériser son attitude :

1. Elle ne cède pas sur le nom de psychanalyste. À l'inverse de ce qui se passe par exemple aux États-Unis, elle ne se présente pas comme « docteur Dolto ». Elle fait en sorte que la distinction soit possible entre le psychanalyste et d'autres professionnels capables de répondre aux difficultés. Si les consultants l'appelaient quand même « docteur », il s'agissait d'une nomination transférentielle : le docteur, c'est celui qui sait ce que je ne sais pas, en particulier ce qui se passe à l'intérieur de moi, et comment faire pour que ça aille mieux. Si c'est ainsi que la personne qui vient voir le psychanalyste envisage au départ sa fonction, celui-ci devra accepter ce point de départ. Mais peut-être, docteur, l'était-elle quand même, au sens où son but était le bien du patient, ce « vivre » dont elle ne cachait pas la difficulté.

2. Dans la confrontation avec les praticiens, elle n'expliquait pas, elle montrait. Elle montrait à l'œuvre, en acte la conception du sujet issue de l'expérience psychanalytique. On pourrait résumer cette attitude par le terme de respect de l'autre, ce respect que les jeunes d'aujourd'hui réclament si fort sans en avoir, semble-t-il parfois, l'expérience. Respect de l'autre, de son autonomie, de son temps, de son initiative et de son activité, de sa nature de sujet parlant et désirant.

Cette conception du sujet oblige à changer. Elle met en difficulté tout savoir établi, y compris le savoir psychanalytique. Sylviane Giampino caractérise admirablement cette éthique en disant : « Vous n'avez pas à travailler pour l'autre, mais à travailler avec l'autre pour l'aider à résoudre *ses* difficultés. »

Comme mode de travail, cette technique de monstration pourrait avantageusement se confronter avec celle de Bettelheim par exemple ; lui cherchait moins à montrer la logique subjective de l'enfant qu'à faire émerger chez son éducateur l'obstacle transférentiel qui gauchissait la prise en charge. Comment F. Dolto s'y prenait-elle avec ces difficultés ? Ceux et celles qui ont travaillé avec elle nous le diront.

3. Dans ses interventions publiques, F. Dolto a toujours montré que le corps, l'émotion et la pensée ne pouvaient ni ne devaient être dissociés. Encore que ces registres soient distincts, aucun ne peut aller sans les deux autres. Elle parlait ainsi au cœur autant qu'à l'intelligence.

Cette façon de dire la psychanalyse qui était la sienne n'est pas seulement la raison de son succès. C'était surtout une façon de faire place à la psychanalyse, de la situer à sa place. On ne peut pas transmettre la psychanalyse sans lui faire sa place, il ne suffit pas d'en parler. Dans une culture comme la nôtre, où la tradition de séparer, voire de cliver les lieux du senti et du connu, les places du savoir et de l'émotion, ne fait que s'exacerber, cette mise en place a eu des effets marquants et durables. Maintenant que Mme Dolto n'est plus là pour animer, guider, rectifier, inventer, où en sommes-nous ? Je crois et j'espère que ces journées permettront un bilan, tant du point de vue social que psychanalytique.

F. Dolto, psychanalyste dans le social : troisième sens de l'expression « psychanalyste exemplaire » ?

F. Dolto a largement contribué à la diffusion de la psychanalyse — qui ne date pas d'aujourd'hui — et montré peut-être mieux que personne quels effets concrets cette diffusion pouvait produire. Certes, il y a lieu de prendre la mesure de ces effets, y compris leurs dérives.

Mais la question peut et doit se retourner : la diffusion de la psychanalyse n'a-t-elle pas des répercussions, des effets en retour sur la psychanalyse elle-même ? Les évaluer — et d'une façon plus générale évaluer les incidences du mouvement de la civilisation sur la psychanalyse qui en fait partie désormais —, déterminer la conduite à tenir pour garder vivante la spécificité de la psychanalyse tout en travaillant à son extension, ne serait-ce pas une tâche importante pour le mouvement psychanalytique d'aujourd'hui ?

SYLVIANE GIAMPINO*

Entre psychanalyse et prévention : le partage d'une illusion

LA DÉMARCHE DE F. DOLTO

Je m'adresse à vous en qualité de psychanalyste et à partir de mon expérience de près de vingt ans dans les lieux de consultation et d'accueil de la petite enfance. Je n'ai pas été formée par F. Dolto, ni proche d'elle, bien que je l'aie connue. Je l'ai découverte, au fur et à mesure de mes questions professionnelles, dans ses livres.

Ce qui m'intéresse chez F. Dolto, c'est sa façon de transmettre ses découvertes en psychanalyse. Elle pensait qu'on pouvait parler de tout et à tous, et elle le faisait par tous les moyens : conférences, écrits, mais aussi télé, radio, magazines, séances en présence d'élèves analystes, séminaires, formation professionnelle... C'est justement sur les aspects « prévention » de sa démarche que la critique à l'égard de F. Dolto a été la plus vive. Ce n'est pas un hasard. Elle écrivait : « Je vois que toute science, même une science de l'homme a besoin d'avoir son vocabulaire. Mais comme tout ce qui se passe dans la vie des humains est illustré par la vie quotidienne, il faut aussi que ce qui est compréhensible dans notre discipline soit également à la portée de ceux qui ne peuvent se consacrer à la psychanalyse, mais qui ont besoin d'un nouvel éclairement[1]. »

* Psychanalyste et psychologue dans le secteur de la petite enfance.
1. F. Dolto, *Tout est langage*, Gallimard, 1994.

On lui a reproché d'avoir « vulgarisé », propulsé la psychanalyse dans ce qui ne la regardait pas : la réalité. À l'époque le fantasme conférait leurs lettres de noblesse aux psychanalystes. La réalité c'était l'affaire des autres. La démarche de F. Dolto me semblait juste alors qu'en théorie la psychanalyse et la prévention sont des champs disjoints.

F. Dolto a permis de dépasser le hiatus théorique entre la prévention et la psychanalyse. Je choisis de m'arrêter sur trois aspects de sa démarche qui ont eu un impact considérable sur la prévention.

Sa façon de considérer le bébé

Elle a modifié notre conception des premières années de la vie, notre façon de communiquer et d'être avec les tout-petits, et par conséquent notre action auprès des enfants. C'est son apport théorique central notamment sur l'image inconsciente du corps. Elle a montré l'importance des premières années de la vie pendant lesquelles le psychisme s'inscrit dans du corps pour l'enfant, en soutenant que rien n'est jamais définitivement joué. À partir de ses seules intuitions cliniques, elle a pris le bébé au mot et a induit une autre écoute des jeunes enfants. Soutenir que dès avant sa naissance l'enfant est un être humain de relation et de langage fut lourd à entendre et vécu comme angoissant. Ses convictions dépassaient la rationalité scientifique de l'époque simplement parce qu'elle regardait et écoutait les enfants et qu'elle en croyait ses yeux et ses oreilles. Ce qui est plus difficile qu'on ne le croit.

Ses prises de position sur les questions d'éducation et sur la justice

Certains psychanalystes lui reprochaient de fourvoyer la psychanalyse dans le pédagogique. Oubliant que c'était déjà une préoccupation et un rêve de Freud. Celui-ci espérait que la psychanalyse soit une science qui contribue à faire reculer les névroses, en modifiant l'éducation des enfants, notamment sur la sexualité. F. Dolto aimait à raconter que, petite, elle disait vouloir devenir « médecin d'éducation ». Et quand on lui demandait : « C'est quoi ? » elle répondait : « Je ne sais pas, mais il va falloir que ça s'invente, il faut que ça existe ! » Finalement, il semble que toute sa vie elle fut fidèle à son intuition infantile. D'une certaine façon, elle a été « psychanalyste d'éducation », en proposant une autre approche de l'éducation des enfants. Elle était portée par ce grand espoir des débuts de la psychanalyse d'enfants, selon lequel, en informant les parents, les soignants, les éducateurs et les pédagogues sur les découvertes de la psychanalyse, en leur expliquant comment fonctionne le psychisme, il y aurait beaucoup moins d'enfants névrosés et donc d'adultes névrosés. Espoir qui, chez elle, trouve sa limite dans la liberté propre à l'enfant, si petit soit-il, la force de son fantasme, son pouvoir à lui d'entendre, de voir, de percevoir, de sentir à sa façon. De cela, nul n'a la maîtrise. Il y a toujours des décalages entre les adultes et les enfants, entre les mots dits et ce qui est entendu, les gestes et la façon dont ils sont ressentis. Il y a d'irrémédiables mal-perçus, elle en a fait la démonstration. C'est ce respect qui préserve sa démarche du risque de faire de la psychanalyse un « plus de maîtrise » sur l'enfant.

F. Dolto croyait en la formation des professionnels par la parole. Elle écoutait les enfants et les parents et partageait avec les professionnels ce qu'elle en avait appris. Mais jusqu'au bout elle prônait le respect du désir de l'enfant au point d'avoir eu le courage de soutenir, autre scandale, qu'un enfant a aussi le droit de faire le choix, inconscient, d'être malade, d'être fou ou de mourir. Pour l'aider à ne pas céder à son non-désir de vie, il faut commencer par en reconnaître l'existence et le sens, ce qui est très lourd à imaginer pour ceux qui s'occupent des enfants au quotidien. Elle semblait ne jamais douter que c'est par la parole que le sujet renoue son désir à sa pulsion.

F. Dolto a attiré l'attention sur l'intelligence de l'enfant, ce qui devrait pousser les adultes à se servir davantage de la leur, à réfléchir avec d'autres, à être plus réceptifs aux signaux des enfants, à se remettre en question. Hélas, trop de pseudo-pédago-médico-psys ont mis cet apport-là au profit d'une maîtrise de l'enfant par la stimulation précoce, en forçant les acquisitions, l'anglais in utero, la lecture à un an et les mathématiques sur le pot. Exploitation pédagogique des compétences du bébé à des fins de valorisations narcissiques des adultes oubliant ce que F. Dolto a martelé dans toute son œuvre, que l'enfant est un être humain à part entière, un sujet qui a un inconscient, du désir et qui est d'emblée concerné par les liens du sens, de la filiation, de son histoire. Ce en quoi le sujet n'a pas d'âge, même si l'enfant, lui, en a un.

F. Dolto a démocratisé la psychanalyse

Elle l'a irrémédiablement introduite dans le domaine public politique en se servant des médias. Elle ne fut pas la seule à le tenter, je pense à *Télévision* de J. Lacan[1] et aux émissions consacrées au travail de B. Bettelheim à la même époque. Elle affirmait avoir été enseignée par les enfants. À la question que bien des analystes se posent : « Comment transmettre ce que nos patients nous apprennent ? » elle répondit en décidant de tout dire et au plus grand nombre. À partir de ce que la cure psychanalytique éclaire dans l'après-coup, elle a voulu expliquer ce qui peut se passer dans l'imaginaire et dans l'inconscient des enfants. Puis elle a tenté d'élaborer des idées qui pourraient servir dans « l'avant-coup ». Elle cherchait le moyen d'éviter aux enfants, aux adultes, en quelque sorte, des « coups et blessures ». Ce fut, je crois, sa façon de réduire l'hiatus entre la psychanalyse et la prévention. Elle a constitué à elle toute seule un interface entre la psychanalyse et le champ politique et social.

L'effet tangible de toute cette évolution de pensée, c'est que la place de l'enfant a changé dans la famille et dans la société, la famille devenant la structure de base à préserver. Donc toute politique de prévention et de protection de l'enfance ne peut se concevoir que dans une politique globale de la famille. Depuis F. Dolto, mais aussi Winnicott, G. Raimbault, G. Appell, D. Rapoport, R. Clément[2]..., on s'occupe autrement des enfants. On aborde également autrement les situations d'éclatement familial, les divorces, les placements, les adoptions... Bien que l'on soit encore loin du but, il semble que l'on mesure mieux les enjeux de la séparation et l'importance des liens de filiation. Ce que F. Dolto a dit plus clairement que d'autres et a mis à la portée de tous, c'est que, accueillir un enfant, c'est accueillir sa famille et respecter son histoire.

F. Dolto, engageant la psychanalyse dans la prévention, savait être subversive, sur un ton d'évidence et de simpli-

1. J. Lacan, *Télévision*, Le Seuil, 1987.
2. R. Clément, *Parents en souffrance*, Stock, 1993.

cité qui remuait et rassurait. La psychanalyste F. Dolto a été le support d'un transfert massif. À partir de ce transfert « social », sa parole, même publique, avait, comme dans une cure, des effets de mise au travail, d'impulsion, et des effets thérapeutiques. Qu'on l'admire d'avoir eu le courage de prendre tant de risques en diffusant autant, ou que l'on considère qu'elle était très imprudente et peut-être un peu « zinzin » comme elle disait, qu'importe, l'effet à long terme de son travail demeure. Cependant le transfert, comme chacun le sait, génère des résistances. Celles des parents et des professionnels s'expriment, à mon avis, autant chez ceux qui pensent qu'ils lui doivent tout, que chez ceux qui affirment qu'ils ne lui doivent rien. Je crois personnellement qu'on ne lui doit pas tout mais que ce qu'on lui doit, vraiment, ce n'est pas rien.

LA PRÉVENTION AUJOURD'HUI

Même si, comme on vient de le voir, F. Dolto a créé une ouverture, profonde, une rencontre possible entre psychanalyse et prévention, il n'en demeure pas moins que leurs rapports sont ambigus. J'observe une dissonance de fond entre les deux démarches et, en y regardant de plus près, des dissonances au niveau des outils, dans les pratiques de terrain.

La discordance de fond entre la psychanalyse et la prévention

Elle porte essentiellement sur deux butées théoriques. En premier lieu, toute démarche de prévention comporte une dimension de prospective et de prédictibilité, or la psychanalyse est incapable de prédire. Tandis que la prévention cherche à agir sur les processus morbides, pathologiques *avant* qu'ils ne se manifestent dans le corps ou le psychisme.

En naissant chaque enfant se voit tributaire d'une histoire connue ou insue, celle de ses parents et de leurs ascendants, tributaire également de déterminants de la réalité (son sexe, sa place dans la fratrie, son patrimoine génétique, son milieu social, etc.) qu'il intégrera subjectivement à sa façon à lui, tributaire encore du mode de vie et d'éducation qui lui est offert, tributaire enfin mais avant tout du discours qui lui est tenu ou qui est tenu sur lui par sa famille, mais aussi par les médecins, les éducateurs... En résumé, un enfant doit faire avec ce qui constitue sa réalité, les discours qui lui sont tenus, autant que ce qui lui est tu. On ne peut prédire comment un enfant va « composer », créer à partir de ces niveaux multiples, la place qu'il va occuper à son tour dans la dynamique familiale, ni la façon dont les événements de sa vie vont orienter sa trajectoire subjective. L'enfant, au fond, se construit (non sans mal) dans l'articulation, le nouage entre ces différents niveaux de réalité et leur traitement imaginaire et symbolique. Ce sont les mécanismes de l'inconscient. Or, entre tous les registres de la vie psychique, les combinaisons sont infinies, ce qui offre pour chacun ce possible formidable : être unique.

La deuxième remarque porte sur le fait que la prévention cherche à agir sur les causes pour réduire les effets. Agir sur les causes c'est agir sur les déterminants. Les déterminants externes à la personne sont l'environnement, la réalité, l'éducation. Freud écrivait à propos du petit Hans : « Il est, pour le moins, très vraisemblable que l'éducation de l'enfant exerce une influence puissante en bien ou en mal sur cette prédisposition dont nous venons de parler et qui est l'un des facteurs de la névrose[1]. » Et plus loin : « Nous savons très bien que les conditions déterminantes des névroses sont beaucoup plus compliquées et ne se trouvent pas sous l'influence d'un seul facteur. La surveillance rigoureuse d'un enfant est sans aucune valeur, parce qu'elle ne peut rien contre le facteur constitutionnel[2]. » Lacan a pris appui sur ce radicalisme pessimiste de Freud concernant ce qu'on appellerait aujourd'hui la structure. Dolto s'en est écartée par un biais.

En plus de ces butées de fond, le rapport entre la prévention et la psychanalyse est quelque peu tendu autour des outils de travail des institutions. Les quatre principaux outils avec lesquels nous travaillons dans le champ de la prévention psychosociale sont : la précocité, le risque, la cohérence institutionnelle, le juge.

1. S. Freud, « Le petit Hans », *Cinq psychanalyses*, PUF, 1997, p. 197.
2. S. Freud, *Nouvelles conférences d'introduction à la psychanalyse*, Gallimard, 1984.

La dissonance autour des outils conceptuels

La précocité. C'est le modèle médical. Il n'est pas mort. Il fonctionne sur le vieil adage : « mieux vaut prévenir que guérir ». Ce que les financeurs traduisent en : « moins vaut (coûte) prévenir que guérir ». Le dépistage psychologique a la vie dure. On a réédité le Baby-Test de Brunet et Lézine et il se vend très bien. Intervenir précocement en matière de prévention des névroses et des psychoses, qu'est-ce que cela veut dire ? Est-ce intervenir tôt dans la vie de l'enfant ? On s'appuierait là sur une conception psychogénétique de l'enfant et sur le postulat d'une maturation par stades de développement. Cette attitude présuppose une conception normative de l'enfant et l'utilisation d'une panoplie classique d'un certain savoir psychologique auquel l'enfant est soumis mais dans un temps donné de son développement.

Est-ce intervenir tôt dans (ou avant) l'apparition d'un problème, d'un symptôme ? On s'appuierait ici davantage sur une conception psychopathologique de l'enfant et sur le postulat selon lequel les conditions de la vie et l'environnement affectif peuvent entraîner des dérèglements du développement et de l'équilibre de l'enfant. On parle alors de « santé » mentale. Cette attitude-là repose sur l'idée qu'on pourrait éviter à l'enfant de « tomber malade » en agissant sur ce qui pourrait causer sa maladie. Ainsi, pour intervenir avant même qu'il y ait problème, on agirait dès qu'apparaîtrait un signal d'alerte.

La référence à ce modèle médical pose, concernant la souffrance psychique, les questions suivantes : Se consacrer à des actions de prévention sous-entend de travailler à partir de signaux ténus. Dans ces conditions, comment être attentif et présent sans interventionnisme ? Comment être suffisamment vigilant pour saisir l'opportunité d'une aide qui, même ponctuelle, est parfois décisive pour le devenir d'un enfant, sans pour autant traquer chez chaque enfant qui présente un mal-être le futur malade, le futur délinquant qui s'ignore ? Comment évaluer la nécessité et décider du moment d'une intervention psychologique hors du repère que constitue la demande des personnes concernées ? Enfin, comment dans certaines situations très délicates (notamment celles qui concernent les enfants victimes de sévices) éviter de confondre action de prévention précoce et passage à l'acte de l'institution ?

L'intervention précoce interroge la référence à la psychanalyse en ceci que, même si quelquefois elle produit des effets souhaités, ce n'est pas parce qu'on a tiré plus vite que son ombre[1], mais parce que l'enfant est d'accord, ou en demande latente. De plus il ne suffit pas de dépister un problème pour que ce soit le bon moment pour une intervention thérapeutique, sociale ou juridique. Enfin, je le rappelle, la donne environnementale, externe, doit pouvoir se nouer avec la donne subjective, interne...

Le risque. C'est le modèle sociologique. Il est encore en pleine santé : « On agit sur les causes pour en réduire les effets. » Lui non plus ne tient pas lorsqu'il s'agit de la prévention des psychoses et des névroses. Cela concerne surtout l'enfance en danger, l'enfance menacée, la maltraitance. Comme ce sujet fait mal et peur (il y a de quoi) les services y ont mis le paquet du côté de l'abus de savoir et de l'abus de pouvoir. L'épidémiologie, la probabilité, les recherches actions et la vidéo sont devenues les cautions scientifiques de la prévention. Elles induisent des déploiements de grilles, de chiffres, d'enquêtes et de protocoles de coopération entre les services... qui peuvent conduire à des impasses, des dérives.

Dans le but d'identifier des signaux objectifs, repérables de l'extérieur, sont construites et utilisées des grilles que l'on voudra aussi exhaustives que possible de « facteurs de risques ». Mais, dans un souci d'anticiper encore, sont constituées d'autres grilles dites « d'indicateurs de risques » qui comportent des « clignotants » d'avant le risque, qui est avant le danger. Le dérapage consistant là à permettre dans certains cas un glissement d'un niveau à l'autre : de « indicateur de risques » à « critères de risques » et vers « enfant en danger ». On trouve tout dans ces grilles dites « outils » : des données médicales (prématurité), sociales (milieu défavorisé), familiales (familles monoparentales). Elles fonctionnent un peu comme les tests des magazines féminins. Vous mettez des croix, totalisez les points et trouvez la réponse : « Êtes-vous une famille à risque ? »

1. J. Morel, « Être psychanalyste de la petite enfance, est-ce courir plus vite que les risques ? ». Association nationale des psychologues de la petite enfance (ANAPSY. PE), Deuxièmes Journées d'études, Paris, 1989.

Faut-il insister sur ce qui, ici, s'écarte par trop de l'éthique de la psychanalyse ? Faut-il s'étendre sur les valeurs idéologiques décryptables dans certains critères, enrubannés de validations et d'étalonnages, de statistiques et de probabilités ? Ces outils peuvent produire des effets pervers. Une grille toute seule, ça ne mord pas, mais ça donne des idées, « des préventions » à ceux qui les manipulent, des *a priori* à la rencontre qui peuvent produire des effets d'induction.

La cohérence institutionnelle

C'est le modèle organisationnel. Il a été vitaminé par la décentralisation. Les personnes qui s'occupent des soins, de l'éducation, de l'accueil et de justice en viennent immanquablement, tant leur tâche est difficile, à cette conclusion : « Il faut prévenir ! » Prévenir qui ? Tout le monde. Prévenir quoi ? Tout. Comment ? Par tous les moyens.

Aussi les institutions n'ont-elles de cesse « d'étirer » leurs compétences, leurs missions, voire leurs effectifs en vue d'atteindre le Graal, la « prévention sans déchets ». Sous prétexte de lancer des passerelles dans toutes les directions, il leur arrive de se livrer à des tours de passe-passe institutionnels. L'assistante sociale vient animer l'accueil mère-enfant de la CAF, le psychiatre de l'inter-secteur vient papoter dans la salle d'attente de la PMI, etc. Tous ces « invités » en vue d'une plus grande efficacité ne se présentant qu'après que le contact « chaleureux » a été établi. Le préventionné est ferré, mais on a tardé à le prévenir.

Pour le psychanalyste ces pratiques sont inconcevables. On n'aide pas quelqu'un malgré lui. Dans son dos. La nomination, la place, la clarté sur le cadre sont ses outils de travail. Même dans une salle d'attente, on ne travaille pas sur ou pour l'autre, on travaille avec l'autre pour qu'il travaille sur lui et pour lui.

Le juge

C'est dans le champ de la prévention une valeur qui monte. Au début c'était un très précieux outil de travail sur la loi sociale, la référence au cadre légal et un moyen d'articulation avec la loi symbolique. Mais la violence contre les enfants et les abus sexuels sont à la mode dans les médias, et la pression sociale s'est alourdie. Alors aujourd'hui le signalement prend plutôt des allures de « patate chaude » ou de ce que j'appelle la prévention parapluie. Pour le psychanalyste il y a là un risque de dérive. Cette référence à la justice a produit un nouveau modèle de prévention, la prévention judiciaire, policière. Et le concept de prévention rejoint sa source. Les enfants préventionnés risquent d'être comme en préventive. « Quand j'ai peur, trop peur, je signale, c'est ça mon critère », me disait une assistante sociale. Mal utilisé, le recours au juge peut pervertir la prévention.

« E PURE SI MUOVE », OU L'ILLUSION PARTAGÉE

Maintenant que F. Dolto a ouvert la brèche, que sa démarche est suivie même à coups de malentendus et de réajustements, les psychanalystes travaillent avec les autres professionnels, et ils sont de plus en plus sollicités pour intervenir dans le domaine de la prévention. Si la psychanalyse peut contribuer à de la prévention c'est surtout parce qu'il y a des psychanalystes qui s'y risquent et assument d'en partager l'illusion, sans être dupes que c'en est une. Bien sûr les psychanalystes ont lu *Le malaise dans la culture* de Freud, où il développe l'idée que la pulsion de mort et les tendances naturelles des hommes les poussent vers la haine, la destruction, la mort. Cependant les psychanalystes sont des humains qui comme tous les humains veulent croire que le monde, les institutions, les familles pourraient changer. Et puis les psychanalystes aussi rêvent de soins moins douloureux et angoissants, d'un hôpital plus humain, d'une école moins autiste, de crèches où les bébés se sentent rassurés, d'une justice moins abrupte et plus proche des enfants.

Les psychanalystes ont eu beau mesurer dans leur formation combien l'homme est mû par la pulsion de mort, combien les institutions sont mortifères, combien il n'est pas sain de vouloir le bien d'autrui, il en reste quelques-uns qui disent comme des enfants par rapport au Père Noël : « Je sais bien qu'il n'existe pas, mais quand même... » Ces psychanalystes, dont je suis, se retroussent les manches et travaillent dans les salles d'attente, les consultations médicales, dans les services de réanimation, en maternité, en crèche, à l'école, dans les associations de jeunes, etc.

Il y a encore quinze ans nous passions dans nos cercles analytiques pour de doux rêveurs ou des pas tout à fait analystes. Aujourd'hui, les jeunes analystes, bien plus indifférents à l'académisme et aux querelles de chapelles analytiques, s'impliquent dans le champ social et ne s'en cachent plus. C'est le service public qui les cache. Il les engage encore et toujours en qualité de psychiatres, de psychologues ou de conseillères conjugales, ce qui est le comble.

Les psychanalystes qui s'impliquent dans le champ de la prévention seraient-ils des « illusionnés » ? Pas tout à fait.

L'ILLUSION COMME OPÉRATEUR

J'aime la définition que donne François Marty de l'illusion dans un très bel article sur Winnicott[1]. « L'"illusion" est le cadre de l'expérience d'où peut naître l'aptitude à la créativité, à toute forme de créativité. » Ce qui est une autre manière de dire que lorsqu'on est lucide, et c'est notre travail, sur les fonds de l'esprit humain, pour collaborer à la prévention, il faut y croire un peu. Ce que Dolto peut-être voulait dire par : « Sans la foi je ne pourrais pas faire ce métier. » Mais il faut opposer l'illusion créatrice qui laisse place à l'imagination, à l'illusionnisme qui cherche à leurrer, à faire passer pour vrai, ce qui au fond n'est que prouesse technique. Il y a des illusions nécessaires pour œuvrer dans le sens de la prévention, mais ce domaine est peuplé d'illusionnistes. L'illusion est du côté du jeu (« il faut parier sur l'humain ! ») et du désir (« et si on essayait de changer les choses ? »). L'illusionnisme est du côté de la maîtrise technologique, administrative, pseudo-scientifique. Je situe ma position d'analyste dans le champ de la prévention comme étant celle qui soutient chez les enfants, les parents et les professionnels « les jeux du désir », le cadre de l'imagination et de la créativité. Mais cela n'est possible que si complémentairement je traque la maîtrise et l'abus de pouvoir sous prétexte de vouloir le bien d'autrui.

Les illusionnistes sont les montreurs de grilles, les manieurs de vidéo. Le « c'est vrai puisque je le montre » a remplacé le « mon hypothèse est juste puisque je la démontre ». Ce sont aussi les mégalomanes du pluriprofes-

1. F. Marty, « À propos de l'illusion », in *Winnicott en pratique*, Cahiers de l'ANREP, 1989.

sionnel, du pluri-institutionnel et du périlocal. C'est la prévention sur le mode « plus on est de fous, plus on rit ». Vingt-cinq personnes pour parler d'un enfant au cours d'une réunion. Elles sont toutes tenues au secret professionnel, et toutes tenues de le partager. Sur le terrain ça donne : « Ah mais je la connais cette famille. — Elle a déjà consulté dans votre service ? — Non, mais je suis membre du Comité local de lutte contre les abus sexuels. » (Vous parlez d'un secret !)

Le brouillage des identités et des missions professionnelles et institutionnelles est pathogène pour les usagers. Les institutions tournent sur elles-mêmes et pour elles-mêmes. Tout le monde, sur un secteur, sait tout sur tout le monde. Et le regard posé sur l'enfant, sa famille, est à chaque rencontre plus enfermant, stigmatisant.

Le cadre, la clarté, la confidentialité, l'absence de savoir d'avance sur la personne, la psychanalyse est un peu chatouilleuse là-dessus. Et même, ces déballages, ça lui donne des démangeaisons. La cohérence entre les services, façon conglomérat pour contourner les affrontements ou l'angoisse, ça peut tourner aussi à l'illusionnisme.

Les illusionnistes ce sont enfin : les intégristes de la prévention. Au nom du bien de l'enfant, ils violent l'intimité des familles, posent des questions, font circuler la moindre information, interprètent les « comportements », sont soucieux surtout de ne pas passer à côté d'un danger. Ils ne laissent pas le temps ni les autres faire leur travail. Ce sont des violents involontaires par la volonté insensée d'éviter tout. « C'est mon secteur, s'il y avait un pépin ce serait moi la responsable. » Voilà une des définitions de la prévention parapluie. Moins les professionnels sont prêts à prendre quelques risques, plus les usagers sont perçus comme « à risque ». Le psychanalyste sait bien qu'un mot, un geste, une présence peuvent sauver un enfant. Une rencontre peut le délier d'un destin auquel il semblait exposé. Les effets sont parfois sensibles dans l'instant, parfois des années plus tard.

D. Vasse dit « sortir d'un destin surplombé par la mort ». Mais le psychanalyste n'est pas dupe. On ne programme pas le chavirement dans l'inconscient d'un être. On lui offre une occasion, on lui tend la perche. Souvent ce qui a été efficace vous a échappé. Si la collaboration entre la psychanalyse et la prévention est possible, ce n'est pas seulement parce qu'il y a un partage d'une certaine illusion comme cadre sans en être dupe. C'est aussi parce que les psychanalystes peuvent partager des objectifs avec les autres acteurs de la prévention. Il convient alors de mieux définir ce que pourrait être une prévention psychanalytique, puis d'introduire un travail sur la façon dont ces objectifs se déclineraient.

Plaidoyer pour une prévention allégée

Il y a plus de quinze ans, le docteur Jacqueline De Chambrun, qui dirigeait alors le service de la Protection maternelle et infantile et des crèches de Seine-Saint-Denis, m'avait parlé d'un film, *Quatro passi nelle nueve* (« Quatre pas dans les nuages »). Elle ajouta : « Tu vois, quand on croit qu'on n'a plus la force d'aller plus loin, il faudrait pouvoir faire quatre pas dans les nuages pour avancer. » Je m'en sers depuis pour soutenir ma position analytique dans les lieux de la petite enfance, soutenir cette fonction de l'illusion comme cadre pour l'imagination créatrice chez les professionnels que j'accompagne. Chaque fois que je fais quatre pas dans les nuages, je me prends à rêver d'une prévention plus simple, moins accessoirisée, plus modeste et plus profonde.

Les objectifs d'une prévention psychologique

Je définirai la prévention psychologique comme toute démarche qui consiste à éviter des dommages occasionnés à l'humanité dans la personne. Cela en prenant soin de sa dignité et en soutenant sa capacité à renouer avec la confiance. La prévention n'est pas limitée aux institutions dites de prévention ou de la petite enfance. Qu'un professionnel ait pour mission d'éduquer, de soigner, de rééduquer, d'aider à naître, à survivre, d'accompagner vers la mort, d'accorder des aides financières... il est médiateur de prévention psychologique chaque fois qu'il s'attache personnellement et collectivement à réduire la souffrance et la violence ajoutées.

Ainsi la prévention se dégage des carcans de la temporalité (avant coup, après coup). Elle s'exerce dans tous les lieux qui accueillent des personnes depuis avant leur naissance jusqu'à leur mort et cela quel que soit l'état physique, psychique et social de la personne.

Ainsi conçue, la prévention laisse du jeu possible face à la réalité, qui libère un espace de désir pour une relation d'échange entre le professionnel et l'usager. Chaque fois qu'une telle rencontre a lieu, elle produit un gain d'humanité pour les deux. Et de ce gain d'humanité, il reste toujours quelque chose, pour quelqu'un. Ça pourrait bien être ça, l'efficacité de la prévention.

Comment cette proposition de la prévention pourrait-elle se décliner dans les pratiques ?

Au niveau de chacun. Partout, dans toutes les institutions, dans tous les services, qu'est-ce qu'un professionnel peut faire, à la place qu'il occupe, avec le métier qui est le sien et les médiations relationnelles qu'il peut forger ? Qu'est-ce que lui seul et avec les autres peut faire pour éviter, amoindrir les dommages causés à l'humanité dans la personne, par l'abandon, la maladie, le handicap, la pauvreté, les catastrophes naturelles, la mort...

Au niveau des psychanalystes. Comment soutenir, accompagner et donner sens à cette démarche chez les familles, les équipes et les décideurs des politiques sociales et de santé ? C'est ainsi que je comprends l'expression de F. Dolto « l'implication humaine solidaire ».

Au niveau des institutions. Les organisations sont des outils pour remplir des missions, soigner, accueillir, enseigner, juger... La manière dont ces missions sont remplies va produire chez les enfants et leur famille soit des effets de violence psychique, soit des effets de prévention psychique. Une institution qui produit des effets de prévention psychologique est un collectif qui réussira à intégrer du « un par un ».

C'est un service qui supportera de faire l'aller et retour entre l'élaboration d'un projet et d'une organisation de travail, et la rencontre avec la singularité d'un enfant, d'une famille. Un service qui va accepter de se laisser déranger. Ce sont des lieux où les professionnels se sentent enseignés par les usagers, et supportent si besoin est de faire onduler l'ordre organisationnel, parfois passagèrement, parfois durablement. Dans trop de lieux il est dit « on ne peut pas faire d'exception à la règle parce que, si on le fait pour un, on va être obligé de faire pareil pour les autres ». Ce sont des lieux où l'enfant en tant que sujet reste dehors.

L'enfant est « sujet du verbe », comme l'a souligné Lacan. Dans son jeune âge, seul le singulier peut se conjuguer au pluriel des autres. Avec les enfants un je et un toi ça peut construire un nous de complicité et de solidarité. Mais le on de l'indifférenciation ne peut que produire chez eux de la division, de la ségrégation ou de l'exclusion. La prise en considération de l'individualité à son niveau le plus profond rejoint le collectif et donc la politique. Quand l'individuel et le collectif s'opposent, c'est qu'on n'est pas allé assez loin dans la réflexion.

C'est pour cela que, si la psychanalyse s'implique dans la prévention, elle rencontre inévitablement la politique. Se mêler de prévention, c'est se prêter à l'illusion désirante qu'on peut changer l'avenir, or la politique c'est précisément construire le futur. Qu'il s'agisse de politique de service, de politique de santé, de politique politicienne ou d'action citoyenne.

F. Dolto dans *La cause des enfants* a soutenu une position citoyenne, parce qu'elle n'a lâché ni sa position d'analyste (au service du un par un) ni la prévention (au service de l'avenir et du collectif). La politique met en articulation la psychanalyse et la prévention, conçues comme la tension vers un avenir pour chacun, et ensemble. « L'implication humaine solidaire » de F. Dolto ouvre la voie d'une psychanalyse citoyenne qui éclaire ce propos de Denis Vasse : « Notre naissance n'est interprétable qu'à la lumière des rencontres de notre vie. »

LUCIE CHARIAL*,
CAROLINE ELIACHEFF**,
JEAN-FRANÇOIS VALENTIN***

De la transmission : voir, écouter, sentir

CAROLINE ELIACHEFF : Pour vous parler de transmission, il fallait être au moins trois — ce que nous sommes —, Lucie Charial, Jean-François Valentin et moi-même. De quel mode de transmission s'agit-il ? De celui que F. Dolto a instauré en pratiquant des cures analytiques d'enfants en présence d'autres psychanalystes, pratique que je poursuis depuis une dizaine d'années en un autre lieu. Comme il s'agit aussi de transmission générationnelle, nous n'occupons pas les mêmes places : Jean-François Valentin a assisté aux consultations de F. Dolto et me fait l'amitié d'assister à ma propre consultation. Lucie Charial est trop jeune pour avoir connu F. Dolto mais elle participe maintenant à ma consultation. Quant à moi, j'ai assisté aux consultations de F. Dolto et simultanément j'ai commencé à recevoir des enfants venant de la même pouponnière qu'elle, en faisant dès le début venir un auditoire composé de personnes ayant suivi une analyse, sans être forcément analystes.

En travaillant ensemble, nous avons immédiatement réalisé que la transmission analytique, tout comme l'analyse individuelle, ne se fait pas à sens unique — de maître à élève ou de psychanalyste à psychanalysant (ou l'inverse). Elle implique une dialectique qui n'est pas forcément un

* Psychologue clinicienne.
** Psychanalyste.
*** Psychanalyste.

dialogue. À notre tour, pour vous transmettre quelque chose, nous avons choisi une structure comparable au *squiggle*[1] cher à Winnicott. Nous espérons qu'à la fin une forme se dégagera et — si nous avons réussi — cette forme ne sera évidemment pas la même pour tous. Pour commencer, dressons le cadre.

JEAN-FRANÇOIS VALENTIN : À l'hôpital Trousseau, F. Dolto recevait les enfants se présentant à la consultation d'un hôpital général. Ils pouvaient avoir jusqu'à quatorze, quinze ans. Rue Cujas, l'âge s'est trouvé limité à trois ans, les enfants venant exclusivement d'une pouponnière. Cette consultation s'appelait : « Étude psychanalytique des troubles relationnels précoces ».

À Trousseau la dévouée Mme Arlette, surveillante de son état, avait un rôle prépondérant dans les anamnèses, et les participants étaient chargés, à tour de rôle, de faire *in extenso* le compte rendu de chaque journée. Ce n'était plus le cas rue Cujas. Alors que la participation était gratuite, celle-ci est devenue payante à chaque séance pour les participants, en même temps que les conditions relatives au cursus analytique ont été précisées et rendues plus contraignantes. Enfin, d'une présentation d'enfants dans un hôpital, en blouse blanche, on est passé à un lieu privé.

Il ne s'agit pas de sélectionner les différents lieux de consultation, mais de repérer les changements de dispositifs pour des lieux dont l'histoire est totalement différente : la consultation de Trousseau, par exemple, a duré plus de trente ans. Cujas, au contraire, mise en place dans l'urgence a eu lieu dans les deux dernières années de sa vie, entre 1986 et 1988. Alors que Trousseau a constitué un long travail, lent et répétitif, Cujas n'a été qu'un bref résultat élaboré dans la proximité de la fin de sa vie. Juste avant de commencer, F. Dolto m'avait confié à quel point il était fondamental pour elle que nous y assistions. Alors qu'elle ne prenait plus de patients privés, se disant « à la retraite », et qu'elle consacrait son temps à transmettre son expérience en parlant et en écrivant, il lui semblait qu'elle n'arrivait

1. Le *squiggle* était un « jeu sans règles » que Winnicott utilisait pour communiquer avec ses patients. Il commençait en disant : « Je ferme les yeux et je laisse courir mon crayon sur le papier, c'est un squiggle. Tu en fais quelque chose d'autre et puis c'est à toi de jouer; tu fais un squiggle et c'est moi qui le transforme. »

pas à transmettre une part essentielle de sa pratique. Elle a souhaité reprendre le cadre de Trousseau en le resserrant et en mettant en place, dans un dispositif analytique, les conditions d'une cure qui pouvait être vue par d'autres qui, selon elle, formaient le « chœur antique », par principe analystes voulant continuer leur formation.

Je pense que l'on peut parler ici d'un « laboratoire analytique ». C'est de ce que l'on voit, écoute, sent, que sort le discours, s'il sort, quand il sort, avec les difficultés inhérentes à l'expérience scientifique *in vivo*, quand elle est unique, non répétable, c'est-à-dire, la plupart du temps sans effet « apparemment » visible, certainement pas spectaculaire mais plutôt besogneuse, répétitive, questionnante sur l'acte ou l'absence d'acte que l'on voit pratiquer, pour tout dire, bien loin des effets magiques de transfert qu'on lui prêtait et des cas racontés ou reconstruits qu'elle a mis à notre disposition.

Les effets subliminaux de ce qui est là donné à voir seraient des effets de transmission qui ne peuvent se dire ou s'écrire, très voisins, pour ne pas dire en tout point similaires aux effets inconscients des séances d'analyse, dont on sait bien en en sortant, analysants ou analystes, qu'on ne peut rien en dire, rien en transmettre et que pourtant elles ont changé ou elles vont changer notre vie. Effet dont nous sommes parfois spectateurs en tant qu'analystes, et qu'on voudrait partager comme F. Dolto, avec les enfants, ne voulait pas garder ça pour elle.

Les assistants sont dans une position intermédiaire, ni analyste ni analysant, ou l'un ou l'autre, ou les deux à la fois. Dans quelle position est l'enfant ? F. Dolto disait qu'il était son maître. Je dirais son « maître à passer », à faire passer quelque chose dont elle témoignait de son impuissance à le faire seule. En tous les cas, il oblige constamment et plus que nulle part ailleurs à s'en tenir à cette place d'analyste.

LUCIE CHARIAL : « Ce n'est pas possible qu'il n'y ait que moi pour profiter de ces leçons extraordinaires que nous donnent les enfants, ces parents, ces familles et le jeu de l'inconscient ; c'est là que l'on peut découvrir ce que c'est que la psychanalyse. »

C. E. : Cette phrase, dite lors de la table ronde de juin 1979 sur « Les effets de la transmission de la psychanalyse par l'assistance de psychanalystes en formation à la consultation de Trousseau[1] », cette phrase donc explique pourquoi des professionnels ont pu assister dès 1955 à des consultations psychanalytiques mais aussi, je crois, pourquoi F. Dolto a fait ce que l'on peut appeler maintenant des consultations radiophoniques. Peut-être n'y en aurait-il pas eu si la consultation de Trousseau n'avait pas existé.

Pour certains, les émissions de radio sont le point le plus critiquable de sa pratique parce que source d'ambiguïté, au sens où les réponses qu'elle donnait à un problème précis dans un certain contexte, dans un style direct parfois perçu comme brutal aurait pu prendre valeur de recette universelle. Il me paraît hors de propos de notre part de présenter aujourd'hui F. Dolto comme une victime de malentendus mais plus intéressant de pointer et de comprendre l'abondance des critiques d'un côté et l'absence quasi totale de commentaires concernant les consultations publiques.

Il me semble pourtant que ces deux activités relèvent d'une même idée : l'inconscient, dans ses manifestations, est on ne peut plus individuel et intime mais il n'est pas privé. Cela ne signifie pas pour autant qu'il soit collectif. Mais en se donnant à voir comme à Trousseau et à Cujas ou seulement à entendre comme à la radio, le psychanalyste et son patient peuvent aussi s'adresser directement à l'inconscient de spectateurs professionnels ou d'auditeurs non professionnels et leur faire effectivement découvrir « ce que c'est que la psychanalyse », appliquée à la psychopathologie de la vie quotidienne des enfants comme aux pathologies les plus graves. Cette position est différente de celle de Freud qui écrivait dans *L'introduction à la psychanalyse*, à une autre époque : « Vous ne pouvez assister en auditeurs à un traitement psychanalytique. Vous pouvez seulement en entendre parler et au sens le plus rigoureux du mot, vous ne pourrez connaître la psychanalyse que par ouï-dire. »

L. C. : Le ouï-dire n'est pas sans effet et un colloque comme celui-ci en sera une des nombreuses démonstrations. Mais pourquoi d'autres psychanalystes qui ont assisté eux aussi aux consultations de F. Dolto ne mettent-ils pas ce dispositif en place, dispositif inhérent, à mon sens, à la formation didactique des psychanalystes ?

1. *Les lettres de l'École freudienne*, n° 25, vol. II, juin 1979, p. 239-253.

C. E. : La dimension collective — peut-être serait-il plus juste de dire citoyenne si l'on envisage l'ensemble de l'œuvre de F. Dolto —, celle qui a consisté à toucher individuellement de nombreuses personnes par l'exercice public de la psychanalyse est l'aspect le plus innovant, le plus questionnant aussi, de la transmission. Cette pratique — est-il besoin de le rappeler — ne se substitue absolument pas aux autres modes de transmission que sont l'analyse individuelle, les contrôles et l'étude des textes. Elle s'y ajoute avec toute la singularité.

F. Dolto disait qu'elle avait le trac avant de commencer ses consultations publiques et c'est aussi ce qu'elle disait à propos des émissions de radio. Ce trac-là ne vient pas de la présence des autres analystes ou de l'existence d'un auditoire. Il survient lorsque l'on sait que l'on ne maîtrise rien. On accepte, non sans angoisse d'ailleurs, d'être touché là où on ne s'y attend pas et c'est avec cela que l'on va travailler, absolument sans filet, en direct comme on dit à la radio. Écouter les émissions radiophoniques comme nombre d'entre nous l'ont fait en faisant autre chose, en conduisant sa voiture par exemple, n'avait pas pour but d'apprendre quoi que ce soit et pourtant c'était formidablement instructif parfois à l'insu de chacun des auditeurs. On entendait une histoire extrêmement personnelle écrite par son auteur et surtout on écoutait quelqu'un qui entendait autre chose que ce qui était écrit et qui, en même temps, s'adressait à vous. Cela faisait de temps à autre un effet d'interprétation non sauvage : en écoutant, on ne pouvait s'empêcher de penser à soi et parfois d'être touché par cette parole qui paraissait si juste parce qu'elle s'adressait en principe à quelqu'un d'autre.

À la consultation de la rue Cujas, il était clair que nous venions pour apprendre, même si nous ne savions pas au juste quoi. Quand F. Dolto disait qu'elle avait besoin de notre présence, je ne pouvais pas la croire et probablement n'étais-je pas la seule : comment imaginer qu'une personne aussi expérimentée puisse avoir besoin de nous qui l'étions beaucoup moins ? Je n'avais pas compris que ce n'était pas de cela dont elle parlait. Ce « besoin de la présence des autres » est une position éthique essentielle pour exercer devant des tiers comme pour faire des émissions de radio ou maintenant de télévision comme certains s'y sont risqués avec plus ou moins de bonheur. Si l'on n'a pas besoin de l'assistance ou si l'on ne s'adresse pas au public, autrement dit si on l'exclut, bien qu'il soit là, on donne à voir une relation de type incestueux : « regardez comme cet enfant et moi sommes bien ensemble » et pervers : « regardez comme nous jouissons de nous exhiber ». Avoir besoin de l'assistance signifie l'inclure dans la relation à l'enfant même si elle est silencieuse ou virtuelle, c'est-à-dire lui faire jouer pleinement son rôle de tiers.

J.-F. V. : F. Dolto a observé que cette présence qu'elle appelait « le chœur antique » était un « extraordinaire rapidisant du travail ». Elle ajoutait : « Le retour du refoulé pouvait se faire beaucoup plus facilement et également les interprétations touchant la vie sexuelle archaïque ou la vie sexuelle génitale, parce que des gens adaptés à la société étaient présents et n'étaient pas comme les parents, *bouleversés* qu'on ait mis des mots justes sur les affects ou sur les sensations correspondantes. » Cet effet de rapidité peut sembler paradoxal, eu égard à la pauvreté des anamnèses de ces enfants, en raison de l'absence quasi générale de leurs parents et donc de l'absence de repères précis dans la chronologie et le déroulement de leur vie. On peut penser à l'inverse que l'absence physique totale des parents et de leurs réactions favorise et accélère le déroulement de la cure, adossée, au-delà du transfert à l'analyste, à plusieurs autres transferts, le plus souvent muets, aux participants-voyeurs de la séance, qui adultes, eux-mêmes en formation analytique, formeraient une sorte de famille recomposée qui atténuerait les effets érotiques ou de séduction de la relation duelle. Ces transferts à l'état embryonnaire, dans le silence, seraient essentiellement mus par des sensations archaïques : être écoutés, voir, être vus, sentir, absence ou présence, perception d'hommes et de femmes. Par ailleurs, ces transferts seraient réversibles, aucun des assistants n'étant en position d'analystes. Le même effet « rapidisant » sur leur propre cure serait perceptible pour certains. Il y a de multiples similarités dans le comportement de ces assistants-analysants et des enfants qui, d'abord payant leur participation, supportent ou non de continuer (les départs sont souvent brutaux et sans explication) et manifestent ensuite de multiples effets de transfert sur l'analyste et sur l'enfant-analysant.

L. C. : Psychologue clinicienne au Centre médico-psychologique d'Issy-les-Moulineaux, j'assiste tous les quinze jours à cette consultation pour la deuxième année consécutive. Ma réflexion s'articule autour de la teneur et la structure de la consultation où le regard est mobilisé d'une manière très singulière. En effet, l'observateur ne peut se réduire à n'être qu'un observateur passif. Dans son corps, son écoute, son regard, la rencontre du psychanalyste avec l'enfant le saisit. Tout son être est tendu devant le déploiement de l'inconscient qui se manifeste dans ce cadre, entre deux êtres singuliers. À chaque séance bimensuelle, avec chaque enfant de la pouponnière, ce qui se joue à travers la rencontre de Caroline Eliacheff et de cet enfant-là, pris dans la singularité de son histoire, nous met aussi au « travail », nous qui observons cette scène entre elle et l'enfant et qui devons aussi être à l'écoute de ce qui se produit en nous, à ce moment-là. Il s'agit d'une expérience très particulière où des mouvements émotionnels sont déclenchés, entraînant une incapacité de penser. Une difficulté à penser, stigmatisée par le regard, empêchée par l'émergence des images et des affects : que nous donne à voir la clinique des séances, si ce n'est ce qui se joue alors en nous-mêmes ?

Afin d'essayer de vous faire partager cette expérience, je vais décrire l'évolution qui se produit en m'appuyant aussi sur les témoignages des différentes personnes qui ont participé depuis dix ans à cette consultation. La perception se structure en trois temps :

— Un premier temps qui pourrait être un temps de « stupéfaction ». Une phase d'étonnement face au pouvoir et à l'efficacité de la parole, notamment lorsqu'il s'agit d'une cure de nourrisson. Comment des mots adressés à un être n'ayant pas encore accès au langage peuvent-ils agir sous nos yeux sur le symptôme ? Stupéfaction du fait même d'être là : expérience unique d'assister « en direct » à la cure de quelqu'un d'autre que soi. Temps envahi par un rythme incessant de va-et-vient de mouvements identificatoires à l'analyste, mais également à l'enfant. Première étape qui nous saisit à travers tous nos canaux sensoriels.

— Le deuxième temps a, pour ce qui me concerne, coïncidé avec le début de ma pratique de psychologue clinicienne : un temps d'« imprégnation ». Phase difficile de l'après-coup. Je commençais à recevoir des enfants en psychothérapie, avec ce risque majeur de reproduire ce qui se jouait dans les consultations du mercredi et la manière d'être de Caroline Eliacheff. Si nous la voyons faire, il ne s'agit pas pour autant d'un savoir-faire ni de recettes. Épreuve difficile où, maintenant encore, à chaque séance, j'essaie de rester attentive à l'impact de cette consultation sur mon travail : elle ne doit pas prendre la forme d'un modèle, avec des formules plaquées, mais doit promouvoir cet espace de créativité où peuvent s'exprimer les processus inconscients.

— Un troisième temps, qui est la phase que je traverse aujourd'hui, pourrait être le temps de la « construction ». J'entends ici par construction : un cadre bien précis qui permet que le travail se fasse, des outils conceptuels (comme le paiement symbolique, la conduite d'un premier entretien, le déroulement d'une séance, la fin de cure, l'analyse du dessin et des modelages en pâte à modeler...), mais aussi une marge de manœuvre considérable, un espace pour que l'inconscient puisse émerger, se mouvoir.

Caroline Eliacheff nous transmet une structure de travail en nous donnant à voir l'élaboration de sa pensée, prise dans le lien transférentiel avec les enfants de la pouponnière : les « règles » fondamentales de la psychanalyse et la possibilité d'élaborer à notre manière. Elle nous enseigne une rigueur de pensée par rapport aux référents théoriques psychanalytiques et une grande souplesse d'action. C'est en intégrant les effets de cette expérience à travers le regard, le ressenti et l'écoute que nous pouvons dans un second temps recevoir puis utiliser cette transmission. Ce dispositif particulier de consultation alimente sans cesse notre pratique clinique qui, en retour, permet de mieux comprendre, dans l'après-coup, certains processus de la consultation. Il est la source d'un perpétuel questionnement : « ce n'est jamais ce que l'on croit ». Il n'y a plus d'avant ni d'après, mais il y a ce lien qui s'est tissé entre ce que nous observons pendant ces séances et ce que nous faisons dans notre propre pratique, lien qui nous permet de trouver certaines réponses et de formuler de nouvelles questions.

J.-F. V. : F. Dolto a mis la clinique des enfants au centre de sa théorisation et de sa transmission. C'est à partir de la psychanalyse d'enfant qu'elle a construit le concept d'image inconsciente du corps et c'est aussi à partir des cures d'enfants, filles et garçons, qu'elle a élaboré sa théorie de la sexualité féminine. La consultation de la rue Cujas m'est apparue comme la concrétisation la plus simple et le parachèvement le plus efficace de son œuvre de transmission par la clinique. C'est certainement pour vérifier que l'axe central de sa transmission venait de la clinique des enfants, hypothèse qui m'avait déjà sidéré rue Cujas, que j'ai répondu positivement à la proposition de Caroline Eliacheff d'assister à ses consultations.

Les premières séances ont été très troublantes, très émouvantes aussi, au sens où je retrouvais, dix ans après, un fil que je pensais avoir perdu. Le plus troublant étant peut-être une sorte de mimétisme qui renvoyait évidemment à F. Dolto, mais aussi à ma propre pratique avec les enfants les plus jeunes. Pas un mimétisme-copiage ni une servile imitation mais un mimétisme créateur, permettant à Caroline Eliacheff d'être totalement elle-même dans son abord de l'autre. Ce ne sont pas les paroles qui sont le creuset de la transmission, ni l'aspect dit technique de la séance. Ce sont des gestes, un accueil, une position parfois très ferme, parfois très douce, une façon de poser le silence, le regard, le corps. Une façon d'accueillir sans parler ou en parlant, sans sourire ou l'inverse, une façon de se positionner en creux, ni maternelle ni apitoyée, creux qui ouvre le champ d'une parole, d'un autre discours ou d'un silence, creux, en tous les cas, qui reconnaît à un enfant sa place, qui souligne son importance de sujet dans cette place et que la présence tierce du chœur accrédite.

Je ne parle pas de mimétisme au sens d'imitation, il s'agit plutôt de la mimêsis, au sens d'Aristote : manifestation sensible de caractères cachés... d'où la gestuelle du mime qui n'imite pas mais crée sans parole. Cette mimêsis se transmet au chœur antique (lequel renvoie lui aussi à la danse et à la gestuelle sans parole). Elle nous aide à nous débarrasser de nos imitations, identifications que nous avons tous eues analystes-débutants à nos propres analystes. Elle nous permet de tendre plus directement vers une position que l'on a qualifiée en France de « neutralité bienveillante » que Freud appelait *Indifferenz*, ce que l'on peut entendre en français comme l'indifférence magnétique du corps, c'est-à-dire une position qui n'exerce aucune attirance, ni centrifuge ni centripète. La position de F. Dolto, position féminine d'accueil en creux, centripète comme elle le disait, que je rapproche de l'*Einfühlung* (l'empathie) de Ferenczi, souligne une passivité active, comme le chœur antique apparemment passif dont Lucie Charial vous a décrit l'activité. C'est une position particulièrement surprenante et difficile pour un homme. Dans le champ du transfert, dans nos cures, nous sommes souvent réfugiés, par peur d'une éventuelle complicité, dans une indifférence composée. On pourrait croire que cette difficulté nous empêche d'être plus nombreux à pratiquer la psychanalyse avec des enfants, surtout quand ils sont très jeunes.

C'est en partie ce que F. Dolto voulait donner à voir, qui ne peut se dire ou s'écrire que partiellement. Peut-être est-ce la raison pour laquelle elle disait qu'elle pensait avoir échoué.

Pour terminer je voudrais dire le risque qu'il y a à s'exposer ainsi à un moment de l'histoire analytique où, contrairement à ce que l'on peut croire, l'analyse des petits est loin d'être reconnue par l'ensemble des analystes. Je veux dire l'analyse des petits, telle que nous la concevons maintenant, dégagée de toute approche comportementaliste ou pédagogique.

C. E. : J'ai un avantage formidable sur F. Dolto, celui de ne pas être un mythe, de ne pas bénéficier de l'aura de celle que l'on a considéré comme en sachant le plus sur l'enfant. N'ayant pas élaboré mes propres théories mais me servant de celle des autres (qui sont faites pour ça), j'ai tout à fait conscience de ne pas transmettre ce que F. Dolto et bien d'autres m'ont transmis mais plutôt ce que j'ai fait de ce qui m'a été transmis. C'est prétentieux et modeste à la fois mais, plutôt que de vous parler de moi, je voudrais vous donner un exemple avec le paiement symbolique. Certains s'en servent « parce que Françoise Dolto l'a dit ». D'autres ne s'en servent pas pour la même raison ou parce qu'ils ne savent pas s'en servir. S'en servir — comme on dit — implique quelques préalables concernant la psychanalyse en général et la psychanalyse avec les enfants en particulier. Par exemple, si l'on considère que la psychanalyse est une affaire de soignant et de soigné, nul besoin de paiement symbolique. L'utilisation du paiement symbolique implique que l'on considère la psychanalyse comme une affaire de sujet et de désir et la psychanalyse avec un enfant comme un travail de deux humains cherchant ensemble.

Cela signifie notamment que l'enfant a exactement les mêmes droits que l'adulte quant à la cure analytique. Il peut l'accepter ou la refuser quel que soit le désir de ses parents, de l'institution ou du psychanalyste qui la lui ont proposée. C'est pour cette raison que, lorsque l'analyste propose le paiement symbolique, c'est l'enfant qui s'en sert et non l'analyste. F. Dolto nous a légué un instrument qui est le symbole d'une éthique de la psychanalyse et du respect que l'on doit à l'enfant mais sans mode d'emploi.

Les difficultés de son maniement apparaissent en cours de cure, au premier oubli qui n'en est pas toujours un, avec un enfant qui en apporte trop ou pas assez, qui ne veut pas apporter de caillou mais qui dit vouloir continuer, etc. Il ne sert à rien de décrire toutes ces situations car chacune est unique. Mais elles ont des caractéristiques communes : l'analyste est mis en difficulté par un enfant qui, d'une manière ou d'une autre, tente de le déloger de sa position d'analyste (au plus simple en le rendant complice d'une transgression) tout en lui demandant de tenir sa place à tout prix. Il le fait pour une raison tout à fait personnelle qui a justement à voir avec son désir de faire une analyse. C'est dans ces situations d'inconfort, d'incompréhension, de perte de repères, parfois de vide, en tout cas de difficulté que l'on construit son style, c'est-à-dire que l'on fait de tout cela ses propres instruments de travail en verbalisant ce qui se passe et en faisant totalement confiance à l'enfant. Ce qui ne veut pas dire lui laisser tout faire, ni même tout dire, mais utiliser ce qu'il provoque en nous pour trouver une solution dans l'ici et maintenant, une solution qui tienne compte à la fois de l'éthique de la psychanalyse, de l'histoire passée de l'enfant et du contexte présent où surgit le problème. Lucie Charial posait la question de savoir pourquoi il n'y avait pas davantage d'analystes qui acceptent la présence de leurs collègues. Je suis évidemment mal placée pour y répondre, mais je n'aurais certainement pas pu le faire si je n'avais pas vu F. Dolto désemparée, en grande difficulté parfois ou se trompant sur le prénom d'un enfant ou sur un élément essentiel de son passé, se servir de ses incompréhensions, de ses erreurs, de ses failles d'une manière évidemment inimitable, puisque c'était elle.

Le travail avec et autour du paiement symbolique est une sorte de situation type, mais il y en a bien d'autres où le savoir-faire articulé étroitement à la théorie et à l'éthique peut se transmettre sur un mode artisanal, comme la cuisine. La recette est la même pour tous, mais le plat sera toujours différent. Quand on suit la recette à la lettre, il peut être complètement raté si l'on n'y a pas mis un peu de soi.

L. C. : Le paiement symbolique s'est inscrit dans ma pratique « naturellement », comme un des éléments structurant le cadre de la cure de l'enfant. Il fait partie de ma « grammaire psychanalytique ». Je peux à peine imaginer de ne pas le proposer à un enfant, peut-être parce que j'ai commencé par assister aux consultations quelques mois avant de pratiquer. L'aisance avec laquelle je manie le paiement symbolique m'a interrogée sur la façon dont j'avais intégré cet outil. Je me suis aperçue que je n'avais rien lu ou entendu sur le paiement symbolique. Mon unique source était la consultation de Caroline Eliacheff. C'est comme si, avant même de mettre en pratique le paiement symbolique, j'en avais déjà fait l'expérience en la voyant et en l'écoutant faire. C'est comme si, chaque fois qu'elle proposait à un enfant, pour qu'il puisse s'engager ou non dans la cure, de payer sa séance, j'enregistrais avec une grande attention chaque mot de la consigne, chaque geste accompagnant la verbalisation du paiement symbolique et surtout les différentes interactions avec chaque enfant confronté à cette proposition étonnante. Je voyais et j'entendais en direct la mise en place du paiement symbolique.

La spécificité de cet apprentissage est fondée sur cette place particulière que nous occupons dans l'assistance : spectateurs et en même temps acteurs de ce qui se joue en nous-mêmes. À travers le regard et l'écoute, nous faisons l'expérience de ce que nous observons en testant à l'intérieur de nous-mêmes comment nous ressentons ce que nous percevons. Ce type d'expérience donne la confiance nécessaire pour tenir, à notre tour, dans la relation thérapeutique avec un enfant, notre place en instaurant le paiement symbolique. Dès le début, j'ai ressenti un étrange sentiment de déjà-vu qui me rassurait et un sentiment de nouveauté lié à la singularité de la rencontre et au fait que je n'étais plus à la même place. Mais il y a quelque chose que je n'ai pas appris et qui, je crois, ne s'apprend pas. Il s'agit de la surprise que provoque la rencontre inhérente à la singularité d'un sujet. La clinique avec les enfants interroge sans cesse notre position éthique, nos références théoriques et nous permet de rester attentifs au fait que ce que nous avons appris ne se rigidifie pas en un modèle définitif.

Assister à la consultation des enfants de la pouponnière apprend les bases qui nous permettront de nous orienter face à un enfant, mais ne peut en aucun cas se substituer à la richesse de ce qu'ils nous apprennent. Ce que je n'ai pas appris à la consultation de Caroline Eliacheff, je l'apprends avec les enfants que je reçois. Sans eux le paiement symbolique n'a pas lieu d'exister, sans eux nous ne pouvons l'intégrer à l'intérieur de nous-mêmes. Avoir vu Caroline Eliacheff se servir du paiement symbolique ou parfois ne pas s'en servir ne m'a pas donné le mode d'emploi qui est sans cesse à réinventer. C'est toujours du « sur mesure ». Que deviennent tous les cailloux, tickets de métro, timbres apportés par les enfants ? Comment parvenir à faire cohabiter ce que nous sommes avec ces objets symboles sinon en continuant à nous interroger comme Jean-François Valentin va le faire ?

J.-F. V. : La première difficulté avec le paiement symbolique est qu'il recouvre deux notions : le paiement et le désir de venir, autrement dit la concrétisation du désir de venir par le paiement. Contrairement aux adultes, le paiement s'effectue au début de chaque séance, ce qui peut permettre de refuser une séance comme on refuserait à un adulte sa séance s'il n'avait pas d'argent, alors que l'usage veut qu'on lui fasse confiance tant sur son désir de venir que sur la certitude qu'il va payer. Autrement dit, on est plus exigeant sur le questionnement de la demande d'un enfant alors que bien des adultes viennent aussi nous voir portés par la demande ou par le paiement d'un autre. Le paiement symbolique pose des questions essentielles qui permettent aussi de travailler la clinique avec les adultes. En quoi la clinique avec les tout-petits transforme-t-elle notre pratique quotidienne puisqu'il ne s'agit pas d'apprendre à être des analystes d'enfants mais analyste tout court. Cette pratique élargit le champ d'accueil de la demande au sens de l'élasticité de Ferenczi.

Questionner la demande par le paiement est un des premiers avantages du paiement symbolique. Il n'y a aucune recette, tout est possible du moment qu'on réussit à s'en servir. Il introduit à la fois une exigence et une souplesse. On pourrait dire qu'il en est de même pour la parole de l'analyste, autre instrument sans mode d'emploi. Le paiement symbolique amène à parler davantage à nos patients et surtout à leur parler dans un autre registre que celui que nombre d'analystes s'imposent comme un dogme : la non-réponse aux questions du patient, le ni bonjour ni bonsoir, la froideur obligatoire, l'absence de regard, l'interdiction de serrer la main, le dédain du paiement. Cet autre registre que Ferenczi associait à l'*Einfühlung*, l'empathie, assigne une plus grande élasticité de la pratique mais aussi une plus grande exigence du champ du transfert. Les enfants ont l'intelligence immédiate du cadre analytique, c'est-à-dire l'intuition du champ de la parole agissante et de la position efficace pour eux. Quand un enfant ne veut pas faire une analyse, c'est beaucoup plus évident que lorsqu'il s'agit d'un adulte et la situation est assez simple sauf peut-être à la faire accepter par l'entourage. Mais une erreur, un empiétement sont aussitôt relevés à moins qu'ils ne soient provoqués, et c'est là que l'enfant nous enseigne en nous mettant devant nos défaillances et nos incapacités.

C. E. : Je demande depuis quelques années à tous les participants à ma consultation, au cours des quatre réunions annuelles où ils sont tous présents, de témoigner de ce que cette consultation représente pour eux, là où ils en sont. Je pense qu'il est indispensable de les obliger à élaborer ensemble ou individuellement leurs impressions, leurs sensations, leur transfert quand c'est possible. Ces documents sont des documents de travail, de leur travail, et n'ont pas été écrits pour être diffusés. Ce sont des témoignages toujours sincères, souvent émouvants, qui sont parfois la seule chose que je connaisse de ces personnes. Leur diversité me surprend et me rassure quelque peu sur les écueils que je vois et ne peux prévenir, d'autant qu'ils varient selon le moment de la trajectoire personnelle de chaque participant :

— Les risques que le transfert à l'analyste ne prenne un statut de recette. Apprendre un métier à quelqu'un de plus jeune ne doit pas le dédouaner d'affronter lui-même, avec ses moyens propres, les difficultés et de trouver ses propres solutions. Avec une éthique commune (c'est-à-dire comme le dit Jean-Pierre Winter s'en tenir, quoi qu'il arrive, à une méthode de lecture et pour un analyste ne refuser aucune des conséquences heureuses ou malheureuses impliquées par l'hypothèse de l'inconscient) on exerce de manière différente. C'est pourquoi je crois qu'il faut prendre le risque de l'effet recette car, comme je l'ai dit plus haut, la meilleure recette ne donne pas toujours de bons résultats si on ne se l'est pas appropriée.

— Les risques que le transfert au très jeune enfant remette en question sans solution parfois la propre analyse des participants ou ne fasse que l'effet d'une cure par procuration pour une période de la vie qui n'aurait pas été abordée dans l'analyse personnelle.

— Le risque que les participants estiment inutile de faire des contrôles individuels en se servant de moi entre les séances comme une sorte de « consultant » à peu de frais.

— Le risque de considérer que cette formation ne concernerait que les enfants. F. Dolto accueillait préférentiellement des psychanalystes d'adultes et les témoignages que je reçois me prouvent que les effets de ce mode de transmission sont immenses en ce qui concerne la pratique de la psychanalyse avec les adultes.

Mais finalement, le risque qui me paraît le plus important est lié au fait que je suis quasiment seule à accueillir mes collègues. S'ils pouvaient connaître des expériences similaires avec d'autres psychanalystes, je pense que l'effet miroir serait moins prégnant. Ils pourraient dépasser beaucoup plus facilement certains effets de transfert sur la personne dont F. Dolto, dans sa solitude, a largement fait les frais.

Je crois avoir appris en exerçant devant d'autres personnes qu'un psychanalyste n'est jamais seul avec un enfant, même s'il l'est matériellement. Parfois, quand je suis en grande difficulté, je me dis : que ferait F. Dolto si elle était là ? Je trouve rarement une réponse, mais là encore je ne suis pas seule et c'est surtout ça qui compte. Ne pas se sentir seul permet en effet d'éviter d'être mal accompagné.

DIDIER DONSTETTER*

Les enfants sourds,
F. Dolto et la psychanalyse :
au-delà des paradoxes

C'est une chose peu connue qui mérite d'être mise en valeur, F. Dolto a beaucoup travaillé les questions qui concernent les enfants sourds. Il n'est pas aisé de s'en rendre compte parce qu'elle n'a pas rassemblé ses observations et réflexions dans un ouvrage qui permettrait de la suivre facilement sur ce terrain. Pourtant, à étudier son œuvre, on ne peut qu'être saisi par la régularité avec laquelle elle revient sur ce thème. Presque chacun des livres qu'elle a publiés contient un passage, une phrase, une évocation qui les concerne, auxquels il faut ajouter d'autres documents : transcriptions de conférences, articles parus dans des périodiques, etc. Au total nous nous trouvons devant un corpus qui représente un trajet s'étendant de 1942 à 1988, au cours duquel son travail s'est déployé, corpus passionnant, qui mérite qu'on y travaille[1], où F. Dolto ne fonde rien de moins qu'une approche psychanalytique des enfants sourds et des questions qu'ils posent.

* Psychologue.

1. Cf., à ce sujet, D. Donstetter, « Les enfants sourds, F. Dolto et la psychanalyse », in *Les lundis du GESTES*, vol. 2, 1995, p. 51-69.

LES JALONS D'UN PARCOURS

Le 30 août 1928, Agnès Dognin écrit à F. Dolto : « Maman a lu un bouquin ici qui est très intéressant, *Âmes en prison*[1] ; si tu as le moyen de te le procurer lis-le, c'est passionnant, c'est toute l'éducation par une sœur de plusieurs enfants sourdes-muettes aveugles[2]. » Peut-être n'a-t-elle jamais lu ce livre mais il est certain qu'elle croisa des enfants sourds dès 1942 car elle emménagea rue Saint-Jacques, à Paris, dans un appartement qui donnait sur la cour de récréation de l'Institut national des jeunes sourds, premier établissement de ce type au monde, fondé par l'abbé de l'Épée et inauguré après sa mort, en 1789[3]. Elle observa souvent ce qui se passait sous ses fenêtres, et cela nourrit sa réflexion dans un prolongement de sa pratique clinique parfois directement interpellée. C'est ainsi que, de sa patiente Bernadette, pour qui elle réalisa de ses mains habiles la fameuse poupée-fleur, elle dit : « Les seuls propos qu'elle exprime avec une syntaxe compréhensible sont des propos vindicatifs à l'égard, entre autres, d'un de mes enfants dont elle entend les pleurs, ou à l'égard des enfants qui jouent dans une cour de récréation qu'on peut voir de mes fenêtres[4]. » Elle rencontra à sa consultation un premier enfant sourd en 1943-1944[5], d'autres suivirent. Ces rencontres, à proprement parler cliniques, entre F. Dolto et des enfants sourds ouvrirent chez elle un questionnement qui ne se referma plus.

Elle écrivit sur ces questions à partir de 1972[6], où elle commence à exposer ses idées, après trente années de réflexion. Si le contexte n'est plus alors celui d'une guerre mondiale, le sort des enfants sourds n'est pourtant pas très enviable. La psychiatrie fait preuve d'un certain désintérêt

1. *Âmes en prison : l'école française des sourdes-muettes aveugles*, par Louis Arnould, Boivin, 1926.
2. F. Dolto, *Correspondance, 1913-1938*, Hatier, 1991, p. 212.
3. Voir, à ce sujet, M. Bézagu-Deluy, *L'abbé de l'Épée, instituteur gratuit des sourds et muets, 1712-1789*, Paris, Seghers (biographie), 1990.
4. F. Dolto, « Cure psychanalytique à l'aide de la poupée-fleur », in *Revue française de psychanalyse*, n° 1, 1949, repris dans *Au jeu du désir*, Le Seuil, « Points », 1981, p. 137-138.
5. F. Dolto, *Solitude*, Gallimard, 1994, p. 352.
6. F. Dolto, « Cas particulier du nourrisson sourd », in *Au jeu du désir les dés sont pipés et les cartes truquées*, séance du 22 avril 1972 à la Société française de philosophie, repris dans *Au jeu du désir*, *op. cit.*, p. 282.

et « se contente de prendre acte des travaux qui, depuis quelques années, essayaient de cerner une psychologie spécifique aux enfants sourds, à grand renfort de tests comparant leurs performances cognitives à celles d'enfants entendants. Cette approche, restée dans les mémoires sous le nom de psychologie du sourd, conclut inévitablement à l'infériorité des enfants sourds. Dans les années 1970-1980 ceux-ci sont donc globalement renvoyés aux bons soins d'une approche ortho-pédagogique censée assurer leur *rédemption* ou, tout au moins, les "instruire" ou les rééduquer, c'est-à-dire les faire oraliser phoniquement. Cette approche, du nom d'*oralisme*, ne tient nullement compte de la vie psychique des enfants sourds et de son expression manifeste : la langue des signes[1] ».

Parallèlement, cette époque connaît les débuts d'un militantisme des sourds eux-mêmes et portant sur leur reconnaissance, à travers une défense du langage gestuel français (ou LSF) en tant que langue, dont l'argumentation s'appuyait sur la démonstration réalisée par le linguiste américain W. Stockoe[2], pour ce qui concerne l'American Sign Language (ASL).

En 1979, alors qu'elle ne recevait plus de patients, F. Dolto anima un groupe de travail — constitué de personnes analysées auxquelles se joignirent plus tard des psychanalystes en particulier Mme Claire Eugène et le docteur Michel Jollivet — auquel elle consacra beaucoup de temps, de travail et d'efforts jusqu'en 1984. De la suite de ce groupe naquit une association, Communication précoce entendants non-entendants, puis une maison Arc-En-Ciel destinée à un accueil des enfants sourds avec leurs parents, sur le modèle de la Maison Verte[3]. L'aventure tourna court non sans que F. Dolto prenne la peine de témoigner de ses recherches à maintes reprises entre 1978 et 1988. Un temps elle déplaça son séminaire dans les locaux mêmes de cet INJS de Paris qui fit ultérieurement poser une plaque commémorative de l'événement.

1. D. Donstetter, « Une approche psychanalytique de l'enfant sourd », in *Le journal des psychologues*, n° 163, décembre 1998-janvier 1999, p. 67-68.

2. W. Stockoe, « Sign Language Structure, an Outline of the Visual Communication Systems of the American Deaf », *Studies in Linguistic*, Occasional paper, 1960.

3. Voir, à ce sujet, F. Dolto, « La Maison Verte », in *Esquisses psychanalytiques*, n° 5, Printemps 1986.

UNE PSYCHANALYSTE À L'ÉCOUTE DES ENFANTS SOURDS

On ne peut pas dire que les psychanalystes, jusque-là, se soient beaucoup intéressés aux sourds. C'est Ferenczi qui, le premier, pose un questionnement évoquant le cas de surdité[1] à propos de la théorie du préconscient, alors nouvelle. Freud répondra en deux temps, de manière fort intéressante[2]. Puis les « sourds-muets » disparaîtront apparemment de la littérature psychanalytique pour réapparaître sous la plume de J. Lacan, par deux fois[3]. Ces différentes interventions sont d'ordre théorique. La figure du sourd-muet y intervient comme support à la réflexion, mais en dehors de toute pratique clinique et dans l'ignorance de la langue gestuelle.

Une première remarque s'impose : F. Dolto est la première psychanalyste à témoigner d'un intérêt soutenu pour les enfants sourds; il s'enracine dans les premiers temps de sa pratique clinique.

NAISSANCE D'UNE CLINIQUE PSYCHANALYTIQUE DE L'ENFANT SOURD

La question du diagnostic

F. Dolto n'a nullement cherché à rencontrer des sourds, elle dit : « On m'amenait des enfants dits psychotiques ou débiles ou caractériels, insupportables dans la vie courante et dans leur famille, dont on n'avait pas diagnostiqué la surdité[4]. » C'est donc dans le cadre d'une consultation psychiatrique « tout venant », celle de l'hôpital Trousseau, que les

1. S. Ferenczi, lettre à Freud du 18/01/1916, *in* S. Freud - S. Ferenczi, *Correspondance, 1914-1919*, Calmann-Lévy, 1996, p. 122.

2. S. Freud, lettre à S. Ferenczi, du 18/01/1916, in *Correspondance, op. cit.*, p. 123; « Le moi et le ça » (trad), in *Essais de psychanalyse*, Payot, « Petite bibliothèque Payot », n° 44, 1982, p. 232.

3. J. Lacan, « Du signifiant dans le réel et du miracle du hurlement », 1955-1956, in *Le séminaire,* Livre III, *Les psychoses*, Le Seuil, « Le champ freudien », 1981, p. 154-155; conférence faite à Genève (Suisse) sur le symptôme, 1975, inédit, Bibliothèque Zlatine.

4. F. Dolto, « Apprentissage de la LSF aux parents de très jeunes enfants sourds », transcription de l'interview accordée le 5 juin 1981 au *Journal des sourds et malentendants*, Antenne 2, parue dans *Coup d'œil*, n° 28, mai-juin 1981, p. 6-8.

choses se sont passées, au cours de ces années de guerre[1]. F. Dolto a été *bouleversée* devant les enfants sourds, devant leur « intelligence non reconnue[2] », leur désir de communiquer, de s'exprimer, de comprendre, de créer, de jouer[3]. Sans doute faut-il insister un instant sur la formidable avancée que cela manifeste.

La question d'un diagnostic différentiel. On peut, en première approche, aborder les choses en termes de diagnostic différentiel pour souligner l'apport de F. Dolto, dans la mesure où elle a pu, dans certains cas, réfuter le diagnostic psychopathologique qui avait été posé, *a priori* : « C'était ma formation psychanalytique qui me permettait de faire immédiatement ou presque immédiatement à la deuxième séance, troisième séance au maximum, la différence entre un enfant très intelligent sans communication auditive et un enfant psychiquement perturbé[4]. » Car c'est ainsi que la question se posait; ce qui était demandé à F. Dolto, c'était de répondre à la question de savoir si l'enfant qui lui était présenté relevait ou non d'un placement psychiatrique. Il a toujours existé un problème de diagnostic différentiel entre surdité et psychose[5], si bien qu'il arrive encore parfois que des enfants psychotiques passent pour sourds, ou que la surdité ne soit pas reconnue, ce à quoi F. Dolto a été confrontée.

C'est dire qu'il est ici question de transfert et non du strict prélèvement de signes cliniques faisant symptômes s'orga-

1. Il faut ici rappeler la situation dramatique des enfants sourds pendant ces années. Les plus chanceux d'entre eux rejoignent les grands instituts régionaux quand c'est possible; certains demeurent dans leurs familles et d'autres se retrouvent dans les hôpitaux psychiatriques d'alors. Cela pour la France. En Allemagne, A. Hitler promulgue une loi sur la prévention de la transmission des maladies héréditaires, dont la surdité. C'est ainsi que, de 1933 à 1939, *17000 sourds sont stérilisés, l'avortement des femmes enceintes étant obligatoire.* Puis les sourds durent porter une étoile qui, pour n'être pas jaune, les conduisait eux aussi à Hadamar, Sonnenstein, Grafeneck, c'est-à-dire dans les camps où, selon l'Allemand Horst Biesold, au moins *1600 furent exterminés.* Cf. A. Karacostas, Catalogue de l'exposition pour le bicentenaire de l'INJS de Paris, *Le pouvoir des signes*, 1989, p. 108-109. Les instituteurs étaient contraints, de par la loi en vigueur, de signaler les enfants sourds aux autorités.

2. F. Dolto, conférence donnée à l'INJS de Paris le 13 juin 1981, paru dans *Le pouvoir des signes*, *op. cit.*, p. 85.

3. F. Dolto, « La surdité », in *Enfants d'abord*, mars 1987, nº 115, p. 140.

4. F. Dolto, conférence donnée à l'INJS de Paris le 13 juin 1981, in *Le pouvoir des signes*, *op. cit.*

5. Cf. sur ce point D. Donstetter, *L'enfant, la psychose et la surdité, in* bulletin nº 10 de l'Association GESTES, p. 38-50.

nisant en tel ou tel syndrome caractérisant une entité pathologique. Transfert caractérisé par une absence de *communication auditive* déterminant un être-dans-le-monde spécifique, sans être pour autant pathologique. C'est pourquoi j'ai utilisé plus haut le terme de rencontre clinique, qui renvoie à l'éthique psychanalytique de F. Dolto, à sa disponibilité envers l'autre humain, et non à une stratégie professionnelle qui l'aurait fait s'intéresser délibérément à une population délaissée par d'autres praticiens.

***La question du diagnostic d'un enfant* simplement sourd.** Le diagnostic n'est pas si facile à poser car la surdité peut passer inaperçue : « L'enfant est dans une relation moi-maman, moi-papa, moi-mon docteur, moi-l'autre fusionnelle. Quand il est en sécurité, il est tel qu'il est, inclus dans l'autre, comme intuitionnant ce que cet autre veut dire et il faut vraiment une distance pour s'apercevoir de sa surdité[1]. » Un enfant peut également être diagnostiqué sourd alors qu'il ne l'est pas. On peut dire que F. Dolto s'est intéressée aux sourds parce qu'elle en a rencontré parmi les humains. Elle s'en explique : « J'ai donc reçu toutes sortes d'enfants et, parmi eux, je découvrais des enfants immédiatement en complicité relationnelle à moi, alors qu'ils n'avaient jamais communiqué avec leurs parents [...] Ils attendaient quelqu'un qui n'attendait rien d'eux que de communiquer — quoi que ce soit mais communiquer. À ma surprise, je leur parlais et ils semblaient comprendre par tout leur comportement, sous les yeux surpris de leurs parents qui ne les avaient jamais vus se comporter en question-réponse avec quelqu'un, ni même avec eux[2]. » Au-delà du constat l'auteur précise ailleurs : « Je dois dire qu'il est très surprenant de communiquer comme on peut communiquer en psychanalyse, et d'être en parfaite communication avec l'enfant, devant des parents qu'il ne veut plus voir, qu'il ne fait qu'agresser, avec qui il n'y a plus d'échange, alors que devant le psychanalyste il comprend tout, parce qu'il y a un style de communication de l'analysant à l'analysé qui est accepté par l'analyste, sans aucun jugement, si bien que le mode de communication — quant aux inconscients —

1. F. Dolto, « Communication en psychanalyse », conférence donnée lors du stage parents de l'Association 2LPE, Marseille, juillet 1982, parue dans *2LPE Études et recherches*, vol. 2, 1er semestre 1984, p. 39-46.
2. F. Dolto, conférence donnée à l'INJS de Paris le 13 juin 1981, *op. cit.*

est le même que si l'analysant est entendant. La difficulté n'existe que lorsqu'on donne la prééminence aux expressions conscientes audibles[1]. » Cela n'est bien évidemment pas le cas de F. Dolto pour qui tout est langage. À ma connaissance d'ailleurs, une des premières fois où elle a utilisé cette formule, c'était au cours d'une conférence donnée à des parents d'enfants sourds, à Marseille[2].

Pour résumer l'apport de F. Dolto sur ce point, on peut dire que non seulement elle s'est rendu compte que certains des enfants qui lui étaient présentés étaient « simplement sourds[3] » et non pas pathologiques, mais en plus elle a compris que ces enfants sourds n'étaient ni « muets[4] », comme on le disait alors en les nommant « sourds-muets », ni même « sourds à tout[5] ». Cela n'a été possible que parce qu'une rencontre, au sens plein du terme, a eu lieu, dans un cadre psychanalytique. Au-delà de la précision diagnostique, ce qu'apporte F. Dolto c'est la reconnaissance d'un positionnement subjectif de l'enfant sourd. Se pose donc la question de la reconnaissance de l'enfant sourd en tant que sujet unique et singulier, au-delà de la déficience sensorielle, en tant que « sujet de langage[6] ».

***La question du diagnostic d'une* névrose expérimentale.** La surdité entraîne une absence de *communication auditive*, qui fait que certains enfants sourds « paraissent anormaux[7] ». Elle entraîne parfois une rupture dans l'humanisation de l'enfant à qui personne ne parle plus dès lors que le diagnostic de surdité est énoncé, comme l'a souvent observé Claire Eugène. Cela a pour conséquence de prolonger un corps à corps mère enfant, en termes de « dépendance fusionnelle[8] ». F. Dolto évoquera, à ce sujet, le cas d'une petite fille qui, pour demander à sa mère la permission d'aller aux toilettes, s'approche d'elle, qui se trouve dans une salle où se déroule une conférence, et soulève sa robe. C'est dire que : « Il n'y avait que cette langue entre l'enfant et elle, et cette langue n'avait pas été censurée, nous dirions dans

1. F. Dolto, « Communication en psychanalyse », *op. cit.*
2. *Ibid.*
3. F. Dolto, *Solitude*, Gallimard, 1994, p. 353.
4. F. Dolto, *Tout est langage*, Gallimard, 1995, p. 68.
5. *Ibid.*
6. F. Dolto, J.-D. Nasio, *L'enfant du miroir*, Payot (P 110), 1992, p. 66.
7. F. Dolto, *Solitude*, *op. cit.*, p. 353.
8. F. Dolto, « Communication en psychanalyse », *op. cit.*

notre jargon psychanalytique castrée, pour pouvoir être symbolisée autrement qu'en mettant en jeu le lieu du corps en question dans une fonction de besoin[1]. » La réflexion de F. Dolto sur ce point de la névrose expérimentale de l'enfant sourd fera l'objet d'un courrier à Mme Danièle Martenot, dans le cadre d'une action associative auprès des instances ministérielles : « Le problème majeur des enfants sourds nés de parents entendants, ou d'enfants devenus sourds très précocement avant l'âge de la motricité socialisée au milieu d'enfants et d'adultes ailleurs qu'en famille, ce problème majeur, c'est que la fonction symbolique continuellement en activité chez l'être humain à l'état de veille n'a pas d'éléments sémiotiques pour s'alimenter[2]. »

Comment dire le diagnostic ? Comment révéler la surdité aux parents et à l'enfant ? F. Dolto se souvient du premier enfant sourd qu'elle a rencontré, à la mère de qui elle dit :

« Votre enfant est exceptionnellement intelligent, mais il n'entend pas [...]. Il a besoin d'être éduqué comme on le fait pour les enfants sourds. » La mère répondit : « Madame, j'aimerais mieux qu'il soit mort ! Une infirmité pareille, c'est pire que la mort[3]. »

Cette *mère de souffrance*, comme l'appellera F. Dolto, lui fit comprendre que la surdité est une *épreuve majeure*. Elle observa, au cours du groupe de travail évoqué plus haut, les suites d'un diagnostic donné sans prise en compte de la subjectivité : un mutisme parental, dont elle fut la première à parler, s'installe (pourquoi continuer de parler à un enfant qui n'entend pas ?), traumatisant pour l'enfant qui, lui, perçoit un changement chez ses parents et souffre sans comprendre en quoi cela le concerne[4]. C'est pourquoi F. Dolto insiste beaucoup pour que son infirmité soit dite à l'enfant afin qu'il ne soit plus « dans un sentiment d'impuissance continuelle[5] ».

1. F. Dolto, conférence à l'INJS de Paris, *op. cit.*
2. F. Dolto, « À propos de la langue des signes », paru dans *Coup d'œil*, n° 27, mars-avril 1981, p. 1-3, ainsi que dans *Rééducation orthophonique*, vol. 19, juin 1981, p. 263-265, et *Pratique des mots*, n° 41, déc. 1982, p. 27.
3. F. Dolto, « La surdité », in *Enfants d'abord*, mars 1987, n° 115, p. 21-23.
4. F. Dolto, *Solitude*, *op. cit.*, p. 345.
5. F. Dolto, *Tout est langage*, *op. cit.*, p. 69.

Psychothérapie psychanalytique de l'enfant sourd

F. Dolto a soigné une bonne dizaine d'enfants soi-disant caractériels, soi-disant psychotiques, soi-disant autistes, soi-disant paresseux, en réalité sourds. Enfants qu'elle a rencontrés tardivement puisqu'ils étaient âgés de *dix* à *quatorze ans*[1]. Techniquement, elle utilise les modalités qui lui sont habituelles, dont le dessin et le modelage. Elle pense que le travail psychanalytique doit se faire d'abord avec les parents, puis avec les parents et l'enfant, et enfin avec l'enfant seul[2]. Interrogée par Nazir Hamad, sur ce sujet, elle répond : « Avec un groupe de personnes, nous essayons actuellement d'organiser plusieurs niveaux d'accueil et, surtout, une consultation spécialisée pour les sourds, où il y aurait un interprète de la langue des signes pour faciliter l'échange entre le psychanalyste et l'enfant. L'interprète serait un psychologue-psychanalyste qui, soit le prendrait lui-même en thérapie, soit traduirait, si le transfert principal se faisait sur un autre analyste[3]. » L'ensemble de cette réflexion de F. Dolto la conduit à proposer une démarche de prévention qu'elle précisera : 1. apprentissage de la LSF aux très jeunes enfants sourds et à leurs parents ; 2. création d'une consultation d'accueil des familles au moment du diagnostic ; 3. création d'une maison verte pour les enfants sourds. Projet qui, malheureusement, tourna court.

THÉORIE

Bien évidemment, le questionnement de Ferenczi reste à approfondir. De son côté F. Dolto a développé son propre point de vue, je veux parler de la théorie de l'image inconsciente du corps qui, dans l'opposition schéma corporel/image du corps qui l'ouvre, renvoie, entre autres, au cas de surdité qui la travaille de part en part et permet de le penser comme jamais cela n'avait été possible : « Ce n'est pas l'enfant sourd qui est infirme, c'est son schéma corporel ; pour le sujet, c'est une autre question ; il peut très bien

1. F. Dolto, « La surdité », *op. cit.*
2. *Ibid.*
3. F. Dolto, entretiens avec N. Hamad, *Destins d'enfants*, Gallimard, 1995, p. 63-66.

développer une image du corps saine[1]. » Autrement dit, si son image du corps fonctionnelle se trouve altérée par l'absence de communication auditive son image de sécurité de base peut très bien être établie, notamment s'il a pu communiquer précocement au moyen de la langue des signes. Cela, cliniquement, se vérifie.

F. Dolto ne fait rien de moins que de nous donner le moyen de penser le cas de l'enfant sourd par-delà le champ des processus primaires où le débat Freud-Ferenczi semblait le reléguer, faute d'approfondissement. Dans une perspective plus large, ce qui interroge, c'est bien évidemment cette langue gestuelle des sourds qui interpelle la théorie psychanalytique comme modalité de parole se déployant dans le registre visuel.

CONCLUSION

On l'aura compris au cours de cette brève évocation, F. Dolto s'est impliquée autour de ces questions de différentes manières. Ce qui frappe c'est cette volonté d'opérationalisation dans le social de ses idées, chemin sur lequel elle s'est engagée dès lors qu'elle ne recevait plus de patients. Il y a là matière à d'autres réflexions, qui seront d'ailleurs abordées ici même par d'autres, et qui touchent au politique. Je voudrais simplement faire remarquer que cet engagement ne l'a pourtant jamais conduite à abandonner sa position d'analyste et nous engage à travailler, à la lumière de cette œuvre qui reste à approfondir, ce qu'il en est de la question de la transmission. F. Dolto a modifié radicalement la représentation de l'enfant sourd : elle a ouvert une porte qui ne se refermera jamais plus.

1. D. Donstetter, « Une approche psychanalytique de l'enfant sourd », in *Le journal des psychologues*, n° 163, décembre 1998-janvier 1999, p. 70.

GENEVIÈVE SPIESSER*

Les pensées de F. Dolto et le politique

Préambule : Le politique et la génération F. Dolto

Adjointe à l'urbanisme et déléguée à la petite enfance depuis sept ans, je vous propose une réflexion prenant appui sur mon expérience d'élue. Lorsque je nomme le *politique*, je parle du « personnage politique », c'est-à-dire de l'acteur qui a en vue le bien de l'État ou de la cité. Du côté de la psychanalyse, lorsque je nomme l'enfant sujet, je parle du sujet de l'inconscient. Certains politiques, qui se situent aujourd'hui dans une tranche d'âge autour de cinquante ans, se disent de la génération F. Dolto car ils étaient parents de jeunes enfants lorsqu'elle intervenait à la radio sur France Inter. Voilà des propos récemment recueillis : « F. Dolto, pour moi, c'est la démocratisation... elle a fait des recherches... elle est une scientifique... elle est populaire à travers ses communications. C'est une dimension politique importante. » Nous connaissons tous les textes qu'elle nous a transmis sur un thème qui lui était cher, l'enfant citoyen. Nous allons donc parler de l'enfant citoyen à Marmande.

* Adjointe au maire de Marmande.

Le politique, F. Dolto et l'enfant citoyen

Le tout-petit avant l'école maternelle. Dans les années 70, une crèche familiale a été créée à Marmande pour assurer la garde des enfants dont les parents travaillent. On parlait de garde, aujourd'hui on parle d'accueil progressif personnalisé. Cela oriente la préoccupation constante des élus municipaux concernant l'adaptation et l'accueil du tout-petit et de sa famille. Voilà ce que nous dit un élu en 1986, parlant des problèmes de la ville : « Ceux qui y résident sont devenus étrangers les uns par rapport aux autres. La convivialité de jadis a laissé place à l'indifférence, on ne se parle plus, on ne connaît plus ses voisins qui pourtant vivent et partagent les mêmes problèmes... Il faut réapprendre à se parler. »

Ces préoccupations sont partagées par d'autres. Dès 1980, F. Dolto parle de l'enfant dans la ville (enfant sujet pris dans sa globalité et dans sa vie sociale), des implications et des modifications qu'entraîne l'espace ville sur la vie familiale. (Elle parle de l'exiguïté des logements, des impératifs des horaires, de ce qui entraîne de longs déplacements.) Elle parle encore de l'isolement des générations sans famille proche, des enfants sans racines (sans attaches familiales)... des petits enfants sans respect pour leur personne de citoyen... (L'isolement, voilà une situation bien connue du politique, du psychanalyste. Ils l'appellent peut-être solitude. La solitude du personnage politique face à ses responsabilités et aux prises de décisions... Celle du psychanalyste à travers son acte.) « Les bébés élevés par leur mère, de même que par une nourrice seule, sans contact avec la vie de la rue, du jardin public... resteront des carencés sociaux. [...] Il est donc indispensable qu'il y ait des lieux d'accueil nombreux. [...] C'est un dû de la ville à ses citoyens en herbe[1]. » Voilà des pensées nouvelles qui vont entraîner un mouvement dans la ville... l'accueil de l'enfant citoyen dès sa naissance. Les responsables politiques, qui aujourd'hui sont souvent parents ou grands-parents, accueillent positivement ces paroles simples et consensuelles... Dans la ville, il y a nécessairement des

1. F. Dolto, « L'enfant dans la ville », in *Le Coq-Héron*, n° 68, 1978, repris dans *La difficulté de vivre*, Gallimard, 1995, p. 345-348.

urgences. Pour y répondre le préalable est de poser un cadre de réflexion. En 1989 à Marmande, une commission extramunicipale petite enfance s'est constituée à l'initiative de professionnels. Lieu d'expression de la démocratie citoyenne, elle regroupe des personnes émanant de tous les services publics et privés concernés par les tout-petits, des élus municipaux. C'est un groupe de parole, de concertation, de propositions, dont l'existence est reconnue officiellement par une décision du conseil municipal qui vote les projets. Elle a permis des réalisations :

Depuis 1989. Une fête anniversaire des droits de l'enfant est organisée dans la ville. C'est une fête familiale qui rassemble les parents, les élus autour de l'avancée de la cause des enfants à Marmande.

À partir de 1990. Le projet de la Maison petite enfance est en gestation.

En 1995. Le terme est arrivé, le texte de « l'acte de naissance » est voté en conseil municipal. Cette structure d'accueil portera le nom de Françoise Dolto : c'est un engagement politique, mais aussi symbolique vis-à-vis de la population.

En 1993, 1994, 1995, des colloques sont organisés. Cinq soirées animées par un psychanalyste réunissent 180 personnes chaque soir. Dans une ville de 18000 habitants, voilà qui révèle une demande.

En mars 1996. Ouverture d'un atelier d'éveil dans une cité HLM isolée de la ville, favorisant la rencontre et l'échange des parents et des enfants, avec des professionnels.

En août 1997. Ouverture du point Info à la Maison de la petite enfance... Cet accueil de proximité est un lieu de rencontre, d'écoute, de dialogue et d'information. (Cette création se situe en amont de la politique nationale de 1998-1999; en effet, en juin 1998, le gouvernement prévoit la création de mille points d'information parents et le développement de structures d'accueil, de consultation et de conseil familial. Dès 1999 la CNAF et l'État dégageront cent millions de francs chacun pour cette action, en partenariat avec les communes et les conseils généraux.)

En août 1997. Lors de la conception du nouvel hôpital intercommunal, la concertation s'appuyant sur les pensées de F. Dolto entre les professionnels et les décideurs a permis de prévoir des chambres parents-enfant en pédiatrie, de rapprocher les services maternité et de pédiatrie sur le même étage.

En 1999. Projet d'ouverture d'un lieu d'accueil parents-enfants dans l'esprit de F. Dolto dont la réalisation est imminente.

L'enfant d'âge « scolaire ». Nous ne pouvons parler de citoyenneté sans parler des droits de l'enfant à l'éducation et à l'expression. À Marmande en 1989 les élus décident de créer un conseil municipal enfant pour offrir aux enfants ce lieu d'apprentissage de la citoyenneté.

Le ministre de l'Éducation nationale Claude Allègre rappelle dans la lettre du gouvernement de juin 1998 : « L'enfant doit être mis au centre de notre système éducatif [...]. L'éducation civique et l'apprentissage de la citoyenneté fondent la vie sociale [...] ils se verront conférer une place centrale dans l'enseignement. Cela vient renforcer la mission d'éducation de l'école, et prévenir la violence à long terme. » Ce texte redit la place de l'école qui vient soutenir l'éducation familiale concernant les rapports à l'autre, le respect de l'autre. L'objectif nommé est la prévention de la violence... violence physique ou symbolique qui s'origine parfois dans les liens familiaux. F. Dolto nous en parle : « Beaucoup d'enfants [...] ne connaissent pas les devoirs des parents à l'égard de leurs enfants et imaginent, devant quelques sévices corporels, que leurs parents ont droit de vie ou de mort, non seulement physique mais symbolique sur eux [...]. Jamais la loi de la prohibition de l'inceste n'a été enseignée à l'école. [...] Or l'effet sur l'intelligence des enfants est le blocage, et sur l'affectivité — la perversion[1]. » Ce texte montre combien F. Dolto avait une vision prospective de la vie en société, de l'évolution probable des dangers et des réponses possibles... En effet, en septembre 1997, à l'occasion de la Journée nationale pour la protection de l'enfance maltraitée, Mme Ségolène Royal (ministre déléguée chargée de l'Enseignement scolaire) a communiqué un document visant la prévention et la lutte contre les violences sexuelles. Dire les interdits fondamentaux, c'est une façon de faire ouverture pour l'inconscient dans le social ; je parle là d'un véritable travail de réflexion qui serait à mener plus en avant sur « la citoyenneté et la psychanalyse » dans l'école, en lien avec les parents et les psychologues scolaires.

1. *Ibid.*, p. 363-364.

Citons deux exemples qui nous parlent de la mission de l'école.

— En 1992, dans la classe d'un village, la naissance d'un cobaye amène l'institutrice à répondre aux questions des enfants concernant la procréation... En réaction, indignation et plaintes des parents... en conséquence, demande de changement de poste...

— En 1998, dans le cadre d'un collège, la fille d'un pédiatre, en classe de 4e, doit étudier la reproduction des plantes, des animaux, de l'être humain. Le dernier sujet n'a pas été traité... par manque de temps... Je parle là des décalages entre les questions des jeunes enfants, les réponses des adultes, des décalages entre la volonté politique et la mise en œuvre d'éducation, d'une éducation qui permet de tisser des liens entre la personne enseignant et le sujet enfant, jeune.

L'adolescent. Lorsqu'il parle d'adolescence, le politique parle le plus souvent de problèmes, de prévention, de délinquance. Au niveau national, depuis 1994, plusieurs structures partenariales ont été particulièrement activées dans les villes : conseils communaux de prévention de la délinquance, groupes locaux de traitement de la délinquance, commissions d'environnement social pour les établissements scolaires. Entre 1994 et 1998, les opérations « Ville, vie, vacances », les contrats de ville se sont organisés. En octobre 1997, les contrats locaux de sécurité ont été créés, ces dispositifs étant de véritables conseils locaux de prévention, d'éducation et de citoyenneté.

Dès 1980, parlant des adolescents, F. Dolto nous dit : « Leur coopération civique est souhaitable (parallèlement à leurs efforts de promotion à la vie d'adultes). En fournissant aux jeunes le moyen de prendre eux-mêmes l'initiative et l'organisation d'activités de loisirs, culturelles, sportives, artistiques, on pourrait aider nombre d'entre eux à éviter les tentations de la délinquance juvénile et de la drogue. » Prévention, éducation, citoyenneté, proximité, autant de questions à propos desquelles le politique peut s'appuyer sur les pensées de la psychanalyste afin que les dispositifs permettent à des personnes, médiateur, îlotier, jeune, de se rencontrer. En effet, on peut créer tous les dispositifs que l'on veut, sans relation, c'est inopérant.

En septembre 1996, dans cette logique-là, à Marmande,

les jeunes adolescents se sont constitués en trois associations qui participent à la programmation culturelle, à l'organisation et au bon déroulement des spectacles. C'est cela être acteur et citoyen dans sa ville. Ces actions sont durables car l'AMAC (Association marmandaise d'action culturelle) invite les jeunes régulièrement aux réunions décisionnelles. Le cadre ainsi posé est pérennisé car il prend en compte l'âge et la mobilité des jeunes.

En décembre 1998, le conseil municipal a voté le projet d'espace musique jeunes présenté par leurs associations.

Dès 1989, la municipalité avait mis en place un conseil communal de prévention de la délinquance.

En 1997, le partenariat a été élargi aux parents, à l'Éducation nationale, l'objectif étant de favoriser le lien social, de réapprendre à se parler. Le politique ayant en charge ces questions me dit combien les pensées de F. Dolto sont à l'œuvre à travers ses actions. Dans tous les groupes d'enfants, d'adolescents, d'adultes, il faut réapprendre à se parler... oui, mais il est important de parler vrai et c'est le point de réflexion vers lequel je souhaite vous amener maintenant.

Le politique, F. Dolto et le parler vrai

Chacun a en mémoire — parce que langage nouveau en politique — le parler vrai de Michel Rocard disant : « Parler le langage du courage et de la vérité est une condition indispensable pour obtenir du pays la confiance... Il faut mettre en place de nouvelles structures d'information, de décisions, de contrôles, qui rendent le pouvoir aux Français... Un certain style politique, ou un certain archaïsme politique est condamné, il faut parler plus vrai, plus près des faits. »

Chacun a en mémoire les paroles de F. Dolto : « J'espère faire comprendre le rôle du "parler vrai", le vrai tel que ces adultes le communiquent à des enfants qui, non seulement le désirent inconsciemment, mais ont besoin de la vérité et y ont droit[1]. »

Mêmes mots pour s'adresser à l'autre : l'autre sujet social pour le politique; l'autre sujet de son propre désir pour F. Dolto.

1. F. Dolto, *Tout est langage*, Gallimard, 1994, p. 8.

Pour le politique, l'objet du parler vrai est en relation avec la population. Citons deux exemples.

Dans le premier cas, l'objet s'appuie sur du concret : le projet de construction d'une salle de sport. L'intérêt général du projet, dès lors qu'il est présenté à la population, devient clairement identifiable. Cet objet est matériel, son utilité publique est reconnue par tous, il est même valorisé puisqu'il crée du lien social; d'objet matériel il devient objet social. C'est un bien commun indiscutable pour la majorité des citoyens, alors la parole circule du politique au citoyen, du citoyen au politique. Pour ce qui concerne les aspects techniques et financiers, nous sommes dans un rapport différent. Les techniciens sont supposés posséder un savoir; le citoyen est supposé moins savoir. Le dire vrai du politique s'appuyant sur des données concrètes, techniques, scientifiques, financières, devient peu discutable. À cet endroit-là, l'échange est celui du maître à l'élève ou du savoir au non-savoir.

Dans le deuxième cas, pour le politique, l'objet du parler vrai est la concertation : il s'agit de la mise en place d'un comité de quartier. Ici, l'objet est relationnel (il y a un passage obligé par l'autre), le citoyen est coacteur de l'espace de parole. On est au carrefour de l'idéologie et de la stratégie politique. Laisser les habitants parler vrai réserve une place à l'inattendu (à la surprise, au non-programmable) et constitue un contre-pouvoir (on est dans le subjectif). On crée l'espace dans lequel la parole du politique va à la rencontre de la parole de l'autre. Cette parole doit trouver son inscription dans la cité car, si elle ne structure rien dans la vie des gens, elle est inutile parce que sans effet.

L'échange sur le bien-être, sur l'organisation de la vie de la cité, est une prise de risque, le vrai du politique n'étant pas toujours le vrai du citoyen. Ce qui vient modifier le jeu, c'est lorsque le vrai du politique n'est pas le vrai des citoyens. (C'est le point de butée qui va venir questionner le politique et influer sur sa décision s'il peut rester garant d'une logique de l'ensemble passé, présent et devenir.)

Pour la psychanalyste l'*objet* du parler vrai est en relation avec la vie générationnelle, avec le somatique, le juridique, le social, ce qui à un moment est venu inscrire du lien pour l'enfant. Par exemple, le parler vrai, c'est le parent qui dit à son enfant adopté le vrai de sa filiation, laissant parler les émotions qui les concernent tous les deux à travers cet événement, cet avènement. L'enfant peut alors s'inscrire comme sujet de son propre désir, sujet de son histoire, il va pouvoir créer, construire, penser sa vie...

Quels sont les effets présupposés du parler vrai ?

Pour le politique, le parler vrai est structurant pour le groupe, il humanise la relation dans le groupe et avec le groupe.

Pour la psychanalyse, le parler vrai est structurant pour le sujet, il humanise la relation à l'Autre.

Pour le politique et la psychanalyse, le parler vrai est libérateur d'angoisse, pour le groupe, pour le sujet.

À l'inverse quels sont les effets présupposés du parler faux ou du non-dit ? En politique, comme en psychanalyse, l'autre ne peut plus se situer, il se débat avec du faux, il est coincé dans ce qu'il pressent comme étant vrai mais qui est dit faux ou non dit. Par exemple en politique le jeune ne peut se saisir de l'objet du discours s'il entend une chose et son contraire par la voix de la même personne. Par exemple, la psychanalyse nous apprend que l'enfant ne peut « s'enconstruire », « s'enhumaniser », pour reprendre les termes de Willy Barral, s'il ne connaît pas ses origines. Les effets en politique, en psychanalyse sont la dérive dans l'imaginaire et la déconscientisation. Le désinvestissement du désir, de la vie, de l'autre, existe en psychanalyse comme en politique.

On peut dire, même s'il n'y a pas de vrai dans l'absolu, même s'il n'y a que le réel qui est vrai, par exemple vivant, mort, le vrai existe à travers l'usage qu'en font les êtres humains. Le parler vrai n'existe que si l'on crée un cadre qui autorise la parole, la concertation, l'élaboration, la transmission.

On peut dire encore : il n'y a pas de construction ou de vie politique durable sans parler vrai ; il n'y a pas de construction du sujet enfant dans son devenir sans parler vrai ; il n'y a pas d'émergence du désir d'être acteur en politique sans parler vrai ; il n'y a pas d'émergence du sujet de désir en psychanalyse sans parler vrai.

En conclusion

Dans une équipe municipale il est essentiel qu'un élu garant d'une réflexion de groupe incite ses collègues à la réalisation des projets dont l'intérêt et l'urgence ne sont plus à démontrer.

La psychanalyse, qui se situe du côté du sujet, nous permet, là où le discours politique semblerait évident, sans faille, de réintroduire de l'énigme, de « décompléter », de faire vaciller les certitudes, afin que le discours demeure *ouvert.* C'est faire le pari de l'intelligence de chacun, de la créativité, de l'inventivité. La psychanalyse ne réprouve pas la politique, elle fournit la théorie du sujet dont la démocratie a besoin.

Toutefois, je ne terminerai pas mon propos sans le modérer par les paroles de Freud : « Il y a trois impossibles : éduquer, gouverner et psychanalyser. » Mais je vous confie qu'il reste une possibilité, celle de mettre en relation ces trois savoirs.

PHILIPPE BÉAGUE*

Faut-il se protéger des radiations doltoïques ?

En prenant la parole, F. Dolto a provoqué une onde sismique dans le monde des adultes responsables d'enfants, qu'ils soient professionnels ou parents : le Poids des mots — le Choc Dolto.

Dix ans après sa mort, la « révolution des petits pas » est bien en marche dans tous les domaines qui touchent à l'enfance : maternité, accueil du premier âge, école, justice, lieux de parole en tout genre... Mais médiatisation rime souvent avec banalisation. En appliquant F. Dolto, parents et/ou professionnels se fourvoient en plaquant sur l'enfant la trompeuse simplicité de son message. Le « parler vrai », par exemple, risque bien d'être perverti comme naguère le complexe d'Œdipe, en passant dans le langage courant (« Il n'a pas encore passé son Œdipe »), se vida de son sens. Pour sortir de cette impasse, il nous faut revenir à ce qui fait l'essence même de la psychanalyse. À ce moment unique où l'un parle et l'autre écoute. « À nos vies échangées dans un éclair d'azur », dit Claude Nougaro. Le parler vrai est affaire de personnes, pas de techniques. Il ne fait sens que dans un échange singulier où l'adulte ose se dire en mesurant les limites inhérentes à sa fonction et à la juste distance qui rend la parole possible.

* Psychologue, psychanalyste, membre fondateur de la Fondation Françoise Dolto (Belgique).

Ce que je voulais, et c'est mon parler vrai à moi, en tout cas aujourd'hui et dans ces circonstances, c'était ne pas vous amener un texte tout fait, mais réagir à partir de ce qui s'est passé aujourd'hui : il y a des tas de choses qui se sont dites — j'ai entendu des merveilles, j'ai entendu des horreurs — et je pensais qu'il était important que ce que j'avais envie de transmettre s'inscrive de façon dynamique dans le contexte unique de cette journée. Je suis donc passé dans plusieurs ateliers, bien que ce ne fût pas permis, mais je voulais prendre la tension de chacun et ne parler qu'après avoir écouté (déformation professionnelle...). Ce qui m'a frappé depuis ce matin, c'est le fait que la parole, c'est important, qu'il faut écouter, qu'il faut parler aux enfants et qu'il faut parler aux parents et puis encore écouter...

Parole et écoute : quelle place pour les professionnels ?

Bref, parole et écoute, c'est le truisme d'aujourd'hui, avec le risque de devenir vide de sens à force d'être dit et redit dans toutes les langues. À partir de là, je me pose plusieurs questions : d'abord, y a-t-il une spécialisation, une professionnalisation de l'écoute, ou bien tout le monde est-il capable d'écouter ? Je tente une réponse qui vaut pour aujourd'hui, peut-être plus dans dix ans, nous verrons. Il y a deux possibilités : Ou bien c'est une véritable profession, alors, il est urgent que nous formions, vite fait, des myriades de psychanalystes pour envahir tous les lieux d'accueil qui existent, de la crèche aux homes de vieux ! Ou bien nous prenons acte que les gens qui s'occupent d'enfants (à l'hôpital, en crèche, en pouponnière, dans les écoles...), qui sont en contact avec des enfants et des adultes, sont capables d'écouter.

La psychanalyse a-t-elle le monopole de l'écoute ? Je ne pense pas. D'abord, petit point concret, ça m'étonnerait que l'on reçoive de l'État les budgets pour la formation de la myriade de psychanalystes en question ! Mais, et c'est le plus important, nous irions tout à fait à l'encontre de ce que F. Dolto disait à Bernard Pivot : « Les gens les plus importants d'une société, ce sont les gens qui s'occupent des enfants : les puéricultrices, les institutrices, les assistantes sociales, les pédiatres, les gens qui sont directement en contact avec les enfants ». Tous ceux qui sont en première ligne. Je pense que le rôle des psychanalystes est de rester à l'arrière (mais pas forcément derrière le divan) et de soutenir tous ceux qui sont en première ligne. Nous avons là, en tant que psychanalystes, une responsabilité importante à assumer. Le nier, en restant frileusement dans son bureau, c'est montrer qu'on n'a compris qu'une partie du message de F. Dolto. Vous voyez, les collègues de F. Dolto ne sont pas, eux non plus, à l'abri des radiations...

Si, en tant que psychanalystes, nous relevons le gant, la question se pose de savoir comment on peut aider ces professionnels, qui n'ont aucune formation psychanalytique, à être des « gens d'écoute », à être capables d'aider qui que ce soit, enfant ou parent, à dire quelque chose de plus de lui-même. Comment ouvrir ces professionnels à cette sensibilité qui nous a pris, à nous, des années de formation ? Sylviane Giampino nous a dit ce matin qu'il y avait un passage obligé qui était la confiance : permettre que les personnes retrouvent confiance. Je pense que, si on veut aider les professionnels à être dans une capacité d'écoute, il faut d'abord repartir d'eux, leur permettre à eux de s'écouter d'abord eux-mêmes. Quand ils pourront exprimer ce qu'ils éprouvent par rapport à leur propre vie, ils pourront retrouver en eux une confiance qui permet une sensibilité nouvelle aux dires (ou aux non-dires) des parents et des enfants qu'ils accueillent. Conscients de leur position professionnelle — on y reviendra tout à l'heure — ils pourront assumer une position d'écoute et ne pas plonger dans le système que dénonçait F. Dolto où tout soupçon de dysfonctionnement d'un enfant ou d'un adulte l'envoie automatiquement sur la grande roue de la ré-éducation, où tout parent qui s'angoisse ou se pose des questions se retrouve d'office dans la machine psy (entendez psychopathologique) avec la culpabilité inhérente à ce type de démarche quand elle est « obligée » et ne se fonde pas sur une véritable demande, demande à la fois personnelle et longuement mûrie par la personne elle-même.

Si, dans cent ans, on ne veut pas raconter les mêmes choses qu'aujourd'hui (réunions d'équipe, étude de cas, analyse des symptômes, projet de thérapie individuelle, de couple, familiale, stratégie d'encadrement et du lancer du filet...), il est temps qu'on donne aux personnes de première ligne les responsabilités qu'elles sont par ailleurs tout à fait capables d'assumer. Mais pour cela, s'il faut les aider à s'écouter elles-mêmes, il faut aussi les aider à sortir de l'obsession de bien faire, de l'éducation idéale, de la perfection éducative. Tant que l'on court derrière cette chimère, on ne peut que se maltraiter soi-même (on n'est jamais comme le maître, j'en reparlerai tout à l'heure) et... maltraiter les autres.

Je ferai la même constatation pour l'écoute. Il n'y a pas une « superfaçon » d'écouter, accessible seulement à quelques initiés ! On n'écoute de toute façon qu'à partir de soi ! Il n'y a donc pas, à l'instar des idées de Platon, un modèle d'écoute, qui existerait dans un ailleurs ! Il y a ce qu'on écoute, le désir qu'on en a, l'intérêt pour l'autre, la distance qu'on a pu prendre par rapport à soi-même et ce que nous sommes chacun. Chacun peut être « écoutant » s'il en a l'envie et s'il est soutenu pour le faire. En relisant les *Dialogues québécois*[1], j'ai été frappé par une expression qui revient continuellement, une expression passe-partout qu'on ne remarque pas tant elle est commune ! C'est « ni bien ni mal ». À toutes les questions qu'on pose à F. Dolto, du genre : « Est-ce que c'est bien d'éduquer un enfant comme ça ? Est-ce que c'est bon ou mauvais ? » elle répond : « Mais ce n'est ni bien ni mal ! » Ce qu'elle veut dire par là, c'est qu'il faut sortir de cette obsession continuelle de se positionner en bien ou en mal. Et elle ajoute souvent : « Ce n'est ni bien ni mal, c'est dynamique. » La question, en réalité, c'est d'être soi. (On revient au parler vrai.) Ce qui veut dire, sortir de la fascination pseudo-rassurante des critères d'éducation qui n'ont d'autres effets que de toujours nous mettre en porte à faux par rapport à une prétendue perfection. Cela concerne tant les parents que les professionnels.

J'ai toujours constaté que lorsque nous démarrons une supervision ou une « formation » (ce n'est pas vraiment un terme adéquat mais il faut bien en employer un) au sein de la Fondation Françoise Dolto, il faut d'abord aider les professionnels (puéricultrices ou maternantes ou éducatrices) à décoller les étiquettes qu'ils ont tout naturellement, comme nous le faisons tous, plaquées sur les parents, à retrouver un nouveau regard sur une mère ou un enfant, à découvrir chez l'autre quelque chose que l'on n'a pas perçu au départ (une compétence, une souffrance, une fragi-

1. F. Dolto, *Dialogues québécois*, Le Seuil, 1987.

lité...). Ce n'est qu'à partir de là que le travail peut commencer. Offrir une écoute nettoyée de toutes les étiquettes que nous employons : étiquettes pathologiques, psychiatriques, psychanalytiques ou autres. Je pense, par exemple, à l'une des horreurs que j'ai entendues ce matin : à partir du moment où l'on définit les parents comme des êtres « bêtes et rigides » (*sic*, et c'est dans la bouche d'une psychanalyste), je dis qu'on n'est pas fait pour un métier d'écoute, qu'il soit de première ligne ou de haute spécialité (thérapeute ou psychanalyste). L'écoute d'une personne ne peut se déployer sur fond de jugement ou de mépris.

D'où parle-t-on ? ou tentative d'approche du parler vrai

Quand on exerce une profession, il faut savoir où elle commence et où elle s'arrête ! Cela me permet de répondre à une personne qui a posé une question ce matin et qui n'a pas eu de réponse. Elle disait ceci : « J'écoute avec mon cœur de puéricultrice mais j'ai aussi des notions de psychanalyse ; alors, puis-je faire les deux ? » Madame, j'ai envie de vous dire : vous êtes puéricultrice et pas psychanalyste. L'un et l'autre de ces deux métiers ont leur noblesse mais il vaut mieux éviter de les mélanger. Pourquoi ? Parce qu'on ne peut parler de deux places à la fois. Il y a certaines questions qu'on peut poser à une maman dans le bureau d'un psychologue et pas dans le cadre d'une crèche.

Vous pouvez écouter à votre place de puéricultrice (différente de la place de la directrice ou du médecin), c'est-à-dire en tant que responsable d'un enfant et de son parent et responsable de ce lien-là. Lien fondamental qui se tisse parfois si difficilement entre une mère et son bébé et qui peut être à la base de toutes les dérives. Là, vous avez votre mot à dire... et votre écoute à offrir. Savoir se situer à sa place de professionnel, ne pas la dépasser, sans négliger l'apport des autres professionnels, notamment dans les situations graves de soupçons de maltraitance ou d'abus sexuels. Parce que ces parents-là, soupçonnés de tous les maux, ont d'autant plus besoin de faire confiance (et par là de se re-faire confiance) à une personne qui garde avec eux un lien (encore un lien !) d'écoute, de respect, de foi en leurs compétences. C'est d'ailleurs le rôle fondamental des accueillants dans les lieux de type Maison verte dont on parlera demain. Mais c'est aussi l'opportunité pour une professionnelle de première ligne de réaliser un travail de prévention qui ne peut se faire que dans une « écoute de personne à personne », condition indispensable du parler vrai.

Une puéricultrice ou une institutrice n'est pas dans la même écoute qu'un psychanalyste mais, si elle mesure les limites de son écoute, elle pourra aller tout au bout de sa mission préventive et, faisant un bout de chemin avec la personne qu'elle accueille, l'aider à s'engager sur la passerelle qui mène éventuellement à un travail personnel... si cela se révèle nécessaire. Et peut-être cela ne sera-t-il plus nécessaire pour la personne qui aura eu la chance d'être écoutée et qui, par là, retrouvera confiance dans ses propres ressources et ne sera plus face à cette seule solution : cette entreprise de rééducation vilipendée par F. Dolto. Cela répond aussi à la question posée ce matin par une autre dame qui demandait : « Où puis-je trouver des psychanalystes ? » Mais, madame, pour quoi faire ? Si c'est pour utiliser le psychanalyste à soutenir une réflexion en équipe, oui ! Si c'est pour être aidée à réfléchir à votre rôle, à votre malaise face à un enfant ou à un parent qui interpelle, très bien ! Mais si c'est pour se débarrasser au plus vite d'un être humain qui vous inquiète et l'envoyer à quelqu'un « censé savoir », alors vous êtes dans l'erreur ! Je vais essayer de vous expliquer pourquoi.

Tordre le cou à la question du savoir

Le savoir, comme le bien faire ou le bien éduquer, nous fait rêver, nous leurre, nous empoisonne l'existence et surtout nous empêche d'aller jusqu'au bout de notre créativité. Le savoir c'est l'étouffoir du génie ! Il ne s'agit pas d'en faire table rase, mais de le mettre à sa juste place. Lorsque nous sommes dans une position d'écoute, il faut laisser le savoir derrière nous. Françoise Roustang disait que certains psychanalystes réfléchissent tellement et font tant de séminaires que, lorsqu'ils écoutent un patient, ce savoir est entre le patient et eux et qu'en fin de compte ils écoutent... leur savoir. Et Jung disait : « Pour faire ce métier, il faut connaître beaucoup de choses, avoir beaucoup réfléchi, mais lorsque nous sommes à l'écoute de quelqu'un, il faut tout oublier ! »

Et pourquoi, je vous le demande, une puéricultrice, une maternante, un instituteur, un éducateur, n'aurait-il pas cette capacité d'écoute, à sa mesure et à sa place, qui permette à l'autre de mettre en mots ce qu'il n'imaginait pas formulable, ce qui dormait tout au fond de lui à son insu ? Pourquoi un professionnel de première ligne n'aurait-il pas, à sa manière et dans la limite de sa profession, ce que Ginette Raimbault appelait ce matin « la grâce » ? Cela correspond peut-être à ce que Lacan appelait, me semble-t-il, le « style », c'est-à-dire ce « quelque chose » qui fait qu'on crée de l'inattendu, du pas prévu, une possibilité pour l'autre de se dire au sein d'une relation unique de personne à personne, dans un moment unique. L'écoute rend pour l'autre les choses plus légères, lui donne l'impression d'une cohérence, lui apporte la sérénité particulière que chacun peut éprouver lorsque, soudain, dans la vie, les choses « prennent sens ».

Et voilà pourquoi il ne faut pas envoyer trop vite chez le psy l'enfant ou l'adulte qui vous inquiète. Et le rôle du psychanalyste (en tout cas, un de ses rôles) est de soutenir les professionnels qui osent se risquer au « creux » d'une position d'écoute. Mais attention, danger ! Je l'illustrerai en vous lisant un extrait du livre qui fut pour moi à la fois un coup de poing dans mes certitudes et une aide à mon exigence de rester dans le fil de la psychanalyse et dans l'exigence de F. Dolto. Ce livre a pour titre *La fabrique de l'enfant maltraité*, de Laurence Gavarini et Françoise Petitot (Éditions ERES), deux sociologues qui ont simplement écouté le discours dans lequel, malgré nous, nous tombons, dans nos réunions d'équipes, supervisions, séminaires, colloques et autres rencontres où nous mettons sans le vouloir peut-être, sans mauvaises intentions, sûrement, les enfants et les parents (nos « clients ») dans une position d'objet. Elles pointent bien nos travers de langage, nos formules toutes faites. Dans le chapitre 6, qui s'intitule : « La confusion des langues : le discours "psy" », je pointe ce passage : « La singularité de chaque enfant, de chaque parent, de chaque configuration familiale, vient mettre en question la possibilité de se référer, pour intervenir, à un savoir qui précisément ne prend pas en compte cette singularité de la vie psychique de chacun. [...] [Les intervenants] doivent inventer au cas par cas une réponse unique qui produit pour chacun, y compris pour eux, du sens. »

Comme le dit Jacques Lacan, l'éthique de la psychanalyse est non pas de dire le bien (d'ailleurs, qui connaît le bien de l'autre ?), mais le « bien dire », ce qui consiste à soutenir la parole d'une personne, enfant ou adulte, pour l'aider à faire la part entre ce qui n'appartient qu'à elle et ce qu'elle a construit à partir de ses parents et de leurs inévitables errements. Il ne s'agit pas de leur faire un procès, de définir le profil du « mauvais » parent ni de lancer la chasse aux sorcières... Il s'agit — et c'est bien le plus difficile — de faire avec l'incertitude, d'accepter cette place de funambule où rien n'est jamais acquis, ni définitif, où la conséquence de notre écoute de l'autre est, et reste, totalement inconnue mais où nous avons osé prendre distance avec le sacro-saint « savoir ». Sur le fil tendu de notre présence à l'autre, de notre écoute respectueuse de son savoir encore in-su pour lui, nous cherchons à tout moment l'équilibre entre l'acceptation de notre ignorance (donc de notre impuissance) et la surprise de ce que notre écoute suscitera chez lui et qui, soudain, prenant « sens » pour lui, ne vaudra que pour lui, et pour lui seul.

Faut-il donc se protéger des radiations doltoïques ?

Non, évidemment !... Oui, évidemment ! Parce que la question est de savoir ce qu'on va faire de ces radiations et comment on va leur permettre de rester vivantes, de ne pas les couler dans le béton du « discours sur... » qui ne peut que scléroser le génie de l'autre et aussi le nôtre. Répéter, comme un robot, le discours de Dolto, la statufier, elle, sa parole, sa « théorie », c'est l'affadir, la tuer, l'étouffer sous le discours vide.

Il faut que chacun d'entre nous, parents, professionnels de première ligne, psychanalystes, nous aménagions notre propre distance par rapport à F. Dolto. S'en inspirer, mais aussi oser être soi. Utiliser ce qu'elle nous a transmis en le digérant, en le métabolisant, en le revivifiant. Tout ce qui a été dit aujourd'hui dans les séances plénières et dans les ateliers montre qu'il y a une foule de choses qui ont changé partout grâce à F. Dolto : dans l'écoute des nourrissons, dans les milieux d'accueil, dans les écoles, les tribunaux, les hôpitaux, les maternités, tous les lieux « où l'enfant paraît »... On pourra dire, d'ici quelques années, qu'il y avait un « avant Dolto » et un « après Dolto ». Mais le danger est, à chaque moment, de tomber dans le « Doltoly correct » comme certains tombent dans le « Politically correct ». Ça, c'est un travail de tous les jours, pour chacun.

Je voudrais terminer ce soir par deux choses. D'abord, cette phrase de Jacques Brel (vous savez, Brel, pour nous en Belgique, est un petit peu le grand frère qu'on aurait tous voulu avoir) qui, dans une interview, répondait à un journaliste : « Oui, il y a beaucoup de gens qui me disent que j'écris des chansons dures. C'est possible. Moi, je ne fais que mettre en mots, avec mes mots à moi, ce que j'entends, ce que je sens, ce que je sens en moi, et peut-être surtout *ce cri que les gens ne poussent même pas* ! » (Je souligne.) Est-ce que notre rôle, quelle que soit la catégorie professionnelle dans laquelle nous sommes, n'est pas de nous mettre à l'écoute de ce cri et de permettre qu'il s'exprime ? Ce qui ne veut pas dire que nous devons d'entrée de jeu dire à l'autre : « Je connais votre cri », mais lui laisser la place pour pousser le sien, parce que chacun a son propre cri, même si nous souffrons désespérément tous des mêmes choses ! D'un père, d'une mère et du désir désespéré d'exister pour quelqu'un !

L'autre chose nous ramène à F. Dolto car je voulais terminer en parlant d'elle, et c'est bien justice puisque nous sommes ici, ensemble, grâce à elle. Je voulais vous confier ce qu'elle m'a écrit sur la petite carte où elle me donnait son accord pour que nous appelions notre association en Belgique la Fondation Françoise Dolto. Elle ajoutait dans un post-scriptum (post-scriptum qui, comme sur une carte postale, faisait tout le tour et obligeait à la tourner dans le sens inverse des aiguilles d'une montre) qui exprime si bien le désir fou de transmission qui a animé F. Dolto jusqu'à la fin de sa vie (elle m'a écrit une vingtaine de jours avant sa mort) : « Et n'oubliez pas que la prévention, c'est accueil et non savoir. »

Je vous laisse avec ça, et je vous remercie de m'avoir écouté.

La justice

MONIQUE CHADEVILLE-PRIGENT*

L'adolescent et le droit, rétrospective et avenir

Françoise Dolto disait que la majorité légale devrait être fixée à quinze ans et que l'émancipation devrait être possible à partir de treize ans. Elle nous rappelait ainsi que Vercingétorix avait dix-neuf ans quand il commandait Alésia, que Turenne était soldat à quinze ans et La Pérouse garde maritime à quatorze ans, que Condé gagnait Rocroi à vingt-quatre ans. En l'état actuel de notre droit français, le mineur est l'individu de l'un ou l'autre sexe qui n'a pas encore atteint l'âge de dix-huit ans accompli et qui est représenté par l'administrateur légal dans tous les actes civils, sauf les cas dans lesquels la loi ou l'usage l'autorise à agir lui-même. Or, la question se pose aujourd'hui de savoir si nous n'allons pas vers une pré-majorité avec une autonomie de plus en plus grande des adolescents. L'enfant devenant progressivement une personne, un sujet de droits, sa place dans sa famille n'est-elle pas appelée à changer ?

DE L'OBJET DE DROIT AU SUJET DE DROIT

Il faut tout d'abord rappeler que le droit des mineurs est un droit qui a beaucoup évolué dans son concept. Dans l'ancien droit, il s'agissait avant tout de protéger ce mineur,

* Conseillère à la cour d'appel de Paris.

notamment dans sa vie et sa moralité. La Révolution a confirmé cette orientation et amorcé une réflexion sur la prise en charge des enfants. Ainsi, le code criminel révolutionnaire de 1791 a mis fin aux hésitations de l'Ancien Régime en fixant à seize ans la minorité pénale qui entraîne l'atténuation des peines si le jury décide que le crime a été commis sans discernement. Des mesures de rééducation, soit la remise à parents, soit l'envoi en maison de correction jusqu'à ce que le jeune ait vingt ans maximum, font leur apparition. À partir de la fin du XIXe siècle, nous assistons à un foisonnement de textes législatifs qui modifient fondamentalement, par touches successives, le statut de l'enfant et sa place dans la famille.

Sur le plan civil

Le code civil de 1804 reconnaît la puissance paternelle. La famille est le protecteur naturel de l'enfant; l'État n'a qu'un rôle subsidiaire. C'est le père qui décide seul de l'éducation; il a un droit de correction qui peut aller jusqu'à l'incarcération. Mais la fin du XIXe siècle marque le début d'une nouvelle étape du droit de la famille dans trois directions :

Le contrôle social de cette puissance paternelle. Quatre lois sont significatives :

— La loi du 24 juillet 1889 donne au tribunal civil le pouvoir de déchoir des droits de la puissance paternelle les pères qui compromettent par des mauvais traitements, des exemples pernicieux d'ivrognerie, un défaut de soins la santé, la sécurité, la moralité de leurs enfants, et celle de 1898 qui réprime les sévices et violences exercés par les parents sur leurs enfants.

— Le décret-loi du 30 octobre 1935 permet au président du tribunal civil de prendre une mesure d'assistance éducative ou de surveillance en milieu ouvert lorsque la santé, la sécurité, la moralité ou l'éducation de l'enfant sont compromises ou insuffisamment assurées par les père et mère.

— Et surtout l'ordonnance du 23 décembre 1958 pose les règles de l'assistance éducative qui nous régissent toujours. Le juge des enfants va avoir en charge les mineurs dont la santé, la sécurité, la moralité sont en danger ou dont les conditions d'éducation sont gravement compromises, avec une procédure particulière, voire exorbitante, du droit commun et au cours de laquelle le mineur pourra saisir lui-même le juge des enfants et sera entendu, à moins que son âge ou son état ne le permette pas. Des services éducatifs spécifiques seront créés. Désormais, l'État contrôle et se substitue aux parents défaillants.

Une redéfinition progressive du rôle des deux parents à partir de quatre textes.

— La loi du 4 juin 1970 consacre la notion d'autorité parentale qui remplace la puissance paternelle.

— La loi du 23 décembre 1985 institue l'égalité totale des époux et dispose que le mari n'est plus le gérant des biens de la communauté et l'administrateur des biens de l'enfant même si c'était avec le concours de la mère.

— La loi du 22 juillet 1987, dite loi Malhuret, prévoit la possibilité d'obtenir l'exercice en commun de l'autorité parentale pour les parents divorcés et pour les parents naturels par simple déclaration conjointe devant le juge des tutelles. Le juge aux affaires matrimoniales peut accorder au parent qui n'a pas l'exercice de cette autorité parentale un droit de surveillance.

— La loi du 8 janvier 1993 prévoit qu'après le divorce l'autorité parentale est exercée en commun, l'exercice exclusif par l'un des parents étant désormais l'exception. Il en va de même pour les parents d'un enfant naturel l'ayant tous deux reconnu avant qu'il ait atteint l'âge d'un an, vivant ensemble au moment de la reconnaissance concomitante ou de la seconde reconnaissance, qui pourront en faire la déclaration conjointe devant le greffier en chef du tribunal de grande instance ou en faire la demande au juge aux affaires familiales. Le couple parental survit donc au couple conjugal ou de fait. La notion de résidence se substitue maintenant à celle de garde.

Un repositionnement de la place de l'enfant. Nous citerons ici les textes essentiels intervenus au cours de cette seconde moitié du XXe siècle.

— La loi du 3 janvier 1972 met à égalité les enfants légitimes, naturels et adultérins.

— La loi du 5 juillet 1974 ramène la majorité civile de vingt et un à dix-huit ans.

— La loi du 22 juillet 1987 prévoit la possibilité de l'audition des enfants par le juge aux affaires familiales à partir de treize ans, sauf ordonnance spéciale motivée.

— La loi du 8 janvier 1993 introduit dans notre droit l'article 12 de la Convention internationale des droits de l'enfant (signée le 20 novembre 1985) et décide que, dans toute procédure le concernant, le mineur capable de discernement peut, sans préjudice des dispositions prévoyant son intervention ou son consentement, être entendu par le juge ou la personne désignée par le juge à cet effet. Lorsqu'il en fait la demande, son audition ne peut être écartée que par une décision spécialement motivée. Il peut être entendu seul, avec un avocat ou une personne de son choix, étant précisé que, si ce choix n'apparaît pas conforme à son intérêt, le juge peut procéder à la désignation d'une autre personne. Cependant dans ces procédures, il garde une place à part puisque cette audition ne lui confère pas la qualité de partie. Lorsque ses intérêts apparaissent en opposition avec ceux de ses représentants légaux, le juge des tutelles ou, à défaut, le juge saisi de l'instance peut lui désigner un administrateur *ad hoc* chargé de le représenter. Il bénéficie de l'aide juridictionnelle forfaitaire à la charge du Trésor.

Sur le plan pénal

Là aussi, l'évolution se réalise dans deux directions :

La prise en charge des enfants auteurs d'infractions. Le code pénal de 1810 maintient la majorité pénale à seize ans au-dessous de laquelle le mineur bénéficie d'une présomption légale simple de non-discernement, et reprend les idées forces du code criminel révolutionnaire, à savoir la question du discernement, l'excuse de minorité et la coexistence des peines et des mesures de rééducation.

La majorité est portée à dix-huit ans par la loi du 12 avril 1906. Cinq nouvelles idées sont introduites dans notre droit par la loi du 22 juillet 1912 :

— la présomption légale irréfragable d'irresponsabilité pénale pour les mineurs de treize ans;

— la spécialisation des magistrats chargés des affaires de mineurs et la création d'un tribunal pour enfants et adolescents compétent pour juger les mineurs de treize à dix-huit ans sauf si, âgés de seize à dix-huit ans, ils ont commis un crime, ou s'ils ont des co-inculpés majeurs;

— une procédure particulière avec l'obligation de réunir des informations sur la personnalité du mineur et son milieu familial;

— l'abandon du caractère définitif de la sanction;

— l'institution de la liberté surveillée, c'est-à-dire d'une mission pour une personne de suivre ce mineur, d'aider à son insertion et de rapporter de son évolution.

L'ordonnance du 2 février 1945 qui est toujours en vigueur va achever cette évolution avec des juridictions spécifiques chargées de juger les affaires des mineurs, un juge spécialisé, le juge des enfants, et une procédure particulière pour les mineurs au cours de laquelle la mesure éducative est la règle et la détention ou la peine l'exception. Elle crée également le « délégué à la liberté surveillée », c'est-à-dire l'éducateur chargé d'aider le mineur dans sa réinsertion sociale pendant la phase d'instruction et après le jugement.

La protection de l'enfant victime. Deux textes sont significatifs dans ce domaine du XXe siècle, au-delà des dispositions du nouveau Code pénal :

• La loi du 10 juillet 1989 sur la prévention des mauvais traitements à l'égard des mineurs et la protection de l'enfance définit un dispositif entre les services de l'aide sociale à l'enfance, le représentant de l'État et l'autorité judiciaire et met en place un service d'accueil téléphonique. Elle innove également par deux points :

— le juge d'instruction saisi de faits commis volontairement à l'encontre d'un mineur par les titulaires de l'exercice de l'autorité parentale ou l'un d'entre eux peut procéder à la désignation d'un administrateur *ad hoc* pour exercer s'il y a lieu, au nom de l'enfant, les droits reconnus à la partie civile;

— lorsque la victime est mineure et que le crime a été commis par un ascendant légal, naturel ou adoptif ou par une personne ayant autorité sur elle, un nouveau délai de prescription est ouvert à son profit pour la même durée à partir de sa majorité.

• La loi du 18 juin 1998 relative à la prévention et à la répression des infractions sexuelles ainsi qu'à la protection des mineurs va à son tour introduire de nouvelles dispositions dans notre droit pénal, notamment en modifiant le délai de prescription de l'action publique des crimes et délits de cette nature commis contre des mineurs qui ne commence à courir qu'à partir de la majorité de ces derniers et en prévoyant :

— la possibilité d'une expertise médico-psychologique destinée à apprécier la nature et l'importance du préjudice subi et la nécessité de traitements ou de soins appropriés dès le stade de l'enquête par le procureur de la République ;

— l'information sans délai du juge des enfants de l'existence d'une procédure concernant un mineur victime ;

— la désignation d'un administrateur *ad hoc* lorsque la protection des intérêts de celui-ci n'est pas complètement assurée par ses représentants légaux ou l'un d'entre eux ;

— la désignation d'un avocat d'office par le juge d'instruction ;

— l'enregistrement audiovisuel (ou exclusivement sonore) de l'audition d'un mineur victime avec son consentement ou, s'il n'est pas en état de le donner, celui de son représentant légal ;

— et la possibilité d'assister, pour un psychologue, un médecin spécialiste de l'enfance, un membre de la famille du mineur, l'administrateur *ad hoc* ou encore une personne chargée d'un mandat du juge des enfants, aux auditions ou confrontations d'un mineur victime au cours de l'enquête ou de l'information.

S'il est donc évident que le statut de l'enfant a changé en deux siècles, sommes-nous pour autant à l'aube d'un code de l'enfance ? En matière civile, trois types de situation se présentent actuellement dans notre droit :

1. L'enfant peut agir seul, notamment pour reconnaître un enfant naturel, rechercher sa paternité, obtenir des subsides pour son enfant, disposer gratuitement de contraceptifs sans le consentement de ses parents dans un centre du planning familial, abandonner son enfant après un accouchement sous X, être entendu dans une procédure le concernant.

2. L'enfant a des droits progressifs en fonction de son âge en parallèle avec ceux de ses parents, par exemple :

— dès qu'il a treize ans, son consentement est nécessaire pour le changement de nom et de prénom et l'adoption ;

— dès qu'elle a quinze ans, une fille peut se marier ; au-dessous de cet âge pour elle ou de la majorité pour le garçon, il faudra obtenir l'autorisation du procureur de la

République, outre les consentements du mineur et des parents;

— dès qu'il a seize ans, le mineur peut réclamer la nationalité française, faire un testament, a le droit de jouissance légale pour ses biens;

— autorisée par un de ses parents, l'adolescente doit donner son consentement pour l'interruption volontaire de grossesse.

3. L'enfant peut avoir des droits spécifiques, par exemple, avoir des relations personnelles avec ses grands-parents ou d'autres personnes, parents ou non, en considération de situations exceptionnelles, être assisté d'un administrateur *ad hoc*, bénéficier d'un délai de prescription différent du droit commun pour certaines infractions.

En droit pénal, quand le mineur est auteur d'une infraction, il peut être mis en détention provisoire dès treize ans s'il a commis un crime, dès seize ans s'il a commis un délit; de même, en ce qui concerne la peine, la sanction pénale est possible à partir de treize ans; quand il est victime, quinze ans est l'âge retenu pour le seuil des circonstances aggravantes pour le viol, les agressions sexuelles, les atteintes sexuelles, la corruption de mineurs, pour les violences, pour sa mise en péril.

Si par conséquent les majorités civile et pénale sont toujours à dix-huit ans, nous sommes maintenant dans un système variable prenant en compte les droits personnels et une progression vers l'autonomie. Certains ont ainsi parlé d'une majorité sexuelle du mineur.

DU DROIT À SA PLACE AU DROIT À LA PAROLE

Les droits du mineur ne sont plus uniquement les droits des adultes sur eux. Ils ne doivent pas faire oublier qu'ils ont pour corollaire des devoirs. Ils ne doivent pas non plus être un « palais des vents ».

Sur le plan social, comme nous l'avions écrit dans la Charte pour la santé de l'adolescent, le droit pour un enfant c'est le droit à une formation adaptée à ses besoins et à ses capacités, à une protection spécifique adaptée à ses besoins chaque fois qu'est identifiée une situation de risque ou de violence subie notamment, à la protection de sa santé, au respect de son corps, à son intimité, à une sexualité consentie, à la liberté d'expression. C'est aussi un problème de moyens ; il y a encore trop peu de moyens spécifiques pour les adolescents ; il existe un vide institutionnel dans le système de distribution des soins après la fin de l'âge pédiatrique de quinze ans et trois mois ; les possibilités d'orientation vers des institutions de soins, des établissements d'accueil au titre de la prévention et de la protection judiciaire de la jeunesse ou de la santé scolaire sont quantitativement insuffisantes ; il y a également un besoin de formation pour les professionnels devant prendre en charge des adolescents.

Sur le plan familial au cours des vingt dernières années, nous avons assisté à un véritable bouleversement de la conception de la famille mais aussi de la place de chacun de ses membres. Le statut des pères, le travail des mères, le monde du travail avec ses difficultés et le stress qu'il engendre, l'évolution des mœurs, l'isolement des familles sont autant de facteurs qui ont modifié la place de l'enfant. Il peut devenir un enjeu. Il peut par un jeu d'alliances être tenté de rejoindre le camp de l'un de ses parents. Il peut également perdre sa place d'enfant et être « parentifié ». Nous sommes passés d'un droit à être protégé au droit de se protéger, le véhicule de ce droit étant la parole. Dans la procédure devant le juge des enfants qui est très souple, la situation est simple car il y a un jeune ou une famille en difficulté ou en souffrance et les services éducatifs vont intervenir pour clarifier cette place de l'enfant. Pour autant, sa parole devient difficile et fragile dans toutes les situations où la protection de l'enfant est limite, notamment en cas de maltraitance, de sévices sexuels et de rupture parentale. Elle peut être malmenée, revendiquée sans aucune décence alors qu'il faudrait la protéger et surtout la laisser se construire sereinement. L'enfant a le droit de changer d'avis, de se tromper, de ne pas vouloir tout dire à un certain moment, en un mot a le droit à l'enfance.

Dans les situations de crise parentale et notamment devant le juge aux affaires familiales, sa parole doit être entendue avec prudence car elle permet quelquefois de maintenir le couple conjugal par le biais de la procédure, des expertises, des enquêtes sociales mais elle peut aussi mettre l'enfant dans une situation de victime ou encore lui permettre d'être dans la toute-puissance. Il est impliqué dans un conflit qui n'est pas le sien et force est de constater qu'il peut être mal entre ses deux parents qui se déchirent. C'est ce qui explique en partie la réticence des juges aux affaires familiales à entendre l'enfant car il n'est pas partie à la procédure et ce sont les parents qui sont responsables et doivent s'entendre sur les aménagements à mettre en place pour lui. Il ne doit pas être responsable de la décision finale. Nous le voyons particulièrement bien dans les situations de sévices sexuels allégués au cours d'une procédure de divorce ou de séparation dans lesquelles l'institution judiciaire a bien du mal à faire la part du vrai et du faux et où les intérêts en cause sont multiples. La difficulté peut être de saisir les conflits de loyauté et d'emprise dans lesquels peut se situer cet enfant dont l'intérêt doit toujours être recherché. En effet, l'article 290 du code civil au chapitre des conséquences du divorce pour les enfants prévoit que le juge tient compte des accords passés entre les époux, des renseignements qui ont été recueillis dans l'enquête et la contre-enquête sociale et des sentiments exprimés par les enfants mineurs. La cour de cassation dans un arrêt du 20 novembre 1996 a infirmé une décision qui n'avait pas précisé si elle avait tenu compte des sentiments exprimés par le mineur. La question se pose ainsi du rôle et du pouvoir d'appréciation du juge, des moyens dont il dispose et des limites de la justice. Il est donc possible de s'interroger pour savoir s'il n'y aurait pas lieu de créer une procédure spécifique pour statuer sur le sort de l'enfant, indépendante du partage des torts, de la prestation compensatoire ou de la liquidation du patrimoine commun, etc., afin que les deux parents puissent effectivement chercher son seul intérêt en dehors de tout règlement de comptes et se situer uniquement sur un terrain éducatif.

DU DROIT À LA PAROLE DANS LA FAMILLE

Dans les tribunaux, nous rencontrons des familles désemparées, en crise, qui, au-delà des procédures dans lesquelles elles sont engagées, cherchent avant tout une aide. F. Dolto voulait remplacer le terme d'autorité parentale par celui de responsabilité parentale, mais à l'heure actuelle il devient de plus en plus difficile pour les parents de montrer de l'autorité dans une société où les rituels disparaissent et où il n'y a plus de règles communément acceptées ; à l'heure d'Internet, le dialogue de proximité devient de plus en plus difficile ; chaque parent doit se débrouiller comme il peut, avec cette subtilité que l'autorité parentale met souvent en jeu toute la relation du couple, voire de plusieurs couples dans les situations de familles recomposées dans lesquelles l'enfant se trouve en conflit de loyauté entre son « parent naturel », son « géniteur » et son « parent du quotidien ». F. Dolto nous disait que les parents devraient pouvoir bénéficier d'une écoute et d'une aide spécifiques pour les soutenir dans des négociations difficiles où sont mis en cause leur autorité, leur responsabilité et le maintien du lien social. Les services de médiation ont souvent un objectif trop immédiat. Il y a donc une nécessité évidente de promouvoir des lieux d'accueil et d'écoute comme les Maisons vertes car toute situation n'a pas vocation à être judiciarisée. Il faut faciliter les échanges en donnant des points de repère, en écoutant et en favorisant chaque fois la réflexion. Il faut également repartir de la question de l'exercice en commun de l'autorité parentale pour recréer une solidarité.

Ce qui est inquiétant à l'heure actuelle, c'est la montée du nombre des signalements judiciaires transmis par l'aide sociale à l'enfance : 31 000 en 1994, 42 000 en 1996, et tout semble se passer comme si le juge devenait le seul intervenant reconnu comme légitime pour évoquer, discuter avec la famille des droits et des devoirs parentaux ; or, le procureur de la République et le juge des enfants n'ont pas toujours les moyens d'évaluation et de prise en charge ; la procédure devant le juge aux affaires familiales est soumise quant à elle à des règles qui s'accommodent mal de l'éducation au quotidien et, même si l'objectif essentiel est la recherche de l'intérêt de l'enfant, cet intérêt passe forcément par les deux parents également responsables. À elle seule, la loi ne peut pas tout.

Sur le plan pénal, on assiste à la même montée ; par exemple, à Paris, les chiffres des affaires mettant en cause des mineurs sont passés entre 1980 et 1998 de 1 901 à 3 103 pour les affaires de violences et de 1 781 à 2 008 pour les affaires de vols avec violences.

Il faut donc continuer à s'interroger sur la prévention, sur les nouvelles formes d'aide et d'intervention à mettre en place car l'ensemble de ces dysfonctionnements ont un coût social, psychologique et matériel important.

STÉPHANE AMBRY*

Un autre regard, une autre écoute

La première fois que j'ai entendu la voix de Françoise Dolto, c'était à l'occasion des émissions de radio qu'elle faisait sur l'antenne d'Europe 1, en 1969. J'ai ressenti un profond choc en l'entendant parler avec les enfants, aussi bien dans sa façon de s'exprimer que de les écouter. Jamais jusque-là je n'avais entendu un adulte s'adresser à un enfant de cette façon, et j'ai pensé aussitôt combien dans mon enfance j'aurais aimé que l'on me parle de la sorte.

Devenu avocat en 1971, je me suis spécialisé dans la défense des personnes, le droit de la famille et la défense des droits des enfants. C'est ainsi qu'en 1989, à Bordeaux, j'ai participé à la fondation du CRIC (Centre de recherches, d'information et de consultation sur les droits de l'enfant au barreau de Bordeaux) qui regroupe aujourd'hui plus de soixante avocats volontaires et spécialisés dans la défense des droits des mineurs. Ma défense de l'enfant en justice était alors interrogée et enrichie par les livres de F. Dolto (*Lorsque l'enfant paraît, La cause des enfants*), ainsi que par ses paroles dans l'émission de France Inter en 1976. Bien évidemment, j'ai été percuté par son affirmation : « Il faudrait un avocat de l'enfant. »

Qu'est-ce que Françoise Dolto m'a apporté dans ma pra-

* Avocat à Bordeaux, membre du CRIC regroupant les avocats d'enfants au barreau de Bordeaux.

tique professionnelle ? La réponse peut se résumer en une phrase : *un autre regard, une autre écoute de l'enfant.*

L'avocat de l'enfant est avant tout un avocat à part entière qui va remplir toute la mission de l'avocat (conseils juridiques, assistance, défense du sujet de droit) mais auprès de ce client particulier qu'est l'enfant. Jusque dans les années 80, l'enfant dans le débat judiciaire n'était essentiellement que l'objet de l'attention et de la préoccupation, de l'amour et des craintes des adultes qui s'en occupaient ou qui l'avaient en charge et qui devaient prendre des décisions dans son intérêt. Dans ce débat, chacun projette sur lui ce qu'il pense être le meilleur, le mieux, *dans son intérêt.* L'intérêt de l'enfant est l'idée que se fait l'adulte du bien de l'enfant. La parole de l'enfant est alors le plus souvent *utilisée* par les adultes dans leurs discours pour justifier leurs avis ou jugements à son égard.

Or, j'avais remarqué que F. Dolto procédait de façon totalement autre. Elle s'adressait à l'enfant avec le respect dû à la personne, le considérait comme citoyen (futur quant à certains droits, mais déjà responsable), avait foi en lui et lui parlait vrai. Petit à petit, j'ai donc essayé de lui parler simple et vrai, de le considérer devant moi comme le sujet (de l'entretien, de mon travail, de la procédure...), lui expliquant ce qu'il doit savoir, l'écoutant *beaucoup* pour apprendre de lui *tout* ce qu'il veut me dire (et non pas seulement ce que je crois utile). J'ai appris à avoir confiance en l'enfant que je défends, à lui donner *sa* place, et il m'a appris à devenir son avocat.

La découverte de la défense de la parole de l'enfant, au fil des années, ne s'est pas faite sans surprises. Dans les trois affaires que je vais tenter de retracer, il m'est apparu par la suite, en les analysant, qu'il y avait certainement « du Dolto », sans que je l'aie recherché ou voulu délibérément.

L'histoire de Gabrielle et Suzanne

En 1982, M. et Mme X me rendent visite et m'exposent qu'ils veulent divorcer par consentement mutuel. Ils sont d'accord sur tout. Mais il y avait un problème pour l'avocat que je suis concernant les modalités d'exercice de la garde des deux enfants. Gabrielle (dix-sept ans) et Suzanne (quinze ans et demi), à qui les parents avaient fait part de leur projet de divorce, ont manifesté fermement *que ce divorce ne changeait rien* à leurs relations à leurs père et mère, ni aux droits respectifs de ceux-ci. Elles voulaient que leur père reste leur père et de même leur mère. Or, à cette époque, la loi de 1975 (ayant créé le divorce par consentement mutuel) n'avait rien changé aux textes anciens concernant les enfants du divorce. C'est-à-dire que les juges continuaient de confier la garde des enfants à un parent, et fixaient un droit de visite et d'hébergement pour l'autre. C'est précisément ce que ne voulaient pas Gabrielle et Suzanne, qui me poussaient à inventer quelque chose de juridiquement nouveau pour elles et leurs parents (qui souhaitaient avant tout respecter la demande de leurs filles).

C'est ainsi que j'ai demandé au juge d'ordonner *la garde conjointe* des deux filles par leurs père et mère, avec résidence habituelle chez leur mère et chez leur père, au gré des parties. Auparavant, comme tous les avocats, je faisais comprendre à mes clients que ce n'était pas possible, que la loi ne le prévoyait pas, que le juge ne pouvait donc pas l'ordonner. C'est bien en écoutant ces deux filles, en comprenant le bien-fondé de leur demande (alors que rien ne m'y obligeait professionnellement) que j'ai pu la soutenir devant le juge dans l'intérêt des enfants. Une formule a alors résumé cette jurisprudence : Divorce des époux, oui, mais pas des parents. Et ce n'est qu'en 1987 que la loi reconnaîtra la possibilité pour les parents d'exercer l'autorité parentale conjointe après leur divorce comme avant leur divorce.

L'histoire de Vincent

Entendre l'enfant est une nécessité. L'important est de le laisser parler et de travailler *avec* ce qu'il dit. Vincent, huit ans, avait dit au début du mois de décembre 1989 à sa mère qu'il ne voulait plus aller voir son père en droit de visite. Son histoire est compliquée. Enfant naturel, il avait trois ans, lorsque sa mère quitta son père qui était trop violent avec elle. Le père saisit le juge aux affaires matrimoniales d'une demande en fixation de droit de visite. La guerre parentale était déclenchée. Les procédures se succédèrent pendant quatre années, de première instance en appel, agrémentées d'enquête sociale et d'examen psychologique des parents et de l'enfant. L'enfant était devenu un enjeu, l'objet des procédures. Et, dans ce climat épouvantable, Vincent ne cessait de vivre dans son corps le combat de ses parents : il présenta au médecin traitant toutes les maladies possibles, qui apparaissaient toujours ou presque à l'occasion de l'exercice du droit de visite du père. Il faut préciser que ce dernier, tout en aimant sincèrement son fils, n'était pas un modèle de douceur ni de diplomatie. La mère (qui n'avait plus que son fils...) faisait légitimement tout ce qu'il fallait pour le protéger.

Lorsque la mère, avec l'enfant, vint me voir, il y avait urgence. Depuis un mois, l'enfant ne voulait plus aller chez son père : la dernière visite s'était mal passée, disait-elle, l'enfant était revenu avec un mal au ventre, des traces de sang dans les selles, et disant que c'était « son père qui lui avait fait mal au ventre, en se jetant avec lui sur le lit ». La mère avait aussitôt fait constater tout cela par un médecin, et parlait de *maltraitance* du père. De plus, son fils *maintenant disait* qu'il ne voulait plus voir son père. La demande de la mère était simple : « Agissez, maître, pour faire suspendre le droit de visite du père, car mon fils ne veut plus le voir après ce qu'il lui a fait. »

L'affaire peut paraître simple à certains, il suffit : 1. de porter plainte pour coups et blessures (mauvais traitements !) ; 2. d'assigner en référé devant le juge aux affaires matrimoniales en suspension du droit de visite du père. Mais, compte tenu de toutes les procédures antérieures qui étaient juste terminées depuis quelques mois, et de ce que j'avais pu lire dans les rapports d'enquête sociale et d'examen psychologique, je n'ai rien fait, en expliquant à la mère qu'une nouvelle procédure (comme les précédentes) ne changerait rien aux difficultés que vivait Vincent. Je lui ai donc demandé : « Voulez-vous que je *vous* défende au sujet de votre enfant contre le père ? Ou voulez-vous que je défende *votre fils*, seul, de son père ? » Cette mère était sincère dans son désir d'aider son fils. Après une demi-heure d'explications et de réflexion, la mère m'assurait qu'elle me demandait de défendre son fils, que je devienne l'avocat de son fils (une première pour moi dans ces procédures où l'enfant n'avait jamais eu d'avocat).

J'ai alors fait entrer Vincent dans mon cabinet, en présence de sa mère. Je lui ai rapporté ce que m'avait dit sa mère et ce qui la préoccupait. Il m'a répété que son père lui avait fait mal au ventre en le jetant sur le lit et qu'il ne voulait plus le voir. Une intuition : je lui ai demandé si, en ce moment, il avait mal au ventre. Vincent m'a répondu :

« Oui », et je m'entends dire : « Ce n'est pas normal, il faudrait que ça cesse », et il acquiesce aussitôt. Après avoir restitué à Vincent ce que j'avais entendu, qu'il venait de me dire, je lui ai expliqué qu'avec l'accord de sa maman je pouvais être *son avocat* s'il le désirait, et me le demandait. Il a donc fallu que j'explique simplement à un garçon de huit ans ce qu'est un avocat, et dans son cas ce à quoi je m'engageais : qu'il ne soit plus jamais frappé par son père et qu'il n'éprouve plus ce mal au ventre.

Vincent m'ayant clairement demandé d'être son avocat, je lui ai dit trois choses importantes :

1. *Le droit de visite*, ce n'est ni ton père qui l'impose à ta mère, ni ta mère à ton père, c'est un juge qui le leur a imposé à tous les deux dans ton intérêt pour que tu vives avec l'un et l'autre malgré leur séparation. Cette présentation a beaucoup surpris Vincent, qui aussitôt a demandé à sa mère si c'était exact (cela montre combien il serait important que, dans ces cas difficiles, le juge informe les enfants de sa décision, et non pas que ceux-ci l'apprennent n'importe comment par un des parents en conflit). Ce droit de visite, il s'impose aussi à l'enfant, c'est le juge qui le décide et pas ton père pour ennuyer ta mère, ou toi. Je lui ai montré l'ordonnance du juge.

2. *La loi interdit de taper* et de battre les enfants. Personne n'a le droit de te frapper fort, même pas ton père, ni ta mère. Si ton père te frappe à nouveau, j'irai voir le procureur de la République, je te défendrai et ton père sera condamné par le tribunal.

3. Enfin, je trouve que ce n'est *pas normal que tu aies mal au ventre* quand tu penses à toutes ces histoires entre tes parents. Il faut que tu parles de tout ça, de ton mal au ventre, à quelqu'un qui t'écoutera et qui gardera *secret* tout ce que tu lui diras. Comme quand tu parles à ton ours. Cette personne sera le coffre-fort dans lequel tu pourras mettre tes secrets, même ceux qui te font mal au ventre. Je suis ton avocat, voilà ma carte de visite et, si tu veux revoir ton père, il suffit que tu me téléphones. Je dirai alors à ton père qu'il peut venir te chercher car tu désires le voir.

Cela se passait pendant les vacances de Noël. Le lendemain matin (à ma grande surprise), Vincent me téléphone pour me demander d'appeler son père car il accepte de finir les vacances avec lui. Lorsque au téléphone j'expliquai à son père que j'étais l'avocat de son fils et que ce dernier souhaitait le revoir jusqu'à la fin des vacances, il y eut un silence. Puis il me demanda si ce n'était pas une plaisanterie ou une nouvelle invention de la mère... Je lui expliquai qu'au contraire c'était très simple : son fils avait choisi un avocat et lui avait demandé de lui communiquer le message selon lequel il souhaitait le voir jusqu'à la fin des vacances.

Après les vacances, Vincent vint me revoir avec sa mère. Au sourire de cette dernière, je sus aussitôt que tout s'était bien passé. En entrant dans mon bureau, tenant sa mère par la main, Vincent dit : « Tu sais, quand je lui ai dit que j'avais un avocat, il n'a pas osé me frapper. » (Pourquoi l'enfant me disait-il ceci puisque c'est lui qui m'avait demandé d'appeler son père pour lui dire moi-même que j'étais son avocat ? Et si cette parole ne m'était pas destinée ? S'il ne me parlait pas, à qui parlait-il ? À sa mère, bien évidemment, qui le tient par la main, qui est heureuse et qu'il *sécurise* grâce à l'intervention/présence symbolique de son avocat.) Vincent me raconta alors ses vacances, les moments heureux et ceux qui le furent moins pour lui. Sa mère, à qui j'avais expliqué ce qu'était une psychothérapie, fit les démarches nécessaires et, dès le mois de janvier, Vincent put rencontrer un psychothérapeute.

Trois mois plus tard, la mère me téléphona pour me faire part de son inquiétude car, si les droits de visite ne se passaient pas trop mal, son fils, qui jusque-là était dans les trois premiers de la classe, manifestait de grosses difficultés à l'école et avait des notes de plus en plus mauvaises. Je lui conseillai d'informer le professeur de ce que l'enfant suivait une psychothérapie et l'assurai que c'étaient des signes prouvant que Vincent vivait dans la psychothérapie des moments très importants pour lui. C'était donc bon signe. Et puis, au mois de mai, la mère m'appela, me disant qu'il était arrivé quelque chose de très grave, qu'elle souhaitait me voir au plus vite au sujet de Vincent. À l'occasion du rendez-vous qui suivit, elle m'expliqua que son fils venait de lui avouer que son père ne l'avait jamais frappé. La mère était effondrée. Je m'employai alors à lui expliquer d'une part qu'elle n'avait entendu que ce qu'elle souhaitait entendre, et que d'autre part elle aurait grand intérêt à parler de sa relation avec son fils à un psychologue. Malheureusement, elle ne put faire cette démarche.

Le surprenant dans cette histoire, c'est la parole de l'enfant. On voit bien qu'en l'entendant et la prenant telle qu'elle est (et non pas en la croyant seulement), en la reconnaissant (sans la sacraliser) et en donnant à l'enfant les moyens de parler dans un lieu approprié, l'enfant a pu se reconstruire, se réapproprier sa parole jusqu'à dire à sa mère que son père ne l'avait jamais frappé. Par la suite, Vincent a pu rencontrer son père sans difficultés ni procédures. Sa mère était contente pour son fils.

L'histoire d'Alexis

Mme X me rend visite avec son fils Alexis (sept ans). Je les reçois séparément. La mère m'expose rapidement l'anamnèse de la vie d'Alexis, de son père et d'elle, divorcés depuis trois ans, et m'explique que son fils est de plus en plus réticent à se rendre chez son père en droit de visite, qu'il lui rapporte tout ce qui se passe mal à cette occasion. Elle me demande d'être l'avocat de son fils pour le défendre et l'assister dans une demande d'audition d'enfant (art. 388-1 du code civil) devant le juge aux affaires familiales, car avec son avocat elle va demander la révision du droit de visite.

Je reçois ensuite Alexis seul. Je me présente et lui demande s'il a quelque chose à me dire. Silence. Je lui demande s'il a compris pourquoi sa mère l'a amené ici. Réponse : « Oui », et nouveau silence. Je lui explique ce qu'est un avocat d'enfant et aiguille ensuite la conversation sur ses activités scolaires et de loisirs. Là, Alexis s'anime et me fait partager sur ces sujets ce qu'il aime, ce qui lui est cher, commence des histoires, etc. Visiblement, il est maintenant détendu, à l'aise, appréciant que je m'intéresse à lui, à ce qu'il me raconte. Apparemment, il est intarissable et notre échange le satisfait. Malheureusement, mon temps n'est pas le sien, et je suis obligé, au bout de vingt minutes, de lui dire : « Alexis, tu m'as l'air d'un garçon heureux et qui sait ce qu'il veut. Tu es débrouillard, mais il y a quelque chose que tu ne peux pas dire à ta maman, c'est que tu es heureux de rencontrer ton papa. Tu crois que ça ne lui fera pas plaisir, et tu l'aimes beaucoup, ta maman. » Alexis baisse un peu la tête et murmure : « Oui. » J'explique à l'enfant que sa maman l'aime énormément et s'inquiète pour lui; que si elle savait ce qu'il ne peut lui dire, elle serait rassurée. Je lui demande alors s'il souhaite que je l'aide à parler à sa maman ou même que je dise à sa maman pour lui et avec lui. Alors le visage d'Alexis s'illumine et il me demande de parler à sa mère en son nom devant lui. Et je dis mot à mot à l'enfant ce que je vais dire à sa mère. Il est d'accord.

Nous faisons venir sa maman dans le bureau. En présence d'Alexis, qui prend sa mère par la main, j'explique à la maman que son fils a quelque chose à lui dire depuis longtemps mais qu'il ne s'en sent pas la force et qu'il m'a demandé de le lui dire pour lui. Il est heureux de rencontrer son père et ça se passe très bien. Mais il croit que s'il lui disait cette vérité, elle ne serait pas heureuse et en souffrirait, et il ne veut pas lui faire de mal car il l'aime beaucoup. Les yeux de Mme X se sont emplis de larmes. Elle a doucement attiré Alexis sur ses genoux et l'a serré dans ses bras. Ils se sont tendrement embrassés. Et la mère a dit à son fils : « Merci, j'ai très bien compris ce que tu m'as dit. » C'est peut-être aussi cela « porter la parole d'un enfant ».

Je pourrais encore rapporter nombre d'exemples de paroles d'enfants, réellement prises en compte par les acteurs des procédures judiciaires (magistrats ou avocats) qui ont profondément changé la façon dont ont été posés et résolus des problèmes ou difficultés vécus par les enfants. Je peux enfin témoigner combien le style d'approche, d'écoute, de respect de l'enfant que je crois avoir compris grâce à F. Dolto m'a permis d'être au plus juste dans la défense des enfants victimes de sévices sexuels. Dans ces procédures, plus peut-être que dans toute autre, la parole de l'enfant est importante, et le regard que l'on porte sur eux peut devenir vital.

LILIANE DALIGAND*

La parole de l'enfant en justice

Chaque être entre en justice en entrant en vie, en étant mis au monde. Tout enfant, délinquant ou victime, a droit à ce que justice lui soit rendue et doit être entendu par un interlocuteur de l'appareil judiciaire. L'enfant demande à tenir un rôle parlant et non plus figurant, lors des différentes phases du processus de justice. Mais en justice, comme en tout autre lieu, la crédibilité de la parole de l'enfant est posée par la question du rapport de son langage à la vérité.

Son rapport à la vérité

L'appréciation est contradictoire dans le « on-dit « social. Le jeune enfant qui parle ne pourrait être cru parce qu'il ne sait pas ce qu'il dit, mais dans le même temps ce non-savoir, cette non-maîtrise, permettrait d'affirmer que spontanément la vérité sort de sa bouche. Il est bien entendu alors que seule l'oreille de l'adulte est en capacité de décrypter cette innocente source du vrai. Dans notre imaginaire, tout se passe comme si l'enfant grandissant nouait un pacte de plus en plus en responsabilité avec la vérité jusqu'à l'âge adulte.

Dans les deux ou trois premières années de vie, les sen-

* Professeur de médecine légale à l'université Claude-Bernard Lyon-1 ; psychiatre au Centre hospitalier Lyon-Sud ; expert près la cour d'appel de Lyon.

sations de l'enfant sont interprétées par leur croisement avec les sonorités des mots mis à sa disposition par son entourage maternel. Sa chair perceptive se grave ainsi, et son corps parlant et signifiant lui entre par l'oreille. Il naît à lui-même comme être de parole — le « parlêtre » de Lacan — par l'écoute des sons qui disent le sensuel de sa chair. Tout homme entre dans le langage par l'écoute.

Ce temps d'apprentissage, où l'absence de mots fait douleur, est marqué par le cri du petit dans son désert de signifiants. En ce temps, les mots maladroitement dits traduisent la suprématie de ses émotions. L'enfant n'est ni dans le mensonge ni dans la vérité, il est dans la traduction immédiate de ce qui se meut en lui. Ces phénomènes de bouleversements sensoriels sont directement déchiffrables par l'entourage. C'est le temps émouvant de l'innocence, le temps de l'enfant qui s'essaie au langage, mais qui ne parle pas encore. L'enfant ne ment pas parce qu'il ne parle pas.

Quand le petit de l'homme prend le langage à son compte, que disant « je » il se place lui-même dans les phrases qui le portent, ça bouscule l'ordre des images jusqu'alors préférentiel. L'enfant n'est plus seulement l'organisme dont un autre peut faire la transparente traduction. Il devient, en tant que sujet de sa parole, riche du trésor inconscient des signifiants, inaccessible à la seule connaissance d'autrui, et se place comme autre, radicalement, là où rien ne peut venir le décrire. Caché en sa plus intime altérité, il est alors suspecté de mensonge. Mais comme tout être humain, tout corps qui parle, il est menteur, dans l'impossibilité qu'il est d'atteindre le réel. C'est par le mensonge qu'il entre en rapport avec la vérité qui lui échappe. C'est le mensonge qui signe que ça parle en lui.

La vérité, qui alors au sortir de sa bouche ne peut faire l'objet d'une traduction directe, est la source d'une parole qui s'épanouit en celui qui l'écoute. L'enfant par sa parole fait effet de vérité au cœur même de ses parents et de ceux qui l'entourent dans la confiance qu'ils lui portent. Il prend la position du témoin.

S'il nous est difficile de faire la démonstration de l'ouverture de l'enfant à sa parole à partir de ses commencements, dès sa mise au monde, il nous est plus facile de partir d'un cas où la parole de l'enfant a été annulée, et de voir comment et dans quelles conditions cette parole renaît au corps de cet enfant amputé de sa fonction langagière.

Le mensonge de l'inceste

Le cas le plus probant est celui de l'inceste, par exemple père-fille. L'enfant est placé dans la confusion par la jouissance — cet état de non-parole — prise en son corps par son géniteur. Confusion des êtres et, par la violation de l'interdit, confusion des générations.

La génération est ce qui ouvre chaque être humain par la lignée à l'origine, c'est ce qui ouvre chacun à la source langagière, à ce qui parle en lui. L'obturation de cette voie (voix) se fait couramment par l'interposition du secret de la geste de violation de l'interdit, par imposition et menace, ou par tentation dans la complicité. Le secret c'est avant tout ne pas dire, garder le silence. Et ainsi le secret vient mensongèrement en place du mystère de l'origine. C'est ce secret tenu qui maintient l'enfant dans la position incestueuse et seule la révélation qui en lève l'obstacle permet le retour de l'enfant à la parole.

La révélation du secret, souvent impossible, est toujours difficile. L'enfant fait des révélations qui n'en auront pas les effets parce qu'il sait, tout en les disant, qu'elles ne seront pas crues. Le secret se trouve ainsi verrouillé à double tour. Le secret confié à un écrit intime n'est souvent pas destiné à être lu. Il est parfois murmuré dans des termes difficiles à décrypter.

Dire l'inceste c'est faire un effort de discernement pour se sortir de la confusion, pour reprendre place comme personne, pour exister. La révélation, par l'ouverture du secret, par la mise au jour des gestes incestueux n'est pas prisonnière de la seule exactitude des faits, elle met en lumière la sortie du mutisme et que ça parle au corps de l'enfant. Elle manifeste la levée du barrage.

Révélation et vérité

La révélation peut paraître inexplicable dans son aspect tardif alors que les agissements incestueux remontent parfois à plusieurs années. C'est qu'il s'agit de la délivrance de cette sclérose interne que constitue le secret qui pèse sur la parole en l'obturant et limite parfois jusqu'au silence toute relation à l'autre. Aucune entreprise avec l'autre n'est possible tant qu'il occupe tout le champ du langage. Et c'est sous la poussée du désir porteur de parole que peut être levé le barrage. L'ex-sistence l'exige. Et l'effort de révélation qui n'aboutit pas ou mal écrase l'être sous le poids de la mort et il lui est impossible de se relever.

La libération exige que le secret soit dévoilé à ceux qui représentent la loi et croient en la parole révélée. Le recours à la loi est ce qui assure la parole dans son rapport à l'origine. Délivrant de la confusion puisque le seul commandement de la loi est celui du maintien de la différence : « Tu n'es pas l'autre. » La loi rétablit l'espace d'altérité entre les êtres, replace la sexualité dans la transmission de la vie et établit l'ordre symbolique de la parenté. La génération est de nouveau à l'œuvre et met l'origine en perspective, ouvrant le droit à la parole.

Aussi l'effondrement est total lorsque l'homme de loi émet des doutes, évoque l'affabulation, la mythomanie. Il en va de même lorsque l'agresseur, pour justifier la dénonciation taxée de calomnieuse, avance de sombres machinations dont la victime, en ce cas supposée, serait l'agent ou tout au moins l'intermédiaire manipulé. Mais la confiance d'un juge peut faire miracle.

C'est aux effets de vérité en ceux qui l'écoutent qu'on reconnaît la révélation. Ces effets ne suppriment pas obligatoirement la souffrance, ils l'autorisent. Ils ne suppriment ni la honte ni la culpabilité, mais apportent un soulagement.

La révélation entreprise va devoir aller jusqu'au processus de justice. Les dires sur les agissements incestueux vont trouver des mots différents selon les interlocuteurs. Va être évoqué alors le terme de variations qui vont donner prétexte pour douter de l'exactitude des faits dénoncés. Il n'est pas étonnant pourtant que la parole trouve une voix et des mots différents selon ceux auxquels elle s'adresse.

Des intervenants voulant éviter « le traumatisme de la répétition » pensent qu'il serait bon d'enregistrer les faits révélés une bonne fois pour toutes sur une bande magnétique qui pourrait être resservie à quelque auditeur que ce soit. Il est vrai que des intervenants avides de savoir, intrusifs dans leur besoin de compréhension, confondant révélation et extraction de confidences stéréotypées occasionnent des souffrances proches de celle de la consommation de l'inceste et entraînent un retour au mutisme. L'enfant en répétition peut aussi ne se voir intéressant que parce qu'il a été marqué par les gestes interdits. Il risque de s'en faire alors un trait distinctif et s'en pare à tout propos pour susciter l'intérêt des autres.

Cela souligne que la rencontre avec une victime ne peut se faire que dans la patience, en l'absence de curiosité, que dans le respect de ce qui s'élabore au corps de l'enfant dans le champ du langage, dans le silence accueillant d'une parole échangée. Les mots de la révélation ne constituent pas une déclaration définitive, figée dans l'exactitude de la simple description d'actes interdits. Les variations de la révélation sont comme autant de pièces musicales sur un même thème et chaque variation sur le thème devient alors un temps du dire de la renaissance.

Pour les enfants en bas âge, pour ceux qui ont été très affaiblis dans leurs capacités langagières, il faut de plus un support médiateur adressé à un interlocuteur dont le savoir permettra un dire, indirectement en rapport avec les faits. Ce support habituel de la psychanalyse d'enfants est par exemple le dessin. Il n'est pas question de faire de cette activité graphique un test de niveau d'intelligence ou seulement un test projectif (d'émotion, de sentiment, de peur, etc.). Il s'agit là de permettre à l'enfant de produire des figurations sur une feuille blanche, comme les éléments d'un rêve sur le fond du sommeil. Le rêve ne prend sens que par le dire du rêveur qui en fait une lecture pour un autre. Le rêve est désir porteur d'une parole pour un interlocuteur. Le dessin de l'enfant est producteur d'une parole pour celui à qui est destiné le dessin. La parole de l'enfant s'appuie, s'élabore sur cette production graphique. Au fil des séances, l'enfant, après la révélation, trouve la parole de sa souffrance, de la vie et de la mort, sur des thèmes propres à l'enfance et faciles, comme pour le contenu d'un conte, à décrypter.

Sophie, trois ans et demi, ne révèle rien mais trace de nombreux dessins répétitifs où l'on retrouve un bonhomme avec un regard plus ou moins noir qui exclut tout autre organe des sens sur le visage. Et, fait exceptionnel pour une enfant de cet âge, elle représente un appareil génital masculin entre les jambes. Ces dessins, comme il est fréquent de le voir, sont gribouillés avec énergie dans une volonté d'annulation. Une progression peut être notée sur les derniers dessins où elle se représente à côté du bonhomme

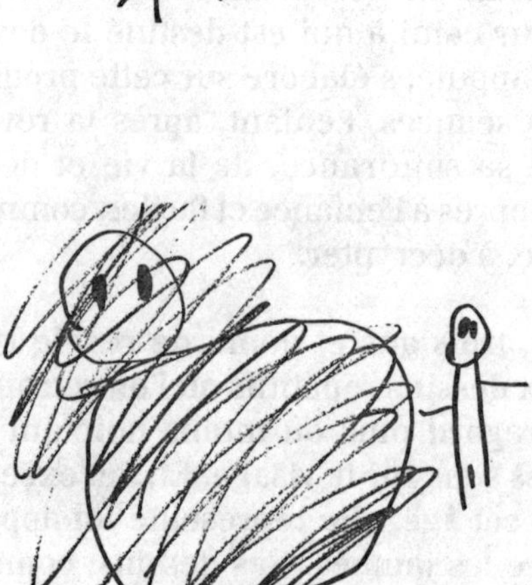

avec le même regard et le même organe génital dans un processus d'identification à l'agresseur.

Estelle, neuf ans, a beaucoup de difficulté à dire l'abus dont elle a été victime par un ami de la famille, mais elle peut en représenter les scènes qui précèdent et celle qui suit ainsi que les effets dans une quasi-bande dessinée.

Premier dessin : Le champ aux ânes. Estelle se propose d'aller donner du foin aux ânes avec M. A.

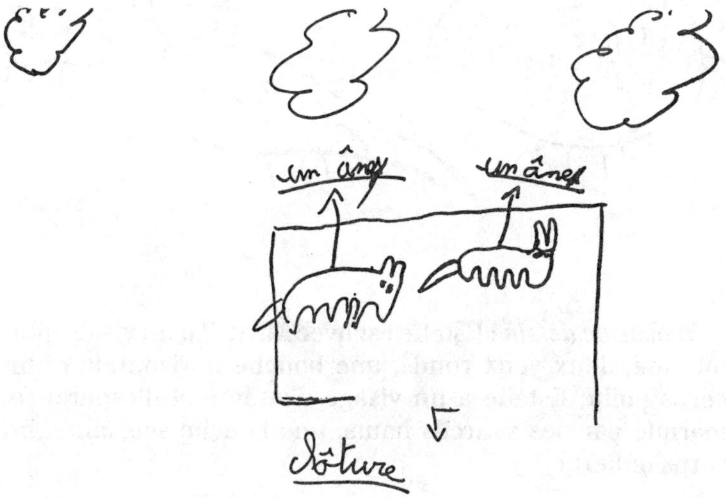

Deuxième dessin : Les ânes se rapprochent et grossissent. Estelle souligne le rapport à l'animalité qui peut être compris de trois façons concomitantes :

— il s'agit bien là de l'animalité à l'état le plus brut dans laquelle elle reconnaît ses pulsions ;

— mais il s'agit de nourriture, de satisfaction orale, une des satisfactions bien connues d'une enfant de cet âge et qui la ravit dans l'image qu'un animal reflète ;

— enfin, il s'agit bien d'un âne avec ce que cela suppose d'ânerie, c'est-à-dire de bêtise. Et le drame sera d'être passée de l'animalité que chacun porte en soi à la bestialité, c'est-à-dire à la satisfaction aveugle de la pulsion qui laisse désemparée une enfant qui ne peut en rien y être préparée.

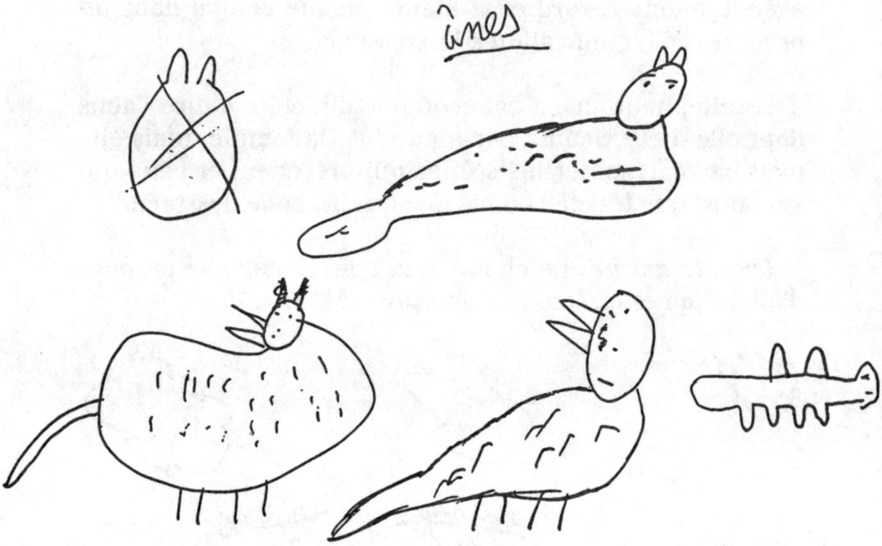

Troisième dessin : Estelle est avec M. A., il a un visage plutôt vide, deux yeux ronds, une bouche horizontale et un corps poilu. Estelle a un visage d'attente et d'espérance, marqué par des sourcils hauts, une bouche souriante, un corps imberbe.

Quatrième dessin : Estelle est avec M. A. C'est « après ». Ils ont quasiment inversé leur expression. Il a un visage et une bouche qui tendent au sourire, un corps dilaté en particulier au niveau des membres inférieurs. Estelle a un visage morne et vide, le corps dilaté et poilu. Cette dilatation des corps montre l'explosion des sensations dans la chair, générée par l'abus sexuel. La figuration des poils sur le corps d'Estelle montre la bestialité et la contamination, l'identification à l'agresseur.

Sa parole qui, à partir de ses dessins, la porte à l'écoute d'un autre lui permet d'en attendre réponse, d'espérer recevoir témoignage sur son existence mise en péril. Cette ouverture à la parole est fragile et demande toujours un autre avec une grande oreille.

Mais un enfant renaissant au prix de la souffrance retrouvée qui ne pouvait se dire, et souvent de la douleur de tout un groupe familial, élargi aux ascendants et collatéraux, risque de devenir intolérable à tous. Et cet enfant qui n'a jamais été mis au monde est en danger de retourner à son néant : les pressions, les tentations de tous ordres l'assaillent pour qu'il opère une rétractation. Si ces manœuvres aboutissent, elles entraînent, par la disqualification de la parole, le retour immédiat et massif des symptômes antérieurs, seulement gommés pour un temps.

Vérité/mensonge et parole de victime

Les experts devront témoigner de leur relation avec l'expertisé, de la parole qu'ils ont reçue. Ils n'échappent pas plus que les autres acteurs du procès au refus d'entendre et peuvent céder à la tentation de juger ou de se comporter en moralistes. Ne pouvant s'appuyer sur des faits dits « objectifs », l'exactitude des faits leur échappant, ils peuvent être tentés de s'attacher à traquer le mensonge. Cet « angle de vue » peut leur sembler justifié de plus par des questions posées par le juge concernant la crédibilité de la parole de l'enfant, ses tendances à la fabulation ou même à la mythomanie.

Certaines expertises confiées au pédopsychiatre se résumeraient à cette seule question : peut-on croire ou ne pas croire ? faisant comme si le poids de l'accusation ne reposait que sur la seule faiblesse langagière de la victime, comme s'il n'y avait pas d'autres voies et voix pour étayer l'infraction.

Le pourquoi du mensonge suspecté n'a même pas à être évoqué. L'enfant peut mentir par maladresse, par déficience d'une parole qui ne serait pas encore mûre ou parce qu'il ne sait pas ce qu'il dit.

La croyance en ces raisons persiste même si, à la question posée du bénéfice qu'en tire l'enfant, il est répondu par la négative. Tout se passe comme si le mensonge s'affichait là, impudent, sans motif autre qu'une perversion constitutionnelle de la victime supposée.

Répondre sur la véracité des accusations n'est évidemment pas dans la capacité de l'expert. Les juges demandeurs sont renvoyés à la lecture du témoignage sur la relation que l'expert a eue avec l'enfant et à l'effet que cette lecture provoque en eux. Le juge légalement est confronté à son intime conviction. « Il n'y a pas d'expert en crédibilité, si ce n'est le juge », selon Serge Portelli, doyen des juges d'instruction du tribunal de Créteil, qui estime qu'« il faut tordre le cou à l'expertise de crédibilité ».

La loi du 17 juin 1998 relative à la prévention et à la répression des infractions sexuelles ainsi qu'à la protection des mineurs crée dans le code de procédure pénale un article ouvrant la possibilité aux mineurs victimes de « faire l'objet d'une expertise médico-psychologique destinée à apprécier la nature et l'importance du préjudice subi et à établir si celui-ci rend nécessaires des traitements ou des soins appropriés ». Une telle expertise peut être ordonnée dès le stade de l'enquête par le procureur de la République.

L'expert doit dire les conséquences de l'abus sexuel ou de l'inceste sur l'enfant au présent et les hypothèques au futur. Lorsque les faits sont récents le trauma psychique est souvent intense avec installation d'un syndrome de répétition. Lorsque les faits ont débuté précocement et se sont répétés longtemps, ce qui est massivement constaté, c'est le vide. Le vide de l'histoire de la victime par impossibilité de mémorisation. Souvent toute la période de son enfance et de sa puberté même n'est l'objet d'aucun fait repérable par un travail de mémoire.

Le procès

Il doit être l'organisation d'un lieu de parole où auteurs et victimes sont convoqués. La majorité des victimes attend avec angoisse et impatience le moment où pourra se dire aux magistrats, mais aussi au jury populaire, et à leur agresseur, ce qui a été subi en silence. Si certaines, timides, et restant encore dans la crainte, demandent un huis clos, beaucoup tiennent au contraire au procès public pour que le déshonneur du coupable apparaisse au grand jour et que leur parole les replace comme un parmi d'autres.

La majorité des enfants, des préadolescents, tient à parler, mais ce témoignage n'est pas obligatoirement sollicité par le président, et cela est ressenti comme une mise en doute de leur parole d'enfant, ou une nouvelle disqualification : de nouveau ils n'ont pas droit à la parole et le procès ne les concerne que très indirectement. Ainsi justice ne leur est pas rendue.

Refuser la parole à un enfant, c'est lui refuser d'être pris dans son humanité, dans son rapport difficile à l'imaginaire et au réel. C'est pour ce nouage des deux boucles, imaginaire et réel, qu'est exigée la troisième, celle du symbolique, de la parole. S'il y a parole, il y a vérité en question — « moi, la vérité, je parle » —, c'est-à-dire que la vérité n'est la possession de quiconque mais se révèle dans ses effets entre deux êtres, dans l'intersubjectivité. Si l'enfant est accepté comme être humain, comme corps parlant, l'effet de sa parole en celui qui l'écoute et qui lui répond est une mise en jeu du rapport vérité/mensonge, comme pour la parole de tout homme.

MARIE-FRANCE BLANCO*,
ALAIN BOUREGBA**

L'expérience des relais enfants-parents

COMMENT MAINTENIR LE LIEN ?

Indépendamment du délit commis, les enfants sont en droit d'aimer leurs parents, et « s'il n'y a pas de parent parfait, on n'a pas fait mieux pour élever un enfant » (S. Freud). Mais l'incarcération d'un individu, sans remettre en cause la légitimité de la détention, revient toujours à victimiser ses proches. Comment une société de droit peut-elle ignorer ces innocentes victimes et en particulier les enfants ? Faut-il, outre tous les retentissements dus à la faute des géniteurs, être doublement pénalisé dès l'enfance ? C'est en réponse à ces questions et en pensant à ces enfants qu'est né le premier relais enfants-parents, début 1986, en Île-de-France. Quelques années avant, alors éducatrice à l'Aide sociale à l'enfance, j'y avais rencontré de nombreux enfants vivant très mal l'absence de leur parent incarcéré : *une chape de silence et de non-dit.*

Pour l'enfant, c'est le questionnement, l'angoisse : « Qu'est-il devenu ? Est-il malade ? Mort ? En voyage ? M'a-t-il abandonné ? Est-ce ma faute ? Ne m'aimait-il pas ? Qu'ai-je fait pour mériter cela ? » Il faut permettre à l'enfant de différencier séparation et abandon, car un vécu d'aban-

* Présidente d'une association relais enfants-parents.
** Psychanalyste, directeur de la Fédération des relais enfants-parents.

don induit par les carences affectives conduit trop souvent au cercle infernal des inadaptations sociales.

Après avoir pris connaissance de ce manque profond chez l'enfant, et du besoin de parent « réel » qu'on peut voir, toucher, embrasser, je me lançai dans l'aventure, aidée de mon mari Élie Blanco, cofondateur de l'association. Mais tout ce travail ne se fait pas seul, faire fi des difficultés et langueurs administratives, venir à bout des résistances de la famille où vit l'enfant, de ces souffrances silencieuses, obtenir toutes les autorisations familiales, judiciaires et pénitentiaires nécessaires pour mettre sur pied les accompagnements d'enfants au parloir : c'est le travail de toute une équipe. La force du relais enfants-parents tient avant tout à la ténacité et à la disponibilité d'un groupe d'hommes et de femmes, souvent bénévoles, et animés d'une même volonté : améliorer le sort de ces enfants par le maintien du lien.

Par des outils adaptés, notre association a mis au point un ensemble de techniques qui participent toutes à une démarche de prévention des risques de répétition. Il faut savoir que 30 % des détenus ont eu des parents incarcérés. Voici notre méthode :

Les ateliers

Véritables groupes de paroles, les ateliers comprennent deux professionnels du relais pour un groupe de cinq à dix femmes. Ils leur permettent de se retrouver et de fabriquer un objet « relais » transmis par nos soins à l'enfant pour lui dire « je pense à toi et je t'aime, même si je ne suis pas avec toi ».

Les entretiens individuels

Ils permettent aux parents les plus en difficulté d'évoquer avec un psychologue les contacts qui leur sont les plus douloureux avec la réalité de la rupture.

Les permanences éducatives

En groupe, les pères y parlent des courriers, des visites, et plus généralement de leurs difficultés à définir le rôle qu'ils conservent auprès de leurs enfants.

Les espaces enfants

Ils sont gérés, en détention, par des éducatrices de jeunes enfants qui ont en charge d'offrir à tous les enfants qui viennent rencontrer leur parent une aire d'animation favorisant la rencontre et l'écoute par les jeux, où la prison perd son côté inquiétant.

Les accompagnements d'enfants

Ils sont menés, en détention, par des bénévoles ayant bénéficié d'une formation, aptes à conduire l'enfant, à l'aider à la relation, à répondre aux multiples questions de l'enfant et de la famille. Si les enjeux psychologiques sont trop lourds et entraînent de graves dysfonctionnements, le choix d'un professionnel pour accompagner l'enfant est alors assuré par le relais.

Les suivis et médiations familiales

Objets essentiels de notre travail hors des lieux de détention, ils ont pour but d'aider les familles, souvent hostiles au départ à comprendre la nécessité des visites de l'enfant à son parent, et de les autoriser.

Marie-France Blanco

JUSQU'OÙ MAINTENIR LE LIEN ?

Le premier relais enfants-parents est né il y a quatorze ans afin d'aider au maintien des relations entre l'enfant et son parent incarcéré. Rapidement l'innovation s'est répandue et des équipes relais se sont créées à la périphérie d'un grand nombre d'établissements pénitentiaires. Par ailleurs, les méthodes de soutien à la parentalité, éprouvées par les relais en détention, ont suscité des expériences analogues dans d'autres circonstances d'errance sociale et psychologique. Aujourd'hui, la Fédération des relais enfants-parents créée en 1994 regroupe dix associations régionales et une institution semblable en communauté française de Belgique.

Cet ensemble intervient dans de nombreuses circonstances où l'exercice de la fonction parentale a besoin d'être soutenu pour ne pas disparaître. Un tel soutien dans l'hypothèse de fragilité psychologique et de déviance doit répondre de sa légitimité, c'est-à-dire : Pourquoi agir ? Comment ? Jusqu'où ?

Pourquoi aider au maintien des relations ?

Cette question peut choquer le professionnel formé à la complexité des mécanismes en jeu dans l'édification de la personnalité. Pourtant au niveau des béotiens, mais parfois même à celui des praticiens sociaux, elle se pose. Au quotidien, nous pourrions témoigner de la difficulté à convaincre certains services d'accueil de la nécessité d'accompagner l'enfant dont ils ont la charge vers son parent incarcéré. Certes, le principe de l'autorité parentale est admis et affirmé dans le septième alinéa de l'article 375 du code civil. Pour autant, dans les faits, les services de garde se soustraient au travail de maintien des relations entre l'enfant dont ils ont la charge et son parent. Cette résistance traduit aisément la distorsion entre le discours explicite des institutions et leur conviction implicite. Je crains que, dans un grand nombre de cas, les praticiens sociaux ne soient convaincus de la nocivité des liens familiaux et qu'ils ne pétitionnent leur devoir de mise en relation entre l'enfant et son parent que pour mieux s'y soustraire. En effet, raréfiant les contacts, leur assurant un cadre tutélaire excessif, ils les rendent douloureux pour chacun des protagonistes et finalement impossibles. De cette manière, les convictions implicites finissent dans les faits par administrer la preuve de leur validation et réduire ainsi la pertinence des principes explicites auxquels elles s'opposaient. Pour illustrer ce mécanisme, je prendrai l'exemple de cet enfant de onze ans, placé dans une famille d'accueil et dont le père était condamné à une peine de réclusion criminelle. Le père ayant manifesté à de nombreuses occasions le désir de voir son enfant, le placement spécialisé y consentit. Une date de rencontre fut déterminée quatre mois à l'avance. Le jour dit, l'enfant — qui demeure dans le sud de la France — est accompagné auprès de son père qu'il n'avait pas vu depuis deux ans. L'assistante maternelle, l'éducatrice référente et la psychologue du service se sont chargées de cet accompagnement. Un tel encadrement était disproportionné et sans justification eu égard aux raisons de la détention du père. C'est pourquoi il a suggéré de la méfiance à l'enfant et inconsciemment le préparait à imaginer une nocivité paternelle aisément fantasmée à l'éveil de l'adolescence. L'excessive tutelle exercée par le service gardien sur les relations entre l'enfant et son père eut pour effet de renforcer chez cet enfant l'hostilité à la figure paternelle et d'inhiber les capacités de l'enfant à rentrer en relation avec son parent au cours de la rencontre. À la sortie du parloir, ce petit monde éducatif pouvait être rassuré sur la pertinence des précautions qu'il avait prises étant donné l'état d'effroi de l'enfant et de sidération du père face à cet effroi.

La nécessité d'aider l'enfant à conserver des relations avec chacun de ses parents ne doit pas se réduire à un principe, c'est une obligation éducative qui repose sur le respect des mécanismes en œuvre dans l'édification de la personnalité. Dès lors qu'il s'agit d'enfant très jeune, l'abondante littérature relative aux carences affectives précoces explicite cette nécessité. Toutes les séparations de la mère et du nourrisson hypothèquent la capacité du jeune enfant à ériger en lui un « sentiment continu d'exister ». L'absence agit alors comme un point de fragilité « ontologique ». Les conduites d'agrippement ou à l'inverse de mise à distance défensive — qui minent le développement psychologique de l'enfant précocement éloigné de sa mère — ont fait l'objet de suffisamment d'observations et d'études pour que des interventions facilitant la continuité des soins (et dans certains cas la subsidiarité aux soins maternels) aient été mises en place depuis longtemps. Pourtant, ces ruptures entre la mère et le nourrisson ne sont pas représentatives de l'ensemble des éloignements de l'enfant et de son parent. Dans la majorité des situations, ces éloignements interviennent au-delà des deux premières années. D'autre part cet éloignement équivaut le plus souvent à l'effacement du père. C'est pourquoi il serait bien imprudent d'associer toujours l'éloignement d'un des parents à un effondrement de la personnalité. Les effets de l'éloignement d'un parent sur le développement de l'enfant sont discrets. Ils interrompent le processus de séparation et, par ailleurs, l'éloignement perturbe les modalités d'affiliation.

« Plus tu t'éloignes plus ton ombre s'agrandit », a dit Robert Desnos. Les ruptures des relations entre l'enfant et son parent n'ont pas — comme naïvement cela a pu être présenté — pour effet de rompre les liens psychologiques qui les unissent. Bien au contraire, elles les figent. Ces ruptures équivalent à des points de fixation qui commuent les liens en chaînes, plutôt qu'ils ne les rompent. Dans l'hypothèse d'une rupture, autrement dit d'un effacement que l'enfant ne peut mettre en mots, le parent se réduit à sa représentation imaginaire. Cette prévalence de l'imaginaire sur la confrontation au réel enfle dans l'inconscient la place du parent. Qu'il soit diabolisé ou déifié, le parent réduit à une représentation imaginaire devient omniprésent. Son ombre s'agrandit alors démesurément et dans une telle proportion que l'enfant n'est bientôt plus capable de s'en séparer. Tout se passe comme si, paradoxalement, les ruptures agissaient comme des entraves au processus naturel de séparation. Plus la rupture intervient tôt, plus le processus sera empêché précocement, quelquefois même à un niveau où il compromet l'individuation. Ultérieurement, la fixation de la dynamique intrapsychique en œuvre dans la séparation se traduit au niveau des manifestations conscientes par des conduites immatures. Remarquons comment les enfants, victimes de rupture avec l'un de leur parent, se caractérisent, devenus adultes, par leur instabilité et leur immaturité affective.

Les modalités d'affiliation peuvent être compromises. Les échanges relationnels des enfants en rupture avec un de leur parent (notamment leur père) sont dominés par l'incapacité dans laquelle ils se trouvent à hiérarchiser leurs différentes appartenances sociales et par leur surinvestissement de l'alter ego. Les mécanismes d'affiliation sont devenus chez ces enfants compensatoires de difficultés à se soumettre à la détermination de leur filiation. L'immaturité affective, l'impossibilité de hiérarchiser ses affiliations et la soumission « au même » (par défaut d'un enracinement dans une appartenance définie par les liens filiaux) dessinent les contours d'*une personnalité infantile et sous influence*. Voilà les conséquences les plus saillantes d'une rupture des relations entre l'enfant et son parent. Elles sont suffisamment sévères et potentiellement à la source de conduites transgressives ou déviantes pour justifier l'action des relais enfants-parents. Précisons cependant que les effets décrits ici sont ceux des ruptures, or tous les éloignements du parent et de l'enfant n'équivalent pas à une rupture. On réservera le terme de rupture à la situation d'effacement du parent du quotidien de l'enfant. Ce gommage, non parlé à l'enfant, entraîne celui d'un des versants de l'ambivalence affective éprouvée par l'enfant à l'encontre de son parent et provoque alors l'actualisation de positions archaïques dominées par l'opposition brutale de la haine et de l'amour. Toutes les ruptures équivalent à un événement traumatogène, c'est-à-dire porteur d'une charge affective intense puisque non liée par l'ambivalence. Pour que l'on puisse parler de rupture, il faut que l'éloignement soit brusque, non parlé et expliqué à l'enfant, d'autre part qu'aucun témoignage de la préoccupation du parent absent n'arrive à l'enfant. Enfin, cette rupture peut également intervenir dans l'hypothèse non pas de la disparition physique du parent, mais dans celle où le parent devient l'agresseur ou le séducteur. En effet, dans ce cas, il disparaît comme représentation stable et sécurisante. La radicalité de cette transformation effondre des représentations anciennes, déterminant une rupture psychique et traumatique en l'absence pourtant d'éloignement physique.

Pour plus de clarté, je proposerai de différencier séparation, rupture et éloignement : de réserver le terme de séparation au processus de distanciation psychique, celui d'éloignement à une distanciation physique et le terme de rupture à un effacement traumatogène. Aider au maintien des relations entre l'enfant et son parent incarcéré, c'est éviter que l'éloignement soit synonyme de rupture et donc de traumatisme, aussi l'intervention est-elle légitime.

Comment aider au maintien des relations ?

Pour aider au maintien des relations entre l'enfant et son parent incarcéré, il est nécessaire de lever des entraves que nous pouvons regrouper en quatre catégories : des entraves familiales, juridiques ou administratives et des entraves liées au parent lui-même.

Les entraves familiales aux relations entre l'enfant et son parent incarcéré sont les plus fréquentes. Une étude réalisée par la Fédération des relais a permis d'évaluer à plus de 37 % les situations dans lesquelles l'opposition à la rencontre de l'enfant et de son parent détenu était la conséquence de conflit avec l'autre parent ou les grands-parents dès lors qu'ils assurent la garde exclusive de l'enfant. C'est pourquoi l'intervention des relais s'apparente, bien souvent, à celle d'un médiateur. Cependant, l'opposition de la famille aux rencontres est souvent levée dès lors que la demande qui lui est adressée se limite à obtenir son autorisation à un accompagnement que nous prenons en charge totalement. Sur les trois mille accompagnements réalisés par l'association l'année dernière, une forte majorité l'a été afin de contourner les résistances, voire l'hostilité du parent gardien.

Les entraves juridiques et administratives sont assurément moindres qu'elles ne pouvaient l'être il y a quatorze ans. Les efforts déployés afin d'informer sur les difficultés de l'enfant éloigné de son parent incarcéré ont fini par emporter la conviction de beaucoup de magistrats. Aujourd'hui, peu d'entre eux interdisent la visite de l'enfant à son parent détenu. Pourtant, il nous faut bien témoigner que tous les blocages n'ont pas été levés. Certes, *la prison n'est pas un lieu pour les enfants* pour lesquels toutes les personnes raisonnables souhaitent une autre aire de jeux, pourtant les manifestations d'intérêt, de préoccupation et d'attachement qu'un parent peut donner à son enfant au cours d'une visite stimulent son développement psychique et sont garantes de son équilibre ultérieur.

Enfin, parmi les éléments susceptibles d'empêcher les relations du parent incarcéré et de son enfant, il nous faut mentionner certaines résolutions parentales. L'incarcération induit des troubles du narcissisme et donc fréquemment de l'investissement de la fonction parentale. En effet, être parent suppose un investissement psychique dominé par les formations du narcissisme. C'est pourquoi, dans l'hypothèse de la détention, les résolutions paradoxales et excessives sont si répandues. Fréquemment, les mères mettent en avant la souffrance qu'elles éprouveraient à voir leur enfant en prison. D'autres fois, pour expliquer leur refus de la visite de l'enfant, l'épreuve de la honte est évoquée. La honte, cet effondrement de l'estime de soi, contraint aux conduites d'évitement, parmi lesquelles le mensonge. Le mensonge par omission ou par transformation des éléments de la réalité est souvent opposé à l'enfant qui questionne : « Où est mon parent ? Et pourquoi ? » « Je suis à l'étranger »; « Je suis à l'hôpital ». Ces comptines énoncées à l'enfant ont pour conséquence de lui interdire la prise de parole. Les omissions ou les travestissements sont perçus inconsciemment par l'enfant qui y trouve la marque de l'embarras de son parent. Afin de le protéger, il est alors tenté d'inhiber ses aptitudes à l'analyse des éléments d'information qui essaiment son environnement. C'est pourquoi ces mensonges parentaux s'accompagnent d'une perte de repères sécurisants pour l'enfant et quelquefois induisent des inhibitions cognitives. Le mensonge comme manifestation d'une perte de l'estime de soi et du sentiment honteux est aussi fréquent chez les mères que chez les pères. Cependant, chez ces derniers, il est motivé par la « crainte de la contamination ». Beaucoup de parents incarcérés sont hantés par l'idée que leur fils puisse reproduire leur comportement déviant. Cette peur détermine des mises à distance et parfois même une apparente indifférence qui traduit l'envahissement du parent par un fort sentiment de disqualification paternelle. Pour tenter de faire barrage à de tels mécanismes, il est souvent nécessaire d'inciter à la participation à des groupes de parole, voire à des entretiens individuels.

De cette manière, les actions des relais enfants-parents s'organisent autour des accompagnements d'enfant en détention, des actions de médiation familiale, des campagnes d'information et autour de l'animation de groupes de parole ou de permanences individualisées dans les établissements pénitentiaires. L'ensemble de ce dispositif permet au quotidien de faciliter à l'enfant la rencontre avec son parent détenu. Cependant, il existe de nombreuses situations où nous sommes amenés à nous interroger sur les limites de cette aide, voire sur son opportunité.

Jusqu'où le maintien des liens ?

Les praticiens sociaux oscillent bien souvent entre deux pôles de principes contradictoires. Pour certains, les liens familiaux sont spontanément bien orientés et ils dévient exclusivement sous l'effet d'une personnalité psychopathologique. Ce courant « familiariste » tend à « sacraliser » les liens familiaux. À l'opposé, certains courants de la pensée sociale ne cessent pas de distiller l'idée d'une nocivité familiale et d'une suspicion érigée en principe d'action. Cette suspicion des familles a dans notre pays pour conséquence l'abondance des dispositifs d'éducation supplétive de l'éducation familiale. En France, la proportion d'enfants mineurs placés en institution ou en famille d'accueil est la plus élevée des pays de l'Union européenne (1,2 %). Les positions familiaristes sont marginales rapportées aux positions inverses. Pour autant, il me semble que l'une et l'autre relèvent de mythes plutôt que de réalité. Assurément, l'organisation familiale n'est pas le havre de paix protecteur et réparateur que certains s'imaginent, c'est un huis clos où la passion, la violence et l'agressivité ont leur place. Pour autant, les liens qui unissent l'enfant et son parent n'en demeurent pas moins essentiels à l'hominisation de chaque individu.

L'appartenance à une famille ne peut pas se réduire à un attachement, elle est parallèlement déterminée par le sentiment de « consubstantialité » à partir duquel s'étaye l'obligation de loyauté. L'attachement et l'obligation de loyauté encryptent l'appartenance à une famille bien au-delà du champ psychique couvert par la conscience.

À l'occasion de telle ou telle émission de télévision ou de radio, il nous est arrivé d'être sollicités par des adolescents victimes de leur parent maltraitant ou abuseur qui souhaitaient les rencontrer. Dans un premier temps, parce que essentiellement motivés par l'intérêt de l'enfant, ces demandes nous semblèrent relever du seul effet *de l'emprise psychique que l'agresseur exerce toujours sur la victime.* Aussi avions-nous considéré plus sage de ne pas répondre à ces demandes. Cependant, devant l'insistance de certaines victimes et afin d'évaluer comment nous pourrions les orienter vers des services mieux préparés à recevoir leur demande, nous les avons reçus. L'analyse de plus d'une vingtaine de demandes nous incite à ne plus réduire la compréhension de celles-ci aux seuls effets de l'emprise psychique de l'agresseur. Il nous est apparu que souvent la demande manifestait l'isolement psychique de l'enfant. Un isolement si douloureusement éprouvé que l'enfant souhaite se rapprocher du parent agresseur lui aussi écarté du groupe familial. L'exclusion de la victime du cercle familial et l'isolement psychique qui lui est concomitant sont provoqués par la certitude inconsciente des membres du groupe familial de la responsabilité de l'enfant victime dans l'incarcération de son agresseur. Souvent l'enfant victime vit douloureusement des reproches énoncés ou muets qui lui sont adressés par ses frères et sœurs quand ce n'est pas par l'autre parent. De telles mises à l'écart, passé l'épisode de « compassion », sont déterminantes de la rapidité avec laquelle l'enfant victime cherche à s'émanciper de son groupe familial. Cette exclusion est parallèle aux effets du conflit de loyauté qui submerge l'enfant victime. Le conflit de loyauté qui embarrasse un grand nombre d'enfants maltraités est une source évidente d'isolement psychique. Il se manifeste au travers de deux positions contraires. Dans certains cas, l'enfant victime, pour restaurer son agresseur et légitimer son passage à l'acte, se réduit à un mauvais objet. Dans cette perspective, il me suffira d'évoquer l'attitude exagérément provocante de certaines jeunes filles abusées par leur père ou encore le comportement de quelques enfants maltraités qui dans les structures d'accueil se placent en situation de bouc émissaire « responsables » par leur comportement des coups qu'ils reçoivent. Se réduisant à un mauvais objet, la victime restaure son agresseur qu'elle craint d'avoir endommagé.

L'autre position à laquelle peut conduire ce conflit intrapsychique consiste à activer sans cesse les bonnes raisons de haïr son bourreau. Dans l'entretien de la haine, la victime trouve le moyen d'éloigner le souvenir de l'ambivalence affective ressentie un jour pour son agresseur. Plus l'ambivalence est forte, plus la victime tente d'y faire barrage en hypertrophiant la position haineuse. Ici l'enfant est enclavé dans un curieux paradoxe, plus l'agression s'éloigne, plus l'ambivalence initiale risque de réapparaître, plus alors la haine qui y fait barrage se renforce. Dans cette situation, le traumatisme n'est jamais dépassé et les haines se prolongent durant de nombreuses années. Cette position a pour conséquences pathogènes de déterminer une véritable conviction à la détermination au malheur. C'est pourquoi elle agit à la manière d'un point organisateur des positions dépressives.

Afin d'éviter cet enfermement dans la dépression vindicative, il est parfois nécessaire de rompre l'isolement psychique de la victime. C'est-à-dire dans un premier temps de l'aider à verbaliser les places respectives et réciproques de chacun des protagonistes de son histoire familiale, par ailleurs d'exprimer son conflit de loyauté. La rencontre avec le parent agresseur peut aider à ce type de travail. Ces rencontres visent d'une part à permettre à l'enfant d'entendre de son parent qu'il n'est pas responsable de son incarcération, et d'autre part à aider l'enfant à restaurer un dialogue avec l'ensemble des membres du groupe familial. Ces rencontres toujours organisées à la demande exclusive de l'enfant ne peuvent être mises en place sans un long travail préalable. L'objet de cette préparation est de rendre l'auteur attentif au désarroi de son enfant et de contrôler, voire de neutraliser les mécanismes de l'emprise psychique que l'agresseur est toujours susceptible d'exercer sur sa victime. C'est pourquoi les limites de nos prises en charge s'évaluent au regard de quelques règles : agir toujours à la demande de l'enfant, prendre le temps de préparer ces rencontres pour en optimiser la pertinence dynamique et évolutive, enfin encadrer ces rencontres de façon à neutraliser une forte emprise psychique du parent sur son enfant. L'expérience montre que de telles rencontres entre un enfant victime et son parent agresseur dans le cadre de l'incarcération contribuent efficacement à rompre l'isolement psychique de l'enfant et finalement à son traitement.

Alain Bouregba

L’accueil

FRÉDÉRIQUE LEPRINCE*
ET LILIANE PERIER**

Les caisses d'allocations familiales, des partenaires au service de l'accueil des jeunes enfants

Lorsque Sylviane Giampino a vu les critères que fixait la CNAF pour soutenir les lieux d'accueil enfants-parents dans une circulaire qui citait, en première page, le nom de F. Dolto, elle nous a demandé de vous présenter rapidement les actions des caisses d'allocations familiales au service des jeunes enfants. Après quelques mots sur la politique d'action sociale des CAF, et ensuite sur leur politique en direction de l'accueil des jeunes enfants, nous vous présenterons notre action pour le développement des lieux d'accueil enfants-parents.

La politique d'action sociale des caisses d'allocations familiales

L'action sociale des CAF poursuit trois grandes finalités :
— favoriser la conciliation entre vie familiale, vie professionnelle et vie sociale et contribuer au développement et à l'épanouissement de l'enfant;
— améliorer la qualité de vie des familles et de leur environnement social;
— conforter les liens familiaux et prévenir les exclusions.

* Sous-directrice à la direction de l'action sociale de la Caisse nationale d'allocations familiales (CNAF).
** Conseillère technique à la direction de l'action sociale de la Caisse nationale d'allocations familiales (CNAF).

Tout en portant une attention particulière aux familles qui ont les ressources les plus faibles ou qui se heurtent à des difficultés particulières, l'action sociale des CAF s'adresse à toutes les familles. C'est ce qui la distingue de l'aide sociale.

Par ailleurs, cette action sociale est décentralisée. Ainsi, sur un budget de quatorze milliards de francs, à peu près la moitié est consacrée à des prestations de service. Pour aller vite, ces prestations de service sont des aides accordées aux services et équipements collectifs que la CNAF estime prioritaires de soutenir. Les règles en sont définies au plan national, mais les CAF décident de leur versement. L'autre moitié de ce budget est consacrée aux dotations d'action sociale et le conseil d'administration de chaque caisse d'allocations familiales décide de leur affectation en fonction de son contexte local et dans le cadre de grandes orientations nationales.

Pour la période en cours, ces orientations prévoient un développement marqué des interventions des CAF dans trois domaines : les temps libres des enfants et adolescents, les politiques du logement et de l'habitat et le soutien à la fonction parentale. Ces orientations prévoient aussi la poursuite de l'implication des caisses en direction de l'animation de la vie sociale (avec le soutien aux centres sociaux notamment), l'accompagnement des familles en difficulté et l'accueil des jeunes enfants.

L'accueil des jeunes enfants est l'un des principaux axes d'intervention des CAF. Plus du tiers du budget d'action sociale y est consacré. Avec cette politique, nous poursuivons trois objectifs principaux :

— favoriser l'épanouissement des enfants aux premiers moments de la construction de la personne ;

— permettre la conciliation de la vie professionnelle, de la vie familiale et de la vie sociale ;

— contribuer à aider les parents et conforter les liens familiaux.

C'est ainsi que les CAF soutiennent depuis l'origine les crèches et les haltes-garderies. C'est ainsi aussi que les CAF ont impulsé la création de relais assistantes maternelles qui contribuent notamment à faciliter les relations entre parents et assistantes maternelles, en informant chacun de ses droits et devoirs et en créant des lieux d'échange entre eux. Les contrats enfance, qui ont pour objectif d'aider les communes à élaborer une politique globale et cohérente en direction des jeunes enfants, ont permis le développement d'un ensemble de services diversifiés : crèches, haltes-garderies mais aussi centres de loisirs, ludothèques, lieux d'accueil enfants-parents.

Concernant les lieux d'accueil enfants-parents, certains d'entre eux étaient déjà soutenus par des CAF, mais depuis 1996 a été mise en place une prestation de service destinée précisément à les aider. Cette prestation de service résulte d'une conjonction d'intérêts :

— intérêt du ministre des Affaires sociales, Simone Veil, qui a toujours accordé une grande attention à ces services et est d'ailleurs membre d'honneur de ce colloque ;

— intérêt de la CNAF où depuis plusieurs années une réflexion était engagée sur le sujet.

Les lieux d'accueil enfants-parents

La priorité accordée par notre institution au développement des actions en direction des jeunes enfants s'inscrit aussi dans une stratégie d'égalisation des chances et de prévention des situations d'exclusion.

— Les CAF ont soutenu le développement des haltes-garderies depuis leur naissance dans les années 50 et contribué à diversifier et à enrichir leur fonctionnement.

C'est la grande souplesse de la réglementation relative aux haltes-garderies, les ouvertures données par la note ministérielle de 1981 sur les modes de garde innovants qui ont permis en partie les profondes et diverses évolutions de ces structures, ainsi que l'émergence d'autres formes d'accueil de l'enfant.

Avec un champ plus large que celui des crèches, ces lieux d'accueil — et d'abord les haltes-garderies — représentent — autour de l'enfant porteur de changement — des opportunités susceptibles de consolider des liens parentaux, de favoriser dans les espaces urbains et ruraux, en difficulté ou en mutation, l'ancrage social des familles.

Dans ces structures nouvelles sont valorisés les aspects relationnels, culturels, ludiques et la diversité des valeurs familiales. Ces lieux d'accueil constituent ainsi des passerelles entre le foyer familial, la crèche, l'école maternelle.

Dans *La croisée des liens*[1], Bernard Eme analyse leur

1. B. Eme, *La croisée des liens*, Fondation de France, « Repères », 1993.

émergence — et il s'agit là principalement de ces « espaces intermédiaires » — et les associe à « un mouvement d'innovation sociale, à l'initiative de professionnels soucieux de renouveler leurs pratiques sous la poussée des usagers et de ce qu'ils apportent ».

— Depuis 1993 un projet de prestation de service a été mis à l'étude et expérimenté avec le concours de quelques CAF, prévu dans le cadre du plan famille de juillet 1994, puis validé par le conseil d'administration de la Caisse nationale en 1995.

C'était, pour nous aussi à la CNAF (administratifs), le fruit d'un travail de sensibilisation de plusieurs années, le fruit de la rencontre avec F. Dolto et d'autres de ses collègues.

L'intérêt que leur ont porté plusieurs institutions (Fondation de France, Fonds d'action sociale, ministère des Affaires sociales, certaines CAF et communes avec l'aide du contrat enfance) a permis aujourd'hui de mieux expliquer les finalités et de comprendre le fonctionnement des lieux d'accueil : au regard de notre institution, c'est le lien familial qui fonde les pratiques des lieux d'accueil enfants-parents. Ce lien nous apparaît comme leur marque singulière parmi les services d'accueil qui s'offrent dans le champ de la petite enfance, même s'il est relativisé dans certains lieux qui affichent une dynamique plus large d'intégration à un groupe social : il s'agit alors de créer du lien social.

C'est la famille qui se trouve particulièrement éclairée dans ces lieux qui favorisent la relation enfant-parent, renforcent les identités et valorisent les compétences de chacun. Ils sont conçus comme des lieux où l'on est attentif aux phénomènes d'isolement social et à l'absence de solidarités, des lieux de prévention de la maltraitance.

Nés sous le signe de la diversité — diversité professionnelle de leurs promoteurs et de leurs accueillants, diversité d'implantation, de modes de fonctionnement —, il a fallu le concours d'une quinzaine de lieux d'accueil pour mieux connaître le fonctionnement et déterminer les règles minimales qui conditionnent un financement national.

Nous pouvons évoquer ces règles de base mais leur « mise en musique » est de la responsabilité du « local », de votre caisse d'allocations familiales.

Le projet du lieu d'accueil — élaboré par son gestionnaire et validé par la caisse — exposera les finalités du lieu et les moyens mis à sa disposition.

1. Il garantira : l'absence totale de visée thérapeutique; une participation des adultes accompagnant les enfants fondée sur le volontariat; une neutralité exprimée dans l'anonymat ou la confidentialité; une supervision régulière des « accueillants » par un professionnel compétent.

2. Il précisera : le nombre et l'âge des enfants pouvant être accueillis avec un adulte; la liste des accueillants avec indication de leur statut et de la durée des vacations.

3. Le gestionnaire justifiera : d'un budget propre; d'un local spécifique ou clairement identifiable par les usagers s'il est partagé avec un autre service.

4. Un rapport d'activité permettra d'évaluer la fréquentation du service.

Le versement d'une prestation de service aux lieux d'accueil enfants-parents, du point de vue de la CNAF, présente un double avantage : c'est un outil « reconnu » mis à disposition des caisses pour leur permettre de s'inscrire dans un partenariat qui s'élabore autour de ces structures dans les quartiers; c'est à moyen terme une meilleure connaissance au niveau national de leur fonctionnement, de leur nombre et de leur implantation, des coûts et des sources de financement.

Mais si aujourd'hui leur utilité n'est plus contestée, le financement des lieux d'accueil enfants-parents, nous le savons, n'est pas encore suffisamment assuré. Aussi, il nous semble que le financement des CAF devrait conduire d'autres partenaires à participer également au soutien à ces services qui contribuent activement aux politiques locales en faveur des jeunes enfants et de leurs parents et répondent à des besoins croissants.

En conclusion, il faut souligner que, pour la CNAF, il est essentiel de renforcer nos actions en direction du soutien aux parents. En effet, il nous semble *a priori* que les familles ne sont pas démissionnaires, comme certains se plaisent à le répéter, mais qu'elles ont besoin de temps à autre d'aide, d'écoute, d'échanges sans culpabilisation. Elles ont besoin de voir valoriser leurs capacités (au Québec on dirait leurs habiletés) parentales. Et nous avons tous beaucoup d'efforts à faire dans ce sens, avec les moyens qui sont en notre possession.

MIREILLE VERDIER*

Dans la crèche : accueillir chaque enfant avec les autres

L'accueil collectif de la petite enfance en Seine-Saint-Denis a été marqué par deux femmes d'exception : un médecin, Mme De Chambrun, responsable du service de la Protection maternelle et infantile, et une politique, Mme Coulon, vice-présidente du Conseil général.

La première a compris très tôt l'importance de recruter du personnel qualifié dans les centres de Protection maternelle et infantile et les crèches : auxiliaires de puériculture, éducatrices de jeunes enfants, psychologues, psychomotriciennes. Elle a prévu, dès 1983, une instance technique pour l'accueil des enfants porteurs de handicaps et développé sur tout le territoire départemental des centres de Protection maternelle et infantile pour mener des actions de prévention.

La formation du personnel, organisée à l'époque par les psychologues départementaux, a été marquée notamment par une journée en 1986 où F. Dolto s'est exprimée devant six cents personnes sur l'accueil des enfants en crèche.

Cette conférence, ses écrits, ses séminaires, ont nourri la réflexion de l'ensemble du personnel soutenu par la volonté politique de Mme Coulon. C'est ainsi qu'ont été définies des orientations dans les années 90, sur l'accueil des enfants dans les crèches départementales présentées dans un clas-

* Chef du service des crèches départementales de Seine-Saint-Denis.

seur à l'attention des professionnels dont le titre est « Vivre ensemble ».

Accueillir chaque enfant avec les autres, c'est prendre en compte ses besoins, respecter ses rythmes de développement, lui donner les moyens d'acquérir son autonomie en lui procurant confiance en lui-même et dans le monde qui l'entoure. C'est pourquoi la période d'adaptation de l'enfant à la crèche est importante, vous le savez bien, car il s'agit de découvrir pour le parent, pour l'enfant, qu'ils peuvent être ensemble autrement, être ensemble avec d'autres. D'ailleurs, F. Dolto pensait qu'il était important que les enfants entendent les voix mêlées des parents et des auxiliaires de puériculture. Elle disait « mamaïser, papaïser le lieu d'accueil ». Connaître sa famille, lui en parler, c'est préserver le lien. C'est aussi lui permettre d'exprimer sa peine, sa colère et s'investir dans d'autres relations.

La période d'adaptation est aussi propice à l'établissement d'une relation de confiance, entre l'enfant et l'auxiliaire de puériculture d'une part et entre adultes d'autre part. Elle se construit progressivement à partir du socle que constitue le travail préalable, effectué sous la responsabilité de la puéricultrice, directrice de crèche, sur l'accueil des familles et la place occupée par elles dans la vie de la crèche. Sa durée et son organisation dépendent aujourd'hui de plus en plus des conditions de travail des parents. Bien sûr des outils existent pour faciliter les repères relationnels, spatiaux pour l'enfant : le doudou, le vêtement de la mère, le jouet, le tissu apporté par les parents, qui servira à confectionner le tour de lit, etc.

La connaissance de l'enfant passe aussi par les feuilles de rythme qui peuvent circuler entre la maison et la crèche, le cahier de transmission, etc. Ces outils peuvent aider les professionnels dans la communication avec les parents puisque le sujet central de l'échange est l'enfant. Cette communication n'est pas toujours facile : comment trouver les mots justes, parler avec délicatesse sans jugement ?

Accueillir chaque enfant avec les autres, c'est aussi permettre que des enfants différents puissent connaître la vie en collectivité. Une instance dite de médiation et de recours composée d'une puéricultrice, d'une psychologue et d'un médecin, extérieur au service des crèches, intervient depuis 1983 auprès des équipes pour les solliciter et les soutenir durant tout le séjour des enfants porteurs de handicaps. Compte tenu de la plus grande disponibilité exigée des auxiliaires de puériculture, l'effectif des enfants de la section est diminué et la Caisse d'allocations familiales en a tenu compte dans sa prestation financière accordée au département. L'accueil d'enfants sourds a amené les auxiliaires de puériculture à connaître le langage des signes. Celui de deux enfants entendants, nés de parents sourds, a été soutenu par l'intervention d'une interprète de la langue des signes.

« On ne peut aimer les enfants si on se sent hostile à leurs parents », dit F. Dolto. Pendant longtemps, on a demandé aux auxiliaires de s'occuper des enfants sans se préoccuper des parents. Puis, le champ de la puériculture ayant traversé celui de la psychologie, de la psychanalyse, de la sociologie, des nouvelles connaissances relatives à la médecine infantile, ces mêmes professionnels cherchent à construire et à faire reconnaître leur identité professionnelle tout en ayant des attitudes « humanisantes », comme disait F. Dolto. Les institutions ont une responsabilité en la matière, par exemple au niveau du renforcement de la formation initiale de ces professionnelles ou de leur reconnaissance en matière de compétence pour l'administration des médicaments. En outre, l'avalanche actuelle des normes de sécurité interroge les professionnels sur leur savoir-faire. Cette démarche de professionnalisation n'est pas évidente : elle exige une remise en cause des pratiques, un travail personnel, d'autres relations avec les parents, un travail d'équipe, d'identification des compétences de chacun et de leur complémentarité. Elle se fait lors de réunions, de journées professionnelles et de groupes de travail. On constate d'ailleurs au fil des années une prise de parole plus facile des auxiliaires de puériculture, un niveau de réflexion plus fin, une plus grande préoccupation des enfants et de leurs parents, moins d'opposition systématique entre la qualité recherchée de l'accueil et les moyens accordés par la collectivité.

Cependant les limites à cette professionnalisation sont posées aussi parfois par les intéressés : Jusqu'où entendre les parents ? Quelles réponses sont apportées face aux difficultés sociales, économiques, voire psychologiques de certains parents qui renvoient à ces mêmes difficultés éprouvées par certains agents ? Ces questionnements nous amènent à ouvrir de nouveaux chantiers : valorisation des compétences parentales, l'attitude professionnelle eu égard au respect de l'enfant, bien-traitance/maltraitance en crèche.

Mais revenons à l'accueil de cet enfant qui se fait avec d'autres enfants : F. Dolto disait que les expériences les plus intéressantes sont celles que les enfants font entre eux. Nous avons consacré en 1996 une journée d'étude sur le thème des relations entre enfants. Des films ont été visionnés montrant toute la richesse de leurs échanges. Là encore, cela suppose un regard particulier sur l'enfant dans le groupe, mais aussi une organisation, un aménagement de l'espace qui soient réfléchis par les adultes. La crèche n'est plus seulement un mode de garde, mais elle peut être un lien de prévention « éducative » (échanges entre les adultes), psychologique, sanitaire et sociale, grâce aux professionnels qui y travaillent dans un département où la population subit le chômage, où des familles sont isolées, où les familles monoparentales sont plus nombreuses. La crèche peut être un lieu permettant le développement des potentialités de tous les enfants, quel que soit leur milieu. Elle peut être aussi un lieu-ressource pour les parents, notamment pour les jeunes parents, mais aussi pour les familles marginalisées, car elle leur reconnaît un statut : celui de parent.

Pour cela, il faut une volonté politique, avec des orientations claires, une reconnaissance par l'institution des professionnels devant bénéficier d'un véritable statut, d'une mission clairement identifiée, de soutiens, afin qu'ils puissent faire preuve d'imagination dans leurs relations avec les enfants et leurs parents.

MARIE-FRANCE LE GOUGUEC*

Pas si facile de parler vrai au quotidien chez une assistante maternelle

Être assistante maternelle, c'est accueillir *à son domicile* des enfants pendant que leurs parents travaillent. F. Dolto écrit : « C'est sur *la vérité* que l'on construit, pas sur l'hypocrisie. » Elle dit aussi : « Le véritable élément transitionnel pour l'enfant, ce sont *les mots.* » La vérité : pour établir les prémices d'une confiance réciproque dès la rencontre avec les parents pour la signature du contrat et pendant l'adaptation. Les mots : pour communiquer avec l'enfant qui est au cœur de notre travail et avec ses parents. Pour autant, nous verrons que la vérité n'est pas toujours facile à dire et que l'une des qualités essentielles de l'assistante maternelle doit être l'observation qui permet de prendre du recul face aux événements qu'elle vit au quotidien avec l'enfant.

Comment devient-on assistante maternelle ? Sans doute en priorité, et comme la majorité des salariés, par choix économique. Mais entendre dire à une femme recherchant un emploi : « Vous n'avez pas de diplôme : devenez donc assistante maternelle » nous surprend car il est quelques métiers plus lucratifs sans diplôme et notre spécificité est d'accueillir les enfants au sein même de notre famille, ce qui, nous allons le voir, n'est pas si facile.

La motivation uniquement financière peut entraîner des dérives désastreuses dans l'accueil des enfants et donc

* Assistante maternelle, accueil non permanent, employée par des particuliers.

à terme devenir un motif de retrait d'agrément toujours dévalorisant pour l'intéressée. Il faut au minimum aimer les voir grandir, même si le mot aimer n'est pas approprié à notre profession, s'intéresser à leur développement, à leur éveil, pour construire quelque chose avec eux.

Depuis la loi du 12 juillet 1992, nous avons obligation de soixante heures de formation minimum, c'est bien mince pour une profession si complexe. J'ai moi-même entendu : « Une formation pour quoi faire ? Depuis toujours, on élève les enfants et l'on n'a jamais eu de formation pour cela. » Nous pouvons donc penser que c'est une profession assez mal connue, je vais donc essayer de témoigner des difficultés que nous rencontrons, ainsi que de l'aide que nous ont apportée les écrits de F. Dolto que toutes les assistantes maternelles n'ont pas lus mais qui imprègnent notre formation actuelle.

Ce ne sont pas nos enfants que nous élevons mais nous accueillons les enfants d'autres parents, et c'est là que tout se complique. Comment des parents pourraient-ils confier leur enfant à une personne qui confond le rôle de mère et la fonction d'assistante maternelle ? Les parents veulent bien qu'on les remplace dans les gestes du maternage mais en aucun cas qu'on leur vole l'amour de leur enfant. Cela se trouve au centre même de notre profession et montre la nécessité d'un dialogue vrai sur ce sujet délicat. Notre travail s'exerce au cœur de notre intimité familiale, et dès la première rencontre avec les parents nous devons bien définir les limites des espaces privés et professionnels qui devront être respectées par chacun.

La rédaction du contrat doit nous permettre d'éclairer toutes ou, tout au moins, beaucoup de ces ambiguïtés. Le contrat écrit n'est juridiquement pas obligatoire mais fortement conseillé car il va nous lier pendant les trois premières années de l'enfant dont on sait qu'elles sont importantes. C'est ainsi l'occasion de mettre en place les prémices de l'aventure commune avant que l'affectif n'intervienne et ne vienne en troubler les données. Il faut être clair, nous ne remplaçons ni ne nous substituons aux parents, nous ne sommes qu'un maillon d'une chaîne qui permettra à l'enfant de se construire ; ils sont eux le fil conducteur qui le guidera tout au long de sa vie.

Il faut leur dire les responsabilités des uns et des autres avec en point de mire l'intérêt de l'enfant déjà présent au moment des négociations. Particulièrement, la responsabilité au moment de la séparation du soir, l'assistante maternelle étant chez elle, c'est elle qui doit intervenir en cas de débordements non maîtrisés. Ce sera également le moment de remarquer qu'un enfant a toujours un double comportement, l'un pour ses parents, l'autre pour l'accueillante quelle qu'elle soit. Pour éviter des rivalités à venir, « il mange chez vous, pas chez moi, il dort mieux chez vous que chez moi... », communément on peut dire aux parents que « l'herbe est toujours plus verte dans le pré d'à côté ». Toutes ces mises au point peuvent se faire à la signature du contrat mais aussi pendant la période d'adaptation, indispensable pour mieux connaître l'enfant, ses habitudes, ses rythmes. Ce sera pour la maman l'apprentissage de la séparation et le moment, pour l'assistante maternelle, de s'affirmer sans s'imposer, car la présence de la maman ou du papa doit être savamment dosée pour respecter le travail de l'une et l'inquiétude de l'autre. C'est un numéro d'équilibre parfois difficile à négocier lorsqu'on est novice dans le métier, ou avec des parents qui ne sont pas prêts à nous accorder leur confiance.

Nous, les assistantes maternelles, travaillons seules à notre domicile et devons sans cesse nous remettre en cause afin de tenir un rôle de professionnelle alors que nous répondons trop souvent dans la spontanéité, mais c'est peut-être aussi une des spécificités de notre accueil. La confiance doit donc s'établir pour que chacun s'autorise à dire ce qu'il ressent sans pour autant blesser l'autre. Trouver les mots pour faire passer les observations, des mots qui puissent être entendus, sans fâcher. Dans toutes ces discussions, le bébé doit toujours être au centre de nos préoccupations.

Comme toutes professionnelles, nous avons envie et besoin de dialoguer avec des collègues ou avec l'équipe de protection maternelle et infantile pour nous sentir soutenues. Mais dans le premier cas nous sommes retenues par le secret professionnel et l'absence de lieu de paroles propice à la communication; dans le second par la notion de contrôle qui reste l'essentiel de la mission de l'équipe compte tenu d'un suivi la plupart du temps insuffisant.

Voilà déjà beaucoup de vérités à dire, mais maintenant il faut voir grandir l'enfant. Le trio : parents, enfant, assistante maternelle va devoir continuer à communiquer sur le quotidien sans que cela devienne un interrogatoire en règle ou l'inquisition permanente. Tout est une question de mesure qui sera la marque de la confiance établie à l'origine et qui devra se consolider au cours de l'accueil. Bien sûr nous oublions de dire la première dent ou le premier pas pour laisser aux parents la joie de la découverte, mais par nos observations nous les faisons participer à la journée de l'enfant, au-delà du « bien bu, bien dormi », nous devons relater des anecdotes précises pour qu'ils puissent imaginer leur enfant tout au long d'une journée où ils ne sont pas près de lui. Devons-nous pour autant les accabler de : « il a fait la comédie », « il est insupportable » ? Quelquefois, il faut faire un effort pour observer au cours de la journée les moments positifs afin que le parent soit fier de son enfant. Les mots sont importants pour les deux. Parfois aussi les « tout va bien, il est merveilleux, c'est le plus sage... » ne sont pas toujours bien ressentis par la maman qui a du mal à gérer le quotidien et ainsi se sent dévalorisée. Sans nier les problèmes, il faut peut-être nous remettre en cause avant d'alerter les parents.

Observer, c'est, pour le Petit Larousse : « considérer avec attention, étudier en détail ». Pour nous il s'agit aussi d'interpréter ce que les enfants signifient avec leur corps à défaut d'utiliser la parole. Il s'agit donc avant tout de savoir observer activement pour dire les mots justes au bon moment. Chaque enfant est unique et c'est la richesse de notre profession de découvrir en chacun ce qui le fera s'épanouir et nous permettra ainsi de nous faire évoluer dans notre métier. Dans quelques accueils particuliers, avec précaution et à tout petits pas nous devons partager, avec les parents, notre inquiétude face à un doute sur une déficience, un soupçon de maltraitance. C'est facile, lorsqu'on aperçoit un hématome sur la joue de l'enfant, de l'interpeller en présence de son parent : « Tu as eu des misères ? Que s'est-il passé ? » La plupart du temps, le parent répond à notre attente en racontant l'incident, et l'affaire est close. En cas de non-réponse répétée ou de soupçon indicible, nous ne devons pas rester seules. Mais que d'interrogations, de doutes, d'incertitudes ! Dans le cas d'une déficience non repérée, là aussi l'assistante maternelle culpabilise et s'interroge : que d'angoisses avant d'oser interpeller la puéricultrice !

Pour parler vrai aux enfants, il faut tout d'abord penser

aux nôtres. Imaginez une jeune maman disant à son enfant : « Je vais cesser de travailler à l'extérieur pour mieux m'occuper de toi et te trouver un copain. » Et que lui apporte ce copain ? Le partage de l'espace, du temps, des jouets et surtout le partage des bras de maman, ce qui génère parfois jalousies et rivalités. Que de mots à trouver pour expliquer cette situation que ne vivent pas seulement nos jeunes enfants, mais aussi les plus grands qui voudraient bien voir leur mère disponible justement au moment où le bébé pleure, ou quand les parents viennent chercher leur enfant. Le moment des confidences n'est pas programmable, nous le savons bien. Là aussi, il faut trouver les mots pour expliquer que c'est notre travail et que chaque profession offre à la fois des contraintes et des compensations. Parler vrai aux enfants accueillis, c'est sans doute la part la plus facile de notre travail si nous sommes claires avec notre système éducatif : appeler un chat, un chat et non pas un miaou, c'est facile, même s'il est encore quelques parents qui utilisent ce langage particulier. On peut aussi rencontrer encore quelques mamies qui nous disent à l'oreille : « Je m'en vais pendant qu'il ne me regarde pas. » Il suffit de dire bien clairement : « Viens dire au revoir à mamie, elle s'en va et c'est papa qui viendra te chercher ce soir. » À l'expérience, on acquiert des rites de séparation qui permettent à l'enfant de se repérer et aux parents de quitter leur enfant sans angoisse. Dire la vérité aux enfants, ce n'est pas tout leur dire. Si le silence et les mensonges ne sont plus de mise, il ne faut pas pour autant les prendre pour témoin et pour confident de nos jugements, de nos difficultés ou de nos doutes. Pas de chantage, pas de faux-fuyant, il vaut mieux dire : « Je ne sais pas te répondre, tu pourras demander à maman. » Par exemple, dans « Au clair de la lune », on parle de l'amour de Dieu. Et l'enfant de me demander : « Qui est Dieu ? » Spontanément, j'ai répondu : « Je ne sais pas », car je ne pouvais pas imposer mon opinion que je savais différente de celle des parents.

L'assistante maternelle, même si elle peut être bonne conseillère auprès des parents, doit bien se garder d'apparaître comme celle qui sait tout, au risque de présenter la mère comme incompétente et ainsi d'entrer en rivalité ouverte. Elle doit savoir écouter avant de parler et ne prodiguer ses conseils qu'avec circonspection et toujours comme une proposition et non comme une obligation. La triple fonction relationnelle, préventive et éducative de l'assistante maternelle n'est possible que si les relations sont bien maîtrisées et sécurisantes entre les adultes et les enfants. Seule la satisfaction des parents et des enfants mesure la qualité du travail accompli, ce qui reste bien fragile et aléatoire encore que le tarif journalier puisse aussi être un facteur important dans le choix d'accueil et par la suite dans le calme des relations. Dépendre du regard des parents et des relations que l'on a avec eux pour se sentir reconnue ne facilite pas la sérénité des relations quotidiennes. Un rien peut les faire basculer dans la rivalité déclarée qui peut conduire à une lettre de plainte auprès du service de protection maternelle et infantile et donc à un rapport défavorable qui reste dans le dossier de l'assistante maternelle.

Notre reconnaissance sociale est difficile, mais nous persévérons dans nos efforts à mieux faire connaître notre profession et nous travaillons toujours pour un meilleur accueil des enfants.

En conclusion, et pour terminer sur une note positive, je dirai que notre profession, malgré les difficultés que je viens d'évoquer, est enrichissante sur le plan personnel et ouvre sur l'ensemble des problèmes de la société, pour peu qu'on en ait la curiosité, grâce aux contacts humains très nombreux et variés qu'elle implique.

TÉRÈSE BONAMY*

Faire étape en pouponnière pour se construire

Vingt-cinq ans de travail et de recherche avec l'équipe de la pouponnière Paul Manchon à Antony (Hauts-de-Seine)

La brièveté de ce texte me conduit à préciser que ne pourront y être évoqués que certains des principes qui fondent notre démarche d'accompagnement au quotidien des enfants que nous accueillons.

Maltraités ou en état d'abandon, les enfants que nous accueillons nous sont pour la plupart confiés dans le cadre de la protection de l'enfance à la suite d'une décision d'un juge pour enfant de les séparer du milieu familial. Ils ont tous un vécu gravement traumatique et pathogène. Leurs parents ont eux-mêmes une histoire personnelle traversée de maltraitances ou de carences éducatives.

Notre mission est de permettre à ces enfants de se construire en tant que sujet, c'est-à-dire de s'identifier progressivement comme sujet singulier dans leur histoire tout en échappant au processus de répétition transgénérationnelle dans lequel leurs parents, déjà prisonniers, ne peuvent que les inclure. La question permanente qui conduit notre réflexion est de leur indiquer qu'un autre mode relationnel est possible, qui leur permettra de s'autonomiser puis de trouver place dans la société sans être rejeté par celle-ci, par leurs parents, voire par eux-mêmes.

Comment une institution peut-elle se donner les moyens

* Responsable de pouponnière de l'Aide sociale à l'enfance, à Paris.

d'accueillir des nourrissons — êtres humains en tout début de vie — dans un respect fondamental du sujet qui est en lui ?

Il s'agit :

— d'accompagner l'enfant dans son mouvement d'ouverture à la vie, dans son ressenti émotionnel où il est nécessairement question, quel que soit son âge, de ce qu'il a intériorisé de son histoire familiale ;

— d'accueillir ses parents dans ce même respect fondamental de l'être, quand il faut les protéger d'être maltraitants à l'égard de leur enfant ;

— d'élaborer avec lui et dans le cadre administratif, juridique et social d'un projet de vie.

Ma participation à ce colloque se justifie me semble-t-il pour trois raisons :

1. Je suis depuis une année responsable d'une pouponnière de l'Aide sociale à l'enfance dans Paris, mais ma démarche s'appuie sur l'expérience que j'ai acquise en grande partie au sein de l'équipe de la pouponnière d'Antony. Il y a plus de vingt-cinq ans, dès que Mme Rhétoré a pris la direction de cet établissement, elle s'est assuré la collaboration d'une psychanalyste, Dominique Lavergne-Rondepierre, proche de F. Dolto, et d'une psychiatre, Martine Prisker. Leur démarche fondamentalement référée à F. Dolto a permis un renouveau total de la conception du travail.

2. La proximité de D. Lavergne avec F. Dolto a permis très rapidement la mise en place de cures analytiques de certains des enfants avec F. Dolto. Ces cures ont évidemment eu des effets pour les enfants concernés mais inévitablement pour l'ensemble de l'institution dans la mesure où ce dont il était question pendant les séances pour l'enfant nous renvoyait à notre manière de l'entendre dans ses manifestations et à notre manière d'y répondre. Je me souviens très bien à ce sujet d'une maternante ayant accompagné un enfant à une consultation chez F. Dolto, et déclarant à son retour : « Dolto a dit qu'il ne fallait plus qu'il porte ses lunettes » (cet enfant présentait un strabisme très important et acceptait très mal de porter ses lunettes). Après un travail avec les psychanalystes internes à la pouponnière nous avons compris que cet enfant avait bien des raisons de loucher. Il n'était pas question de ne plus

l'inciter à porter ses lunettes mais de pouvoir entendre que son strabisme avait un sens au-delà du somatique. Je crois pouvoir dire que plus jamais nous n'avons accompagné de la même manière les enfants dans leurs difficultés à renoncer à leurs symptômes, quels qu'ils soient. Notre attitude éducative s'est enrichie de la conscience que son « symptôme » était une expression de son histoire et, tout en le respectant, nous avons pu continuer à soutenir cet enfant sans à notre insu l'empêcher d'exprimer une certaine vérité de son être mais en l'engageant à le faire autrement.

3. Mon départ de la pouponnière d'Antony a été motivé par le souhait de tenter de transmettre cette expérience en la partageant avec une autre équipe.

Lorsque les enfants arrivent à la pouponnière, ils portent en eux un vécu fait de maltraitance auquel vient s'ajouter, au moins dans un premier temps, la souffrance de la séparation; séparation d'avec les êtres au travers de qui ils ont trouvé la voie de leur existence, leurs parents qui restent, quoi qu'il en soit, fondateurs pour partie essentiels de leur être. Notre propos consiste donc à leur indiquer, par notre manière d'être auprès d'eux, qu'un autre mode relationnel est possible que celui dans lequel ils sont engagés avec leurs parents, en respectant fondamentalement le sujet qui est en eux. Car précisément ce que ne peuvent pas faire leurs parents, du fait de leur propre histoire, c'est les considérer comme des êtres différents d'eux-mêmes, ayant déjà leur désir propre; ils n'existent pour leurs parents que comme partie d'eux-mêmes ou, et cela revient au même, comme objet de leurs sentiments ou de leurs ressentiments.

Respecter fondamentalement l'enfant dans son être, c'est se mettre en situation d'échanges, de dialogue avec lui, en ayant en soi la conscience qu'il est un être singulier et que, par conséquent, le mode de réponse doit s'adapter sans cesse à l'expression propre de chacun; mais c'est aussi et de façon conjointe et permanente savoir qu'il se singularise du fait de son histoire, qu'il est fils de Untel et Unetelle; c'est cette histoire-là qu'il aura au fil du temps à métaboliser de façon à en devenir acteur et non pas rester agi par elle. Ce travail de métabolisation, d'autonomisation commence à la naissance dès le moment où le fœtus s'extrait du corps de sa mère parce qu'il est devenu capable d'une première séparation de corps. Chemin qui commence alors pour tout être humain, chemin fait d'étapes de plaisirs, de renoncements, de difficultés et parfois de souffrance. Ce chemin est particulièrement complexe pour les enfants que nous accueillons du fait de la pathologie parentale. Chemin au cours duquel la pouponnière doit constituer une étape constructrice d'autant plus nécessaire que les enfants que nous accueillons sont aux prémices de la vie (de la naissance jusqu'à trois ans).

Le fait même que la structure d'accueil soit une institution permet de mettre en place de façon rigoureuse un réseau relationnel où la référence à un tiers est permanente pour quiconque travaille dans cette institution. Cette mise en place rigoureuse de la triangulation avec l'enfant et entre professionnels est une condition nécessaire pour que chacun, enfant et adulte, puisse prendre une place de sujet. Une des conséquences majeures est que cela permet de lutter contre la relation de toute-puissance que suscite particulièrement le tout-petit. C'est-à-dire que, quelle que soit sa place auprès de l'enfant, personne ne peut décider quoi que ce soit seul pour lui.

Aider un enfant à grandir, c'est établir un mode relationnel avec lui qui lui permette de prendre conscience de la permanence de son être. C'est au travers des échanges relationnels qu'il a avec l'autre que l'enfant peut prendre progressivement conscience de lui-même ; ces moments de relation se vivent au moment de l'assouvissement de ses besoins fondamentaux, moments où les tensions s'apaisent par la satisfaction des besoins dans le plaisir de la relation à autrui. C'est pourquoi le mode relationnel entretenu avec lui dans ces moments privilégiés d'échanges est fondamental parce qu'il participe voire détermine l'émergence du sujet. Ce sont des auxiliaires de puériculture qui assurent cette fonction auprès des enfants. Du fait de la structure collective, elles sont quatre conduites à s'occuper du même enfant. Ce qui peut être à première vue perçu comme une entrave grave à la nécessaire continuité relationnelle devient une richesse si on peut mettre en place un réseau de travail institutionnel qui permette que se construise une vision commune de l'enfant dont chacune devient porteuse dans ses échanges avec lui ; vision enrichie de la perception des quatre.

Cette vision de l'enfant se construit au travers d'échanges quotidiens entre elles et avec les responsables de service qui sont également en relation avec les enfants, mais qui n'ayant pas la même fonction auprès d'eux amènent de fait un point de vue différent sur l'enfant. La présence des responsables au sein de la vie quotidienne permet que l'enfant puisse progressivement se dégager de la relation fusionnelle avec ses auxiliaires. Les responsables sont garantes qu'un projet cohérent s'élabore et se mène auprès de chacun des enfants, projet qui doit prendre en compte la perception de chacun des professionnels mais aussi la dimension parentale, le cadre juridique et administratif qui conditionne le mode d'accueil des enfants, et bien sûr les éclairages des autres spécialistes de la pouponnière, notamment les psychologues. Ainsi l'institutionnalisation du travail introduit la place d'un tiers dans la relation de corps à corps entre auxiliaire et enfant, cet espace ainsi créé permettant que l'enfant y trouve un espace d'expression. De plus, la nécessité de formuler à un autre ce que l'on entend dans les manifestations d'un enfant et la réponse qu'on imagine y apporter aident à en prendre conscience et évitent d'enfermer l'enfant dans un système relationnel purement projectif...

Dans sa vie quotidienne l'enfant est référé à deux pôles relationnels, professionnels à des places différentes pour l'enfant, mais qui ont à collaborer en permanence. Ces professionnels sont eux-mêmes référés à d'autres professionnels plus à distance de l'enfant (psychologues, pédiatres...), et également à un projet d'institution qu'ils s'engagent à respecter. Ce dispositif rigoureux permet d'éviter que chacun, enfant et professionnel, soit prisonnier, à son insu, d'une relation d'appropriation.

Ce qui permet également que l'enfant se reconnaisse comme un sujet singulier, c'est le travail d'intériorisation de l'histoire familiale que chacune des personnes impliquées a à faire de façon que chaque fois que l'on s'adresse à lui il se sente entendu et respecté dans son histoire, même si le mode parental a nécessité une séparation. Il s'agit d'un travail de reconnaissance de son histoire à travers ce qu'il exprime, tout en soutenant son autonomisation : d'abord parce qu'il est dans un processus d'évolution humaine qui amène nécessairement chaque être humain à se différencier de ses origines pour pouvoir exister dans l'expression de sa singularité propre ; mais aussi parce que ces enfants doivent entreprendre un travail précoce de deuil du parent idéal qu'en fait tout être humain est amené à faire ; en effet, malgré la décision judiciaire de séparation, il doit pouvoir se vivre comme légitime à être le fils ou la fille de chacun de ses parents, sans les rejeter, mais en acceptant leurs limites en tant que parents.

L'un des moyens d'échanges essentiels avec les enfants est un travail de mise en mots de ce que nous ressentons d'eux, de ce que nous savons d'eux ou de leur famille qui les concerne. Les manifestations de sa part dont nous sommes témoins lui appartiennent. Il n'en a pas nécessairement conscience, mais elles ont un sens dans son histoire. C'est en parlant avec lui de ce que nous observons de lui, que l'enfant pourra prendre conscience que son ressenti a du sens. Ce qui soutient alors notre travail de mise en mots et d'échange verbal avec lui n'est pas tant que nous le comprenions, mais que nous l'aidions à se comprendre lui-même de façon à lui permettre progressivement de faire ses choix.

Si l'enfant est d'emblée être de langage parce que d'emblée humain à part entière, c'est au travers du mode relationnel que les autres vont tisser avec lui qu'il peut en prendre conscience. Si nous savons lui exprimer que la symptomatologie dont il témoigne raconte quelque chose de lui, est une question indirecte, dont lui seul détient la réponse que nous pouvons l'aider à trouver, alors l'enfant entend d'une part que *ça* a du sens, et d'autre part qu'il peut être entendu. Ainsi commence l'apprentissage du langage comme moyen d'échanges et de partage. Par exemple, les somatisations sont des expressions privilégiées d'un tout-petit en souffrance qui n'a ni la maîtrise du langage ni l'expérience de pouvoir être entendu et reconnu. À ce propos, il faut préciser que le recours à un psychanalyste externe à l'institution est un outil indispensable à cette conception du travail qui a la volonté de prendre en compte la dimension inconsciente du sujet. Notre travail de mise en mots n'est pas un travail d'interprétation mais un travail d'ouverture à la parole que le thérapeute relaie d'une autre place dans un autre registre.

En ce qui concerne l'accueil des parents, nous entendons le mot « accueil » sous deux acceptions :

— Accueil des parents en nous ; c'est-à-dire faire un travail d'humanisation de notre vision des parents par un travail de compréhension de leur propre histoire.

— Accueil à la pouponnière non seulement pour y rencontrer leur enfant, mais pour pouvoir y être eux aussi entendus. Il s'agit d'instaurer un espace de parole pour eux, au sein même de l'institution où vit leur enfant, mais un espace différencié de celui de leur enfant afin que, dans la distance et grâce à la séparation, quelque chose en eux s'ouvre qui leur permette de penser peut-être, de formuler ce qui ne pouvait être exprimé que dans le passage à l'acte au travers de leur relation à leur enfant.

L'enfant sait que d'autres s'occupent de ses parents, reconnus comme ses parents mais ayant besoin que l'on s'occupe d'eux. Ainsi peut-il s'autoriser à vivre pour lui, sans avoir le sentiment d'abandonner ses parents. Cela permet petit à petit à l'enfant d'instaurer une relation de confiance avec nous dans sa vie quotidienne : il sait qu'un travail est tenté auprès de ses parents pour que ceux-ci puissent comprendre ce qui leur arrive dans leur difficulté à être parents.

ABRAM COEN*

En hôpital de jour : les paradoxes de la médiation dans une unité d'accueil mère-enfant (UAME)

Aujourd'hui où la violence est un des signifiants majeurs de notre temps, la médiation devient un impératif. Elle se généralise, se professionnalise; elle possède même des lieux et des crédits propres. Apaiser, gérer, négocier, enfin résoudre les conflits font partie intégrante des stratégies d'optimisation des communications.

Pour des psychanalystes qui travaillent sur la relation mère-enfant, parler de médiation ne vise pas l'amélioration de la communication interindividuelle, mais consiste plutôt à favoriser une éthique du lien et de la dé-liaison. Faire advenir l'enfant réel revient à confirmer sa naissance, le reconnaître — malgré son extrême dépendance — comme sujet séparé, compter avec sa résistance propre, sa « résilience », enfin, s'ouvrir à l'inconnu de cette rencontre. Un tel accompagnement n'est pas dépourvu de paradoxes.

Depuis une dizaine d'années, les Unités mère-bébé (UMB) se sont multipliées chez nous. L'Europe en compte quatre à temps partiel dont trois en France et une seule en Grande-Bretagne. Leur contexte est celui d'un monde en crise, en particulier celle de la famille. Le « pédocentrisme » des années 70 s'est déplacé vers une « bébologie » dont une des caractéristiques est la réification de la transmission intergénérationnelle. L'assistance médicalisée à la procréa-

* Psychanalyste, psychiatre des hôpitaux, chef du service de psychiatrie de l'enfant et de l'adolescent des hôpitaux de Saint-Denis.

tion, les familles monoparentales ou recomposées, la rareté de l'enfant, son arrivée tardive ont entraîné un souci croissant de la prévention précoce du fait d'une sensibilité accrue aux conséquences de la « dépression maternelle ».

Comment alors dénommer un service hospitalier qui se charge d'un tel problème ? Quels sont les signifiants à privilégier ? L'enfant, plutôt que le « bébé », témoigne d'une dynamique évolutive ; c'est celui qui pose le moins de problèmes. Les parents ? Il en faut pour une naissance, fût-elle en laboratoire ! Le père ? Fuyant, il a souvent déserté avant même la naissance. Fût-il présent, il demeure en retrait de la nouvelle structure dyadique. Se défilant, il se sent étranger à cette problématique sexuée. Centrer alors sur la mère ne fait que souligner la toute-puissance de son « désir d'enfant avec cet homme-là, choisi pour être le père de son enfant » ; alors même que sa dépression témoigne de son impuissance et de sa vulnérabilité.

Parler d'une « Unité » mère enfant — avec ou sans trait d'union — devient une métaphore périlleuse d'autant qu'un tel raccourci risque d'évacuer le géniteur, contrairement à l'esprit même du projet. S'il est banal de distinguer, dans le cadre d'un service médical hospitalier, diverses « unités » constitutives, il n'est pas anodin d'user ici d'un tel vocable.

Privilégier enfin, dans l'intitulé déjà classique « Unité mère enfant », la notion d'accueil souligne d'emblée une disponibilité de « l'offre de transfert » aux usagers mais également aux professionnels qui souhaitent établir une alliance de travail. Le constat de Lacan : « avec de l'offre, je crée de la demande » demeure toujours d'actualité.

Le travail de l'équipe consiste précisément à compenser, médiatiser, moduler, « bien tempérer » le lien mère-enfant. Comment, dans une telle proximité, empêcher son dérapage en affrontement, conjuguer amour et liberté pour éviter que chacun des protagonistes ne devienne l'otage obligé de l'autre ? Il faudra donc progressivement, et selon les situations, tantôt l'instaurer (dans les cas de séparation précoce lors d'une prématurité ou de maltraitance), tantôt le restaurer et surtout le faire perdurer ; ailleurs, au contraire, il faudra progressivement le desserrer et, afin qu'il ne devienne pas étouffant, procéder alors à une « dé-fusion ». C'est ainsi que cet accueil aura parfois un rôle « paternel » au sens que donnait F. Dolto à l'école maternelle qui participe de la « castration symboligène », humanisante.

Quoi qu'il en soit, cette appellation trahirait-elle, en plus de son ambiguïté, une résistance à l'encontre du père d'autant qu'il est, de fait, peu présent à l'UAME ? Ce retrait témoigne-t-il de sa propre « démission » ou révèle-t-il plutôt nos contre-attitudes ? Les rationalisations vont bon train. Il n'est sans doute pas facile pour un homme, fût-il père, d'être au milieu d'un groupe de femmes qui pouponnent. Quand il est présent, il témoigne d'un tabagisme massif le conduisant à passer le plus clair de son temps en salle d'attente transformée en « zone fumeur » pour l'occasion. Conduite autocalmante, malaise, tentative d'évitement d'une situation éprouvante (d'autant qu'il dit ne rien y comprendre) ? Certains reviennent prendre le café quand leur femme n'y est pas, s'intéressent à une autre, ou même se mettent à « draguer ». Quoi qu'il en soit, les efforts d'intégration — même symboliques — du père dans la procédure d'admission demeurent une préoccupation récurrente.

Contrairement aux images d'Épinal qui saluent la venue merveilleuse du divin enfant, la naissance peut être un moment difficile, voire traumatique, où les conflits antérieurement non résolus refont surface. Cette minute de vérité favorise l'émergence du négatif pour peu que l'enfant soit « insuffisant » : insatisfaisant par ses caractéristiques (sexe, petit poids, prématurité, hyperréactivité, refus d'alimentation, évitement du regard...) ou encore si, inconsolable, irritable, il pleure beaucoup, ne laissant à ses parents fatigués aucun répit, surtout la nuit. D'où l'intérêt d'une présence tierce, aidante, pouvant éventuellement s'interposer ; d'un appui efficace dans les situations à risque — en particulier celles d'isolement social — aujourd'hui fort répandues.

Violence, maltraitance, abus mais aussi négligence sont autant d'appels désespérés, rendus publics, d'un ensemble de grandes souffrances. D'où le recours nécessaire à la « parentalité d'État » dont l'intervention, au nom de « l'intérêt et du bien de l'enfant », le soustrait à ses géniteurs quand ils ne constituent plus pour lui une garantie suffisante de sécurité pour assurer sa survie. Le retrait — plus ou moins temporaire — qui s'ensuit, la mise à mal de la famille conforme à l'idéologie sécuritaire de la protection de l'enfance en danger, fût-elle salvatrice, est néanmoins parfois mal supportée par l'entendement ordinaire, même professionnel. L'enfant étant préservé, les services responsables — en réparation — n'ont de cesse que de chercher à maintenir, renouer un lien favorisant au mieux le retour en famille de celui qui en a été soustrait à la faveur d'un débordement pulsionnel des parents.

La demande lancinante — et au demeurant compréhensible — des services d'aide sociale à l'enfance ou du juge pour enfants est alors essentiellement celle d'une expertise de « l'aptitude à être mère » de cette femme-là. Est-elle momentanément ou plus durablement défaillante dans cette fonction ? Si une réponse claire est nécessaire avant une main levée, elle reste néanmoins difficile, voire impossible à donner à partir d'une place de soignant.

L'UAME offre une possibilité de médiation — en marge des services qui ont autorité à retirer ou restituer l'enfant — pour comprendre comment on en est arrivé là, sortir de cette impasse, soutenir les mères « impuissantes » et passagèrement défaillantes, pour éviter une possible récidive. Un tel accueil est un lieu d'interposition, mais aussi « d'absorption du négatif », de contenant des « mauvaises parties de soi ». En effet, les équipes de santé mentale ont, depuis longtemps, critiqué les modalités de fonctionnement du social et du judiciaire, en particulier dans ces situations où la main levée est faite sans l'accompagnement psychologique indispensable pour prévenir une éventuelle récidive. L'absence d'un tel travail préalable de mise en mots, différent de l'accompagnement éducatif traditionnel, risque d'être préjudiciable.

L'UAME fonctionne donc comme lieu de « médiation », de « triangulation ». Les parents perçoivent-ils clairement la spécificité des différents services et leur finalité ? D'abord sur la défensive, il leur faut un temps plus ou moins long avant de baisser la garde, tenter de « parler vrai » et dépasser la classique banalisation de l'acte préjudiciable, répréhensible, qui a donné lieu au retrait de l'enfant. S'engager dans un travail de compréhension de ce qui, dans une telle situation, fait symptôme est loin d'être aisé quand le judiciaire s'en mêle ou qu'il est déjà présent dans l'histoire de ces parents. De plus les références au « sujet » et à la « loi » sont très différentes pour les intervenants sociaux et les psychanalystes, d'où une possible tension à dialectiser. Les parents, prudents et méfiants, sont à une place ambiguë. Pressés de voir aboutir la réintégration de l'enfant, ils sont surtout à la recherche d'une reconnaissance administrative de leur statut et bon droit, revendiquant réparation du préjudice subi, ce qui les rend peu disponibles pour un travail de pensée favorable à une reprise, tout en prévenant une éventuelle répétition. Tout cela réclame un temps de maturation, parfois fort long avant d'aboutir, dans la meilleure des hypothèses.

À l'UAME, la mère est responsable de son enfant; elle se donne à voir dans cette fonction en présence des autres. Les soignants, souvent interloqués, restent parfois sans voix lorsque, volontairement provocatrice ou non, elle met en danger son enfant. Les occasions sont multiples. Lors du change en particulier où il peut aisément basculer de la table à langer. Au moment de donner le biberon : sa composition, sa température, la position peu fonctionnelle de le donner qui aboutit inévitablement à l'inconfort et donc l'insatisfaction des protagonistes dans un moment pourtant privilégié. Le bain est une cérémonie particulièrement éprouvante, l'enfant pouvant facilement glisser des mains savonneuses. Parfois même, délaissant son propre enfant, la mère s'intéresse à celui d'une autre, pour lui donner des conseils... Il lui arrive de profiter de ce temps d'hospitalisation de jour pour, se déchargeant de son petit, faire ses courses ou tout simplement dormir. Ailleurs enfin, vulnérable, elle transmet — inconsciemment — ses sentiments et sa confusion, à l'équipe qui la contient, celle-ci risquant à son tour d'être empêchée de penser, d'où l'importance des nombreuses réunions d'élaboration.

Un aspect de la situation est frappant : c'est le contraste entre le changement au rythme rapide du petit, être en constant développement, et le temps désespérément lent et figé d'une mère en retrait dépressif, qui, inaccessible, concentrée sur elle-même, rate cette occasion unique de rencontre avec la puissante dynamique de transformation de son bébé.

Ce temps initial de rencontre sécurisée mère-enfant est capital pour la mise en place des fonctions de relations comme pour son développement affectivo-intellectuel et donc ses futures acquisitions scolaires. Si les ratés peuvent être réversibles, le temps demeure malgré tout compté. La prévention précoce, compte tenu des enjeux ultérieurs pour l'enfant, est donc une tâche de santé publique d'importance considérable. Le tempo particulier de cette période sensible, à ne pas rater, repose — en la dramatisant — la classique question de la « demande » de soin qui existe le plus souvent. En son absence, faut-il pour autant « attendre la demande » au risque de négliger la mère et mettre ainsi l'enfant en péril ? De plus, compte tenu des multiples implications, quel protagoniste porteur de la demande convient-il de privilégier pour sortir du débat classique : la mère *ou* l'enfant ? Le père, la famille ou les services qui les accompagnent ?

Une structure comme l'UAME, en facilitant l'accès aux soins précoces de la dépression du post-partum, a largement contribué à sensibiliser les équipes de la petite enfance à ce qui ne comporte pas moins d'une vingtaine de catégories nosographiques différentes. Ce qui ne l'empêche pas pour autant de passer parfois inaperçue. Malgré l'existence d'un tel dispositif et la diffusion médiatique pourtant considérable des travaux de F. Dolto, la résistance à la « chose mentale », voire à « la cause des enfants » est toujours aussi tenace.

C'est donc seulement à l'approche de l'entrée à l'école maternelle, parfois même avant, que se prend la mesure — en dehors de la classique angoisse de séparation — des troubles graves du développement psychomoteur portant en particulier sur la non-acquisition de la parole et du langage ; mais aussi des troubles graves de la personnalité. Bien entendu, on retrouve dans l'anamnèse une dépression maternelle « masquée », voire déniée, qui a pu susciter un même déni de l'entourage et qui se manifeste par un refus et le retard des soins.

F. Dolto nous a appris que le bébé est une personne en devenir. À l'UAME, contrairement à ce qui se fait dans un service de maternité où le nouveau-né n'est pas individualisé par un prix de journée, chez nous, il en a un, qui lui est dévolu en propre, au même titre que celui de sa mère, d'où une certaine souplesse de fonctionnement dans les possibilités d'hospitalisation conjointe ou non.

Les prestations dont nous parlons ne comportent pas de « soins durs ». Les prescriptions médicamenteuses, voire les hospitalisations de la mère en situation de crise, se font, quand elles sont nécessaires, dans le secteur de psychiatrie pour adultes, mitoyen, où se poursuivra son suivi. L'implantation banalisée de cet hôpital de jour en ville, dans des locaux d'une consultation de psychologie pour enfant, lui confère un caractère convivial et démédicalisé. Contrairement à la tradition britannique, ce sont, en France, les secteurs de psychiatrie infanto-juvéniles qui le plus souvent gèrent les Unités mère-bébé.

Il n'est pas rare, lorsque le conflit mère-femme trop difficile à assumer empêche d'être mère à temps plein, de favoriser pour elle la reprise ou la recherche du travail, la participation à des stages de formation, et pour l'enfant la mise en place de modes de garde substitutifs : halte-jeu, crèche, nourrice. Les retrouvailles n'en sont que plus chaleureuses dans un contexte où la mère ne se vit plus en martyre sacrifiée. La présence des frères et sœurs aînés à l'UAME, surtout le mercredi, leur est très favorable car ils peuvent enfin, rassurés par ce havre de sécurité pour leur mère, quitter une apparence surmature, baisser leur garde vigilante, enfin, retrouvant leur enfance, s'autoriser à prendre plaisir à jouer.

Parler de médiation, c'est évoquer une position tierce qui consiste à soutenir suffisamment la mère pour qu'elle-même puisse contenir son propre enfant. Cela va depuis la mise en place d'un environnement — humain et non humain — « suffisamment bon », en passant par tout un étayage par le réseau des professionnels. La médiation à l'UAME permet de mobiliser les distorsions des interactions dyadiques précoces à cette période sensible, de dépasser l'actuel « déficit » douloureux de parentalité, d'éviter sa fixation ainsi que d'éventuelles séquelles à long terme chez l'enfant, de retrouver enfin sa créativité, sa « compétence », son efficacité de mère, c'est-à-dire de faire confiance à son intuition, à sa capacité d'identification, d'interprétation des besoins de son petit, de recouvrer son aptitude à le consoler. Il devient alors possible de sortir du désengagement maternel passager, de se ré-approprier enfin la re-connaissance de « son » enfant, tout en le respectant dans son altérité.

MAURICE TITRAN*

Accueille-moi, j'ai des choses à te dire

Travailler dans une région où la vie est difficile pose, pour les professionnels, un certain nombre de problèmes. Si nous nous contentons d'exercer notre métier comme on nous l'a enseigné, on ne parvient qu'à souligner les limites et les impossibles auxquels chacun d'entre nous peut être confronté. En ces circonstances, pour que les professionnels puissent naître à de nouvelles formes de compétences, apprécier le travail qu'ils font et donc rester stables à leur poste pour de longues périodes, il faut leur apporter l'apaisement, la sécurité et les connaissances théoriques dont ils ont besoin.

F. Dolto a été pour moi ce chercheur qui a su attirer mon attention de pédiatre sur ces connaissances essentielles et totalement ignorées dans les études de pédiatrie de mon époque. J'étais praticien hospitalier. Je travaillais à l'hôpital de Roubaix — service des maladies infectieuses, service de néonatalogie, service des prématurés (disait-on à l'époque), exsanguino-transfuseur, et médecin réanimateur dans le service de réanimation périnatale qui venait de s'ouvrir, participant au SAMU pédiatrique et organisant le transport médicalisé des nouveau-nés en détresse. Mes connaissances étaient très grandes pour tout ce qui concernait les

* Pédiatre, praticien hospitalier à l'hôpital de Roubaix. Médecin directeur technique au CAMSP (Centre d'action médico-sociale précoce), Roubaix.

pathologies organiques, l'infectiologie et les détresses respiratoires, cela grâce à une expérience clinique acquise par des gardes qui se succédaient quasiment sans interruption : gardes en réanimation, en exsanguino, en pédiatrie, en néonatal et en maternité.

Mais revenons à l'année 1975. À cette époque, un décret imposait que tous les nouveau-nés soient examinés, au moins une fois pendant leur première semaine de vie extra-utérine, par un médecin qui devait rédiger à cette occasion un premier certificat médical. Je me rappelle l'effet que ce décret a provoqué chez de nombreux médecins qui se demandaient à quoi un tel examen pouvait-il bien servir ? Je me lançai donc dans ce nouvel exercice, à la recherche de l'anomalie à découvrir ou de la pathologie à déceler.

Heureusement, au moins 95 % des bébés qui naissaient allaient fort bien, leur papa et leur maman étaient eux aussi présents et en excellente santé, et je découvrais avec humilité que, si j'étais très capable de dire qu'un bébé allait mal et pourquoi il allait mal, j'avais beaucoup de difficultés à savoir dire qu'il allait bien, qu'il était beau et qu'il avait la chance d'être accueilli par une femme qui était prête, grâce à l'amour, à naître à ses compétences suffisantes de maman de ce bébé-là.

Passer un quart d'heure auprès d'un bébé qui va bien, porté dans les bras d'une jeune femme en pleine santé, était à l'époque perçu comme un luxe, voire une perte de temps. Or, à la même époque, les premières enquêtes épidémiologiques apportaient la preuve que la mortalité périnatale en France restait à un niveau anormalement élevé et que, de toute la France, c'était la région Nord-Pas-de-Calais qui avait le taux de mortalité périnatale le plus élevé.

Il fallait faire quelque chose. Avec quelques médecins, sages-femmes, puéricultrices, assistantes sociales, médecins de santé publique, on décida alors de réaliser une immense campagne : « Bien naître dans la région Nord-Pas-de-Calais. » En trois ans, nous organisons dans chaque ville du Nord-Pas-de-Calais qui possède une maternité et un service de pédiatrie une journée de réflexion sur l'accueil du nouveau-né. Vont bientôt nous rejoindre des parents qui expliqueront aux professionnels ce qu'ils ont observé, ressenti et vécu...

Mais voilà, nous sommes déjà dans les années 1982-1984. Or depuis 1977, avec Xavier Renard (audioprothésiste) et

Denis Querleu (obstétricien), nous nous intéressions fortement à l'audition prénatale, ce qui nous avait amenés à rencontrer Marie-Claire Busnel qui, avec Lecanuet, réalisait des recherches dans le même domaine. Un jour, Marie-Claire me propose de rencontrer un médecin néerlandais de passage à Paris, Frans Veldman. Il a rendez-vous chez un nommé Bernard This, psychanalyste. J'aurai ce jour-là la chance unique de rencontrer des personnages qui marqueront beaucoup ma pratique pédiatrique. Nous visiterons ensemble différents lieux de Paris, émaillés de rencontres de personnages extraordinaires. Le même jour, je visite en leur compagnie la Maison Verte, le CAMSP[1] de la rue du Colonel-Rozanoff et le centre Étienne-Marcel. Je fais la connaissance de Danielle Rapoport, Jeanine Lévy, Catherine Dolto-Tolitch et bien sûr Françoise Dolto qui exerçait sa vacation au centre Étienne-Marcel. Nous sommes en 1980. Cette voix, ce regard, cette présence, cette « pétillance », cette fulgurance. Nous passerons une heure ensemble. Je serai ce témoin silencieux de la première rencontre entre Françoise Dolto et Frans Veldman. Rencontre de la psychanalyse et de l'haptonomie avec Bernard This comme médiateur. Il y avait longtemps que je connaissais cette voix mais je ne connaissais pas le personnage. Nous sommes en 1980, au printemps. Depuis quelques années, je suis médecin de crèche, et une fois par semaine j'y rencontre, lors de la visite médicale, le personnel et un certain nombre d'enfants. Mon rôle consiste à vérifier que les règles d'hygiène sont respectées et que les enfants qui sollicitent leur admission sont correctement vaccinés (surtout par le BCG) et ne présentent pas de signes de maladies contagieuses. Je réalise donc ce qu'on appelle la visite d'admission. Or, le hasard ! la chance ! a voulu que cette visite se déroule en début d'après-midi. Pour me rendre à la crèche, j'utilise ma voiture, en ville, sur un trajet de quinze à vingt minutes, selon les embouteillages et mon autoradio est constamment réglé sur France Inter. C'est juste à ce moment que j'entends cette voix. Ce médecin qui répond en direct au courrier des parents concernant leurs enfants. Je suis sidéré puis, petit à petit, passionné par la manière dont ce médecin écoute les parents. Manière

1. CAMSP, Centre d'action médico-sociale précoce. Il accueille, en ambulatoire, des enfants de 0 à 6 ans, porteurs de déficiences sensorielle, motrice, mentale simple ou associée. La prise en charge est de 100 % sur présentation de la carte Vitale.

respectueuse de comprendre et de respecter leurs interrogations, parfois leur désarroi. Jamais il n'y avait de culpabilité, toujours une explication arrivait au bon moment qui permettait à chacun, enfants, parents et professionnels parfois, de mieux se comprendre. Surtout l'enfant, si petit soit-il, apparaissait comme un personnage tout aussi important que les adultes qui s'interrogeaient à son égard, même si Mme Dolto — vous l'aviez reconnue — respectait bien évidemment sa différence et lui reconnaissait sa spécificité et sa richesse dans les capacités de ses perceptions. Voilà qui était fort passionnant et qui m'incitait à acquérir les nouvelles connaissances dont je n'avais même pas l'idée qu'elles puissent exister... enfin presque.

C'est à cette époque qu'un rêve se manifestait de temps en temps : je me présentais à un examen de médecine et je subissais une épreuve dont j'ignorais l'existence et le sens, comme si le candidat avait non seulement fait l'impasse totale sur une matière mais ignorait même que cette matière fût au programme de l'examen. Plus tard, j'eus également la chance de rencontrer Mme Dolto à une soirée du GRENN[1], au cours de laquelle Frans nous présenta sa réflexion sur l'haptonomie. J'eus également le plaisir un jour d'être reçu chez elle et de partager un repas de travail. Mais c'est surtout par ses écrits, qui ont été pour moi particulièrement utiles, que je découvris les réflexions de ce médecin. La lecture de ses ouvrages me conduisit, petit à petit, à changer complètement mon regard pédiatrique.

Grâce à ses travaux et à sa réflexion, c'est progressivement l'image que je me faisais de mon rôle de pédiatre qui changea. Du médecin spécialisé que j'étais avec une écoute exclusive, une attention unique aux symptômes présentés par l'enfant, je commençai peu à peu à réfléchir autrement la consultation. Certes si l'enfant que l'on amenait à la consultation présentait une pathologie dont il souffrait, il fallait bien sûr porter un diagnostic, fixer une thérapeutique et donner un pronostic... rôle normal du pédiatre. Mais si tout ce que Mme Dolto racontait était exact et si, comme elle l'expliquait, un enfant pouvait avoir de lui une image inconsciente de son corps normal alors qu'il dispose d'un

1. GRENN (Groupe de recherche et d'étude sur la naissance et le nouveau-né). Il réunit psychanalystes, pédiatres, obstétriciens, sages-femmes, puéricultrices. Ce groupe est à l'origine de la rédaction des *Cahiers du nouveau-né*.

schéma corporel pathologique et que cette image inconsciente de son corps normal c'était dans le regard amoureux de sa mère qu'il la construisait, cela changeait tout. Si cette théorie était exacte, on pouvait alors accueillir à la consultation de pédiatrie des enfants pour lesquels on imaginait le pédiatre impuissant. Que faire, par exemple, quand des parents effondrés, écrasés de honte, de culpabilité, révoltés et en colère viennent présenter un bébé avec sa cécité totale, sa surdité totale, son anomalie chromosomique, toutes pathologies que l'on était capable de dépister de plus en plus tôt et qui entraînaient de redoutables conséquences sur les relations entre le bébé et sa mère, et entre sa mère et l'ensemble de la famille ? Ce fameux examen obligatoire des huit premiers jours nous conduisait en effet à dépister de plus en plus tôt la moindre particularité que l'enfant pouvait présenter, véritable triomphe de la médecine... et redoutable épreuve à laquelle on risquait de soumettre chacun. Le professionnel, ignorant tout de l'histoire de cette famille, se retrouve en grande difficulté pour savoir quoi dire et comment le dire. Les parents qui reçoivent cette révélation voient brisé en mille morceaux le beau rêve qui avait pris naissance en même temps que l'enfant commençait à se concevoir.

C'est en prenant conscience de cette difficulté à laquelle la révélation confronte parents et professionnels que je découvris la nécessité fondamentale, pour les spécialistes, de réussir à travailler ensemble d'une manière coordonnée depuis le temps prénatal, en passant par le temps périnatal jusqu'au temps postnatal. Je réalisai aussi qu'il fallait coupler de manière efficace le travail qui pouvait s'effectuer à domicile et en ambulatoire avec le travail qui se faisait dans les services hospitaliers et dans les cliniques ; articuler le service public et le service privé, le travailleur médical et le travailleur éducatif et social. Permettre à ces différents spécialistes, à ces différents professionnels d'horizons différents, médecins généralistes et spécialistes, paramédicaux et éducateurs, assistants des services sociaux et psychologues d'échanger, de parler, de se rencontrer, de se comprendre.

Rapidement de nouvelles stratégies vont se mettre en place qui s'appuient sur ce nouveau concept. Apporter à l'enfant le meilleur et le plus précis diagnostic possible mais en élaborant ce diagnostic de telle manière qu'il soit assumable pour cet enfant, par ses parents et les familles respectives ainsi que par ses frères et sœurs dans la trajectoire sociale qui est celle de sa famille. De même, faire en sorte que l'élaboration de ce diagnostic ne laisse pas les professionnels perplexes et pantois devant la gravité de ce qu'ils découvrent ou devant la crise qu'ils génèrent auprès de parents, crise qui se surajoute aux difficultés habituelles de la vie. C'est ici que, en s'appuyant sur ce nouveau concept, nous avons été conduits à inventer le diagnostic-guidance et l'alliance thérapeutique qui permettra à chacun d'émerger au mieux de ses compétences.

En effet, l'enfant marqué par une déficience, une anomalie congénitale, un désavantage quelconque a besoin autant qu'un autre enfant de disposer de cette image inconsciente de son corps normal, et il ne peut en disposer que dans le regard amoureux de sa mère. On comprend dès lors l'absolue nécessité de se frayer un chemin vers cette femme et ses émotions légitimes mais aussi sa réalité, ses vulnérabilités, les stratégies qu'elle a, pour elle-même, été amenée à mettre en place et dans lesquelles on va devoir intégrer la réalité de la crise que nous traversons avec ce que l'enfant qui vient de naître nous montre à voir. Merci à Mme Dolto et à sa réflexion clairvoyante qui a justement attiré notre attention sur le fait que ce que l'on constatait dans ces circonstances n'avait qu'un intérêt relatif. Il fallait également tenir compte de ce qui allait être ressenti par chacun, l'enfant d'abord, ses parents, et les familles ensuite, les professionnels enfin.

Excusez-moi d'insister sur le ressenti des professionnels. Cet abord présente beaucoup d'intérêt. D'abord il valorise le professionnel qui, à un moment ou à un autre, deviendra partenaire de l'action. Ensuite, il faut espérer — mais ce n'est qu'un souhait — que, enrichi peu à peu de ces expériences différentes, le professionnel puisse lui-même être conduit à changer ses pratiques à condition bien sûr qu'il accepte, dans une espèce de « lâcher prise » très haptonomique, à partir de la prise de conscience de ses limites, d'émerger à une nouvelle forme de compétence qu'il découvre en s'appuyant sur l'enfant, sa famille, et les autres partenaires. Malheureusement, beaucoup de résistances sont à l'œuvre, résistances qu'il convient d'analyser finement et de comprendre afin d'adapter le plus rapidement possible une stratégie respectueuse et aidante.

Pour les familles ensuite, il nous permet plus rapidement de comprendre les essentialités du moment, non pas notre essentialité à nous professionnels, mais l'essentialité de cette famille. En apparence pour elle, c'est l'état de santé de cet enfant qui génère la crise. En réalité, c'est d'abord le niveau de crise auquel cette famille était parvenue dans lequel il convient d'intégrer la crise aujourd'hui. C'est cela qui est à l'œuvre, et si on veut être respectueux et efficace il convient d'abord de traiter la crise des adultes ou, du moins, de la comprendre, d'envoyer ces messages qui sont parfaitement perçus : oui votre enfant a des difficultés de santé qu'on vient de découvrir, oui cette révélation crée chez vous un état de stress, de crise qui réanime naturellement un certain nombre de souvenirs conscients et surtout inconscients très douloureux. Mais cela n'empêche pas qu'un jour vous parviendrez cependant à jubiler de votre situation de parents et qu'en attendant ce n'est pas parce que vous souffrez que, pour autant, vous faites souffrir votre bébé; peut-être que s'il souffre c'est d'autre chose, et que lui-même recherche aussi tous les moyens pour vous être utile au risque de vous offrir les plus beaux symptômes dont vous allez bien sûr vous occuper, canalisant ainsi à ses dépens votre souffrance. Ou bien, il s'agit de familles qui ont dans leurs antécédents proches une expérience de grande souffrance, maladie mentale avec les stratégies de soins qu'elle génère et qui pour l'instant aboutissent souvent aux ruptures familiales irréversibles et désespérantes.

Bien sûr, madame Dolto, vous nous avez expliqué et parfaitement démontré que la structuration de la pensée d'un bébé accueilli au monde par une mère profondément déprimée ou délirante ne se faisait pas d'une manière habituelle. Alors, qu'attendons-nous pour créer de manière efficace, depuis le prénatal jusqu'au postnatal, les fonctionnements d'équipes qui permettront l'étayage de ces femmes, de ces familles, et surtout qui permettront à ce bébé — et ceci, dès la vie anténatale — qu'avec son talent unique il ait cette capacité difficilement concevable pour nous non seulement de recevoir de cette femme ce dont il a besoin, mais également d'offrir à cette femme ce dont elle a besoin et qu'elle a recherché toute sa vie : un regard, un regard qui lui permet de se construire, un regard confiant confirmant, apportant à celui qui le reçoit cette certitude indéfectible qu'il est un humain avec ses capacités suffisantes d'humain.

L'école

ARNAUD DE MEZAMAT*

Les prises de position de F. Dolto sur l'éducation scolaire

On ne peut entamer une réflexion sur la question scolaire éclairée par les apports de F. Dolto sans considérer ses prises de position. Pour commencer cet atelier je la citerai donc largement, introduisant ainsi dans la vigueur de ses propos ce qui sera ensuite développé par les intervenants.

Au passage, il est à noter que F. Dolto s'exprime sur l'école relativement tardivement. Ses premiers textes ou interventions sur ce sujet datent en effet des années 60 alors qu'elle s'était engagée depuis plus de vingt ans déjà, publiquement, en dehors de son activité clinique, sur de très nombreux autres terrains liés à l'éducation, en particulier par ses articles dans plusieurs périodiques (*Femmes françaises, Études carmélitaines, L'enfant et nous*, etc.) ou ses conférences (*L'école des parents,* entre autres). Comment expliquer ce retard ou cette précaution quand il s'agit de l'école ? Serait-ce en raison d'une absence ou en tout cas d'un déficit d'interlocuteur ? On peut le penser. En effet, à la différence de ses autres interventions à visée prophylactique et anthropologique, par lesquelles elle s'adresse aux parents, aux médecins, aux travailleurs sociaux, F. Dolto en matière d'école donne l'impression de se heurter de front à

* Réalisateur, auteur, avec Élisabeth Coronel, de trois films consacrés à la vie et à l'œuvre de F. Dolto (3 × 53 min) 1995, Abacaris Films.

une institution totalement hermétique qui n'offre aucune prise possible. De là une protestation en forme de cri, d'une virulence iconoclaste, que F. Dolto répète dans quelques textes, la plupart aux marges de ses écrits principaux et au total peu nombreux au regard de son œuvre publiée. Ce sont essentiellement les suivants :

(a) La célèbre préface du livre de Maud Mannoni *Le premier rendez-vous avec le psychanalyste*, Denoël/Gonthier, 1965, Gallimard, Tel, 1988.

(b) La préface du livre de Fernand Oury et Aïda Vasquez *Vers une pédagogie institutionnelle*, 1967, Matrice, 1997.

(c) L'interview de Françoise Dolto dans le livre de Fernand Oury et Jacques Pain *Chronique de l'école caserne*, Maspero, 1972, Matrice, 1997. Il s'agit d'une vigoureuse interview qu'elle donne à Jacques Pain.

(d) Un long texte dans *La cause des enfants*, R. Laffont, 1985, Le livre de poche, 1987.

(e) *Tout est langage*, 1986, Gallimard, 1995.

(f) *L'échec scolaire*, Vertige du Nord, 1989, Presse Pocket. Recueil, mal édité et aujourd'hui retiré de la vente, de plusieurs articles ou conférences de 1973 à 1986.

S'y ajoutent quelques interviews dont celle (g) donnée au *Monde de l'éducation*, nº 49, avril 1979.

Que dit-elle ?

« Les écoles sont les bergeries des moutons de Panurge » [(d) p. 427]. « S'ennuyer à l'école est un signe d'intelligence » (g). « L'école est un système obsessionnel c'est-à-dire fermé sur lui même » [(c) p. 395]. « L'école primaire c'est digestif. Hélas, car à partir de l'âge de sept, huit ans, cela pourrait déjà être génital, c'est-à-dire rencontre de deux esprits portant fruit. Ce qui n'est pas du tout la même chose que d'avaler et rendre un devoir, vomi ou déféqué, et bien souligné en rouge, en vert, et tout ce qu'il faut pour que le professeur soit content, comme on a fait un beau caca pour la maman quand on est petit. Mais il n'en reste presque rien, rien que du savoir et pas de la connaissance. La connaissance, c'est d'ordre génital, et le savoir c'est d'ordre oral, anal » [(e) p. 16. Voir également in *Séminaire de psychanalyse d'enfants*, t. 1, Le Seuil, 1982, p. 88 et 89].

Elle souligne que l'école pourrait avoir une fonction vitale de soutenir l'enfant dans « ses épreuves œdipiennes » en développant ses « capacités de sublimation » alors que la scolarisation n'est devenue à ses yeux qu'« une entreprise de dérythmage, de compétition exhibitionniste de mutilés bien ou mal compensés ». Elle est très radicale : « L'adaptation scolaire est maintenant, à part de très rares exceptions, il faut le dire un symptôme majeur de névrose. Cela ne veut pas dire que l'inadaptation soit à elle seule un signe de santé, mais c'est parmi les enfants et les jeunes qui se rangent sous cette appellation (l'inadaptation) qu'on rencontre, hélas, les citoyens actuels valables. Le resteront-ils longtemps si l'ouverture à la culture ne leur est pas offerte par la société des adultes ? » [(a) p. 43]. Dans *Chronique de l'école caserne*, elle précise : « Une école caserne pour l'enfant, c'est un lieu où l'on vit sans personnalité créatrice, sans aucune autre liberté que celle d'obéir, sans critiquer et sans juger les ordres, une école qui détruit complètement chez lui la dignité humaine, l'estime de soi et l'estime de la société. Il est rat pris au piège. Aux enfants à qui ça réussit et qui y ingurgitent du savoir n'est promis qu'un avenir de robot, et c'est inquiétant car ceux-là sont cités en exemple par les maîtres, leurs parents sont fiers d'eux, et ils font hélas les cadres d'enseignants » [(c) p. 392].

Elle dit aussi : « Les instituteurs sont instituteurs parce qu'ils ne peuvent pas faire autre chose et parce que, bons élèves, leurs maîtres les ont poussés à se présenter à des examens qui font d'eux des instituteurs et des institutrices à vie. Personne n'échappe au désir. Apprendre pour apprendre, tel a pour la plupart des maîtres été le sens de leur jeunesse. Justement, on avait voulu échapper au désir en étudiant. Mais ce n'est pas possible. Tôt ou tard, le corps nié, les mains impuissantes, le maître se découvre isolé de la vie, alors le désir longtemps muselé se passe en sadisme sur les enfants, au nom de ce règlement que nous rencontrons partout » [(c) p. 398]. « [l'école-caserne] est liée à la peur, à la peur de tous, la peur du règlement qui gêne tout le monde et dont personne n'est le garant. Dans l'école caserne, personne n'est le tenant de la loi et tout le monde a peur de l'autre » [(c) p. 393].

À l'inverse, les enseignants qui échappent aux dangers de l'école-caserne sont relégués aux *expériences pédagogiques* : « Il y a des essais de changement, malheureusement ça ne se fait que pour les enfants qui ne réussissent pas dans l'école-caserne, ceux qui ont gardé des forces vives en vrac, qu'on appelle des débiles mentaux et des inadaptés et qui, pour certains, grâce à des maîtres exceptionnels s'en sortent, et ces maîtres exceptionnels sont ceux qui sont inadaptés adultes à l'enseignement des écoles-casernes. Mais ils devraient être avec les enfants normaux, ces maîtres exceptionnels ! Car les autres, les maîtres "adaptés" continuent de perpétuer le système et de le renforcer en fournissant de nouveaux "débiles" et de nouveaux inadaptés, de nouveaux psychotiques... » [(c) p. 396].

F. Dolto développe, en argumentant à partir de sa position d'analyste, la fonction essentielle que devrait remplir l'école : permettre à l'enfant de sortir de son milieu familial, le soutenir dans son développement et le guider vers l'autonomie. Elle fait d'ailleurs preuve d'un regard historiquement et sociologiquement lucide : « L'école a été conçue comme si tout le monde vivait dans des milieux aisés ou ruraux. C'est-à-dire des populations qui trouvent dans leur environnement de quoi permettre à la personnalité de se construire (initiative, présence attentive des parents, enfants éduqués par leur famille). Alors que les conditions de vie moderne et urbaine sont allées dans un sens inverse » [(c) p. 396]. Surtout, très fondamentalement, l'école devrait intégrer dans sa réflexion les découvertes de l'inconscient au lieu de poursuivre aveuglément une logique fondée sur la conscience rationnelle, sur le moi.

L'école devrait aussi aider l'enfant à acquérir ce qu'elle appelle « l'instruction formatrice sociale ». Elle écrit ainsi : « Les enfants civilisés n'entendent jamais de la bouche de leur maître, et jamais si leurs parents ne la leur ont pas dite, faute de la savoir ou de juger bon de la leur dire, la formulation des lois naturelles qui régissent l'espèce humaine : les lois de la paternité et de la maternité légales, les lois régissant les instincts naturels et leur commerce en société, l'interdiction du cannibalisme, du vol, du meurtre, du viol et de l'adultère. Or ils baignent dans une société où, à part le cannibalisme, tous ces comportements délinquants sont proposés à leur observation. [...] Personne ne leur dit la loi, les droits et les devoirs que leurs parents ont à leur égard ni ceux qu'ils ont à l'égard d'eux-mêmes et de leurs parents » [(a) p. 48].

F. Dolto renverse la hiérarchie de ce qu'il était convenu d'attendre de l'école ; elle affirme la primauté évidente de la fonction éducative sur celle de l'acquisition d'un savoir. Mais elle ne se contente pas d'une dénonciation ; elle fait aussi des propositions, parfaitement « incorrectes », en particulier dans le très étonnant chapitre de *La cause des enfants* intitulé « L'école à toute heure et à la carte ».

Elle prône une revalorisation de la fonction enseignante, entre autres en rémunérant beaucoup mieux les enseignants, mais surtout en leur faisant quitter un statut de maître tout-puissant pour celui de véritables » animateurs de recherche ».

Elle suggère d'autre part que les enseignants (en particulier dans les classes de certaines tranches d'âge) reçoivent une formation leur permettant d'accéder à la compréhension du développement psychoaffectif des enfants, à la dynamique de l'inconscient, en particulier aux enjeux œdipiens.

Elle demande la présence d'un ou de plusieurs psychologues, « sans aucun pouvoir exécutif ni législatif, au service exclusif des entretiens libres demandés par les élèves eux-mêmes, désireux d'exprimer leurs espoirs, leurs épreuves, leurs doutes et sûrs de se sentir entendus, compris et soutenus, sans angoisse chez leur interlocuteur et sans complicité non plus, pour chercher eux-mêmes la solution de leurs difficultés » [(a) p. 47].

Elle émet également une série de propositions purement pédagogiques. Ces propositions partent de la conviction que, si la fonction *éducative* est remplie par l'école selon les principes qu'elle préconise, sa mission d'*instruction* pourra être atteinte de façon infiniment plus facile. Autrement dit l'enfant peut acquérir le désir d'apprendre si l'école l'aide à acquérir son autonomie. Ainsi : Les élèves devraient être regroupés par niveau (en fonction de leur désir d'apprendre et de leur niveau de connaissance). Elle prône « un programme à la carte, une formation sur mesure, en quelque sorte personnalisée, avec des degrés à conquérir, sanctionnés par des examens auxquels les élèves s'inscriraient quand ils se sentiraient prêts » [(d) p. 432]. « Je demande que les jeunes Français ne soient plus les esclaves de programmes impersonnels imposés et artificiellement parallèles [...] que l'enfant ne voie pas toujours son rythme d'intérêt contré à cause des limitations du temps consacré à telle discipline ou telle matière d'enseignement » [(a) p. 39].

Elle demande que l'école soit respectueuse des rythmes des enfants (apprendre aux périodes où l'inconscient le permet).

Elle insiste sur l'importance des activités manuelles : « Il faudrait beaucoup de personnes pour s'occuper des enfants dans une école sans ségrégation, le maître ne les prendrait que par petits groupes, dans lesquels les enfants seraient homogènes du point de vue de leur désir, de leur niveau de développement et de capacité. Il y aurait l'atelier-bois, l'atelier-cuir, l'atelier-métal, céramique, modèles réduits, décoration, couture, bref, toutes les activités artisanales simples » [(c) p. 402].

Elle propose enfin une réflexion administrativement très incorrecte : les écoles devraient être des lieux de vie où les enfants seraient chez eux en dehors des cours. « Ce serait formidable si, à la période de huit à douze ans, après les classes, les enfants pouvaient rester dans leur école, ou y retourner s'ils s'ennuient en famille » [(d) p. 448].

Dans le même ordre d'idées, elle voudrait associer les enfants à la vie pratique de l'école : « Pourquoi la cantine, l'entretien de l'école, la gestion du budget des classes ne sont-ils jamais assurés par les enfants ? Pourquoi ne font-ils pas la cuisine, le ménage, l'enseignement des plus jeunes — comme volontaires — avec les personnes de service ou avec les maîtres ? » [(c) p. 404].

Il faudrait évidemment entrer de façon plus complexe dans cet ensemble à proprement parler révolutionnaire, car il s'agit bien d'une révolution et non pas d'une réforme de l'éducation nationale. F. Dolto parle d'ailleurs elle-même de la « Révolution française éducative » [(d) p. 430].

Je m'arrêterai simplement en posant la question de l'utopie car F. Dolto s'inscrit avec audace et à sa manière, qui ose la confrontation avec le concret, dans la perspective freudienne de l'impossible fonction d'éduquer. La réponse réside, je crois, en partie dans le travail pédagogique de l'école de la Neuville qui montre quotidiennement que les propositions de F. Dolto sont compatibles avec une organisation inscrite dans le système économique et social actuel.

Pour F. Dolto, une école était à inventer, à l'échelle d'un pays ; ses interventions étaient aussi des questions adressées au politique. Aujourd'hui ces questions se posent toujours. Elles n'ont jamais été aussi pressantes. Il y a pourtant là, dans l'œuvre de F. Dolto, de quoi nourrir en partie une indispensable refondation de l'école. Il y aurait beaucoup à y puiser.

MICHEL PLON*

L'école et la psychanalyse : le psychanalyste à l'école ?

En un temps qui n'est pas devenu totalement désuet, le temps d'une psychanalyse drapée dans sa neutralité, comme d'autres dans leur dignité, c'est-à-dire d'une psychanalyse qui se voulait indifférente et inentamable, à l'abri des à-coups de l'histoire politique, sociale et idéologique, la question de savoir si Freud était un pédagogue ou un antipédagogue comportait un enjeu de taille, à même de mobiliser plus d'une énergie. À bien écouter en effet les tenants du second terme de cette alternative, Catherine Millot notamment[1], il semblait bien exclu que l'on puisse tenir une position analytique, pour peu que l'on soit contaminé par quelque virus d'origine pédagogique. Sans entrer à présent dans le détail de ces polémiques, dont les retombées sont loin d'être aujourd'hui totalement recouvertes, je rappellerai seulement qu'il fut un temps, celui des dernières années de l'École freudienne de Paris, pour ne pas parler des années qui suivirent, où F. Dolto fut publiquement déclarée comme n'étant plus analyste (si tant est soupirait-on ici ou là qu'elle l'ait jamais été) du fait même de ses interventions et prises de position sur ce domaine de la pédagogie. Même si à présent ce débat a perdu de ses ardeurs terroristes et théoricistes, il n'est pas inutile de rendre hommage, en relisant par exemple d'un peu près leurs travaux, à ceux des

* Directeur de recherche au CNRS et psychanalyste.

1. C. Millot, *Freud antipédagogue*, Flammarion, « Champs », 1997.

psychanalystes qui, contre les vents et les marées de la mode d'il y a près de vingt ans, livrèrent bataille pour montrer que ce débat n'était qu'un faux débat, à même de laisser en friche, ou à d'autres, un terrain, celui de l'éducation, dont les acteurs, pédagogues et enfants, n'étaient rien de moins qu'en souffrance. Parmi ceux-là, je veux nommer Mireille Cifali et Francis Imbert, auteurs, entre autres, d'un récent petit livre, commentaire et recueil d'un certain nombre de textes trop souvent ignorés, dont le titre même, *Freud et la pédagogie*[1], indique bien l'évolution moins conflictuelle et plus constructive de l'approche de la question.

À l'évidence, Freud n'était pas pédagogue mais bien psychanalyste, et il ne lui est jamais venu à l'idée de confondre les deux positions. Bien au contraire, il a tenu plus d'une fois à souligner leur radicale différence et tout autant celle de leurs modes d'intervention, laissant présager, voire appelant de ses vœux un approfondissement de la relation entre les deux pratiques, comme en témoigne, entre autres exemples, cette réflexion tirée de sa préface de 1926 au livre d'August Aichhorn : « [...] le travail d'éducation est quelque chose de *sui generis* qui ne peut être confondu avec l'influence exercée par la psychanalyse et ne peut être remplacé par elle. La psychanalyse de l'enfant peut être sollicitée par l'éducation comme adjuvant. Il est à prévoir que le rapport entre l'éducation et les efforts psychanalytiques sera soumis, en un temps pas très lointain, à une investigation approfondie[2]. » Bien sûr, on pourrait tirer argument, pour mettre en cause la rigueur de cette position, de ce qu'il en fut du soutien que Freud apporta à sa fille Anna dans le conflit qui l'opposa à Melanie Klein, la seconde reprochant notamment à la première sa dérive pédagogiste, dérive que celle-ci revendiquait explicitement, arguant notamment pour cela d'une immaturité du surmoi de l'enfant qui n'aurait pu résister à une exploration de son inconscient. Débat qui n'est en rien étranger à notre propos puisqu'il met en jeu la question théorique du psychisme de l'enfant et qu'il s'enracine dans les dérapages qui furent ceux de la première psychanalyse d'un enfant, celle du « petit Hans » supervisée par Freud et conduite par le père de l'enfant, Max Graf. Sans doute, et pas seulement pour l'anecdote

1. M. Cifali, F. Imbert, *Freud et la pédagogie*, PUF, 1998.
2. S. Freud, préface à « Jeunesse à l'abandon » (1926), in *Œuvres complètes*, XVII, p. 159-163, PUF, 1992.

historique mais parce que s'y trouve d'emblée posée, et de la manière la plus crue, la question de la place de la famille sitôt qu'il est question d'éducation et de psychanalyse avec des enfants, sans doute faut-il rappeler ici ce que Freud écrivait à Ernest Jones à propos de ce conflit entre sa fille et Klein, et en réponse aux insinuations concernant les limites de l'analyse personnelle d'Anna : « Je peux vous assurer qu'Anna par exemple a été plus longuement et plus profondément analysée que vous-même[1]. » À ceci près, dirions-nous aujourd'hui, que notre brave « père Freud », ainsi que l'appelait Arnold Zweig, omet de préciser que l'analyste d'Anna n'était autre que lui-même, dès lors bien mal placé pour soutenir cette affirmation qui se veut définitive. Pas pédagogue, Freud, et se gardant bien de confondre les deux domaines, la psychanalyse et la pédagogie, ainsi que leurs pratiques. Mais pour autant, pas du tout antipédagogue, considérant au contraire la question de l'éducation comme étant l'une des plus à même de retenir l'*intérêt de la psychanalyse*, expression qui, avec son ambiguïté, constitue le titre d'un de ses articles, sorte de bilan programmatique des potentialités d'*applications* de la psychanalyse au sein desquelles la pédagogie, pour être le dernier des terrains recensés dans ce catalogue, n'est pas le moins privilégié puisque susceptible, à condition d'être « psychanalytiquement éclairée », de participer d'une prophylaxie individuelle des névroses[2].

Mais l'attention que porte Freud à la question de l'éducation n'est pas, pas seulement, déterminée par l'intérêt et les intérêts de la psychanalyse, elle est pour ainsi dire intrinsèquement liée à la théorie psychanalytique elle-même, c'est-à-dire à la conception du psychisme humain telle qu'il en déploie les approches à partir de 1896.

On doit à Mireille Cifali d'avoir souligné l'importance du fait que le titre initial d'un des articles théoriques de Freud parmi les plus essentiels n'était pas celui sous lequel nous le connaissons, « Formulations sur les deux principes du cours des événements psychiques[3] », mais « Les deux prin-

1. S. Freud - E. Jones, *Correspondance (1908-1939)*, PUF, 1998, p. 718.
2. S. Freud, « L'intérêt de la psychanalyse » (1913), in *Résultats, idées problèmes*, vol. 1, PUF, 1984, p. 213.
3. S. Freud, « Formulations sur les deux principes du cours des événements psychiques » (1911), in *Résultats, idées problèmes*, vol. 1, PUF, 1984, p. 135-143.

cipes de l'action psychique et l'éducation », autrement dit, presque, comme le souligne Mireille Cifali, « Psychanalyse et éducation[1] ».

Freud, dans cet article, théorise le double registre du fonctionnement psychique du névrosé et, ajoute-t-il, « de l'homme en général », précision qui, rapportée à la date de l'article, 1911, dit assez le souci de son auteur de ne pas voir la portée de sa théorie confinée au seul domaine du pathologique. Le registre des processus inconscients, observe Freud, est soumis à la domination du principe de plaisir, c'est-à-dire à l'objectif d'éviter le moindre déplaisir, d'écarter tout ce qui peut être cause de sensations pénibles. Ce mode de fonctionnement fait que nos pensées et nos désirs sont dans l'ordre de l'hallucinatoire, ordre dont il précise — ce qu'il avait déjà souligné dès 1900 dans le célèbre chapitre VII, chapitre théorique de *L'interprétation des rêves* — qu'il est celui de nos rêves, cette voie d'accès royale à l'inconscient. C'est parce que ce mode de fonctionnement rencontre des obstacles liés à des besoins psychiques internes, parce que ainsi il ne donne pas entière satisfaction, que l'appareil psychique est contraint de se représenter « l'état réel du monde extérieur » quand bien même cela peut lui être désagréable et contraire au principe de plaisir. Un nouveau principe se met donc en place, le *principe de réalité*, moteur de ces modes de fonctionnement qui caractérisent la conscience et que sont l'attention, l'anticipation, la mémorisation, le jugement et aussi tout ce qui concerne l'altérité et sa construction, c'est-à-dire le rapport à l'autre en tant qu'il est détaché de moi, différent. Freud ajoute cependant que, dans la mesure où l'emprise du principe de plaisir est première et plus forte, une partie de notre fonctionnement psychique lui demeure soumis et échappe au principe de réalité : c'est le registre du fantasme dont il précise qu'il « commence déjà avec le jeu des enfants ». Cette dernière indication ne suffirait pas à justifier ce détour au regard de notre objet initial : il faut y ajouter ce passage central d'une note en bas de page de ce texte, note rarement relevée, qui dit la chose suivante, essentielle : « Comme les soins donnés au nourrisson sont le prototype de la façon dont plus tard les enfants sont élevés, la domination du principe de plaisir ne peut véritablement prendre fin qu'une

1. M. Cifali, *Freud pédagogue ?*, InterÉditions, 1982, p. 79-80.

fois totalement accompli le détachement psychique d'avec les parents[1]. »

Sans cette note, l'énoncé freudien, amplement cité, qui figure dans ce même texte — « L'*éducation* peut être décrite, sans plus considérer, comme une incitation à surmonter le principe de plaisir et à lui substituer le principe de réalité ; elle veut par conséquent venir en aide à ce processus de développement qui porte sur le moi[2] » —, sans cette note, cet énoncé perd de sa portée, demeure abstrait et quasi inutilisable. L'enjeu est pourtant fondamental puisqu'il tient dans cette rupture inévitable, incontournable, s'agissant de l'éducation, entre le cadre familial, inévitablement porteur de la domination du principe de plaisir, cadre de la relation endogamique et comme telle structurellement incestueuse, et le cadre étranger à la famille, nommément et en premier lieu l'*école*, moyen privilégié et irremplaçable, si son autonomie et sa spécificité sont préservées, pour que le petit d'homme puisse devenir adulte. Ici se grefferaient toutes les questions que je n'ai pas le temps d'aborder dans le détail et qui ont trait à la politique contemporaine, celle, par exemple, d'une intrusion croissante des parents dans l'école, du recours aux mères, notamment, pour assurer une sorte d'assistanat lors des sorties scolaires, bref ces questions sur lesquelles plus d'une fois F. Dolto a dit son mot, lequel n'aurait aujourd'hui que trop tendance à être plus qu'oublié, recouvert.

Il est inutile à partir de là de multiplier les occurrences attestant des interventions de Freud sur la question de l'éducation et attestant de l'erreur qui consistait, sous prétexte de préserver la psychanalyse d'on ne sait quelle dérive humanisante, à le présenter comme antipédagogue. Il est au contraire clair, à partir de ce point théorique fondamental, que la question ne se pose absolument pas en ces termes, que psychanalyse et éducation sont bien deux entités distinctes qui ont des choses à se dire, à échanger, sans aucune visée réductrice de part et d'autre, et que l'intérêt de la psychanalyse pour l'éducation tient en ceci que la seconde ne peut déployer sa fertilité potentielle qu'à prendre en compte sans détour cet enseignement de la psychanalyse qui lui indique que sa mission, celle d'un affranchisse-

1. S. Freud, « Formulations sur les deux principes du cours des événements psychiques », *op. cit.*, p. 137.

2. *Ibid.*, p. 141.

ment de l'enfant au regard du principe de plaisir, suppose qu'elle participe, qu'elle actualise la rupture d'avec les composantes de l'emprise familiale.

Jacques Lacan s'inscrit dans la droite ligne de cette pensée freudienne lorsque, rédigeant, en 1936, son article sur les complexes familiaux, il parle de la persistance pathogène de l'*imago* maternel qui de « salutaire à l'origine » peut devenir « facteur de mort » et se réfère à Hegel pour rappeler ce que l'on aurait envie de seriner jusqu'à satiété dans tous les centres de protection maternelle et infantile, dans tous les cabinets de juges pour enfants mais aussi dans toutes les consultations dites psychanalytiques, bref dans tous ces lieux où du « bien de l'enfant » il est prétendument question, à savoir que « l'individu qui ne lutte pas pour être reconnu hors du groupe familial n'atteint jamais à la personnalité avant la mort[1] ».

Arnaud de Mezamat l'a rappelé à l'instant, on ne trouvera pas plus sous la plume de F. Dolto, n'en déplaise à ceux qui ont pu trouver leur jouissance en en faisant une « bonne mère » ou une « mamie Nova[2] », et à ceux qui aujourd'hui croient pouvoir faire d'elle la caution d'approches familialistes à la mode, une quelconque phrase, traitant de cette question de l'éducation et du nécessaire détachement de l'enfant de sa famille, qui ne s'inscrive dans cette perspective, celle d'une mise en place, aussi précoce que possible, de l'autonomisation de l'enfant. Cette précision, quant à la précocité, n'a rien de secondaire, elle participe même de la spécificité de l'apport de Dolto sur ce point. Il est en effet remarquable de constater que, même chez ceux qui semblent acquis à ce point de vue, la dérive d'un différé toujours plus accentué est tenace : « Il est encore trop jeune pour, on verra un peu plus tard, il faut leur laisser le temps, etc. » C'est le plus souvent le retard ainsi pris qui, lorsqu'il n'est pas irrémédiable — ce n'est tout de même pas par hasard que Lacan, parlant du prolongement de l'attachement « aux jupes de la mère », évoque tout de suite la mort —, conduit, oblige à des modalités d'interventions qui, outre qu'elles courent trop souvent à l'échec, risquent de s'accompagner d'effets contraires à ceux recherchés :

1. J. Lacan, *Les complexes familiaux* (1938), Navarin, 1984, p. 33-35.

2. Pour une critique de cette caricature et une présentation rigoureuse des thèses de F. Dolto, cf. l'article de C. Halmos, « Françoise Dolto : une pionnière au pays de l'enfance », *Psychologies*, sept. 1998.

modalités d'intervention faites de — ou vécues dans la — violence, faute qu'en temps voulu un véritable travail ait été fait avec la famille, les parents pour qu'ils puissent d'eux-mêmes accomplir ce processus de l'autonomisation de l'enfant, admettre par exemple de ne pas faire intrusion dans sa vie scolaire. Que ce travail soit d'inspiration psychanalytique, cela paraît s'imposer puisque aussi bien il s'agirait de faire en sorte que ces parents puissent mettre en perspective, à propos de leur enfant, ce qu'il en fut d'eux-mêmes comme enfant, pour que puisse apparaître ce qu'il en est des répétitions et de leurs ravages.

Si l'on ne met pas l'accent sur ce point fondamental, celui de l'école comme moment de l'entrée en jeu du principe de réalité, avec ce que cela implique de coupure, au niveau de la structure, avec le cadre familial — et j'emploie ici ce terme de « structure » pour souligner qu'il n'est pas là question des sentiments, de l'amour par exemple, ce sentiment dont tout analyste est payé pour connaître à quel point il peut voisiner avec la haine —, si donc on rate cette question, on ne manque pas d'en demeurer à un discours généraliste, à connotation sociologique et d'allure consensuelle, du type « l'école comme premier lieu de socialisation », formulation qui tait soigneusement l'essentiel, c'est-à-dire le *caractère intrinsèquement conflictuel* d'une éducation qui ne soit pas un élevage, formulation qui masque à quel point l'école peut être, doit être le théâtre adéquat d'une bataille contre l'emprise des imagos familiaux.

Sans entrer ici dans le détail de tous les exemples qui pourraient venir à l'appui de cette thèse, je rappellerai qu'aujourd'hui plus des trois quarts des listes d'attente dans les consultations des CMP (Consultation médico-psychologique) et autres lieux de soins supposés résoudre les problèmes psychologiques sont constituées par des enfants « adressés », comme le dit la formule officielle, pour raison d'« échec scolaire », formule dont F. Dolto soulignait ironiquement qu'elle ne disait en rien qui, de l'école ou de l'enfant, était en échec. Ce symptôme, dit de l'échec scolaire, le premier psychanalyste venu, c'est-à-dire celui qui ne se contente pas de demeurer enfermé dans un silence pontifiant dans l'attente de la venue du signifiant, peut détecter qu'il est à peu près toujours d'origine familiale, l'école se contentant d'en répéter les conditions pour peu qu'elle réponde, avec constance et opiniâtreté, aux critères de ce que Jacques Pain a appelé avec Fernand Oury « l'école-caserne ».

C'est précisément en ce point que se pose la question de l'apport, je veux dire de l'apport concret, autre que discursif dans le cadre de colloques comme celui-ci, de la psychanalyse et du psychanalyste à l'école.

Pour saisir les données de ce point d'articulation il faut sans doute reprendre cette question du principe de réalité sous un autre éclairage, tout aussi freudien, celui qui consiste à inscrire l'école dans ces « superstructures », pour employer un langage marxiste, que Freud appelait « culture » ou « civilisation » selon la traduction à laquelle on se tient[1], et dont il souligna, dès 1930, qu'elles étaient, pour ainsi dire *toujours déjà*, raison pour laquelle cela continue, atteintes d'un *malaise*. Ce malaise n'est autre que la contradiction intrinsèque à la condition humaine, à savoir que civilisation ou culture — et donc école pour ce qui nous concerne — sont tout à la fois un moyen de libération, d'épanouissement et d'humanisation et un instrument de répression de l'ensemble de notre système pulsionnel, de notre recherche « naturelle » du plaisir absolu. L'éducateur, l'enseignant sont donc, comme tout humain, porteurs de ce malaise mais ils en sont de plus, dans leur pratique, dans leur profession, les acteurs, en cela que ce sont eux qui ont à naviguer, je cite Freud, entre ces deux écueils qui bordent le chemin de l'éducation, « le Scylla du laisser-faire et le Charybde de la frustration ». En 1933, dans la suite de cette métaphore, Freud ajoute que « la tâche n'est pas absolument insoluble », qu'« il faut pouvoir trouver un optimum pour l'éducation, pour qu'elle puisse accomplir le maximum et nuire au minimum » en se souvenant « qu'il est impossible que le même procédé éducatif soit également bon pour tous les enfants[2] », observation que l'on ne peut s'empêcher de mettre en parallèle avec celle de F. Dolto lorsqu'elle dit, dans le texte cité précédemment par Arnaud de Mezamat, que « des réponses pratiques, valables, aux questions angoissantes d'instruction et d'éducation peuvent être données, à condition de délaisser définitivement l'enseignement type, par un maître

1. Cf. sur cette question J. Le Rider, « Cultiver le malaise ou civiliser la culture », *in* J. Le Rider, M. Plon, G. Raulet, H. Rey-Flaud, *Autour du malaise dans la culture de Freud*, PUF, 1998.

2. S. Freud, *Nouvelles conférences d'introduction à la psychanalyse* (1933), Gallimard, 1984, p. 200.

type, avec des leçons types, pour élève type, de niveau homogène type[1] ».

Il y aurait toutefois un danger à ne pas tempérer ces notes optimistes. En 1937, réfléchissant à des questions voisines, Freud en vient à qualifier le *métier* d'éduquer d'*impossible*, le rapprochant en cela de deux autres, celui de gouverner et celui de psychanalyser[2]. Qu'est-ce à dire ? Sans aucun doute qu'il ne faut ni abdiquer ni croire accomplir la révolution — utopie dont Freud ne cessa, sa vie durant, de se défier —, l'une et l'autre attitude traduisant une surdité vis-à-vis de ce terme d'*impossible* qui est à entendre comme la marque d'un éternel inachèvement, comme la négation de toute idée de fin ou d'éradication, idées qui, à être ratifiées, marqueraient le triomphe de ce qu'il appelle ailleurs la *pulsion de mort*, lors même qu'il est question de se coltiner avec les formes toujours renaissantes, diverses et déconcertantes, de la pulsion de vie au prise avec le principe de réalité, toutes choses que connaissent bien ceux qui en matière d'éducation savent n'en avoir jamais fini, mes amis de la Neuville ici présents en étant l'illustration vivante.

C'est au regard de ce contexte, de cette situation structurée comme je viens de m'efforcer de vous le faire apparaître, qu'il me semble difficilement pensable que le psychanalyste ne soit pas à l'école, difficilement pensable qu'il puisse être « absent », sauf à pouvoir présenter quelque mot d'excuse de sa mère ou de tout autre tenant lieu !

Évidemment, cette présence ne doit pas être automatiquement entendue ou, pire, confondue avec une quelconque recherche du pouvoir qu'animerait une arrière-pensée dirigiste. Éliminons donc les malentendus : ceux entretenus d'abord par les énarques des divers ministères, qui ont pu caresser un temps, mais qui sont probablement, eux ou leurs petits frères, toujours prêts à le faire, le projet d'installer des consultations psychanalytiques dans l'enceinte de l'école au nom de contrats bien nommés, si je puis dire, « contrats d'intégration ». Permettez-moi au passage, et à propos de cette appellation dont je souligne la portée quelque peu terrifiante, de faire observer l'intérêt qu'il y a,

1. F. Dolto, « L'école "digestive" » (1967), in *La difficulté de vivre*, Gallimard, 1995, p. 325.

2. S. Freud, « L'analyse avec fin et l'analyse sans fin » (1937), in *Résultats, idées problèmes*, vol. 2, PUF, 1985, p. 231-268.

dans ce domaine comme en d'autres, à descendre dans l'arène du concret des pratiques pour y être très vite confronté aux obscénités impensées du quotidien. Éliminons aussi, juste contrepartie, le malentendu que se plaisent à entretenir nombre d'analystes pour y trouver, en lieu de mot d'excuse, l'alibi de leur absence : il s'agirait de ne pas venir occuper cette place redoutée et redoutable entre toutes, celle de l'*expert*, position que, beaucoup d'analystes en sont convaincus, toutes les instances voudraient leur faire occuper. Il faut vraiment, pour entretenir un tel fantasme, n'avoir jamais été confronté à ces situations quasi quotidiennes qui consistent, pour un analyste, à répondre à une interrogation institutionnelle — elle peut venir d'une école, d'une commission de circonscription pré-élémentaire et élémentaire, de l'Aide sociale à l'enfance, de la justice, etc. — dans le but d'apporter un éclairage, et non pas d'en faire une expertise, sur une situation concrète faite pour l'essentiel d'une souffrance psychique dont les composantes échappent aux instances suscitées qui n'ont d'autre souci que de faire entrer le cas concerné dans l'un des tiroirs préparés pour cela : redoublement, orientation en classe de perfectionnement, exclusion scolaire (je parle ici, la précision sans doute s'impose pour bien situer la teneur des problèmes qui ne sont pas ceux des brûleurs de voiture, d'individus âgés de quatre ou cinq ans, bien partis du reste pour prendre le relais des incendiaires en question), etc.

Mais la teneur de ce que j'ai intitulé, de manière délibérément ambiguë, « le psychanalyste à l'école » ne se réduit pas à ce type de travail que l'on pourrait dire en aval des questions posées quant au sens de cette présence. Le psychanalyste peut être à l'école d'une autre manière, une manière qui viendrait en quelque sorte pallier l'irréalisme de l'utopie freudienne qui consistait à penser, sinon à croire possible, « que la seule préparation appropriée au métier d'éducateur est une solide formation psychanalytique. Le mieux, ajoutait-il avec une tranquille assurance qui prêterait presque à sourire aujourd'hui, c'est qu'il ait été analysé lui-même [...]. L'analyse des maîtres et éducateurs semble une mesure prophylactique plus efficace que celles des enfants eux-mêmes et, en outre, il y a moins d'obstacles qui s'opposent à son exécution[1] ».

1. S. Freud, *Nouvelles conférences*, *op. cit.*, 1984, p. 200-201.

À défaut d'envoyer en analyse l'ensemble du corps enseignant, l'analyste, et c'est là le vrai sens de ce sous-titre, « le psychanalyste à l'école », peut aller à la rencontre de ceux de ces enseignants qui le souhaitent, pour véritablement « être à l'école », c'est-à-dire les écouter et non pas les enseigner. Il s'efforcera alors, avec eux, sur la base du dire de leurs expériences, sur la base du récit qu'ils peuvent faire de leurs échecs ou de leurs difficultés, voire sous la forme de l'anonymat le plus complet, sur la base de l'évocation du cas de tel ou tel élève en perdition, cas dont ils désespèrent et qui les conduit à se dévaloriser, de leur renvoyer ce que lui, non pas depuis je ne sais quelle position d'expert imaginaire détenteur d'un savoir tout-puissant, mais depuis son extériorité vis-à-vis de leur pratique et depuis son expérience, *différente* et non pas supérieure, entend ou croit entendre. De cet échange, s'il est pratiqué en toute confiance et en toute liberté, naîtra une dynamique fondée à l'évidence sur le transfert que les membres du groupe effectueront sur l'analyste, moyen progressif pour eux de prendre conscience du transfert de leurs élèves sur eux-mêmes et de leurs réactions contre-transférentielles à ce transfert, une dynamique de parole dans laquelle le trop-plein d'angoisse d'enseignants aux classes surchargées ou aux effectifs par trop atypiques pourra venir à s'exprimer, intermédiaire, parfois, à une démarche personnelle qui voit alors se réaliser à petite échelle l'utopie freudienne.

Je ne parlerai pas à présent, et pour clore mon propos, d'une expérience dont certains des participants sont à côté de moi, si ce n'est pour dire que sans elle, cela m'est absolument évident, je n'aurais jamais trouvé la matière concrète, celle irremplaçable d'une pratique, qui me permette de comprendre et de faire fonctionner autrement que de manière livresque, du moins je l'espère, les textes de Freud auxquels je me suis référé.

Dans le même ordre d'idée et en deux mots j'évoquerai cette expérience que je mène depuis quelques années avec un groupe d'enseignants de classes de perfectionnement à Saint-Denis. Sur la base d'une périodicité de cinq à six semaines, nous nous réunissons, reprenant ainsi très modestement une démarche qui fut celle inaugurée par Balint et ses célèbres groupes sur le terrain de la médecine, pour parler de leur pratique et des cas, souvent aussi hallucinants qu'inextricables, auxquels ils sont confrontés. Je ne dresserai là-dessus aucun palmarès et n'énoncerai aucun communiqué de victoire si ce n'est pour dire que ce cadre a été pour moi l'occasion, entre autres choses, de vérifier, avec les participants, les limites d'une pratique particulièrement à l'œuvre dans le secteur concerné, je veux parler de l'ethnopsychiatrie et de ce qu'elle implique.

Si la psychanalyse a toujours été, depuis Freud, un combat contre toutes les formes d'obscurantisme, combat que Freud mena jusqu'à l'extrême limite de ses forces et alors qu'il était confronté à d'autres extrêmes, celles de la barbarie la plus féroce, le combat pour la psychanalyse, pour sa présence dans la cité, contre toutes les formes de pratiques participant de l'aliénation du sujet, me paraît encore plus impératif lorsqu'il est question de l'éducation, c'est-à-dire principalement de l'enfant. Pour ce que j'en ai lu et retenu, c'était aussi le combat de F. Dolto.

Intervenir de la sorte, descendre dans l'arène de la réalité concrète des processus éducatifs — mais cela pourrait aussi bien être envisagé dans d'autres domaines, théâtres de souffrances tenues tout aussi cachées que celles de l'enfant en échec scolaire, je pense ici au travail et à l'expérience de Christophe Dejours[1] — cela s'inscrit dans la perspective de cette *psychanalyse appliquée* à laquelle Freud tenait tant, psychanalyse appliquée dont les abus interprétatifs ne suffisent pas à justifier le mépris dans lequel elle a longtemps été tenue par les psychanalystes, français notamment, sans doute oublieux de cette phrase de Freud, dans son ouvrage sur *L'analyse profane*, phrase dont Jacqueline Poulain-Colombier[2] a récemment rappelé l'importance : « Pour des raisons pratiques, nous avons même dans nos publications pris l'habitude de distinguer une analyse médicale des applications de l'analyse. Cela n'est pas correct. En réalité la ligne de démarcation se situe entre la psychanalyse scientifique et ses applications dans les domaines médical et non médical[3]. »

1. C. Dejours, *Souffrance en France. La banalisation de l'injustice sociale*, Le Seuil, 1998.

2. J. Poulain-Colombier, « Changements dans la psychanalyse et politiques éditoriales », in *Le mouvement psychanalytique*, 1998, n° 1, p. 11-45.

3. S. Freud, *La question de l'analyse profane* (1926), Gallimard, 1985, p. 153.

FABIENNE D'ORTOLI,
MICHEL AMRAM*

L'école de la Neuville : « Quand l'utopie devient réalité... »

Nous avons raconté dans le livre *L'école avec Françoise Dolto*[1] comment nous avons rencontré F. Dolto, son intérêt pour notre projet de vie à la campagne et notre travail ensemble, pour définir ce que pourrait être, dans le cadre de la Neuville, une autre manière d'être en société à l'École... Nous avons ensuite attendu dix années, le temps nécessaire du deuil puis de la distance, pour en donner à voir les images, sous la forme d'un film en deux parties dont la première : « Françoise Dolto et la Neuville » sera projetée demain soir, dans le cadre de ces journées. Nous y décrivons minutieusement le pas à pas de cette aventure pédagogique qui dure depuis plus de vingt-cinq ans maintenant.

C'est, en effet, un matin de novembre 1973 qu'eut lieu notre première rencontre, à Paris, au n° 260 de la rue Saint-Jacques[2].

C'est à la demande de Fernand Oury que F. Dolto nous a invités à lui parler de ce qui n'était déjà plus seulement un projet : aller à la campagne pour vivre et travailler, créant ainsi, autour de nous, un milieu vivant qui pourrait faire

* Directrice et directeur de l'école de la Neuville; cofondateurs de l'association avec Pascal Lemaître.

1. F. d'Ortoli, M. Amram, *L'école avec Françoise Dolto. Le rôle du désir dans l'éducation*, Le Livre de Poche, 1992.

2. Les passages en italiques sont extraits du film *L'école avec Françoise Dolto*, de F. d'Ortoli et M. Amram. (© École de la Neuville, 1999.)

école. Nous sommes sortis euphoriques de cette rencontre mais ce qui s'est passé vraiment ce jour-là, nous avons mis des années à en comprendre les effets. La psychanalyste nous avait offert la possibilité de projeter sur cette rencontre notre désir d'entreprendre. L'accueil, le discours de F. Dolto à notre endroit était plein d'encouragement. Le projet lui paraissait possible, viable. Elle estimait que nous pouvions tout à fait le mener à bien parce que nous en avions le désir et les capacités et que notre utopie répondait à un besoin, à une nécessité. L'usage d'une désarmante confiance en son prochain et l'absence de la moindre complaisance dans ses propos achevèrent de renforcer notre conviction — celle des jeunes gens si sceptiques que nous étions — en nous situant dans un monde où les choses étaient possibles. Monde dans lequel elle occupait, elle-même, une place signifiante. Cette première rencontre fit que l'école de la Neuville, jusqu'alors esquisse et plate-forme, devint chantier. Elle fonda donc, non seulement la relation entre F. Dolto et la Neuville, mais aussi la Neuville elle-même.

La suite, c'est la proposition de placement à la Neuville d'enfants qu'elle suit en psychothérapie. La tâche nous paraît délicate. Colette Langignon, sa proche collaboratrice, nous encourage à l'entreprendre. Selon elle, F. Dolto nous a « reconnus ».

Et de fait, elle ne semble pas inquiète, connaissant notre projet et sachant que les enfants qu'elle nous envoie sont entourés d'enfants dynamiques. Elle déplore que, dans les établissements classiques, on rejette les éléments qui ne sont pas dans la norme car elle est convaincue de l'intérêt d'une pareille cohabitation.

Elle est donc intéressée de constater, à partir d'une expérience concrète, quelle richesse de relations un milieu ouvert peut offrir. Avec l'arrivée de ceux que F. Dolto appelait des « enfants momentanément en difficulté » se mêlant au reste de notre effectif, la Neuville s'est métamorphosée. Nous voilà dans une drôle d'école, avec un groupe sortant de l'ordinaire. Mais chacun s'y retrouve. C'est de cette façon que nous avons compris ce que nous voulions faire.

L'école se doit d'être sur mesure : chaque enfant doit s'adapter à l'école mais le groupe doit aussi faire une place à chaque enfant et accepter de bouger en l'accueillant.

Puis, F. Dolto prit sa retraite. Si l'on peut dire. Elle put, désormais, consacrer davantage de temps au projet neuvillois. Elle nous apporta aussi son soutien lors de quelques situations délicates et cela nous fut également précieux. Parmi les différentes formes que prit cette relation de travail, l'une des plus fructueuses furent les séances durant lesquelles elle nous écouta parler de l'école, de mille et une petites ou grandes choses.

Durant ces séances, elle se contente d'être elle-même, c'est-à-dire d'écouter, de répondre, de dire ce qui lui vient, de réagir à ce que nous disons. C'est justement pour cela que nous venons. Moins pour trouver des solutions que pour dire ce que nous faisons à quelqu'un en sympathie avec notre démarche. Cependant, il faut que ce soit une personne suffisamment critique pour que ce que nous racontons passe l'épreuve de cette exigence. Les enfants et les adultes de la Neuville peuvent se débrouiller seuls mais ils ont besoin de quelqu'un qui représente pour eux la société, avec son histoire, ses traditions, son humanité... Françoise Dolto a donc accepté, en quelque sorte, d'être notre ancêtre.

Le rôle que nous lui avons proposé l'intéresse et lui plaît. Comme une allusion aux contes de fées, nous disons qu'elle est la marraine de l'école. Et cette responsabilité, elle l'a acceptée d'autant plus volontiers que, durant nos entretiens, l'école de la Neuville dont il est question n'était pas d'abord l'institution ni le lieu physique qu'elle est, mais un espace pédagogique habité par nos trois imaginations.

Ainsi, grâce à ce qu'on pourrait appeler « un contrôle pédagogique », nous avons pu être placé dans des conditions privilégiées pour réfléchir de façon efficace et souvent réussir dans notre entreprise avec le concours de toutes les parties prenantes de l'école. Plus tard, nous avons repris ce travail sous une forme différente, mais avec une égale réussite avec un autre psychanalyste dont l'apport, dans un style différent et selon d'autres modalités, vint compléter et enrichir ce qui avait été révélé par cette façon de faire. Ce psychanalyste, c'est Michel Plon.

Il ne nous paraîtrait plus pensable de nous passer d'un tel appui. Car modifier le projet, l'améliorer ou bien simplement le rendre actuel aux individus qui y vivent est une priorité pour éviter que l'école, les individus qui y travaillent, enfants et adultes, ne soient pris dans ce qui deviendrait un simple champ d'application pour une pédagogie qui aurait été mise au point une fois pour toutes, où les solutions aux problèmes seraient toujours immuables. Or on sait qu'il n'en est rien. Les problèmes ne reviennent jamais identiques, ni avec des personnes semblables. Et parce que l'attitude pédagogique vis-à-vis des enfants est essentiellement relationnelle, c'est un éternel recommencement.

Organisation communautaire et rôle des enfants

Le fonctionnement quotidien de l'école laisse une grande place à la participation des enfants tant au niveau des tâches matérielles quotidiennes à effectuer dans un internat qu'au niveau des responsabilités, des décisions, notamment en raison du nombre restreint des adultes.

Cela paraît simple, presque évident, et ça fonctionne. C'est même très efficace... L'utilisation des espaces-temps et lieux obéit à un schéma très souple mais dont les structures sont immuables. Les cours occupent les matinées. Les activités physiques, les ateliers, les réunions occupent le reste des journées. Une quarantaine d'enfants passent la semaine, à la Neuville, encadrés par six adultes.

Tout au long des journées, dans les différentes activités, qu'ils soient seuls ou avec des adultes, les enfants occupent les lieux, circulent et investissent les différents terrains qui sont autant de chances de réussite pour chacun, l'occasion de se construire, de trouver sa place dans le groupe. Non pas au hasard mais suivant les règles du jeu que sont les lois de l'école, des lois dont ils sont responsables parce qu'ils les discutent, les comprennent et les votent eux-mêmes durant les réunions à partir des mots consignés dans un Carnet.

La place laissée aux enfants, par nécessité d'abord — nous n'étions que trois adultes —, par conviction ensuite ne cesse de s'accroître, depuis les débuts de l'école, ainsi que les responsabilités qui leur sont confiées. Les enfants quand on les aide à s'organiser sans être jaloux du pouvoir qu'on leur confie peuvent devenir les alter ego des adultes. Ensemble, ils constituent une équipe pédagogique unique si l'on tient compte qu'il n'en existe pas moins une importante disparité de statut entre les enfants et les adultes. À chacun son rôle.

Par leur connaissance de la pédagogie du lieu, les enfants ont celui d'être les principaux formateurs de ceux qui arrivent tous les ans à l'école, y compris les adultes nouvellement intégrés à l'équipe.

Qu'est-ce qu'un milieu éducatif ?

Mais alors si les enfants sont des formateurs, que fait-on dans cette école ? Makarenko[1] répondrait : « On soigne le milieu. » Et ce milieu éducatif, qu'est-ce que c'est ?

— Des institutions, c'est-à-dire des structures lieux de parole et de décision.

— Des outils, donc des moyens mis au point dans le but de permettre l'apprentissage, puis la maîtrise mais aussi la réflexion et l'évaluation.

— Et une ambiance qui est quelque chose qui tient de la tradition mais aussi de la transmission de ces us et coutumes, de ces savoir-faire. Cela relève de ce que les Neuvillois appellent, entre eux, l'esprit de l'école.

La Réunion est une de ces institutions, la principale. Supposez que nous soyons vendredi après-midi. Vous êtes dans la salle de Réunion de l'École de la Neuville... L'ensemble des enfants et des adultes a pris place dans la pièce formant un large cercle et va débattre pendant près de trois heures des événements de la semaine. Chacun pourra trouver l'occasion de dire ce qui va et ce qui ne va pas à partir des mots écrits dans le Carnet.

Mais avant que la Réunion ne commence, le Président, qui est toujours un enfant, va aller chercher la clochette qu'il va faire tinter, puis il va dire : « Nous allons faire une minute de silence » et il va retourner le sablier. À côté de lui, l'arbitre, un adulte, l'aide à gérer, notamment les questions de temps et le classement des mots par rubriques. La minute de silence est finie et le Président commence à lire les mots. On parle de ce que l'on a mangé, du ciné-club, des sports, on donne des informations, on fait le point sur les publications, les spectacles, on débat sur les propositions de la semaine et l'on vote, éventuellement, pour la ceinture d'un enfant[2]. Puis on en vient aux infractions et aux conflits. Le Président donne la parole à celui qui a écrit, puis à celui ou ceux qui sont mis en cause, aux témoins, à ceux qui ont des commentaires ou des propositions à faire, des sanctions

1. Makarenko, pédagogue soviétique ayant influencé Freinet.
2. Fernand Oury a eu l'idée d'attribuer aux enfants des ceintures de comportement, sur le principe des ceintures de judo. Ces ceintures, qui sont votées par le groupe, déterminent notamment le degré de participation et d'autonomie de chacun.

à proposer, des modifications de règlement à soumettre. Ces réflexions individuelles, mises en commun, ont permis que s'élabore une communication d'autant plus fructueuse que se sont forgés les mots qui vont venir enrichir les moyens d'expression de chacun et constituer un langage propre au lieu et au groupe. Avec en tout premier lieu ce que les enfants appellent le râlage et permet à chacun de dire vite et fort ce qu'il veut ou ce qu'il n'accepte pas. *La force de ces mots inscrits dans le Carnet est telle qu'elle a donné à la Réunion sa raison d'être mais aussi le pouvoir d'instituer, de créer une loi communautaire. C'est le recours à la médiation, à la triangulation : moi, les autres et l'école.*

« Je râle contre... »

C'est par ces mots que la plupart des enfants commencent à parler le neuvillois. Je râle contre... est l'un des symboles du droit à la parole des enfants à la Neuville. C'est pourtant d'abord l'expression de la certitude de l'enfant qu'il sera écouté, entendu lorsqu'il portera l'incident, dont il veut faire part, au groupe en Réunion. Je râle contre... est la manifestation par un individu qu'on a porté atteinte à sa dignité d'être humain; même s'il s'agit d'une petite chose. Les enfants manifestent ainsi que le manquement au respect de chacun commence avec la plus petite offense, même involontaire, que l'on laisserait passer sans manifester. La Réunion, le Président, sont très vigilants à propos de cette infinité de petits râlages même si, très souvent, on rigole aux énoncés, aux intonations, aux exagérations parfois comiques de ceux qui s'expliquent.

Il faudra du temps, des années parfois, à un enfant pour comprendre que dans bien des cas il pouvait laisser passer. S'apercevoir que l'agresseur n'était pas encore capable de discerner les dommages qu'il causait est un long apprentissage. Pour bien des enfants, si ces râlages (écrits par eux ou contre eux, selon les cas) n'avaient pas eu lieu, ce second stade où se développe sa tolérance n'aurait jamais existé. Car si « je râle » c'est se plaindre, c'est s'opposer aux autres, au groupe, c'est d'abord affirmer : j'existe. Et j'existe contre les autres, parce que je m'oppose à eux ou à certains d'entre eux. « Je râle », c'est l'apprentissage de la vie en Société. Je vais au Carnet. J'écris. Et j'attends. J'ai confiance dans le fait que ce qui est à dire sera dit.

J'écris, et souvent je dois apprendre à écrire pour cela. Au début, mon parrain me fera des « modèles » que je copierai et que je signerai de mon nom. En voilà une vraie motivation pour acquérir cette technique dont je ne distingue pas encore clairement les bienfaits futurs. « Je râle », c'est aller au Carnet et non vers un adulte. Ce n'est pas solliciter l'intervention des défenseurs de la loi. C'est recourir à une médiation et obtenir le droit légitime de s'exprimer devant une institution dont c'est la fonction. Je râle, c'est poser la question : quelle est la loi ? Qui fait la loi ? C'est évoquer le pouvoir, les droits et les devoirs de chacun.

À la proposition : « Je râle », il n'existe pas de réponse simple. La réponse est complexe, comme la vie. Et l'enfant le comprend vite. Et s'il faut qu'une réparation soit demandée à l'autre, celui qui lui a fait du tort, ce sont d'abord et surtout les mots qui ont été dits, l'opinion de la Réunion qui restaure son individualité abîmée. L'important est d'établir, dès la première fois, dès le plus jeune âge, l'idée qu'interpeller l'autre est un acte sérieux et même grave que l'on ne peut prendre à la légère. Mais en même temps celui qui a, éventuellement, tort est respectable, estimable. Que si l'acte dont il est question est contestable, cela ne fait pas de l'individu un agresseur ; de celui qui a cassé, un casseur ; de celui qui a volé, un voleur. La critique du comportement nécessite une vigilance de la part de tous dont il sera d'autant plus aisé de comprendre la nécessité que tous en ont besoin, non pas un jour ou l'autre, mais chaque jour et à chaque moment. Car elle établit que chacun a son statut, sa place dans le groupe. Chacun est le garant du respect dû aux autres membres du groupe parce que cette garantie est indispensable pour être là, lui-même, en toute sécurité.

Écrire dans le Carnet

Écrire un mot dans le Carnet, c'est porter à la connaissance du groupe qu'il s'est passé quelque chose dans l'école et que cela concerne tout le monde. La médiation du Carnet a plusieurs effets : calmer celui qui est mécontent, relativiser ce qui vient d'arriver (car le Carnet dans lequel il écrit est rempli d'incidents de ce type : preuve que cela n'a rien d'extraordinaire), permettre d'attendre en toute confiance que l'on en parle. D'où la nécessité d'un lieu de parole et de décisions relié à ce Carnet : le Carnet ne pourrait exister dans un lieu où il n'y aurait pas de Réunion, car il s'appuie sur le fait que tout cela est possible, exprimable, évacuable aussi bien pour celui qui écrit le mot que pour celui ou ceux qui s'y trouvent mentionnés. Il est indispensable qu'avoir son nom dans le Carnet soit supportable. *Et cela ne peut l'être que si le mot inscrit n'est qu'une façon de prendre à témoin l'ensemble du groupe, lui permettre éventuellement de réfléchir en attendant que la Réunion fasse son travail. Elle examinera ce qui s'est passé à la lumière des lois mais aussi en fonction d'une évaluation collective des comportements individuels.*

Il n'est là aucunement question de jurisprudence ou d'application d'un règlement. Il s'agit de réfléchir ensemble, de trouver des réponses à des actes qui interrogent. *La solution est parfois individuelle : sanction sous forme de paroles dites à l'enfant par d'autres enfants, par des adultes, ou sous forme de réparation symbolique, de travail. Elle est parfois collective : changer des règlements, modifier des comportements de groupe vis-à-vis de tel enfant, de telle activité, s'interroger sur la part de chacun sur ce manquement à ce que l'on appelle l'esprit de l'école (respect de l'individu et du lieu).* L'expérience nous a d'ailleurs montré que ce qui consolait le mieux l'enfant (séchait ses pleurs, faisait passer sa mauvaise humeur) c'était le fait d'écrire, l'exercice appliqué de l'écriture.

Un autre point important c'est d'éviter, autant que possible, de travailler sur les incidents à chaud. Quelques heures ou jours plus tard, le débat entre deux enfants n'en sera que plus productif, les torts réciproques plus faciles à faire entendre, l'arbitrage plus aisé. Une autre fonction du Carnet est son caractère formateur. Le relire depuis le début de l'année ou de la semaine est une excellente façon de réfléchir à l'école, de préparer la Réunion, de constater l'évolution, les progrès de tel camarade (ou les siens). On peut dire que c'est l'un des passe-temps favoris des enfants. Cela équivaut en quelque sorte à la lecture du journal par un citoyen.

La scolarité, une activité parmi d'autres

Toute cette organisation d'école pour en arriver à donner à chacun un éventail aussi large que possible d'activités, des occasions de réussite, à partir desquels pour chaque enfant rien ne sera plus pareil et notamment la possibilité de vivre la classe autrement.

Donner à l'apprentissage scolaire la place qui lui revient et qui est essentielle, fondamentale, ne doit pas consister à la surévaluer ou encore à sous-estimer les autres domaines qui sont également indispensables à la vie de l'école et à l'équilibre des individus.

« Remplacer la discipline des casernes par celle des chantiers », avait l'habitude de dire Fernand Oury. Pour des classes où l'on produit autre chose que des textes qui restent enfermés dans des cahiers : c'est-à-dire, imprimer des journaux, les échanger, correspondre avec d'autres classes, faire des enquêtes. Depuis Fernand Oury, nous savons l'importance des techniques Freinet mais il va plus loin encore avec sa classe coopérative qui forme l'enfant à s'organiser, discuter, voter, faire l'apprentissage de devenir autonome, responsable. Et qui, en plus, l'autorise à avoir un Inconscient...

Les classes neuvilloises, elles, ne fonctionnent pas de façon isolée dans l'école. Cela permet qu'un certain nombre d'activités, d'institutions de l'école soient reprises dans la classe, de même que les activités de la classe ont souvent une influence sur le fonctionnement de l'école. Il est possible ainsi de gagner du temps (la classe est plus facile à mettre en place, les acquisitions se complètent plus facilement d'une année sur l'autre parce que les séjours des enfants dans l'école se poursuivent sur plusieurs années). Ce mode de scolarisation autorise aussi un fonctionnement de la classe plus centré sur les apprentissages scolaires dans la mesure où l'emploi du temps du reste de la journée offre toutes sortes d'activités manuelles, sportives ou culturelles. Les difficultés qu'un enfant pourra rencontrer dans sa scolarité se trouveront relativisées. Du fait même qu'il saura par des réussites dans d'autres domaines que sa valeur n'est pas en cause, ses problèmes deviennent solubles.

Question d'organisation et de désir

La Neuville, c'était une tentative de construire une école différente mais aussi de prendre en compte ce qui existait et qui n'était pas nouveau : les techniques Freinet (qui ont plus de soixante-dix ans), la pédagogie institutionnelle de Fernand Oury (qui en a plus de quarante). Les travaux de F. Dolto dont on ne peut pas dire qu'ils soient confidentiels. Et bien d'autres.

Ainsi furent posées les bases de cette école. Mais ce qui rendit le milieu vivant et la pédagogie efficace, c'est qu'on ne s'occupa guère de réaliser exactement le projet. On prit des idées à droite et à gauche, dans les livres, dans d'autres écoles, dans la vie de tous les jours. On emprunta beaucoup, notamment aux différentes corporations, aux arts et techniques, aux sports, aux sciences humaines, car si le métier de faire l'école en est un, alors, il est une mosaïque des compétences nécessaires à une infinité de métiers. Une nouvelle génération eut connaissance de « ce qu'il se passait là et qui nous dépassait », et vint se joindre à nous avec ses préoccupations propres et pas forcément pour être membre de l'équipe et travailler quotidiennement. Il était tentant d'admettre que cette école appartenait, aussi, à tous ceux qui voulaient en être responsables. L'idée commença à faire son chemin.

Allons-nous vers cette « autre manière d'être à l'école » dont parlait Françoise Dolto ? Car c'est bien de cette manière autre qu'il est question, ici. *Faire l'école est une chose sérieuse, certes, mais il ne faut pas gommer pour autant son aspect jeu. Ni omettre de laisser du jeu entre le projet et la vie quotidienne. Admettre encore que les dysfonctionnements ne sont pas des ratés du projet mais d'innombrables occasions d'expliquer les raisons d'être des règles, de montrer que la loi est là au service de tous et n'a pas été créée d'abord pour contraindre.*

À ces remarques de base, on peut ajouter le principe de nécessité. On ne fait semblant de rien. La part de travail confiée aux enfants est réelle, concrète ; sans leur participation le projet commun ne pourrait être mené à bien. Ils le savent. Ils savent aussi que c'est en participant qu'ils ont le plus de chance que l'école ressemble à ce qu'ils désirent. S'ils peuvent prendre des initiatives, des décisions, ils ont aussi des comptes à rendre, tout comme les adultes. Par contre, on ne finit rien derrière leur dos et c'est ce qu'ils ont préparé pour le dîner que l'on mangera. Les spectacles, les travaux, les matchs, les repas sont faits suivant les règles de l'art avec du bon matériel et de vraies lois. L'école devient ainsi un lieu de solidarité et d'échanges, permettant aux enfants (et aux adultes) de s'approprier un langage, une culture, un style de vie, qui soient les leurs, qu'ils puissent revendiquer et transmettre comme tels, même et surtout si leur environnement ne les y a pas préparés. Aucune pratique, excepté la Réunion, n'est en soit essentielle. La pédagogie est la préoccupation de tous et l'école affaire de gestion en commun.

L'année dernière, Fernand Oury, à son tour, nous a quittés. La perte est immense. Mais le plus difficile pour nous est d'accepter l'indifférence qui a entouré l'annonce de sa mort, en ces années où l'école ordinaire, l'école-caserne comme il l'appelait, n'en finit plus de faire la preuve de son échec. « Le rêve du XIXe siècle est devenu le cauchemar du XXe », avait-il souvent constaté. Du coup, pour ne pas changer de métier, il avait entrepris de changer le métier. Une tâche à sa mesure ! Il y est d'ailleurs parvenu...

La société ne devait-elle pas un hommage et à tout le moins quelques considérations à celui qui fut sans doute le pédagogue français du siècle ? Et dire qu'avec ses méthodes bien des choses, aujourd'hui, seraient différentes.

JACQUES PAIN*

De l'école-caserne à la pédagogie institutionnelle

Fernand Oury nous a quittés il y a bientôt un an. Je me revois sur la route il y a quelques années, avec Fernand, on allait à la Neuville, tourner des séquences que Michel Amram programmait pour un montage, et on devisait. J'étais arrivé très tôt chez lui, à Créteil. Comme d'habitude, il était levé une heure et demie avant et m'attendait derrière la porte avec sa valise à la main. Fernand Oury a presque toujours eu une valise à la main. Dans cette valise, il y a toujours eu des textes d'enfants, des histoires de conseils, des monographies, des documents. Il en avait même une cave entière quand il habitait à Nanterre. Je vous dis ça parce que aujourd'hui a lieu ce rassemblement autour de F. Dolto, qui a toujours été très présente dans la pensée de la pédagogie institutionnelle. Je vais donc en parler, à ma façon.

Nous avons le projet d'organiser dans un an une ou deux « Journées Fernand Oury ». J'ai l'intention de monter une fondation de recherche sur la pédagogie institutionnelle. Jean Oury vient de nous dire que nous pourrions la domicilier à La Borde. Et puis, il y a les éditions Matrice, associatives. Nous avons l'ambition de rééditer tous les livres de pédagogie institutionnelle qui étaient parus chez Maspero. Nous venons de ressortir : *Qui c'est l'conseil ?* et *Chronique*

* Professeur des universités, responsable du secteur de recherche « Crise-École-Terrains sensibles », département des Sciences de l'éducation, Paris-X Nanterre.

de l'école-caserne, il y a quelques mois. L'an prochain nous allons rééditer ce qu'on appelait à l'époque la « brique » : *De la classe coopérative à la Pédagogie institutionnelle.* Avec ce livre, on aura fait le tour de la dizaine de livres clés, de livres fétiches qui ont marqué les années 60 et 70.

Des livres qui étaient non seulement au chevet de F. Dolto, qu'elle a lus, qu'elle a commentés, mais auxquels elle était — elle me l'a dit en 1971 dans ses interviews pour l'école-caserne — entièrement acquise. Il faut savoir qu'à l'époque une partie de la psychanalyse s'était penchée sur la question de l'école. Elle continue d'ailleurs à le faire. Il faut dire que l'école, c'est un incontournable pour les sciences humaines et pour la psychanalyse. Rappelons-nous les premières conférences à l'Institut national de la recherche pédagogique, rue d'Ulm. S'y trouvaient F. Dolto, Maud Mannoni et tout ce qui plus tard va devenir, avec le courant de psychothérapie institutionnelle, la pédagogie institutionnelle. L'ensemble de ces analystes était convaincu — je me souviens d'une intervention de Mannoni — que c'était une des seules façons de poser la question analytique à l'école, justement, par les structures, par la loi, par la règle et par la parole.

Alors je vais égrener quelques points, plutôt dans le genre chronique : Ce qu'il y a de frappant chez F. Dolto, mais qu'on retrouve aussi dans le courant institutionnaliste, comme on dit, c'est quelque chose que j'ai envie d'appeler plutôt littéralement « l'instinct du sujet » : Toujours être du côté du sujet, qu'il soit jeune ou vieux, enfant ou adulte, maître enseignant ou éducateur. Être du côté du sujet. Savoir se taire et non pas *donner la parole*, mais faire qu'on puisse la *prendre*. Comme le répétait toujours Fernand Oury, *ça ne se donne pas, la parole, ça se prend.*

Ce qu'il y a de fort dans la quête de F. Dolto — je le dis avec toute ma sympathie —, c'est qu'avec toute sa naïveté elle pose des questions fondamentales autour de cette question du sujet, qui reconstruisent à chaque fois la classe et l'école à partir de cette évidence : Comment faire pour que l'institution n'aliène pas le sujet, n'aliène pas les enfants, ou le maître ? Comment faire pour sortir de ce qu'on a appelé plus tard l'école institutionnaire, c'est-à-dire l'école refermée sur elle-même et qui n'a guère changé malheureusement depuis trente, trente-cinq ans, l'école qui continue à se débattre dans les sursauts de sa dépression contre les pédagogies actives, qui restent marginales (on les évalue de 10 à 15 % du système aujourd'hui, guère plus nombreuses que dans les années 70).

Là aussi Fernand Oury avait un mot, on le rappelait à midi entre nous : « Que la pédagogie institutionnelle devienne obligatoire ? Tout, sauf ça ! » Et ça je crois que F. Dolto l'avait bien compris. En fait, la pédagogie institutionnelle revient avec force dans cette période de mondialisation, hypercapitaliste. Je pense que nous sommes à un tournant qui vaut celui de 1850, un tournant redoutable pour l'espèce humaine et pour l'éducation. C'est autour de l'être humain que la question se pose, autour de ce refus de l'adaptation à l'ordre de l'autre. Comme F. Dolto disait, l'adaptation est un signe majeur de névrose. Oury ajoutait : « Tout sauf la normose. » Il appelait ça la « normose », lui; c'était une de ses obsessions, tomber dans la « normose ».

Pour ne pas tomber dans la normose, c'est assez simple — c'est ce que j'aimais dans cette « naïveté » chez Dolto —, il faut soigner l'institution d'abord, soigner la classe, et soigner les maîtres, bien entendu; c'est par là qu'il faut commencer. Mais soigner au sens prophylactique du terme, se mettre en position de faire de la parole à l'école et autour de l'école.

Comment une institution comme l'école française, qui est incontournable, qui fait la vie des uns et des autres, qui nous a fait la vie, c'est le cas de le dire, et qui continue de la faire à deux Français sur trois, qui y sont liés d'une façon ou d'une autre, comment une institution de cette qualité et de cette importance peut-elle encore ignorer la parole, le groupe, l'analyse, la concertation, la confrontation ? Comment peut-on encore aujourd'hui, en 1999, rencontrer des milliers de classes où une seule personne parle pendant que les autres attendent (on n'est pas sûr qu'ils écoutent) ?

Alors une école « humaine », c'est quoi ? C'est une institution ouverte. En 1970-1972, on avait un grand projet autour des « Groupes d'éducation thérapeutiques » (ça s'appelait comme ça) avec Fernand Oury, Aïda Vasquez; un projet qui s'appelait le « complexe éducatif ». Ça a failli marcher, F. Dolto était avec nous, d'autres aussi nous soutenaient. On voulait monter une école qui aurait été une école maternelle, primaire, secondaire, ouvrant sur l'universitaire et incluant un système de formation à l'interne;

on avait même trouvé l'argent; puis finalement, pour différentes raisons, ça n'a pas pu se faire. Le plus difficile, c'était de trouver des maîtres, parce que les protections syndicales, la retraite — même en 1968 on pensait à la retraite —, certains y pensaient. Cette idée de complexe éducatif se rapprochait de la dimension : faire une école humaine, à la dimension de l'humanité, une école où on vit pleinement, au cœur du savoir.

L'école vivante, c'est quelque chose qui paraît presque un pléonasme et pourtant vous vous souvenez tous qu'en France, il y a encore dix ans, des grands débats politiques et pédagogiques agitaient les masses intellectuelles sur cette question « l'école doit-elle éduquer? ». Je l'entends encore aujourd'hui. Quelques arriérés, des intellectuels d'ailleurs, de préférence, continuent de poser la question : « L'école doit-elle éduquer? » Parce que vous savez comme moi que le savoir n'a rien à voir avec l'éducation. On peut apprendre sans être dans l'éducatif. Alors cette question d'école vivante c'est vraiment une des clés de la problématique actuelle et je crois que ce qui faisait réagir F. Dolto, ou ce qui a amené Fernand Oury à quitter les « normosés », pour faire autre chose, c'est effectivement l'idée de refaire de la vie dans l'école, de refaire de la vie dans la classe et, comme il le disait, pour lui la classe c'était un chantier, et c'est ça qu'admiraient F. Dolto et d'autres, y compris Piaget. Piaget par exemple tirait son chapeau aux techniques Freinet. Il ne faut jamais oublier que la plupart des « vrais » chercheurs en pédagogie sont tous « tombés » sur ce qu'on appelle les « TF-.PI » (Techniques Freinet-Pédagogie institutionnelle). Parce que ce sont des clés pour travailler dans l'école, dans la classe, mais dans le quartier aussi, dans une institution éducative. J'ai suivi une maison d'enfants qui a pratiqué quelque chose de cet ordre pendant dix-huit ans.

Alors l'école de la vie, c'est ce que demandent les écoliers justement. J'étais à Lyon lors du compte rendu public de Philippe Mérieux, au milieu des délégués des lycéens, juste derrière le représentant du SNES, voyez le paradoxe et le contraste. Le syndicat en question — je suis moi-même syndiqué au SNESUP — était un peu écrasé par la puissance avec laquelle les élèves, les délégués des élèves, demandaient à vivre dans l'école, dans leur lycée; c'est à nous, on veut y rester après dix-sept heures, on veut y revenir le samedi... Je connais des lieux dans le primaire où les élèves ne veulent pas sortir de la classe, ils n'ont qu'une hâte, c'est d'y entrer, parce qu'ils y sont bien, tout simplement. Pourquoi pas ? Le savoir est vivant.

Ils demandent cette école de la vie dont parlait F. Dolto qui fait l'homogénéité du désir. Mais comme le dit Guattari, le désir c'est un nomade, ça ne s'attrape pas au filet, le désir, ce n'est pas un papillon. C'est quelque chose qui est en fuite. Alors : faire du désir ? On ne peut pas l'inventer. On ne peut pas non plus faire de la pédagogie en direct mais toujours en diagonale, donc il faut — là je reprends Rogers, un peu provocant, en 1966 —, il faut cesser d'« enseigner ». Pas tout le temps, mais de temps en temps, il faut cesser d'enseigner, pour que les autres apprennent. Le jour où on aura compris ça — ce qu'avait compris F. Dolto par sa quête personnelle et ce que toute la pédagogie institutionnelle essaie de mettre en scène —, eh bien on aura compris quelque chose qui peut non pas effondrer l'école, mais qui peut la modifier complètement.

Comme elle le disait aussi, s'ennuyer à l'école c'est un signe d'intelligence, ça fait partie des mécanismes de défense, ça fait partie des résistances qu'on met en place aujourd'hui. Là aussi on peut reprendre les termes d'analyseur. Chaque fois qu'il y a des résistances, chaque fois qu'il y a de l'ennui, chaque fois qu'il y a de l'échec, c'est que justement c'est là qu'il faut aller chercher, c'est justement là que la vérité du système est en train de s'exprimer.

L'école aujourd'hui, elle réussit en partie, puisqu'il y a des groupes qui y réussissent, la preuve, l'école de la Neuville, dont Fernand Oury me disait que c'était probablement parce que c'était une école à plein-temps justement, et qu'elle peut se permettre de gérer à la fois ses classes, et de gérer ce collectif (scolaire) au sens de Jean Oury, c'est-à-dire de tendre à un groupe qui se dote de ses institutions, de ses règles, de ses lois, de son histoire, et qui la fait son histoire, en collectif. Ce qu'il y a d'intéressant dans cette école de la Neuville, me disait-il — c'est un peu comme Freinet dans les années 20, quand il a démarré et publié — c'est qu'ils se donnent les moyens de gérer avec les enfants leur vie propre de collectivité. Là, on a une école de socialisation, une école de la socialité, et on sait bien qu'aujourd'hui il y a une impuissance devant tous les problèmes sociaux, et on voit bien où on va aller, y compris avec la gauche ; pensons à ce qu'on entend aujourd'hui, sur les jeunes violents, eh bien il est clair que si on commençait par là très tôt, à trois, quatre, cinq ans, dans les dispositifs institutionnels, dans les montages de réseaux, si on mettait en place ce que j'appellerais comme Guattari une école « analytique et militante » qui s'engage résolument dans la vie, et qui se donne en même temps les moyens d'analyser son parcours, qui se donne les moyens de comprendre ce qui est en train de se jouer, et qui prend le temps de s'arrêter, une minute, quand il y a quelqu'un qui ne va pas bien, qui peut même proposer à ce quelqu'un qui ne va pas bien un espace-temps pour s'arrêter, le maître y compris. Les Anglais, qui ne font pas de pédagogie institutionnelle, en arrivent dans les lieux les plus chauds à des points de cet ordre. Par exemple, à Bristol, j'ai vu il y a deux ans dans un collège un lieu qu'on appelait le *Quiet room*, le lieu tranquille. Tout élève de ce collège avait un laissez-passer, il suffisait qu'il le signe, le fasse signer par son professeur, et il pouvait quitter la classe à tout moment pour aller passer un quart d'heure, deux heures s'il le souhaitait, au *Quiet room*. La pédagogie institutionnelle avait proposé cela depuis très longtemps ; je me souviens qu'à la Neuville vous en aviez parlé avec F. Dolto, le « lieu » sous le grand escalier, les gamins pouvaient y aller quand ils en avaient marre des adultes, des institutions, des autres... Comme dit Michel Amram : « C'est ce qu'on appelle le coin des énervés. On peut y aller n'importe quand, c'est hors de toutes les lois. »

L'institution « le coin des énervés ». Où Dolto avait dit qu'il fallait les laisser aller avec leur walkman, pour se « rerythmer ». Des petites choses comme ça qui n'ont l'air de rien, et qui sont très précaires et très fragiles, c'est ça qui fait l'humanité, c'est ça qui fait l'intelligence. C'est ça qui permet aujourd'hui de ne pas tomber dans l'étiquetage et c'est ce qui permet, comme le dit une maxime affichée à l'entrée d'une classe de perfectionnement du Val-d'Oise : « Ici on est à l'école, on doit pouvoir être tranquille dans son cœur, dans son corps et dans ses affaires. » Il n'y a qu'une loi et c'est celle-là, c'est la loi de l'école et de la classe.

Aujourd'hui le problème c'est : Que va-t-on faire de ces enfants ? de ces vampires ? Nous finissons en ce moment une recherche avec Alain Vulbeau, sociologue. La protection judiciaire nous presse de la rendre. Une recherche sur les jeunes et l'autorité. La protection judiciaire nous avait commandé cette recherche il y a juste un an. Ça force l'actualité : les jeunes et l'autorité ! Alors, on a repris un concept, on a trouvé que, pour qu'un jeune prenne la parole, pour qu'il puisse à un moment ou à un autre, à l'école ou dans les institutions, exister en tant que citoyen, qu'il soit sujet, diraient philosophes et analystes, ou citoyen, diraient les sociologues, il faut qu'il s'« autorise ». J'en parlais avec Michel Plon lors de ce colloque, puisque je suis parti dans le courant lacanien à la recherche du concept d'autorisation, que les analystes employaient beaucoup vers 1970. On en est là, et je le maintiens aujourd'hui, il faut que l'école soit structurée, non pas pour enseigner — on pourrait enseigner sans que personne n'apprenne — mais pour apprendre au moment exactement où les enfants s'autoriseront à apprendre et autoriseront l'enseignement. Et ça F. Dolto l'avait bien montré : c'est la classe et la pédagogie qui autorisent, avant le maître.

Soins et santé

FRANÇOIS FARGES*,
FRANÇOISE CAHEN**

L'échographie, la parole et le fœtus

LE POINT DE VUE DE L'ÉCHOGRAPHISTE

« Dites-moi, docteur, pourquoi elle est dissoute ma grossesse ? » Mme C. qui me questionne ainsi pendant l'échographie est dans une grande détresse dont je ne comprends pas immédiatement le sens. Je venais de lui proposer comme date de début de sa grossesse, le 10 août. Y a-t-il un temps, un espace, pour entendre ces paroles chargées d'émotions lors de consultations d'échographies ? Que voulait dire Mme C. ? Quels échos avait eus mon annonce dans son histoire ?

Les progrès spectaculaires de l'échographie, ces dernières années, ont profondément modifié le suivi médical de la grossesse et ont entraîné des exigences nouvelles pour l'échographiste. Il s'agit de faire des diagnostics toujours plus précis et plus précoces, avec un enjeu vital et une obligation de résultats : on ne pardonne pas au médecin de ne pas avoir vu qu'il manquait un doigt ou un rein. Le médecin doit recenser des organes, des membres, des vaisseaux ; il doit mesurer, comparer à une norme, recherchant le manque, l'écart significatif, la malformation, en général pour rassurer les parents, mais parfois pour les inquiéter par des examens complémentaires.

* Gynécologue-obstétricien, échographiste.
** Psychologue en maternité, psychanalyste.

À côté de cette exigence de l'acte technique, une conception de la médecine prenant en compte la dimension humaine peut cohabiter. Au fil de ma pratique, je suis devenu attentif à la relation qui s'instaure progressivement entre les parents, l'échographiste et le fœtus. Celui-ci surgit sur l'écran de façon anticipée pour des parents souvent non préparés. Les représentations du fœtus ont beaucoup évolué avec les recherches récentes : il entend, il mémorise, il est compétent, il est « savant ».

La consultation échographique n'est pas un examen anodin : c'est une rencontre entre les parents et l'enfant, une découverte progressive. Mais, pour que cette rencontre soit possible, un espace de parole doit être dégagé et défendu. Les paroles de l'échographiste, tel un interprète, sont une humanisation de ce qui pourrait n'être qu'un assemblage d'organes, un squelette trop réel. Les mots habillent ces images étranges, dénuées de sens. L'échographiste, tel un conteur, « modèle l'image brute pour en faire un visage[1] », écrit Paul Denis.

A contrario, l'image peut paraître familière et constituer un piège. Par exemple, lorsque je mesure le diamètre abdominal, il apparaît parfois sur l'écran une image grise arrondie, le corps du fœtus, avec en haut deux ronds noirs et en bas une fente noire. Très fréquemment les mères croient voir le visage du bébé, avec les deux yeux et la bouche. Pour éviter cette confusion, j'anticipe par ce commentaire : « Là, nous sommes au niveau de l'abdomen, sur le ventre du bébé. »

Si l'échographie produit un écho à l'intérieur du corps maternel, les paroles de l'échographiste induisent des échos dans l'histoire des parents, ainsi cette mère qui dit à son conjoint : « Regarde, il a le nez en trompette, c'est de ton côté, ta famille ! » Les échanges, souvent pleins d'émotion, évoquent des liens de transmission, de filiation. Le père réagit particulièrement dans la mesure où la découverte est visuelle, externe. Il peut ainsi participer s'il le désire. Les paroles des pères, émus, angoissés, scientifiques, logorrhéiques, témoignent de l'intensité de ces moments.

Car l'image échographique peut être traumatique lorsqu'elle n'est pas médiatisée par des paroles, ou lorsque les explications du médecin voulant trop dire sont angoissantes. L'effraction du regard dans le corps maternel s'ac-

1. P. Denis, « L'image ne suffit pas », in *Le carnet psy*, n° 35, avril 1998.

compagne d'une ouverture vers le passé qui est éventuellement douloureux, comme dans le cas de Mme C. dont la grossesse était « dissoute ». J'ai retrouvé dans son dossier que, deux ans auparavant, alors qu'elle était en aménorrhée et se croyait enceinte, je lui avais annoncé lors de l'échographie que l'utérus était vide. La symptomatologie correspondait à ce qui est décrit sous les termes de « grossesse dite nerveuse ».

Les trois échographies ont des enjeux différents pour les parents. La première échographie confirme que la vie est bien là, elle donne une existence légale à la grossesse mais elle peut aussi être annonciatrice de mort alors que, parfois, aucun signe clinique ne préparait la mère à cette éventualité. S'il n'y a pas de bons mots pour annoncer une mauvaise nouvelle, une attention à ce qui est dit est essentielle dans ces moments-là.

La deuxième échographie concerne la norme et la différence. Pour les parents, il s'agit le plus souvent de connaître le sexe de leur enfant. C'est la « différence » attendue, avec d'ailleurs beaucoup d'ambivalence. Bien évidemment, aucune révélation du sexe n'est imposée aux parents. La différence sexuelle est la seule différence acceptée : l'examen morphologique est censé confirmer que l'enfant s'inscrit bien dans des normes. Les parents demandent un « bébé parfait ». Une certaine difficulté apparaît alors dans la pratique. Le désir parental d'avoir un enfant idéal, parfait, a toujours existé. Mais il rencontre actuellement le discours de la science médicale toute-puissante qui pourrait maîtriser et contrôler tout ce qui concerne le vivant.

Cette synergie de la science et des parents autour du « bébé parfait » crée une tension particulièrement importante pour l'échographiste, conscient des questions eugéniques sous-jacentes et du nombre toujours croissant de procédures médico-légales.

L'exemple du dépistage de la trisomie 21 en est une illustration. Depuis longtemps l'amniocentèse était proposée aux femmes de plus de trente-huit ans pour dépister la trisomie 21. Actuellement, celle-ci est recherchée dès la première échographie à deux mois et demi de grossesse. Puis un dosage biologique, dit HT 21, est proposé à trois mois. Cela peut conduire à une amniocentèse à trois mois et demi, avec un résultat à quatre mois, qui pose la question d'une éventuelle interruption médicale de grossesse.

La troisième échographie, à sept mois et demi de grossesse, contrôle la vitalité et la croissance de l'enfant.

Toutes ces étapes, loin de rassurer les parents, leur enseignent les risques encourus par le fœtus, avec la possibilité d'inhiber l'investissement de cet enfant dont la vie même est remise en cause. Prendre le temps d'expliquer, de rassurer, d'écouter est fondamental pour que ces progrès médicaux ne deviennent pas source d'angoisse. Je suis échographiste mais aussi obstétricien : les trois échographies constituent pour moi une préparation et un accompagnement vers la naissance dans une continuité.

Pour progresser dans la connaissance du fœtus et de cet aspect relationnel pendant l'échographie, un groupe de travail pluridisciplinaire a été créé en 1990[1]. Par l'intermédiaire des enregistrements audio et vidéo de consultations d'échographie, nous avons analysé les réactions du fœtus et les paroles échangées devant l'écran avec les parents. Cette recherche en cours, abordant actuellement la pathologie avec l'annonce du diagnostic, permet une réflexion et un autre regard sur l'échographie. Il me semble donc important de défendre une certaine pratique où la parole circule entre les parents et l'échographiste, où des liens peuvent se créer avec l'enfant à venir mais aussi avec l'histoire de chacun.

François Farges

LE POINT DE VUE DE LA PSYCHANALYSTE

C'est à partir de nombreuses échographies visionnées sur vidéo — et enrichie de ma clinique en maternité — que je développerai les idées exposées par François Farges. Les échographies sont attendues avec impatience par les femmes. Elles ponctuent le temps de la grossesse. Il me semble qu'elles pourraient être assimilées à des rites de passage, chaque écho introduisant la femme à un nouvel état : de femme, elle devient femme enceinte, puis mère,

1. Le docteur Jean-Louis Sarradet est à l'initiative de ce groupe de travail, auquel participent aussi Françoise Cahen, psychanalyste, Irène Fénoglio, linguiste, Nadine Ninin, psychologue, et moi-même. On pourra lire de ces auteurs « Analyse de paroles autour d'images échographiques », colloque « Linguistique et psychanalyse », sous la direction de M. Arrivé et C. Normand, Cerisy-la-Salle, sept. 1998.

avec une humanisation progressive de l'enfant qu'elle porte.

Lorsque la femme vient pour sa première échographie, elle n'est pas toujours sûre d'être enceinte. Elle ne ressent pas son utérus. C'est le médecin qui lui annonce ou précise qu'elle est bien enceinte. Il lui dit son terme à deux ou trois jours près; il a alors un savoir souvent plus précis qu'elle-même sur le début de la grossesse. Cet excès de précision peut devenir indiscrétion dans la mesure où le père pourrait ne pas être le géniteur.

La femme dit n'avoir rien ressenti alors que le médecin montre des images sur l'écran. Ce que la femme voit, ce n'est pas le fœtus mais une image projetée hors de son corps et commentée par l'échographiste. Comme toutes les images, celles-ci ont le pouvoir de provoquer des pensées, des sentiments. En plus des sensations visuelles, elles sont chargées d'un contenu fantasmatique. La mise en mots de perceptions sensorielles lors du regard sur l'écran permet de secondariser des émotions primaires. L'interprétation des images serait souvent erronée par rapport à la réalité physiologique du fœtus si des commentaires ne redonnaient du sens à ces images. Parfois nous entendons les mots d'une femme bouleversée croyant avoir vu un fœtus monstrueux...

La femme comme l'échographiste parlent des mouvements vus sur l'écran. L'un exprime son savoir, l'autre son imaginaire; le médecin décrit les mouvements fœtaux, les parents les interprètent : « Il fait la tête », dit la mère; son compagnon complète : « Il fait penser à quelqu'un », inscrivant déjà de façon concrète le fœtus dans la société. Le médecin humanise ces images par ses commentaires. Les parents peuvent alors voir de la vie. La femme se sait vraiment enceinte. Une première étape est passée.

L'échographie morphologique pratiquée vers cinq mois de grossesse est toujours attendue avec impatience par les parents. À ce terme, la femme ressent les mouvements fœtaux. Elle est bien enceinte. Elle attend de savoir si tout va bien pour son bébé et de quel sexe il est. Pour l'échographiste, cet examen nécessite attention pour regarder au mieux le fœtus et sa bonne conformité. Pour les parents, c'est le sentiment de mieux voir leur enfant. Pour que les images du bébé ne soient pas trop abstraites, étranges, il est important que le médecin puisse prendre le temps d'accompagner les images de mots, « d'habiller le squelette ». Là aussi, expliquer les gestes du fœtus est une façon de l'humaniser : « Il avale; là, il suce son pouce », etc. Voir le profil du visage de l'enfant et ses mouvements permet aux parents de « rêver » celui-ci et de l'inscrire dans une filiation paternelle ou maternelle. À partir de l'image échographique, ils trouvent des ressemblances avec certains membres de leur famille : une mère dit que le bébé a la même fossette au menton que son compagnon. Elle inscrit ainsi l'enfant dans la filiation paternelle. Il est intéressant à noter que, souvent, quand la femme évoque une ressemblance, c'est avec le père de l'enfant, comme si elle voulait prouver ainsi que cet enfant est bien de lui.

Connaître le sexe de l'enfant est une demande presque constante, même si parfois les parents semblent n'avoir aucun souhait particulier, sinon de savoir que tout va bien. Irène Fénoglio, linguiste, a fait une analyse précise et fine des mots échangés entre les parents et l'échographiste. Elle a mis en évidence, dans certains discours des parents, la dénégation sur le souhait de savoir ou non le sexe de l'enfant ainsi que les enjeux exprimés par l'un et l'autre des parents dans l'attente anxieuse de la révélation.

Les réactions à l'annonce du sexe sont presque toujours très émotives. S'exprime souvent une déception car devenir parents d'un enfant, garçon ou fille, c'est faire le deuil de l'autre sexe... ou abandonner une certaine « toute-puissance » imaginaire de pouvoir enfanter le Tout, homme et femme à la fois. La déception peut être si forte que nous avons vu une femme se pâmer quand il lui a été précisé le sexe du fœtus; d'autres ont déclenché des menaces d'accouchement prématuré dans les jours qui suivirent l'information sur le sexe de leur enfant. Qu'en est-il alors de la perception que peut avoir le fœtus lors des réactions à cette annonce ? Nous avons vu un fœtus se raidir en arc de cercle, s'arc-boutant alors qu'il était calme jusqu'au moment où résonnaient les paroles violentes de sa mère à l'annonce du sexe non désiré. Quel effet sur la structuration de sa psyché ? Ne deviendrait-il pas alors comme le suggère F. Dolto (1982) « un symbole d'intrus toléré comme une animalité parasite » ? Savoir le sexe permet aux parents de prénommer l'enfant, de l'identifier comme autre, comme sujet, le faisant émerger de la symbiose maternelle.

Après cette échographie morphologique, la femme peut

se sentir mère de façon plus concrète. Cette concrétisation est encore plus évidente lors de grossesses au cours desquelles l'échographie découvre une malformation fœtale. De nombreux examens complémentaires sont alors demandés à la mère. C'est son bébé que celle-ci conduit aux consultations chez les divers spécialistes : cardiologue, chirurgien, etc. Il y aurait alors comme une naissance anticipée : l'enfant est là, parlé au présent par les parents.

La troisième échographie, dite de croissance par certains, sera la dernière étape avant l'accouchement. Comme aux échographies précédentes, l'examen est également effectué en mode *doppler*[1] émettant une sonorité rythmée. Comme les images sur lesquelles chacun projette son imaginaire, le son du doppler est étrange pour les parents. Là aussi chacun projette ses impressions. Pour une femme, ce son la rassure, il lui dit que son bébé est bien vivant : « J'entends son cœur battre ! » ; une autre s'inquiète : « On se croirait dans l'espace »... Quant aux pères qui parlent souvent de mesures et de techniques comme pour se rassurer de l'étrangeté et tenter de maîtriser leurs émotions, ils commentent aussi ces bruits : l'un dit que cela lui fait penser aux films de science-fiction, « mais des films à tendance monstre ». Ces mots sont à remettre dans leur contexte : il venait d'apprendre que le bébé était une fille alors qu'il avait laissé entendre lors de l'échographie précédente qu'il espérait « un bébé garçon »...

Pour conclure, comme le dit Jean-Louis Sarradet, chaque séance d'échographie est comme une scène de théâtre en plusieurs actes. La tension entre les acteurs est forte. Les émotions des uns et des autres interagissent. Les regards vont de l'écran au visage du médecin pour tenter de deviner ce que celui-ci voit sur l'écran. Les parents découvrent leur enfant. Les paroles du médecin sont importantes. Ces effets sont difficilement mesurables mais ils sont incontestablement puissants, « ils pénètrent langagièrement le voir et le dire du voir de la patiente » (I. Fénoglio).

Quant au fœtus, bébé déjà présent, il réagit à la sonde, il bouge et semble réagir aux dires des uns et des autres. Pour reprendre le questionnement de Romana Negri[2], peut-on

1. Le doppler est une technique ultrasonore qui étudie la vitesse des flux sanguins.
2. R. Negri, « Observation de la vie fœtale », in *Liens d'émerveillement*, sous la direction de M. B. Lacroix, ERES, 1995, p. 137-156.

penser l'utérus comme un « habitat » et se demander si certains facteurs de l'environnement ont un impact sur le développement mental de l'enfant ? Les différentes stimulations sensorielles et plus spécifiquement les stimulations auditives peuvent-elles avoir une influence sur le développement après la naissance ? Le fœtus entend dès la vingt-quatrième semaine de grossesse. Il est bercé par les mouvements rythmiques du cœur maternel. La voix maternelle et surtout paternelle est entendue par le bébé. Ces voix introduisent l'enfant dans l'ordre symbolique.

Les échographies scandent le temps de la grossesse. Ce que nous travaillons dans l'écoute attentive des discours autour de l'échographie est une partie de ce langage fondamental qui nomme l'affect car « tout sujet vient à naître dans un espace parlant ». Nous sommes bien conscients qu'il y a une autre part agissante, « l'ombre parlée », héritière de l'histoire œdipienne de la mère et de son refoulement, théorisée par Piera Aulagnier[1].

Françoise Cahen

1. P. Aulagnier, *La violence de l'interprétation*, PUF, 1975.

ALAIN MITON*

Le fœtus est un patient

Pendant de trop nombreuses années, le fœtus a été considéré comme un objet par les accoucheurs, alors qu'il était aussi l'objet du désir pour ses parents qui l'attendaient. L'avènement de la médecine fœtale en a fait un véritable patient, un « interlocuteur » privilégié.

Les grandes règles de la surveillance prénatale décrites dans les années 60 ont ouvert progressivement une place spécifique au diagnostic puis à la prise en charge thérapeutique du fœtus. Du fait des connaissances sans cesse accumulées, il nous est permis, aujourd'hui, d'analyser son environnement physiologique, de conceptualiser son bien-être, voire ses comportements psychomoteurs ; *in fine* d'éclaircir son programme génétique, d'intégrer les données de la biochimie et de l'endocrinologie fœtale et de le situer dans la dynamique des comportements psychoaffectifs parentaux.

Quelques principes explicitent les tenants et aboutissants de la médecine du fœtus, qui nécessite de bien connaître l'histoire naturelle de la pathologie, d'en avoir évalué et contrôlé les répercussions sur un modèle expérimental animal, d'avoir analysé sa faisabilité et sa sécurité, d'en maîtriser les avantages et les inconvénients pour la mère et

* De l'Unité fonctionnelle de médecine fœtale, clinique universitaire de gynécologie-obstétrique, maternité régionale de Nancy.

pour le fœtus et de pouvoir organiser une prise en charge optimale par une équipe périnatale pluridisciplinaire. Ces stratégies thérapeutiques complexes, mises en place autour et pour le fœtus, imposent d'obtenir le consentement éclairé de la future mère et bien souvent de la famille par une information précise, et enfin obligent à une disponibilité bienveillante et à un accompagnement psychologique indispensables.

Ce fœtus n'est pas un personnage inerte, sa période de développement est longue ; l'acquisition récente des connaissances en neurobiologie fœtale permet d'appréhender l'apparente contradiction entre l'immaturité du système nerveux et son extrême plasticité. Le système nerveux du fœtus se structure et s'adapte à ses fonctions ultérieures au cours de trois grandes phases évolutives :

— L'organisation élémentaire sensorielle du tube neural débute après la période postembryonnaire et se modifie bien après la naissance. La sensibilité tactile et, spécifiquement, le toucher apparaissent dès trois mois et demi de vie intra-utérine ; l'audition se manifeste après cinq mois et demi, et d'autres fonctions cognitives comme l'olfaction, la gustation et la vision se mettent en place progressivement.

Durant cette très longue période, le développement du système nerveux oscille entre immaturité, vulnérabilité et plasticité alors que les schémas neurobiologiques, les connexions et les transferts synaptiques s'organisent, se multiplient et se spécialisent.

— La maturation anatomique et fonctionnelle est assurée par des phénomènes complexes d'histo-morphogenèse. En particulier la myélinisation qui a été pendant longtemps considérée comme un facteur essentiel de la maturation du système nerveux ; or les connaissances récentes montrent que même chez l'adulte certains influx nociceptifs sont véhiculés par des fibres non myélinisées (fibres polymodales C) ou peu myélinisées (fibres A delta).

De nombreux travaux neuro-anatomiques démontrent que les fibres conductrices des influx nociceptifs, tant dans la corne postérieure de la moelle que dans le système nerveux central, subissent la myélinisation au cours du deuxième et du troisième trimestre de la grossesse.

Les voies de la douleur sont parfaitement myélinisées à trente-deux semaines d'aménorrhée (32 SA soit sept mois de grossesse) dans le bulbe et à trente-neuf semaines d'aménorrhée pour le système limbique. Par ailleurs la structuration des connexions thalamo-corticales débute entre 22 et 26 SA. La maturité fonctionnelle, qui découle de cette organisation synaptique, se caractérise par l'apparition bilatérale et synchrone d'une activité électro-encéphalographique chez le fœtus. Cette dernière est observée entre 28 et 29 SA ; d'autres potentiels évoqués visuels et auditifs sont perceptibles dès 32 SA.

Certaines formes de réaction comportementale mettant en œuvre des fonctions corticales sont observées pendant la vie fœtale et chez les grands prématurés ; qu'il s'agisse de fonctions cognitives coordonnées ou de réponses adaptatives associées nociceptives, visuelles et auditives. Ces mécanismes sont rapidement renforcés par la mise en œuvre de la chaîne physiologique : stimulation - perception - mémorisation. La maturation de la perception douloureuse et sa quantification nécessitent la mémorisation de l'événement. Cet engrammage originel qui conduit à la mémorisation à long terme requiert un fonctionnement parfait du diencéphale et du système limbique. Ce dernier joue alors le rôle de filtre pour la mémoire psychosensorielle.

— L'empreinte de l'environnement physio-psychologique participe à cette architecture progressive dont la caractéristique spécifique est cette situation de dépendance incontournable qu'est la relation symbiotique fœto-maternelle, stigmatisée par la dualité du couple mère-fœtus.

Les mécanismes et les référentiels par lesquels s'effectuent *in utero* l'engrammage puis la mémorisation sont encore mal connus. Cependant l'évolution des connaissances concernant la réactivité aux différents stress et particulièrement à la douleur chez les grands prématurés apporte des éléments de réponse.

Les séquences de perception-engrammage voire d'acquisition de la mémorisation participent au développement psychomoteur du fœtus. Dans cette optique, la douleur et/ou la souffrance fœtale doivent être considérées comme des événements fondateurs dont les répercussions psychoaffectives sur le vécu ultérieur méritent d'être envisagées.

Inévitablement, ces séquences de progrès des connaissances, confirmées grâce aux développements technologiques de l'imagerie médicale et à la mise en œuvre d'interventions sur le fœtus d'abord sous fœtoscopie puis sous échographie interventionnelle, ont suscité la réflexion puis l'amélioration des prises en charge des soins néonatals, créé la notion de véritable « continuum de soins » qu'est la prise en charge périnatale, et stigmatisé le statut de patient à part entière du fœtus.

Le fœtus devient alors la cible de multiples enjeux à la croisée de ses intérêts propres, des préoccupations médicales, maternelles, parentales et de celles de la société.

Les préoccupations médicales se matérialisent autour de la réflexion et de l'organisation des stratégies thérapeutiques, doublées de leur accompagnement psychologique indispensable.

La typologie des situations fœtales conduit à considérer trois états particuliers :

— Le plus grave, caractérisé par l'existence d'une affection d'une particulière gravité, incurable au moment du diagnostic et incompatible avec une qualité de vie normale, oppose d'emblée les intérêts fœtaux, parentaux et surtout maternels.

L'irruption des éléments diagnostiques dans ces situations provoque une fracture entre l'enfant imaginaire idéal et la dure réalité d'un autre imaginaire compromis et fantasmé qui vient rompre le projet parental. La situation de vécu de l'échec pousse, si l'on n'y prend garde et s'il n'existe aucun accompagnement psychologique de la patiente voire du couple, à une fuite en avant déraisonnée qui conduit à une interruption de grossesse simulacre d'un passage à l'acte où le fœtus n'aura pas été pris en compte, obérant toute chance de deuil bien organisé.

— Le deuxième, plus simple, sera du ressort d'une surveillance ou d'un traitement postnatal en général parfaitement toléré ; la place d'un accompagnement psychologique de la future mère, du père n'est plus à démontrer. La disponibilité bienveillante de toute l'équipe soignante et la qualité de la prise en charge psychologique de ces situations de stress contribuent à la parfaite acceptation des contraintes médicales et sont la meilleure garantie pour la mise en place des liens affectifs maternels.

— Le troisième enfin qui résulte d'une situation de compromis entre les différents intérêts fera l'objet d'une prise en charge thérapeutique prénatale et souvent postnatale.

La révélation du diagnostic et plus encore la qualité de l'information donnée à propos des stratégies thérapeutiques sont le gage d'un consentement éclairé accepté et de l'appropriation par la mère puis par la famille de la décision.

La connaissance des comportements psychologiques ou des tensions qui interfèrent avec la future mère, le couple voire les collatéraux concourt à l'acceptation et surtout à l'optimisation des soins. De même l'incertitude des répercussions pour l'enfant à naître constitue une situation de stress psychologique qu'il convient de gérer et d'atténuer. Quels que soient les moyens thérapeutiques utilisés, ceux-ci ont pour principal objectif le fœtus dont la situation précaire, les risques de mortalité et morbidité conduisent à penser et organiser les soins en tenant compte de la spécificité de la situation de son environnement utéro-placento-amniotique, de son inaccessibilité directe, de sa sensibilité à la douleur et de sa mobilité incontrôlable. Ces situations requièrent à tout instant de pondérer les bénéfices escomptés, eu égard aux risques materno-fœtaux encourus.

Ce fœtus patient devient alors le centre des préoccupations parentales, et d'abord maternelles, gage de la reconnaissance de sa place dans la dualité indivisible que constitue le couple mère-fœtus puisque son existence et son devenir sont étroitement liés à sa mère. Il entre ensuite dans le champ des préoccupations familiales et particulièrement paternelles, stigmatisant les rapports de forces qui traversent le triangle affectif familial : mère-enfant-père.

Bien malgré lui, il engendre directement les conflits liés à ses intérêts propres, subit indirectement les contraintes de la société et devient l'objet de l'attention médicale. Ce nouveau statut conditionne la mise en place de son accompagnement psychologique, organisé autour et avec les thérapeutiques.

La génération médicale actuelle a été la première à bénéficier progressivement d'une connaissance raisonnée et suffisante du développement du fœtus, du prématuré et du nouveau-né. Toutes ces évolutions poussent les équipes à intégrer une dimension psychoaffective aux soins et à la réflexion qui ouvre le champ bioéthique, et expliquent l'investissement massif dans et pour le développement d'une médecine fœtale périnatale, gage du renforcement de l'accompagnement de la naissance. L'intrication des progrès scientifiques et des comportements psycho-socio-culturels et juridiques qui en découlent oblige à cette mutation.

Cette situation nouvelle permet à beaucoup de considérer le fœtus comme un patient à part entière et de faire leur la réflexion de Paul Nizan : « Nous rejetons toute mythologie humaniste qui parle d'un homme abstrait et néglige les conditions réelles de sa vie. »

CATHERINE MATHELIN*

Clinique psychanalytique avec les bébés prématurés

Ce jour-là, le service de réanimation néonatale de l'hôpital de Saint-Denis était plongé dans un grand désarroi. Cette équipe parfaitement organisée, entraînée à maîtriser la panique des urgences, experte en technologie, se trouvait débordée par une jeune femme fermement décidée à ne pas adhérer à leur discours. Elle avait été convoquée par le médecin-chef qui venait de lui faire part de sa satisfaction et de celle de son équipe : son bébé âgé de trois mois était enfin guéri, et elle allait pouvoir dans quelques jours le reprendre chez elle.

Grand prématuré, il était à présent vigoureux et en bonne santé. Grâce aux soins prodigués, il n'aurait pas de séquelles et l'équipe était satisfaite du travail accompli. Mais cette étrange maman eut alors une réaction inimaginable pour eux. Elle annonça qu'elle ne reprendrait pas son enfant. « Gardez-le », avait-elle dit. « Elle est folle », avaient-ils pensé, et leur premier réflexe avait été de composer sur leur téléphone le seul numéro de poste où ils pouvaient espérer trouver un psychiatre. Celui de la pédopsychiatrie puisqu'il n'y a pas dans cet hôpital de psychiatrie adulte. Mais au lieu de leur dépêcher un psychiatre, le médecin-chef de pédopsychiatrie demanda à un psychanalyste de

* Psychanalyste.

répondre à « l'urgence ». C'est ainsi que commença, il y a maintenant quinze ans, mon travail en néonatologie.

Si dans un premier temps l'équipe attendait de moi que je ramène cette mère à la raison, ils purent également entendre qu'au-delà d'eux elle questionnait la médecine tout entière. On peut comprendre l'étonnement et la déception des médecins, qui avaient mis tant d'ardeur à réparer un nourrisson dont aujourd'hui la mère ne voulait plus, remettant en cause, du même coup, le bien-fondé de leurs efforts.

La croire folle eût certainement été chose plus facile ou plus confortable, mais la psychanalyse, on le sait, n'a jamais vraiment pactisé avec la facilité ou le confort.

C'est donc une autre lecture du problème qui fut proposée à l'équipe. Si cette mère ne délirait pas, il nous fallait admettre qu'elle s'était trouvée, pendant ces trois mois d'hospitalisation, dans l'impossibilité d'investir son enfant. Reconnaître qu'elle n'était pas folle, c'était pour l'équipe accepter d'interroger ce qui s'était passé dans le temps de cette séparation. Si le bébé avait été sauvé « physiquement », il était évident qu'un autre travail avait été raté.

Pour tenter de mettre en place un mode de fonctionnement différent, un projet de travail fut proposé au service. Il ne s'agissait plus de venir en urgence au secours des soignants chaque fois qu'un enfant ou sa famille faisait problème, mais de mettre en place une prise en charge systématique de chaque enfant et de ses parents. Plus question de « soigner » au coup par coup des mères malades d'avoir été séparées de leur enfant, ou des enfants malades d'avoir été séparés de leur mère, mais d'élaborer ensemble un projet commun qui permettrait non seulement de sauver la vie des nourrissons mais aussi de sauver leur désir de vivre, et la capacité d'aimer de leurs parents. L'analyste n'étant plus là pour réparer les éventuels dégâts de longues hospitalisations, mais pour « réanimer » en travaillant avec les réanimateurs, dans un autre registre. Réanimer l'enfant et le discours qui l'anime. Il ne s'agissait donc plus de prise en charge sur prescription, quand les familles vont mal, quand les parents sont malheureux ou agressifs et que le travail des médecins en souffre. L'idée d'une coresponsabilité dans un service de néonatologie entre réanimateurs et psychanalyste était une idée nouvelle, elle fut acceptée par le médecin-chef et par toute l'équipe.

Le travail fut mis en place à plusieurs niveaux et *tout d'abord auprès de l'enfant.* Comment essayer de comprendre ce qui peut être la souffrance de l'enfant dans un service de réanimation ? Les recherches actuelles mettent l'accent sur les étonnantes performances des nouveau-nés. Il y a déjà trente ans, F. Dolto parlait des bébés, et mettait l'accent sur leur extraordinaire soif de communication. Elle affirmait qu'il était essentiel de s'adresser à eux, tout en disant qu'on ne pouvait pas encore dire comment ou pourquoi il nous comprenait. Mais elle savait l'importance de la parole, le poids des mots qui prennent le sujet au corps, et se « charnalisent » pour l'enfant. En suivant sa route, nous avons tous, dans notre clinique quotidienne, été confrontés aux effets parfois incroyables de la parole vraie. Une mémoire d'avant les mots, des souvenirs d'une autre nature, nous le savons en recevant des adultes en analyse, s'inscrivent pour le petit d'homme dès sa naissance et quelquefois bien avant.

À l'époque, les idées de F. Dolto étaient le plus souvent perçues comme des intuitions peut-être géniales, mais sans doute peu crédibles. Il aura fallu des années, et surtout les expériences des chercheurs, avec leur notoriété et leur savoir incontestable dans la communauté scientifique, pour que les avancées théoriques de F. Dolto soient prises en compte et quelquefois même reconnues.

Lorsqu'il y a quinze ans j'ai commencé mon travail en néonatologie, ma façon de comprendre les bébés et de m'adresser à eux était déjà façonnée par la pensée de F. Dolto, mais cette approche n'était pas, il y a quinze ans seulement, si évidente pour une équipe de médecins. Ils acceptèrent cependant de me suivre, et c'est tous ensemble que nous avons décidé de considérer le prématuré de façon différente, de s'interroger autrement. Comment les enfants prématurés peuvent-ils appréhender le monde du fond de leur couveuse ? Trop faibles pour faire signe et trop faibles pour décoder les signaux qu'on leur envoie, n'ont-ils pas besoin d'encore plus d'attention et de disponibilité que d'autres ? À partir de ce que j'avais reçu de F. Dolto, j'ai essayé de mettre en place un travail avec les bébés prématurés. Dans le lien transférentiel qui s'est noué avec l'équipe, nous avons tous ensemble tenté d'avancer, en inventant ce qui pouvait être pour ces enfants et leurs familles un nouvel espace. De là, d'autres avancées ont été proposées.

Dès son entrée dans le service nous essayons d'accueillir le bébé, non seulement comme un corps à remettre en route, mais comme un petit d'homme porteur d'une histoire qui précède de beaucoup le moment de son hospitalisation, même si celle-ci a lieu à l'instant de sa naissance. Cette histoire, dont ce séjour en néonatologie ne sera qu'un épisode, continuera après pourvu que rien ne vienne en interrompre le cours. Pour cela, si les trouées dans le corps ne peuvent être évitées, il faudra éviter les trouées dans le symbolique.

Au-delà de l'étude des compétences et loin du seul souci d'observation, nous mettons l'accent sur la place à faire à l'enfant, et à la parole vraie, c'est cette parole qui a du pouvoir sur le corps. Les soins des médecins, porteurs de désir de vie, ne suffisent pas toujours. Il faut aussi pour vivre s'inscrire dans une parole, sinon un être humain meurt. S'il s'inscrit dans une parole folle, il devient fou.

Il n'y a pas de généralisation possible, deux enfants de même terme, au même poids de naissance et présentant une symptomatologie similaire, n'évoluent pas forcément de façon identique, même s'ils bénéficient de la même qualité de soins. Chaque corps inscrit dans une parole différente est différent, et le savoir des médecins qui concerne le corps en général se heurte à la vérité du corps particulier de chacun. C'est ce lien de vérité entre la parole et le corps que l'analyste en service de médecine vient questionner. Cette vérité est autre que le savoir médical, elle pose la question du désir et du fantasme.

Le temps de travail sur le fantasme, c'est celui du rendez-vous avec le psychanalyste. Le travail se fait avec les enfants mais aussi dans le service auprès de l'équipe, qui se questionne au-delà de son travail quotidien, sur la place qu'elle occupe auprès des enfants et de leurs parents. Comment aider ces femmes prématurément mères à surmonter le drame de cette naissance ?

Dans un service de réanimation, les mères qui viennent d'accoucher d'un enfant malade ou d'un prématuré sont plus que toutes les autres confrontées pour elles-mêmes à une image de mauvaise mère. Une mère qui n'a pas pu porter son enfant, qui lui a donné une vie trop fragile, qui a peut-être souhaité sa mort ? Si l'ambivalence est présente tout le temps de la grossesse, la naissance sans problème renarcissise la mère en lui offrant un beau bébé en bonne santé qui la rassure et la gratifie.

Lorsque la naissance précipitée se passe dans la panique et dans l'urgence, lorsque les médecins ne peuvent rassurer la mère, lorsque le bébé est réellement en danger, la réalité rejoint le fantasme et le trauma surgit. « C'était bien vrai, j'étais mauvaise, je voulais sa mort », me dit un jour une mère de prématuré qui s'accusait d'avoir eu envie de se débarrasser de son enfant pendant toute sa grossesse. Le trauma est sans parole, il reste sans mot parce qu'il est par définition impensable.

Ces femmes, dont on a retiré l'enfant à la naissance, cherchent à tout prix une explication, une causalité, elles veulent faire un lien psychique. Il y a une force qui pousse le sujet à trouver des causalités à tout événement. Il faut donner à l'événement une signification, un statut. C'est une tentative de reconstruction de la vérité historique. Ce travail d'élaboration est indispensable pour les mères. On remarque alors combien les paroles consolatrices de l'entourage ou du personnel soignant ne servent à rien, qu'à les déprimer encore davantage. Bien sûr on essaie de les faire taire parce qu'il n'est pas question ici encore de laisser une mère parler de l'éventualité d'un désir de mort.

La majorité de ces mères sont englouties à la naissance de l'enfant par un flot de culpabilité. Elles se sentent mauvaises, et l'enfant quelquefois devient pour elles comme un persécuteur. À la sortie du service, cette maman devra vivre avec un enfant qui est vivant grâce à d'autres, qui l'a blessée narcissiquement, un enfant qui lui a donné le goût de l'échec. Elle sera agressive avec son bébé tout comme elle se sentira agressée par lui. L'équipe sera parfois, comme pour épargner la mère et l'enfant, en position d'être pour elle « mauvaise ». Dans tous les cas l'équipe viendra protéger la mère de l'enfant et l'enfant de la mère.

Je me souviens du soulagement de cette maman qui avait eu une grossesse très difficile, lorsqu'un des médecins de l'équipe lui dit : « Vous pouvez aller vous reposer, maintenant votre bébé c'est moi qui m'en occupe. » Elle me dit quelques jours après qu'elle avait retrouvé ce soir-là le sommeil. Elle n'était plus responsable seule de son bébé. « Je savais, me dit-elle, qu'il le ferait vivre de force, j'étais rassurée. » Soulagée de la lutte que menait l'équipe pour forcer son enfant à vivre malgré lui — ou malgré elle —, elle pouvait enfin se reposer. Le service peut aussi être quelquefois en position d'autoriser une mère à ne plus être

« mythique », à se dégager de la responsabilité de l'enfant qui, dans cet instant précis de sa vie, la met en danger. Il nous est souvent apparu que ce n'était pas toujours en voulant maintenir du lien coûte que coûte qu'on maintenait le mieux ce lien entre les parents et l'enfant.

Le service protégé par tous ces sas et ses rituels d'entrée, par l'assurance et l'autorité des médecins, vient interdire à la mère et à son petit de s'entre-dévorer. Il y a d'une part le savoir scientifique, et d'autre part le scénario fantasmatique dans lequel l'enfant et ses parents ont un rôle attribué. La distribution de la pièce est alors différente, et le corps de l'enfant n'est plus mis en scène de la même façon. C'est d'une autre histoire dont la mère vient parler, une histoire impossible à entendre pour des réanimateurs, puisqu'il s'agit de supporter d'y entendre la mort inscrite comme réalisation d'un désir. Ce savoir-là, cette prescience de la mère marque le corps de l'enfant comme lieu privilégié d'une inscription. Inscription des signifiants du discours de l'Autre, c'est bien là ce qui est à entendre dans le discours maternel.

Bien au-delà du « parler au bébé », aujourd'hui répandu, qui est certainement une démarche indispensable méritant d'être encouragée, c'est cette inscription qui sera fondamentale à repérer et qui permettra à la mère et à l'enfant de s'y retrouver autrement, les cartes pouvant être quelquefois redistribuées. De nos jours, dans la plupart des services de réanimation de nourrisson, l'effort des psychologues et des psychanalystes qui y travaillent semble porter sur la nécessité de maintenir à tout prix du lien entre mère et enfant. Soutenir la mère, lui permettre de souffrir de préoccupation maternelle primaire, malgré les écrans de la technologie et les interférences du pouvoir des médecins. Cette position, expliquent-ils, se doit pour bien faire d'être « grand-maternelle ». Le peau à peau, l'écoute bienveillante de la mère, l'accueil du bébé par la parole, comme humain dans le monde des humains, est certainement indispensable, mais est-ce suffisant ?

Ce qui s'est imposé à nous dans notre travail à Saint-Denis, c'est autre chose que cette position d'autorisation et de réassurance « grand-maternelle », c'est une position plus paternelle, une position tierce où l'équipe tout entière viendrait protéger, en les séparant, mère et enfant.

L'analyste dans ce temps de coupure aura à travailler la

question de la perte, la symbolisation de cette naissance qui justement dans l'urgence, le drame et l'insoutenable présence de la mort n'a pu être parlée. Sigmund Freud, dans *Malaise dans la civilisation*[1], décrit l'instinct de mort comme opérant en silence à l'intérieur de l'organisme en vue de sa destruction. Il souligne qu'une partie de cet instinct peut être mis au service de l'Éros lorsqu'il se détourne vers le monde extérieur pour détruire quelque chose d'animé au lieu de se détruire lui-même.

Ce désir de destruction n'est pas chose facile à entendre pour des soignants qui firent tant d'années d'études pour sauver la vie des bébés, pour « restaurer » l'enfant et rendre aux mères ce qu'ils pensent être enfin le bébé phallicisé de leurs rêves.

Une femme meurtrie peut devenir mortifère, perdre tous ses repères, sombrer dans le délire au moment de la naissance d'un enfant. Mais pouvons-nous parler d'instinct maternel chez les humains ? Une parole folle peut suffire à venir tout ravager dans la relation d'une mère à son enfant, une malédiction familiale, dont elle est porteuse quelquefois même à son insu : « Tu seras une mauvaise mère, tu seras une tueuse d'enfant. » En cela, les mères sont toujours en position de victimes.

De nos années de travail, nous avons acquis la conviction que l'intervention de la médecine pouvait venir déjouer une parole, pouvait quelquefois arrêter la malédiction. Il s'agit pour l'équipe de donner à la mère un temps où la symbolisation serait rendue possible, en acceptant d'occuper une place tierce de « garde-fou ».

C'est dès lors, au-delà du seul rendez-vous avec le psychanalyste du service, que toute l'équipe accepte de s'interroger et de se remettre en cause pour permettre à la mère et à son bébé de se retrouver différemment.

1. S. Freud, *Malaise dans la civilisation*, PUF, « Bibliothèque de psychanalyse », 1981.

MYRIAM SZEJER*

À l'écoute des nouveau-nés en maternité

« Certains analystes même ont beaucoup de peine à admettre qu'on puisse parler à un bébé immédiatement, dès sa naissance. Pourtant, ce sont les premières choses entendues, dès sa naissance, qui le marquent toute sa vie et qui restent indélébiles sur la bande magnétique de sa mémoire[1]. » Si les symptômes, physiques ou psychiques, exprimés par les mères, les pères ou leurs nouveau-nés peuvent être traités médicalement, ils peuvent également être replacés dans le contexte subjectif de chaque naissance et appréhendés parallèlement sur un mode médical et psychanalytique. On peut dès lors les considérer comme des signes transgénérationnels. Un symptôme peut être interrogé à l'éclairage de l'histoire de l'enfant, de la question de son désir, celui de ses parents et celui de l'équipe soignante. En maternité, le lieu du symptôme est tripartite. Il peut siéger chez l'enfant, son père ou sa mère, dans l'intimité de la remise en jeu de la filiation que Catherine Dolto-Tolitch a qualifiée d'indémaillable.

Car la souffrance, au sens analytique du terme, est souffrance de parole. Qu'elle soit de corps ou d'âme, elle est

* Pédopsychiatre, psychanalyste, attachée à la maternité Antoine-Béclère, service du professeur René Frydman. Présidente de l'association La Cause des bébés.

1. F. Dolto, *Séminaire de psychanalyse d'enfants,* 2, Le Seuil, « Points essais », 1985, p. 96.

toujours souffrance symbolique et le besoin de parole est si réel que le corps peut en être atteint dans son organisation, son fonctionnement et son intégrité. Cette parole s'adresse à qui elle peut, par le biais du symptôme, c'est pourquoi l'écoute analytique peut s'exercer dès les premiers moments de la vie, à condition toutefois que l'analyste puisse se déplacer à la maternité.

La pratique psychanalytique exercée en suites de couches se heurte avant tout au fonctionnement hospitalier qui fait sortir l'analyste de son cabinet. Il est alors difficile, mais pourtant indispensable, de créer un cadre permettant l'expression d'une demande par les patients. Pour cela il m'a été nécessaire d'imaginer un protocole applicable à une collaboration étroite entre l'analyste et l'équipe soignante. La démarche d'aller à l'écoute est épargnée à un analyste en cabinet car les personnes lui sont adressées et viennent avec leur demande, même si celle-ci reste encore à travailler. Elle peut l'être également à l'hôpital, par le biais d'une médiation du personnel hospitalier. Leur fonction d'intermédiaire constitue une dimension transversale d'intelligence et de sensibilité au contexte qui permet d'éviter à l'analyste d'être en position de demandeur, voire de prescripteur. C'est elle qui nous autorise à suivre Jacques Lacan lorsqu'il écrit : « L'importance de préserver la place du désir dans la direction de la cure nécessite qu'on oriente cette place par rapport aux effets de la demande, seuls conçus actuellement au principe du pouvoir de la cure[1]. »

La réactivation de la filiation due à l'arrivée d'un bébé donne une tonalité toute particulière aux entretiens analytiques. Ils se déroulent dans un climat extrêmement favorable à l'émergence de paroles conscientes et surtout inconscientes qui surgissent comme si elles siégeaient à fleur de peau. Cette disponibilité particulière à parler que nous constatons dans ces moments-là chez les parents est transitoire et nous impose une grande rigueur. Seul le respect d'un cadre de type analytique fondé sur la reconnaissance de la demande peut permettre d'en contenir les effets.

Une éventuelle demande est dépistée, qu'elle provienne de l'enfant ou de ses parents et quelle qu'en soit la forme,

1. J. Lacan, « La direction de la cure », in *Écrits*, Le Seuil, 1966, p. 633.

lorsqu'elle a été entendue par un membre du personnel de l'équipe obstétrico-pédiatrique. Une consultation avec l'analyste peut alors être proposée aux patients par la personne qui s'est rendue sensible à cette demande. Si le professionnel a été préparé à respecter un éventuel refus à sa proposition, l'essentiel d'un cadre analytique est en place pour une intervention. Cette médiation des équipes médicales fait apparaître le besoin de parole d'une part, d'autre part la grammaire de la situation ou encore son contexte. Elle réalise une condition à l'acte analytique que je qualifierai de placentaire, au sens du lieu des échanges.

Le bébé va contraindre sa mère à lui aménager une place par rapport à son couple cependant que, dans la famille, chacun va devoir se pousser. Cette bousculade se répercute loin car elle va toucher collatéraux, ascendants et descendants. Il faut renégocier son espace en fonction du nouveau venu. Ce qui rend cette opération parfois difficile, ce sont les contenus inconscients difficiles à mobiliser. Ils peuvent être à l'origine de signes de toutes sortes dont l'enfant peut parfois se faire le porteur et le rester toute sa vie.

Car la coupure ombilicale n'est pas simplement charnelle, elle est aussi symbolique et peut ne pas parvenir à s'inscrire. Pour des raisons qui sont les leurs, certains parents semblent préférer que l'enfant leur reste appendu comme lieu de souffrance, de jouissance, et n'acceptent pas la consultation proposée. Ils refusent ainsi à leur bébé son accès au statut de sujet séparé. L'analyste doit alors aider les soignants à concevoir l'intérêt du respect des résistances, conscientes ou inconscientes, de certains parents. Il faut leur faire entendre que l'hospitalisation en maternité n'est pas toujours le lieu où doit être proposée une réponse à une demande, et que ce qui peut apparaître comme une demande ne l'est pas forcément. Les impasses des diagnostics et des traitements médicaux interpellent souvent l'analyste sous la forme d'une demande, mais il faut chercher à préciser de qui elle émane, de l'équipe ou du patient. Si le bébé est un sujet, il est, au sens juridique, un sujet mineur sous tutelle parentale, comme tous les enfants. Ce sera donc aux médecins, dans la mesure de leurs possibilités, de rendre ce symptôme supportable à défaut de guérison. Il faut parfois attendre que la demande se reformule dans d'autres lieux, à d'autres moments, et même sous une autre forme. Il s'agit alors simplement de laisser la porte ouverte.

Les parents qui refusent la consultation ont leurs raisons, elles sont à respecter strictement car le symptôme peut être un compromis économiquement satisfaisant face à l'intensité des réorganisations familiales que sa remise en question pourrait parfois engendrer dans la violence du post-partum.

La dame en noir

Le bébé de la dame en noir pleurait, mais de pleurs terribles, gutturaux, insoutenables. Elle pleurait de souffrance, alors qu'elle ne manquait ni de sommeil, ni de nourriture, ni de soins, ni de consolations : c'était au-delà du manque et du besoin. Ses pleurs étaient publics : elle avait pratiquement phagocyté la réunion avec les nouvelles accouchées que nous avions ce jour-là en pleurant en continu durant toute cette réunion, et l'assistance, loin d'être agacée, avait été gagnée par sa peine.

La dame en noir avait accepté de me rencontrer. Elle se plaignait de ne pas avoir de lait, et y voyait la raison des pleurs de son bébé. En fait, il ne mourait pas vraiment de faim, c'est pourquoi l'équipe hésitait à lui donner un substitut au lait maternel de peur d'interférer sur la mise en route de l'allaitement. Elle avait bien eu une montée de lait un peu retardée, mais on ne pouvait pas dire qu'elle faisait mourir de faim son enfant, comme elle le pensait... Plus elle était sensible aux pleurs de son enfant, plus elle se sentait impuissante. Du coup elle pensait son bébé inconsolable. C'est elle qui l'était en fait.

Elle me raconta que sa mère était morte pendant qu'elle était enceinte. Ses rapports avec elle avaient toujours été difficiles, et la tendresse maternelle dans cette famille avait été celle de la dame en noir elle-même, qui s'était toujours occupée de sa sœur, comme s'il s'agissait de sa propre fille. Celle-ci était morte elle aussi d'un cancer deux ans auparavant. La dame en noir était en fait doublement en deuil. Pourtant, quand la grossesse s'était déclarée, sa mère s'était rapprochée d'elle, elle lui avait confié qu'elle était sûre qu'elle serait une bonne mère. Elle l'avait soutenue, épaulée, assistée, comme jamais elle ne l'avait fait. Comme disait la dame en noir : « J'avais enfin une mère ! » C'est cette nouvelle mère-là dont la dame en noir portait le deuil : cette mère qu'elle avait enfin trouvée, et aussitôt perdue, qui l'assurait de sa confiance. La perdant, elle avait aussi perdu la possibilité de se considérer comme une bonne mère et d'avoir assez de lait pour nourrir son enfant. Elle s'imaginait que son bébé en payait l'addition.

Je pense que le bébé ne payait rien ; il comptait les points. Il avait perçu le stress de sa mère à l'annonce de la mort de sa grand-mère, l'avait mémorisé au cours de sa vie fœtale, et pleurait lui aussi, mais sans savoir vraiment ce qu'il pleurait faute de paroles organisatrices de ses émotions. Sa mère était tellement prise par le deuil, et avait tant de mal à lui donner de la vie, qu'elle n'avait pas pris le temps de lui parler. Je parlai donc à l'enfant endormie dans son berceau et lui dis : « Ta grand-mère est morte quand tu étais dans le ventre de ta mère, déjà auparavant ta tante était morte d'une maladie grave, et ta mère qui l'aimait beaucoup en souffre encore. » L'enfant endormie se mit à s'agiter. Je poursuivis : « Elle pleure aujourd'hui, non pas ton arrivée, mais le fait que ces deux personnes chères ne sont pas là pour te rencontrer ni pour la voir devenue mère à son tour grâce à toi. Cependant tu n'as pas à la consoler en la maintenant occupée sans cesse par tes plaintes, ce sont les parents qui s'occupent des enfants et pas le contraire, tu n'es pas la mère de ta mère, tu es vivante et elle est morte. Ta tante n'était pas sa fille, c'est toi sa fille. Ta place est celle d'une vivante, pas d'une morte car tu as choisi de naître et de vivre, il te faut maintenant te reposer et te nourrir tranquillement pour grandir. » L'enfant qui s'était remise à pleurer se détendit et se rendormit.

Une mère qui se sent incapable de nourrir son enfant en plein baby blues, c'est le lot commun dans une maternité, c'est peu en apparence, mais si on laisse à la parole la possibilité de venir toucher ceux qu'elle concerne, cela peut être beaucoup.

Peu après cette séance, les pleurs de l'enfant cessèrent, et la montée de lait qui advint dans les heures qui suivirent acheva de rassurer la dame en noir et son enfant. La petite avait quitté la place des mortes au profit d'une place bien à elle, place de fille vivante dans la spécificité de son désir.

Au cours du post-partum, la majorité des femmes présente vers le troisième, quatrième jour après l'accouchement ce qu'on appelle le baby blues ou dépression précoce du post-partum. Il revêt l'aspect d'une dépression authentique avec son cortège de dysthymie, pleurs, sentiment d'incapacité, peur de l'avenir, anxiété, fatigue, etc. Les professionnels ne le traitent pas psychiatriquement pour autant alors que, dans d'autres circonstances, les troubles de l'humeur de ce type feraient l'objet d'une prescription antidépressive. L'aspect labile des symptômes du blues est bien connu et, en guise d'antidépresseur, les femmes entendent le plus souvent : « C'est pas grave, ça va passer, c'est les hormones. » Il faudrait plutôt leur donner l'occasion de parler, elles en ont parfois terriblement besoin et ne trouvent pas toujours d'oreille disponible.

Cet état dont l'étiologie semble échapper à celles qui en souffrent est à mettre en relation avec la reconnaissance mutuelle de l'enfant et de sa mère. Vers le troisième jour, l'enfant est là, encore faut-il que cette présence s'inscrive matériellement et socialement. Ce réel, les psychanalystes depuis Freud l'appellent l'après-coup. Ici c'est celui de l'accouchement qui s'incarne dans un corps d'enfant. Aux parents d'en mesurer l'enjeu dans la parole, dans l'ordre symbolique du langage. Du point de vue de l'inconscient de la mère, le baby blues peut s'entendre comme une réactualisation des deuils et des séparations non symbolisées de son histoire. Cela se passe comme si les portes de tous ses placards à cadavres s'ouvraient simultanément. La charge affective liée à ces coupures, à ces non-dits le plus souvent inconscients, provoque une sorte d'aspiration psychique à l'endroit de l'enfant qui vient y faire sa place comme être de langage. C'est d'ailleurs à cette période du troisième ou quatrième jour, que l'on dit communément que le nouveau-né commence à s'exprimer. Dès lors, il peut entrer dans son historicité, l'histoire est toujours dernière nous. Son expression peut parfois prendre la forme d'un symptôme à interpréter comme un souhait de communiquer une souffrance. Il peut crier, pleurer, dormir sans cesse, présenter des troubles de l'alimentation, perdre du poids, façon de dire qu'il ne parvient pas à occuper sa place au sens littéral du terme, souffrir de signes digestifs à interpréter dans une dynamique des échanges, respiratoires par nostalgie d'une respiration ombilicale, cutanés, etc. La liste est longue.

Le baby blues est le moment langagier fondateur qui survient dans l'après-coup de la naissance. Les trois ou quatre jours consécutifs à l'accouchement réalisent pour le nouveau-né une phase de transition entre sa vie prénatale et son avènement symbolique. C'est une période où il se retrouve dans l'entre-deux de sa naissance et de sa participation active au monde aérien devenu sien. J'ai appelé cette période les « limbes ». C'est un temps où l'enfant est comme en attente des paroles qui vont porter sens à sa vie. Il me semble que c'est là, à proprement parler, le moment symbolique de la castration ombilicale qui interviendrait en fait dans un deuxième temps par rapport à la naissance. Si au cours d'une séance on retrouve l'événement lié à des perceptions anténatales mémorisées et qu'on le restitue en mots à l'enfant, on peut parfois assister à une levée du symptôme, comme si les mots instauraient le sens langagier de ces perceptions que l'enfant réclamait par son symptôme. Comme si le temps de l'embryogenèse et de la vie fœtale pouvait s'inscrire comme autant de traces du manque que la parole postnatale viendrait organiser en désaliénant le corps d'en rester le support, le lieu du langage. Pour qu'un humain puisse se penser humain, il faut que cette coupure, cette castration qualifiée d'ombilicale soit opérante dans le symbolique. Les concepts d'histoire, de préhistoire voire de protohistoire peuvent décrire une parole qui se situe en dehors de l'enfant et le dépasse. Sa naissance vient illustrer cette histoire dans la mesure où il la reçoit et l'accepte avec ses aléas. Mais, en même temps, il s'en éloigne, car il la parle, la pense.

Chez le fœtus, on peut dire que les catégories du désir et du besoin classiquement décrites dans la théorie analytique sont primitivement confondues, leur distinction ne sera opératoire qu'après la naissance, sous l'influence de la parole.

Les mots sont, dans la majorité des cas, prononcés sans intention consciente, autour du bébé ou à son adresse par les parents, famille et entourage. Il arrive parfois cependant qu'à l'appel d'un symptôme, ou systématiquement en cas de séparation, une intervention soit nécessaire.

Le baby blues est d'autant plus prononcé que les techniques obstétricales actuelles visent à court-circuiter le plus possible les douleurs physiques de la mise au monde et accentuent celles du post-partum. Dans ce sens, l'allaitement maternel, avec tous les aléas de sa mise en route, sera une scène idéale à son expression comme nous l'a montré la dame en noir. L'alimentation au biberon, elle, peut masquer la violence des échanges mère-bébé. Du lait qui ne vient pas à l'enfant qui ne tète pas, toutes les variantes sont possibles pour dire une blessure réouverte pour laquelle le réel du corps devient impasse de parole, lieu de l'insymbolisable.

Il semble que la sensibilité des nouveau-nés soit tout particulièrement réceptive aux attentions. L'humain est parlant et cette dimension qui lui est spécifique lui permet d'entrer dès sa naissance dans ce mode de communication privilégié à l'autre qu'est la parole. On ne devrait pas, comme nous l'a enseigné F. Dolto, omettre de l'utiliser lorsque nous nous adressons à d'autres humains destinés à parler, mais dont le stade évolutif n'est pas encore mature, car la clinique psychanalytique nous montre que la parole vraie, telle que l'ont conceptualisée certains psychanalystes, touche le sujet bébé au point de lui permettre de se remettre à fonctionner de façon harmonieuse dans l'univers qui est le sien.

Lorsque les parents la demandent ou l'acceptent, la démarche analytique peut permettre à chacun d'occuper au mieux sa place. Pour cela il sera toujours souhaitable d'intervenir au plus tôt, parfois même en amont de l'apparition des symptômes, et d'ouvrir ainsi un champ peu exploré de la prévention. Les psychanalystes savent bien qu'il faut plusieurs générations à la constitution de la psychopathologie, de toute façon ils arriveront toujours en retard !

DANIEL CAU*

L'accueil de l'enfant à l'hôpital

« Puisqu'il y a corps, il y a sujet. »

FRANÇOISE DOLTO[1]

Marion a six ans. Un dimanche matin, elle se promenait avec son père et son petit chien quand celui-ci a été attaqué par un autre chien. Marion a été bousculée, est tombée, a perdu connaissance pendant une à deux minutes. L'après-midi même Marion était somnolente, a vomi plusieurs fois, s'est plainte de maux de tête. Le médecin de famille l'a hospitalisée. Le scanner cérébral demandé par le médecin de garde dans la crainte d'une complication de traumatisme crânien ne montrait ni contusion ni hématome intracrânien mais une asymétrie des ventricules latéraux des hémisphères cérébraux avec une image floue intraventriculaire appendue en battant de cloche dans la corne occipitale du ventricule gauche : tumeur ou variante anatomique ? Un deuxième scanner avec injection de produit opaque a été programmé pour le lendemain.

J'ai fait la connaissance de Marion le lendemain matin à la visite. En reprenant l'interrogatoire j'ai évoqué un malaise vagal en raison de la précession de la perte de connaissance sur la chute, de l'absence de traumatisme crânien, de la

* Chef du service de pédiatrie générale à l'hôpital Pasteur, Cherbourg.

1. F. Dolto, *L'image inconsciente du corps*, Le Seuil, « Points essais », 1992.

pâleur, de la reprise rapide de la conscience. Marion ne se plaignait plus de céphalées, ni de vomissements. Nous fûmes convenus de vérifier son ionogramme sanguin, son électrocardiogramme et de nous revoir après le deuxième scanner le soir même. J'étais cependant intrigué par le fait que les céphalées, les vomissements et la somnolence avaient duré plusieurs heures après ce malaise. En interrogeant de nouveau Marion, elle m'apprit qu'elle se plaignait souvent de maux de tête et de douleurs abdominales concomitantes : céphalées en hémicrânies, droites ou gauches, pulsatiles, durant plusieurs heures, accrues par le bruit, la lumière et l'effort, et calmées par le repos ou le paracétamol. L'hypothèse d'une migraine s'imposait. Pour la confirmer j'ai exploré les antécédents familiaux : la mère, la grand-mère, deux tantes maternelles et la sœur aînée de Marion souffraient de migraines typiques.

Mais au moment où j'ai demandé à la mère combien elle avait d'enfants, après avoir évoqué les deux aînés, elle a hésité puis m'a dit que la grossesse ayant donné naissance à Marion était une grossesse gémellaire et qu'elle avait perdu la sœur jumelle de Marion, Fanny, morte *in utero* quelques semaines avant l'accouchement sans qu'on ait su pourquoi. Et la mère a ajouté : « Cela m'ennuie d'en parler devant Marion parce qu'elle ne le sait pas. » J'ai répondu que Marion l'a certainement toujours su même si la maman ne lui en a pas parlé. Au moment où j'ai prononcé cette phrase, Marion qui était debout devant moi, attendant que je l'examine, s'est effondrée pâle et sans connaissance : deuxième malaise vagal typique qui a cédé en quelques secondes en l'allongeant sur son lit. Pendant ce temps l'interne faisait asseoir la mère, guère plus solide que Marion et tout aussi pâle. Pris de court par ce malaise, je me suis penché sur Marion et je lui ai dit avec conviction : « Je comprends que tu sois émue par la mort de ta sœur jumelle, de Fanny, et par le chagrin de ta maman. Mais je ne crois pas que tu aies de maladie grave. » Et j'ai demandé à la maman comment cela s'était passé après la mort de Fanny. Fanny était née macérée, décédée *in utero* depuis plusieurs jours. La mère n'avait pas souhaité la voir. Elle a été incinérée et tout le trousseau préparé par sa famille a été jeté. Le père a fait une dépression grave durant les deux années suivantes, nécessitant des soins psychiatriques. La mère se sent déprimée depuis quelques mois seulement, prend des anxiolytiques et vient de prendre rendez-vous avec un psychothérapeute sur le conseil de son médecin traitant. J'ai dit à cette mère que nous, les pédiatres, avions remarqué que le deuil d'un bébé était particulièrement douloureux et qu'on ne pouvait jamais l'oublier : il faut vivre avec cette souffrance. J'ai ajouté que cela aiderait Marion à mettre des mots sur cette souffrance, à comprendre ce qui était arrivé si la maman pouvait, quand elle le sentirait possible, retrouver le dossier médical et en particulier les clichés échographiques de sa grossesse, et expliquer à Marion ce qui s'était passé. J'ai conseillé à la maman de retransmettre notre entretien au père et de lui demander son avis. Nous sommes convenus de nous revoir le soir même à la contre-visite, avec les résultats du deuxième scanner.

Ce deuxième scanner nous a inquiétés, mon collègue radiologue et moi-même. L'image anormale intraventriculaire prenait incomplètement le contraste et ne ressemblait pas à ce que je connaissais. Heureusement nous bénéficions d'un système de transfert d'images entre Cherbourg et le service de neurochirurgie du CHU de Caen et j'ai pu par téléphone avoir immédiatement l'avis rassurant d'un neurochirurgien : cette image est celle d'un plexus choroïde inhabituellement développé, variante anatomique qui ne justifie pas d'artériographie et qui n'explique rien, ni les malaises ni les migraines de Marion. J'ai pu rassurer le soir même Marion et ses parents. Nous sommes convenus d'un traitement anti-migraineux et de nous revoir dans quelques mois. Comme rien n'est simple, Marion le soir de son départ avait 38° et la varicelle : facteur favorisant possible de son malaise vagal ? Avant de repartir les parents m'avaient dit qu'ils avaient retrouvé les clichés d'échographie de la grossesse de la mère et qu'ils étaient d'accord pour en reparler à Marion. J'ai demandé à Marion si elle était rassurée sur sa santé, si elle pensait que « c'était bien qu'on fasse comme ça ». Elle a hoché la tête avec un grand sourire qui m'a rassuré et elle est partie ouvrir la porte pour rentrer chez elle.

J'ai rapporté cette histoire pour mettre en exergue la complexité des situations cliniques que nous rencontrons. En effet, l'histoire de Marion c'est une suspicion de traumatisme crânien non confirmé, un malaise vagal probable, une migraine, une variante anatomique du plexus choroïde, une varicelle, un deuil difficile à faire d'une sœur jumelle, et les dépressions successives de ses parents.

Cela fait sens pour moi, non pas d'emblée mais après quelques heures d'écoute, d'analyse des symptômes, d'examen clinique, d'examens complémentaires, de discussion entre plusieurs spécialistes. Tout cela définit assez bien le travail essentiellement clinique des pédiatres généralistes. Mais cela fait-il sens pour Marion et sa famille ? C'est toute la question.

Accueillir l'enfant, cela ne veut pas dire le faire bénéficier d'une salle de jeux, d'une salle de classe, de locaux gais et adaptés, encore que cela soit très utile. Il ne suffit pas non plus de faire une place aux parents dans les services de pédiatrie, bien que cela soit tout à fait indispensable. Accueillir l'enfant c'est respecter ce qu'il est et ce qu'il dit, ou ce qu'il nous donne à voir : l'écouter et le regarder. Mais c'est aussi respecter les règles de notre pratique pédiatrique auxquelles il a recours.

La démarche médicale occidentale est fondée sur l'analyse précise des symptômes, le regroupement en syndromes, en maladies. Elle consiste à essayer de faire entrer un cas particulier — celui du sujet que l'on a devant soi — dans un chapitre de la pathologie, le fameux « cadre nosologique ». Cela impose d'objectiver ce que dit et ce qu'est le malade. Cette démarche médicale poussée à l'extrême aboutit à résumer l'histoire de Marion selon la Classification internationale des maladies (la fameuse CIM X) par les codes suivants : R 55, G 43.9, Z 63.4, etc. L'évolution des techniques impose cette démarche déshumanisante. Elle a sa logique nécessaire à son efficacité. Elle a son sens propre. Les techniques biomédicales ont fait la preuve de leur efficacité. Les préoccupations de gestion sont également justifiées. Nous aurions tort de l'oublier. La difficulté, et ce qui fait la qualité de l'accueil de l'enfant dans un hôpital, c'est que notre démarche médicale fasse sens pour l'enfant.

Pour cela il est indispensable de se donner du temps : laisser à l'enfant, à ses parents le temps de comprendre, le temps de s'exprimer, de participer activement aux soins. Ne plus dire : « Ce n'est rien, ça ne fait pas mal, c'est fini, ne pleure pas, ta maman va revenir tout de suite », mais : « Aide-moi à te soigner, cela m'aide que tu me dises si tu as mal, je comprends que tu aies du chagrin, tu as le droit de pleurer. » Dans l'épreuve d'objectivation de son corps que le médecin lui fait subir, laisser l'enfant s'exprimer c'est lui redonner la place de sujet de son histoire et cheminer à côté de lui pour surmonter l'épreuve de la maladie. Il y a quelques années nous endormions beaucoup d'enfants pour faire les scanners. Grâce à la surveillante du service, Renée Lebreuilly, nous avons pris l'habitude de faire visiter la radio aux enfants et à leurs parents quelques jours avant l'examen pour leur expliquer comment cela allait se passer. Cela nous a permis de diminuer l'agitation des enfants, le nombre d'anesthésies générales indispensables.

Malheureusement, l'accélération des soins et leur incohérence sont accrues par l'accroissement du nombre de recours aux consultations en urgence, la perte de la continuité du dialogue singulier et confiant du pédiatre ou du médecin de famille avec les parents, la multiplication des intervenants, la complexité croissante des biotechnologies médicales et des examens complémentaires, le souci de rentabilité des plateaux techniques hospitaliers, la diminution du temps d'analyse clinique par rapport au temps consacré à ces examens complémentaires. Enfin, la diminution programmée et dramatique du nombre de pédiatres à partir de l'an 2000 réduira inexorablement la disponibilité des pédiatres auprès des enfants.

Malgré tout cela, améliorer l'accueil de l'enfant nécessite de lui donner le temps de comprendre, de participer activement aux soins, de nouer une alliance thérapeutique avec son médecin et avec les soignants. C'est alors lui restituer sa dignité de sujet dans l'épreuve que lui fait subir la maladie. C'est éviter que la démarche médicale ne le transforme en objet de soins, ne le déshumanise.

Pour conclure ce premier point j'évoquerai le cas d'un jeune garçon qui après son scanner cérébral avait présenté une agitation incompréhensible. En fait le pédopsychiatre consulté a appris qu'il avait entendu le pédiatre dire à sa mère à propos de ses radios : « Il n'a rien. » Et l'enfant avait compris... qu'il n'avait pas de cerveau ! Méfions-nous des raccourcis et des quiproquos qu'ils entraînent.

Mais si le manque de temps peut rendre la démarche médicale insensée et iatrogène, un excès de temps peut être également source d'erreur. La deuxième difficulté à laquelle la pratique nous confronte réside dans la confusion que peut provoquer la surabondance de renseignements recueillis. Confusion non seulement pour les malades mais aussi confusion pour les médecins, les soignants. La complexité de l'histoire de Marion illustre bien le risque de voir les questions qui se posent successivement au médecin recouvrir et masquer le motif initial d'hospitalisation. L'erreur serait d'oublier d'explorer le malaise, ce pourquoi Marion a été hospitalisée, et de s'obnubiler sur ses migraines, les anomalies du scanner, la varicelle ou le deuil de la sœur jumelle, la dépression de ses parents. Il appartient au clinicien de hiérarchiser ces préoccupations, de proposer des solutions, de restituer à l'enfant et à ses parents leur responsabilité. La difficulté, le piège, c'est de laisser notre subjectivité, nos émotions contre-transférentielles modifier notre démarche médicale. Tout soignant connaît la difficulté de soigner quelqu'un de sa famille, un être qui lui est cher. Mais l'interférence de nos émotions est moins facile à repérer dans notre pratique habituelle. C'est la raison pour laquelle tant de services de pédiatrie ont pris l'habitude de collaborer avec des psychanalystes : pour permettre aux pédiatres, aux soignants de s'investir sans se perdre dans une relation de soins humaine de sujet à sujet, et pour éviter de réduire sans le savoir, sans en être conscient, l'enfant au statut déshumanisant d'objet de soins.

Je tiens à remercier ici le chef du service de pédopsychiatrie de Cherbourg, le docteur Erol Franko ainsi que toute son équipe avec laquelle nous collaborons depuis plus de dix ans et Mme Annie Sotty, psychanalyste. Cette collaboration clinique quotidienne, à la demande des pédiatres et sans attendre la demande des malades et de leurs familles le plus souvent, prend plusieurs aspects : visites et consultations conjointes, discussion de dossiers, synthèses, réunions entre services. La présence physique du somaticien et du « psy » au lit du malade, leur dialogue permanent dans le respect mutuel de leur discipline, permettent au pédiatre de ne pas s'engluer dans les sentiments contre-transférentiels, et au psy de ne pas oublier les réalités biologiques. Ainsi avons-nous pris l'habitude de réfléchir ensemble à des questions pratiques indispensables au malade et riches d'intérêt théorique : pour quelle raison cet enfant est-il là ? Qui est responsable de lui ? À quel titre ? Quels sont les autres intervenants autour de lui ? Qui est le mieux placé pour l'aider ? Quelle est la responsabilité du pédiatre ?

J'ai eu la chance au cours de ma carrière de travailler avec des psychanalystes. Je leur suis reconnaissant de m'avoir aidé à mieux comprendre ce que je faisais, à entendre ce que je disais et que je ne savais pas avoir dit.

Contrairement à d'autres pédiatres dont F. Dolto est un des exemples les plus illustres, ils ne m'ont pas donné envie d'abandonner la pédiatrie pour la psychanalyse, mais ils m'ont convaincu que la meilleure aide psychologique qu'un pédiatre puisse apporter à un enfant, c'est d'analyser rigoureusement ses symptômes, de l'examiner complètement et avec soin, de formuler avec clarté ses hypothèses diagnostiques et ses propositions thérapeutiques. Et c'est difficile... Bref, c'est de faire mon métier de pédiatre... Puisqu'il y a sujet, il y a corps.

Conclusion de l'atelier : Soins et santé

Dans cet atelier, nous avons remonté le temps, le temps de la formation de l'être, le temps de la vie. Trajectoire singulière qui, d'un désir d'humains, fait advenir au monde un autre humain. Parcours qui continue à nous questionner — quels que soient les progrès — sur le « mystère du commencement ».

Relevons les points fondamentaux qui ont ponctué les interventions :

— la prise en compte de *l'événement*, atteignant la mère avant même parfois la conception, souvent pendant la grossesse et se révélant à travers le bébé ;

— l'importance de *la relation langagière* pour donner sens à la souffrance synchrone de la mère et de son bébé pré-né, prématuré ou nouveau-né à son terme ;

— l'urgence préventive de *border* les trous de langage — comme l'a dit J. Lacan : « le trauma est un trou sans bords » — par des gestes qui parlent et des mots qui touchent comme la psychanalyse et l'haptonomie nous l'ont montré ;

— *la compétence potentielle* des professionnels à cette approche, de l'échographiste au pédiatre en passant par le fœtologue, informés par la psychanalyse sur les prodigieuses ressources de la communication avec, en contrepartie, la nécessité de délimiter les champs d'intervention de chacun auprès de la triade père-mère-enfant pour un accueil cohérent.

La perspective ouverte par F. Dolto a bien pris en compte « l'énigme de l'éternité qui nous a précédés ».

RÉVAZ-DAVID NICOLADZE*

* Pédiatre, psychologue interculturel, ancien chef d'unité de néonatologie.

DEUXIÈME PARTIE

La Maison Verte et les structures Dolto

LAURA PRÉMAT*

Une longue histoire

La Maison Verte, les structures Dolto, il s'agit en fait d'une longue histoire. Les lieux d'accueil pour des petits enfants accompagnés de leurs parents, et qui se réfèrent à F. Dolto ou à la Maison Verte, se multiplient en France et ailleurs, dans d'autres cultures, avec d'autres façons d'élever l'enfant.

Cela pose plusieurs questions : qu'est-ce qui n'a pas été entendu dans la société adulte pour qu'elle se sente ainsi intéressée et concernée par la question de l'infans, celui qui parle par son corps ? Qu'est-ce qui, de l'humain, cherche à être écouté dans ce type de lieu social, convivial où l'enfant est dans le temps des premières relations intersubjectives ?

Ce n'est pas le cadre qui fait le lieu : des enfants, des parents, des accueillants dans un temps et un espace donnés. Pour que ça « prenne », il faut bien autre chose, un au-delà du cadre de travail, mais comment le définir et en rendre compte ?

La Maison Verte, le Jardin Couvert, et d'autres lieux, sont des structures vivantes, chacune avec son histoire, toujours semblable, toujours différente et unique : des identités qui permettent de se parler, de vous parler. Elles cherchent à se conceptualiser, se questionner, elles se modifient dans la rencontre de parole, et elles s'affinent dans la transmission.

* Accueillante à la Maison Verte (Paris).

À la Maison Verte, nous avons notre histoire et d'abord celle de F. Dolto, pour qui la création de ce lieu était associée à une évidence : « Il faudrait une Maison Verte dans chaque arrondissement, dans chaque bourg. » Ou encore : « Le pouvoir politique doit s'intéresser en priorité à nos plus jeunes citoyens. » Elle ne savait pas à l'avance comment cela fonctionnerait ni si cela correspondrait à un besoin de société. Vingt ans après, il semble que oui, mais lequel ?

La création de ce lieu, qui est contemporain d'un grand nombre de ses écrits ou les précède, s'inscrit au cœur de son œuvre, au moment où elle arrête sa consultation pour témoigner et transmettre. La Maison Verte sera la mise à l'œuvre, la mise à l'épreuve de cette pensée qui pense l'expérience : « C'est ce que les enfants m'ont enseigné », nous dira-t-elle. Les enfants, l'enfant en elle d'abord, toujours présent.

À sa consultation de l'hôpital Trousseau, qui prend fin en 1978, au moment de l'élaboration de la Maison Verte, nous y trouvons des prémices. Presque quarante ans d'expérience et d'écoute partagées. Elle recevait les familles et les enfants avec d'autres, en présence d'un groupe de psychanalystes, silencieusement actifs. Déjà, en dehors du bureau de consultation, dans la salle d'attente, les échanges entre parents et enfants allaient bon train. « Ce qui s'y passait avait une répercussion importante dans ma façon de travailler », nous racontait F. Dolto.

Recevoir les enfants, c'est tenir compte d'un ensemble relationnel. Quand il s'agit des jeunes enfants, nous sommes tout de suite avec d'autres, la mère, l'autre de la mère, le père, l'histoire des générations. Recevoir les petits, c'est les introduire à un espace pluriel qui donne les médiations nécessaires à la parole.

Il n'y a pas eu, avant son existence, une « théorie Maison Verte » préalable. Ce sont les élaborations conceptuelles de sa théorie, témoignages de son expérience d'écoute de l'enfant qui viendront organiser en filigrane le travail dans ce lieu.

Je distinguerai trois références conceptuelles essentielles chez F. Dolto pour notre travail à la Maison Verte.

1. La reconnaissance chez l'être humain, dès sa conception, d'un sujet de désir et de parole inscrit dans l'ordre de la génération. Cela situe le tout petit enfant, depuis sa naissance, en interlocuteur et lui donne un rôle actif et auto-

nome dans son parcours de vie. L'accueillir ainsi l'introduit dans la vie comme un être de relation, d'échanges corporels, affectifs, langagiers, et l'enracine dans son identité filiale et sexuelle. « [...] L'enfant, ce n'est pas une répétition du passé, mais un être disponible au jour le jour pour perpétuer le contact et les échanges d'une manière aussi créatrice que possible. »

2. Avant l'âge scolaire, c'est avec les parents qu'on doit accueillir et entendre l'enfant « au plus près de là où il est ». Le tout-petit c'est moi maman, maman l'enfant, papa avec maman. Dans ce temps-là, l'enfant parle le parent, le parent parle l'enfant, nous dit-elle.

C'est par la médiation des mots, et des récits qui le concernent, et qui lui appartiennent déjà qu'on donne au petit humain la possibilité d'une identité relationnée et non pas fusionnelle.

Quand on parle à l'enfant devant sa mère de ce qu'elle dit de l'histoire des origines, des bouleversements que sa naissance a déclenchés, des non-dits, il va trouver en lui, dans sa relation à d'autres, le point d'appui où recréer le tissu relationnel propre à lui-même. Et c'est cela aussi qui va permettre à la mère de parler ses propres traces à elle et de remonter le cours de son histoire.

C'est dans la sécurité avec sa mère, elle-même étant dans la sécurité d'une relation d'échange social, que l'enfant pourra trouver sa place dans la société humaine sans se perdre et sans dévier, et cela, de proche en proche : du moi maman à moi avec maman, puis dans la sécurité de son identité, il prendra le risque d'aller vers les autres, un parmi d'autres, sans devenir objet grégaire. La constitution d'un ordre social ne peut se faire que dans la parole.

3. Sa propre recherche : comment la pensée psychanalytique peut-elle être efficace en dehors du cadre qui spécifie sa pratique et comment un psychanalyste peut, en tant que citoyen analysé, s'inscrire dans le social ? Nous sommes dans la transmission. Mais ici, il s'agit d'un travail que F. Dolto nomme être la prévention des troubles relationnels précoces et qui va permettre la socialisation en présence, travail de prévention ou travail au plus précoce. Une conviction qu'elle partagea avec d'autres : il faut pouvoir intervenir, avant trois ans, dans ce temps de prématuration où la parole est inscrite à l'entrecroisement des sensations et des mots et vient nourrir la croissance et le devenir de l'enfant.

Être attentif à cette parole et en déchiffrer le langage peut permettre que les aléas de l'initiation à la vie (séparations, jalousies, non-dits...) ne viennent se cristalliser dans le symptôme.

La mise en place de ce que sera la Maison Verte est une histoire à plusieurs. En 1976, au centre Étienne-Marcel, un groupe de psychanalystes est au travail : Pierre Benoït, Françoise Dolto, Colette Langignon, Claude et Bernard This, qui en était le directeur médical.

Ils imaginent la possibilité de recevoir de jeunes enfants avant l'âge scolaire avec leurs parents. L'autorisation de la Sécurité sociale n'a pas suffi : les mères ne venaient pas avec leurs petits. Il fallait bien aller ailleurs et faire autrement : un jardin public, couvert, avec des adultes qui accueillent, dont des psychanalystes, mais pas seulement.

Ce lieu social, au quotidien de la vie, lieu de parole où l'enfant est accueilli comme une personne déjà autonome dans son statut de sujet, doit se mettre en place en dehors des structures existantes, dans l'anonymat social, protégé de la surveillance médico-administrative. Ce lieu doit rester dans la vie et surtout ne pas devenir une institution.

Ce groupe de psychanalystes rencontrent Marie-Noëlle Rebois, qui travaillait en prévention, et Marie-Hélène Malendrin qui avait créé, dans le cadre de l'AEMO (Action éducative en milieu ouvert), un atelier pour de jeunes enfants accompagnés de leurs parents.

Il a fallu la détermination de ce groupe — deux ans encore — et une rencontre créative avec les milieux politiques de ces années-là — Mme Simone Veil, M. Fragonard, Mme Garnier-Dupré, la Fondation de France — pour que cette aventure voie le jour dans le cadre d'« innovations sociales », et enfin se pérennise.

Cet acte créateur venait faire rupture dans la logique institutionnelle psychiatrique, pédagogique et médicale. Il s'inscrit dans un moment d'ouverture de la psychanalyse d'enfant.

La Maison Verte est un espace pas bien grand où des femmes et des hommes accueillent une quarantaine d'enfants avec leurs parents, qui poussent la porte chaque jour depuis vingt ans pour rester un moment, l'après-midi, revenir ou pas. Des canapés, des livres, des jouets et du temps devant soi. La vie en société avec ses risques et ses plaisirs partagés « en présence de ceux grâce à qui l'enfant sait qui il est ». C'est un lieu social où les expériences de la vie se déroulent et peuvent se dire, intermédiaire entre l'intime du sujet et l'entrée dans le socius, un lieu entre deux : maman-papa et l'enfant, en dehors-hors institution où, grâce à l'anonymat social, on est à l'abri, on peut se poser, se reposer, s'appuyer sur. Rien n'est à prouver ni à justifier, pas d'emprise de savoir sur les histoires des autres, ni de visée éducative ou directement thérapeutique, pas de prétexte de jeux, d'activité ou de symptôme. On y vient parce qu'on a le désir de venir.

À la Maison Verte, d'où que tu viennes et qui que tu sois, tu as ta place ici pour ce que tu es : un humain en devenir dans le lien de la génération. L'accueillir ainsi, c'est aider l'enfant à accepter sa différence par rapport à ceux qui l'entourent, dans le plaisir d'être avec les autres.

Les difficultés à devenir parents sont nombreuses et universelles, on n'y échappe pas : les écueils du passage de fille à mère, de fils à père, la rencontre de deux représentations de la maternité et de la paternité, l'enfant merveilleux qu'on ne retrouve pas, les deuils. L'histoire et les difficultés des parents, dans ce temps-là, sont aussi présentes que le bébé qu'ils apportent dans leurs bras chaque après-midi à la Maison Verte. Ces aléas de l'histoire de chacun ne permettent pas toujours aux parents d'être attentifs à ce qui parle chez leur enfant et se dit avant même le langage dans le sourire, le regard, la joie et la peur, les colères comme dans les troubles de l'appétit et du sommeil.

La Maison Verte est lieu de l'archaïque. La résonance de la parole dans le corps et le rapport qu'elle entretient avec l'inconscient sont soutenus en ce lieu par la présence d'accueillants dont certains, ailleurs, pratiquent la psychanalyse.

ANNE-MARIE CANU*

La Maison Verte : le jeu des relations

Souvent on a de la Maison Verte une image assez banale, comme d'une œuvre un peu mineure, où se prolongerait l'action de F. Dolto, où il y aurait un peu de psychanalyse, un peu de réconfort pour les mères, d'accueil convivial et sympathique pour les enfants.

Le film que nous venons de voir, la parole que nous venons d'entendre, suggère un enjeu bien différent. La Maison Verte pourrait bien être un lieu extrêmement original, qui rejoint d'un bond ce que la psychanalyse telle qu'elle est exercée habituellement tâche laborieusement d'atteindre : ce lieu de genèse de l'humanité où tout se joue très vite. À la Maison Verte, on n'est pas seulement en référence à ça. On y est.

C'est pourquoi cette création à plusieurs — psychanalystes et éducateurs — tient dans l'œuvre de F. Dolto une place qui apparaît majeure. Sans doute est-ce là que s'est exprimée, réalisée avec le plus de force, l'intuition qui a commandé sa vie et sa pratique. Pas en thèses ni en discours — si utiles qu'ils soient — mais œuvre vive qui n'existe que par ceux et celles qui y trouvent vie.

La Maison Verte, elle en parlait très souvent, à propos de n'importe quel sujet, un peu comme dans les grandes

* Accueillante à la Maison Verte (Paris).
Ce texte a été écrit en collaboration avec Dominique Berthon, Marie-Noëlle Rebois et Marc Vauconsant, accueillants à la Maison Verte.

aventures, ceux qui en ont vécu les commencements, se les racontent, à la veillée, inlassablement. Mais pour la définir, c'était toujours par la négative : ni une crèche, ni une école, ni une garderie, ni un centre de soins, ni... ni... ni... Ou encore, elle en saisissait un instant vif, un moment, dont elle décrivait l'émerveillement, avec ce génie du récit qu'elle avait, l'émerveillement sans cesse renouvelé de la rencontre, dans ce lieu, du petit enfant avec les autres de son âge. Rencontre dans ce lieu où il n'est pas séparé de son parent et où les effets de ces rencontres multiples sont toujours imprévisibles. Jeu des relations et de leurs effets structurants et libérateurs.

La Maison Verte ouvre des perspectives neuves sur la psychanalyse d'enfant, la psychanalyse tout court et l'humain en général.

Comment définir la Maison Verte ?

Elle apparaît d'abord comme inclassable. La Maison Verte ne se définit que de ce qu'elle est, et ce qu'elle est ne se perçoit que de ce qu'elle rend possible. Cet indéfinissable est, paradoxalement, très défini, dans l'interrelation vivante d'un temps et d'un espace :

— Un temps, le temps de la vie de zéro à trois ans [0, 3 ans], ou plus exactement [– 9 mois, 3 ans]. Temps de la vie à l'état natif. Temps décisif qui est aussi ce temps auquel plus tard la psychanalyse d'adulte aura à remonter, à grand-peine ; ici on y est.

— Un espace, 13, rue Meilhac, où l'on n'est jamais seuls, parce qu'il y a trois personnes, différentes chaque jour, dont la fonction est d'accueillir. L'accueil, c'est : une écoute, dans un lieu, à l'intérieur de ces limites très rigoureuses, qui assurent à la fois sécurité et dynamisme. C'est-à-dire qui rendent possible la rencontre, dans ce lieu, de ce temps de la vie qui est le temps du devenir humain. À cet âge, le petit d'homme ne peut survivre seul, ni physiquement ni autrement. Il y a donc sa mère, son père ou son adulte tutélaire. Tous différents et pourtant tous semblables dans ce même trajet qui passe par l'origine et où chaque rencontre peut faire surgir et révéler en chacun quelque chose qui était encore inconnu.

C'est cette constitution du lieu, rigoureuse en son genre, qui rend possible l'extrême liberté : à l'intérieur de cette permanence, de cette continuité, tout est changement et changement imprévisible. À l'intérieur de ces limites, chacun est là avec les siennes propres, aux prises avec sa propre identité, ouverte et en mouvement par le jeu des relations. En un sens, il n'y a pas de contenu de ce qui se passe à la Maison Verte, qu'on pourrait expliciter ou mettre en tableau. Toutes les relations fonctionnent ensemble, pas divisées : l'enfant dans son entièreté. À partir de la relation toute première de l'enfant et de la mère : c'est l'ouverture de cette relation sur d'autres relations qui s'opère à la Maison Verte. Puissance formidable.

La Maison Verte est un lieu. Décrivons-le globalement.

Un lieu social : les enfants, les mères, les pères, les accueillants. La présence de l'analyse — comme allant de soi.

Lieu où la parole est première et pourtant l'enfant y est « infans », littéralement « non parlant ». S'y annonce un langage avant les mots, un langage de tout le corps.

Lieu de rencontre : rencontre des petits enfants entre eux mais toujours avec leurs mères, pères, ou tenant lieu. C'est donc l'ensemble mère-enfant, « moi-Maman », pour l'enfant dans cet ensemble plus vaste.

Lieu intermédiaire. Intermédiaire entre l'intime et le social.

Ce n'est pas le lieu analytique, très particulier, à deux, lieu clos, en dehors du temps et de l'espace social. C'est un lieu social, un lieu ouvert. Mais il y a une porte, donc un seuil, un dedans et un dehors.

Ni lieu classique de psychanalyse, ni lieu social banal. Il se différencie des deux mais a sens pour les deux.

Mais enfin, qu'est-ce qui s'y passe ?

Les enfants jouent, les adultes parlent, ils parlent aux enfants, ils parlent entre eux. Ou bien ils se reposent. Les enfants parlent entre eux et aux adultes. Et les accueillants (parmi lesquels au moins un homme chaque après-midi), qu'est-ce qu'ils font ? Il peut sembler qu'ils ne font rien. Rien d'autre que d'être là, demeurer, circuler, écouter, partager, parler aux enfants, aux parents, et entre eux.

Il y a bien des règles du lieu, deux règles : la fameuse ligne rouge pour les camions, et les tabliers pour jouer à l'eau.

La règle peut paraître bien arbitraire. Elle est inexorable. Elle signifie la loi, c'est-à-dire la présence de l'autre et la nécessité de respecter un ordre pour que l'autre ait sa place, et du coup avoir soi-même une place. Ce n'est pas le terrain vague. Et ce n'est pas l'envie de chacun qui fait la loi.

Dans ces limites et par elles, une extrême liberté, dans un lieu de relations plurielles.

Un espace pluriel

S'annoncent ainsi les deux traits sans doute décisifs de la Maison Verte. C'est un espace pluriel, avec une extrême plasticité des relations. On va de l'un à l'autre, la relation se déplace à l'infini. Mais toujours dans ce temps pré-œdipien où se forment les structures extrêmement archaïques et déterminantes pour l'avenir, en ce moment que la psychanalyse d'adulte aura le plus grand mal à rejoindre, et avec quelles résistances. À la Maison Verte, on y est, non point dans la solitude d'un individu, mais dans et par un ensemble multiple de relations. L'enfant y est, la mère y est, par son enfant et pour elle-même, dans le surgissement de sa propre enfance, en cet âge d'elle-même qu'a maintenant son enfant, et où par lui elle peut remonter le cours de son temps, de là repartir en avant. Et ce travail, qui est une naissance ensemble de la mère et de l'enfant, co-naissance, se fait socialement, dans ce lieu de relations.

Double trait, lié. Double différence d'avec l'espace social ordinaire, et d'avec la psychanalyse telle que traditionnellement pratiquée.

La Maison Verte est bien un espace social, mais il n'est pas défini par tel fonction, idéologie ou objectif. Il ne se confond pas avec l'espace social en général, celui qu'on quitte lorsque, venant de la rue, on franchit le seuil. L'espace de la Maison Verte est un espace où chaque être humain peut se tenir en son entièreté, l'enfant avec sa mère, le parent avec son enfant. Mieux, c'est un espace qui offre à chaque humain la possibilité la plus grande d'être qui il est, sans rien lui imposer que cette loi qui lui permet précisément de se tenir ainsi.

Mais le paradoxe essentiel à la Maison Verte est que l'enfant a toute la place pour lui, non pas malgré mais grâce à la présence de tous les autres, sa mère, ses parents, les autres enfants, les accueillants.

Souvent arrive une jeune mère, son enfant dans les bras,

disant : « Je viens parce qu'il est trop seul. » Ou : « Je suis trop seule. » Ensemble à deux, on est seuls : alors le risque est de vouloir garder l'enfant pour soi, pour ne pas être seule, et il ne pourra avoir de relation féconde avec d'autres. Ou de le rejeter parce qu'il empêche la mère d'avoir elle-même son identité différente. Plus largement, de répéter avec lui, en toute inconscience, ce dont on a soi-même souffert dans sa propre histoire. La Maison Verte offre ce lieu où l'on peut être ensemble, sans être seul. Fin de la solitude à deux : fin des relations isolées.

L'espace de la Maison Verte n'est pas ce que l'on nomme habituellement la société, mais un espace où se constitue, par le jeu des relations, l'humain comme humain. Apparaît quelque chose d'un espace premier, là où se fait l'être humain, qui y trouve sa place, enraciné dans son origine, sa lignée, et dans la communication avec les autres humains. C'est hors de l'opposition social/individuel. C'est du même coup un lieu totalement neuf, un changement d'univers.

Changement d'univers : où les mots eux-mêmes vont prendre une autre signification : ainsi prévention, socialisation, séparation.

Prévention : la violence, on y est. On est saisi devant la brutalité, la violence des enfants. Et en même temps émerveillés de la force de vie et d'amour qui peut naître là, si parole est donnée. La violence, mise au bon endroit, devient de la force. Donc prévention, mais à condition de bien l'entendre : il ne s'agit pas d'anticiper sur des désordres possibles, en créant de l'extérieur des conditions qui pense-t-on épargneront aux enfants des difficultés annonciatrices d'échec ou de délinquance. La Maison Verte est sans volonté de produire de l'insertion ou de l'adaptation. Les enfants y apprennent plutôt ce « vivre-ensemble » où les pulsions les plus redoutables peuvent être apprivoisées en sorte que l'énergie de chacun a chance de s'harmoniser avec l'existence collective. La société qui se prépare là est une société qui n'a pas peur de l'inconscient et qui ne conçoit pas l'ordre comme un système de défense contre ce qu'elle ressent comme ingouvernable. La société dans son état natif, tel qu'il paraît à la Maison Verte, est une société déliée, par la parole et l'écoute, par la libre circulation, de la terreur infantile qui perdure dans la société des adultes.

Socialisation : pouvoir trouver place dans l'ensemble relationnel et, de là, pouvoir bouger, s'intégrer, être enraciné dans son histoire, sa lignée et, de là, entrer en relation avec les autres sans perdre son identité, laquelle séparation veut dire : naissance, ouverture de la vie.

La Maison Verte a rapport avec la psychanalyse. Pourtant il n'y a pas ici de psychanalyste qui soit dans une fonction d'analyste, encore moins en position de savoir. Freud disait : « C'est le patient qui sait. » F. Dolto dira : « C'est l'enfant qui sait. »

Le social est ici interrelation et ouverture à l'inconscient. Communiquant dans l'ici et maintenant avec ce qui, plus tard chez l'adulte, sera oublié. De cet oubli répressif et lui-même inconscient que désigne le mot refoulement.

La psychanalyse à la Maison Verte sera ainsi d'abord écoute, écoute de l'enfant et de la mère dans ce temps où s'esquisse la capacité humaine du parlêtre.

Le langage de la Maison Verte

Les relations ici se tiennent essentiellement dans la parole. Et d'abord à l'enfant. C'est-à-dire aussi et tout de suite dans l'écoute. Écoute qui donne espace à *sa* parole. L'enfant parle. Il parle avec son corps, il parle avec les mots dès qu'il en dispose. Et il y a un mot d'une importance particulière : son nom, c'est-à-dire en fait son prénom. Le nom patronymique renvoie à la société constituée — dehors. Le pur anonymat jette dans le vide. Le prénom, c'est pour l'enfant qui « je » suis. C'est le mot qui a cette propriété merveilleuse d'être à chacun ce qui lui est le plus propre, et de ne s'éveiller que par l'autre qui m'appelle. Ce mot-là est donc comme le mot premier de la Maison Verte, neuf à chaque fois, et qui désigne pour chacun son espace, chacun pour lui-même et par tous.

Mais, avant les mots, il y a plus étonnant. Ce qui s'entend à la Maison Verte, c'est une parole des enfants entre eux qui précède le langage des mots. Ce langage-là, les mères le connaissent bien, même si elles ne comprennent pas tout. Mais ce langage-là, à vrai dire, langage d'avant la tour de Babel, nous l'avons tous connu — certains d'entre nous sont restés moins amnésiques que d'autres —, correspond à ce moment d'humanisation où l'enfant apprend à communiquer en tant qu'être humain, avec d'autres humains. Il est encore tout chargé de cette violence et compénétration des choses où le langage verbal mettra bon ordre. Mais cet ordre est aussi une perte que seuls peut-être les poètes surmontent, retrouvant à travers l'artifice des mots la puissance généreuse de la parole.

Ce qui paraît certain, c'est que sur le chemin qui va mener à notre langage d'adultes il y a un espace ou un moment de communication où ce qui s'esquisse de la parole est encore global, intimement lié aux émois du corps, et en même temps apte à se faire entendre. Ce n'est pas le langage animal : dès la naissance (et même avant) l'être humain est humain. Et c'est bien pourquoi on doit le traiter en sujet, c'était une des plus fortes convictions de F. Dolto.

C'est comme si la langue première de la Maison Verte était cette langue en devenir, celle des tout-petits, qui invite tous et chacun à retrouver dans leurs mots d'adultes la fraîcheur première des mots de l'enfant, où tout encore communique.

Les enfants parlent, les adultes parlent. C'est l'occasion pour les mères, en particulier, de dire ce qu'elles ne peuvent dire ailleurs et quelquefois pas à elles-mêmes. Mais la parole circule entre tous. Et parfois la parole de l'accueillant, la parole à l'enfant viendra d'abord là où l'écoute a décelé le manque, toujours pour tenter de répondre à quelque chose que l'enfant donne à entendre, pour tenter de l'éclairer sur ce qui demeure pour lui dans une obscurité dangereuse, quant à ce qu'il ressent en lui-même, ou ce qu'il perçoit des adultes.

Et le temps de la Maison Verte ?

[0, 3 ans] : C'est le moment où se constitue le rapport au monde de l'enfant, où il se positionne dans la société de ses pairs, où il se reconnaît sujet parmi d'autres, adultes ou non. Le moment où il se tient debout, le moment du premier sourire, le moment où il répond au nom qu'il entend de la bouche de l'autre et qui est le sien, le moment où ayant grimpé de l'échelle il est à la hauteur de l'adulte sans être porté dans ses bras. Et où il va se construire sa place parmi d'autres, en référence à la relation des adultes autour de lui, de son père avec sa mère, de sa mère avec son père, des grands-parents avec ses parents, des autres parents avec leurs enfants, des enfants avec lui. Variations à l'infini.

[0, 3 ans] : C'est avant l'Œdipe. Et, en vérité, la mise en place de la structure œdipienne dépend de ce moment-là.

« À trois ans, dit F. Dolto, le premier enfant est mort[1]. » Un autre âge commence et il commence par la désillusion. Fin du moi-Maman. L'enfant se tient debout, parle, sait qu'il est garçon ou fille. Et pourtant, tout ce qu'il sera ensuite, jusqu'à l'âge adulte, à la vieillesse et à la mort, dépend de ce qui continuera à vivre en lui de cet âge définitivement révolu. Et c'est la capacité de l'adulte à vivre de cette énergie des tout premiers temps de la vie qui pourra faire la différence entre les créatifs et les conformes, en particulier entre une intellectualité simplement habile à manier les concepts et une pensée capable d'entrer en résonance avec cet extrême archaïque où s'éveille l'humanité de l'homme.

[0, 3 ans] : « Le petit enfant ne connaît pas la division, il connaît l'un : "moi-Maman". » Quand, en ce temps-là, a manqué l'unité : pas de séparations possibles. Il faudra, plus tard, essayer de retrouver quelque chose de cette unité nécessaire. Tout un long travail pour qu'à partir de là puisse se faire la séparation positive, la séparation-ouverture, ouverture de la vie. Quiconque, analysé ou analyste, en a fait l'expérience pour lui-même ou pour d'autres sait combien de souffrances ou parfois de détresses il faut alors traverser.

[0, 3 ans] : Le temps des passages, des crises décisives. Car tel est bien l'enjeu : de passer. Pour l'enfant, le chemin s'ouvre. Pour la mère : peut-être, s'il n'a pas été terminé dans le temps de sa propre genèse, il se ré-ouvre. Si, à ce moment-là, elle peut être accueillie, entendue, écoutée, dans cet ensemble que nous essayons de décrire, où il y a plusieurs oreilles, où l'on peut se promener d'oreille en oreille, et où ce n'est pas nécessairement la meilleure oreille qui va entendre mais peut-être quelqu'un de semblable, mère parmi les mères. Pouvoir être entendue là, tout en étant adulte, être en communication avec ce lieu en soi-même, où se trouve l'enfant. Et la difficulté où l'on est, si d'autres l'entendent, si d'autres l'ont traversée, devient habitable.

« Nous sommes tous le placenta de tous »

La Maison Verte n'est pas une théorie, ni l'application d'une théorie. C'est une structure vivante : un lieu.

1. F. Dolto, « Solidaires d'un monde en transformation », in *Jeunes femmes*, n° 63, 1961, p. 52.

Lieu temporaire, transitionnel. On y passe, on n'y reste pas. À trois ans révolus, la fonction de la Maison Verte pour l'enfant est terminée. Mais en ce laps de temps, quelle aventure !

Freud a donné le vertige à son époque en déplaçant le lieu de la connaissance de ce lieu cartésien où il faut conduire par ordre ses pensées, au lieu analytique où la tête ne commande plus, où vient justement ce que la raison réprime, l'analysant sur le divan, Freud assis, invisible, derrière lui. Ouvrant cette brèche — irrémédiable —, l'inconscient. Remettant en cause toutes les certitudes acquises et faisant remonter à l'enfance, à la toute petite enfance, les troubles des adultes.

Toutefois Freud ouvre ce lieu à partir de la névrose des adultes. Alors qu'à la Maison Verte on est dans ce lieu premier à partir de quoi on voit, on vit, ce que cherche à atteindre la psychanalyse. Espace primordial : pas d'un seul ou de deux — comme dans l'analyse — mais espace ouvert, pluriel, ensemble relationnel où peut se constituer et s'édifier l'être humain.

Il n'y a plus à opposer individuel et social, sujet et objet, corps et âme. C'est de l'unité même que naissent devenir et différence, comme de la mère et de l'enfant. On est dans ce lieu de communication réelle et actuelle avec ces humains, les enfants, où se vit et se dit dans leur langage ce qui sera ensuite enfoui et méconnu. Et c'est la permanence, en l'adulte, de cet âge-là qui le rend vraiment vivant et créateur. L'art tout entier s'en nourrit. Mais aussi bien paternité et maternité. Et la science elle-même, dans la mesure où elle crée. À ce niveau-là, toutes les disciplines se rejoignent.

Ajoutons : le rapport à l'Œdipe. C'est à propos de la structure œdipienne que la psychanalyse s'est d'abord constituée. Mais aussi, et avant, l'immense continent pré-œdipien dominé par la figure de la Mère ? Aussi bien, ce sont des ratages par là que viennent les pires détresses.

Pour Françoise Dolto, « nous sommes tous le placenta de tous ». Finalement, ce qui fait sa force, c'est peut-être qu'elle ne quitte jamais ce lieu qui commande tous les autres : la présence humaine, la naissance et la naissance d'humanité, telles qu'elles se donnent à l'écoute infiniment attentive, qui n'est finalement armée que d'elle-même, mais toujours à l'écoute d'un être vivant parce que toujours en relation avec d'autres écoutant de cette même écoute.

La psychanalyse et la loi

Il n'y a pas une doctrine de la Maison Verte, une école où l'on enseignerait aux mères, aux parents, aux accueillants comment se conduire.

Pas de discours universel à intégrer, pas de savoir ni d'idéologie qu'on pourrait communiquer aux mères et aux enfants, ni aux « maisons vertes, jaunes ou bleues ». Mais, pour le petit enfant, dit F. Dolto, l'analyse ne suffit pas, il faut que la loi lui soit donnée. Dans la vie de la Maison Verte, la psychanalyse a un rôle très important : elle donne le point d'écoute tel que la parole puisse parler sans crainte. Elle ne suffit pas. Il faut une loi mettant en place un ordre tel que la vie soit possible. La parole dit la loi, mise en place d'un ordre humain qui permet aux enfants de vivre tels qu'ils sont et prendre place dans cet ensemble relationnel.

Ce qui fait que la Maison Verte existe toujours ce n'est pas la « magie » personnelle de F. Dolto. Ce n'est pas « Dolto gourou », puisque ça vit après elle. De par le monde, dans des lieux où elle n'avait jamais mis les pieds, d'autres équipes s'y essaient.

Nous avons cherché du côté de ce qui fait la structure de ce lieu : l'écoute, l'accueil, les parents et les enfants présents dans chaque après-midi. C'est-à-dire, à la Maison Verte, trois pôles : les enfants, les parents, les accueillants. Si on enlève un des pôles, ça dégringole. C'est le rapport des trois qui constitue la Maison Verte. Parce qu'il y a une loi qui les régit. Chacun des trois pôles obéit à une loi.

— Pour l'accueil : écouter l'enfant dans ce qu'il est, là où il est, avec qui il est.

— Pour les parents : être avec l'enfant, sans jamais le laisser seul, et le laisser libre d'être avec d'autres.

— Pour les enfants : obéir à certaines règles qui font que l'espace est ordonné, qu'ils ne sont pas seuls au monde aux prises avec l'envie qui ne connaîtrait que l'envie.

C'est-à-dire : la loi pour l'accueillant, c'est l'écoute. Pour les parents, être avec l'enfant et le laisser libre. Pour l'enfant, être dans un ordre tel que l'autre existe. Ces trois lois mises ensemble font qu'il y a un ordre, pas doctrinaire ni disciplinaire, mais un ordre qui respecte l'existence, un ordre immanent à l'existence humaine, et finalement beaucoup plus exigeant, ni la répression ni le chaos, extrêmement structurant, permettant de circuler librement dans cette zone originaire jusque-là décrite en négatif par rapport au conscient.

Mais pour que ça existe, il fallait au départ une initiative, une parole, qui instaure ce lieu-là. Et cette parole est agissante toujours. Par rapport à la psychanalyse, ça donne une vision assez différente de l'archaïque. Plutôt sombre, vu d'après coup, depuis le lieu de l'adulte. Vu du lieu de l'enfant, c'est l'avenir qui s'ouvre. Mais n'est-ce pas la visée de la psychanalyse : ouvrir l'avenir ?

F. Dolto, certains sûrement s'en souviennent, le disait d'un mot : « Les psychanalystes devraient payer pour venir à la Maison Verte. Ils y apprendraient leur métier. »

DENIS VASSE, HÉLÈNE CHESSEL
CHRISTIANE MORAND*

Résistances au Jardin Couvert

Travailler au Jardin Couvert, c'est accueillir la vie du désir de l'Autre, dans l'enfant et ses parents, à travers le jeu des résistances et des défenses

Il n'est pas possible d'écrire ou de lire un tel titre, sans que soit évoquée la psychanalyse dans sa pratique ou dans sa théorie. Pourtant, il est possible d'entrer dans le travail que ce titre propose, sans être psychanalyste. Encore faut-il ne pas être *résistant* à la psychanalyse...

Au cours d'une de ces journées annuelles où nous nous réunissons pour réfléchir ensemble à ce que nous faisons au Jardin Couvert et sur la façon de le gérer, nous découvrions avec étonnement et non sans joie que, tous, nous nous reconnaissions dans la manière d'accueillir les enfants et leurs parents au Jardin Couvert : nous ne nous laissions pas trop prendre aux provocations. Ou, du moins, nous apprenions à reconnaître le verrouillage des défenses ou la subtilité des résistances d'où qu'elles viennent — des enfants, des parents ou de nous. C'était cela qui nous autorisait à évoluer dans un lieu qui n'était pas tout à fait le nôtre, mais qui ne serait pas sans nous et sans la position que F. Dolto nous avait invités à tenir.

* Accueillants au Jardin Couvert.
D. Vasse n'ayant pu être présent pour des raisons de santé, son texte a été dit par Michel Boutin, accueillant au Jardin Couvert (12, rue du Docteur Auguste-Lacroix, 69003 Lyon).

LA MODALITÉ DE LA RÉSISTANCE EST MULTIPLE

Ce qui la caractérise, dans tous les cas, est une opposition, plus ou moins consciemment monnayée dans le comportement et dans les mots, à la découverte de ce qui arrive en celui qui est concerné, plus encore que hors de lui dans la projection dont les autres sont l'écran.

« Au cours de la cure psychanalytique (dans le transfert donc), on donne le nom de résistance à tout ce qui, dans les actions et les paroles de l'analysé, s'oppose à l'accès de celui-ci à son inconscient. Par extension, Freud a parlé de résistance à la psychanalyse pour désigner une suite d'opposition à ses découvertes en tant qu'elles révélaient les désirs inconscients et infligeaient à l'homme une "vexation psychologique"[1]. » Cette définition nous est utile : elle indique comment la résistance à l'analyse — qu'elle s'érige en principe ou qu'elle soit consécutive à une blessure jalouse — est l'obstacle majeur au travail que réclame une structure Dolto. S'y risquer en effet suppose un consentement progressif à la mise au jour de ce qui se passe dans le jeu des résistances pour celui qui y vient. Chacun de ceux qui s'offrent à tenir cette place — où se symbolise le désir de l'Homme dans l'enfant que nous recevons — doit apprendre à travailler dans le champ des obstacles rencontrés, et jusqu'à la chute ou la *disparition de la résistance à la résistance.* Alors apparaît dans les résistances mêmes, *inconsciemment,* ce qui cherche à se révéler et à se dire : la vérité du désir de l'Autre ou la Vérité qui en parle. La résistance doit être, dès le début, considérée comme *médiation* : elle offre un constant support à la dimension interprétative de la parole qui s'adresse au sujet dans les méandres d'une histoire. Aux effets de vie dans le corps, on reconnaît l'impact de la parole vraie. Aux effets de mort — dans le redoublement exalté ou dénié de l'imaginaire —, on reconnaît son évitement dans le mensonge.

Tout vrai travail en *équipe* réclame pour chacun de ses membres la discrétion du discernement auquel nous introduit l'analyse. Il ne s'agit pas que tout baigne dans l'huile

1. J. Laplanche et J.-B. Pontalis, *Vocabulaire de psychanalyse*, PUF, 1967, p. 420.

d'une convivialité mondaine, il ne s'agit pas de supprimer la résistance chez les autres ou en soi par la force de la persuasion, par la subtilité de la séduction ou par la fascination d'un savoir dogmatique. Il s'agit bien davantage d'entendre ce qu'elles taisent.

OÙ SE MANIFESTENT LES RÉSISTANCES DANS UNE STRUCTURE DOLTO ?

Disons d'abord que, en analyse *elles se traduisent par les différentes manières dont le patient enfreint la règle fondamentale* : essentiellement la règle de la libre association des idées. Or, le seul fait qu'il ne puisse s'agir, dans une structure Dolto, d'énoncer la *règle fondamentale* de la psychanalyse — celle de la *libre association des idées* — dit assez que les conditions d'une cure n'y sont jamais réunies. Toute prétention à en conduire une dans ce cadre serait dérisoire. Une telle méprise ne prendrait au sérieux ni la psychanalyse, ni ceux qui fréquentent le Jardin Couvert, ni ceux qui le font fonctionner.

Alors, de quoi s'agit-il dans cette référence à la psychanalyse ? De quoi s'agit-il dans le *transfert sur le lieu* et dans la *référence constitutive à la psychanalyse* qu'indique assez la nécessaire présence d'un psychanalyste ?

Si la règle fondamentale ne saurait être énoncée au Jardin Couvert, un tel lieu n'est pourtant pas dénué de règles — mini-règles, disons-nous — qui le structurent : l'inscription du nom à l'entrée, le paiement symbolique, le respect des aires de toilettes et de change, la ligne verte ou bleue ou rouge pour les vélos et les trotteurs, le tablier pour jouer à l'eau, la non-convivialité qui veut que nous nous y abstenions du bavardage mondain.

Ces règles structurent le lieu : elles le fondent. Avec elles, l'interdit qui structure l'homme — et par conséquent la parole « entre-dite » du sujet de la loi (du langage) — s'y exerce *ponctuellement* et *légèrement* — on pourrait dire : *merveilleusement* — et pour les enfants, et pour les parents, et pour nous. Elles suffisent à structurer le champ de la présence à soi-même et aux autres. Ainsi se développe la parole qui habite le petit homme entre le moment où il est conçu et où il naît, et le moment où il se tient debout et marche. Il est invité à la *prendre* au lieu même de sa division, comme les arrhes de la *promesse qu'elle contient, celle de devenir sujet.*

Seuls ceux qui ne sont les garants d'aucune promesse de vie s'interdisent d'interdire : ils livrent ceux auxquels ils sont censés parler, les enfants, à la satisfaction de leurs pulsions dans l'enfermement en eux-mêmes. C'est bien là, dans la résistance de l'enfant roi — résistance déniée par le « c'est pas grave » ou justifiée par la rationalisation des adultes —, c'est bien là que la règle est enfreinte de différentes manières, et par les mômes et par les parents, ou/et par nous-mêmes. C'est là que, dans le *transfert sur et dans le lieu*, le travail de la parole est entravé. L'interdit dont la limite est marquée au Jardin Couvert remet en circulation la parole arrêtée, confisquée. C'est là que se *font* les symptômes que la remise en circulation de la parole, du jeu ou du mouvement *défont*. À cause d'eux, la parole ne se fait plus entendre dans la rencontre comme ce qui réfère — même inconsciemment — le corps de chacun à ce qui parle en lui dans un rapport à l'autre (du fait que nous nous sommes adressés à lui pour le lui dire) et à l'Autre (du fait qu'en lui, à son insu et au nôtre, ça parle).

Entre colère et détresse, la perte du visage (D. Vasse)

Je me souviens de Fernand enfermé plus souvent qu'à son tour dans une colère clastique. Il était l'aîné d'un petit frère et la moindre règle — voire, certains jours, le simple fait que l'on s'adresse à lui — lui faisait éprouver une contrariété à laquelle il s'agrippait avec beaucoup de jouissance et avec une violence sans pareille.

Un tel comportement contraignait la mère, comme c'est souvent le cas, à adopter une attitude double. Quand il n'était pas en colère, elle faisait comme si tout allait bien et elle était comme sans attention particulière à son fils... jusqu'au moment où, basculant dans la colère qui le défigurait, elle s'occupait de lui comme si, seule, elle y pouvait quelque chose. Les deux positions étaient fausses et rien dans cette succession où s'instaurait le clivage pervers, rien n'indiquait la division d'un sujet dans un rapport à l'autre.

Un jour, une fois encore, au lieu que se manifeste le temps d'une résistance qui eût pu être entendue comme le refus inconscient du désir et, éventuellement, interprétée, Fernand s'était laissé glisser dans la colère. Il était derrière le bar, contre la paroi qui sépare les deux pièces. Je m'étais accroupi auprès de lui, mon visage à la hauteur du sien et je ne quittais pas ses yeux défaits en tentant de lui parler : ses pieds et ses bras gesticulaient dans tous les sens, ses mains cherchaient à atteindre mon visage pour griffer ou cogner. J'étais tellement impressionné par le vide de sa colère (ces colères obsessionnelles ne défendent rien, en définitive, que le moi-même, lequel n'est rien d'autre que cette défense même !) que, sans bouger, je me suis mis à lui parler de sa colère et de la détresse qui entrete-

nait son vide. Dans une détente plus violente que les autres, sa main finit par atteindre mon visage et j'ai le souvenir étonnant et, d'une certaine manière éblouissant, d'un coup de poing qui, en affleurant ma peau, se muait en caresse incroyable.

Peu de temps après, j'étais assis de l'autre côté du bar et Fernand passe devant moi, la figure déformée par une sorte de strabisme et de contracture dysharmonique[1]*. Janine n'est pas loin. Elle est présente (je ne sais pas comment) à notre relation. Je profite de cet appui qui triangularise le rapport et je lui dis qu'il a le visage tout tordu comme s'il y avait une bête dans lui, une bête qui ne pouvait pas supporter, sans même qu'il le sache, que les autres soient debout et qu'ils marchent, si bien qu'il voudrait les avaler tout vivants. Mais je sais, moi, qu'il n'est pas cette bête, que cette bête s'appelle la jalousie, etc. En quelques secondes, je vois le visage de Fernand s'arrondir, et le temps d'un flash, un sourire l'envahit... qui me fait penser à la violence de la main transformée en caresse. Je crois que Janine a tout perçu. Je crois même que nous échangeons un regard. (Mais il faudrait qu'elle me le confirme encore et toujours, car on ne sait jamais, en fait, si ces choses-là sont vraies ou, même, ont eu lieu : sans doute est-ce la marque de l'inconscient!) Puis Fernand s'approche, un peu perdu, de sa mère. C'est l'heure de partir.*

L'enfant élevé sans joie partagée — dont la joie n'a pas été reconnue en lui, soit qu'on l'ait rejeté, soit qu'il l'ait refusée, par peur ou par vengeance — se propulse hors du champ de la parole jusqu'à être ensorcelé par l'identification à un objet. Cette dernière rend le petit d'homme indifférent, mutique ou agressif. Elle lui ôte la parole. Cette auto-expulsion hors champ symbolique fixe l'enfant à l'objet, à l'image ou au masque (le rideau) dans, ou derrière, lequel il se réfugie jusqu'à la psychose. Et toute séparation, même fantasmatique, l'idée même qu'on puisse se séparer de lui, le lâcher, le laisser tomber, provoque l'insécurité, la colère défensive ou le retrait dans l'évitement de toute présence.

Jeanne : naître dans la peur de mourir (H. Chessel)

Il y a déjà beaucoup de monde au Jardin Couvert ce jour-là quand arrivent Jeanne et sa maman qui viennent pour la première

1. S. Freud, *Études sur l'hystérie*, PUF, 1975, p. 227. « Il faut bien se garder de le contredire [le patient] mais se faire une règle d'observer pendant l'analyse le jeu de physionomie du malade allongé. On arrivera sans peine alors à savoir si les réminiscences font réellement défaut, car (si c'est le cas) l'expression du sujet révélera une paix intérieure. Au contraire, si le sujet se défend en cherchant à nier la réminiscence apparue, son état de tension, son émotion le trahiront. »

fois. Elles sont accompagnées par Clémence et sa maman que nous connaissons bien.

Jeanne a dix mois. Elle est emmitouflée dans sa poussette et l'on ne voit que son visage : petite bouille ronde aux grands yeux bleus qui se remplissent d'effroi quand je me penche légèrement sur elle pour lui demander son nom. Elle se met aussitôt à hurler en cherchant sa mère du regard. — « Voilà, c'est toujours comme ça ! » me dit la maman en prenant Jeanne dans ses bras. Malgré mes paroles qui se veulent rassurantes : « Ta maman va rester avec toi, ici ce n'est pas une garderie, etc. », Jeanne continue à hurler, agrippée à sa mère comme un naufragé à son radeau.

Ce qui m'étonne et m'alerte, c'est l'attitude de la mère. Elle me paraît extérieure aux cris de Jeanne, détachée, faisant ce qu'il faut, mais continuant à bavarder avec son amie comme s'il ne se passait rien. C'est-à-dire qu'à la fois elle dit qu'elle se rend compte de ce qui se passe et en même temps elle fait comme s'il ne se passait rien.

Je pense malgré moi à la mort.

Nous visitons le Jardin Couvert, Jeanne accrochée à sa maman, la maman polie et moi à une distance prudente pour ne pas redoubler la peur et les cris de Jeanne. Elles s'installent, la maman à côté de son amie. Jeanne est sur les genoux de sa mère, le dos collé contre elle, aux aguets. Je m'approche et la maman, qui parlait à sa voisine, s'adresse à moi. Elle me dit que Jeanne pleure dès que quelqu'un entre dans la pièce où elle se trouve, même si c'est une personne qu'elle connaît et même si cette personne ne s'occupe pas d'elle. C'est comme ça, par exemple, même avec ses grands-parents et son oncle, qu'elle voit pourtant souvent. Par contre, tout se passe bien avec ses cousins, âgés de six et huit ans. Elle est même la reine avec eux, mais elle veut toujours le jouet qu'a l'autre.

Pendant que la mère me raconte tout cela, Jeanne joue un peu avec les tableaux que j'ai apportés tout en me jetant des regards et en faisant « Non ! Non ! » de la tête, se rassurant sans cesse sur la présence de sa mère à laquelle elle reste collée. La maman finit par la poser par terre. Jeanne met son dos contre ses jambes mais continue de jouer tout en me faisant « Non ! Non ! » quand nos regards se croisent.

Je demande comment ça se passait quand Jeanne était plus petite. « C'était affreux. Elle pleurait tout le temps, ne dormait jamais. La seule façon dont elle dormait, c'était sur mon ventre. J'étais épuisée. — Depuis quand c'est comme ça ? — Oh ! Depuis sa naissance. — Et sa naissance ? — Ça s'est très mal passé. Ça a duré très longtemps. Elle se présentait de face. De plus, elle avait le cordon ombilical autour du thorax, si bien qu'à chaque contraction, son cœur s'arrêtait de battre. On le voyait sur le monitoring : quand la courbe des contractions s'accentuait, celle des battements de cœur baissait. On n'a pas pu me faire de péridurale et on a fini par utiliser les forceps. Jeanne a eu la tête déformée pendant plusieurs jours. »

Je suis encore frappée par cette discordance entre ce qu'elle dit de cette naissance dramatique et le ton employé : celui de la mondanité. Comme si elle était sans affects et qu'elle avait été spectatrice de ce qui leur était arrivé, à elle et à sa fille.

Je pense de nouveau à la mort et à cet état de retrait, cette façon immédiate de « faire rideau » dès qu'il est question de mort et même de souffrance. Je suis agacée en même temps par le ton léger de cette femme et j'ai envie de m'en aller. Mais une sorte de poids me maintient là, en face de Jeanne et de sa maman, accrochée au regard d'effroi et d'attente de Jeanne et à ses « Non ! Non ! » farouches de la tête.

Alors je parle à Jeanne de ce que vient de raconter sa maman et je m'entends ajouter : « Ta maman a eu peur que tu meures », tout en pensant aussitôt que ce n'est pas tout à fait ça et je reste en suspens. Mais la mère enchaîne en me disant qu'elle était sûre que l'accouchement se passerait mal, que, d'ailleurs, elle avait toujours eu peur d'accoucher. « Toujours ? Depuis quand ? — Je ne sais pas... depuis que j'ai dix, onze ans... Depuis l'adolescence peut-être... J'avais peur d'avoir mal peut-être... Je ne sais pas... — Et votre naissance ? — Je ne sais rien de ma naissance. Mon père ne m'a rien dit. Ma mère est morte quand j'avais neuf ans. Mais ce que je sais, c'est qu'on lui a annoncé qu'elle avait un cancer du sein le lendemain de ma naissance. Elle a été opérée une quinzaine de fois, elle a passé beaucoup de temps à l'hôpital. Je ne l'ai pas beaucoup vue. »

Je suis très émue par ce qu'elle vient de me dire mais toujours agacée, en colère même (et coupable de l'être) parce qu'elle se met aussitôt à parler avec son amie du voyage de quinze jours qu'elle vient de faire en Guadeloupe avec son mari en laissant Jeanne chez sa sœur et du prochain qu'elle fera je ne sais plus où, en laissant Jeanne je ne sais plus chez qui. Je me lève et je vais ailleurs, désemparée.

L'après-midi se poursuit. Il y a beaucoup d'enfants et je n'ai pas l'occasion (ni peut-être l'envie) de m'approcher de nouveau de Jeanne et de sa maman. Je ne me sens pas très bien. J'en parle un peu avec Éric et Maryse, les deux autres accueillants. Cependant, j'aperçois Jeanne qui s'est écartée de sa maman et qui joue avec d'autres enfants.

Rentrée chez moi, je mets sur le papier quelques notes sur ce qui s'est passé, étonnée tout de même par la façon dont j'ai été touchée et par l'urgence d'en garder une trace.

Huit ou quinze jours plus tard, je vois arriver Jeanne et sa maman et c'est à nouveau moi qui les accueille. Elle ne pleure pas quand je m'approche, sourit même, et quand je lui dis que je vais écrire son nom au tableau, elle me fait « Oui ! Oui ! » de la tête.

D. Vasse

L'« apparent non-transfert », dont parle F. Dolto, peut se lire comme la résistance majeure : celle du refus d'être né ! d'être là ! « Il s'agit, chez le psychotique, d'un désir prudentiel préventif face à l'angoisse de toute relation dans la réalité. Comme si le sujet, chez cet enfant, raisonnait en disant : “Si je suis non, non, non, à toute présence (danger éventuel de communication et donc éventuel arrachement secondaire douloureux), je ne suis pas présent, je ne suis pas visé, donc je ne risque plus rien." Bien sûr, c'est pour mieux comprendre l'apparent non-transfert de l'enfant sur le thérapeute que je dis cela[1]. »

En effet, toute présence-en-vérité-à-quelqu'un suppose l'abandon momentané ou définitif de l'objet qui appartient au moi — possédé — ou de l'image à laquelle il appartient — possessive. Répondre *à et de* la parole qui nous est adressée, répondre *à et de* son nom, c'est se laisser détacher, séparer des objets qui m'appartiennent dans l'identification imaginaire à l'autre comme image de moi. Cela n'est possible que là où la parole qui m'est adressée est une promesse de vie dont l'interdiction de s'identifier à l'objet est l'annonce fiable. Ce détachement au cœur même de l'attachement entre la mère et l'enfant ne peut se faire, cela s'entend déjà, sans la fonction de porteur de loi qui revient à la position parentale dans laquelle s'inscrit la *métaphore paternelle*. Il ne va pas sans résistance de part et d'autre. En tant que lieu de paroles pour l'enfant et les parents, il est clair que les *structures Dolto* assument aussi, et peut-être d'abord, cette fonction.

On voit bien la pertinence avec laquelle le concept analytique de résistance est indispensable à la conduite du travail qui se fait au Jardin Couvert. La patience que nous y apprenons — celle du désir — nous fait entrer dans l'espérance d'une attente non vaine au cœur de la rencontre : il convient que l'opposition de la résistance au désir ne soit pas prise pour le désir lui-même. Confondu dès le commencement avec une volonté propre ou obstinée, le sujet du désir ne veut, ni ne peut plus se déprendre du moi. Il se réduit à un moi défensif, barricadé dans son isolement, coupé de tout et de tous dans la jouissance d'un désespoir sans limites, mortifère.

LES RÉSISTANCES ET LA LIMITE VIVANTE

Pour aller plus avant dans ce que nous a laissé F. Dolto, disons que ce travail consiste à être témoin du *croisement* des mouvements de la chair — des affects et des sensa-

1. F. Dolto, *L'image inconsciente du corps*, Le Seuil, 1984, p. 218.

tions — avec les mots qui parlent à l'esprit ou au cœur de chacun et de tous. Avant que de pouvoir être récupérée par une quelconque et anecdotique morale, la trace que la parole échangée laisse dans la chair intéresse le sujet humain à l'intime de lui-même : elle lui donne corps. Elle le réfère, d'une part, à la parole originaire — la parole en tant qu'elle spécifie le genre humain — et, d'autre part, à la particularité de son histoire avec les autres dès le commencement, dès avant la naissance même. « Dès qu'il y a un témoin humain, réel ou mémorisé, le schéma corporel [...] se croise à l'image du corps, lieu du désir. C'est ce tissu de relations qui va permettre à l'enfant de se structurer comme humain. [...] C'est dans la mesure où l'image du corps se structure ainsi dans la relation intersubjective que toute interruption de cette relation, de cette communication, peut avoir des effets dramatiques[1]. » Ce travail est celui du Jardin Couvert. S'y adonner, c'est accueillir la vie du *désir de l'Autre* à travers le jeu des résistances et des défenses du moi[2]. Avec lui, le corps de l'homme devient limite vivante, lieu de rencontre.

Impossible de faire cela en vérité ou, lorsque nous le faisons, d'en rendre compte si le Jardin Couvert ne s'inscrivait pas fermement dans le champ de la psychanalyse, avec, au niveau culturel, la présence d'un analyste parmi les trois accueillants de chaque après-midi.

De cette présence physique d'un psychanalyste — chaque jour différent, durant la semaine — parmi les accueillants, et de sa présence en tant qu'accueillant aux réunions mensuelles de travail, « on voit alors », écrit François Marty — et c'est un apport important des structures Dolto — « comment la psychanalyse peut communiquer une justesse d'attitude à qui n'est pas psychanalyste. [...] L'enjeu est grand, poursuit-il, il concerne la réception de la psychanalyse dans la culture condamnée à l'ambiguïté tant qu'elle ne va pas jusque-là. Il concerne la santé de notre société contemporaine, malade

1. *Ibid.*

2. S. Freud, *Études sur l'hystérie*, *op. cit.*, p. 255 et suiv., où Freud commente son procédé auxiliaire de pression (sur le front) : « Le moi refuse de renoncer à ses desseins et poursuit sa résistance. [...] Le malade révèle ainsi une résistance qu'au début il avait voulu nier. De toute évidence, il ne pouvait faire autre chose que résister. [...] On reconnaît le souvenir pathogène au fait que le malade, tout en le citant avec répugnance, le minimise en le qualifiant d'insignifiant. Dans certains cas, le malade cherche même, lors du retour de cette réminiscence, à la nier, etc. »

de cloisonnements, basés sur le prestige du savoir, où la parole devient répétition stérile[1] ».

Il s'agit bien ici de l'induction d'une pratique sociale d'accueil. Mais elle est colorée par ce que la psychanalyse découvre, hors la conscience et le savoir, dans le champ de « l'inconscient structuré comme un langage ». Ce langage est constitué par le croisement des traces verbales et des affects jusque dans l'acte de la génération. Il noue l'histoire d'un individu à la vérité du désir de l'Autre et ne cesse d'ouvrir le sujet à la question de son origine et de sa fin. François Marty a raison : l'enjeu est grand. Il pose et porte la question de ce qui parle en nous et nous fait hommes et le savoir n'y suffit pas. Il y faut le témoignage de la chair en tant qu'elle en est le lieu. Si quelqu'un — ici, celui qui est, par ailleurs, psychanalyste — consent à reconnaître la parole qui lui donne corps, et s'il peut éventuellement en parler au cours des réunions mensuelles, l'enjeu de sa quête et de ce qui le conduit peut être confirmé ou infirmé par les autres. Témoigner de ce que découvre la psychanalyse avec ses mots révèle ce qui se passe en eux et ouvre les oreilles à ce qui se passe chez les autres en les autorisant à sortir d'une attitude réactionnelle — résistante ou défensive. C'est cela que nous appelons l'*impact* de la psychanalyse. L'écoute des résistances que l'homme éprouve vis-à-vis du désir autorise l'interprétation ouvrant la voie de sa libération, voie qui traverse les résistances et n'obéit pas aux défenses édifiées par le moi.

Lorsque l'homme ne se caparaçonne plus de ses défenses et qu'il consent à faire servir ses résistances au dialogue, il habite une *limite vivante*. C'est cette limite vivante — celle du sujet parlant — qui s'édifie dans le rapport aux autres et à soi tout au long de la période précoce (celle qui va de la naissance à l'acquisition du langage). La psychanalyse de F. Dolto nous apprend que le *moment* de la *prématuration* et de la *croissance* où s'entrecroisent les mots et les sensations ouvre l'enfant à l'aventure de la parole et du désir, ou, au contraire, l'enferme dans la répétition stérile d'un fantasme indépassable. Tout psychanalyste devrait, même et surtout à son insu, en témoigner. Ce n'est certes pas à lui de le dire. Mais si les autres, les accueillants comme les enfants et les

1. F. Marty, recension de l'ouvrage *Se tenir debout et marcher*, Gallimard, « Sur le champ », 1995, parue dans « Études », mars 1996, p. 426.

parents, reconnaissent, à travers son mouvoir et son parler, la manière dont ils se meuvent et parlent et ce qui y met obstacle, la psychanalyse qu'il représente ici sans pour autant la pratiquer dira, à son insu, l'efficace de ses découvertes anthropologiques. Sur l'enclume des résistances vis-à-vis du désir de l'Autre (*qui est le désir de l'homme*[1]), la parole façonne et forge le comportement de chacun et de tous : sa propre limite subjective. Son moi perd sa rigidité défensive. Le sujet toujours à venir acquiert la vraie rigueur, celle de la souplesse de la vie. Alors l'homme se risque dans la rencontre avec les autres et avec lui-même à travers la résolution des résistances.

Le seuil infranchissable : comment naître ? (C. Morand)

Je venais d'ouvrir la porte du Jardin Couvert et de dire « bonjour » à un petit garçon accompagné d'une dame qui précisa d'emblée qu'ils venaient pour la première fois. L'enfant s'était arrêté net de l'autre côté du petit dénivelé qui matérialise le seuil du Jardin Couvert.

Il devait avoir deux ans environ. La jeune femme derrière lui l'incita à entrer d'une légère pression de la main dans le dos. Celle-ci provoqua une résistance immédiate du corps de l'enfant, qui se raidit imperceptiblement tandis que son visage manifestait un vif mécontentement.

De l'autre côté du seuil, je lui parlais du Jardin Couvert, que j'écrirais son prénom sur le tableau quand il aurait franchi le pas de la porte, et que je mettrais une étoile devant son nom, puisque c'était la première fois qu'il venait ici.

La jeune femme que je pris pour sa mère le sollicita une seconde fois, de la main et de la voix : « Mais avance donc », ce qui ne fit que renforcer le blocage de l'enfant sur sa position. « Ta maman a très envie que tu entres, et toi non », dis-je. « Mais je ne suis pas sa mère », répondit-elle, me signifiant alors qu'elle était sa gardienne et que c'était la mère de l'enfant qui lui avait expressément demandé de venir au Jardin Couvert pour qu'il rencontre d'autres camarades.

Tandis que nous parlions elle et moi, les yeux du petit garçon s'étaient fixés avec un vif plaisir sur un point précis à l'intérieur du Jardin Couvert, où deux enfants jouaient à un jeu qu'affectionnent beaucoup ceux qui fréquentent ce lieu. Le jeu consiste à introduire une petite boule dans un trou au sommet d'une tour en bois et, une fois que la boule a glissé le long de la pente en spirale, de la récupérer en bas, à la sortie par un autre petit trou. Je fus touchée par le visage complètement captivé du petit garçon. Ses yeux dévoraient

1. J. Lacan, *Écrits*, Le Seuil, « Points essais », 1999.

littéralement les deux enfants qui jouaient et cette petite boule qui descendait et dont le bruit un peu métallique nous parvenait. Son regard comme fasciné était complètement dedans, à l'intérieur et son corps sidéré immobilisé dehors, à l'extérieur.

Comme j'évoquais la grande envie dans ses yeux d'aller lui aussi mettre une petite balle dans le trou, et que ce serait possible lorsqu'il serait rentré, la gardienne pour la troisième fois le sollicita, s'apprêtant même à le prendre sous le bras.

Je lui dis de ne pas le forcer.

L'enfant, en effet, d'une main s'était accroché à la porte et résistait de plus belle. Je le sentais près des larmes alors que ses yeux étaient toujours pris comme hypnotisés dans le jeu de la petite boule qui glissait, et suscitait la joie de ceux qui jouaient.

Désemparée par le tragique de la situation dont je n'entrevoyais pas l'issue, je lui dis qu'au Jardin Couvert on n'était pas obligé d'entrer, qu'aujourd'hui il était venu parce que sa maman surtout le voulait, lui il ne savait pas trop. Il y avait quelque chose en lui qui disait oui, surtout avec ses yeux, et autre chose qui disait non avec ses mains et son corps. Alors il ne pouvait plus ni bouger ni décider d'entrer. Par contre, maintenant, il avait vu et il savait ce qui se passait au Jardin Couvert. Ce soir, il pourrait reparler avec sa maman de sa visite aujourd'hui et il pourrait revenir un jour avec elle, parce que, peut-être au fond, c'est avec elle qu'il aurait voulu franchir la porte. Il n'était pas du tout obligé d'entrer aujourd'hui. Ce pourrait être une autre fois.

Alors, très rapidement, ses yeux croisèrent les miens, je crus même percevoir un éclair fugitif sur son visage, comme une ouverture, mais déjà il s'était détourné vivement vers la rue et s'en allait, me laissant là, dans l'étonnement. « Et bien, puisque c'est comme ça, on va se promener dans le quartier », me dit la gardienne en souriant.

Il était reparti. Je n'ai pas su son prénom, ni même s'il est jamais revenu...

Au-delà de la notion classique et banale de liberté d'entrer ou de ne pas entrer, de faire ou de ne pas faire..., ce qui m'est apparu plus clairement après coup, c'est que tout franchissement d'une porte nécessite un pas, au moins un pas, qui fait passage, et mobilise le corps pour le faire aller d'un espace à un autre espace, ici d'un dehors (un extérieur) à un dedans (un intérieur). Ce franchissement d'un passage qui s'indique par un déplacement corporel, externe et visible, n'est possible que si, à l'intérieur du sujet, il y a aussi un passage, déplacement interne et invisible, un pas qui fait aller d'un « non », d'une « hésitation », d'une « peur », etc., à un « oui ».

Lorsqu'on accueille un enfant, l'on perçoit bien sur le seuil un petit temps très subtil « d'entre-deux », souvent très court, où l'enfant marque un léger mouvement d'arrêt. Ce temps de mise en suspens est très important, car c'est le moment où les regards de l'accueillant et de l'accueilli se rencontrent. Une rencontre ce n'est jamais immédiat, et cet entre-deux, sur la limite, est une limite, qui indique à la fois la résistance et son franchissement possible.

Ce franchissement, quand il a lieu, signe l'ouverture intérieure qui libère le corps en l'autorisant à passer librement le seuil entre deux lieux et à prendre ainsi le risque de l'inconnu et de la rencontre. Le coinçage de cet enfant dans cette contradiction interne qui le paralysait sur place et lui interdisait de franchir la limite pourtant autorisée avait quelque chose de pathétique, et il me semblait néanmoins très important de respecter ce temps d'impossibilité pour lui, et d'impuissance pour moi. Le temps d'attente de part et d'autre du seuil n'a pas duré plus de cinq minutes. Cinq minutes où la frontière n'était franchie que par ma voix d'un côté, son regard fasciné de l'autre, sans aucun point de rencontre apparent.

Il arrive parfois qu'on joue avec un enfant autour de cette limite, qui indique le franchissement de la porte, surtout au moment du départ, difficile à accepter pour certains. Dans le cas de ce petit garçon, ce jeu-là n'était pas possible, car pour pouvoir jouer à entrer et à sortir il faut au moins être entré une fois. S'il n'a pu entrer, du moins a-t-il pu partir, et ce n'est pas rien. Car c'est bien de lui-même qu'il s'est détourné, manifestant par cet acte à la fois la sortie de la sidération et la fin de notre rencontre et du même coup sa réalité, mais sur le seuil.

C'est dans l'*entrecroisement des sensations et des mots*, au cœur de la résistance où « le schéma corporel se développe croisé avec l'image du corps[1] », que le désir prend corps et que le corps en témoigne. C'est là que les petits comme les grands, les analystes comme les autres, se reconnaissent les uns les autres, dans la quête humaine où tous sont plongés, entre mots et affects, entre tristesse et joie, dans ce qui les pousse à « grandir en santé », à devenir *citoyens*, membres différenciés d'une société dans laquelle ils sont reconnus à part entière.

Ce qui s'est passé avec Fernand, Jeanne, ou l'enfant accueilli par Christiane Morand n'est possible, sur le *terrain* ou dans la pratique, que là où sont réunies les conditions qui autorisent le fonctionnement du Jardin Couvert : celles du transfert sur le lieu et de sa lecture. Ce travail est rendu possible grâce aux mini-règles et au consentement des jardiniers à entrer dans la patience du désir afin d'échapper à la tentation réflexe de la discussion qui cherche à convaincre, de la vexation de l'amour-propre ou d'une certitude scientifique que le prestige ou la vanité rengorge face à la dimension nécessairement provocante de tout symptôme. Car tout symptôme a cette dimension de provocation, puisqu'il est l'expression d'une résistance et qu'il oppose une indéfinie rationalisation à la raison du désir infini.

1. F. Dolto, *L'image inconsciente du corps*, *op. cit.*, p. 110 (voir aussi p. 23, 37, 39).

MARIE-JOSÉ D'ORAZIO-CLERMONT*

Les structures Dolto : un espace de liberté ordonné à la parole et à la rencontre

Il ne nous a pas été facile de définir nos structures. C'est si vrai que je me souviens, lors de mes premiers contacts avec la Maison Verte à Paris, avoir été surprise par la forme négative de l'énoncé de ce qu'elle était. Le prospectus faisant connaître la Maison Verte disait : La Maison Verte n'est pas une garderie, n'est pas un lieu de soin, n'est pas, etc. Dans les commencements, ce qui était clair, c'était surtout ce que nous ne voulions pas être, et cette définition en négatif prenait comme repères les lieux institutionnels déjà connus et existants de la petite enfance.

Or la Maison Verte, le Jardin Couvert, étaient des structures tout à fait innovantes et, par certains côtés, elles le sont restées. Dans une société où tout se définit par la réponse à un besoin comblé, les structures Dolto accueillent les petits enfants et leurs parents pour des rencontres ordonnées à la parole et au langage. Elles offrent aux enfants un espace pour jouer, pour parler, pour rencontrer d'autres enfants, d'autres adultes, bref un lieu pour vivre et grandir, pour *pousser droit.*

Ce qui est toujours nouveau au Jardin Couvert, c'est cette rencontre unique et précieuse d'un petit d'homme. Chaque fois, nous devons innover et trouver le chemin qui va vers

* Psychanalyste, accueillante au Jardin Couvert (Lyon).

lui quand il vient vers nous, avec les mots qui le touchent dans la particularité de son histoire et vont lui permettre d'aller vers la vie, en quittant le camp retranché de son opposition, de sa colère, de sa bouderie ou de sa peur.

Ce mouvement retrouvé de la confiance qui fait émerger le visage d'un petit de son berceau pour sourire ou qui fait franchir le seuil à un enfant hésitant... sont les moments précieux où, dans l'accueil, vient se dire un consentement à la vie et à la rencontre.

Dès la naissance, le petit d'homme est *intéressé* à la rencontre. Très petit, il est touché par la voix, par l'attitude des adultes autour de lui. Se pencher sur un berceau, c'est faire la rencontre singulière et énigmatique d'un regard dont l'intensité dit tout à la fois le désir et le questionnement. Si, par bonheur, le regard s'illumine et le visage s'éclaire d'un sourire, c'est toute la joie de l'humanité naissante que nous recevons comme un cadeau, celui du don de la vie renouvelée en chacun.

Au Jardin Couvert, la rencontre singulière s'effectue entre vie familiale et vie sociale, entre jardin œdipien et jardin public. Le travail avec les enfants a été le pivot autour duquel une telle structure s'élabore. C'est un des aspects de notre travail qui a le plus évolué. Parler à un enfant, mettre des mots sur ses sensations, sur ses malaises, sur sa joie ont été parmi les premiers objectifs. C'est pour l'enfant que le Jardin Couvert a ouvert et c'est par lui qu'il a existé. Fort de l'enseignement de F. Dolto, il nous apparaissait essentiel de parler à l'enfant, même tout petit, de le nommer, d'écrire son nom, de s'adresser à lui. Nous étions alors prosélytes et nous disions aux parents, aux professionnels : « Il faut parler à l'enfant. » Les résultats de cette croisade étaient fort mitigés. Avec le temps, nous avons compris que la persuasion ne servait de rien, mais, par contre, que l'exemple était contagieux.

Parler convoque à parler

Voir un enfant écouter ce qu'on lui dit quand on l'accueille ou quand on s'adresse à lui après que ses parents nous ont confié son histoire ou la difficulté du moment, cela les parents le perçoivent vite. Ils sont surpris quand l'enfant y répond sur le mode qui est le sien : verbal, mais parfois aussi en changeant de visage, de comportement, sur le moment ou plus tard... quand disparaissent des symptômes ou des façons de faire gênantes. Alors, parler ne devient plus « le truc des jardiniers » ou cesse d'être l'idéologie à la mode. Être le témoin de ce qui change chez un enfant quand il est touché par des mots justes ouvre dans le cœur de chacun l'espace d'une foi en ce qui fonde l'homme parlant et désirant. Ce que j'entends avec tristesse appelé la « doltomania » et qui donne le tout dire comme panacée éducative n'est pas ce que F. Dolto faisait et enseignait. Il ne saurait en effet être question du flot verbal et répétitif censé être explicatif. Il convient bien plutôt de parler vraiment.

« Il suffit de parler. » Cette expression fait croire à la simplicité de l'interprétation. Là réside la plus grande ambiguïté, car il est vrai que c'est simple ! Mais il n'en est pas moins vrai que le plus simple est le plus difficile et qu'arriver à ce degré d'interprétation qui, par quelques mots, permet la levée d'un symptôme demande un grand travail d'écoute patiente : c'est le fruit d'une sagesse, un don qui, dans sa fulgurance, était celui de F. Dolto.

Le chemin du désir est simple, mais l'homme est fait de telle sorte qu'il oppose à ce chemin toutes les résistances et les entraves possibles tout en s'en plaignant à travers la souffrance de ses névroses. Le génie de F. Dolto était de traverser ces plaintes pour s'adresser à l'homme désirant. C'est cela qui apparaît toujours comme un miracle de simplicité, comme allant de soi.

La vie sociale

Au Jardin Couvert, l'enfant fait l'apprentissage de la vie sociale dans la sécurité de la présence maternelle. La mère a la joie de présenter son enfant et en même temps elle a peur d'être vue dans son activité de mère si sensible au jugement d'autrui.

Aborder la vie sociale est une expérience fondatrice pour le petit enfant. Il n'y a pas de vie qui vaille la peine sans autre. On ne vit pas tout seul. Pour le petit enfant, la vie tout seul est impossible. Il a besoin de parents pour les exigences de son corps, mais dans le même temps il a soif de présence. F. Dolto n'a cessé de nous apprendre l'intérêt précoce de l'enfant à la rencontre et à la parole. C'est au lieu de l'Autre que se structure un être humain. Les signifiants de son histoire puisent leur source et s'alimentent à l'histoire de ses parents et aux signifiants qui traversent les deux lignées, paternelle et maternelle, qui le constituent. L'histoire du bébé en est chargée, mais elle s'écrit aussi au gré des rencontres et des événements de sa vie propre : conception, gestation, accouchement, maladies, événements familiaux, place dans la fratrie.

Des structures comme les nôtres permettent de travailler dans le lien parents-enfant pour que ce qui étouffe dans le mutisme, ce qui bouillonne dans l'exaspération ou les caprices, ce qui se distend dans l'abandon ou l'isolement, retrouve un espace de souffle et de parole où évoquer certaines difficultés. S'adresser à l'enfant ou à celui de ses parents qui est là ne soulève alors plus la colère ou la jalousie, mais rouvre la difficulté familiale dans le lieu d'une rencontre entre eux, mais aussi avec nous, avec les autres enfants et les autres parents. La vie retrouve ses avenues.

Le travail de l'écoute

Le travail de l'écoute de la parole d'un sujet et, *a fortiori*, d'un sujet naissant, ce travail tel qu'il se pratique au Jardin Couvert demande beaucoup de rigueur. Pour courir le risque d'une telle écoute dans des maisons comme les nôtres — que nous appelons à juste titre : structures Dolto —, au milieu des jeux des enfants, de mamans qui papotent, des conflits et des rires, il fallait le culot de F. Dolto pour imaginer que cela soit possible et pour l'entreprendre.

En effet, sortir la psychanalyse de la confidentialité de ses cabinets pour la risquer dans un lieu social et le faire sans en rajouter sur les exigences du travail, c'est une aventure dont la Maison Verte a ouvert la voie en 1979. À cette époque, nous étions tous fascinés par la mise en place de cette expérience. Le caractère innovant tenait à la façon originale de croiser des entités apparemment incompatibles : une institution sociale accueillant des parents et des enfants et la psychanalyse. Ce croisement n'était d'ailleurs pas sans provoquer des réticences, voire de vives critiques. Le dispositif en est très précis et F. Dolto en enseignait la rigueur et en rappelait la nécessaire austérité. La Maison Verte et, à sa suite, le Jardin Couvert couraient le risque de mettre à l'épreuve du social la psychanalyse tout en proposant une vie institutionnelle innovante à la condition de garder un rapport à la parole qui circule autant entre les accueillants qu'entre ceux-ci et les personnes reçues. C'est cette foi dans la parole qui caractérise le travail interne comme le lien institutionnel qui rend ces structures si attachantes. C'est dans une nécessaire légèreté que nous sommes présents et à l'écoute des enfants et des parents.

Dans les petits riens quotidiens où nous acceptons de nous tenir présents, il se trouve que « ça s'ouvre » dans l'enfant, dans les parents et entre eux comme entre nous. Cette ouverture à l'intime de chacun comme dans le lien familial et social permet à la parole de circuler et au corps de retrouver aisance et liberté.

La référence psychanalytique autorise ce mouvement et fait découvrir dans toute sa rigueur que l'homme est ouvert à la parole dès sa naissance et que c'est d'elle qu'il naît dans un corps parlant. Elle rappelle que, dès la naissance, le sujet humain se structure dans son rapport aux autres et à l'Autre. Ainsi, il naît de la Parole.

F. Dolto inventa un lieu où la psychanalyse rappelle que le petit d'homme est invité à ce chemin de désir toujours nouveau et unique pour chacun.

L'homme est un être de parole — un parlêtre. C'est son corps qui parle. Rien d'autre que le corps de l'homme ne parle. C'est pourquoi l'attitude du corps, sa façon de bouger ou d'être calme, l'ouverture et la lumière du visage sont les premiers lieux où s'exprime la parole. En analyse, le corps de l'analysant et celui du psychanalyste sont le lieu où se lisent, avant même de se dire, la résistance et la souffrance, l'écoute et l'accueil. Rien n'est plus accueillant et reposant qu'un corps où la parole, l'expression du visage et l'attitude du corps sont en accord. Comme un orchestre dont tous les instruments sont bien accordés et dont le chef mène le rythme à l'unisson, le corps est le lieu où s'exprime, par la médiation de la chair et du langage, le rapport que le sujet parlant entretient avec la vérité ou le mensonge.

C'est particulièrement sensible avec les nourrissons. Nous avons tous assisté à ces scènes étonnantes où à discours ou à manipulations équivalents un bébé s'apaise, sourit, voire s'endort, ou bien se crispe douloureusement et se met à hurler. Sa détresse trahit l'angoisse et la tristesse qui le plongent dans l'insécurité quand il les perçoit encore inconsciemment chez l'adulte dont les mains le caressent et les mots l'envahissent. Il crie l'angoisse de l'adulte, il pleure la tristesse du visage qui le surplombe.

Quand nous recevons des familles, nous sommes attentifs à ce lien corporel fait de chair et de paroles où se tissent des relations familiales constructrices, ou au contraire ambiguës et désorganisantes pour l'enfant. Nous y sommes attentifs car le travail de l'écoute et de l'interprétation passe par le décodage de ce qui se tord et échoue à se dire dans ces moments-là. L'ambiguïté, l'agressivité, la jalousie, la colère, la confusion sont autant de perceptions qui en appellent à une interprétation quand elle est possible, c'est-à-dire quand le temps de la confiance et du transfert l'autorise. Sans même que nous le sachions, l'écoute devient ici, dans l'ouverture au sujet qui pleure ou qui rit, interprétation.

Ainsi, dans le temps du transfert sur et dans le lieu que la confiance autorise, la légèreté des interventions au Jardin Couvert est corrélative de ce qui fait le cœur du désir : la patience.

En effet, parler à de tout-petits, c'est toucher à l'entrecroisement de la chair et de la parole que F. Dolto place au cœur de l'élaboration de l'image inconsciente du corps. De ce lieu, l'enfant se structure. Il repère d'une part la différence des sensations de son corps liées au besoin et d'autre part la différence qu'il y a entre lui et sa mère, entre lui et les autres, dans l'ordre des sentiments et du désir. À cet endroit, le Jardin Couvert remplit une véritable fonction paternelle. Cette articulation fait de sa chair un corps habité par la parole (tierce) dans l'expression d'un langage et d'une motricité déliée du fantasme maternel, un corps ouvert au silence comme au sourire de la rencontre avec l'autre.

Pour citer Denis Vasse, à propos de la castration symboligène, je dirais : « La symbolisation de la limite, au stade archaïque ou précoce, indique, dans la chair, le lieu précis du sens à partir des sens. Le lieu du sens pour un sujet, à partir des sensations cénesthésiques qui sont les siennes, surgit à l'articulation symbolique entre la marque et la station debout, d'un côté et, de l'autre, l'écroulement de la chute et de l'abandon de la verticalité. La sensation cénesthésique devient le lieu des mouvements du corps dans son unité. Faute de quoi, le système s'enraye jusqu'au balancement de la confusion, à la rigidité de l'opposition ou à l'immobilisme tonique. Être homme, c'est se tenir debout et marcher vers, suivre, rencontrer, partir, revenir. Ne plus être homme, ou plutôt refuser de l'être, c'est tomber, fuir, ne plus avoir l'initiative de prendre, de lâcher, éviter, tourner en rond. »

L'écoute d'un enfant, dans un corps soumis aux manipulations et au discours des adultes qui l'accompagnent, ordonne l'accueillant au silence et au respect nécessaire à la rencontre de cet enfant et de ses parents. Cela demande un vrai travail sur soi car il ne s'agit pas, pour nous, de devenir réactifs à ce que nous voyons et entendons, ni de s'engouffrer dans l'angoisse perçue en nous offrant comme une éponge qui absorbe l'ambiance néfaste pour en soulager passagèrement l'enfant. Écouter, c'est consentir à entendre ce qui se donne à voir, non pour se remplir des sensations visuelles, tactiles et auditives, mais pour les ordonner à ce qui parle en *nous* afin de l'entendre comme la médiation de la torsion ou de la blessure qui cherche à se dire dans le symptôme ou le passage à l'acte. Ce non-emboutissement dans la sensation ouvre l'écoute à « un au-delà de la perception sensible » qui donne la liberté d'une adresse au sujet emprisonné dans son symptôme et sa difficulté. C'est cela pour nous l'espace d'un lieu de parole et de rencontre, *lieu de transfert* comme disait F. Dolto.

Pour illustrer mon propos, je donnerai deux vignettes cliniques, deux moments de travail au Jardin Couvert où la similitude des situations permet de repérer la différence des attitudes aussi bien chez l'enfant et les parents que chez l'accueillant.

Dans le silence ou dans le rire, le moment de dire...

Le couple que nous recevons ce jeudi après-midi présente une discordance qui surprend : l'homme est jeune, habillé avec décontraction. Il a, dans son attitude, un rien de provocation. La femme est, semble-t-il, plus âgée, vêtue et coiffée de façon classique, avec beaucoup de retenue dans les gestes. Repérer ainsi l'allure des parents est une chose assez rare. Si je le fais, c'est que j'y aperçois une demande implicite, voire un appel qu'ils ne formulent d'ailleurs pas.

Ils viennent avec un très petit nourrisson, tout emmitouflé de bleu. Du fond de la cagoule, ses yeux brillent et il semble très éveillé. Je laisse passer l'intérêt que suscite toujours l'arrivée d'un tout-petit au Jardin Couvert et je vais m'asseoir auprès d'eux pour m'enquérir du prénom :

« Ange ». Nous évoquons sa naissance, l'attente des parents, les premiers jours. La mère parle de sa fatigue car Ange ne dort pas de toute la journée et dort mal la nuit. Je leur demande si c'est difficile d'apprendre à s'occuper d'un bébé et si elle en est angoissée. Elle me dit : « Je ne sais pas. J'ai du mal à m'y remettre. Pourtant nous sommes si heureux. En fait, j'ai déjà eu une grande fille, mais j'ai tout oublié. » Le père dit : « Ce n'est pas qu'il ne s'endort pas mais, au bout de cinq minutes, il se réveille et il a toujours besoin d'être rassuré, entouré, on ne peut pas le laisser seul. On ne sait pas comment faire tellement il est angoissé. »

Je jette un coup d'œil à Ange qui, depuis un quart d'heure, dort paisiblement. Il s'est endormi dans nos voix. Je n'en dis rien, mais je continue à parler aux parents. La maman dit que, dès qu'ils quittent la chambre, il se réveille. La vie s'est donc organisée autour des précautions à prendre pour qu'il dorme : à la maison, le bruit des pas fait grincer les lames du parquet, ce qui l'agite et surtout, d'après eux, il ne supporte pas que leurs mains cessent de le caresser. Je me souviens qu'effectivement le père avait une main sur la tête du bébé, et la mère une main sur son ventre au début de la conversation. Puis, au cours de celle-ci, ils l'avaient lâché. J'avais enregistré alors avec soulagement comme un relâchement, une détente dans le corps de l'enfant. Les parents sont surpris de le voir dormir au milieu de tous avec les mamans qui discutent et les enfants qui jouent.

Ange a alors un sursaut comme en ont les bébés quand ils sont abandonnés au *sommeil profond*. Il remue en tétant. Je pense qu'il doit rêver, mais ses parents inquiets me prennent à témoin : « Vous voyez ! Il se réveille... C'est inéluctable. Dors mon bébé, dors, n'aie pas peur, ne t'inquiète pas. On est là ! » Et les deux parents de le rassurer de la voix et du geste. Le ballet des mains se met en mouvement sur le corps de l'enfant, sur son visage, sur ses cheveux, sur son ventre.

Comment dire le malaise qui me saisit ? J'ai l'impression qu'ils électrisent le corps de l'enfant, qu'ils le chargent de leurs angoisses conjuguées. C'est insoutenable. Je me dis qu'ils vont le réveiller, qu'ils l'énervent. Dans mon désarroi, je leur parle de l'activité du rêve, de l'agitation dans le sommeil. Je tente de les rassurer tout en pensant que je devrais leur dire qu'ils ont des mains redoutables et que c'est terrible d'être ainsi pétri par des mains inquiètes. Rien n'y fait.

Enfin, devant leur dénégation, leur opposition sourde et leur jouissance, je me tais. J'attends avec Ange que le ballet s'arrête, que les parents se calment et le lâchent comme tout à l'heure, dans l'échange où il s'était endormi. Peu à peu le silence m'habite comme la seule chose possible : être là avec Ange et partager avec ce petit garçon la souffrance de la projection de l'angoisse parentale. Je la supporte avec lui... dans le silence.

Le jeudi suivant, Étienne est là avec sa mère. Depuis qu'il marche, il est beaucoup plus gai. Sa mère est une femme chaleureuse, très attentive aux autres, accueillant et partageant beaucoup l'esprit du Jardin Couvert.

Étienne joue assis entre les jambes de sa mère, ce qui lui arrive de moins en moins souvent. Celle-ci lui caresse les cheveux, lui gratouille la tête avec bonheur. Je lui dis : « Ô, mais elle te prend pour le chien-chien à sa mémère quand même Étienne ! » Il secoue la tête, non pour me répondre, mais pour se débarrasser des mains. Sa mère rit et s'exclame : « Et encore... ça, c'est rien ! Quand il était petit, je l'ai même mordu à la fesse ! Il est si mignon. Il a pleuré, hein ! Il était pas content que je le morde. Mais je l'adore, je le dévorerais d'amour. Je suis tellement contente de l'avoir ! » Je lui dis alors en riant : « Eh bien ! Moi je vous interdis de le mordre, même s'il est trop beau pour vous. C'est interdit ! »

Nous rions toutes les deux, mais je sais que quelque chose d'important a été entendu car elle cesse d'enrouler les boucles des cheveux de son fils sur ses doigts. Je m'assieds et elle enchaîne en changeant de ton : « Je l'ai tellement attendu, plus de sept ans. J'allais commencer les fivètes et tout ça... quand il s'est annoncé. Ça a été le bonheur pour son père et pour moi. Nous souhaitions beaucoup d'enfants avec mon mari. » (C'est la première fois qu'elle m'en parle.) Et, avec une fêlure dans la voix, elle continue : « Alors, vous comprenez, ne pas en avoir... cette attente, ça a été dur. » Pendant l'échange dans ce moment d'émotion, Étienne se lève, tranquille, et va jouer à l'eau.

J'ai beaucoup pensé à ces deux instants au Jardin Couvert, à la similitude des situations, aux mains des parents, au corps de l'enfant. Ce qui s'est passé dans le rire avec la mère d'Étienne n'était possible que grâce à sa confiance, à cette longue pratique de rencontre au fil des jeudis et puis, aussi, au consentement de cette femme, à son ouverture à ce qui se dit. Avec les autres parents, le silence m'a semblé la seule attitude possible, celle qui met dans l'attente avec l'enfant et qui, peut-être, ultérieurement permettra un dialogue avec moi ou avec d'autres, un jeudi ou un autre jour, je ne sais. Patience et silence au Jardin Couvert.

Dans ces deux vignettes relatant un moment passé avec une famille au Jardin Couvert, il y a de grandes similitudes. Dans ce temps de présence, l'accueillant est invité à écouter le discours des parents mais aussi à interpréter ce qui parle dans le corps, ce qui se transmet des adultes à l'enfant et, réciproquement, de l'enfant aux adultes : malaise, angoisse, souffrance, que traduit la légèreté des mots qui les disent. Le jeu des mains sur le corps de l'enfant procure des sensations. À travers elles, les parents expriment leur présence, leur attention, leur amour. Mais le jeu même de ces mains peut aussi avouer l'angoisse et la possessivité... là même où elles se voudraient rassurantes et apaisantes. Entre ces pôles contraires, le corps de l'enfant se charge d'une tension électrique.

Le travail de l'interprétation, c'est de décoder, dans les sensations de l'enfant, ce méli-mélo de bonne volonté et d'angoisse qui perfuse le corps du bébé d'un malaise dû à l'ambivalence exprimée. Cette interprétation adressée à l'enfant a souvent plus d'effet sur les parents que des conseils ou des recommandations à leur égard. Mais pour qu'elle soit possible, il faut un espace de la confiance et le temps d'un travail intérieur pour chacun.

Ainsi, ce qui était possible avec la mère d'Étienne m'a paru difficile avec les parents d'Ange et m'a mise dans le silence et la patience. Mes mots ont échoué à arrêter le jeu des manipulations avec leur fils. Et pourtant... six mois plus tard, au seuil des vacances, la famille revient. Ange a grandi. Il se tient assis. La relation avec les parents est plus ouverte. Un lien de confiance s'est établi. En effet, dès le lendemain de leur première visite, Ange avait fait des nuits complètes sans réveil. Ils viennent donc demander à nouveau conseil... à propos d'autre chose puisque cela a si bien réussi... sans conseil.

Ces petites illustrations ne sont pas là pour prouver un quelconque savoir-faire ou une efficacité. Quand on parle des structures Dolto, on les définit trop souvent par la mise en œuvre d'un dispositif qui produirait un type de réponse efficace. Parler ainsi, ce serait prendre le cadre pour l'esprit et enfermer notre pratique dans un dogmatisme étroit qui ne saurait répondre de la rigueur et de la vigueur de la vie au quotidien. Le cadre et les moyens mis en œuvre ne peuvent être qu'au service d'une rencontre éventuelle. Ils ne sont nécessaires en définitive que s'ils sont le support d'une pratique qui s'élabore, pour nous, à travers l'esprit qui anime les écrits que F. Dolto nous a laissés. « Espace de liberté », disions-nous dans le titre de cet exposé : la parole de chacun, selon sa place, y surgit. L'échange qu'elle autorise entraîne au respect de chacun sans qu'aucune question ne soit évitée.

La liberté du sujet se reconnaît relativement à un désir qui trouve son expression dans un corps tranquille et actif, dégagé des tensions et des inhibitions, et dans une parole libérée du faux-semblant des convenances, des crispations jalouses et des évitements mensongers. Le petit d'homme retrouve entre famille et société la joie d'une vie où il grandit selon les règles et les interdits qui structurent le sujet dans son rapport aux autres et à lui-même.

Transfert sur le lieu

JEAN-PIERRE DURIF-VAREMBONT*,
ERIKA BERTRAND-OSCHWALD*,
JACQUELINE BOULANGER*
MONIQUE FUCHS**, JACQUES MONASSE**

Le transfert sur et dans le lieu

LE TRANSFERT SUR LE LIEU, SPÉCIFICITÉ DES STRUCTURES DOLTO (J.-P. DURIF-VAREMBONT)

Cette expression de Françoise Dolto qui nous semblait obscure au départ nous est devenue précieuse au fil du temps pour rendre compte de la spécificité de ce qui se passe dans un lieu comme le Jardin Couvert[1]. Par sa référence explicite à la psychanalyse, elle indique la manière dont une telle structure permet de mettre au travail et de lire les résistances, les passages à l'acte, les nœuds relationnels, les dénouements des situations, comment *le dispositif et la position subjective* des accueillants, et particulièrement celle du psychanalyste parmi eux, ouvrent dans un espace de « parole vraie » la question en chaque sujet des rapports de la parole et du langage.

* Accueillants au Jardin Couvert (Lyon). Jean-Pierre Durif et Erika Bertrand-Oschwald sont psychanalystes. (Le Jardin Couvert, 12, rue du Docteur Auguste-Lacroix, 69003 Lyon.)

** Accueillants à la Petite Maison (Saint-Étienne). Jacques Monasse est psychanalyste. (La Petite Maison, 19, rue Crozet-Boussingault, 42000 Saint-Étienne.)

1. Ce concept, travaillé plusieurs fois entre nous, est repris dans deux chapitres du livre (D. Vasse, *Se tenir debout et marcher*, Gallimard, 1995) auquel je ferai référence plusieurs fois, « La psychanalyse au Jardin Couvert » (p. 150-169) et « Le transfert sur le lieu » (p. 175-191).

Dans cet entre-deux du jardin œdipien à la vie en société peuvent se déplacer et se lire des motions pulsionnelles, des affects, des angoisses et des symptômes venus d'ailleurs, parce qu'il y a des accueillants qui écoutent et qui parlent, témoins dans la légèreté et la discrétion qu'un tel lieu dans son esprit exige, de ce qui cherche à se dire. L'entendre n'est possible que s'il y a là « une oreille psychanalytique dans le lien de la génération[1] », comme nous le montre l'histoire d'Anna et de ses parents, tissée au fil des mois avec plusieurs d'entre nous.

E. Bertrand-Oschwald, J. Boulanger

Ce travail est le résultat de deux démarches tout à fait indépendantes au départ : un texte récent écrit par moi-même dont j'ai fait part à Jacqueline lors d'une conversation amicale. Elle me dit alors qu'elle a deux textes écrits sur le vif il y a bien longtemps, concernant la même question. En confrontant nos écrits, nous nous rendons compte que nos approches se complètent et se répondent. Nous décidons alors d'insérer les vignettes de Jacqueline dans mon texte pour qu'ensemble, ils reflètent ce qui se met en jeu en nous, entre nous et avec nous dans le transfert sur le lieu. Voici donc nos écrits enchevêtrés.

C'est un samedi après-midi de septembre et même s'il n'y a pas deux jours pareils au Jardin Couvert, le samedi garde un petit air d'exception. Nous y travaillons à tour de rôle en plus de notre jour habituel, avec Janine qui est la seule permanente de ce jour. C'est donc le jour où continuité et discontinuité sont représentées au niveau de l'équipe d'accueil, c'est aussi le jour où il y a plus de papas, où les enfants parfois viennent de loin. En effet c'est le cas pour Anna que j'aperçois à travers la porte vitrée. Elle arrive avec son papa qui la porte sur son dos. Je me réjouis de la revoir d'autant plus que j'ai l'impression de ne pas l'avoir vue depuis très longtemps. Anna a à peine deux ans et ne vient plus que les samedis. Je les accueille et, à ma surprise, Anna m'adresse un « non, non » véhément en faisant la moue et, après l'inscription de son prénom au tableau, se sauve au fond du

1. D. Vasse, *op. cit.*, p. 239 et suiv.

Jardin Couvert. J'ai juste le temps de lui dire « oui, ça fait très longtemps ! ». Avec le papa, nous nous regardons un instant dans une interrogation partagée et il me dit : « Chaque fois, avant de partir de la maison, quand je lui demande : "Qu'est-ce que tu feras au Jardin Couvert ?" elle me fait : ... » Il me montre son geste qui indique une main qui remplit une bouche. En effet, Anna s'est installée à la table du fond où elle attend le goûter apporté par son papa. Peut-on mieux que par ce petit rituel signifier une dimension nourricière du Jardin Couvert ?

Nous nous connaissons depuis un an et demi environ. Comme tous les jardiniers, j'ai été profondément touchée par cette enfant et par son histoire et je garde en mémoire plusieurs moments intenses passés avec elle au Jardin Couvert. Mais je l'ai tout d'abord rencontrée à travers les dires de Jacqueline qui, lors d'une réunion, nous a fait part de son désarroi quant à Anna et sa maman. À l'époque j'en avais surtout retenu sa difficulté à supporter le regard de la maman d'Anna, regard perçu comme dévorant, transperçant et qui la faisait souffrir en lieu et place de ce bébé de quelques mois. Il me semblait alors que nous réalisions ensemble combien il est important pour ce bébé que quelqu'un puisse soutenir avec lui ce regard et en témoigner.

Notes prises à l'époque par Jacqueline

Avril : Anna a six mois. Elle est ronde et rose, calme et souriante, mais apeurée dès qu'on l'approche, elle pleure si quelqu'un la touche.

Elle avait quatre mois lorsqu'elle vint pour la première fois avec sa maman. Lors de ses premiers passages, sa mère la déposait brusquement dans les bras de Bernadette ou dans les miens sous n'importe quel prétexte. Et Anna cherchait sa mère des yeux, avec inquiétude. Ses pleurs étaient plutôt des plaintes.

Lorsqu'elles arrivent, l'installation d'Anna dans un transat est presque rituelle. Sa mère l'oriente avec soin, la déplace plusieurs fois, justifie son choix auprès des personnes présentes et s'arrange toujours pour que sa file lui tourne le dos.

Anna regarde avec attention autour d'elle, mais s'intéresse peu aux jouets. Lorsqu'elle est calmée et détendue, tout à coup sa mère la prend impulsivement et l'installe sur ses genoux, le dos contre sa poitrine.

Cette maman est très inquiétante ! Elle commence toujours par dire que tout va très mal. Ce qui est étonnant, c'est que la petite arrive à mettre en place ses repères. Elle accepte de se coucher le soir, dort bien (ce qui n'a pas toujours été le cas). Je ne sais pas vraiment comment se passent ses journées en tête à tête avec sa mère, si c'est la petite qui ne peut supporter que sa mère s'éloigne ou la maman qui ne peut lâcher sa fille des yeux. Elle la place dans un passage, genre couloir, ce qui déclenche des pleurs chaque fois qu'elle s'éloigne, c'est-à-dire sans arrêt. Tous ces problèmes sont de cette sorte. Elle ne peut supporter les yeux d'Anna pleins de larmes qu'elle provoque involontairement. Elle veut que « tout soit parfait », elle n'a pas donné à sa fille répétait-elle (elle voulait dire pas donné d'amour). Elle a arrêté son travail pour un an, mais elle le regrette, ne supporte pas. Elle reprendra à mi-temps en septembre et se noie déjà dans les problèmes de garde, le père est réticent pour prendre une nourrice, elle ne peut envisager la crèche. Elle a inscrit Anna en crèche et choisi une nourrice.

Je me sens impuissante devant la façon désespérée dont cette femme s'agite en essayant de tenir le rôle de mère. Elle subvient en partie aux besoins de son enfant mais sans les percevoir réellement. Elle lui parle mais sans une parole véritable. Elle l'embrasse et lui sourit, mais semble vouloir mordre. Cette maman est de lave glacée : elle brûle et réfrigère, agressive et perfectionniste, lucide et embrouillée... Je pensais « les yeux qui tuent »... Elle me fait songer à ces petits enfants qui n'ont trouvé personne pour leur parler, les empêcher de se faire mal et qui vivent entortillés dans une colère qui n'en finit pas de se dire, dans une violence qui les dépasse et les rend imperméables à toute parole.

Très peu de temps plus tard, je me trouve assise à côté d'une maman qui de manière très captatrice me parle de son angoisse terrifiante devant le regard de sa fille, regard dans lequel je perçois une gravité impressionnante. En me souvenant de notre réunion, je reconnais Anna et sa maman, que je vois pourtant pour la première fois. Anna se trouve dans un baby-relax en face de sa maman qui me paraît plongée dans l'effroi de la maternité. J'écoute en silence car je ne crois pas qu'à ce moment il soit question de mots. Le problème est de pouvoir être là avec elle, de reconnaître cette angoisse primitive d'être engloutie par un vide sans fond représenté pour cette mère par la profondeur insondable, spéculaire du regard de son bébé.

Je me rends compte combien le travail de la réunion me soutient et me permet d'être présente sans me dérober avec une force dont je ne suis pas maître et qui me vient des autres. Ce même jour, cette maman me parle d'une reprise de travail à la rentrée prochaine et d'une difficulté de choix de mode de garde dont j'ai oublié les détails mais qui se présente comme une alternative impossible. C'est une question dont nous reparlerons avec le père un samedi suivant où ils viennent tous les trois.

Peu de jours après, l'un d'entre nous apprend par le père la mort tragique de sa femme et peut en parler avec Anna. Père et fille viennent presque tous les jours pendant cette période douloureuse. Anna a sept mois maintenant.

Je revois Anna à cette occasion. Nous parlons de la grande souffrance et de l'absence de sa maman. Le père exprime avec douleur un grand soulagement et me dit en parlant du Jardin Couvert : « Ma femme a pu nous léguer cela. Sans elle je ne serais jamais venu dans un lieu comme celui-ci. » Nous parlons aussi de la nouvelle vie à la crèche qui attend Anna après la reprise du travail de son papa. À ce propos, je me rappelle que Christiane propose au papa de changer Anna tout en lui parlant de ces nouvelles personnes qui s'occuperaient bientôt d'elle comme des autres petits enfants qui passent leur journée à la crèche. Anna s'y adaptera d'ailleurs très bien.

Depuis, Anna et son papa viennent pratiquement tous les samedis au Jardin Couvert. Il m'arrive d'assister à des moments d'exploration, d'échange et de jeux joyeux avec les petits camarades, à la naissance d'une autonomie grandissante mais aussi à des moments de détresse et de protestation qui résonnent comme un appel aux capacités maternantes de ceux qui sont présents.

Notes de Jacqueline en octobre, six mois plus tard

Un samedi difficile que je pourrais appeler le samedi des solitudes. Anna a un an. *Elle est en détresse... Dès qu'elle rencontre mon regard, elle pleure. Elle reste collée à son père, avance un tout petit peu, regarde tout alentour et se couche par terre pour pleurer. Elle refait cela plusieurs fois, de façon presque théâtrale, attirant chaque regard l'un après l'autre. Dès que j'essaie de lui parler ou simplement de la regarder, elle pleure. Frappée par tout ce qui se jouait dans le regard de sa mère, je dis tout à coup à son père : « Peut-être que je lui rappelle sa maman ? » Lui : « Non, je ne crois pas ! »*

Je pense que la petite vient d'avoir un an. Et je me souviens de ses premiers passages au Jardin Couvert. Aujourd'hui, elle en fait tant pour capter l'attention que j'ai du mal à la comprendre. De son côté, son père est sombre. Au-delà de la tristesse s'annonce un nouveau départ : la prise en charge à part entière de sa fille, les petites tâches humbles de la vie de tous les jours, un récent déménagement sont autant de repères structurant sa vie avec Anna.

Lors de nos réunions mensuelles nous avons eu plusieurs fois des échanges concernant Anna. Ce fut pour moi un appui précieux. Mais nous n'avons jamais cherché à faire une synthèse de l'histoire de cette famille qui a pu trouver un soutien au Jardin Couvert dans la plus grande discrétion. Après ce dernier samedi, j'ai réalisé lorsque nous en avons parlé tous ensemble à quel point j'étais parasitée, dans mon rapport à Anna, par ce que je savais de son histoire.

Cette petite fille et son père retrouvent peu à peu la joie de vivre, avec des hauts et des bas, et ils partagent cela avec nous qui les accueillons. Encore une fois émerveillée par ce que le désir de vie est capable de traverser, je m'attache à chasser de mon esprit les souvenirs inutiles, à éviter autant que faire se peut de charger cette enfant avec mes projections d'adulte.

Et puis, nous nous retrouvons après la fermeture d'été, presque un an plus tard, ce fameux samedi de septembre. Anna a presque deux ans et me dit son refus qui persiste dès que je m'adresse à elle. Je n'ai pas connu ce genre de réaction de sa part, je m'interroge donc. À qui est-il destiné ce « non » tandis qu'elle est tout oui pour son être là au Jardin Couvert ? Je me dis qu'elle m'assigne la place de l'absente, de celle qui doit s'absenter. D'ailleurs à son premier « non, non », il m'était bien venu « oui, ça fait très longtemps » comme on peut dire « ça fait une éternité ». Mais on n'en revient pas de l'éternité, comment alors dire non à celle qui n'est plus là, comment dire le NON de la différenciation autrement qu'en l'adressant à un vivant qui peut représenter cet absent ? Je lui dis alors : « Je ne sais pas pourquoi aujourd'hui tu me dis non si fort, mais je sais que toutes les petites filles ont besoin de dire NON à leur maman pour grandir. Toi quand tu étais bébé tu es venue au Jardin Couvert avec ta maman. Maintenant ta maman n'est plus là et toi tu as encore tant de choses à lui dire. » En levant les yeux, je vois Janine assise sur une banquette à côté du papa d'Anna, au même endroit où il y a plus d'un an, j'ai partagé les angoisses de la maman d'Anna. La petite se dirige vers eux et se met à jouer tranquillement à côté.

Un samedi suivant, Anna manifeste un vif intérêt pour un bébé âgé de quelques jours dont la maman et la sœur de quinze mois sont des habituées du Jardin Couvert, connues par plusieurs personnes présentes ce jour. L'accueil de ce nouveau-né est donc particulièrement chaleureux. Anna me rejoint et nous restons un long moment avec ce bébé, impressionnées et émerveillées par l'extrême fragilité et le mystère de la vie naissante.

Depuis, Anna passe une grande partie de son temps au Jardin Couvert à jouer avec plusieurs poupées dont elle s'occupe comme une maman très attentionnée. Mais elle sollicite également l'aide de son papa pour qu'il garde « ses bébés » quand elle s'absente. Son jeu est riche et paisible et son langage s'épanouit dans les échanges.

Père et fille continuent à prendre appui sur le Jardin Couvert, à l'abri des contrariétés quotidiennes mais en relation étroite avec celles-ci. Nous restons présents et à l'écoute de l'histoire qui se tisse avec nous, bribe par bribe. Ainsi, de la gravité, nous avons vu surgir l'espoir.

Note de Jacqueline

Anna a deux ans. Elle va bien. Dernièrement son père me disait : les amis me demandent pourquoi nous fréquentons le Jardin Couvert chaque semaine aussi régulièrement... « Je ne sais pas ai-je répondu. J'ai besoin de venir. »

Transfert sur le lieu, dans le lieu, à travers le déploiement des allées et venues, des faire et dire qui s'offrent aux sens s'ils sont accueillis dans la patience qui laisse surgir l'inattendu d'une parole vraie.

J.-P. Durif-Varembont

Ainsi, la formulation du « transfert sur le lieu » par F. Dolto indique bien que le travail qui s'y fait ne saurait se réduire à un moment de convivialité et que ce qui se passe entre les enfants et les parents ne relève pas du simple accueil mais d'une attention particulière à ce qui spécifie notre humanité : la parole qui marque la chair pour donner corps de sujet à chacun (cf. le « parlêtre » comme dit Lacan), ce dont la psychanalyse rend compte.

Avant d'examiner comment une telle formule pourtant extraite d'un autre champ épistémologique nous aide à élaborer ce qui constitue le vif du travail dans une « structure Dolto », il convient de rappeler brièvement les éléments essentiels définissant le transfert[1].

LE TRANSFERT PSYCHANALYTIQUE

Le concept de transfert appartient au vocabulaire et à la technique de la cure analytique. Il désigne « le processus par

1. Voir D. Vasse, *op. cit.*, p. 177 et suiv.

lequel les désirs inconscients s'actualisent sur certains objets dans le cadre d'un certain type de relation établie avec eux et éminemment dans le cadre de la relation analytique[1] ». Les conditions d'espace et de temps ainsi que les règles techniques permettent un *déplacement topographique et* une *transposition* des affects et des représentations à l'insu même du patient.

Freud repère la double dimension constitutive du transfert : d'une part *une actualisation du passé dans le présent* qui est plus qu'une simple répétition[2], d'autre part *une substitution des imagos parentales à la personne du psychanalyste*. Pour lui, le transfert, dont les modalités d'installation, d'interprétation et de résolution prennent des formes variables, doit être traité comme un symptôme, c'est-à-dire entendu et interprété dans des conditions précises. Le transfert apparaît alors comme le lieu même de la résistance, là où ce qui est refoulé, dénié ou perverti est le plus proche à se révéler, là où ça parle le plus à l'insu du sujet.

Si l'on suit Freud jusqu'au bout, à la limite il y a transfert chaque fois qu'il y a relation de parole[3], ce qui pose toujours la question de la confiance et de la méfiance, chaque fois que nous vivons vraiment avec quelqu'un, détaché de vouloir faire ou dire à sa place.

UN TRANSFERT DIFFÉRENT DU TRANSFERT STRICTO SENSU, EXCLUSIF SUR UNE PERSONNE...

Nos interventions ne relèvent pas de la technique psychanalytique pour autant que ne sont pas réunies ici les conditions exigées par la pratique de la cure : pas d'anamnèse ni de régularité de séance ni de règle d'association libre, ce qui n'empêche pas et même autorise à raconter son histoire, à venir régulièrement au Jardin Couvert ou à établir un trans-

1. Laplanche et Pontalis, *Vocabulaire de la psychanalyse*, PUF, 1967, article « Transfert ».

2. La répétition elle-même comporte deux modalités : celles liées à la constante de la chaîne signifiante et celles liées au transfert proprement dit.

3. Dans son séminaire sur le transfert, J. Lacan reprend cette perspective pour en préciser l'importance structurale. Le transfert se manifeste dans le rapport à quelqu'un à qui l'on parle et c'est bien le lien du transfert à la dimension d'adresse de la parole qui le constitue (cf. *Le Séminaire, Livre VIII*, Le Seuil, p. 208).

fert provisoire sur l'un ou l'autre d'entre nous. Les règles mêmes du Jardin Couvert interdisent au psychanalyste, comme aux autres, de faire ici ce qu'il sait faire ailleurs, tout en supposant qu'il le fasse ailleurs pour s'en inspirer ici : le transfert peut se lire ici de ce que l'analyste en a la pratique ailleurs et de ce que le dispositif[1] même l'empêche d'être exclusif sur une personne pour l'être sur et dans le lieu.

Il ne s'agit pas d'analyser le transfert mais, en travaillant dans l'écart, à tout le moins de ne pas en jouir. Ainsi ne pas répondre à la provocation par l'exaspération ou à la résistance par la persuasion c'est ne pas se situer au niveau du moi pour rester témoin dans la patience de ce qui cherche à se dire au lieu même de la résistance. L'intervention doit rester légère et l'interprétation a minima. F. Dolto insistait beaucoup sur ce point. « Un tel travail est tout à fait le contraire d'une psychothérapie, disait-elle. C'est la vie, il faut que ça soit léger, léger, du point de vue de la compréhension du psychanalyste[2]. » Mais il ne pourrait se faire sans une oreille psychanalytique dans le lien de la génération. « Il n'y a de psychanalyse que là où il y a un psychanalyste. » En même temps, parler à un psychanalyste ou à quelqu'un qui écoute vraiment n'est pas équivalent à faire une analyse. La parole n'est l'apanage de personne. En position tierce, elle s'entre-dit.

Le « transfert sur le lieu » indique ainsi un *lieu de transfert*, dont le dispositif se prête aux mouvements transférentiels. Cela veut dire que peut se rejouer ici une autre scène, dans un lieu où il y a une présence pour l'entendre. Il concerne aussi bien les usagers que les autres accueillants comme en témoignent les réflexions d'après-coup de Monique Fuchs à propos d'une histoire de séparation.

M. Fuchs

Les parents n'ont pas toujours une raison précise pour venir dans un tel lieu. Le plus souvent d'ailleurs, ils y arrivent un peu par curiosité, pour que leurs enfants rencontrent d'autres enfants, d'autres

1. Le dispositif désigne les conditions essentielles d'un lieu de rencontre et de parole accueillant des tout petits enfants et leurs parents traduisant la subtilité de l'esprit dont F. Dolto souhaitait que ce lieu témoigne. Cf. Marie-José D'Orazio, « Les points structuraux du Jardin Couvert », *in* D. Vasse, *op. cit.*, p. 57-60.

2. Cf. conférence de F. Dolto au CFRP (1984), reprise en partie dans le film introductif de cette journée.

jeux, ou pour rencontrer eux-mêmes d'autres parents, d'autres adultes.

Mais ce jour-là, lorsque j'accueille Marie (trois ans et demi) et sa petite sœur Sophie (environ deux mois), leur maman m'explique : « Nous venons à la Petite Maison parce que Marie ne veut pas dormir, elle ne veut pas se coucher le soir, et la nuit elle se réveille plusieurs fois, c'est épuisant pour nous, d'autant plus que Sophie prend encore des biberons la nuit. »

Pendant ce temps, l'enfant joue activement avec les vélos et ne sentant pas le moment approprié pour parler de cela avec elle, je propose à la maman de la laisser se familiariser avec ce lieu inconnu.

Ce jour-là il y a beaucoup de monde, les autres accueillants sont bien occupés et Marie découvre tous les recoins de la Petite Maison avec beaucoup de plaisir semble-t-il. À aucun moment nous ne pouvons reprendre le questionnement de la maman. Puis plusieurs fois cette maman essaie de partir, mais sa fille manifeste fermement son désir de rester, et le départ est donc repoussé jusqu'à la fermeture. Mais là encore que de difficultés, Marie refuse de s'habiller, se traîne par terre. Sophie, dans son landau, s'impatiente et la maman est désemparée. Et là je dis seulement : « Eh bien, c'est aussi difficile de partir que de dormir la nuit. » À ce moment-là, cette enfant me regarde comme si elle était sidérée par ce que je viens de dire ; elle se laisse habiller sans résistance et sort de même. Sa maman lui dit : « Tu ne dis pas au revoir ? » Marie se retourne rapidement et me fait un léger signe de la main. La réaction de cette enfant m'a quelque peu surprise. Pourtant, je n'avais fait que rapprocher deux difficultés pas si éloignées que cela puisqu'il s'agit de séparation dans les deux cas : la difficulté de partir avec la difficulté de dormir, deux séparations toujours difficilement négociables pour les enfants, mais inévitables pour grandir.

Et puis, trois semaines plus tard, j'accueille à nouveau Marie, sa petite sœur et sa maman. Cette petite fille semble ravie de se retrouver à la Petite Maison. J'apprends par la maman que Marie va bien, elle rajoute même qu'elle ne se réveille plus la nuit depuis une quinzaine de jours. Puis, après un court instant de réflexion, elle poursuit : « Mais, finalement c'est peut-être depuis que nous sommes venues ici ! », tout amusée de faire le rapprochement. Elle précise cependant qu'il est toujours difficile de la faire coucher le soir, elle sent sa fille inquiète. Elle s'étonne qu'une enfant si jeune pose déjà des questions sur la mort. Ce jour-là Marie joue beaucoup et me sollicite pour que je lui raconte des histoires et ses choix ne sont pas anodins puisqu'elle choisit plusieurs fois des livres parlant de sommeil, genre Petit Ours Brun ne veut pas dormir.

Partir, dormir, mourir, se séparer... c'est peut-être ce que Marie et sa maman sont venues déposer à la Petite Maison.

J.-P. Durif-Varembont

Parmi les éléments de ce dispositif, la régularité de l'ouverture et la présence le même jour de la semaine de la même équipe permettent le déplacement et la répétition tout en constituant un repère, les règles qui organisent l'espace et le temps ouvrent à la question des limites et des différences, la coloration particulière de chaque équipe et le style propre de chaque accueillant autorise une grande souplesse dans le chemin de chacun. Il n'est pas rare en effet qu'un parent confie un fragment d'histoire à l'un d'entre nous et le reprenne avec un autre, qu'une difficulté révélée pour un enfant par la présence de l'accueillant homme se résolve avec l'accueillant femme par exemple.

… MAIS TRANSFERT TOUT DE MÊME, AU LIEU DES RÉSISTANCES

Le transfert suppose, dit J. Lacan, une « disparité subjective[1] », c'est-à-dire une dissymétrie. Au Jardin Couvert nous ne racontons pas notre vie en échange des confidences, d'où notre réserve vis-à-vis de toute forme de convivialité qui tourne souvent très vite au bavardage, et la discrétion comme principe de travail.

Le transfert ne se déploie pas non plus sans la *présence d'un témoin*, c'est-à-dire de quelqu'un qui écoute et qui parle en y engageant son désir. Lacan rappelle que l'implication de l'analyste dans le transfert en constitue une dimension essentielle. Parce que son être y est intéressé, dit-il, « il agit moins par ce qu'il dit et par ce qu'il fait, que par ce qu'il est » (p. 368). Au Jardin Couvert, le transfert sur le lieu est ainsi produit par l'offre que constitue notre position subjective de témoin. Cela permet de comprendre ainsi pourquoi la psychanalyse, non comme savoir-faire mais comme chemin de vérité dans la parole, permet de trouver, non sans difficultés et résistances, cette *justesse d'attitude* que nous évoquons souvent pour qualifier notre travail.

L'interprétation nécessaire même a minima, le fait de s'adresser là où le sujet ne s'y attend pas, et non de répondre en miroir ou en écho, fait entrer dans le transfert avec le jeu des résistances qui le constituent. Cela suppose évidemment que le psychanalyste, travaillant dans l'écart, sur lui-même et avec d'autres, comme tout accueillant, ne prenne pas

1. C'est le sous-titre même du séminaire de Lacan consacré au transfert, « dans sa disparité subjective, sa prétendue situation, ses excursions techniques », *Le Séminaire, Livre VIII* (1960-1961), Le Seuil, 1991.

pour lui-même dans le réel actuel ce qui se passe mais entende les symptômes et les troubles de la relation à l'autre comme un langage, comme des endroits où l'image du corps n'est pas structurée, où les mots et les sensations n'ont pas été entrecroisés dans une relation de parole. La pulsion peut alors être inter-dite hors de tout souci d'un faire obéir à tout prix mais dans la reconnaissance d'un sujet différencié de l'objet et de l'autre, ce qui se joue souvent dans nos structures à propos des mini-règles comme celle de la ligne délimitant l'espace réservé aux jouets porteurs.

J. Monasse

Un après-midi, Pierre, sur son trotteur, vif comme l'éclair, franchit allégrement la ligne bleue et ceci répétitivement...

Pierre est âgé de dix-sept mois et marche depuis un ou deux mois. Sans être un habitué de la Petite Maison, c'est un garçon qui est déjà venu à plusieurs reprises. La mère lui rappelle la règle de la ligne bleue... sans résultat...

Je m'approche, car Pierre franchit la ligne avec de plus en plus d'insistance. Je sens l'excitation monter en lui. Je formule : « Toi, avec tes jambes, tu peux aller où tu veux, mais le trotteur, lui ne franchit pas la ligne bleue... » Rien n'y fait... J'ai même l'impression qu'il n'entend pas.

Il me vient : « Tu sais, Pierre, c'est toi qui commandes le trotteur, ce n'est pas le trotteur qui te commande... » Pierre s'arrête sur la ligne. Il me regarde, suspendu, en relation d'écoute.

Il reprend le même jeu. Mais cela devient un jeu, et au moment de franchir la ligne, il me regarde. Je lui redis. Ce jeu recommence deux ou trois fois et Pierre passe à autre chose. À l'occasion de l'évocation de cette situation, Marie m'a rappelé qu'avant de marcher, Pierre déambulait à toute vitesse avec le trotteur et ceci au grand dam de la mère qui se désolait de le voir ne se déplacer que « appareillé » ou fixé à cet objet. En fait, il s'agit d'un « collage » à la mère : il franchissait la ligne pour aller la voir... il marchait et elle ne le lâchait pas.

Pour aller vers, il faut être séparé.

J.-P. Durif-Varembont

Dans le même sens, F. Dolto soutient que « le transfert de l'analyste est très important pour appeler à l'existence l'image du corps d'un enfant. C'est le transfert de l'analyste qui l'appelle à exister[1] ». Elle indique me semble-t-il par là

1. F. Dolto, *Inconscient et destins. Séminaire de psychanalyse d'enfants*, vol. 3, Le Seuil, 1988, p. 150.

le nécessaire engagement dans la parole de qui s'adresse à un enfant en donnant sens aux sensations auxquelles il risque de s'identifier s'il n'y a personne pour les nommer et reconnaître le sujet de la parole en lui. N'est-ce pas ce à quoi les très jeunes enfants sont particulièrement réceptifs ?

En même temps, la résistance comme le dénouement peuvent se jouer avec l'un ou avec l'autre, objet pour un temps d'une part de transfert, mais le fait de travailler à plusieurs permet une circulation, une sorte de respiration en ce sens que des histoires et des rencontres sont possibles avec d'autres accueillants même si quelque chose de fort s'est passé avec quelqu'un.

« Transfert sur le lieu », cela veut dire finalement qu'aucun d'entre nous n'est indispensable mais le dispositif oui, c'est-à-dire le rapport entre nous et entre les usagers et nous selon les rites et les règles qui structurent notre humanité. C'est cela qui est constitutif du lieu.

QU'EST-CE QU'UN LIEU ?

Le lieu n'est dispositif pour lire les résistances que d'être d'abord *un endroit affecté d'une présence*, une personne dans un endroit limité avec un dedans et un dehors, un seuil, des passages, des séparations et des retrouvailles. C'est un espace habité, un lieu-dit, avec un nom propre (on va au Jardin Couvert, à la Maison Verte) qui réfère ce qui s'y passe à ce qui a eu lieu dans la rencontre. Alors on peut dire que le « transfert sur le lieu » est la marque de l'esprit qui nous est signifié par la manière dont les enfants viennent et reviennent au Jardin Couvert, et celle dont les parents et les professionnels en parlent. Ils disent qu'il est important qu'une telle Maison ou Jardin existe et qu'il devrait y en avoir partout. D'autres reviennent témoigner dans l'après-coup des changements survenus dans leurs relations familiales depuis qu'ils fréquentent ce lieu. Le lieu, c'est ce qui se déplace, se transfère, se dépose d'émotions, d'affects, d'angoisse, ce qui circule de parole au gré de la quotidienneté des rencontres entre enfants, parents et accueillants. Car *nous aussi sommes affectés au et par le Jardin Couvert.* Nos réflexions lors de nos réunions mensuelles sur ce qui se joue entre nous et avec les enfants et leurs accompagnants en témoignent.

Le lieu c'est aussi *un dispositif qui traduit un esprit* et qui permet le repérage dans la légèreté et la discrétion de ce qui est en train de se fixer dans la confusion des sensations ou des mots. Il est la marque de *la position subjective* à laquelle se tiennent les accueillants et particulièrement le psychanalyste parmi eux. La présence d'un psychanalyste qui travaille en écart avec les autres qui ne le sont pas, mais aussi dans un écart avec la psychanalyse instituée, garantit tant que faire se peut contre tout dérapage dans l'éducatif, le médical ou le social. Son expérience ailleurs du transfert lui permet de se détacher des projections imaginaires dont il est l'objet pour y reconnaître ce qui cherche à se dire, au prix d'un nécessaire détachement d'un savoir-faire psychanalytique et d'un rigoureux travail d'élaboration avec les autres de nos points d'aveuglement et de nos difficultés.

Le dispositif, c'est *le transfert sur le lieu des accueillants eux-mêmes*. Il les protège des effets d'un transfert massif sur une personne excluant les autres. Si nous avons à cœur de travailler ensemble dans un tel lieu c'est que notre désir y est engagé. Nous sommes rémunérés, modestement, pour cela. Il y a pour chacun un engagement de travail, à la régularité et à la discrétion, de ne pas faire ici ce qu'il fait professionnellement ailleurs. Partageant le même esprit entre des personnes différentes, nous sommes tenus non par soumission mais par obéissance à cet esprit, à la recherche de cette position subjective qui se traduit par la manière de ne pas répondre à la provocation, de faire appliquer les mini-règles du lieu ou de passer le relais à un autre accueillant. Nous apprenons peu à peu à ne pas nous précipiter dans une intervention éducative ou thérapeutique et à prendre le temps de la patience dans le suspens de l'écoute. Seule la psychanalyse, loin d'être une théorie pouvant devenir vite idéologique, nous permet de trouver cette *justesse d'attitude* qui ne relève ni d'un savoir-faire ni d'un savoir-dire mais du rapport à la vérité qui parle dans le corps de l'homme.

LE RAPPORT USAGERS-ACCUEILLANTS

Le « transfert sur le lieu » désigne finalement *le rapport entre celui qui vient avec une attente et l'attitude ou la position subjective de celui qui reçoit*, par exemple entre la précipitation d'un enfant à franchir le seuil ou celle d'une mère à déverser son angoisse et la patience d'une écoute silencieuse et tranquille de l'accueillant.

Qu'ils viennent sans rendez-vous ne veut pas dire que les usagers viennent sans demande même s'ils ne le disent pas ou ne le savent pas. N'est-ce pas dans la mesure où une réponse nous est donnée ailleurs que là où on l'attendait que nous découvrons ce qui nous avait fait venir dans tel lieu ? On n'entre pas au Jardin Couvert comme dans un moulin. Il faut se déplacer, ouvrir la porte, s'inscrire et payer à l'entrée, marquant par là symboliquement son désir. Parfois leur venue a été suggérée ou conseillée par un travailleur social qui a aussi un transfert sur le lieu !

De notre part, il y a une façon de s'adresser aux parents et aux enfants, de jouer avec eux en reprenant l'objet transférentiel qu'ils nous proposent (les boules, une poupée, le toboggan, la ligne), voire d'intervenir physiquement, qui établit un lien transférentiel de confiance ou de méfiance, de colère ou de joie. Notre parole et notre silence sont *autorisés par le lien établi entre eux et nous* au long de la fréquentation de ce lieu où la parole circule en position tierce. C'est bien de ce lieu du transfert que nous pouvons pointer l'invasion projective d'une angoisse attribuée à l'enfant alors qu'elle appartient à sa mère ou à son père, symboliser la colère d'un enfant qui fait systématiquement caca dans sa culotte au moment de prendre le bus[1], mettre des mots sur la longue attente des retrouvailles d'une mère avec son bébé. Ainsi, « l'audace discrète et tendre qui consiste à signifier, à l'adresse d'un enfant et de sa mère (ou de son père), le lien qui les unit dans l'entrecroisement du sensible et du conceptuel, des sensations et des sens, peut prendre des formes ponctuelles et variées, induites par le transfert sur le Jardin Couvert », écrit Denis Vasse[2].

CONCLUSION : ACCUEILLIR VRAIMENT, C'EST ACCUEILLIR LE SUJET DU DÉSIR

Dans un tel lieu, nous ne faisons pas d'observation mais nous accueillons enfant et parent comme sujet à part entière, en « première personne », disait F. Dolto. Cela veut dire hors du champ du regard mais dans celui de la parole

1. F. Dolto, *Image inconsciente du corps*, Le Seuil, 1984, p. 11-12.
2. D. Vasse, *op. cit.*, p. 245.

et du langage. « Être sujet, précise J. Lacan, c'est autre chose que d'être regard devant un autre regard... c'est avoir sa place dans grand A, au lieu de la parole[1]. »

En un tel lieu, accueillir le sujet du désir c'est accueillir une parole qui cherche à se dire dans la chair de l'homme dès l'origine, dans la surprise de la rencontre qui sort du transfert.

3. J. Lacan, *op. cit.*, p. 299.

ANGELA VARDANIAN*

Le travail quotidien au Jardin Arc-en-ciel d'Erevan

« Les enfants sont aux sources du savoir. Des métaphysiciens. Des êtres qui posent les vraies questions. Comme les chercheurs. Ils cherchent des réponses[1]. »

FRANÇOISE DOLTO

Avant de décrire le travail quotidien réalisé dans le Jardin Arc-en-ciel, je voudrais mentionner quelques principes d'ordre idéologique et éthique qui assurent le bon fonctionnement de la Maison Verte, conçue et créée par F. Dolto, où sont respectées toutes les conditions essentielles pour le développement de la personnalité humaine, pour l'humanisation du Sujet.

En parlant des activités mises en place dans la Maison Verte, F. Dolto disait souvent : « Nous ne faisons rien. » Mais c'est tout à fait autre chose qu'elle entendait par là; elle voulait dire : « Nous ne nous imposons pas, nous ne gérons pas, ce que nous faisons c'est écouter et parler. Notre travail ce n'est pas du faire, mais du dire[2] », soulignait-elle, tout en

* Psychanalyste au Jardin Arc-en-ciel, maître de conférences et vice-présidente de l'Association psychanalytique arménienne. (Le Jardin Arc-en-ciel. (Ap. 10, 44, rue Abovian, 375009 Erevan, Arménie; e-mail : root@jarden.arminco.com.)

1. F. Dolto, *La cause des enfants*, Laffont, 1985.
2. V. Dardenne, « La Maison Verte à l'écoute des enfants », in *Actualités sociales hebdomadaires*, n° 1613, 1988, p. 12.

signalant qu'il ne faut pas agir à la place de l'enfant pour faire ce dont il est capable lui-même. L'un des principes essentiels de la Maison Verte, c'est le respect de la liberté de l'autre.

« Défendre son propre désir et non pas prendre le désir de l'autre pour soi, c'est une condition essentielle pour construire sa personnalité. Le lui rappeler, c'est encore un travail de prévention que nous sommes bien placés pour faire tout le temps[1] », écrit F. Dolto. L'autre, le psychanalyste, assume la médiation entre les parents et l'enfant dans « le champ du désir inconscient ». L'on sait que « l'inconscient est structuré comme un langage », pour le dire dans les termes de Jacques Lacan.

« Nous en sommes le lieu[2] », précisait F. Dolto. « Le transfert sur et dans le lieu dont parle F. Dolto apporte un éclairage important sur ce que la psychanalyse peut communiquer de justesse d'attitude à qui n'est pas psychanalyste[3]. » Avec le docteur Denis Vasse, nous dirions : le transfert sur le lieu est le champ des fantasmes et du symbolique, de la parole et des rencontres, des désirs, des interprétations de la résistance transférée sur ce lieu.

En expliquant l'importance du transfert dans la Maison Verte, comme un transfert qui se produit sur et dans le lieu, F. Dolto souligne le travail commun réalisé par le psychanalyste avec tous ceux qui ne le sont pas. Nous avons baptisé notre Maison Verte arménienne « Jardin Arc-en-ciel ». Il est très jeune, il a deux ans et demi. Quel est l'esprit de notre Maison Verte ? Avant tout il se reflète dans le travail quotidien de nos équipes. Dans le Jardin Arc-en-ciel, nous avons souvent des entretiens, soit brefs, soit plus durables. Ils sont parfois superficiels, pareils à un frôlement léger, parfois il nous faut plusieurs « essais » pour percer le mur de silence et dissiper le doute avant qu'un dialogue ordinaire soit repris, comme si ce n'était qu'une simple conversation interrompue.

Une grand-mère surveille rigoureusement son petit-fils, qui semble musclé par son regard autoritaire et cherche son approbation chaque fois qu'il veut faire un geste. Cette grand-mère, ayant senti mon regard, prononce d'un seul coup : « Mes enfants sont aussi très bien élevés. Jusqu'ici,

1. F. Dolto, *op. cit.*, p. 560-561.
2. D. Vasse, *Se tenir debout et marcher*, Gallimard, 1995, p. 81.
3. D. Vasse, *ibid.*, p. 243.

avant de faire quoi que ce soit, ils me regardent. Ils cherchent mon approbation. » Ma question : « Cela vous fait évidemment plaisir ? » Sa réponse immédiate : « Oui, bien sûr ! » Sa réponse sombre dans un silence. Le dialogue est interrompu. La pause dure quelques semaines. Il n'y a aucune tension entre nous. Mais je continue de sentir sur moi son regard qui sonde, qui apprécie. Et voilà, un jour elle s'approche de moi et comme si elle reprenait notre dialogue interrompu, elle me demande : « Vous pensez que ça puisse être mauvais ? » Ma précision : « Qu'est-ce qui est mauvais ? » Cette précision devient le début d'un dialogue qui révèle les problèmes importants pour elle, mais surtout pour son petit-fils.

Parfois ce ne sont pas même des conversations, mais un petit « coup » pour la réflexion, ou une question, une phrase bien ciblée, qui vise le nœud du problème. Par exemple, un papa qui fait manifestement une démonstration de sa force paternelle bien musclée et qui « fouette » son enfant avec des interdictions telles que : « Ne touche à rien », « Mets-toi de côté ! » Ce papa, paraît-il, accomplit une tâche très importante : il est en train d'élever sa progéniture. Le degré de sa responsabilité l'emporte à tel point qu'il ne remarque pas les souffrances du petit, blotti contre ses pieds, qui paraît miné, épuisé, et semble implorer, dans son soupir étouffé et ses larmes à peine retenues, une aide, un secours.

Le papa est surpris et, revenu sur terre, demande à son fils : « Tu le veux beaucoup ? Alors dis à ton papa, dis-lui que tu veux beaucoup jouer avec de l'eau. Il t'expliquera ce qui est défendu, mais aussi ce que tu peux faire. » Leurs regards se croisent, le regard de l'enfant est troublé, il y a de l'angoisse dans ses yeux. Celui du papa est interrogatif, étonné. Il est possible que ça soit le début de la voie qui les mènera l'un vers l'autre.

Bégaiement, énurésie, phobies et autres troubles, propres à l'âge œdipien, sont très déconcertants pour les parents, et provoquent souvent des sentiments de culpabilité à l'égard de l'enfant, de la non-puissance, de défaillance morale, qui se transforment parfois en accès de colère et d'agressivité inconsciente. Il est parfois très difficile pour un papa ou une maman de garder son sang-froid, quand l'enfant fait des scènes devant tout le monde, crie à tue-tête et se jette à terre dans un accès de crise hystérique. Ce sont des scènes très douloureuses. Les deux, l'enfant et le parent, sont détachés de la réalité, ils sont dans leurs fantasmes et c'est à une troisième personne de leur faire ressentir la réalité par la parole, les amenant à la parole.

Au Jardin Arc-en-ciel, nous avons l'occasion de déceler les nuances subtiles de l'inconscient des parents qui se manifestent dans leur comportement, leur manière d'agir et leurs réactions, et stimulent ou freinent le développement de l'enfant. Par exemple, une maman interrompt la marche résolue de son enfant vers la piscine. Elle le saisit en lui disant seulement : « C'est défendu », mais il est déjà trop tard. Le bébé se révolte et essaie de se dégager. Il est indigné, il n'entend rien, sauf la voix de son « moi », qui est blessé. C'est un bébé assez fort, il est plein de résolution pour atteindre son but. Il continue de crier, et fait des tentatives pour recouvrer la liberté de son corps. Et nous assistons au spectacle de deux boules de corps, deux corps déchirés par les désirs contradictoires, au milieu des cris puissants du bébé. « Dites-lui, expliquez-lui que... » « Il ne parle pas encore. » Elle m'interrompt en décollant victorieusement l'enfant du bord de la piscine, qui crie toujours. Il ne comprend pas, parce qu'il ne parle pas encore. La conversation se poursuit à trois : « Tu vois, petit[1], tu t'es bien fâché contre ta maman. Mais elle, elle a dû avoir peur que tu puisses prendre froid. » Soudain l'enfant se tait. Quant à sa maman, elle profite de la pause momentanée pour lui montrer le petit escalier. L'enfant descend des genoux de la mère, se met au pied du « château » et commence à se balancer en vocalisant des mots à sa manière. Dans les intonations de son bégaiement, on distingue les appels à la réconciliation boudeuse, mais il nous invite aussi à agir. Le fils entend les approbations de la mère. « Allons, veux-tu monter l'escalier ? » Il balance son corps et réfléchit à haute voix tout en continuant son babil édénique.

Les paroles ! C'est le début de l'humanisation, de la communication interhumaine, à laquelle l'enfant est prêt bien avant sa naissance[2]. Cette maman, comme toutes celles qui fréquentent notre Jardin Arc-en-ciel, l'a bien compris.

Les paroles dissimulent souvent des craintes, des peurs

1. Dans ce cas-là le mot « petit » est une généralisation symbolique du nom, de l'âge et de la taille de l'enfant qui ne sont pas importants dans ce texte ; dans les précédents la taille et le sexe sont concrets. L'éthique professionnelle et le principe d'anonymat étant respectés, ils sont changés.

2. F. Dolto, *Au jeu du désir*, Le Seuil, 1981.

refoulées, la honte et le sentiment de la culpabilité. Une maman enceinte racontant à son premier-né la fausse histoire où il est question de l'achat d'un frère ou d'une petite sœur, et voilà l'enfant qui doit faire semblant d'y croire, en sentant cependant que la « vraie » vérité lui est cachée. C'est la vérité de sa naissance qu'il apprend à connaître, et la fausse version lui prouve encore une fois qu'elle lui était interdite ; alors l'enfant se replie sur lui, et il ne pose plus de questions. Cela arrive lorsque les parents, pour ne pas « inquiéter » le premier-né, préfèrent n'en pas parler du tout.

La dissimulation de la vérité provoque un sentiment de confusion, des troubles qui se manifestent par différents symptômes : énurésie, phobies, obsession ou des états plus graves. Il suffit parfois de faire une suggestion anodine à la maman, de lui expliquer ce qui est en train de se passer et de lui indiquer la piste du mensonge innocent pour qu'elle trouve des mots justes pour parler à son enfant. Un dialogue sincère, délicat, mais aussi très sérieux, commence entre les deux.

Les pères, sérieux et réservés, actifs et prudents parfois, perdent leur place dans l'espace qui se crée entre la mère et son bébé. Cependant ils la retrouvent très vite en redonnant à notre Jardin un caractère de stabilité et de sûreté.

Le Jardin Arc-en-ciel est un lieu de rencontres, de brève ou de longue durée. Mais ici chacun trouve sa place à son rythme. Certains s'y installent tout de suite, d'autres ont d'abord quelques difficultés et un peu de crainte, il y a des personnes qui sollicitent l'attention des autres en faisant du bruit, en masquant de cette manière leur crainte et leur angoisse, il y en a qui s'encoquillent sur un petit morceau de terrain. Cependant chacun de nos visiteurs exprime, à sa manière, combien il est sensible à l'ambiance de protection, d'intimité, de confiance et de la volonté de faire comprendre qu'on est désiré. Cette ambiance leur permet de réaliser un transfert sur le lieu au moment qui leur convient le plus, et de parler de ses joies, de ses problèmes, de ses succès par le langage des gestes du corps, de l'intonation, des actions et de la parole.

C'est un matériel qui mérite une réflexion et une analyse minutieuse, c'est notre voie qui nous mène inévitablement à la découverte de l'enfance, de l'enfant, du but, ce but qui a été si clairement et minutieusement déterminé par F. Dolto.

C'est servir de médiateur d'une manière légère, correcte, précise et très sincère.

« Le lieu de vie est à créer : le lieu de vie *relationnelle* favorisant le développement de la communication inter-psychique[1] », nous recommande F. Dolto. Dans notre Jardin Arc-en-ciel, ce lieu existe ; il est d'une nécessité primordiale de conserver l'esprit commun de la Maison Verte, de le développer à travers la langue et la parole entre les humains, avec les humains.

Ayant terminé mon intervention, je voudrais exprimer de la part de nos collègues arméniens notre énorme remerciement personnellement à Willy Barral pour sa contribution inappréciable à la création de notre Jardin Arc-en-ciel, à ce grand savant qui nous a transmis les idées de F. Dolto dont nous jouissons maintenant.

1. F. Dolto, *La cause des enfants*, *op. cit.*

Écoute du quotidien

Introduction de l'atelier : Écoute du quotidien

Nous saluons nos amis de Barcelone, accueillants à la Casa Oberta : Matilde Pelegri et Luis Ochoa, Sylvie Coulombe et Sylvie Roy de la Maison Ouverte à Québec, Irène Bleuton et Suzanne Péron de la Maison Buissonnière de Montréal. Nous avons entretenu avec eux et leurs équipes des liens de transfert de travail au cours de ces dernières années, liens qui ont été renforcés avec le Québec à partir des deux voyages de F. Dolto en 1983 et 1987.

La Maison Buissonnière a vu le jour à l'instigation de Marie-Françoise El Kouri qui a travaillé à la Maison Verte, avant d'émigrer à Montréal, alors que celle de Québec a été mise en place par une Québécoise, Madeleine Augier, qui était venue faire un séjour à la Maison Verte de Paris.

Nous saluons aussi Simone Roux, Bernard This et Mathilde Tropper, accueillants à la Maison Verte.

Le dispositif de table ronde représente bien notre conception de la transmission, à savoir une élaboration qui se fait devant vous, qui tâtonne et se cherche, et cela depuis les débuts de la Maison Verte. Si le cadre offert aux enfants et aux parents, il y a maintenant vingt ans, ne s'est plus modifié depuis 1984, il n'en reste pas moins que le travail sur l'accueil, les élaborations nécessaires à une utilisation optimale du dispositif, nous conduisent continuellement à articuler pratique et théorie. Nous ne pouvons donc pas séparer l'accueil de l'enfant au quotidien et l'idée de la psychanalyse, comme nous l'avions écrit au moment où nous avions rédigé les argumentaires des deux ateliers de l'après-midi.

En effet, en travaillant ces ateliers, nous nous sommes vite rendu compte que si la trame et la chaîne du tissage donnent la consistance à l'étoffe, l'accueil et l'écoute organisent la rencontre avec le sujet enfant. Cette rencontre avec le sujet enfant ne s'inscrit pas de facto par l'accueil de l'enfant dans un lieu de socialisation et elle n'est pas si évidente que cela à faire entendre. La présence de psychanalystes dans un lieu qui reçoit des enfants avec leurs parents dans le temps de leur éducation doit pouvoir être interrogée.

MICHEL MALANDRIN*

* Accueillant à la Maison Verte (13, rue Meilhac, 75015 Paris).

ANNIE GROSSER, PATRICK BOULAND*

Vivre avec l'enfant au quotidien de la Maison Verte. Quelle ouverture pour la parole ?

UNE HISTOIRE DE RIEN DU TOUT QUI A TOUTE SON IMPORTANCE

La Maison Verte est structurée autour de deux idées-forces : prévenir les troubles relationnels précoces, et offrir à l'enfant et à ses parents un lieu convivial qui favorise la socialisation.

Prévenir les troubles relationnels précoces cela peut s'effectuer de deux manières : en parlant à l'enfant une histoire qui le concerne, ou en écoutant l'enfant raconter lui-même une histoire qui le concerne. Pour illustrer cette écoute de l'enfant au quotidien de la Maison Verte, j'ai choisi une courte séquence où l'on voit F. Dolto à l'œuvre dans ce croisement d'un accueil bon enfant, d'un travail d'observation pertinent et d'une intervention très brève qui donne une dimension symbolique à un banal événement.

Deux enfants de dix-huit mois et trois ans s'acharnent — toc toc toc — à faire monter puis descendre à une poussette trois petites marches qui conduisent à une sorte d'estrade sur laquelle se trouve le bac à eau. Ce jeu, qui ne dérange personne, irrite tellement le père des enfants que cela intrigue. Dolto, elle, demande à la mère : « Quand ils étaient petits et qu'ils étaient encore dans la poussette, est-

* Accueillants à la Maison Verte (13, rue Meilhac, 75015 Paris).

ce que vous aviez des marches à descendre quand vous sortiez ? » La maman rit et raconte une histoire de disputes continuelles avec sa concierge qui refusait qu'elle laisse la poussette en bas des marches, ce qui l'obligeait — toc toc toc — à tirer la poussette trois marches plus haut. La petite avait vécu ça pendant trois ou quatre mois ; le garçon, lui, toute sa petite enfance. Le mari faisait des scènes à la concierge et engueulait sa femme qui ne parvenait pas à convaincre la concierge qu'il fallait laisser la voiture en bas, si bien qu'il engueulait ses enfants de la même façon à la Maison Verte.

À partir de cette histoire que lui raconte la maman, F. Dolto se fait la traductrice des émois engrangés par les protagonistes de ce petit événement vieux de quelques années : « Voilà ce que vos enfants font : dans leur langage à eux, exprimé avec un engin, ils refont la sécurité avec maman : c'est de faire toc, toc, toc, et de remonter pour faire toc, toc, toc. [...] »

Le père, furieux de cette navette incessante, a fini après l'intervention de F. Dolto par en rire. Pourtant, au début de la séquence, la répétition du bruit qui avait été cause de tant de soucis pour sa femme et d'un sentiment d'impuissance vis-à-vis d'une concierge faisait, pour ce père, retour d'un affect non métabolisé. C'est la traduction, par F. Dolto, de la mise en scène des enfants qui permet la remémoration par la mise en mots du vécu de cette époque-là. Chaque père, en effet, peut être amené à faire face à des situations où la fonction paternelle en elle-même peut s'avérer défaillante. F. Dolto ajoutait : « C'est certainement un processus d'intégration et d'initiation au vivre que les enfants répètent de cette façon. Mais il faut des petites observations comme celle-là pour le saisir. La Maison Verte s'y prête, et c'est important parce que cela se passe avant l'entrée en maternelle, donc avant que l'enfant soit pris dans l'admissible et le non-admissible par la société. »

Cette courte séquence au cours de laquelle nous voyons deux enfants dans un jeu apparemment sans importance témoigne de la façon dont l'enfant peut parfois raconter une histoire qui le concerne à l'intérieur d'une banale activité motrice. Pas de reconstruction de la part du petit enfant, nous sommes dans le temps d'avant le refoulement, celui de la construction psychique. L'enfant joue ce qui le questionne parce qu'il ne peut pas faire autrement, et ce qui devient parfois à l'âge adulte des conduites de répétition sont à cette époque des « questions ». Le fait que, en l'absence de réponses, il réagisse à l'épreuve par des troubles fonctionnels ou des maladies confirme sa santé psychique. Si l'enfant dans sa quête identitaire rencontre des difficultés pour se faire entendre qui mettent en péril cette avancée, il revient, encore et encore, sur sa question et c'est seulement dans un second temps que la question s'organise en symptôme.

Annie Grosser

LE COMMERCE DES MÉDIATIONS

Ce dont je vais parler, c'est des médiations, des échanges. Je n'articulerai pas mon propos à l'histoire familiale d'un enfant; je resterai dans le mouvement d'un après-midi. Pourquoi ce parti pris ? Dans cette enceinte et dans ce moment qui nous réunit, je voudrais être certain de ne pas faire fonctionner ce lieu comme une technologie supplémentaire de la fragmentation de l'humain : un lieu de savoir sur l'autre. Je voudrais montrer comment « ça » fonctionne pour un enfant, comme pour chacun des présents, tout en sachant que c'est ce ça qu'il reste toujours à redéployer.

Antoine a presque deux ans; il vient avec sa maman depuis deux ou trois après-midi. Je sais peu de chose, si ce n'est qu'elle vit seule avec son fils, dans une situation matérielle précaire. Son visage et sa mimique sont marqués par les difficultés. Antoine s'assied face à sa mère, tournant le dos à l'animation du lieu. Il s'entoure de jeux davantage qu'il ne joue. Il les amasse.

Un couple arrive accompagnant un garçon à peine plus vieux qu'Antoine; la conversation démarre aussitôt; à l'évidence ils se sont déjà rencontrés. La maman d'Antoine se détend, sourit, parle. Son fils commence à jouer, puis se lève, interpelle le papa qui lui répond volontiers, et enfin grimpe sur le canapé, se trouvant alors entre sa mère et cet homme. Ils sont transformés. Quelque temps après Antoine est déjà loin et restera jusqu'à son départ à ses occupations d'enfant.

Alors que sa maman sourit, s'anime en compagnie d'autres adultes, Antoine émerge de son immobilité; il va vers les autres, en particulier vers un homme dans une relation de complicité, et de plaisir. Tout comme sa maman semblait repliée sur une douleur, Antoine se recroquevillait malgré le groupe, perdant l'inventivité ludique et relationnelle des enfants de son âge.

Comment situer tout cela? Parler de socialisation, rabattre ces moments du côté d'un avènement spéculaire confusionnel, d'un simple effet de miroir? Essayons de faire un pas, même si la voie est étroite.

Certes le premier temps est équivoque : une maman immobile, un enfant assis. Ensuite, une maman souriante, un enfant souriant; mais ce n'est plus seulement le sourire d'une mère, mais celui d'une femme en conversation avec un homme et un enfant qui se dresse, se mêle à leur échange avant de s'en aller. Passer du soliloque à l'ouverture c'est être à l'orée de la différenciation, de l'édification de soi, de soi avec les autres. C'est pour un enfant être éveillé à lui-même différent de sa mère, et dans un devenir autre que le ressenti premier, fusionnel et dépendant.

Ce que nous constatons, c'est que lorsqu'un enfant vient régulièrement, sa relation aux autres se modifie progressivement, indépendamment de l'évolution normale de son âge. Il devient moins peureux ou moins agressif, plus hardi de corps et de mouvement, témoignant par là de ce travail d'édification. Les mères nous le répètent souvent : « Ici, il n'est pas du tout comme à la maison où il est toujours dans mes pieds. » Elles sont surprises, elles disent ce que vivent leur enfant, et surtout, elles aussi, le découvrent différent.

Immergé dans ce bain social de jeu pacifié et sécurisé par les adultes, il n'y a pas d'enfant actif ou apparemment passif qui ne soit saisi dans la vie sensorielle et langagière de l'après-midi. Mais de quel bain parlons-nous? De quel jeu de relations, de quel commerce s'agit-il? Que se passe-t-il quand le seuil est franchi et que vient le moment de se dire bonjour? Le temps des présentations est précieux. Dès l'accueil se crée une relation faite d'élan, de retenue, d'éprouvé, de paroles de bienvenue et d'attention, c'est-à-dire d'écoute sensible. C'est ainsi qu'une familiarité apaisante et sécurisante peut s'instaurer pour chacun et selon sa disponibilité. C'est dans la rencontre médiatisée par les paroles accordées au ressenti sensible que l'humain est assuré de sa sécurité et de l'hospitalité qui lui est offerte, et cela quel que soit son âge.

Le porter-parler médiateur du ressenti émotionnel assure la stabilité d'identité. Dans notre société, le tout-petit, dans ce temps d'immaturité (et de potentialité), du fait de l'isolement des parents, est immergé dans la diversité et la subtilité des émois de ses seuls parents, et particulièrement de sa mère.

Dans un lieu comme la Maison Verte, chacun, de proche en proche, devient un soutien potentiel à la sécurité des tout-petits. Certains enfants d'ailleurs en profitent pour dormir, souvent ceux dont les parents nous disent qu'ils ne dorment pas à la maison.

Ainsi assurés, les enfants s'apaisent, libèrent et développent leurs possibilités de relations compréhensives. La vie de l'après-midi offre alors un contrepoint à la fusion relationnelle des corps au début de la vie. Il y a ainsi ce double mouvement d'assomption, de réassurance et de libération.

Patrick Bouland

MATILDE PELEGRÍ, LUIS OCHOA,
JAUME DESCARRAGA*

Qu'écoutons-nous à la Casa Oberta ?

Un préliminaire

La Casa Oberta (Maison Ouverte) est un lieu d'accueil parents-enfants qui fonctionne depuis mai 1995 à Vilanova i la Geltrú, une petite ville de cinquante mille habitants, à cinquante kilomètres de Barcelone, en Catalogne. Elle est cofinancée par la municipalité de Vilanova i la Geltrú et le ministère du Travail et des Affaires sociales.

Comme toute institution, la Casa Oberta a une histoire, une histoire écrite par des hommes et des femmes aux parcours différents, personnels et professionnels. Elle est née de leur rencontre, du désir et du besoin de trouver une pratique commune, dans un projet qui dépasse le cadre du travail de chacun : thérapeutique, institutionnel ou pédagogique. Les lectures de l'œuvre de la psychanalyste F. Dolto et la Maison Verte de Paris ont fait le reste.

La Casa Oberta est passée du rêve de quelques professionnels, qui ont travaillé à ce projet depuis 1989, à la réalité en mai 1995. Ces années ont été marquées par les avatars et les frustrations liées principalement aux réticences et aux lenteurs des institutions à subventionner notre projet et à

* Psychanalystes et accueillants à la Casa Oberta. (Josep Coroleu 74, Vilanova i la Geltru, Barcelone, Espagne.)

Ce texte a été écrit avec la collaboration de Montserrat Guardiola, Josep Sanahuja, Rosa Lahoz, accueillants à la Casa Oberta.

appuyer un dispositif tout neuf dont la référence théorique est la psychanalyse, surtout dans un pays où elle n'a pas encore droit de cité. Mais ce sont les rencontres transférentielles avec les personnes et les institutions qui ont tissé la voie pour ce projet et rendu possible l'ouverture d'un lieu comme celui-ci. C'est un projet qui ne laisse pas indifférent : soit il suscite refus et incompréhension, soit il séduit et enthousiasme.

Nous ne connaissons, ni en Espagne ni en Catalogne de structures semblables à la Casa Oberta. Des lieux existent qui impliquent la présence simultanée des parents et des enfants, mais ils sont toujours soutenus par un discours pédagogique.

Espérons que de nouvelles structures seront créées dans un futur proche, chacune avec sa particularité et en référence au discours psychanalytique.

Qu'écoutons-nous ?

Les personnes qui viennent à la Casa Oberta parlent, transmettent et expriment des choses de leur vie, une partie de leur histoire et de leur drame personnels. Il y a des moments de gêne et d'embarras, de gaieté et de fantaisie, mais ce sont toujours des moments fugaces.

Le dispositif implique l'écoute du quotidien. On se demande ce qu'on écoute dans ce quotidien, et ce qu'on fait avec ce qu'on écoute. Quelles conditions doit remplir un espace pour pouvoir pratiquer l'écoute ? Quelle est la position de l'accueillant ? Pourquoi et de quoi parle-t-on à la Casa Oberta ? Le sens est-il donné par la personne qui écoute ? Ou par l'enfant et les adultes qui l'accompagnent ? L'accueil est premier dans notre travail, il est essentiel, inaugural. Mais l'écoute est aussi primordiale. De notre accueil et de notre écoute dépend la possibilité qu'un transfert se produise et que chaque sujet puisse trouver les signifiants de son désir. Être à l'écoute est une position active, a une intention. Nous n'écoutons pas seulement les mots, mais aussi le corps, les émotions et les silences. Nous écoutons ce qui n'est pas dit avec ce qui est dit, et aussi ce qu'on dit sans le vouloir.

L'enfant vient parfois comme un sujet, parfois comme un objet, partie intégrante du discours de ses parents. Il nous montre son énigme, nous pose sa question. De notre position d'écoute des parents et de l'enfant, notre intervention peut ouvrir une voie sur cette énigme ou sur cette question.

L'exposition d'une vignette clinique rendra compte de notre position en tant qu'accueillants, de la manière dont l'enfant-sujet qui se rend à la Casa Oberta est interprété par les autres, ou dont il se présente lui-même en tant qu'interprète des signifiants familiaux.

Vignette

Nous allons raconter l'histoire d'Alex, à différents moments de ses quelques journées à la Casa Oberta. Ces scènes réunissent Alex, sa mère, son père et les accueillants (Jaume et Matilde) qui y travaillent tous les jeudis. Ces moments font référence à leur accueil le premier jour et à différentes scènes qui se sont passées à d'autres moments, en présence de l'un des accueillants ou des deux ensemble.

Alex, onze mois, vient pour la première fois, un jeudi, accompagné de sa mère. Aucun des deux ne peut se séparer de l'autre. Il arrive dans les bras de sa mère et lorsqu'elle s'assied, il y reste pendant toute la journée. Sa mère nous dit : « Il pleure chaque fois qu'il voit des personnes qu'il ne connaît pas. » Mais cette fois-ci il n'a pas pleuré. Lorsqu'ils partent, elle nous dit : « Avec vous, c'est différent. »

Un autre jeudi, Alex est accueilli avec sa mère. Elle le porte dans ses bras et il sourit. Sa mère répète à nouveau : « Avec vous, c'est différent. » « Différent ? », lui demandons-nous. « Oui, répond-elle, il ne pleure pas ». Et elle ajoute : « Il ne me laisse pas un seul instant, cet enfant est un vampire. » Un peu plus tard, Jaume, l'accueillant, est avec Alex et sa mère, ils inventent un jeu avec un ours de peluche : une maman ourse soutient dans ses bras un petit ours. Jaume dit : « Le petit ours et sa mère peuvent se séparer. Ils peuvent jouer séparés et se retrouver après. » Ce jour-là Alex dit au revoir avec un sourire.

Un jeudi suivant, la mère d'Alex me demande s'il existe dans cette ville un lieu où des professionnels pourraient diagnostiquer si sa belle-mère a la maladie d'Alzheimer, car, selon elle, « elle fait des choses étranges ». Cela commence par une simple question pour obtenir une information, puis elle parle de son rapport avec sa belle-mère. La mère d'Alex est d'origine étrangère et elle n'a pas de famille ici, excepté une sœur qui habite à Madrid. Elle habite avec son mari, son fils et sa belle-mère. Elle finit par parler du mauvais rapport entre sa belle-mère et Alex : « Elle ne l'aime pas, elle ne l'accepte pas, et en plus elle fait des choses étranges : elle salit la maison. » Tandis que sa mère parle, Alex essaie de s'en séparer un peu, mais elle ne le laisse pas un moment. Quand la maman me parle, elle oublie de regarder son fils, mais dès qu'elle s'arrête, elle l'observe de nouveau.

Un jour, Alex est en train de marcher, mais sa mère ne le laisse pas libre. Tandis qu'elle continue sa conversation avec moi, il se sépare d'elle et fait quelques pas tout seul. Je m'adresse à lui : « Il semble que tu veux marcher seul, sans l'aide de personne. » Sa mère s'exclame avec gaieté et, se tournant vers moi : « Il commence à marcher, ici. » Mais, très vite, elle imagine qu'il va tomber et continue de le protéger. Alex se dirige alors vers moi et laisse sa mère. Elle semble très angoissée et me dit : « Bien sûr qu'il tombera. » Pendant un certain temps, je suis témoin de ces allées et venues d'Alex et de sa mère. Il fait des essais, marche dans toute la maison mais elle poursuit son fils, persuadée qu'il va tomber à tout moment.

Un autre jour, Alex et sa mère sont avec Jaume. Elle lui explique que l'enfant dort avec elle toutes les nuits et qu'elle croit le moment venu d'acheter un lit pour lui et de le faire dormir seul, dans sa chambre. C'est très difficile pour elle, mais elle le fera. Quelques jours plus tard, elle nous dit que, enfin, elle l'a mis seul dans sa chambre, mais elle a pitié de lui et quand il se réveille, elle va le chercher et le met dans son lit à elle. Ensuite, elle parle de sa belle-mère, de son mari et des liens étroits qui les unissent. D'un côté, il y a elle et son fils Alex, et de l'autre sa belle-mère et son mari, avec une répétition du même type de rapport. Pendant qu'elle parle, le petit garçon s'est éloigné de sa maman, circule partout dans la maison et sourit à quelques enfants.

Le père a essayé d'entrer dans la Casa Oberta, mais sa femme l'en a empêché. Elle dit qu'il travaille avec des produits toxiques et qu'il ne peut donc pas entrer car il risquerait d'en introduire, ce qui serait dangereux pour les enfants qui marchent à quatre pattes. « C'est un astronaute. » Lorsque nous lui posons une question sur cette profession, elle nous dit qu'il est *volado* (« il est fou »). L'astronaute est celui qui vole pour aller sur la Lune ; il s'agit peut-être d'une bonne distance qui lui permet de continuer son rapport symbiotique avec Alex. Elle s'adresse au père et lui dit : « Va-t'en. »

Un après-midi, le père apparaît et veut partir avec son fils. La mère répète : « Va-t'en », mais l'enfant veut que son père le prenne dans ses bras. L'enfant et son père nous quittent, elle reste pour parler avec moi, une nouvelle fois de sa belle-mère qui est maintenant à l'hôpital de jour, de 9 heures à 17 heures. Mais elle veut la faire entrer dans une résidence pour personnes âgées parce qu'elle lui rend la vie impossible. Avant d'aller à l'hôpital, elle salit la maison avec ses fèces et elle recommence chaque soir. Pourtant, à l'hôpital de jour, le personnel assure qu'elle est propre et qu'elle ne fait rien de tout cela. La mère est fâchée et angoissée, me regarde : « Elle doit le faire seulement chez moi », puis elle commence à pleurer et me dit que sa belle-mère est jalouse d'elle. Elle n'accepte ni elle ni son fils. « Je viens ici pour ne pas la voir. Je ne serai tranquille que lorsqu'elle sera placée. Soit elle part, soit je retourne avec mon fils dans mon pays. » À cet instant seulement, elle réalise que son mari et son fils sont partis. « Bon, je dois partir. » (L'astronaute peut rentrer de son voyage sur la Lune.)

C'est après coup seulement que nous pouvons nous rendre compte de nos propres questions, de nos interventions ou de nos silences dans ce qui est mis en scène dans la Casa Oberta. Que pouvons-nous retenir de cet exemple ? D'abord la particularité de chaque sujet, de chaque accueillant. Il y a autant de manières d'écouter que de personnes qui travaillent ici, et autant que de personnes qui écoutent nos paroles, ici, en ce moment. Écouter est un exercice très subtil qui nous met face aux limites de notre écoute. Nous sommes confrontés à nos propres limites, limites de ce que nous voulons ou pouvons écouter, et de ce que nous ne voulons ni ne pouvons pas écouter. Nous sommes confrontés au manque de ne pouvoir tout dire ni tout écouter.

MARIE-HÉLÈNE MALANDRIN*,
ANNEMARIE HAMAD**

L'accueil de l'enfant et la psychanalyse à la Maison Verte

LA BOÎTE À MUSIQUE, L'ENFANT ET LE SILENCE DES ADULTES

Freud, dans *Psychopathologie de la vie quotidienne*[1], donnait valeur aux multiples petits événements qui jalonnent notre vie de tous les jours : oubli d'un nom, bris d'un objet auquel on tenait, lapsus. J'ai toujours eu le désir de réhabiliter le quotidien. Il scande la vie du tout-petit, mais les adultes peuvent facilement le phagocyter dans le seul registre des réponses aux besoins de soins de l'enfant. Ils peuvent ignorer avec facilité que ce quotidien est aussi pour l'enfant un temps privilégié dont il se saisit pour venir y déposer des questions qui le préoccupent. Maurice Blanchot, dans *L'entretien infini*, écrit : « Le quotidien, c'est nous-même à l'ordinaire, la plupart du temps nous considérons le quotidien sans vérité propre [...] Il échappe, il appartient à l'insignifiance, et l'insignifiant est sans vérité, sans réalité, sans secret, alors même qu'il peut être le lieu de toute signification possible[2]. » En effet, à la Maison Verte, nous soutenons non seulement un accueil de l'enfant et du parent au quotidien de chaque journée, mais nous nous efforçons aussi

* Accueillante à la Maison Verte (Paris).
** Accueillante à la Maison Verte (Paris) et psychanalyste.

1. S. Freud, *Psychopathologie de la vie quotidienne*, Gallimard, 1997.
2. M. Blanchot, *L'entretien infini*, Gallimard, 1969, p. 355-357.

d'être présents à tous ces petits actes manqués et accidentels qui témoignent que des matériaux psychiques incomplètement refoulés n'ont pas perdu toute possibilité de se manifester. C'est de cela qu'il va s'agir dans le premier instantané que je vais vous raconter : un moment apparemment insignifiant où un enfant regarde une boîte à musique va devenir le lieu de toutes les significations possibles.

Un petit garçon de trois ans sème la terreur avec son camion en fonçant jour après jour sur tous les enfants qui marchent à quatre pattes. Il n'arrête sa course qu'au dernier moment en pilant devant sa petite sœur de sept mois installée en général sur le tapis avec la maman. Tous les accueillants sont intervenus chaque jour de la semaine, pour lui demander de respecter la ligne rouge qui délimite l'espace où peuvent naviguer les camions, mais apparemment sans résultat. Un accueillant lui a même dit que s'il continuait de transgresser la règle de la Maison Verte, il faudrait que sa maman ne l'amène plus pendant quelque temps. Cette menace rapportée par la maman lui avait été très pénible à entendre. Un soir, au moment de partir, vers 18 h 45, je le trouve particulièrement calme dans le coin de la pièce. Il tient à la main une boîte à musique en forme de cœur, il a un regard voilé, comme tourné à l'intérieur. À 19 heures, il est toujours là, comme aspiré par une nostalgie sans limites, et je pense qu'il a peut-être eu une boîte à musique dans son berceau quand il était bébé. Je m'abstiens d'interrompre sa contemplation, mais j'en fais la remarque à la maman au moment du départ en disant : « Cela fait un moment que votre enfant est subjugué par une petite boîte à musique en forme de cœur, il en avait une quand il était petit ? » La maman a un recul, ses yeux prennent la même couleur pâle que ceux de son enfant, elle déplace son corps pour me cacher sa mère, la grand-mère de l'enfant qui était debout derrière elle. Puis, dans un souffle, elle dit : « Oui, non, c'est la petite sœur... mais elle est morte quand elle avait trois jours », puis elle met un doigt sur ses lèvres qui m'intime le silence. Elle revient une semaine après, elle s'assoit, puis d'une voix posée, elle me raconte. Entre son fils et sa fille, elle a eu une petite fille qui est décédée d'une maladie cardiaque au bout de trois jours. La boîte à musique, c'est la grand-mère qui l'avait achetée pour l'enfant, elle a été mise dans le cercueil. « Mais, dit-elle très fermement, l'enfant ne l'a pas vue, il était absent de la maison, il était chez les parents de mon mari. » Je lui demande alors : « Qu'a-t-il dit quand il est revenu ? » Elle répond : « Rien, nous lui avions acheté un camion. » Elle se lève, c'est elle qui pose ainsi la scansion, et je respecte cette suspension dans notre rencontre inscrite entre ce petit rien... et cet objet camion, sujet jour après jour de controverses entre l'enfant et les personnes d'accueil. Cinq minutes après, elle reprend son histoire avec une autre accueillante, avec les mêmes mots, mais son évocation s'accompagne alors d'affects, et elle pleure longtemps cette douleur d'hier. Beaucoup d'autres choses surgissent qui entourent les circonstances de ce décès. Après cette journée, l'enfant ne vient plus avec son camion foncer sur sa mère et sur sa sœur, et la maman s'installe confortablement dans les fauteuils au lieu de rester centrée sur sa petite fille en s'asseyant à terre. La petite fille de sept mois prend alors comme un début d'autonomie. La maman établit de nouvelles relations avec d'autres mères. La maman ne m'adresse plus la parole que pour dire : « Bonjour » et « Au revoir » pendant six mois. Puis un jour, elle m'annonce : « La semaine prochaine, c'est l'anniversaire de mon fils, j'aimerais le faire à la Maison Verte, le jour où vous êtes là. » Puis elle laisse passer un long moment avant de me dire : « Vous vous souvenez, je disais que Pierre n'avait rien manifesté après la mort de sa sœur, je ne sais pas comment j'ai pu vous dire ça. Ces derniers temps, tout m'est revenu, il a posé plein de questions. » Elle me raconte en effet toute une série d'appels de l'enfant, entre dix-huit mois et trois ans, qu'elle avait bien enregistrés, mais pas entendus.

Si j'ai décidé de présenter cet instantané de travail, c'est parce qu'il permet de poser un changement de perspective. L'accueillant ne sert pas de médiateur entre l'enfant et le parent en parlant à l'enfant une histoire qui le concerne, c'est l'enfant entendu par l'accueillant qui devient passeur de l'histoire familiale, ce qui permet une réactualisation d'une histoire ancienne.

Le premier temps

Le décès de la petite sœur quand le petit garçon avait dix-huit mois. L'appareil psychique de l'enfant est « frappé[1] »,

1. En référence à J. Lacan, *Les écrits techniques de Freud*, livre 1, Le Seuil, 1975. Il parle de *Prägung* de l'événement traumatique originatif. La *Prägung* n'a pas été intégrée au système verbalisé du sujet, elle n'est

mais sans effets externes perceptibles. Pourtant, dix-huit mois après, un objet, une boîte à musique, transmet à l'enfant un message, alors que le contexte dans lequel cet objet est regardé est particulièrement sans signification repérable pour ceux qui sont témoins de cette contemplation. Cet objet devient pour le sujet comme le trait d'union entre deux époques de sa vie et déclenche toute une série de perceptions qui ne sont pas partageables avec l'entourage, son regard bascule dans un monde intérieur, il reste immobile pendant un moment extrêmement long, il y a un effet de sidération.

Le deuxième temps

L'enfant, enfermé dans l'impossible deuil de la mère, prend, dans cette séquence, le rôle de passeur de l'histoire familiale, il est celui qui ramène à la conscience de la mère la douleur de la perte. Si, comme le dit F. Dolto, l'enfant ne ressent pas l'angoisse de la mort, et si, comme le dit Freud, être mort, pour lui, veut dire avoir disparu, cela ne signifie pas pour autant que cette mort est sans effets internes pour l'enfant. La mort s'inscrit, pour le sujet, dans un tissu temporel libidinal qui s'étend progressivement depuis la naissance. Si l'appareil psychique est trop immature pour en saisir les implications, il est par contre suffisamment tramé dans son rapport à l'Autre pour que tous les registres qui déterminent le sujet y soient impliqués. Il va suffire alors qu'un témoin mette en mots ce qu'il perçoit auprès de la mère pour que celle-ci en dégage une signification et qu'elle inscrive l'événement de la mort dans le temps.

Le troisième temps

C'est à ce moment-là, dans ce troisième temps, que je prendrai non seulement une fonction de témoin, mais que je permettrai au sujet de soutenir lui-même ce qui surgit dans l'entre-deux de la rencontre.

La mère du petit garçon avait perdu un enfant, et c'est évident qu'elle avait gelé sa douleur à l'intérieur d'elle-même, elle ne pouvait donc qu'être conduite à ignorer que

même pas montée à la verbalisation, et même pas, on peut dire, à la signification.

l'enfant avait lui aussi perdu une sœur. Pour le petit garçon, quelque chose est resté en souffrance de mots, un camion est venu à la place d'un dire sur l'absence du bébé attendu pendant de longs mois, ensuite un autre bébé est arrivé qui est là, installé avec sa mère sur le tapis.

La boîte à musique n'est pas regardée par l'enfant, elle est peut-être le lieu où il entend le murmure et les silences des adultes, ceux de la mère, du père, des grands-parents au moment du décès de l'enfant. Par sa forme, un cœur, elle est le représentant de la maladie, puisque le bébé qui est mort est décédé, trois jours après sa naissance, d'une maladie cardiaque.

Mais ce qui est peut-être plus gravement en question pour l'enfant, c'est bien autre chose. Quand il tient dans ses mains cette boîte à musique, le sujet est interpellé par ce qui se trouve bouleversé, pour lui, dans ses relations de parenté. Il manque un enfant pour qu'il se compte. Est-il le seul garçon dans une famille de trois enfants, un garçon et deux filles, dont une décédée ? Ou bien le seul garçon dans une famille de deux enfants, un garçon et une fille ? Il y a de quoi venir avec obstination poser cette question, à travers le franchissement d'une ligne rouge qui fonctionne comme règle à la Maison Verte. Ce qui se joue là, dans le franchissement avec insistance de la ligne rouge, c'est un dire « en recherche de vérité » qui anime le sujet bien malgré lui.

Lorsque l'interdit laisse le sujet sans voix

Dans la deuxième séquence, un enfant obéit à son impulsion en mordant un autre enfant, impulsion qui a pour effet de rendre particulièrement difficile la vie de la mère et de l'enfant.

C'est une journée Maison Verte, une bonne journée avec beaucoup de mamans, quelques papas et beaucoup d'enfants. Il y en a un peu partout, qui crapahutent à quatre pattes, qui font l'avion à plat ventre, qui trottinent. Des mères sont bien installées sur les fauteuils et d'autres sont assises par terre dans une proximité sécurisante pour l'enfant. Seule, debout, une maman suit des yeux, le visage crispé, son petit garçon de deux ans. Toutes les deux secondes, elle intervient parce qu'il tire les cheveux d'un autre enfant, parce qu'il touche les jouets d'un deuxième, parce qu'il monte sur un bébé ou qu'il pousse une petite fille plus jeune.

C'est une maman sur le qui-vive, et un enfant « casserole de lait sur le feu ». Les remarques pleuvent, mais avec un ton très doux qui n'a pas l'air de croire à ce qu'il signifie. L'enfant accélère ses déplacements et se transforme sous mes yeux en un mouvement perpétuel. Le visage de la maman blanchit de plus en plus, elle semble accablée par l'inefficacité de ses interventions.

Brusquement, l'enfant s'approche d'un bébé, il se penche, et il mord. Stupeur de la maman assise à côté de son enfant, hurlement du bébé mordu, décomposition du visage de la mère du petit garçon. La mère de l'enfant mordu se retourne violemment contre la mère de l'enfant mordeur : « Vous ne pouvez pas lui interdire de mordre ? » La mère ainsi interpellée s'excuse, les larmes lui montent aux yeux. « Lui interdire, dit-elle, je ne fais que ça. — Eh bien, reprend l'autre maman, si vous ne pouvez pas le contrôler, vous n'avez qu'à rester chez vous ! » À ce moment-là, du fond d'un fauteuil, une voix propose à la mère de l'enfant mordeur la solution des solutions : « Mordez-le ! »

Je ne fais aucun commentaire sur les deux interventions des mères. Je me dirige vers l'enfant qui me regarde venir, avec au fond des yeux un mélange d'angoisse et de questionnements. Je prononce des mots qui viennent là pour accueillir quelqu'un qui vient d'être déstabilisé par les réactions provoquées par son acte. Je trouve un ton de voix qui ne transmet pas d'intonations agressives, interdictrices ou même seulement réprobatrices : « Te voilà tout perdu, je ne sais pas ce que tu as voulu dire au bébé que tu as mordu mais, tu vois, il pleure, tu lui as fait mal et sa maman est très fâchée. Va te faire consoler par ta maman. Toi aussi, tu as sûrement un chagrin que tu ne peux pas dire. » Je le pousse vers sa mère qui lui ouvre les bras. L'enfant se blottit contre elle, puis brusquement il se met à geindre comme un petit animal.

Pendant ce temps, une collègue parle avec la maman de l'enfant mordu, alors que la troisième personne d'accueil se trouve mobilisée par un mini-débat entre la maman qui a dit : « Mordez-le » et d'autres mères plus ou moins en refus de ce genre de réponse. Je prends la maman de l'enfant mordeur par les épaules et je l'engage à s'asseoir, l'enfant suit le mouvement et je lui dis : « Je ne sais pas ce qui se passe pour vous, mais ce que je vois, c'est que ta maman est épuisée, vous ne savez plus ni l'un ni l'autre ce qui vous arrive. » Dès la fin de ma phrase, l'enfant, comme dégagé d'un poids invisible, pousse un soupir et nous quitte pour aller jouer. Dès qu'il s'éloigne, sa mère ébauche un mouvement pour aller le rejoindre, et c'est avec réticence qu'elle accepte de rester assise deux minutes pour que nous puissions parler. Elle se fige aux aguets sur le bord du fauteuil et garde le regard fixé sur les évolutions de l'enfant dans la pièce. Son visage blanchit quand, brusquement, l'enfant disparaît de son regard en partant dans une autre pièce. Pour la rassurer, je me lève, jette un coup d'œil et lui transmets que son fils joue tranquillement dans la petite maison. Elle me répond très tendue : « Oui, mais s'il mord ? — Eh bien, je prends la relève, c'est moi qui interviendrai ! » Puis je demande : « Que se passe-t-il ? — La semaine dernière, on m'a dit qu'il mordait parce que j'étais enceinte. — On ? Une maman ou une personne d'accueil ? — Une personne d'accueil. » Elle porte un pull immense qui cache sa grossesse et me fait penser qu'elle est enceinte d'environ quatre mois. Je lui demande donc : « Vous êtes en début de grossesse ? Depuis quand a-t-il commencé à mordre ? — Pas du tout, répond-elle, je suis enceinte de sept mois. » Devant mon étonnement, elle ajoute : « Puisqu'il mord à cause de ma grossesse, je la lui cache ! »

Nous voyons à l'œuvre dans cet instantané, d'un côté, le chœur d'injonctions : « Mordez-le, sortez-le, interdisez-lui », de l'autre une mère laxiste, dépassée, qui ne peut que balbutier : « Interdire, je ne fais que ça ! » L'interdit n'interdit pas, il pétrifie. Cette question de l'interdit, nous la retrouvons dans la séquence de la boîte à musique quand l'enfant répétitivement vient passer la ligne rouge avec son camion malgré les interdits qui lui sont posés.

Annemarie Hamad va reprendre ces séquences plus théoriquement. Pour elle, l'interdit contient en soi la dimension du langage dans la mesure où il postule que quelque chose soit « dit entre » que l'on pourrait compléter par « dite entre deux corps ». Nous pensons que ce sujet de l'« interdit », entre sidération et symbolisation, a toute son importance dans l'éducation de l'enfant. L'interdit qui pétrifie produit des effets délétères pour le sujet, l'interdit symbolique des effets de structuration.

Marie-Hélène Malandrin

ENTRE LANGAGE ET PAROLE : L'INTERDIT

Pour revenir sur la question des interdits, je me permets de citer cette phrase du code civil selon laquelle « nul n'est censé ignorer la loi », qui exprime cette vérité profonde que la loi de l'homme est la loi du langage, et puisque c'est cette loi qui nous humanise, nul n'est censé l'ignorer. Veiller à ce que cette loi soit respectée et transmise dès l'aube de la vie est ce qui préside à notre désir d'accompagner les petits enfants dans leur découverte du monde en dehors de la cellule familiale.

Le terme d'interdit contient en soi la dimension du langage dans la mesure où il postule que quelque chose soit « dit entre », que l'on pourrait compléter par « dit entre deux corps » essentiellement. Le premier interdit entre l'enfant tout-petit et ses parents frappe les pulsions cannibaliques. Dites ou mimées par des gestes retenus dans des échanges de tendresse, elles expriment amour et désir vital pour ce sujet-là. Sans interdit, elles deviennent mortifères.

Lorsque nous parlons de socialisation, nous pourrions dire qu'elle est fonction de l'impact de l'interdit, c'est-à-dire fonction de ce qui, des pulsions qui se déclenchent dans la rencontre avec l'autre, passe par le registre du langage articulé par la parole dans la mesure où la parole implique un contrat de respect vis-à-vis de l'autre. « Face à la langue, institution du système, la parole est essentiellement un acte individuel de sélection et d'actualisation[1]. »

À la Maison Verte, l'ambiance crée du mélange subtil d'hommes et de femmes, parents et accueillants en présence des petits enfants, fait surgir cet appel à ce que la parole soit délivrée. C'est le dispositif lui-même qui permet que l'image du corps en souffrance soit mise en avant et perçue par le parent dans sa particularité d'expression par rapport à ce qui se donne à voir et à entendre au milieu d'autres enfants renvoyant des images différentes de leur relation à l'autre.

En invitant les parents à se comporter devant leurs

1. R. Barthes, « Éléments de sémiologie » in *Communications*, n° 4, 1964.

enfants comme devant des hôtes qu'ils respectent[1], F. Dolto n'aurait su mieux dire car l'étymologie du mot « hôte » contient toute l'ambivalence des rapports complexes qui nous unissent à l'autre différent[2]. C'est dans ce sens fort du respect d'autrui qui passe par la parole que j'entends la socialisation de l'enfant : et si elle est fonction de l'interdit, c'est justement au niveau de la difficulté d'intégrer les interdits que s'impose à nous la vigilance nécessaire au déchiffrage de ce qui du sujet se montre dans des mouvements qui débordent plutôt qu'ils ne transgressent les limites. Il nous incombe, en écoutant les parents qui en ont oublié la clef, le code, d'essayer de traduire cette monstration, cette mise en scène, en un dire. L'intérêt des deux limites énoncées et marquées concrètement à la Maison Verte (la ligne rouge et le tablier à mettre pour jouer à l'eau) est de permettre de faire surgir dans le quotidien, du plaisir, du jeu et, de manière objective parce que générale, une difficulté, voire une impossibilité pour les parents de faire valoir l'interdit comme expression de la Loi auprès de leur enfant. À ce moment précis, l'accueillant est appelé à être présent, car c'est souvent le moment où une ouverture sur une question restée muette se précise à la fois pour le parent et pour l'enfant. Et s'il est présent, il y a une chance que, cette fois-ci, ils ne se ratent pas, car si ça avait raté si longtemps, c'est que ce n'était pas assumable seul à seul, le risque étant que cela fasse retour du trauma. Il fallait un passeur pour donner le mot, le mot qui vient à la place d'une béance — dans le cas du petit garçon au camion, d'une mort dont le travail de deuil n'avait pas pu se faire plus tôt.

En termes de langage et de parole, je dirais que les mouvements incessants de l'enfant rivé à l'objet qui avait remplacé la petite sœur morte sont de l'ordre du langage inscrit dans le corps. On pourrait avancer toutes sortes d'hypothèses quant aux significations que cela recelait : « Je veux maîtriser cet objet, je ne peux pas m'en défaire, c'est en m'y accolant que je compte, je bouge pourtant, je ne suis pas mort, moi ! » Peu importe. En tout cas, ce qui est clair, c'est que ce petit garçon en était resté à un rapport métonymique à cet objet camion, car qui aurait osé lui formuler cette métaphore monstrueuse et pourtant correcte : à la place

1. F. Dolto, *La cause des enfants*, Le Livre de Poche, 1986, p. 587.
2. L'origine latine du mot « hôte » est double : *hospes*, hôte ; *hostes*, ennemi.

d'une petite sœur vient un camion ! Toute cette alchimie de représentations doit se mettre en marche dans la tête de l'adulte pour qu'une parole vienne situer le sujet vivant comme distinct de l'objet inanimé et potentiellement mortifère. Il me semble que, après avoir accueilli ces agissements comme un message adressé aux parents, nous sommes en droit de considérer ces mises en scène comme un symptôme. Et « le symptôme, disait Lacan, se résout tout entier dans une analyse de langage, parce qu'il est lui-même structuré comme un langage, qu'il est langage dont la parole doit être délivrée[1] ».

La même chose vaut pour l'enfant qui mord. C'est comme s'il allait créer, dans le Réel du corps de l'autre, cette béance qui ne s'est pas instaurée symboliquement par un interdit qui lui aurait signifié la nécessité d'abandonner ce bout de chair auquel il était resté attaché. Dans le récit que Marie-Hélène Malandrin a fait de la séquence, il est saisissant de remarquer combien le langage du corps prime sur la parole : « Il se met à geindre comme un petit animal » ; visiblement, la maman induit à ce qu'elle « la prenne par les épaules », elle est « épuisée », elle est « réticente à rester assise ». Et voilà que quelqu'un vient mettre des mots sur ce qui ne semble être que des sensations pour les transformer en émotions : « Il pleure, il a mal, sa maman est fâchée », et surtout : « Toi aussi, tu as sûrement du chagrin ! » Voilà ce qui est lu, et la manière dont c'est dit indique la reconnaissance du sujet en souffrance dans ce petit être qui geint comme un animal. « L'homme trouve son sens dans le désir de l'autre, non pas tant parce que l'autre détient les clefs de l'objet désiré, que parce que son premier objet est d'être reconnu par l'autre[2]. »

Bien entendu, personne d'entre nous n'est à tout instant vigilant à cette ébauche de rencontre entre l'énigme exprimée par l'enfant et celle restée en souffrance du parent. Il se peut bien que quelqu'un se soit fâché des multiples transgressions avec le camion, mais à cet âge-là, avant trois ans, ces transgressions s'imposent, insistent comme autant de questions au niveau du langage du corps, qui cherchent le sens de l'interdit ou, autrement dit, l'articulation structurante par la parole.

1. J. Lacan, « Fonction et champ de la parole et du langage, 1953 », in *Écrits*, Le Seuil, 1966, p. 268.
2. J. Lacan, *ibid.*, p. 267.

Il me semble en effet que notre travail consiste à créer l'événement langagier nécessaire pour faire choir un objet réel (le bout du corps de l'autre, ou l'enfant « mort/vivant ») afin que le circuit pulsionnel puisse s'instaurer autour de cet objet perdu dans les temps logiques qui permettent à l'enfant de s'articuler en tant que Sujet désirant. L'interdit, le mot dit, sur l'objet à perdre fait de l'objet perdu un objet cause du désir. Dans le va-et-vient incessant du camion, dans l'attraction impérieuse de la chair fraîche pour la bouche de l'enfant, se manifestent la répétition, la stagnation. L'enfant est piégé dans un épuisement qui pourrait devenir mortifère — il suffit d'imaginer le petit à l'adolescence sur un engin autrement puissant et dangereux, répétant toujours sa question !

On entend souvent : « Il faut les canaliser ! » Or, on aura beau proposer toutes les canalisations qu'on voudra, tant qu'il n'y aura pas quelqu'un pour déchiffrer dans ce langage du corps la question posée et inscrite sans avoir été lue, le sujet restera pris dans ce va-et-vient frénétique entre lui et un objet qui ne peut se perdre, appelant, à une loi, un Autre détenteur de signifiants qui séparent, qui différencient, pour qu'il se détache de cet objet-là et que la pulsion en fasse le tour, faute de pouvoir s'y accrocher, pour repartir vers un autre objet — à perdre. C'est ainsi que la pulsion de mort (s'exprimant dans la compulsion répétitive) deviendra vecteur de la pulsion de vie. Donner le mot de passe revient à fournir la clef pour sortir de l'impasse du va-et-vient, et à permettre à la pulsion d'emprunter la voie longue, circulant en avançant comme dans une spirale autour de cette béance enfin créée symboliquement.

Annemarie Hamad

SYLVIE COULOMBE, LOUISE QUIMPER,
SYLVAIN ROY*

Comment l'histoire de la société québécoise se reflète à la Maison Ouverte

Ce texte tente de donner un sens à ce qui est souvent observé à la Maison Ouverte de Québec, c'est-à-dire l'omniprésence des mères et le silence des pères. Comment l'histoire du peuple québécois peut-elle avoir influencé les attitudes des femmes et des hommes d'aujourd'hui, dans leur rôle de mère et de père ? Notre réflexion puise sa source dans diverses situations vécues à la Maison Ouverte.

Voici quelques repères historiques sur la place de la famille au Québec. Dès ses débuts, le peuple québécois a dû apprendre à composer avec des conditions climatiques et matérielles difficiles : neige, froid intense, pauvreté, isolement, ressources matérielles limitées. De plus, dans le contexte de peuplement de cette nouvelle terre, les couples devaient avoir de nombreux enfants... l'Église catholique y veillait ! En effet, dès les premiers temps de la société québécoise et jusqu'au début des années 50, le pouvoir ecclésiastique était nettement dominant ; la toile de fond de la pratique et des croyances catholiques était plutôt rigide et culpabilisante. À titre d'exemples, rappelons-nous l'expression : « Dieu te voit partout, où que tu sois », ou encore celle brandissant la menace de « brûler dans les feux de l'enfer » ! Dans un tel contexte, chercher à éviter la maternité était

* Psychologues. Accueillants à la Maison Ouverte (111, 58e Rue Est, Charlesbourg, Québec, Canada G1H 2E7).

pratiquement perçu comme un « péché ». La famille québécoise comptait donc à cette époque une dizaine d'enfants en moyenne, en milieu rural comme en milieu urbain.

Dans cette optique de peuplement, les rôles masculin et féminin étaient clairement définis : l'homme était appelé à investir à l'extérieur du foyer afin de construire cette société nouvelle, tandis que la femme investissait à l'intérieur du foyer. Elle demeurait donc seule avec sa marmaille, assumant du même coup les tâches domestiques, l'éducation des enfants, la gestion du budget, etc. Elle concentrait son énergie presque exclusivement sur son rôle de mère et, en l'absence de son mari, canalisait ses besoins affectifs sur ses enfants. Les femmes québécoises ont donc fait preuve, de génération en génération, d'une force de caractère et d'une force physique pour assumer toutes les tâches qui leur incombaient, en l'absence de leur conjoint. À cela s'ajoutait la fatigue des grossesses répétées.

Les années 60 ont donné lieu à de grandes prises de conscience dans plusieurs sociétés, et ont conduit à de grands changements en très peu de temps. Le Québec n'a pas échappé à ces bouleversements : diminution importante du nombre d'enfants dans la famille québécoise, accession des femmes au marché du travail, affaiblissement du pouvoir ecclésiastique jusque-là omniprésent dans la structure sociale, accès universel à l'éducation. Bref, ce fut une restructuration sociale imposante et historique, d'autant plus que ces mouvements se sont effectués à l'intérieur d'une même génération. C'est ce que nous appellerons ici une « transition sans transition ». En effet, le peuple québécois est un peuple jeune, qui a à peine quatre cents ans d'histoire. Ces changements rapides ont donc bouleversé la société de façon drastique en raison de l'absence de préparation psychique que permet le passage du temps. De tels changements ont besoin de s'étayer sur plusieurs générations afin de faire sens pour une société. De là, croyons-nous, la transmission d'une énergie sans but, d'un désir sans objet qui se heurte aujourd'hui à une société qui a fui vers l'avant. En effet, la génération qui a suivi ces changements est peut-être encore porteuse d'une énergie d'hier qui cherche à rencontrer une réalité qui n'est plus.

Ainsi, qu'advient-il de ces femmes d'aujourd'hui qui ont vu leur mère, leur grand-mère déployer des énergies incroyables, dans l'oubli total d'elles-mêmes ou peut-être dans l'investissement total de leur rôle de mère ? Ces femmes portent-elles toujours en elles cet héritage, sans toutefois avoir autant d'enfants ? Serait-il possible que l'énergie déployée pour aimer et éduquer dix, douze, parfois quinze enfants soit maintenant essentiellement concentrée sur un, deux ou parfois trois enfants ? Le « surinvestissement » des enfants que nous observons chez les mères fréquentant la Maison Ouverte serait-il lié à cette énergie héritée qui ne trouve plus son sens aujourd'hui ? Pourrait-il être lié aussi à un sentiment de culpabilité prégnant lorsqu'il est question de laisser leur(s) enfant(s), que ce soit pour s'investir dans une carrière ou pour réaliser des projets personnels ?

Notre réflexion trouve écho dans les propos de la psychologue québécoise Monique Brillon, qui mentionne dans un ouvrage récemment publié : « Les femmes s'investissent dans leur rôle de mère avec ferveur et deviennent omniprésentes. Elles ne cèdent qu'avec peine du terrain au père, leur maternité étant le seul garant de leur valeur personnelle. L'accession des femmes au marché du travail n'a pas encore vraiment modifié cette attitude. Les changements intérieurs accusent toujours un retard[1]. »

Ce constat, nous le faisons également à la Maison Ouverte. La prédominance des mères demeure constante dans ce lieu d'accueil et elles semblent avoir de la difficulté à accepter la socialisation de leur enfant. Cette difficulté se reflète par exemple à travers les réactions de certaines d'entre elles face à l'avènement des maternelles « temps-plein ». Au Québec, on appelle « maternelle » la première année d'école qui débute lorsque l'enfant a cinq ans. Jusqu'à l'an dernier, les enfants fréquentaient la maternelle à raison de cinq demi-journées par semaine. La nouvelle politique du ministère de l'Éducation a proposé en réforme que le programme de la maternelle se déroule sur cinq journées complètes. Plusieurs mères exprimaient de vives inquiétudes face à cette réforme, estimant que l'intégration à l'école se ferait trop brusquement, que leur enfant serait trop fatigué, bref que leur enfant n'y était pas prêt... Mais est-ce seulement l'enfant qui n'est pas prêt ?

1. Monique Brillon, *Ces pères qui ne savent pas aimer et les femmes qui en souffrent*, Éd. de l'Homme, 1998, p. 114.

Comme nous l'avons mentionné précédemment, nous observons que les pères sont peu présents à la Maison Ouverte, de même que très peu d'hommes y travaillent comme accueillants. L'hypothèse du « manque d'intérêt » de la part des hommes pour ce travail a rapidement été remplacée par une réflexion sur le doute qu'ils peuvent ressentir quant à leur rôle dans un lieu comme la Maison Ouverte et sur la place que les femmes sont prêtes à faire aux hommes qui voudraient s'y investir... car là où il y a les enfants, il y a la maternité et les femmes presque exclusivement. Les statistiques de fréquentation (1992-1998) dénotent qu'en moyenne les pères représentent 7 % de la « clientèle » adulte fréquentant ce lieu. Fait tout aussi parlant, l'équipe d'accueil actuelle de la Maison Ouverte est composée de neuf femmes et d'un homme. Dans cette situation, il se dégage l'impression d'une non-reconnaissance de l'importance de la présence masculine, de cette présence différente, de ce tiers nécessaire à la socialisation de l'enfant.

Cela n'est pas sans rappeler les propos de Monique Brillon lorsqu'elle discute le rôle du père : « Pour que l'homme puisse exercer son rôle de père avec confiance, il faut que sa paternité prenne assise sur une identité sexuelle solide et souple. Or, bien souvent, ce n'est pas le cas[1]. » Pour l'auteur, la fragilité de l'identité masculine est due principalement à l'absence des pères auprès de leur fils, mais aussi à l'omniprésence des femmes dans les tâches d'éducation et d'enseignement. Les psychanalystes québécois Julien Bigras et Guy Corneau ont présenté des réflexions sur les rôles maternel et paternel au Québec qui reflètent des préoccupations semblables. Les situations vécues à la Maison Ouverte conduisent aux mêmes observations. En effet, des mères confient avoir de la difficulté à laisser leurs enfants prendre leur distance, à les laisser grandir. « Que vais-je faire quand mes enfants seront grands ? » entendons-nous bien souvent.

Nous sommes aussi en contact avec des mères qui se plaignent parfois des demandes pressantes de leurs enfants, mais qui s'y plient bien souvent en soupirant. Pourtant, lorsque ces mêmes enfants parviennent à prendre, à la Maison Ouverte, cette distance pour aller vers les autres et

2. Monique Brillon, *ibid.*, p. 113.

découvrir le plaisir de jouer, on croit percevoir chez ces mêmes mères un sentiment de vide, comme si leur rôle de mère ne faisait sens que lorsque leur enfant dépend d'elles. Ces mères qui se rencontrent à la Maison Ouverte auront quelquefois pour sujet de discussion la maladresse de leur conjoint dans des tâches qui leur étaient traditionnellement réservées, comme la cuisine ou le soin aux enfants. Le mari peut parfois être nommé par la femme comme étant « son plus vieux ». Et dans son discours, souvent elle ne le reconnaît pas dans sa fonction de père. Est-il permis d'entendre ici que son identité de mère occulte celle de l'homme, du père ? Les quelques pères qui fréquentent la Maison Ouverte sont souvent discrets, silencieux, comme s'ils étaient mal à l'aise, comme s'ils cherchaient leur place de père parmi toutes ces mères.

Nous devons reconnaître qu'il est difficile d'élaborer davantage sur cette question étant donné le faible nombre de pères qui fréquentent la Maison Ouverte. Serait-ce aussi en lien avec le fait qu'il n'y a qu'un seul accueillant dans ce lieu ?

Les quelques hypothèses énoncées dans cet exposé permettent donc de penser que l'histoire du Québec a influencé l'évolution de la structure familiale et que cette influence est toujours active aujourd'hui. Elle se manifeste entre autres par le surinvestissement du rôle de mère et par la difficulté pour les hommes à investir, à l'intérieur de leur foyer, leur rôle de père. Il est possible que cette dynamique contribue à entraver le processus de socialisation des jeunes enfants lorsque vient le moment de leur entrée en société. À la lumière de ces quelques observations, nous croyons fermement que des lieux d'accueil comme la Maison Ouverte s'avèrent pertinents, voire nécessaires, puisqu'ils visent à agir comme tiers pour favoriser la socialisation de l'enfant dans une optique de prévention précoce.

Rappelons que, pendant plusieurs années, peut-être influencée par un contexte nord-américain interventionniste, la société québécoise a cherché à résoudre les difficultés vécues par les enfants et les familles en mettant sur pied des programmes d'intervention curative mais a très peu investi dans la prévention. On « agissait » afin d'atténuer la souffrance, sans s'attarder à la genèse de cette souffrance, à sa source, et surtout à l'histoire familiale. Toutefois, malgré la multiplication de ces programmes interventionnistes, les difficultés (délinquance, suicide chez les adolescents et les jeunes adultes, hyperactivité et utilisation de médication chez les enfants, etc.) ne se sont pas résorbées, laissant penser à l'importance de s'attarder au vécu du milieu familial, et ce très tôt dans la vie de l'enfant. Les instances gouvernementales ont commencé à réfléchir sur la prévention précoce auprès des jeunes familles, particulièrement auprès des enfants de zéro à six ans. C'est dans ce contexte que s'est amorcée la réforme de la politique familiale au Québec, réforme dans laquelle le gouvernement s'est donné comme mandat d'offrir une chance égale pour chaque enfant du Québec. Et c'est dans cette optique qu'a été créé en 1998 un nouveau ministère, celui de l'Enfance et de la Famille.

Le gouvernement étant à la recherche de moyens de prévention, la diffusion de l'approche et des bases qui sous-tendent le travail de prévention effectué à la Maison Ouverte nous apparaît importante, voire primordiale. Toutefois ce travail de fond sera de longue haleine car les changements « intérieurs » ne sont pas toujours aussi rapides que les bonnes volontés exprimées.

En conclusion, peut-être est-ce là notre espérance : que le travail et l'approche de F. Dolto, cette sensibilité aux enfants, cette façon d'entendre les difficultés que vit l'enfant en tenant compte de l'histoire de chaque membre de sa famille, de sa place dans l'histoire humaine de sa filiation, que cette approche puisse un jour faire partie intégrante de l'intervention auprès des familles et des enfants du Québec.

La socialisation précoce

KARINÉ BARIKIAN*

Une flamme parisienne dans un foyer arménien

Le Jardin Arc-en-ciel d'Erevan a été créé le 13 juillet 1996 par Willy Barral, psychanalyste, président de l'Association La Harpe-Enfant de droit, de Paris. Ensemble nous avons formé l'Association Korczak-Dolto, qui est juridiquement responsable de ce lieu en Arménie. Il constitue chez nous la première tentative pour tenir l'enfant à l'écart d'un monde fortement politisé. C'est un champ d'élans libres où le moyen principal de travail est la parole, et dans lequel l'enfant est maître de la situation.

Une telle approche donne des fondements justes non seulement au lien nodal père-mère-enfant, mais elle garantit également à l'enfant un sevrage en douceur d'avec ses parents pour réussir une socialisation précoce. Par ailleurs, le fait de pouvoir donner sa préférence à tel ou tel groupe d'accueil dans la semaine, de pouvoir choisir librement son jour de visite au Jardin Arc-en-ciel et de décider de ses jeux dans ce lieu, hors de toute pression d'adulte, joue un rôle important dans l'affirmation de son désir autonome. En effet, en Arménie, les petits enfants n'ont jamais l'occasion d'affirmer leurs désirs, tant la conception pédagogique vient d'en haut, c'est-à-dire des adultes, comme cela a été

* Psychologue, directrice du Jardin Arc-en-ciel et présidente de l'Association Korczak-Dolto à Erevan. (Le Jardin Arc-en-ciel, ap. 10, 44 rue Abovian, 375009 Erevan, Arménie, e-mail : root@jarden.arminco.com.)

le cas pour toute la société arménienne elle-même pendant la domination de la Russie soviétique.

Je pense que mon adhésion profonde et immédiate aux méthodes préconisées par F. Dolto est aussi liée à mon expérience de mère. Toutes les mères savent que la remise brutale de l'enfant à la crèche peut faire naître en lui des sentiments dépressifs, puisque les mères elles-mêmes ont tant de mal à sevrer leur enfant. Le Jardin Arc-en-ciel d'Erevan a ainsi offert aux familles arméniennes une possibilité d'éviter ces moments dramatiques de la vie enfantine, et ses conséquences qui peuvent laisser des traces profondes dans l'âme du petit enfant.

Chez nous, les membres de l'équipe tournante choisissent leur jour de travail, et l'enfant a tôt fait d'affirmer là encore son désir en résistant à celui de ses parents. Bien des mères nous le disent ! Les mères et les pères comprennent l'originalité de ce lieu en ce qu'il respecte le désir propre à chaque enfant.

Les réflexions du personnel du Jardin Arc-en-ciel sur notre fonctionnement et sur la vie quotidienne ayant été décrites dans notre ouvrage collectif publié en Arménie sous le titre *La révolution des petits pas*[1], je voudrais plutôt vous parler d'une expérience d'accueil qui m'a bouleversée.

J'étais arrivée en avance ce jour-là au Jardin Arc-en-ciel, lorsqu'on a sonné à la porte. Devant moi se tenaient trois personnes, l'enfant et ses parents. La jeune femme tenait l'enfant d'une manière inhabituelle. Le dos de l'enfant était contre le ventre de la mère qui le soutenait en passant les mains sous ses bras. L'enfant oscillait dans l'air, ses extrémités se balançaient sans vie. La mère était pâle, inquiète, et le père triste et soucieux. À première vue, j'ai pensé que c'était un enfant handicapé et j'ai décidé de les accueillir moi-même. J'ai proposé de descendre l'enfant et de le mettre sur ses pieds. Je me suis adressée à l'enfant en lui demandant son nom et son âge. Il n'a pas eu le temps de me répondre car sa mère est intervenue tout de suite en me disant, avec un profond soupir, que l'enfant s'appelait Areg, qu'il avait deux ans et demi et qu'il était handicapé physique et mental. Mon regard s'arrêta un instant pour fixer les yeux de cet enfant qui m'apparaissait si intelligent et si

1. Titre qui renvoie aux Actes du colloque publié sous la direction de W. Barral, *La révolution des petits pas*, Le Lierre et le Coudrier, 1990.

vif. Le diagnostic psychiatrique ne semblait pas correspondre à ce que je voyais. Ma première pensée était la suivante : « Mais est-ce que la mère n'a jamais vu la source vitale de cette âme enfantine ? »

J'ai donné la main à l'enfant qui m'a répondu d'un geste vif. M'adressant à nouveau à l'enfant, je lui ai dit : « T'appelles-tu Areg ? » L'enfant m'a fait un clin d'œil. Cette manière de faire me surprit, et je la trouvai fort pertinente car ainsi il ne faisait pas entendre sa réponse à sa mère. J'en ai déduit qu'il était une personne d'esprit, et même rusée.

Nous entrons alors tous les quatre dans l'espace du Jardin Arc-en-ciel et nous nous y installons. L'enfant est toujours accroché à sa mère, et il y a comme une angoisse dans ses yeux. Le regard de la mère est éteint. Le sort de la mère et celui de l'enfant semblent unis par une enveloppe de mort. Le père me dit que l'état de l'enfant est très grave et me demande si nous pouvons leur venir en aide. Je propose alors à la mère de mettre l'enfant sur le matelas. Et nous commençons à jouer avec les pyramides. La mère me répète : « Mais il est handicapé, madame ! » Je maintiens mon désir et propose à l'enfant de jouer avec moi, en même temps j'invite le père à se mettre à côté de nous. La construction de la pyramide est évidemment réussie, et j'en félicite Areg : « Mais tu es très doué, Areg, vois-tu, tu as bien choisi les pièces ! » Je prononce ces paroles pour soutenir aussi la mère, pensant qu'elle pourrait être aidée elle-même par mes paroles d'encouragement. Ensuite je propose à l'enfant, s'il veut, de monter l'escalier du « château » et de dessiner là-haut, dans ce lieu qui est bâti comme un nid. Il fait deux petits pas à l'aide de sa maman, et en voyant son succès, je lui dis : « Maintenant tu peux continuer tout seul. » La mère essaie de freiner l'enthousiasme de son enfant tout en continuant de le soutenir. Je m'adresse encore une fois à l'enfant : « Mais Areg, tu peux ici le faire tout seul, si tu veux ! » Areg fait tout seul les deux pas suivants, bien que ses pieds ne tiennent pas solidement sur l'escalier car il n'y met que les bouts des pieds. Je me souviens alors de ces mots étonnants de F. Dolto, quand elle disait que l'enfant n'était pas complètement né et qu'une partie de l'image inconsciente de son corps se trouvait encore dans le corps de sa mère. J'ai donc salué les premiers pas de l'enfant en le félicitant : « On dirait que tu viens de naître, enfin ! » Areg a fait ses premiers pas dans notre Jardin Arc-en-ciel. Ce fut un émerveillement pour tous.

Puis la mère reprend son fils dans ses bras, et je dis alors à l'enfant : « Ta maman pense que tu es fatigué. mais pourtant tu nous as montré que tu peux non seulement marcher, mais aussi réaliser ici des choses plus difficiles, si tu le désires ! » Et je montre la fontaine et son bassin qui se trouvent un peu plus loin, en disant qu'il peut y jouer aussi. En lâchant la main de sa mère, Areg avance vers le bassin, en balançant son corps de droite à gauche. La mère s'est alors mise à pleurer, comme si elle était traversée par une grande douleur, ce que je ne peux comprendre tout de suite. Devant mon étonnement, le père me raconte que sa femme a porté des jumeaux, sans le savoir. C'est après une échographie en fin de grossesse qu'on a découvert qu'elle portait des jumeaux. Malheureusement, l'un des jumeaux est mort in utero, et Areg a dû cohabiter quelques jours avec son frère mort dans le ventre de sa mère. Il aurait pu mourir aussi. Mais on ne lui en a rien dit jusqu'à ce jour. Je m'en étonne et en demande la raison à la mère. En larmes, elle m'explique qu'elle n'a jamais pu accepter la mort de l'un, et c'est au détriment de l'autre. Son deuil n'est pas encore fait. Sans doute cette mère a-t-elle voulu faire exister, à travers Areg, ses deux enfants : le mort et le vivant.

C'est à ce moment-là que j'ai compris le sens de la mise en scène étonnante observée à l'arrivée de la famille au Jardin Arc-en-ciel. Si, pendant quelques jours, Areg a été le témoin de la tragédie de la mort de son frère, il ne pouvait, lui aussi, que continuer à porter le poids de ce souvenir douloureux. J'en ai conclu que dans l'âme de l'enfant vivait, peut-être, le fantasme d'avoir tué son frère. C'était comme dans l'histoire biblique d'Abel et de Caïn, mais ici le drame s'est déroulé dans le ventre de la mère. Elle n'avait jamais pu surmonter son deuil.

Pourrions-nous risquer cette interprétation : Areg aurait tenté, désespérément, de faire exister les deux enfants pour sa mère, ou bien encore, ne pouvait-il pas poser véritablement les pieds sur le sol parce qu'il se sentait coupable d'être le seul survivant ?

Ce n'est certes pas une histoire « miraculeuse » que j'ai voulu vous raconter, comme vous risqueriez de l'entendre ici puisque je n'ai pas le temps de tout expliquer, car ce n'est pas en une seule visite au Jardin Arc-en-ciel, bien sûr, que l'enfant Areg et ses parents auront tout pu résoudre de ce drame psychique. Mais ce jour-là, je peux l'affirmer, une nouvelle histoire d'amour a commencé entre les parents et leur fils.

Voilà ce que j'ai découvert et pu comprendre grâce à la conception de F. Dolto sur l'image inconsciente du corps. L'anecdote que je vous ai présentée est un exemple de l'expérience du travail au Jardin Arc-en-ciel d'Erevan. La vie de notre Jardin Arc-en-ciel continue malgré nos très grandes difficultés économiques et sociales en Arménie. Nous-mêmes ne pourrions pas avancer dans ce travail sans l'apport de nos séminaires hebdomadaires, animés par notre psychanalyste Angela Vartanian, qui créent un lien entre les membres du personnel, et sans le soutien constant de notre ami Willy Barral qui vient régulièrement nous rendre visite pour nous enseigner la clinique psychanalytique de l'enfant.

Nous sommes heureux d'être venus à votre Colloque, et vous adressons mille saluts de notre Arménie ensoleillée.

OLGA MEDVEDEVA*,
OLGA VARPAKHOVSKAIA**

Le Portillon Vert de F. Dolto à Moscou, texte et contexte

Les différentes significations inhérentes au texte dépendent du contexte. Les principes fondateurs qui animent la Maison Verte de F. Dolto sont connus, mais la situation russe mérite quelques précisions.

Pendant longtemps, la vie russe a été tributaire d'un système relevant de la mythologie. Des millions de personnes se sont efforcées de vivre selon des préceptes, sans faire de distinction entre la vérité et la fiction. Pourquoi remuer le passé ? La Russie actuelle renonce facilement à son histoire, pas aux mythes. Les mythes de la grande Russie, de son destin spécifique, du mystérieux caractère russe non seulement n'ont pas été déboulonnés mais ont acquis une force nouvelle. Dans le système russe, une personnalité ne se cherche pas en elle-même mais se résume, en quelque sorte, en un contenu « populaire ». Comparé à cet énorme et glorieux pays, le petit homme était bien trop petit, trop insignifiant.

Le deuxième problème russe est celui du rapport à la loi. L'arbitraire avait pour corollaire la toute-puissance de l'interdit, le magique « c'est interdit ». La loi n'est pas toujours le garant de l'égalité des droits.

* Linguiste, professeur à l'université de Moscou, présidente de l'Association Korczak à Moscou.

** Directrice du Portillon Vert de Moscou, professeur de pédagogie à l'université de Moscou (Le Portillon Vert, Studencheskaya 44, 2897 Moscou, Russie).

Il y a un autre problème, relatif, celui-là, à l'emploi de la langue. Le règne du « mensonge linguistique » s'accommodait fort bien de l'incomparable sincérité russe. Nous sommes là dans ce que l'on appelle « l'énigme de l'âme russe ». On dit de la Russie qu'elle est merveilleuse et malheureuse. « Merveilleuse », c'est-à-dire de l'ordre du merveilleux, de l'inexplicable, autrement dit énigmatique. La notion de « merveilleux » s'oppose ici à celle de « malheureux ». Dans la hiérarchie russe des valeurs, le mystère est placé très haut. Il porte en soi l'affirmation et la justification de soi. C'est un euphémisme qui, en qualité d'élément à part entière, est substitué à tout ce qu'il y a d'irrationnel, de chaotique dans la vie russe. Il est intéressant à noter que, dans leurs travaux, les philosophes russes placent le mystère russe sur le plan de l'inconcevable, non pas comme une énigme qu'il n'aurait pas encore été possible d'expliquer mais comme quelque chose ne se prêtant pas à la mise au jour.

Cette énumération des problématiques contextuelles témoigne à elle seule de l'antagonisme qui existe entre le mode de vie russe et le texte de F. Dolto, son idée du respect de la personne, de la loi, de la parole vraie. Ces thèses sont, par essence, des « antisoviétismes ». L'ancien système soviétique et le système actuel, très proche de la vieille mentalité, s'opposent radicalement à la culture qui a engendré les conceptions de F. Dolto. Ce régime est hostile à une socialisation conçue comme l'observance des limites de chacun (et non comme la production de citoyens dociles), à la psychanalyse dans la mesure où elle appelle les choses par leur nom, rend possible une interprétation. On peut comprendre que, dans ces conditions, la propagation des idées de F. Dolto se heurte à de nombreuses difficultés.

Quiconque pousse la porte du Portillon Vert (c'est le nom de la Maison Verte à Moscou), qu'il soit accueillant ou accueilli, porte en soi l'héritage des mythes russes, de l'histoire russe avec ses répressions et ses agressions, sa révolte et sa docilité, sa délation et sa bonté. Chacun apporte dans l'espace du Portillon Vert une particule du chaos, du trouble et de la tristesse qui règnent dehors.

L'ouverture du Portillon Vert a été rendue possible par l'avènement de la perestroïka. L'État (le département chargé de l'éducation de la ville de Moscou) a fourni le local et a bien voulu, dans sa grande bonté, permettre à l'association russe Janusz Korczak de développer cet incroyable projet grâce à l'argent suisse et au dévouement de Vladimir Halpérin. Cependant, plus de trois ans après son ouverture, bien qu'ayant prouvé qu'il était parfaitement viable, le Portillon Vert ne semble pas avoir d'existence légale et n'est toujours pas inscrit sur les listes officielles des institutions destinées aux enfants. Cet état de choses s'explique d'une part par le fait que cet établissement autogéré ne dépend pas du pouvoir, d'autre part parce que ce même pouvoir comprend que le Portillon Vert, né par hasard, sape par sa seule présence l'ordre gouvernemental.

La conception de F. Dolto suscite indubitablement l'intérêt des professionnels mais également, lorsqu'il s'agit d'application pratique, leur opposition. Par exemple, une équipe formée de collaborateurs placés tous sur un pied d'égalité est une réalité qui ne correspond manifestement pas à « notre » modalité d'action.

Une autre difficulté provient du fait que bon nombre de nos collaborateurs considèrent la conception de F. Dolto comme trop abstraitement humanitaire. À les en croire, les Russes auraient besoin de plus de chaleur. « Faire acte de présence », au Portillon Vert, ce serait travailler « sans âme ». Ne pas forcer, ne pas pénétrer les limites de l'autre serait de la non-assistance.

La règle qui fixe la limite d'âge pour l'admission des enfants à quatre ans a suscité de nombreux débats. Renvoyer un enfant, pour l'idéologie russe, c'est le transformer en victime. Il a fallu des années pour que les membres de l'équipe admettent que l'enfant qui n'a pas été admis n'est pas une victime mais une partie d'une structure raisonnablement instituée, que c'est un bien pour les autres enfants, que le Portillon Vert n'est pas un lieu d'autosatisfaction pour les accueillants (« Ah, comme je suis bon, je n'ai pas blessé l'enfant ! »), qu'il n'y a pas de règlements blessants, qu'un règlement est en soi une valeur au même titre que la commisération et la compassion.

Il a été difficile de ne pas transformer le Portillon Vert en centre de consultation. Les professionnels croyaient sincèrement que leur métier consistait à prendre telle ou telle mesure pour résoudre un problème détecté chez un enfant. En ce qui concerne les parents, ils se sont adaptés beaucoup plus vite et ont élevé beaucoup moins d'objections que les professionnels. Peut-être l'amour qu'ils portent à leurs enfants les a-t-il rendus plus compréhensifs.

L'un des problèmes qui, au Portillon Vert, concerne aussi bien les parents que les professionnels est celui de l'anonymat. F. Dolto écrit : « Nous allons à la Maison Verte. Ici, on respecte l'anonymat. » Derrière cette phrase laconique, il y a toute une culture, inconnue en Russie, celle qui assure la protection de la personnalité de chacun. Les membres de l'équipe ont eu beaucoup de mal à surmonter cette difficulté. Se retrouver parmi des parents et des enfants sans avoir une profession définie, sans la sauvegarde des diplômes, sans étiquette sociale, n'être confronté qu'à soi-même était déstabilisant. L'anonymat inquiétait aussi les parents. Il leur semblait étonnant que, dans cet établissement, on ne veuille pas connaître leur nom de famille, leur lieu de travail, leur adresse, l'état de santé de leur enfant dûment certifié par un médecin. Dressés par le régime à respecter les papiers timbrés, ils croyaient sincèrement qu'un tel document pouvait préserver leur enfant d'une possible contagion. Il y avait là aussi, semble-t-il, une peur inscrite dans les gènes : après avoir eu peur d'en dire trop, voilà que maintenant il ne fallait plus rien dire. Dans l'anonymat, ils avaient l'impression d'être dépossédés d'eux-mêmes.

Enfin, pour nous, l'anonymat est quelque chose comme un récit sans questionnement, plus exactement l'instauration d'une atmosphère qui permet un récit sans questionnement. Or, l'absence de questions est traditionnellement assimilée en Russie à de l'inattention, à un manque de participation, à une non-présence à l'autre. Ici, le problème de l'anonymat recoupe celui, profondément russe, de la soif de confession.

Sans doute sont-ils nombreux ceux qui se souviennent de la scène qui introduit le roman *L'Idiot*, écrit par le premier des psychanalystes russes : Dostoïevski. Dans un train se rencontrent deux jeunes gens qui, comme le dit l'auteur, sont « tous les deux désireux... d'entamer une conversation. » En très peu de temps, ils en apprennent beaucoup l'un sur l'autre jusque dans le détail de certaines vilenies qu'il est d'usage de taire. Manifestement, Dostoïevski trace ici le portrait mythologique de l'homme russe, enclin à une absolue sincérité. Mais, tout en insistant sur l'« extraordinaire empressement » avec lequel chacun d'entre eux répond aux questions de l'autre, l'auteur souligne tout ce qu'il y a « dans ces questions d'absolument désinvolte, de déplacé et d'inutile », et en cela de typiquement russe.

Et à quel point Léon Tolstoï est pénétrant et objectif lorsqu'il décrit ce besoin qu'a le Russe de se confesser. Dans le roman *Anna Karenine*, la première rencontre d'Anna avec Vronski a lieu, elle aussi, dans un train : l'héroïne se trouve être l'interlocutrice de la mère de Vronski avec laquelle elle voyage. « Elles ont parlé pendant tout le trajet » de différentes choses, de ce qui leur était le plus cher, si bien qu'à la fin du parcours Anna dira : « J'ai épuisé ma réserve d'histoires ; après cela il n'y aurait plus rien à raconter. » Et la comtesse Vronski de répondre : « J'aurais pu faire avec vous le tour du monde sans m'ennuyer. Je me suis mise à vous aimer. » Commentaire de l'auteur : « Malgré tout ce que cette phrase avait de trivial, Karenina, visiblement y avait cru de toute son âme. » C'est, de fait, une condamnation de la fausse communication aussi russe, contrite et sincère soit-elle. La route, en effet, prédispose au dialogue. Mais, quel que soit le pays, en Russie ou ailleurs, cette sorte d'anonymat engendre ce qu'il y a lieu d'appeler « des légendes ». Le Portillon Vert n'est pas un train.

Il arrive que les collaborateurs, qui viennent ici après avoir subi la réalité du quotidien russe, aient envie de poser une question « désinvolte » ou de démontrer leur amour de façon « triviale »... En ce sens, le Portillon Vert est un espace antisoviétique et antirusse car ici les légendes n'ont pas leur place. C'est le lieu de la parole vraie, le lieu de la mise au jour.

Opposons enfin le mythe et la réalité. Le Russe, conformément au mythe — l'être le plus sincère et le moins solitaire du monde —, découvre, ayant franchi le Portillon Vert, qu'il a comme n'importe qui dans n'importe quel pays beaucoup de mal à parler réellement. Ici, il parle réellement parce qu'on l'écoute réellement.

Un jour, nous avons vu arriver au Portillon Vert un petit garçon et sa mère. L'enfant était rebelle à toute réglementation. La mère montrait clairement par son attitude qu'elle ne voulait pas établir de contact. Le temps passant, il s'est avéré qu'elle élevait seule son fils, qu'elle-même avait grandi sans que le père soit présent et que les problèmes de son fils avaient été les siens durant toute sa vie. Jamais elle n'avait parlé avec l'enfant de son père. De son propre aveu, ce n'est qu'à la Maison Verte qu'elle osa aborder ce thème et prendre conscience de ce que, avant de parler de son père avec l'enfant, elle devait « retrouver » le sien propre. Elle avait remarqué que, lorsqu'elle s'interrogeait sur ce problème, elle n'avait pas de difficultés avec son fils. Au contraire lorsqu'elle l'occultait, le petit garçon le lui rappelait par un renouveau d'agressivité. Vous me direz que c'est là un cas universel. Sans doute, mais il porte en soi une dimension profondément russe. C'est la conviction qu'il est possible de barrer son histoire, conviction renforcée par l'histoire nationale : on peut destituer notre père le tzar, le petit père des peuples, le petit père de la révolution.

Une autre dimension russe de cette question est loin d'être négligeable. Tout le monde en Russie sait ce qu'est le sentiment d'abandon, il se transmet de génération en génération. L'abandon, ce sont les enfants des réprimés, ceux dont les pères sont morts pendant la Seconde Guerre mondiale ou durant d'autres guerres, les laissés-pour-compte de la pauvreté ou de l'inculture. Cela représente des dizaines de millions de personnes. Le cas que nous avons évoqué plus haut, où l'on a pu aider un être à prendre conscience de son problème, suffit à prouver l'importance que revêtent les idées de F. Dolto pour la Russie.

Il est vrai que le texte se construit en fonction du contexte. Mais le texte de F. Dolto, sûr de son bien-fondé, résiste à toute déformation et défend avec succès son droit à être ce qu'il est et rien d'autre.

AÍDA SAKS*

Socialisation précoce

> *« Le lieu de vie est à créer. Le lieu de vie favorisant le développement de la communication interpsychique. »*
>
> FRANÇOISE DOLTO

Humanisation et langage. Voilà deux des piliers fondamentaux de la socialisation précoce qui est à la base de la prévention des troubles sociopsychiques affectifs. Ce sont quelques-uns des legs que nous a faits F. Dolto.

Nous vivons dans un monde enchanté et fréquenté par d'autres qui nous fabriquent une destinée et qui nous soumettent à leur jeu. C'est un monde où la déshumanisation augmente, se développe de jour en jour, un monde où la pathologie n'est pas seulement une maladie mais une manifestation de souffrance.

De nos jours, je trouve qu'il est bien difficile d'être enfant dans ce monde d'overdoses déshumanisantes ne créant que l'isolement, le manque de communication et la passivité. Aussi faut-il parler de l'affection ; des mots et de l'humanisation en tant que socialisation précoce. C'est la conversation, la communication, la rencontre avec un autre prochain qui aident les enfants à mieux se développer.

* Psychanalyste, présidente de la Fondation Por la causa de los ninos. Casa Verde de Argentina (La Casa Verde, Azcuénaga 1074, 2° piso « 8 », 1115 Buenos Aires, Argentine).

Au seuil du troisième millénaire, l'espace et le temps réels, des paramètres structurants pour la subjectivité de l'enfant, se mêlent en permanence avec le temps et l'espace virtuels. Dans ces temps vertigineux, la télévision, l'ordinateur sont, en apparence, des interlocuteurs valables. Mais dès sa naissance, l'enfant est un être de communication, de désir et de langage. Chez lui, tout est communication interhumaine.

À partir de ses premières expériences sensorielles précoces, le bébé éprouve des sensations tactiles, gustatives, auditives, olfactives et respiratoires. Ce sont des amarres qui le conduisent, d'abord, à discriminer le dehors et le dedans de son corps, déterminant peu à peu des images psychiques et des représentations inconscientes de sa relation avec l'autre. C'est ainsi que dès la naissance son besoin est en rapport avec cet autre qui s'occupe de le satisfaire pouvant modifier ou soulager ce besoin. Le psychisme est une métaphore du corps et celle-ci est à la fois métaphore de la communication. Dès la naissance, tout ce qui est substantiel, matériel de la satisfaction, du besoin et de l'échange, est entouré de ce rapport intangible qui a à voir avec la communication émotionnelle qui entoure cette assistance substantielle. De cette façon, l'alimentation, la digestion, l'excrémentiel sont chargés d'émotions, de sensations, d'affection qui plongent l'enfant dans un univers relationnel dès le début de la vie. Du sensoriel de la vie intra-utérine, l'enfant a besoin d'un autre pour se développer. Si la mère ne peut le compléter, la mort psychique survient avant la mort physique. Le langage parlé se constitue à partir des déterminants corporels et de son rapport avec les autres. C'est un corps porteur d'un mot. Quand un enfant naît, son espace est déjà jalonné de référence et le lait qu'il prend non seulement est un aliment pur, naturel, sinon qu'il entre dans le tractus digestif en tant que lait devenu métaphore, croisé par le langage. C'est un désir ouvert à la communication. Le vécu corporel et le vécu relationnel laissent déjà des empreintes somatiques et psychiques dont se constituent les premières points de repère, les premières images inconscientes du corps. L'odeur, le regard, les câlins, la voix de la mère captivent le bébé en même temps que l'histoire individuelle et la biographie de chaque nouveau-né sont modelées par les émotions des parents et de l'entourage ainsi que les réactions de joie ou d'hostilité laissant des traces inconscientes de sentiments heureux ou de souffrance.

La Casa Verde des enfants, avec ses règles et ses axes de travail, aide au processus d'humanisation dès la naissance. C'est un espace de prévention primaire par rapport à la protection et à la promotion de la santé mentale infantile. C'est un espace de socialisation précoce des enfants et des parents. C'est un espace éducatif, préventif où l'enfant est reconnu en tant que personne ayant la prépondérance sur l'identité et sur le lien social. Nettement doltoïenne, la Casa Verde est un laboratoire d'observation du développement psychique précoce et relationnel où nous considérons que chez l'enfant tout est langage et que lui, il n'exprime pas sa souffrance par les mots mais par des conduites inadaptées ou caractérielles ayant une influence importante sur l'adaptation sociale. Nous aidons l'enfant et ses parents à vivre en société, à respecter les autres et à se faire respecter en tant que personnes, essayant de créer des barrières immunologiques pour les protéger et les défendre des overdoses déshumanisantes de notre société.

Dans mon pays, il existe de remarquables différences socio-économiques. Il y a donc, même dans la ville, des zones marginales d'une grande vulnérabilité sociale. C'est grâce à nos outils de travail utilisés à la Casa Verde que nous sommes ouverts à la communauté. On a ainsi embrassé de grandes populations enfantines et adultes, créant un modèle de pratique de la socialisation précoce. Celui-ci nous permettant de pénétrer dans la problématique des inadaptations psychosociales ainsi que dans celle de la violence, et d'aborder l'univers symbolique des enfants, des parents et celui des adultes qui s'occupent de la socialisation.

Ce modèle vise à la société entière, au-delà de sa différence de milieu social. On agit précocement en modifiant les expériences quotidiennes. Nous avons appelé « Programmes Casas Verdes » ces espaces d'accueil et de socialisation précoce et de prévention de la violence. C'est pour des enfants de zéro à six ans avec leurs parents et des adultes travaillant dans la socialisation. Ces programmes sont inclus dans les structures collectives déjà en marche telles que crèches, jardins maternels, centres de santé et d'accueil familier. Ce sont les promoteurs de ces mêmes structures saisissant aussi les ressources humaines existantes et toujours appuyées par des professionnels qualifiés.

Nous utilisons les stratégies et les axes de travail de Casa Verde et les y intégrons comme une nouvelle voie dans la prévention des troubles psychosociaux affectifs. On arrive à s'y organiser par des stratégies définies dans la prévention de la violence et de la maltraitance enfantine. Travaillant dans des populations pauvres aux besoins de base insatisfaits, je me demandais en tant que psychanalyste ce que nous pourrions offrir à ces enfants et à leurs mères si elles ne pouvaient même pas soigner leur hygiène personnelle ni garder leur intimité la plus simple pour la protéger et ainsi étayer leur identité. Mais peu à peu, on trouvait les réponses, et les mots commençaient à circuler. C'étaient des êtres qui ne parlaient pas parce qu'on ne leur avait pas parlé, des enfants qui ne regardaient pas parce qu'ils n'avaient pas été regardés. Nous avons monté une scène humaine, l'entretien, les mots, le langage, l'humanisation à travers nos propres mots, nos gestes, nos conduites, tout ce qui nous déterminait comme être sociaux.

Dans un jardin maternel d'un bidonville qui abrite une population très indigente, nous travaillions avec soixante-dix enfants, les maîtresses du jardin et les mamans gardiennes. Il y avait trois enfants, Dario, Oscar et Eduardo. Ils couraient sans arrêt et cherchaient à transgresser les règles. Ils avaient l'air de ne pas entendre, de ne pas regarder. On avait l'impression qu'ils n'avaient pas un autre constitué dans leur psychisme. S'il n'y a pas un autre, il n'y a pas non plus un sujet. Je les cherche dans l'espace en les appelant par leur prénom. Dario, d'abord, puis Oscar et Eduardo. Ils se cachent sous une table. Ils disent : « Ici ! » Je provoque une rencontre humaine. Je continue à les chercher, comme si je ne les voyais plus. Alors Dario, un enfant d'aspect fragile, répondant à mon appel, crie : « Maman, maman, maman ! » Je suis bouleversée par son cri. Il me fixe. Moi, je me suis constituée en un autre non invisible pour ce sujet enfantin, égaré dans l'espace et dans le temps d'une histoire dont on ne sait pas ce qui va suivre. C'est ainsi que le regard et les mots d'un tiers, d'un autre social, les constituent en tant que sujets, avec la réponse du premier lien qui humanise : « Maman, maman, maman ! » De cette façon, par les mots, nous les introduisons, dès la petite enfance, dans le processus d'humanisation. Nous avons besoin, parfois, de nous faire comprendre.

Notre travail comprend la sublimation des pulsions prégénitales, l'interdiction du cannibalisme, du vandalisme et de l'inceste afin d'éviter les pathologies d'action pour arriver à la symbolisation des mots et d'une éthique humaine.

CLAUDE SCHAUDER*

La socialisation précoce au risque de la psychanalyse

À l'heure où tous les projets éducatifs des crèches, haltes-garderies et autres écoles maternelles modèles affichent en priorité l'initiation à la vie sociale, où les enseignants se doivent d'être attentifs à l'importance de l'intégration des enfants dans leur « groupe-classe » et où tout le monde évoque l'indispensable socialisation des tout-petits, nous nous proposons d'interroger, à partir des élaborations de F. Dolto, la pertinence de cet objectif également retenu par l'ensemble des structures se réclamant de la Maison Verte, ainsi que de réfléchir à ce qui peut justifier un psychanalyste à s'associer à ce projet.

QUELQUES REPÈRES

Rappelons d'abord brièvement qu'à l'instar d'Henri Wallon, la socialisation précoce est souvent considérée par les professionnels de la petite enfance comme le passage évident de l'être biologique à l'être social (comme si le petit d'homme n'était pas d'emblée pris dans les rets du langage et du social !), comme une étape à franchir, une fois le congé maternité terminé ou le jour de la rentrée scolaire en maternelle. Forts des enseignements de la psychologie génétique, voire de l'éthologie animale, certains décident, statistiques

* Psychanalyste.

à l'appui, que l'enfant en a l'âge et qu'il est donc prêt à le supporter sans dommage[1]. Et c'est ainsi que dans certaines crèches et écoles maternelles on continue, par exemple, à recommander aux mères des enfants qui pleurent en arrivant de filer au plus vite, de préférence sans que l'enfant ne les voie...

Ailleurs, la socialisation précoce vise à inculquer à l'enfant des valeurs qui le feront se soumettre aux diktats totalitaires du groupe ou à considérer sa modeste personne comme au service exclusif de la collectivité, du peuple, du Parti ou de la Patrie[2].

Les lectures qu'en proposaient, avant F. Dolto, les psychanalystes pour enfants décrivent la socialisation comme s'effectuant exclusivement en cercles excentriques (allant de la mère vers la collectivité). Sa principale condition est la bonne qualité (voire quantité[3]) des relations de la mère et de l'enfant. R. A. Spitz soutient ainsi que les facteurs qui opèrent dans l'univers infantile pendant la première année de la vie appartiennent tous à la sphère relationnelle mère-enfant et que tout ce qui peut advenir au décours de ce temps, y compris l'installation des bases de la socialisation, doit lui être imputé[4]. D.W. Winnicott avance lui que si la mère est défaillante, absente ou au contraire trop envahissante, l'enfant risque d'adopter des conduites antisociales comme le vol ou le mensonge qui sont autant de façons de retrouver par compensation la *good-enough mother*[5]. S'ils relativisent quelque peu cette vision en intro-

1. Voir, par exemple, F. Dolto, *La difficulté de vivre*, Gallimard, 1993.
2. Sans doute n'a-t-on pas plus attendu en Russie qu'ailleurs les travaux de F. Dolto pour constater les dégâts dus à une *Weltanschauung* qui fait bien peu de cas du Sujet et sans doute n'a-t-on pas eu besoin du Portillon Vert de Moscou pour que la dénonciation de ses parents aux autorités, par l'enfant Pavel Morrosov, reste à jamais dans les mémoires comme la preuve la plus flagrante que cette sorte d'aliénation du sujet au groupe ne peut conduire qu'à l'horreur et à la folie. De l'exposé d'Olga Medvedeva et Olga Varpakhovskaia, reproduit dans cet ouvrage, on retiendra toutefois que la multiplication de structures type Maison Verte dans les pays ayant vécu l'expérience d'un collectivisme déshumanisant pourrait peut-être faciliter le passage à une société d'individus se sentant responsables, non seulement d'eux mais aussi de la collectivité à laquelle ils appartiennent et où l'homme ne serait pas redevenu seulement un loup pour l'homme.
3. J. Bwolby (1969), *Attachement et perte*, PUF, 1996.
4. R.A. Spitz et G. Cobliner (1954), *De la naissance à la parole. La première année de la vie de l'enfant*, PUF, 1984.
5. D.W. Winnicott (1957), *L'enfant et le monde extérieur. Le développement des relations*, Payot, 1971.

duisant, plus ou moins discrètement, la question du rôle du père, les psychanalystes post et néo-freudiens étayent cependant eux aussi cette thèse[1].

En mettant en évidence qu'il s'agit d'un processus complexe intimement lié à sa nature de *parlêtre* et à l'ensemble du contexte psychique dans lequel naît et évolue un sujet, Jenny Aubry[2] et Françoise Dolto viennent, quant à elles, bousculer ces certitudes et font sortir la socialisation précoce du seul giron maternel. Leurs travaux mettent en évidence que c'est par les relations langagières dans lesquelles l'inscrit son entourage que le petit d'homme parvient à dépasser, dès sa naissance, les souffrances dues aux frustrations que lui imposent les premières contraintes de la vie familiale et sociale. F. Dolto montre aussi que seules les paroles qui nomment à l'enfant ce qui lui arrive ou ce qu'il perçoit permettent la médiatisation de l'absence de l'*objet* ou la non-satisfaction des demandes de plaisir et qu'elles conduisent à la relégation au rang de désir de nombre de demandes considérées précédemment comme de l'ordre du seul besoin. C'est ainsi que, au fur et à mesure de la maturation de l'enfant, les paroles et les interdits qui les accompagnent participent de la symbolisation des objets de jouissance. De ces épreuves structurantes résultent, tout au long de la petite enfance, les remaniements narcissiques qui contribuent à modeler l'*image inconsciente du corps*[3] et, avec elle, toute la personnalité de l'enfant. Ces épreuves, F. Dolto les dit *symboligènes*[4], parce qu'elles permettent la production de métaphorisations et de sublimations. C'est à ce titre qu'elles ouvrent la voie à la socialisation.

LA SOCIALISATION COMME FRUIT DES CASTRATIONS SYMBOLIGÈNES

Le concept de *castration symboligène* rend donc compte d'un acte symbolique positif effectué par la parole, et ce dès la naissance, première des *castrations symboligènes*[5]. Par

1. S. Lebovici et M. Soule, *La connaissance de l'enfant par la psychanalyse*, PUF, 1970.
2. J. Aubry, *Enfance abandonnée*, Scarabée-Métailié, 1983.
3. F. Dolto, *L'image inconsciente du corps*, Le Seuil, 1984.
4. F. Dolto, *ibid.*, p. 80 et suiv.
5. C'est en effet l'acte de nomination (donc un acte éminemment symbolique) qui accompagne ce moment princeps et qui permet d'emblée

l'adjonction de l'adjectif *symboligène* au signifiant *castration*[1], F. Dolto insiste sur la dimension positive et productive (dont ne rend pas entièrement compte l'expression plus classique de *castration symbolique*) que peut et doit prendre cette opération psychique. On sait que les castrations peuvent aussi se révéler, dans certaines conditions, non symboligènes, c'est-à-dire stérilisantes et mutilantes.

C'est ce que montre la clinique des tout-petits, lorsque certaines séparations sont trop brutales, quand la rencontre avec autrui se révèle douloureuse, voire ravageante, car mettant en péril les repères habituels de l'enfant ou quand elle a lieu hors de la présence de ceux grâce à qui il sait qui il est[2]... Dolto dit aussi que cette confrontation avec l'autre, l'étranger, est de l'ordre du trauma et peut conduire au drame si le tout-petit s'y sent abandonné, perdu, c'est-à-dire quand il ne reconnaît pas rapidement une voix ou un visage familier, garant de son identité.

On peut rappeler à ce propos que c'est à ce type d'expériences que renvoie, parfois non sans souffrance, le travail analytique quand il amène le patient adulte à interroger son rapport à l'autre et à la haine, en tant qu'expression d'un certain rapport du sujet à son narcissisme blessé. On sait également à quoi peuvent conduire sur le plan social ou politique ces blessures du narcissisme aveuglé par la méconnaissance et qui, n'ayant pas eu droit de cité dans le dire du sujet, l'amènent à des choix xénophobes ou racistes[3]. L'enjeu de ces castrations se révèle donc l'humanisation du petit d'homme et sa socialisation. Celles-ci s'opérant par paliers progressifs, on en distinguera autant de sortes qu'il y a de types de frustrations à lui dispenser pour en faire un sujet à part entière. Les principales sont dites : orale, anale et génitale. Toutes assument une part dans le processus de la socialisation précoce.

---

l'inscription du petit d'homme dans l'univers symbolique des humains... *Ibid.*, p. 90.

1. F. Dolto rappelle qu'il rend compte depuis Freud du « *processus qui s'accomplit chez un être humain lorsqu'un autre lui signifie que l'accomplissement de son désir, sous la forme qu'il voudrait lui donner, est interdit par la Loi* », *ibid.*, p. 78.

2. F. Dolto, *La Maison Verte*, conférence au CFRP, 17 octobre 1985.

3. C. Schauder, *À propos de l'exclusion et de la structure de ceux qui y ont recours*, in C. Presvelou (sous la dir.), *Le familier et l'étranger. Dialectiques de l'accueil et du rejet*, Academia Bruylant, 1998, p. 133-141.

Castration orale

Celle dite orale, qui consiste en le sevrage du corps à corps nourricier, conduit l'enfant à un langage qui n'est pas seulement compréhensible par sa mère et lui permet donc de ne plus être exclusivement dépendant d'elle. C'est cette castration qui lui permet d'opérer, grâce au langage, des distinctions aussi subtiles que celles qui existent entre ce qu'on aime et qu'on incorpore parce qu'on l'aime et ce qu'on aime et qu'on se refuse justement à incorporer parce qu'on l'aime. En apprenant, par exemple, à ne toucher que du bout des lèvres, au lieu de les mordre, ceux qu'il embrasse, l'enfant témoigne, par l'organe même de l'incorporation, de son renoncement à ses pulsions les plus archaïques. C'est de cette castration que dépend la mise en œuvre et le respect du premier des trois interdits fondateurs de l'humanité, l'*interdit du cannibalisme* !

Castration anale

La castration suivante est dite anale et conduit à la rupture du corps à corps tutélaire mère-enfant. Elle induit l'interdit de la détérioration, l'interdit de nuire à autrui, l'enseignement de la différence entre possession personnelle et possession de l'autre et l'interdit de faire n'importe quoi pour son plaisir érotique. C'est grâce à elle que l'enfant devient industrieux et ludique, acquiert une plus grande maîtrise de la motricité et du commerce avec les autres, s'initie aux libertés du plaisir moteur. C'est par elle que se réalise l'*interdit du meurtre*, second des interdits fondateurs de l'humanité grâce auquel les hommes sont susceptibles (!) de renoncer à la barbarie.

L'enfant violent, celui qui mord pour se défendre et surtout pour attaquer, celui qui frappe ou hurle sans retenue et surtout sans possibilités de procéder autrement, n'a généralement pas atteint ce niveau de développement. Il ignore qu'il a à sa disposition des moyens infiniment plus évolués, plus efficaces et plus dignes de son humanité pour arriver à ses fins. F. Dolto dit que cette ignorance témoigne du fait qu'il n'a, dans la plupart des cas, pas encore été promu à cette dignité. Comme celui qui mord par amour, il n'a pas reçu en partage les castrations symboligènes indispensables à son humanisation et à sa socialisation. Cela veut dire qu'il n'a pas encore reçu de ses parents ce don qui témoigne que ces adultes ont, eux aussi, accepté de renoncer aux plaisirs pulsionnels associés aux pulsions archaïques non castrées chez l'autre. L'enfant mal élevé ou tout simplement pas élevé (!) n'est en effet pas seul à désirer et seul à jouir des caresses prodiguées. Il n'est pas davantage seul à profiter du laxisme de ses parents qui, en refusant de lui imposer des contraintes, savent « se servir » au passage.

S'il partage avec ses parents ces jouissances archaïques, l'enfant partage par ailleurs aussi avec eux certaines des conséquences sociales qui en résultent. Si les adultes décident de réagir sur le mode de la responsabilisation, parviennent à faire le deuil de leurs nostalgies et à accompagner leur enfant vers la sortie de cet « âge d'or » où tout est encore permis, son « symptôme » disparaît pour laisser la place à de très nombreux progrès dans tous les domaines. La chose est particulièrement spectaculaire dans le registre du langage quand ces parents parlent à leur petit les interdits qu'il enfreint et lui exposent leurs sens et leur portée. S'ils prétendent par contre éradiquer les comportements répréhensibles de leur enfant en usant eux-mêmes de violences; s'ils tentent, comme c'est si souvent le cas, de les faire disparaître en adoptant le même comportement archaïque à son égard, les effets ne sont pas du tout les mêmes!

On peut ainsi constater que dans l'exemple de l'enfant mordeur, les parents qui mordent cruellement leur petit pour lui faire passer ce « vilain défaut » arrivent généralement à leurs fins. Mais l'enfant retient la leçon sur le mode du *conditionnement opérant* et comprend qu'il doit se priver de ce qui est un privilège réservé aux grands! Il n'aura dès lors de cesse que de grandir pour être le plus fort et jouir, à sa guise, du corps de l'autre!

Castration génitale

C'est sur la castration génitale que repose enfin le respect de l'*interdit de l'inceste*, troisième et dernier des tabous fondateurs de l'humanité que Freud donne comme condition incontournable à toute civilisation. Par la présence désirée du père au côté de la mère — ou son évocation s'il est absent — l'enfant apprend qu'il ne saurait être le tout, le bout manquant de celle-ci. Quel que soit l'amour qu'elle lui voue, la mère ne peut, c'est-à-dire n'a le droit, de se satisfaire de l'enfant mis en situation de la combler. Celui-ci ne saurait, sans dommage, être l'objet de son désir exclusif. Par l'interdit qu'il lui pose à cet endroit, le père contribue là encore à l'humanisation de son enfant et lui permet d'occuper sa place.

Quand cette triangulation n'existe pas ou n'est qu'apparence (comme c'est le cas quand le père ou la mère a été lui-même dans son enfance témoin de l'éviction plus ou moins radicale de son propre père en tant que tiers), une fois devenu adulte et sommé d'exercer à son tour la fonction qui revient à son sexe, ce parent se révèle dans l'incapacité de réitérer, pour le compte de son enfant, l'opération non intégrée pour lui-même en son temps. On sait ce qui peut en résulter sur le plan psychique mais aussi social. L'*intention éthique*, comme la nomme Paul Ricœur[1], laquelle est le précurseur de toute morale, et donc de ce qui rend possible la vie en société, s'édifie en effet d'emblée sur l'articulation tripolaire du *je*, *tu*, *il*. Sans le tiers qu'est cet *il*, contre quoi viennent parfois se heurter les flots déchaînés de la mère, sans cette île qui vient trouer, déchirer l'infini horizon et la fascination que la mer peut parfois exercer, point de *je*... je du sujet, jeu de la vie !

Par la nomination de cet autre, à qui l'enfant doit une part de son existence, par cette nomination qui lui révèle qu'il n'est pas lui, le tout de sa mère et par la reconnaissance d'un autre partenaire qu'elle permet, l'enfant se découvre en effet produit d'une rencontre qui l'a précédé et sans laquelle il ne serait pas. C'est ce qui permet d'affirmer que l'inscription dans l'ordre généalogique est aussi une *castration symboligène*.

C'est cette castration qui manque par exemple aux enfants de certaines mères pour qui il s'agit d'obstruer l'ouverture à laquelle nous les invitons en les questionnant précisément devant l'enfant sur son père... et qui tentent alors de couper court à d'autres avancées en nous opposant un « il n'a pas de père » qui se veut parfois sans appel, faute de pouvoir — ou de vouloir — en appeler à lui !

C'est cette castration qui manquera probablement aussi à ceux qui, peut-être bientôt, et grâce aux prouesses de la

1. P. Ricœur, « Avant la loi morale : l'éthique », in *Universalia. Les Enjeux*, Encyclopaedia Universalis, 1990, vol. 2, p. 62-66.

science, ne seront plus que le fruit de reproductions fantasmatiques parthénogénétiques et délirantes, coupés de toute lignée préexistante ou fruit de désordres généalogiques qui les laisseront sans re-père : enfants de femmes célibataires (ou même de vierges) inséminées artificiellement, enfants de transsexuels, etc.

APPLICATION : LA MAISON VERTE

C'est donc cette conception de la socialisation précoce, alliée aux constats relatifs aux difficultés auxquelles se heurte très tôt le petit enfant vivant dans une société de plus en plus souvent marquée par la solitude, la rupture des liens familiaux ainsi que la disparition des traditions et des repères qui s'y trouvent associés (ce qu'elle appelait la « lèpre symbolique »), qui conduisirent F. Dolto à réfléchir à la possibilité « pour l'enfant d'accéder aux autres dans la sécurité, la confiance, en étant accompagné, jusqu'à ce que le monde des autres ne soit plus vécu comme menaçant, et qu'il accepte, de lui-même, de s'éloigner, pour finalement exister hors de la présence de sa mère[1] ».

C'est pourquoi F. Dolto, avec quelques autres, a ouvert la Maison Verte, lieu intermédiaire entre le foyer familial et le monde social, où avant toute séparation (avant d'entrer à la crèche ou à l'école maternelle), l'enfant peut se préparer à côtoyer d'autres petits et grands; lieu dans lequel il peut aussi « se "vacciner" contre les incidents et les émotions de ces rencontres, grâce à la présence sécurisante et récupératrice de l'adulte tutélaire connu de lui[2] ».

Lieu où la question de la symbolisation et des castrations symboligènes est en permanence « à l'ordre du jour », la Maison Verte ainsi que les structures qui s'en réclament[3] sont également des espaces où « on met en mot comme on

1. F. Dolto, *La Maison Verte*, *op. cit.*
2. *Ibid.*
3. De se réclamer de l'enseignement de Françoise Dolto n'entraîne pas nécessairement de la part de ceux qui travaillent dans ces structures qu'ils en acceptent l'éthique, comme l'ont montré des réunions comme les *Premières Journées européennes des structures type Maison Verte*[a] que nous avons organisées à Strasbourg en 1994 ou des études comme celles de B. Eme[b] ou de G. Neyrand[c]. D'avoir décidé avec Françoise Dolto[d] de ne pas « légiférer » à ce sujet, de ne pas créer de *Fédération des structures type Maisons Vertes et autres lieux d'accueil parents-enfants* et de laisser les promoteurs de projets faire ce qu'ils estimaient devoir faire, n'interdit bien évidemment pas non plus de prendre quelque distance d'avec certaines de

respire[1] ». C'est dans cette perspective que des paroles y sont mises sur ce qui arrive à l'enfant et que ceux qui l'accompagnent (et connaissent son histoire) y sont encouragés, voire aidés, à lui raconter les événements qui ont pu marquer son passé, lui ont été dissimulés ou simplement non dits. Les projets d'avenir qui le concernent y sont pareillement parlés pour lui, de même que les frustrations qu'il a à y vivre et les castrations qu'il doit y recevoir, de sorte que celles-ci n'apparaissent jamais comme le fait d'un prince tout-puissant, sadique et surtout dispensé de se plier aux lois.

Des règles — peu nombreuses mais intangibles — y servent de support à la confrontation de l'enfant (mais aussi des adultes) aux limites qui, par les paroles qui les accompagnent, ont vocation à être structurantes. L'interdit y prend ainsi valeur d'*inter-dit*[2] et l'exercice de la fonction parentale y trouve son sens et sa finalité.

Dans la mesure où dans ces lieux la présence des parents garantit à l'enfant sa sécurité mais lui permet aussi de s'entendre nommé et situé dans sa propre filiation, le dispositif offert par les structures type Maison Verte se propose également comme un lieu de repérage dans l'ordre des générations. Nous avons rappelé plus haut que c'est cette inscription qui barre la route à l'arbitraire et aux trains plus ou moins fous de l'autofondation et que c'est ce déterminisme symbolique qui ouvre sur la problématique de la *Loi du Père*. C'est par cette mise en œuvre que la Maison Verte et

---

ces expériences comme nous l'avons clairement exprimé dans divers articles[e], comme dans les conclusions de ces *Premières Journées européennes*[e].

a. « Quelles pratiques de la parole ? (Structures type Maison Verte : Premières Journées européennes, novembre 1994 », *Le Coq-Héron*, 1996, n° 140.)

b. B. Eme, « Des structures intermédiaires en émergence. Les lieux d'accueil enfants-parents de quartier », *Travaux sociologiques du LSCI (CNRS)*, 1993, n° 38.

c. G. Neyrand, *Sur les pas de la Maison Verte. Des lieux d'accueil pour les enfants et leurs parents*, Syros, 1995.

d. F. Dolto et C. Schauder, « De l'idée à ses réalisations », *Le Journal des Psychologues*, 1987, n° 45, p. 32.

e. Voir par exemple : « Maison Verte, Maison ouverte », *Le Coq-Héron*, Maison Verte et découverte des autres lieux d'accueil enfants-parents, 1994, n° 132, p. 59-61.

1. F. Dolto, *La Maison Verte*, *op. cit.*

2. D. Vasse, « Essai sur la limite vivante. Des limites au Jardin Couvert aux frontières entre les peuples », *Se tenir debout et marcher*, Gallimard, 1995, p. 93-110.

les autres structures de ce type peuvent aussi être dites *lieux de prévention*...

La socialisation précoce que permet la Maison Verte se présente donc comme une offre d'inscription symbolique du petit d'homme, non seulement par rapport à son intimité familiale mais aussi par rapport à toute la collectivité[1].

Parce que la rencontre du tout-petit avec les autres s'y opère à la fois dans la sécurité et dans la dynamique que déclenchent les *castrations symboligènes*, la socialisation qui y est rendu possible s'inscrit dans la suite logique des mutations qui conduisent le petit d'homme à chercher ailleurs ce qui lui est refusé au sein du « jardin œdipien[2] ». Permettre à l'enfant d'entrer dans le « jardin social », c'est en effet lui permettre de trouver un intérêt à d'autres que ceux du familier. Et c'est ainsi qu'en se fermant, la porte qui doit, lentement mais sûrement, interdire l'accès au « jardin œdipien » ouvre celle du « jardin social »...

CONCLUSION

Par-delà le souci, sans aucun doute louable, d'éviter à l'enfant les souffrances inutiles qu'entraîne la séparation brutale ou mal préparée d'avec la mère (ou d'avec l'adulte de tutelle avec qui il a vécu jusqu'ici), c'est-à-dire par-delà un souci purement hédoniste qui s'inscrirait dans le culte de *His Majesty, the Baby* (auquel, en dépit de ce que prétendent parfois certains, F. Dolto ne céda pas davantage que Freud), les modalités d'accueil que propose la Maison Verte se présentent d'abord comme un cadre susceptible de donner à la socialisation précoce sa pleine mesure et de se révéler ce qu'elle devrait être partout : l'opération qui permet au petit d'homme de prendre place dans le groupe auquel il appartient en tant que sujet, c'est-à-dire être de paroles et de filiation symbolique.

Or « c'est cela, comme nous l'a dit F. Dolto, le travail du psychanalyste : poser un être humain dans son identité, son espace, son temps, ses lignées paternelle et maternelle et lui permettre les médiations imaginaires qui soutiennent la

1. C'est du reste ce à quoi l'invite la première chose qui y est faite quand il arrive : l'inscription au tableau (ou sur le papier situé à l'entrée) de son prénom, trace écrite de sa présence singulière puis de son passage.

2. D. Vasse, *Se tenir debout et marcher*, *op. cit.*

symbolisation des relations humaines[1] ». C'est bien sûr cela qui justifie un psychanalyste à s'associer à ce type de projet dans un lieu où la psychanalyse n'est, bien sûr, pas pratiquée mais où, comme le dit D. Vasse, la psychanalyse est présente parce que « celui qui écoute ne prend pas au comptant le discours conscient et n'enferme pas celui qui le tient dans le langage médical (des symptômes) ou dans le langage social (des convenances) ». Un endroit où « on accueille, on écoute et on parle selon une pratique que la psychanalyse éclaire[2] ».

C'est ainsi (du moins pour nous!) que le psychanalyste sorti de son cabinet peut, peut-être, assumer les responsabilités qu'il a envers la Cité. Si pour l'essentiel celui-ci ne peut en effet faire face à ses engagements qu'en étant vigilant à mener ses cures de telle façon qu'un sujet puisse passer de la culpabilité à la responsabilité, c'est-à-dire en menant ses cures de sorte que le sujet qu'il accompagne puisse être conscient de la nécessité de faire entrer et de maintenir, autant que faire se peut, ses relations aux autres, dans des rapports de parole (en tant que ceux-ci ne cessent de créer l'autre dans son altérité), on peut avancer qu'il ne fait que prolonger cette dimension de son engagement en collaborant, dans ce type de lieux, à la socialisation précoce du petit d'homme...

1. F. Dolto, *La Maison Verte*, *op. cit.*
2. D. Vasse, « La question de la psychanalyse au Jardin Couvert », in *Les Cahiers de la Fondation de France, Maisons Vertes. Dix ans après, quel avenir*, n° 3, 1989, p. 45.

TROISIÈME PARTIE

L'image inconsciente du corps

GÉRARD GUILLERAULT*

Du corps comme identité à l'inconscient comme dynamique : présentation de l'image inconsciente du corps

Une première erreur — ou contresens — serait de penser qu'on en arrive aujourd'hui seulement à la théorie, c'est-à-dire qu'après avoir navigué à vue, dérivé pendant deux jours dans les eaux troubles de la pratique, on toucherait enfin au sol autrement plus consistant de la théorie ; ou plutôt, qu'après avoir arpenté en tous sens le terrain dit concret, on allait s'élever à présent pour atteindre au zénith de la spéculation théorique ! Ce serait là un premier malentendu. Car dans son essence même, l'œuvre de F. Dolto, dans ce qui fait son style et sa structure, ne saurait s'accommoder d'un tel découpage académique convenu, d'une telle perspective com-par-ti-men-ta-liste. Et d'ailleurs, nos collègues des journées précédentes — censés s'appuyer ainsi sur le concret et l'expérience — ont clairement démontré dans leur ensemble à quel point chez F. Dolto, à partir de F. Dolto, il n'y avait en fait aucune expérience de terrain, aucune pratique qui ne procédait ou qui ne renvoyait à une démarche de réflexion, de reprise théorique, théorisante, à au moins l'amorce, le germe d'une théorisation.

Poser les choses ainsi implique en tout cas de tenir désormais pour acquis ce qui est resté pourtant longtemps méconnu, à savoir qu'il y a dans cette œuvre toute une part théorique ou théorisante, toute une dimension de recherche

* Psychanalyste.

à ce niveau, qui impose d'avoir à tenir F. Dolto — que cela plaise ou pas (et quitte bien sûr à la discuter !) — à la tenir pour une théoricienne, une des grandes théoriciennes de la psychanalyse. Je n'y insiste pas puisque c'est ce dont témoigne précisément toute l'élaboration relative à l'image du corps — dont nous avons ensemble à traiter — de sorte que la preuve de ce que j'avance va vous être amplement réadministrée si besoin tout au long de cette journée.

J'ajouterai seulement que s'il n'est plus très intéressant, s'il est enfin devenu superflu, de gloser sur F. Dolto théoricienne — au regard des nombreux clichés qui ont si longtemps empêché que l'on perçoive cet aspect manifeste de son apport —, il serait par contre beaucoup plus pertinent et instructif d'examiner en quoi F. Dolto est allée jusqu'à subvertir pour un peu ce dualisme théorie/pratique. Ça exigerait de montrer d'une part en quoi sa théorie, sa supposée théorie comme elle dira, est toujours strictement la théorie d'une pratique, et en quoi d'autre part elle a su forger quelque chose qui mérite d'être appelé une pratique de la théorie.

Il me faut d'abord donner quelques éléments sur l'image du corps, mais je souhaite aller vite sur ce premier point pour arriver là où je veux en venir, à savoir la sorte de doctrine, de pensée de la psychanalyse que fonde à mon sens l'image du corps selon F. Dolto et dans laquelle seulement elle trouve sa pertinence et sa signification véritable. L'image du corps ne vaut et ne prend sens que par rapport à la doctrine, à la pensée dont elle constitue le cœur même.

Comment et pourquoi ce recours à l'image du corps ? Inévitablement, nous avons à partir, à repartir de là. Qu'est-ce qui fait qu'une praticienne de l'analyse comme F. Dolto, une praticienne de son envergure, et qui plus est se réclamant expressément et indéfectiblement de la stricte obédience freudienne, ait éprouvé le besoin de recourir à cette notion d'image du corps, notion qu'il faut bien dire quelque peu ambiguë, discutable, galvaudée et controversée — et surtout, étrangère au départ, quoi qu'on en ait dit — à l'appareillage conceptuel freudien ?

À cette question, pas moyen de répondre d'abord, de réagir autrement que sur le mode d'une lapalissade, à savoir que si F. Dolto en est arrivée là, à importer cette notion venue d'ailleurs (notamment de la neurologie) dans le champ de la psychanalyse, c'est bien assurément parce qu'elle en ressentait la nécessité. Et il y a tout lieu de penser que s'il en est ainsi, si cela s'est imposé à elle, c'est sans doute que son rapport original et singulier à l'enfant, à l'enfance, doit y être pour quelque chose...

Et justement, pour davantage éclairer ça, je voudrais sur ce point tenter de dissiper un malentendu. Vous allez voir que ça nous aidera pour répondre à cette question primordiale dont nous sommes repartis : pourquoi l'image du corps, pourquoi est-elle allée chercher ça ? (Alors qu'elle avait Freud, tout son Freud, à sa disposition.)

Mais venons-en plutôt à ce malentendu que j'annonçais. Il concerne un point majeur et que l'on tient généralement pour acquis car ça touche à ce qui est le mieux connu, en tout cas le plus diffusé de F. Dolto, à savoir justement ce qu'elle énonce à propos de l'enfant. Eh bien, je soutiens que sur ce point pourtant, il arrive qu'on se méprenne largement sur ce qui me semble être le plus juste de sa position en ce qui concerne l'enfant, disons le tout-petit.

Le malentendu procède il est vrai de quelques-unes de ses thèses les plus fondamentales — mais qui sont aussi des plus déconcertantes — je fais allusion à tout ce qu'elle proclame haut et fort concernant le sujet, quant à la place du sujet, et par exemple qu'il est là présent le sujet, dès le « big-bang » de sa venue au monde, dès la conception... Que le sujet soit là dès l'origine est ce qui conduit à considérer l'enfant, tout enfant en tant que tel, comme un sujet — autre thèse majeure —, un sujet désirant, et à ce titre « à l'égal de l'adulte » sinon davantage.

Fort bien. Mais le problème est qu'à partir de là on ait pu glisser en effet à reconnaître l'enfant peu ou prou tel un adulte — si on garde ces vilains termes approximatifs — à considérer qu'en gros, au regard du désir, enfant, adulte, ce serait finalement équivalent, ainsi que le ferait valoir la formule choc que, prétendument, « le bébé est une personne », formule que n'a cependant jamais énoncée comme telle F. Dolto. Et pour cause. Car elle ferait plutôt observer, je crois, que même s'il y a du sujet d'emblée (si nous reprenons cette idée forte), il n'en a pas moins à devoir passer par les voies hasardeuses de la réalisation subjective, de la subjectivation. C'est même ce qui rend si poignant sinon pathétique la condition du petit humain (ce grand prématuré !), à savoir qu'il est un sujet, pourrait-on dire... qui n'a pas, seul, les moyens de sa subjectivation. Comment il parvient à les acquérir, les conquérir ? Comment il doit cheminer sur cette voie difficultueuse de la symbolisation de soi ? C'est précisément ce dont traite l'image du corps.

Voyez donc bien ce malentendu. Il s'insinue dès lors qu'on s'est précipité à faire de l'enfant, eu égard à sa promotion désirante, une petite personne à part entière, comme un petit adulte — car méritant, et certes, autant de respect ! — mais tout ceci, sans voir en même temps que F. Dolto est aussi celle qui insiste sur l'hétérogénéité du monde de l'enfant, une hétérogénéité dont elle nous livre même en vérité une présentation tout à fait radicale. (Ce qui fait d'ailleurs ressortir d'autant mieux par contraste le coup de force que constitue d'aller y reconnaître pourtant, y supposer, du sujet.) On risque en somme de méconnaître que F. Dolto est — avec l'image du corps — celle qui nous décrit un monde de l'enfant tout à fait spécifique et différent, même s'il s'agit de nos petits semblables. Mais justement. Elle est, je dirais, celle qui décrit au mieux ce qui constitue cette familière dissemblance de nos petits proches.

Encore faut-il préciser alors ce qui caractérise cette absolue spécificité du monde primordial de l'enfant. Elle tient notamment à ce qu'impose la dépendance radicale du sujet-enfant, à la façon dont il est déterminé par ce que conditionnent en particulier pour lui, de lui, ceux que F. Dolto désigne comme instances tutélaires. C'est dans cette dépendance qu'elle inscrit le fait même de l'inconscient, tel qu'elle l'aborde par l'image du corps. De sorte que pour faire bonne mesure avec la formule galvaudée de tout à l'heure, on pourrait dire que ce qu'enseigne à cet égard F. Dolto rejoint plutôt un énoncé attribué je crois à Winnicott, à savoir que le bébé... n'existe pas !

Un bébé, ça n'existe pas ! Et ce, pour autant que loin d'avoir accès à quoi que ce soit sinon d'une conscience, du moins d'une idée réflexive de lui-même, il est d'abord, lui et son monde, déterminé, subordonné aux instances qui l'ont en charge et dont il dépend dans son vivre, à commencer en particulier, nous le savons, par la mère, sur le modèle ici exemplifié, hypostasié, de la gestation. C'est d'ailleurs ce qui va faire l'image du corps être toute prise en elle-même dans ce rapport originel à l'Autre (au corps de l'Autre), être le fruit symbolique de ce qui va se déterminer du sujet dans cette incontournable primordialité de la relation dite de *dyade* à la mère. En ce sens, l'image du corps n'est rien d'autre que la continuation au-dehors de ce que la mère a déjà commencé d'accomplir in utero, tout au long de la gestation, comme portance symbolique de son enfant. Elle est, l'image du corps, l'accomplissement d'une parturition signifiante — F. Dolto parle elle-même de « seconde naissance » — qui se réalise par les voies d'une véritable embryologie, mais une embryologie qu'il faut dire symbolique (comme l'est d'ailleurs aussi la première).

Arrivés là, nous disposons déjà du cadre dans lequel se construit l'image du corps, et dans lequel se déploie sa conceptualisation. Ce cadre est celui de l'archaïcité, temporellement caractérisé par la dominante de cette relation dyadique à la mère, relation à la fois corporelle et signifiante, langagière. C'est là, dans cet entre-deux (entre deux et trois !), que se développe, que se construit l'image du corps. Elle dit comment dans ce cadre dyadique, archaïque, primordial, se façonne l'être au monde du sujet-enfant. Et c'est bien parce que, contrairement à ce que l'on pense si l'on va vite, F. Dolto insiste à dégager la spécificité radicale du monde de l'enfant (ou de l'infans), ce qui a trait au sujet là où il touche aux limbes de l'archaïcité, c'est bien pour cela qu'il lui a fallu se doter d'outils conceptuels appropriés et qu'elle s'est forgé le viatique de pensée que constitue la théorie de l'image du corps. Théorie qui est donc d'abord conçue pour rendre compte de ce qu'il y a d'irréductible dans cette archaïcité première, disons pour la situer bien avant l'Œdipe — si ce n'est avant le miroir.

Il y a un autre point sur lequel j'ai choisi d'attirer votre attention. Un point qui a la valeur d'une mise en garde, d'un avertissement, pour ce qui est d'éviter de croire trop vite comprendre ce que désigne cette notion, en se laissant emporter par les résonances mêmes du terme (d'image du corps), et en particulier bien sûr là où le terme d'*image* dans notre entendement résonne d'abord dans le registre optique de la visibilité. Eh bien, c'est ce dont il faut commencer par se dessaisir — là où nous ne sommes que trop enclins à nous jeter sur ce vocable d'image du corps en nous hâtant d'y voir ce qu'il ne désigne justement pas : l'image en tant que visible, scopique. Si l'on veut éviter les contresens conceptuels, il nous faut accomplir cet effort de pensée qui consiste à se déprendre du prestige ici fourvoyant du visible.

L'image du corps n'est pas telle que je la vois, n'est pas celle que je vois, elle ne correspond en vérité à rien du jeu du « look » et de l'apparence, quelle que soit pourtant — Dieu sait ! — l'importance surprenante de cette dimension du rapport scopique au corps, à l'esthétique du corps, dans ce qui tourmente les humains.

Mais ce n'est pas sur ce terrain-là qu'opère l'image du corps au sens de F. Dolto. On peut même dire qu'elle est aux antipodes de cette orientation et qu'elle est forgée pour un peu, l'image du corps, justement pour faire entendre et valoir qu'il y a autre chose en l'être — pour y donner valeur — que le piètre petit jeu moïque de l'apparence corporelle.

Ce n'est pas que l'optique du visuel, du regard, n'ait son rôle à jouer, dès ces moments archaïques où nous nous situons avec l'image du corps. On ne saurait tenir cette dimension pour secondaire, même si F. Dolto insiste à la dire non essentielle dans la construction de l'image du corps. Mais en même temps, c'est elle qui nous explique comment l'enfant, l'infans, se voit par exemple dans le visage de sa mère. Ce qui m'avait conduit à proposer d'appeler ce moment, cette phase, « le stade du mèroir », lorsque l'infans primordialement se mire en sa mère.

Quoi qu'il en soit, si le registre optique n'est pourtant pas ici jugé prépondérant, c'est parce que opèrent tout autant d'autres sensorialités jugées plus fines ou plus primordiales encore ; qu'il s'agisse de l'olfaction, du toucher, du portage, du tonus, du rythme, de l'audition, etc., il n'est aucune des mises en jeu premières du corps chez l'enfant qui ne soit à ce titre prise en compte et susceptible de participer à ce qui s'en organise comme image du corps. Image du corps qui constitue donc l'amorce corporelle d'une centration de l'être, mais s'effectuant sur ce mode insu que F. Dolto n'hésite pas à qualifier d'inconscient. C'est en tout cas ce qui lui fait avancer des notions comme celles d'image olfactive ou olfactivo-respiratoire, image baresthésique (liée au ressenti de pression), etc.

Cela explique que l'image du corps n'est donc pas, comme nous pourrions être enclins à d'abord la comprendre, n'est pas l'image externe qui s'offrirait à la visibilité, en se donnant à voir. Mais elle est plutôt, dans cette topographie corporelle, l'image interne qui s'élabore de soi, en soi, à partir de l'intimité d'un ressenti irréductible offert à la symbolisation. L'image du corps est élaboration par la parole, mise en mots de l'être, à partir de ce qui est ressenti mais informulable d'une corporéité sinon inarticulée.

Là où vous percevez que ça touche aux fondements de l'être, cela me conduit à vous dire tout de même un mot de clinique. Juste un mot car d'autres vont y revenir tout au long de la journée. Aussi je n'extrairai de la clinique qu'un seul point, susceptible d'enrichir notre approche d'ensemble.

De quoi s'agit-il donc avec l'image du corps dans la clinique, c'est-à-dire dans l'expérience que F. Dolto soutient par cet accompagnement conceptuel ?

J'ai déjà eu l'occasion d'indiquer que sans reprendre les grands exemples cliniques princeps (de ceux que vous trouvez rapportés notamment dans *Le sentiment de soi*[1]), on pouvait tout autant repartir de considérations apparemment mineures, de ces recommandations que F. Dolto formulait au niveau du quotidien éducatif — tel que par exemple le conseil donné aux mères de ne pas se jeter sur le bambin qu'elles retrouvent à la crèche après une journée d'absence, parce qu'il peut très bien (ou très mal) ne pas comprendre ce qui lui arrive, ne pas réaliser ce qui littéralement lui tombe dessus. Ou bien cette autre indication de ne pas tarabuster l'enfant (scolarisé cette fois) sur ce qu'il a fait de sa journée d'école. Car une chose est, si l'on peut dire, de lui dans son espace-temps d'écolier, autre chose de se retrouver à la maison — et justement, de ne pas s'y retrouver, si l'on bouscule les médiations respectueuses du sujet, de l'espace-temps du sujet que représente l'image du corps.

Cette petite approche par la psychopathologie de la vie quotidienne montre comment l'image du corps peut aider à comprendre qu'un enfant puisse être à ce point bouleversé par un changement de lieu. Elle est faite pour ça, on pourrait dire, l'image du corps, pour nous faire saisir par exemple qu'un déménagement, cela puisse au pire rendre fou, si l'enfant littéralement ne s'y retrouve pas ; de même qu'une séparation non explicitée et symbolisée puisse pareillement produire déréalisation, dépersonnalisation.

Je vous avais dit que je dirais juste un mot de clinique. Je peux même le désigner, c'est le mot *identité*. En ce sens, l'image du corps rend compte de l'identité, de l'identité désirante, elle assure les voies de l'identité primordiale dans son fondement de corps. Et sous cette forme, cela ren-

1. F. Dolto, *Le sentiment de soi. Aux sources de l'image du corps*, Gallimard, 1997.

voie effectivement au large éventail de ce à quoi nous avons affaire dans notre expérience analytique avec l'enfant, c'est-à-dire à un qui, d'une façon ou d'une autre, ne sait pas qui il est. Certes, plus ou moins gravement, dès lors qu'il va pouvoir s'agir, entre autres, et par exemple, d'un enfant qui ne sait pas de quel sexe il est ; d'un enfant qui ne sait pas qu'il est l'enfant de ses parents ni ce que cela veut dire ; d'un enfant qui ne sait pas qu'il n'est pas tel le chat, ou, dans les cas les plus graves, qui ne sait même pas qu'il est vivant (humain), etc. L'image du corps permet ainsi de comprendre a contrario comment l'identité peut en venir à se dissoudre, quand les repères n'en sont pas encore stabilisés. Disons qu'elle rend compte, l'image du corps, de ce qu'on peut dire être la vulnérabilité identitaire de l'enfant, dans une clinique où il s'agit précisément que le sujet s'assure de sa permanence identitaire constituante.

Cela dit, là où il s'agit donc de rendre compte par l'analyse de ce qui est en jeu dans l'archaïcité infantile, est inévitablement relancée la question effleurée chemin faisant, à savoir de ce que cela ajoute, de ce que cela apporte au juste à Freud, et en particulier le Freud de la théorie des stades dont les formulations de l'image du corps ont de quoi sembler toutes proches. Encore faut-il examiner ce qu'elles y apportent, ce qu'elles en modifient, en quoi elles innovent (c'est-à-dire en quoi cela ne consiste pas simplement à redire la même chose avec d'autres mots...).

En quoi peut-on repérer, à propos des stades, ce qui rend donc F. Dolto particulièrement novatrice ? Trois points méritent à cet égard d'être relevés. D'abord le fait qu'il y a extension de ce registre des stades et bien sûr, du côté du précoce, de l'archaïque, puisque F. Dolto vient y ajouter toute la dimension du néo-natal (olfactif-respiratoire), si ce n'est du fœtal ! Ensuite il y a que toute cette élaboration des stades est replacée dans un cadre éminemment relationné, « langagisé ». F. Dolto en parle en termes de communication, et c'est en tout cas dans le cadre relationnel de la dyade — comme on a vu — qu'opèrent les différentes castrations dites « symboligènes », ce qui est une façon d'accentuer la mise en jeu du symbolique et de la parole.

Enfin, il y a lieu de souligner — car c'est essentiel — que là où Freud, dans cette affaire, a surtout en vue l'objet, le type d'objet, de relation d'objet comme on dit, F. Dolto positionne cette même dialectique sur le plan de la subjectivité, sur le plan du sujet. On peut dire qu'avec elle, tout est re-positionné, tout re-bascule dans ce que j'appellerai une perspective sujet. C'est donc bien vers ce versant que va nous entraîner l'image du corps, vers la question du « qui ». C'est évidemment là quelque chose d'essentiel à cette conceptualité — où se trouve ainsi en jeu, plus spécialement, ce que la subjectivité doit au corps.

Cette confrontation aux données freudiennes me permettra d'en venir à ce que j'annonçais sur la portée et la valeur de cette conceptualisation doltoïenne de l'image du corps et en particulier de la place qui lui revient au regard de l'ensemble du corpus analytique en tant que tel.

Car à cet égard, de deux choses l'une : ou F. Dolto n'a produit là qu'un aménagement local, circonstanciel et délimité, des données freudiennes classiques. Elle n'en aurait fait somme toute qu'une petite adaptation secondaire, seulement destinée à les rendre mieux adéquates et ajustées à sa propre pratique, sans rien toucher véritablement d'essentiel ni rien remettre en cause. (Et peut-être d'ailleurs serait-ce là en effet son point de vue à elle...) Ou bien à l'inverse, c'est un réaménagement d'ensemble beaucoup plus sensible qu'elle a opéré — sciemment ou pas, délibérément ou non —, quelque chose qui conduit à un réexamen d'ampleur des données mêmes de la psychanalyse jusqu'à en réinterroger le sens et les fondements. Et c'est dans cette direction-là que je suis tenté de vous entraîner. Car enfin, si F. Dolto a éprouvé le besoin de forger sa propre conceptualité, de l'élaborer à ce point de sophistication pour en faire le durable compagnon de route théorique de tout son parcours d'analyste, on ne nous fera pas croire — elle ne nous fera pas croire — que c'est sans rien déranger dans la maison freudienne, en se contentant de menues retouches de détail.

On s'en est déjà bien aperçu à propos de la question des stades. L'image inconsciente du corps doit être considérée comme étant ce par quoi F. Dolto a repensé, réélaboré la psychanalyse pour son propre compte, à partir de son expérience. (Ainsi que Freud y incitait d'ailleurs chaque analyste.) Et l'on ne saurait saisir l'essence de cette théorie de l'image du corps si on la coupe, si on la dissocie, de la réélaboration conceptuelle d'ensemble dans laquelle elle prend sens, et dont elle est en même temps le pivot, le motif d'inspiration.

Pour vous le faire apercevoir, il me faut encore faire ressortir un mot, un de ceux qui, mine de rien, occupent une place majeure dans le lexique de F. Dolto. Ce terme, c'est celui de *dynamique*. Plus précisément : dynamique du désir, à laquelle il convient de rapporter le mouvement par lequel se met en place l'image du corps (en se démarquant du schéma corporel). En ce sens, ce qu'amène l'image du corps, ce qu'elle fonde et ce dont elle se soutient, c'est une théorie du désir. L'image du corps fonde et se fonde d'une théorie du désir articulée comme telle chez F. Dolto. Pour ce qui nous importe, je dirai que le désir, c'est le mouvement même dont se constitue l'image du corps comme érection subjective à partir du corps — moyennant la parole. De là ce qui me fait insister sur ce terme de dynamique, à entendre au sens fort, à la mesure de la puissance de la parole qui le sous-tend. (Désir et parole en ce sens, c'est tout un.)

Pour répondre au souci de simplicité — encore que je ne suis pas sûr que F. Dolto, ce soit si simple que ça ! —, j'ai choisi d'illustrer mon propos sur la dynamique du désir à l'aide du dessin archisimple que voici :

C'est ma façon de figurer ce qui indique chez F. Dolto l'orientation majeure, la ligne de force de sa pensée (et de son action). Pour moi, F. Dolto (certes en simplifiant !), c'est ça — au point que je proposerais volontiers d'en faire son logo, surtout dans ce que cela désigne de son rapport au logos, la marque du verbe qui s'actualise dans la parole incarnée.

Je me sens autorisé à faire fonctionner ce schéma pour autant qu'il me paraît contenir l'élan même de ce qui fonde la pensée de F. Dolto et son action. Mais c'est aussi que ce schéma est après tout labellisé, authentifié par elle-même directement, puisque c'est le dessin où elle discerne l'une des toutes premières figurations que les enfants réalisent pour manifester, exprimer la tension de leur vitalité libidinale, de leur intérêt désirant. Ce n'est rien d'autre qu'une représentation de ce qu'elle appelle justement l'*image dynamique* — nous retrouvons d'où sort ce mot — liée aux pulsions de vie.

Mais ce qui est significatif, c'est qu'on va pouvoir y loger aussi bien, je l'ai dit, ce qui fait la pensée et le style de F. Dolto. On peut y lire, notamment, à propos de dynamique, tout ce que cela contient de véhémence messagère, de la rudesse même d'une parole qui convoque, invoque, provoque, selon la force attractive du désir, d'une énonciation qui force à la marche en avant, à la progression sans repli ni atermoiement possible.

On n'est évidemment pas ici dans ce qui serait l'amour des petits enfants (au nom duquel il arrive que se commettent tant de ravages). On est ici dans un autre registre : dans ce qui force à toujours reprendre le chemin et à se remettre en marche sur la voie risquée du désir. Cela se formule à l'occasion comme l'imposition d'un quitus qui toujours vient déloger le sujet de là où il pourrait être enclin sinon à s'amortir. Une des meilleures illustrations qu'on en puisse citer se trouve dans *La cause des enfants*[1] sous la forme d'une telle parole énonciatrice que F. Dolto formule ainsi, à l'adresse du fœtus — je cite : « Sors de tes enveloppes. Sors ! C'est ton placenta ou la mort. Si tu restes avec ton placenta, tu meurs. Si tu laisses ton placenta derrière toi, tu risques de vivre, mais peut-être aussi tu meurs, ça dépend de ta force à respirer. » Vous percevez là ce que l'énonciation impose au sujet comme impératif désirant. C'est le désir qui fait ici commandement. Le désir a force de loi moyennant cette puissance légiférante de la parole.

Vous ne serez pas surpris alors si je propose de voir encore dans mon petit dessin le tracé même de la voie du sujet, au sens où j'ai pu parler d'une « perspective-sujet » — la voici figurée —, démarquée de l'objet. C'est que la visée du sujet désirant est toujours supposée transcender le plan de l'objet, ne pouvoir s'accomplir que par-delà les attaches objectales qui constituent en elles-mêmes une entrave au désir. L'objet est toujours suspect dans cette perspective d'être un piège à plaisir, à jouissance, de faire objet de fixation, de valoir comme objet partiel qui toujours retient la libido sur la voie consommatoire, empêchant l'as-

1. F. Dolto, *La cause des enfants*, Laffont, 1985, p. 210.

somption du sujet porté par la transcendance du désir, par ce qui constitue le désir sur son versant sublimatoire.

L'autre point fort est que tout ceci ne se peut accomplir que moyennant la parole, moyennant le pouvoir de la parole, dont nous avons vu à propos du fœtus qu'il avait, ce pouvoir, valeur originaire. Sans doute a-t-on cette impression chez F. Dolto que la parole peut tout. Mais c'est au sens où elle a ne serait-ce que le pouvoir de faire se lever un sujet, de faire s'éveiller un sujet dans l'assomption identitaire de son corps, ce que nous avons vu être l'essence même de l'image du corps.

Ce petit schéma me paraît tellement riche que j'avais encore d'autres points fondamentaux à en extraire, comme celui-ci par exemple : que le sujet doltoïen ne connaît pas l'auto-érotisme — sinon par défaut — car il s'en trouve, par la parole, toujours déjà délogé.

J'aurai, pour finir, atteint mon but si j'ai fait percevoir que l'image du corps est à la fois un concept opératoire permettant de cadrer la clinique primordiale, mais aussi plus que ça, plus qu'un concept, une conceptualité qui conduit à réinterroger la place du corps dans notre expérience, mais le corps certes pas tant prison de l'âme que vivifié par la parole et du coup, berceau de l'esprit !

YANNICK FRANÇOIS*

La vraie image : du dessin d'enfant à l'image du corps

Il y a près de soixante ans, le 11 juillet 1939, Françoise Marette soutenait sa thèse de médecine, *Psychanalyse et pédiatrie*[1]. L'histoire dit qu'Edmond Rostand fut un des premiers à s'intéresser à ce travail, il y eut aussi un kinésithérapeute du nom de Boris Dolto. Il n'est pas certain pourtant que celle qui devait devenir Françoise Dolto ait mesuré alors l'importance de sa contribution, il est même fort probable qu'elle pensait modestement prolonger la recherche freudienne en appliquant ce qu'elle avait appris de Sophie Morgenstern, et des enfants.

Que nous montrait-elle dans sa thèse ? Le fait apparemment tout simple qu'elle avait mené des psychothérapies analytiques avec des enfants en s'appuyant en particulier sur leurs dessins réalisés en cours de séance. Sans même discuter la question du transfert avec l'enfant, F. Dolto présentait comme des données incontestables que la technique psychanalytique lui était applicable, et que ses dessins prenaient une place éminente dans le dispositif ainsi expérimenté.

Je tords un peu l'histoire car, en réalité, en 1939, les dessins n'étaient encore pour F. Dolto, et selon ses termes, qu'une « occupation parallèle » proposée aux enfants pour soutenir le dialogue. Les productions plastiques ne pren-

* Pédopsychiatre.

1. F. Dolto, *Psychanalyse et pédiatrie*, Le Seuil, 1976.

dront vraiment toute leur importance, du point de vue technique aussi bien que théorique, qu'au fil de son œuvre. Il n'en demeure pas moins que les dessins sont d'emblée indissociables de la constitution du champ de la psychanalyse d'enfant dans la recherche de F. Dolto, bien avant que la notion d'image du corps ne vienne les lier dans une conception globale. Ce chemin, qui va du dessin en tant qu'« occupation parallèle » à sa participation à la théorie de la cure, je propose que nous le suivions ensemble. Mon propos regarde bien sûr les psychanalystes, mais pas seulement. En reconnaissant dans les réalisations plastiques de l'enfant un outil du dialogue psychanalytique avec lui, F. Dolto a apporté plus qu'une contribution théorique, elle les a arrachées au regard un peu mièvre que l'on portait sur elles. En cela elle a contribué à modifier de façon déterminante la représentation de l'enfant chez tous les professionnels, qu'ils soient psychanalystes ou non. Sa démarche implique en effet la reconnaissance de l'enfant en tant qu'auteur de son dessin, en tant que créateur de sa représentation du monde, autrement dit, en tant que sujet.

Pour suivre l'évolution de la pensée de F. Dolto, je m'appuierai sur quelques-unes de ses formules.

Voilà la première d'entre elles : « C'est cela le travail du psychanalyste : poser un être humain dans son identité, son espace, son temps, sa lignée, et lui permettre les médiations imaginaires qui soutiennent la symbolisation des relations humaines[1]. »

F. Dolto ne nous donne pas à proprement parler ici une définition originale de la cure analytique : la symbolisation, la sublimation en d'autres termes, constituant évidemment son objet. Ce qui est singulier en revanche, c'est son insistance sur la nécessaire attention de l'analyste à ce qu'elle appelle les « médiations imaginaires ». Il y a là un point de départ qui conditionne en profondeur tous les autres. Il suppose que l'imaginaire n'est pas pour F. Dolto à proscrire d'emblée, au contraire, il devient le défilé nécessaire à l'accès à la symbolisation. F. Dolto s'autorise dans sa formule à lever la suspicion séculaire qui pèse sur l'imaginaire, et sur l'image par voie de conséquence. Une suspicion maintenue et soutenue pourtant par Lacan dont elle était si proche.

1. F. Dolto, « La Maison Verte », in *Esquisses psychanalytiques*, n° 5, printemps 1986, p. 20.

Continuons notre cheminement dans la réflexion de F. Dolto. Qu'est-ce qui lui permet de penser qu'une « médiation imaginaire », un dessin ou un modelage en l'espèce, peut soutenir un véritable travail analytique ? À cette question, il faut se garder de répondre trop vite en pensant que F. Dolto ne fait que répéter, avec d'autres mots, ce que disent depuis des millénaires tous ceux qui affirment connaître le mystère des signes. On pourrait en déduire en effet que les images dessinées par l'enfant livreraient leur secret par une lecture symbolique, un dictionnaire des symboles serait alors l'outil suffisant : l'arbre serait un symbole masculin, le panier un symbole féminin, par exemple. Mais ceci, qui n'est pas faux, n'est que l'interprétation la plus immédiate de son propos. F. Dolto distingue en effet les représentations allégoriques — telles que l'arbre ou le panier de mon exemple — du récit qui les associe entre elles. D'un côté, celui de la lecture symboliste, il s'agit de s'appuyer sur ce que F. Dolto appelle la « fonction symbolique », à savoir la disposition propre de l'être humain à produire et manipuler des symboles; de l'autre, celui de l'interprétation au sens analytique du terme, il s'agit de l'articulation de cette fonction symbolique à la loi des humains. D'un coté, le symbolisme, de l'autre le symbolique et les lois du désir inconscient, les lois de la communication humanisante. Décoder un dessin n'est donc pas pour F. Dolto en isoler seulement les éléments signifiants, c'est avant tout en révéler l'articulation, ou la désarticulation, aux lois symboliques.

La deuxième formule de F. Dolto éclairera un peu mieux mes propos : « Accepter un codage, c'est accepter une castration[1]. » Vous savez que F. Dolto a donné une place essentielle dans sa théorie à la notion de castration en inventant ce qu'elle a appelé les « castrations symboligènes », à savoir les interdits qui doivent jalonner le développement pour que le désir s'humanise : interdits cannibalique, de meurtre et incestueux. Des interdits à dimension « symboligène » dans la mesure où ils soutiennent la mutation du désir, condition de sa pérennité. Interdits « symboligènes » dans la mesure aussi où ils rappellent que le désir vise d'abord la communication intersubjective.

« Décoder » un dessin a donc pour Dolto une valeur similaire au don d'une castration symboligène. Voilà qui éclaire

1. F. Dolto, *Séminaire de psychanalyse d'enfants*, 2, Le Seuil, 1991.

singulièrement la distinction qui pouvait paraître un peu formelle entre la lecture symboliste d'un dessin et son interprétation au sens analytique du terme : l'on comprend maintenant en quoi l'interprétation d'un dessin peut avoir un effet de réarticulation aux lois symboliques, puisqu'elle peut être symboligène.

L'enjeu n'est pas mince. Alors qu'une image se prête à de multiples significations, alors qu'elle est polysémique comme on dit, elle pourrait être décodée en référence à la castration. Parmi tous les fils symboliques qui se présentent à l'interprétation, il serait possible de repérer celui qui s'est rompu, ou qui n'est pas noué. Pourtant, quand un enfant dessine, il ne fait qu'un avec son dessin. Il hésite, il le rature, mais rien n'altère la sorte de présence immédiate qui le lie à son dessin, la sorte de coïncidence accomplie entre lui et ce qu'il dessine. On l'entend quand il nous en donne le récit : ici un tourbillon qui EST un escargot, là un cylindre dressé coiffé d'une masse verte qui EST un arbre, au centre, le carré surmonté du triangle EST la maison. Quand un enfant dessine, il est dans cet assentiment au réel dont tout adulte garde la nostalgie, qui est peut-être l'essence même de la nostalgie.

Lui demander de raconter un peu plus son dessin, c'est déjà briser, par les mots, l'unité ineffable qu'il avait avec lui. De surcroît, ce ne sera pas pour trouver le dessin joli, ou bien fait, mais pour l'interpréter, le commenter, et lui associer en fin de compte une castration. Double violence, à vrai dire, qui arrache l'enfant à sa plénitude et le dessin à son silence. Pourtant, c'est bien cette voie que F. Dolto nous indique, ce saut entre ce qu'elle appelle les « médiations imaginaires » et le langage. Dans ce saut, les dessins, ou les modelages ne sont donc pas à considérer comme de simples assemblages de signes. Ce sont des récits, des flux, qui mobilisent les lois symboliques pour les traduire, ou les éclipser. F. Dolto nous enjoint de nous arracher à l'attraction de l'image, et à notre nostalgie de ne faire qu'un avec elle, pour nous soumettre à l'ordre des signifiants et à ses déterminations. Voilà la première épreuve à surmonter si l'on veut comprendre l'œuvre de F. Dolto. C'est la castration qui mène le bal, et pas du tout une vague et molle empathie à l'égard de l'enfant, toujours infiltrée de nostalgie.

Avant d'aller plus loin, et d'aborder la notion d'image du corps, étudions quelques exemples de la façon dont F. Dolto savait tirer le symbolisme des dessins d'enfant vers son point de déchirure, ou d'ouverture, à l'ordre symbolique.

Dans son séminaire de l'École freudienne, elle avance par exemple que les parents du narcissisme primaire, ceux qui fondent pour l'enfant son existence, « sont représentables par un tourbillon. Le tourbillon, c'est le parent vivant en soi. Pour qu'il y ait tourbillon, il faut qu'il y ait un axe imaginaire. Le tourbillon, c'est une dynamique, et cet axe, c'est la vie[1] ». Elle soutient aussi que : « Le nez respiratoire ainsi que les fenêtres sont toujours associés au thème de la naissance. La naissance est une libération : on naît à la liberté. [...] Les enfants, quand ils abordent le thème de leur naissance, représentent toujours une fenêtre à croisée. Une fenêtre dont les deux moitiés s'ouvrent sur les côtés. Même quand ils ont chez eux des fenêtres à guillotine[2]. »

On trouve également de nombreux exemples dans les comptes rendus du séminaire sur le dessin d'enfant que F. Dolto a tenu pendant des années — inédits à ce jour. Je vous rappelle que ce séminaire n'était pas dédié à des psychanalystes, F. Dolto voulait seulement aider des personnes professionnellement au contact d'enfants « à mieux comprendre un être humain à partir de lui-même ». Elle avait choisi pour cela de demander aux participants de présenter des dessins libres d'enfants, qu'elle analysait avec eux. Ainsi, à propos du dessin d'une grand-mère, F. Dolto souligne que « le mot grand-mère qualifie autant la personne réelle de l'aïeule que, dans le symbolisme, l'ancêtre en soi de l'amour pour le père ou la mère ». À propos du dessin d'un bateau, elle remarque que « le bateau est la maison présociale de l'enfant, la maison avec la mère. Le bateau est l'image de la mer supportant, c'est-à-dire le maternage ». Devant un dessin où un corps est représenté désarticulé, F. Dolto guide en ces termes le regard de ses auditeurs : « Voyez le bas du corps, vous voyez qu'il laisse tout son arrière-train en arrière, il essaie de fuir en avant en perdant la notion du sacré. » F. Dolto s'attache toujours à isoler les signifiants verbaux liés à tel ou tel détail d'un dessin, le plus souvent arrimés au corps, arrimés au pulsionnel. Ainsi, à propos du dessin d'un arbre : « Ce qu'il y a d'intéressant, c'est les feuilles. Vous savez que les feuilles, on dit que ce

1. F. Dolto, *Séminaire de psychanalyse d'enfants*, 1, Le Seuil, 1982, p. 22.
2. *Ibid.*, p. 133.

sont les oreilles. [...] Là vous voyez que la feuille est tout à fait branchée à l'envers, elle est articulée à l'envers sur l'arbre. Ce qui fait que [cet enfant] est à l'envers quand il entend, il est non quand il entend. Il est assez jaloux de [son] petit frère sourd. Il voudrait l'être aussi. Il a une surdité de désir. »

Nous l'avons vu dans les quelques exemples que j'ai choisis, F. Dolto esquisse les contours d'une analyse du dessin qui donne droit de cité au symbolisme imaginaire autant qu'au corps et aux lois du désir inconscient. On devine aussi que F. Dolto ne s'appuie pas seulement sur son intuition, son expérience ou les conceptions analytiques établies quand elle livre une interprétation, mais plus profondément sur ce qu'il convient d'appeler un système théorique inédit. Pour être plus précis encore, on pressent par ces exemples que F. Dolto s'appuie autant sur une pensée originale de la cure que sur une conception personnelle de l'être humain en général, et de l'enfant en particulier.

C'est cette conception, qui pourrait être qualifiée rapidement « d'humaniste », que je vais évoquer maintenant, dans la mesure où la notion d'image du corps en représentera le fruit théorique.

À l'origine de la pensée de F. Dolto, il faut placer sa conviction intime sur la question du sujet. Au reste, c'est à son propos qu'on peut évoquer une vraie divergence avec Lacan : alors que pour Lacan le donné est le symbolique, pour F. Dolto, c'est le sujet. Le sujet de F. Dolto n'est pas le sujet leurrant de Lacan, il n'est pas pour elle jeté dans une quête qui n'a de fin que l'épreuve de sa vacuité. Le sujet de F. Dolto est « toujours déjà là », à tout âge, y compris dans la folie. Le sujet de F. Dolto est certes en quête de complément, et en proie au désir, mais il n'en est pas moins pour elle une source et un foyer. Il faut intégrer cette conviction fondamentale de F. Dolto pour la suivre quand elle affirme que : « L'être humain est incarnation symbolique de trois désirs, celui de son père, celui de sa mère, et le sien, en tant que tous trois êtres de langage[1]. » Une conviction qui la conduit à affirmer de façon symétrique que la mort du corps libère le sujet. À partir de ce postulat sur la question du sujet, on comprend dès lors que l'œuvre de F. Dolto se construira en une réflexion récurrente sur les aléas de

1. F. Dolto, *Le cas Dominique*, Le Seuil, « Points essais », 1974, p. 203.

l'incarnation du sujet dans un corps. Le premier est posé comme a-temporel et a-spatial; le second est inscrit par essence dans le temps, l'espace et un sexe. Autrement dit, à l'immatérialité du sujet vient s'opposer la dynamique de son incarnation, ses aléas et ses impasses. Voilà l'objet de la recherche de F. Dolto. Pour elle, la question du sujet et de son incarnation était impensable en dehors de ses fondements spirituels. Néanmoins, c'est bien dans le champ de la psychanalyse que F. Dolto lui a donné toute son importance et qu'il est possible de l'entendre. Une psychanalyse où l'enjeu est bien qu'un « je » interpelle un « toi », par-delà les illusions du moi et du corps.

Une psychanalyse à laquelle F. Dolto fixe dès lors le projet suivant, et ce sera notre troisième formule : « La psychanalyse, c'est la communication par tous les moyens[1]. » Il ne faut pas réduire cette affirmation à la proclamation que la psychanalyse viserait un idéal de transparence des échanges ou un hypothétique paradis communicationnel. Non, l'enjeu est tout autre. Ce que veut dire F. Dolto est plus paradoxal et complexe, car le sujet qu'elle pose comme un donné est pourtant inatteignable en lui-même. Pas question de le tester ou de le mesurer. Du sujet, nous ne pouvons connaître, et reconnaître, que le désir. Aussi quand F. Dolto nous dit que la psychanalyse doit viser la communication par tous les moyens, il faut l'entendre comme l'injonction lancée aux analystes de mettre au cœur de la cure les médiations du désir. À partir de sa position sur la question du sujet, F. Dolto est conduite à théoriser la cure comme un dispositif qui doit permettre au désir d'être communiqué, entendu et reconnu; au plus près de ce point où le sujet se dérobe à toute substantialisation et où la cure perd toute signification, F. Dolto établit la primauté du désir et de ses médiations.

La toute première des médiations du désir, c'est bien sûr le corps propre lui-même. Le corps qui serre le désir dans le régime des pulsions, et sa logique séquentielle et morcelante. À la quête du sujet, le corps oppose sa « prison charnelle », pour reprendre les termes de F. Dolto. Chacune des zones érogènes qui ponctuent l'histoire libidinale peut dès lors devenir un piège pour le désir, en l'aliénant à la satisfaction répétitive d'un besoin. Ce n'est qu'au titre de cette

1. F. Dolto, *Séminaire de psychanalyse d'enfants*, 1, *op. cit.*, p. 23.

véritable tension dialectique entre sujet et corps propre que F. Dolto introduit la référence au corps dans son système théorique.

Parmi les multiples déclinaisons qu'elle a données à cette question, j'ai choisi la formulation suivante, qui sera aussi la quatrième et la dernière des citations que je vous soumettrai : « Le corps de la personne est constamment sous-jacent, dans l'imaginaire, à toute communication interhumaine[1]. » Pour mieux en saisir les implications, plaçons-nous dans la situation concrète de la cure analytique. Quand la personne en analyse est un adulte, elle est allongée, son corps propre, réel, est au repos. Pourtant F. Dolto affirme que le corps reste la matrice de la communication ou, pour mieux dire, du transfert. Qu'en est-il alors de l'enfant qu'il ne saurait être question d'allonger, qui de surcroît n'utilise pas encore la parole de façon autonome, et dont le corps participe activement à la communication ? À cela F. Dolto répond par une proposition presque révolutionnaire : ce que dessine ou modèle un enfant en séance, c'est toujours une représentation accordée à la dialectique du sujet et du corps propre que j'ai évoquée au titre des positions de F. Dolto sur la question du sujet. Autrement dit, pour F. Dolto, ce que dessine ou modèle un enfant en séance, c'est en quelque sorte toujours un autoportrait en situation, ou plutôt en relation et « communication interhumaine », quel que soit le contenu apparent de ce qu'il représente ; c'est l'expression du désir de l'enfant tel qu'il s'actualise dans le transfert passé au crible de son corps propre. Les réalisations plastiques de l'enfant sont donc assimilables à des images de son corps. Ou plus exactement, à des images de « l'espace de tension » entre lui, sujet, et son corps, entre son désir et ses besoins, entre les mots et l'image. Ce que je viens de désigner par la formule un peu vague d'« espace de tension », c'est ce que F. Dolto va baptiser « image inconsciente du corps ». En résumé : ce que dessine ou modèle un enfant en séance, c'est une représentation de son image inconsciente du corps.

F. Dolto nous en donne une illustration par le cas d'un enfant de onze ans qui était bourré de tics[2]. Plusieurs de ses

1. F. Dolto, « Personnologie et image du corps » in *Au jeu du désir*, Le Seuil, 1981, p. 62.

2. F. Dolto, *L'image inconsciente du corps*, Le Seuil, « Points essais », 1984, p. 8-10.

dessins représentaient un cavalier, son cheval et un animal menaçant, tigre ou serpent, mais il manquait toujours la tête d'un des trois personnages. En s'appuyant sur cette observation et sur les commentaires de l'enfant, F. Dolto formule l'hypothèse qu'il ne peut représenter en même temps la tête de la dévoration orale, celle du tigre, la tête de la maîtrise de la musculature anale, celle du cheval, et celle enfin de la maîtrise du cavalier, qui représente l'être humain. Ce qui en termes d'image du corps signifiait une impossible coexistence de ces trois images, orale, anale et génitale. Plus tard, au cours de la cure, la problématique révélée par la dramaturgie graphique pourra être associée à l'évocation des circonstances qui ont entouré la mort du grand-père maternel de l'enfant. Des conflits d'héritage avaient conduit à un assassinat au sein de la famille. L'enfant avait appris cela en surprenant une conversation entre ses parents dans leur lit. C'est là, nous dit F. Dolto, que « tout s'est télescopé en lui, l'avidité orale de l'héritage, le tabou du meurtre et l'étonnement d'assister à la connivence de ses parents parlant à voix basse dans le lit conjugal pour donner raison au meurtrier [...] et convenir de le cacher ». C'est là, en d'autres termes, que son image du corps a en quelque sorte explosé et s'est morcelée en ses composantes partielles, prégénitales et génitales, compromettant toute représentation d'image inconsciente du corps unifiée.

Nous voyons apparaître ici le cheminement de la pensée de F. Dolto. Dans un premier temps, son expérience clinique, ses observations la conduisent à l'hypothèse qu'un enfant se représente toujours dans son dessin à partir de son corps en situation de relation, et cela quel que soit ce qu'il représente. Il dessine donc au sens propre une image de son corps. Dans un second temps, F. Dolto affine sa proposition, prend en quelque sorte sa propre métaphore au pied de la lettre, ou plutôt en tire la conséquence théorique suivante : une telle représentation n'est possible qu'en lui supposant un prototype psychique, qu'elle va dès lors appeler « image inconsciente du corps ». L'image inconsciente du corps est donc un pur concept, ce n'est pas une représentation en elle-même, elle reste tout autant inaccessible que ne l'est le sujet, mais c'est elle qui sous-tend les réalisations plastiques de l'enfant. L'image inconsciente du corps, c'est le concept du sujet incarné, c'est le concept du désir aux prises avec un corps qui l'actualise, le médiatise, et l'aliène en même temps.

Écoutons ce qu'en dit F. Dolto elle-même :

— « C'est dans l'observation des dessins d'enfants, et par les correspondances flagrantes entre la clinique et leur dessin, qu'a pu se faire jour cette notion du corps de relation imaginé, depuis son ébauche jusqu'à son achèvement[1]. »

— « L'observation des dessins libres [...] nous a permis de comprendre que, derrière les situations allégoriquement représentées, quelque chose d'autre était symboliquement inclus. C'était une représentation de ce qui est ressenti tel qu'il découle pour chacun des conditions propres de son corps, tel que chacun en porte l'image dans son inconscient comme substrat symbolique de son existence, et indépendamment de son actualisation dans une expression dynamique[2]. »

— « [...] une compréhension nouvelle se faisait jour, une compréhension de l'enfant en situation de relation à travers son corps. Les fantasmes liés au dessin et au modelage libres sont émotionnellement articulés à la situation de transfert sur l'analyste [...][3]. »

— « L'image du corps inconsciente est une synthèse vivante, à tout moment actuelle, de nos expériences émotionnelles répétitivement vécues à travers les sensations érogènes électives, archaïques ou actuelles de notre corps [...][4]. »

— « Le corps matériel, lieu du sujet conscient, à tout instant le spatialise et le temporalise. *L'image du corps, au contraire, est hors lieu et hors temps, pur imaginaire* et expression des investissements de la libido[5]. »

Dans un entretien vidéo, réalisé par Jean-Pierre Winter en 1986, F. Dolto affirme que : « L'enfant représente l'être humain sous toutes ses formes, il anthropomorphise tout. » Dans le même entretien, elle formulera en ces termes les questions qu'elle se pose face à un enfant : « Qui parle à qui, par quoi et à quel moment ? [...] Par quoi, par quelle partie de son corps est-il en train de me parler, sans le savoir ; ou quelle est la partie de son corps qu'il met complètement en éclipse pendant qu'il est en train de me parler de tout autre chose ? » Tout cela n'est pas simple à résumer, surtout en

1. F. Dolto, « Personnologie et image du corps », *op. cit.*, p. 75.
2. *Ibid.*, p. 73.
3. *Ibid.*, p. 71.
4. *Ibid.*, p. 73.
5. *Ibid.*, p. 73 ; souligné par F. Dolto.

quelques phrases, et je ne peux que vous renvoyer, si vous voulez aller plus loin, à la lecture de l'ouvrage de F. Dolto, *L'image inconsciente du corps*, ainsi qu'à un article aussi programmatique que synthétique : « Personnologie et image du corps ».

Nous avons suffisamment avancé néanmoins pour donner maintenant tout son poids à la première proposition de F. Dolto : « C'est cela le travail du psychanalyste : poser un être humain dans son identité, son espace, son temps, sa lignée, et lui permettre les médiations imaginaires qui soutiennent la symbolisation des relations humaines. » Si F. Dolto attribue une telle importance aux médiations imaginaires, c'est dans la mesure où elles lui donnent accès à ce qu'elle nomme l'image du corps. Dans les cures avec les enfants, les images du corps anciennes, rendues actuelles dans le transfert, se révèlent à l'analyste grâce au dessin et au modelage ; les productions plastiques nourrissent en retour la relation analytique elle-même. La tâche de l'analyste sera dès lors d'en soutenir les mutations, au travers de ce que F. Dolto appelle des castrations symboligènes, par leur décodage et leur confrontation aux lois du désir inconscient.

Tout ce dont il vient d'être question pourrait rester au fond un peu abstrait ou théorique, si on ne s'intéressait pas maintenant à la pathologie. C'est le temps et ses échéances qui va nous y conduire. Qu'en est-il de l'axe du temps dans les dessins d'enfants ? Il est aisé de comprendre qu'il est indissociable de la construction en cours de l'image du corps. À chaque moment du développement, les représentations plastiques de l'image du corps sont accordées au désir charnalisé dans son histoire avec les autres. F. Dolto nous en a donné quelques exemples graphiques dans l'article « Personnologie et image du corps ». Elle nous montre le passage, au cours du développement, d'une représentation de l'image du corps tourbillonnaire ou vectorielle, à une représentation en boule d'où vont naître des palpes. Plus tard, la boule va se scinder en deux boules qu'un cou reliera bientôt. L'image du corps se projette également dans le dessin de la maison qui en suit les mutations : carré et triangle associés en une allégorie du moi pour le premier, du toi ou du pré-surmoi pour le second.

Mais tout ne se passe pas toujours ainsi conformément à la chronologie. Il peut se produire des interruptions, des arrêts, dans le fil des mutations de l'image du corps. Une modalité du désir peut ne pas trouver la parole qui en soutienne la mutation. Il peut également s'ensuivre des mouvements de régression à des images du corps antérieures, archaïques au regard de l'âge réel. Identifier les fixations à des images du corps archaïques, et les régressions qui s'y attachent, était au fond la visée première de F. Dolto dans ses cures. Elle se livrait à de véritables reconstitutions d'époques antérieures de l'image du corps. À chaque séance, elle concentrait toute son attention sur les images du corps archaïques devenues actuelles, grâce au transfert, et représentables, grâce aux réalisations plastiques. Ce n'était qu'à la condition qu'un désir archaïque, anachronique, se soit révélé dans la représentation d'une image du corps régressive qu'elle énonçait la castration nécessaire. Nous touchons ici à l'enjeu ultime des réalisations plastiques en séance avec l'enfant. Elles ne sont pas réductibles à de simples projections : elles participent de façon active, organique pourrait-on dire, à l'actualisation de l'image du corps mobilisée par le transfert, cet espace de l'image du corps devenue l'espace du symptôme.

Au regard du temps, dessins et modelages sont plus que des textes à déchiffrer, ce sont de véritables fragments de relation, des fragments d'identité, des fragments d'image du corps telle qu'elle s'actualise ce jour-là, à ce moment-là. Dessins et modelages précipitent ensemble image du corps de l'enfant et image du corps de l'analyste au plus près de ce qui fut le traumatisme. Au plus près de l'époque où le désir du sujet s'aliéna à un fragment du corps, à un plaisir partiel. À ce moment où le désir, dans les modalités et l'éthique propres du stade concerné, ne trouva ni reconnaissance ni castration dans le langage des adultes.

Voilà tracé à grands traits le chemin que F. Dolto a suivi de sa thèse jusqu'à ses derniers écrits. Ce ne fut facile ni à élaborer ni à transmettre. F. Dolto avait pour elle de savoir rencontrer l'enfant en artiste avertie de la difficulté à user des mots, et du fait qu'un dessin peut tout exprimer. Elle savait que, jusqu'à l'âge de six, sept ans, tout enfant sait donner une image de ce qui le fait souffrir. Mais comment transmettre un savoir qui justement échappe aux mots puisqu'il les précède ? Comment restituer à d'autres la grâce qui vient du mot qui s'est imposé malgré tout, à ce moment-là seulement ? F. Dolto a néanmoins tenté d'inviter, ou d'initier, d'autres qu'elle à s'aventurer vers ces confins entre le symbole et l'image et à se tenir dans ces limites fragiles entre d'un côté l'éthique, celle du sujet, et de l'autre, la clinique. D'un côté, le sujet atemporel et aspatial ; de l'autre, l'espace corporel de son actualisation dans la synthèse toujours en tension qu'elle a nommée l'image inconsciente du corps. D'un côté, la présence, l'antériorité du sujet et sa pérennité ; de l'autre, les mirages du corps propre. Dans cet espace, dans cet entre-deux impensable, F. Dolto a glissé la surface du représentable. Les dessins d'enfants nous replongent à l'instant génétique du surgissement de l'illusion nécessaire que notre image dans le miroir répond de nous. Quand l'image, le regard, la parole et le réel sexué du corps se sont croisés en une métaphore du sentiment de notre existence.

En donnant du papier, des crayons et de la pâte à modeler à un enfant, F. Dolto lui offre un écran qui rend visible cette tension intenable. Fait une image, lui dit-elle. Une image qui dise le vrai pour toi, une « vraie image », une *vera icona*. Comme celle que la légende baptisa précisément Véronique, du nom de celle qui brandit le voile où s'était imprimé par miracle le visage sanglant du Christ. À la source des questions sur le dessin et l'image, toujours une inquiétude ontologique. Leurre ou reflet de l'essence de l'Être ? Piège mortel ou illusion médiatrice ? Nulle réponse définitive. Alors fais une vraie image, qui te regardera, et dont seuls les mots parviendront à défaire la fascination.

JUAN-DAVID NASIO*

Comment un psychanalyste qui travaille avec le concept d'image inconsciente du corps écoute-t-il son patient ?

Françoise Dolto a forgé le concept d'image inconsciente du corps au plus près de sa pratique avec les enfants et elle l'a constamment repris sous différentes formes, tout au long de son œuvre.

Je vous présenterai une lecture, ma lecture de ce concept, elle-même affinée et ajustée dans le travail avec mes patients. En préparant cette conférence, je me suis concentré uniquement sur l'essentiel de la théorie de l'image inconsciente du corps. Mon souci a été d'isoler un fil, de dégager l'axe qui révèle au mieux la logique implicite de cette notion, et surtout de vous proposer un outil théorique que vous pourrez mettre à l'épreuve de votre propre pratique. Je souhaite que la conférence de ce matin ait une influence dans votre manière de travailler.

Je procéderai de la façon suivante. Dans la première partie de mon exposé, j'aborderai la logique du concept, et dans la deuxième, je vous proposerai deux exemples cliniques.

De quel problème le concept d'image inconsciente du corps est-il la solution ?

Bien. Je vous demande d'imaginer un instant que vous êtes, vous, le thérapeute d'un enfant de cinq ans qui souffre.

* Psychiatre, psychanalyste.

Il est assis devant vous et il vous parle. Vous observez son comportement corporel, vous vous intéressez à ses dessins et modelages, et vous vous rappelez ce que les parents ont révélé sur sa vie et ses symptômes. Vous êtes aussi et surtout réceptif à toutes les manifestations affectives qu'il peut vivre durant la séance.

Et pourtant, vous ne comprenez pas l'enfant, vous n'arrivez pas à saisir la cause de sa souffrance. Vous voulez communiquer avec lui, mais vous ne parvenez pas à entrer dans son monde.

Néanmoins, vous êtes habité par une conviction intime et profonde, par une certitude qui, seule, vous ouvrira la voie à l'enfant dans ce qu'il a d'unique et d'inexprimable. Si vous êtes pénétré de cette conviction, vous réussirez la rencontre.

Quelle est cette conviction ? Quelle est cette certitude ? La voici : tout être humain, quel qu'il soit et quelle que soit sa souffrance, veut parler à un autre. Si nous devions définir l'humain selon F. Dolto, nous dirions : Un humain est celui qui a le désir irréductible, la volonté tenace de communiquer avec un autre humain. Voilà le principe incontournable, la prémisse qui préside à toute écoute analytique et fonde le concept d'image inconsciente du corps.

Pour F. Dolto, la première cellule embryonnaire est déjà un sujet à part entière, parce que cette cellule est animée d'un élan puissant qui la porte vers l'autre. L'autre est donc déjà là bien avant la naissance, posé comme l'interlocuteur constitutif d'un sujet humain. Lacan énonçait : « Le désir de l'homme, c'est le désir de l'Autre. » Ce matin, je dirais : « Le désir de l'homme, c'est le désir de *communiquer* avec l'autre. »

Donc vous êtes certain que l'enfant qui est en face de vous, sans en avoir l'air, attend de communiquer. Il attend impatiemment de trouver son autre. Il veut trouver quelqu'un qui utilise des mots qui lui parlent, qui résonnent en lui, des mots qui auraient pu être les siens s'il avait su dire sa souffrance. Il veut trouver quelqu'un qui le reconnaisse comme sujet là où il est lui-même.

C'est à cet instant exactement, lorsque vous êtes appelé à dire des mots partagés, à énoncer une parole qui jette un pont vers l'inconscient de l'enfant, c'est à cet instant que s'impose la nécessité du concept d'image inconsciente du corps. À quoi ce concept sert-il ? Quand on est devant une notion théorique, il faut toujours se demander : « De quel problème est-elle la solution ? » Eh bien, de quel problème le concept d'image inconsciente du corps est-il la solution ? À quelle question répond-il ? Il répond à la question suivante : « Comment entrer en relation avec un jeune patient dont les mots, les dessins et les attitudes n'offrent aucune prise ? Comment, dans ces conditions, l'analyste peut-il trouver une parole appropriée pour le soulager de sa souffrance ? » Nous postulons que, derrière les mots, les dessins et les attitudes, il existe un langage très spécial grâce auquel l'enfant et l'analyste pourront enfin communiquer.

Quel est ce langage ? Quel code faut-il connaître pour le parler ? Nous croyons que les sensations que cet enfant de la séance a vécues lorsqu'il était bébé se sont imprimées dans son inconscient et organisées en un langage intérieur, corporel et muet que nous pouvons — nous analystes — assimiler, traduire et parler. Un langage des sensations que le tout jeune enfant a éprouvé dans son corps, depuis sa naissance jusqu'à ses trois ans. Langage éminemment archaïque certes, mais que l'enfant d'aujourd'hui, celui qui est là, présent dans la séance, parle sans savoir qu'il le parle. Il le parle indirectement, il le parle en revivant ses sensations anciennes, en bougeant, en dessinant, en jouant, et surtout il le parle en souffrant son mal-être. Qu'il s'agisse de cet enfant de cinq ans que vous avez devant vous, d'un patient adulte ou de nous-mêmes, nous parlons tous le langage des sensations vécues jadis dans notre corps de petit enfant, nous le parlons, mais sans jamais en avoir conscience. Voilà donc le langage des sensations anciennes que nous devons nous-mêmes — analystes — sonoriser avec des mots, si nous voulons communiquer avec le patient. L'enfant qui est devant nous attend de nous, sans le savoir, que nous nommions avec des mots justes son vécu corporel archaïque, ce même vécu qu'il revit aujourd'hui. Aussi l'image inconsciente du corps est-elle un code que nous devons apprendre à parler si nous voulons accéder à l'inconscient de notre patient.

L'image inconsciente du corps est l'image d'une sensation

Quittons ici un instant la scène analytique. Nous y reviendrons tout à l'heure, lorsque je vous présenterai deux exemples cliniques. Venons-en maintenant à la théorie qui intéresse le thérapeute. Qu'est-ce que l'image inconsciente du corps ? De quoi est-elle l'image ? L'image inconsciente du corps est la toute première représentation ou, mieux, les toutes premières représentations psychiques des plus primitives sensations corporelles éprouvées par le bébé au contact de sa mère, au contact charnel, affectif et symbolique de sa mère. Et cela, avant la maîtrise complète de la parole et avant la découverte de l'image du miroir, c'est-à-dire vers trois ans.

Dès cet âge, les images de ces premières sensations organiques seront totalement oubliées et deviendront à tout jamais inconscientes. À partir de trois ans, un enfant ne se souviendra plus, aura définitivement refoulé le monde corporel, sensuel et relationnel du début de sa vie.

Certes, les images inconscientes seront remaniées au cours des différents stades libidinaux : le stade néonatal ou olfactif-respiratoire, le stade oral et le stade anal ; c'est-à-dire au cours des trois premières années. Elles seront encore remaniées durant la période qui succède à ces trois années, c'est-à-dire la période œdipienne. Cependant, l'essentiel de la structure et du contenu de ces images restera, depuis la naissance et tant que dure la vie, invariablement inchangé.

Assurément ces images demeurent indestructibles, mais elles ne sont pas pour autant figées ou inertes. Au contraire, elles sont vigoureusement actives et s'extériorisent en permanence dans toutes les manifestations se rapportant au corps. Ces images prégnantes, les images inconscientes du corps infantile, déterminent nos comportements corporels involontaires, nos mimiques, gestes et postures ; elles infléchissent les courbes de notre silhouette, marquent les traits du visage, définissent l'expression d'un regard et modulent le timbre d'une voix ; elles décident de nos goûts, de nos attirances et répulsions, et dictent notre façon de nous adresser corporellement à l'autre, et si cet autre est notre partenaire amoureux, de notre façon d'approcher son corps et d'accueillir le sien. Ces images colorent notre vocabulaire et se traduisent souvent par des locutions ou des formules comprenant des mots désignant un organe : « il vit à fleur de peau », « il a pris ses jambes à son cou ». Ces images commandent enfin nos choix esthétiques et, plus généralement, décident de nos rêves et de nos actes.

Mais soyons clairs. Toutes ces manifestations spontanées où le corps est engagé, y compris et surtout les divers symptômes qui amènent le patient à consulter, ne sont que les formes visibles, audibles et palpables sous lesquelles se présentent les images des sensations corporelles de la prime enfance. Les images inconscientes ne s'expriment jamais telles quelles et nous n'en aurons jamais une représentation consciente. Elles ne nous seront connues que si un thérapeute les décode et nous les révèle dans le cadre de la cure.

Vous voyez, j'attribue à ces images le même pouvoir de détermination, la même force que nous attribuons à l'inconscient. Ici, vous pourriez me demander : « Mais finalement, ces images sont-elles l'inconscient lui-même, ou bien autre chose ? » Posons la question autrement : « Cette image qui n'est rien d'autre que la trace d'une sensation corporelle perçue par le bébé est-elle une image qui se forme dans un inconscient déjà là, déjà constitué, ou bien est-elle en elle-même l'inconscient à l'état naissant ? » Je réponds : « Les images inconscientes du corps sont l'inconscient même, les jeunes pousses de l'inconscient, des pousses issues du corps. » C'est pourquoi nous pouvons d'ores et déjà avancer que l'image inconsciente du corps, c'est l'inconscient embryonnaire, et que la matrice de l'inconscient c'est le corps. Mais quel corps ? Non pas le corps en soi, mais un corps traversé par la présence de l'autre, vibrant à la présence charnelle, désirante et symbolique de l'autre. C'est justement dans ce corps-là — corps relationnel — que vont naître les sensations dont les traces formeront les images fondatrices de l'inconscient.

L'image inconsciente est une mémoire

Nous devons bien comprendre. Il y a d'un côté la sensation, et de l'autre, l'image qui la fixe et peut ainsi la conserver. Aussi, une image n'est-elle rien d'autre qu'une sensation qui survit et traverse le temps. L'image inconsciente du corps est la mémoire des sensations, c'est-à-dire qu'elle a le pouvoir de faire coïncider les sensations que nous éprouvons aujourd'hui à celles éprouvées jadis, au début de notre vie. Ainsi, notre corps d'adulte, notre corps actuel de sensations est-il absolument identique au corps que nous avions étant nourrissons. Pourquoi ? Parce que les deux vibrent de la même manière, comme si les sensations échappaient à l'usure du temps et gardaient la fraîcheur du présent.

Mais la question se pose : S'agit-il de toutes les sensations ou seulement de certaines ? Parmi la multitude d'impressions sensorielles que nous avons vécues étant tout jeune enfant, quelles sont celles que nous revivons aujourd'hui, sans le savoir, et qui seront demain présentes dans notre vieillesse ? En un mot, quelles sont les sensations qui furent les plus investies par le petit enfant et se sont fixées en une image ?

Image de base, image fonctionnelle, image érogène : trois composantes de l'image inconsciente du corps

Les sensations les plus investies par le tout jeune enfant se répartissent en trois grandes familles : les sensations qui donnent à l'enfant l'impression que son corps est une masse dense et stable ; les sensations qui lui donnent l'impression que son corps est une masse tonique, parcourue par des flux et reflux de tensions internes ; et enfin, les sensations qui lui donnent l'impression que son corps est tout entier réduit à n'être qu'un pôle d'intense tension érogène. Des sensations, donc, qui lui font ressentir son corps comme une base stable dans l'espace, comme une masse grouillante d'activité interne, et une masse polarisée sur l'un des orifices érogènes.

Or, chacune de ces familles de sensations a sa représentation inconsciente. F. Dolto propose ainsi trois grandes composantes de l'image du corps, trois composantes reliées de manière dynamique : l'image de base, l'image fonctionnelle et l'image érogène. Ces composantes restent parfaitement articulées, au point que si l'une d'elles est perturbée, c'est l'ensemble de l'image qui en est affecté.

L'image de base. Elle est celle qui assure à l'enfant, sans qu'il y pense — c'est très important qu'il n'y pense pas —, la certitude que son corps demeure arrimé au sol comme une base, comme un socle solide qui le porte, le supporte et le contient, ou encore comme un abri protecteur, une carapace dans laquelle l'enfant angoissé, par exemple, pourrait se replier pour se sentir en sécurité. Des trois composantes, l'image de base est celle qui donne au petit enfant le sentiment que son être et son corps sont une seule et même chose, et que tant que son corps vivra il sera lui-même.

L'image de base varie selon les différents stades libidinaux. Ainsi par exemple au stade oral, le nourrisson perçoit-il son corps comme une masse dense aux formes courbes, subdivisée en une masse céphalique et une autre tronculaire, le tout soutenu par une seconde masse porteuse, incarnée par les bras sécurisants de la mère.

L'image fonctionnelle. Tandis que l'image de base est l'image du ressenti d'un corps paisible parce que doté d'une sécurité intrinsèque et continue, l'image fonctionnelle est, au contraire, l'image du ressenti d'un corps agité et fébrile, tout porté vers la satisfaction des besoins et des désirs. C'est un corps qui est à l'affût d'objets matériels et concrets pour assouvir ses besoins, et à la recherche d'objets symboliques pour satisfaire ses désirs.

L'image érogène. L'image érogène est l'image d'un corps ressenti comme un trou, comme un orifice palpitant de plaisir grâce à un objet de désir qui le satisfait.

Des trois images, l'image de base est peut-être la plus importante, parce qu'elle garantit la sécurité. Lorsque l'enfant est touché dans l'une quelconque des trois images correspondant à un stade déterminé, automatiquement il régresse à l'image de base du stade précédent, parce qu'il retrouve immédiatement la sécurité. Quelle sécurité ? L'enfant qui régresse ne cherche qu'une sécurité fondamentale, pouvoir se dire à lui-même : « Je suis moi. » Cependant, ce réconfort qu'il obtient le fait aussi souffrir parce que, ayant régressé, il se trouve déphasé par rapport à son âge.

C'est pourquoi, lorsque vous serez en présence d'un enfant ou d'un adulte qui souffre, dites-vous qu'il souffre pour deux raisons : d'abord parce qu'il a été affecté par un événement bouleversant, ensuite parce que étant retourné au passé pour chercher la sécurité d'une image de base antérieure, il souffre du décalage avec la réalité présente. L'enfant qui souffre, souffre parce qu'il a perdu une partie de lui-même et parce que, ayant régressé en quête d'une sécurité, il est en porte à faux avec son présent. Il souffre parce qu'il est écartelé entre deux images : une, actuelle, qui a été amputée, et une autre, ancienne, anachronique, où il est piégé. Lorsque je vous présenterai l'exemple clinique d'un cas de régression, vous comprendrez mieux cet écartèlement douloureux de l'enfant entre deux images.

Mais j'insiste, c'est surtout l'image de base qui donne à l'enfant la sécurité, une assurance qui crée en lui et crée en nous, adulte, cet état non conscient de confiance permanente, intrinsèque à notre existence.

Aussi, l'image de base procure-t-elle à l'enfant le triple sentiment de rester *stable* au-delà des multiples déplacements dans l'*espace*, de rester le *même* au-delà des changements dans le *temps*, et enfin le sentiment de rester *consistant* au-delà des innombrables échanges avec l'autre.

Le ressenti de rester *stable* dans l'espace, celui de rester essentiellement le *même* malgré le temps qui passe, et le ressenti de rester *consistant* face à l'altérité des êtres et des choses fondent au plus profond de l'enfant et de nous tous, — adultes —, la certitude absolue d'exister dans une continuité temporelle et demeurer cependant identique à soi. Si nous devions définir le substrat de ce « soi-même » qui traverse comme un fil toute notre existence, nous l'appellerions « désir de vivre ». C'est justement ce désir de vivre, ce désir d'être, ce désir de s'ouvrir en permanence à l'autre, que F. Dolto nomme « narcissisme primordial ».

Deux conditions pour qu'une sensation ait son image dans l'inconscient

La question se pose : quelles sont les conditions pour qu'une sensation soit conservée dans l'inconscient en tant qu'image ? Plus exactement, à quelles conditions les sensations qui donnent au bébé l'impression que son corps est une base, une masse fonctionnelle et un orifice érogène vont-elles perdurer dans sa vie d'adulte ? Pour qu'une sensation imprime sa marque et devienne ainsi constitutive de l'inconscient, il faut deux conditions impératives. D'abord, qu'elle soit une sensation émanant du corps du bébé lorsqu'il est en état de désir, c'est-à-dire en état de tension vers l'autre. Et réciproquement, il faut que la présence de l'autre — celle de la mère —, qu'elle soit une présence immédiate dans un corps à corps avec l'enfant, ou médiate — à travers une parole, une odeur ou un sourire familier —, il faut que cette présence soit animée par le désir princeps de communiquer, de partager avec l'enfant une expérience sensuelle et symbolique.

L'autre condition pour qu'une sensation fasse image, c'est la répétition. En effet, pour qu'une sensation imprime son image dans l'inconscient, il faut qu'elle soit plusieurs fois ressentie, répétitivement perçue, et à chaque fois associée à la présence maternelle, désirante et sensuelle.

C'est seulement ainsi, jaillissant d'un corps frémissant de désir et répétitivement ressentie, qu'une sensation aura la force suffisante pour graver dans la mémoire une image vivace ayant l'immense pouvoir d'influencer à tout jamais notre vie.

L'image inconsciente est l'image d'un rythme

On comprend tout de suite qu'une sensation qui répond à ces deux conditions est plus qu'une sensation, c'est une émotion. Jusqu'ici j'ai utilisé le terme de « sensation », mais en fait c'est d'une émotion qu'il s'agit, l'émotion d'une rencontre. Par conséquent, nous ne dirons plus que l'image inconsciente du corps est l'image d'une sensation, c'est l'image d'une émotion. Or, une nouvelle question s'impose à nous, elle est au centre de notre conférence de ce matin. Quel peut être le contenu de l'image d'une émotion ? Je veux dire qu'est-ce qui y est imprimé ? Une figure, une effigie, une scène ? Pour répondre, il me faut rapidement définir une émotion.

Une émotion est une tension, la tension de deux présences qui s'étreignent comme deux lutteurs s'entrelacent et vibrent au rythme de leur échange. L'émotion est la tension de la rencontre charnelle, désirante et symbolique entre l'enfant et sa mère. Or, ce qui compte et qui restera inscrit dans l'image, c'est le rythme de cette tension, c'est la résonance de deux présences confrontées, de deux sensations qui s'accordent. Ce qui fait image et restera inscrit dans la mémoire de l'enfant, ce n'est pas la caresse réelle de la mère, ce n'est pas de se sentir caressé ni de sentir en lui-même le plaisir de sa mère à le caresser ; ce qui restera inscrit, c'est la rencontre sensuelle de deux corps, de deux présences, et cette rencontre s'appelle un rythme.

On le voit, le contenu de l'image n'est ni figuratif ni narratif, il est essentiellement rythmique, comme si l'image n'était que l'empreinte en creux des pulsations rythmées de la tension émotionnelle.

Voilà ce que je tenais à vous transmettre à travers cet exposé. L'image inconsciente du corps, c'est avant tout l'image d'une émotion, l'image du rythme de l'interaction charnelle, désirante et symbolique entre l'enfant et sa mère.

Comment parler la langue de l'image inconsciente du corps ? Deux exemples cliniques

Comme je l'ai dit plus haut, l'image du corps est un langage des sensations que l'analyste doit connaître pour communiquer avec l'enfant. Maintenant, nous pouvons mieux affiner notre proposition et dire que l'image inconsciente du corps est un langage, oui, mais un langage de rythmes ; et que parler ce langage signifie avant tout, pour le thérapeute, résonner en accord avec la vibration érogène et relationnelle dominante chez son patient, fût-ce une vibration propre à un état de régression et de souffrance.

Justement, posons-nous la question : Comment un psychanalyste qui travaille avec le concept d'image inconsciente du corps écoute-t-il son patient ? Pour répondre, je commenterai deux exemples cliniques. L'un tiré de la pratique de F. Dolto, l'autre tiré de ma propre expérience.

Le premier cas que j'ai choisi de vous présenter est un cas de F. Dolto, baptisé : « La petite fille à la bouche de main ». Il a l'avantage d'être très illustratif de la manière dont un analyste parle la langue des images inconscientes du corps. C'est une petite fille de cinq ans, schizophrène, souffrant d'une grave phobie du toucher. Quand on lui sert son plat préféré dans une assiette, elle prend la nourriture directement avec la bouche, sans utiliser ses mains et, aussitôt, elle l'avale d'un trait. Il faut que vous imaginiez cette petite fille, la tête dans l'assiette, arc-boutée sur la table et ses petites mains repliées sur l'avant-bras, et l'avant-bras replié sur le buste.

Au cours d'une séance avec F. Dolto, la petite fille, assise à la table de jeu, répète la même attitude étrange pour saisir la pâte à modeler. C'est alors que F. Dolto lui tend une petite boule de pâte en lui disant : « Tu peux la prendre avec ta bouche de main. » Aussitôt, l'enfant ose faire le geste qu'elle n'avait pu accomplir depuis des mois : elle tend son bras, prend avec sa main la pâte à modeler et la porte à la bouche.

L'effet de cette parole a été sidérant parce que F. Dolto a su parler le langage de l'image du corps malade de sa petite patiente. Si elle avait dit à l'enfant : « Tu peux prendre la pâte à modeler avec tes mains » ou « fais-moi un bonhomme », ces mots n'auraient provoqué aucun effet. Tandis qu'avec la phrase : « Tu peux prendre avec ta bouche de main », l'analyste a réussi à redonner à la main et à la bouche leur fonction propre. Pourquoi ? Parce que quand F. Dolto dit à l'enfant : « Prends avec ta bouche de main », elle lui parle la langue dominante, la langue des sensations dominantes, la langue de la tension la plus forte, la langue du rythme prévalent, c'est-à-dire du rythme de l'oralité. En disant « ta bouche de main », elle reconnaît le pouvoir de la bouche sur la main, de l'oralité archaïque sur la motricité défaillante. Et, ce faisant, elle reconnaît tout simplement l'enfant tel qu'il est, là où il est, replié dans son refuge oral, malade certes, mais en sécurité.

F. Dolto réussit à faire réagir l'enfant parce qu'elle est entrée dans le monde régressif où il se réfugiait, c'est-à-dire qu'elle a vu et ressenti que l'image régressive mais sécurisante était l'image orale. C'est pourquoi elle trouve les mots justes qui libèrent l'enfant et le poussent à faire le saut d'une image à une autre, de l'image orale à l'image anale. Avec quelques mots simples, d'une simplicité poétique, F. Dolto prononce, dans le présent de la séance, la parole qui n'avait pu être dite au moment où l'enfant aurait dû quitter l'image orale et accéder à l'image suivante, l'image anale.

En énonçant : « Prends avec ta bouche de main », c'est comme si F. Dolto avait dit à l'enfant : « Ne crains rien, tu as régressé au stade oral et tu as bien fait puisque c'est en utilisant ta bouche que tu te sens rassurée dans un corps en sécurité, qui te donne le sentiment d'être toi-même. Maintenant que tu sais que quelqu'un a compris combien il était nécessaire pour toi de trouver une sécurité de base, fût-ce dans la régression, tu te sens à présent suffisamment forte pour quitter ton état régressif et gagner le stade suivant. » Si nous pouvions faire parler à son tour l'inconscient de l'enfant juste après l'intervention du psychanalyste, il nous confierait ceci : « Ces mots disent ce que je sens et que je ne savais pas que je sentais. Et même si je l'avais su, je n'aurais pas eu les mots pour le dire. Dès que ces mots ont nommé mon ressenti, je me suis senti mieux, plus apaisé, je me suis senti moi-même. Maintenant je me sens exister dans une continuité d'être, avec une histoire. C'est cela qui est apaisant : avoir une histoire. Si aujourd'hui je me sens en sécurité, c'est parce que je ne suis plus pur ressenti, enfermé dans mon ressenti, mais autre chose que pure souffrance, je suis celui qui éprouve un ressenti : qui l'a éprouvé jadis, qui le revit aujourd'hui et le retrouvera demain. » Voilà ce que dirait l'inconscient de l'enfant!

Maintenant, je voudrais vous présenter le cas de Clara, que j'ai appelé : « Le bébé qui veillait sur sa mère ». Je reçois une petite fille de dix mois emmenée par sa mère. Elle est pâle, chétive, sans tonus, mangeant peu et ne dormant plus, à peine trois heures par jour. Sa mère m'apprend qu'elle est allée consulter plusieurs pédiatres, mais en vain. Elle me précise qu'avant, le bébé pleurait beaucoup, mais que depuis peu, au lieu de pleurer, il ne dort plus, et garde toujours ses yeux ouverts et tristes.

Lors de ce premier entretien, la petite fille est inerte, amorphe, le corps abandonné sur les genoux de sa mère. Au bout d'un moment, je m'adresse à la mère et lui demande si elle-même dort : « Mais je dors peu, docteur. Comment pourrais-je dormir si Clara ne dort pas ? » Et moi, d'insister : « Mais dans le peu de temps où vous dormez, est-ce que vous dormez bien ? » La mère hésite, puis me répond : « En fait, il m'arrive une chose horrible, c'est que quand je m'endors, je fais souvent un cauchemar angoissant : je vois, debout, devant moi, ma sœur qui pleure et me parle. C'est comme une vision. — Comment ça ? — C'est ma sœur aînée qui s'est suicidée il y a un an et demi dans des conditions dramatiques. Et cette vision me revient maintenant, depuis la naissance de la petite. » C'est alors que cette femme se met à pleurer. À cet instant, en voyant la mère en larmes, je me tourne vers l'enfant et lui dis : « Tu sais, Clara, j'ai compris pourquoi tu ne dors pas. Tu ne dors pas parce que tu sens ta mère en danger et tu veux la protéger. Mais maintenant que j'ai compris pourquoi elle pleure, je te promets, je vais m'en occuper. C'est moi qui vais m'occuper du chagrin de ta maman. Maintenant, tu peux dormir tranquille. »

Lorsque je lui ai parlé ainsi : l'enfant a tourné la tête et m'a adressé un regard touchant d'intelligence. Elle n'avait plus le regard vague du début de la séance. Clara s'est alors redressée comme si son corps avait retrouvé du tonus, s'est blottie contre sa mère et a appuyé sa tête sur son bras dans un geste de soulagement et de répit. Trois jours plus tard, quand je l'ai revue une seconde fois, la petite fille n'était plus la même, et sa mère aussi avait changé.

Mes mots ont pu soulager l'enfant, parce qu'en lui assurant que j'allais m'occuper de sa mère, je la déchargeais de la tâche d'avoir à le faire elle-même. Comme si jusqu'alors, elle devait à la fois poursuivre son désir de vivre, et en plus assurer la condition de ce désir, à savoir une mère reposée, paisible et disponible, une mère aux bras toniques, porteurs, chaleureux et sécurisants.

Alors que la petite fille du cas de F. Dolto avait régressé du stade anal à une image de base orale sécurisante, Clara, elle, avait perdu sa base, elle n'avait plus de support maternel, la condition même pour préserver son désir de vie. La mère ne la portait plus, puisqu'elle était tout occupée à son chagrin. Clara n'avait pas régressé à un stade antérieur, bien au contraire, elle s'était projetée trop en avant pour son âge, elle se surpassait au-delà de ses forces pour protéger sa mère, non seulement par amour, mais parce qu'il lui fallait retrouver des bras fermes qui la portent. Clara était épuisée par la tension extrême d'un éveil interminable.

Dans le cas de « la bouche de main », F. Dolto fait une intervention qui reconnaît l'enfant dans son repli régressif, là où il est en sécurité. Et c'est justement parce qu'elle le reconnaît, que l'enfant quitte son stade régressif oral, saute en avant au stade moteur et retrouve l'usage de ses mains.

Dans le cas de la petite fille qui veillait sur sa mère, mon intervention a provoqué le mouvement inverse. L'enfant anticipait le stade suivant, c'est-à-dire le stade moteur anal où un enfant se tient debout tout seul. Clara était allée trop loin, était sortie d'elle-même pour être la mère de sa mère. En lui parlant la langue de l'image inconsciente du corps : « Je m'occupe de ta mère, tu peux dormir tranquille », je lui ai redonné une base, et lui ai signifié : « Reviens à toi, retourne à ton âge de bébé oral, repose-toi. »

Comment ces mots me sont-ils venus? C'est à l'instant même où j'ai vu cette mère éclater en sanglots que j'ai compris que la souffrance du bébé était de devoir porter à bout de bras sa mère, d'être la mère de la mère. Cette compréhension n'était nullement l'aboutissement d'une réflexion intellectuelle, au contraire, elle s'est imposée soudainement dans mon esprit en un éclair. Jusqu'à ce moment précis, je n'avais pas encore compris la cause de la tristesse et de l'insomnie de la petite fille, il a fallu les pleurs de la mère pour que je sois appelé là où l'enfant vit son corps de sensations, où l'enfant n'est que sensations. Et qu'est-ce que j'ai perçu ? Qu'est-ce que j'ai ressenti ? J'ai senti que la petite Clara vivait son corps comme un corps tétanisé, tout crispé et tendu vers l'avant, pour saisir dans un effort immense les bras de sa mère qui ne la portaient plus. J'aurais même pu imaginer que ce corps bizarre était un corps dépossédé de son dos comme si, en perdant les bras porteurs de sa mère, Clara avait perdu le dos qui s'y appuyait.

L'image inconsciente du corps du psychanalyste

Avant de terminer, je voudrais répondre à notre question du début : Comment un psychanalyste qui travaille avec le concept d'image inconsciente du corps écoute-t-il son patient ? Comment trouve-t-il les mots pour soulager la souffrance de l'enfant ? Que se passe-t-il dans la tête du psychanalyste quand surgissent en lui les mots attendus, qui lui parlent au patient et résonnent en lui ? Schématiquement, je décompose en quatre temps le processus mental, extrêmement rapide, qui traverse l'esprit de l'analyste, entre le moment précis où il est appelé par un geste indéniable du patient — dans notre cas les pleurs d'une mère — et le moment où il énonce les mots qui soulagent. Je distingue ainsi quatre temps qui se succèdent en l'espace d'une seconde : un temps de *vision*, un temps d'*identification*, un autre de *vibration rythmique*, et un temps final d'*interprétation*.

1. D'abord, le psychanalyste se sent capté, aspiré par un mot ou un geste du patient, et, presque à son insu, il visualise le corps archaïque qui est derrière ce geste et le commande. Le psychanalyste voit surgir dans son esprit la représentation d'un corps bizarre tel qu'il se dessinerait d'après les sensations vécues par un tout jeune enfant. Ce corps peut prendre l'aspect d'un étrange assemblage d'organes : à la place d'une main par exemple figure une bouche, à l'endroit du bas-ventre figure une tête et, qui plus

est, la tête d'une mère ; au milieu d'un visage, se révèle la béance d'une bouche arrachée ; ou encore, dans mon exemple, apparaît un corps tout étiré, dépouillé de son dos, les bras étendus. Bref, le corps d'un bébé sans ancrage, flottant dans l'espace.

2. C'est là, deuxième temps, que le thérapeute s'identifie avec ce corps fantasmé qui s'impose dans son esprit. S'identifier signifie ici qu'il ressent, non pas ce que ressent l'enfant de la séance, mais ce que ressentirait un être s'il habitait ce corps étrange qui apparaît dans sa tête. C'est ainsi, grâce à cette identification, qu'il se met à ressentir les tensions qui dominent dans le corps fantasmé.

3. Ainsi habité par la vision de ce corps atypique, à l'anatomie bizarre, et par le ressenti des tensions qui y dominent, l'analyste vibre au rythme de ces tensions et entre en résonance avec le rythme dominant de l'enfant réel et concret qui se trouve devant lui.

4. C'est alors que, chargé par l'intensité de sa perception, de son ressenti et de sa vibration, le psychanalyste nomme ce ressenti, choisit les mots qu'il croit intelligibles pour son patient et les lui adresse. L'analyste parle dans la langue du vécu corporel que l'enfant éprouve sans savoir consciemment qu'il l'éprouve.

Léonard de Vinci avait un mot pour dire que chaque être vivant a une manière bien particulière de sentir, de se mouvoir, parler et souffrir. Ce mot est « serpenter ». Pour Léonard, le but de l'art est de réussir à peindre — permettez-moi ce néologisme —, peindre le *serpentement* singulier d'un être. Inspiré par cet idéal de l'artiste, je dirais que l'ambition du psychanalyste est de saisir le serpentement singulier de son analysant, le visualiser et vibrer au rythme de ses intensités. Si le psychanalyste parvient à saisir au-dedans de lui-même le mouvement intérieur de l'autre, alors les mots à dire ou le silence à garder s'imposeront tout naturellement.

Si le psychanalyste parvient à saisir au-dedans de lui-même le mouvement intérieur de l'autre, alors il aura fait de sa propre image inconsciente du corps un instrument souple et agile, un instrument qui lui permet de résonner avec l'image inconsciente du corps de son patient. C'est dans cette résonance mutuelle des images de l'analyste et du patient que je crois faire vivre l'essentiel de ce que m'a transmis F. Dolto.

DENIS VASSE*

Le visage, la lumière et le nom

L'image inconsciente du corps sexué de l'homme

La question de l'origine et le nom

Il y a un rapport originaire entre la lumière et la parole, entre le voir et l'entendre. Le lieu de ce rapport est le *visage.* Dire d'un visage qu'il s'illumine n'a de sens que d'être référé pour celui qui le contemple à la vérité qui parle en lui. En lui, lumière et parole sont *une. Et, de cette unité naît leur différence.* L'union dans la différence définit le concept d'unité originaire. L'origine n'est pas de l'ordre de la représentation imaginaire. Elle ne se représente pas. Mais toute représentation trouve dans la différence avec les autres son rapport à une origine dans l'unité de laquelle elle est fondée. Les mots ne sont vivants que d'être référés à la parole en laquelle ils s'articulent.

Rapport originaire veut donc dire, ici, que la différence entre les deux termes, lumière et parole, en appelle à leur invisible unité. En apparaissant à la lumière de l'espace intérieur, le visage en appelle au nom. Et le nom entendu

* Psychanalyste.

Ce texte est celui que Denis Vasse, empêché pour des raisons de santé, n'a pu communiquer comme prévu au colloque. Avec son accord, un ensemble d'extraits filmés de son séminaire avait été alors présenté par Arnaud de Mezamat qui en assure un enregistrement régulièrement. Il en a effectué le montage avec Gérard Guillerault, en concertation avec Marie-José D'Orazio-Clermont.

devient visage vivant dans le souvenir. Parole et lumière se conjuguent dans l'incarnation du visage.

Le visage est le lieu originaire où s'indique et se cherche le *nom* du sujet. Chercher le nom d'un homme, c'est — en définitive — se demander d'où il vient, quelle est son origine en s'interrogeant sur sa génération. Être engendré, n'est-ce pas apparaître à la lumière — dans la différence donc — en étant référé à l'Autre du désir — dans l'identité du désirant et du désiré ?

À la lumière du visage qui le nomme, le petit d'homme apprend à déchiffrer son nom dans « l'allant devenant du génie de son sexe ». (Comment mieux dire que c'est au lieu même d'une différence avec l'autre qu'il cherche et trouve l'unité qu'il désire, l'Autre.)

Dans cette lumière originaire de la parole, le nom renvoie à autre chose qu'à l'objet ou à la fonction des sens, à autre chose qu'à l'attention. Il renvoie à la *vérité qui parle*. Ce faisant, il répond de son nom parmi les autres et de sa référence à l'Origine, à la Parole qui fait l'homme (J. Lacan). *Le sujet est un Autre* dans son rapport aux autres et à l'Autre. Seul le visage s'offre ainsi à la contemplation et/ou à la réponse : il se tourne, qu'il parle ou qu'il écoute, vers ce qui, d'échapper à la figuration et à la projection, le fonde dans le réel. Il *est* un nom qui désigne un visage intérieur, invisible au cœur de la différence.

La chair envisagée répond de l'esprit invisible qui l'anime. Dans la contemplation réciproque des corps, le visage répond de ce qui parle en chacun d'eux... En elle, se découvre l'Autre du désir, ce trésor des signifiants où est le cœur et dont ils vivent.

Le visage est vision de la parole

Le visage est vision de la parole. Il réfère l'autre à la vérité qui parle en lui, en eux, *celle du sujet* irréductible à la sensation ou à la représentation. Il fait venir à la lumière ce qui était caché. Dans la rencontre, le dessin des lèvres, la tension des narines, l'arrondi des paupières font vibrer la différence et émeuvent le cœur : le sens de la vie y surgit de la vie des sens. L'écoute de l'invisible parole — le visage contemplé — est délivrance de la convoitise du regard. Avec elle, l'autre n'est plus projection du même ou objet à consommer ou à évacuer : il ouvre à la parole qui s'y dit.

Écouter quelqu'un interdit de réduire son corps à un objet pour les sens. Car le désintéressement de l'écoute suspend l'activité des sens et leur curiosité insatisfaite. Il ouvre la dimension du sens et de l'origine.

Mais l'écoute peut aussi — et de manière redoutable — être indifférente et confisquer la parole dans un formalisme menteur. Cela s'appelle « prendre quelqu'un aux mots », ce qui est la marque d'une interprétation perverse. Le visage alors n'est plus la vision paradoxale de la parole : il devient *trou noir* où toute résonance disparaît dans un mensonge qui pervertit la rencontre en possession. Naufrage dans l'indifférence. Rideau. Trou noir. Comme dans la séance suivante.

Je ne sais pas comment vous raconter le rêve que j'ai fait...
C'est le rêve le plus extraordinaire que j'aie jamais fait...

Ce qui était initial... c'était un manque de mots : *des trous.*

Et la conséquence, c'était un retournement... je ne sais pas de quoi... !
Est-ce que c'était « faire l'inverse »?... et l'inverse de quoi?
C'était bien mystérieux...
Ça m'évoque — c'est une expression que j'aime bien — le *trou noir*
enfin, il est noir, ce trou...
parce qu'il n'est pas éclairé par les signifiants, par les mots...
Comme si ça, ça s'était mis en scène...
avec la difficulté et la complexité de cette représentation...
Ce rêve me fait part d'une complexité...
de quelque chose d'inextricable... qui n'a pas de sens...
Je me disais... que ça confine à la folie... ou à l'insensé... plutôt.
Avec le mot « folie », on ne sait jamais bien ce qu'on dit...
Je me retrouve avec cette sorte d'objet bizarre dont je ne sais que faire...
Je me suis réveillé avec ce rêve
juste au moment où j'avais des difficultés à respirer...
C'était bizarre mais pas angoissant...

À la suite de ça, il y a une image qui me vient...
comme un réseau de rayons,
une sorte de condensateur où l'électricité se charge,
puis se décharge d'un coup!

Ces phénomènes, c'est quelque chose d'inhumain... de pas humanisé...

D. V. : Sans parole et sans visage.

... Oh! Ouais! Je dirais même sans corps... presque...

D. V. : Enfin, dans le rêve au moins, ce qui caractérise
l'humain est foudroyé...
la matière des mots disparaît... se perd dans le trou noir...

Hors de la rencontre du visage en tant que lumière qui l'éclaire dans une parole à lui adressée, le petit d'homme ne reconnaît pas son corps : il ne se reconnaît pas dans un rapport à l'autre, il disparaît à son propre regard comme dans la froideur d'un miroir. Ce moment-là ouvre « précisément au risque des identifications animales[1] » — ou machinales — comme pour échapper à la menace d'un regard qui tue parce qu'il ne dit rien.

Ça me rend très triste... et inquiet...
C'est, pour moi, un lieu d'une extrême fragilité...
peut-être même par son inconnu...
mais d'un inconnu... porteur de menace...
On peut être agréablement surpris...
mais là c'est plutôt le côté destruction...
J'hésitais à dire que c'était mon tendon d'Achille...
dans la mesure où ce point,
c'est aussi le point par lequel Achille est humain...
et c'est aussi par là qu'il a été tenu... on ne sait pas par qui...

D. V. : Oui, la foudre, le trou noir, l'absence de corps...
ça évoque un cosmos sans présence, un ciel vide et hostile...

(avec humour) Y a personne là-haut !... Oui...
À certains moments, ici, j'ai parlé de paysage désolé.
Là c'était un vide de mort... de quelque chose qui a été tué...

... C'est terrible de ne pas pouvoir dire parce qu'on n'a pas de mots !

Comment mieux laisser entendre la déstructuration de l'image du corps ? les traces verbales dont elle est constituée « ne signifient-elles pas pour le sujet-enfant la communication d'une personne avec sa personne ? C'est là qu'il peut y avoir une sorte de brèche dans la symbolisation pouvant aboutir à la schizophrénie[2] ». L'interruption de la com-

1. F. Dolto, *L'image inconsciente du corps*, Le Seuil, 1984, p. 53.
2. F. Dolto, *ibid.*, p. 42. « Dans le cas des schizophrènes, cette possibilité de symboliser l'image du corps a été interrompue à une certaine époque, et comme *il n'y avait pas de mots venant de la personne avec qui la relation était structurante, dans la relation d'amour, l'enfant symbolise pour lui-même tout ce qu'il vit, dans un code qui n'est plus communicable.* » Je dirais volontiers, pour ma part, dans un code ou un langage qui ne parle plus, d'où la dimension d'altérité est absente.

munication est à déchiffrer dans chacune des histoires. Elle a parfois eu lieu au moment de la gestation.

La sensation prend la place de la parole.
La confusion entre sexe et visage

La peur panique, le spasme de la contracture artérielle interrompant le flux sanguin entre la mère enceinte et l'enfant, l'absence de mots, le trou noir aux alentours de la naissance rendent compte du *retournement du désir en peur*. La promesse des commencements devient menace de mort. La coupure d'avec la parole originaire va de pair avec l'extinction du visage et la déshumanisation du corps. Ainsi le dit la séance que nous venons de lire. La mise en scène du télescopage de toutes les différences dans une origine transformée en trou noir, voilà ce que devient le visage *désiré* dans lequel s'engouffrent et se dispersent la lumière et la parole.

Sans l'intimation de la parole et sans l'éclat du visage qui en témoigne, l'enfant qui naît n'est plus engendré dans la chair par son nom et il perd sa qualité d'homme.

> Soit je suis dans mon corps
> et je m'ouvre aux autres par mon visage,
> soit je prend les autres en moi
> avec ce que ça implique de plaisir à faire du mal... en moi
> et c'est comme une vengeance d'orgueil
> dans un monde où l'autre ne sert qu'à mon plaisir,
> dans un monde fermé où il n'y a de l'autre
> que pour permettre à ce plaisir de continuer...
> Et ce monde, je l'ai formé dans ma tête à la naissance de mon frère.

Lorsque l'interdit — l'entredit — n'a pas poinçonné de la marque du symbole la différence qui fait l'homme, la dimension de l'altérité et, partant, celle du désir de l'Autre est forclose, la libido reste confisquée dans l'ordre d'une revendication pulsionnelle, agressive et aveugle. L'homme, amputé de la parole ou non marqué par elle, n'est plus porté par le désir qui vise à son accomplissement dans la rencontre avec l'autre. La différence dans laquelle il se manifeste — le sexe — n'est plus signifiante de l'Autre en lui, elle n'est plus en et par elle-même un signifiant de la Parole en acte. L'homme s'identifie alors à l'animal ou à la machine. Ni l'un ni l'autre n'ont de visage. L'un et l'autre sont programmés par un discours sans sujet qui ne répond pas de la parole mais qui réagit aveuglément à l'excitation sexuelle quel qu'en soit le lieu. Nous le verrons plus loin. « Certains ne peuvent pas en société, dira F. Dolto, accorder leur visage et leur sexe. » Ils sont pris dans le tourment de ne pas aimer leur visage, de ne pas en être sûrs, d'être en guerre avec eux-mêmes dans la confusion de la sphère génitale avec celle des émonctoires, et, en définitive, dans la confusion du sexe et de la face.

> Dans mon rêve, le bébé arrive à la porte...
> et *je suis derrière lui*
> et je vois la chambre noire... un antre...
> Il est horrifié et il repart...
>
> *Je suis le bébé*
> et je lui demande ce qui s'est passé
> *Je suis le bébé,*
> il monte des escaliers
>
> Y a des femmes et je leur dis :
> « Ce bébé a été mordu par le serpent »
> et je touche avec le doigt entre les jambes...
> et j'ai le doigt plein d'excréments...
>
> *Quelque chose, dans le rêve, me faisait dire que le bébé, c'était moi*
>
> Petite, ma mère me mettait plein de suppositoires... pour l'asthme...
> je n'ai pas de souvenir de dégoût, ni de ma mère le faisant...
> Avec la maladie, y avait les suppos, la température...
> je n'aimais pas son attente, mais ça me paraît si loin...
>
> Ce bébé [du rêve] avait quelque chose de ridicule dans son affolement
> et quand il a eu peur à l'entrée...
> je crois que j'ai eu peur avec lui aussi...

La castration symboligène et le chemin de l'origine

L'entaille de la parole — dans l'interdit — convertit la différence en symbole. C'est de cela qu'il s'agit dans ce que F. Dolto appelle la *castration symboligène*. La conversion de la pulsion en désir, de la faim, de la soif, de la vue, du toucher, de l'ouïe... en désir d'être entendu, touché, vu, incorporé est corrélative de l'acte originaire de la parole. De la parole en tant qu'elle fonde originairement le rapport intersubjectif au lieu même de la différence.

Ce pouvoir créateur du symbole est transmis de génération en génération, dans la filiation, par la parole. Il fonde l'alliance dans laquelle les partenaires se reconnaissent comme sujets dans l'acte même où ils se connaissent comme objets de sensations. L'*image inconsciente du corps* est constituée par cet entrecroisement inconscient des sensations et des mots. Les traces verbales dont la chair est marquée dans l'histoire du sujet sont à interpréter comme la *marque déposée du sujet*. Découvrir cette marque, c'est retrouver le chemin perdu de l'origine, celui de la parole dans le silence de l'écoute.

« Mais si parler n'est pas, depuis soi-même, écouter, comme dit Heidegger, si notre être n'est pas constitué dans la mesure où dire la Dite, c'est être engagé en elle à fond et au fond par l'écoute », alors parler devient ambigu. Au lieu du don de la parole qui intime un ordre subjectif, un Autre au cœur du même, et qui appelle le don en retour — la réponse du sujet — tout se passe comme si la vie correspondait à la chose vue, à un objet des sens. Un objet relatif à un organe ou à un instrument dont on joue et qu'il faudrait tout à la fois posséder et laisser prendre en partie pour exister sensiblement dans le regard, ou dans l'appétit d'un autre. Comme si l'être résidait dans l'apparence. L'image inconsciente du corps est, chez F. Dolto, dans le lieu de l'entrecroisement de la chair et de la parole : elle articule l'*apparêtre* au *parlêtre*. Du même coup, en ce lieu d'articulation, elle en appelle à l'origine, au *Symbole qui fait l'homme* (J. Lacan).

Sans cette articulation du corps et dans le corps, l'homme ne se sent plus que comme un objet, une image. Sa chair est désertée par la parole au profit du seul regard et la dimension d'altérité ne soutient plus l'émergence ou l'assomption du sujet. Alors, dans une relation duelle, le miroir devient prison.

La tyrannie du regard

Au don de la parole par et dans le langage qui instaure l'espace intersubjectif du « nous » dont le visage est le signifiant, se substitue la tyrannie ou la feinte du regard. « À rien ne sert, en effet, le miroir des yeux si le sujet est confronté, en fait, au manque d'un *miroir de son être dans l'autre.* Car c'est cela qui est important[1]. » Pour échapper à la prise du visible par le regard persécutoire prêté à l'autre, l'homme s'offre en objet de concupiscence ou réduit l'autre à cet objet. Il devient apparemment sa chose ou il en fait sa chose, mais c'est afin d'échapper au fantasme d'un pouvoir réducteur ou meurtrier. Il se met en retrait, à l'abri de son propre regard devenu miroir.

D. V. : Comme si donner une partie de soi, « la carapace » (dont elle venait de parler), c'était garder la possibilité au moins de pouvoir vivre...

... Oui, parce qu'on prenait un peu de moi...
mais je n'étais pas ça...

D. V. : C'était un morceau de vous, vous n'étiez pas tout ça.

Non, je regardais l'autre avec un peu de moi...
mais j'étais là à ce moment-là...
tandis que maintenant il y a un fossé entre moi... et les autres
mais je ne deviens pas invisible non plus...

D. V. : Tandis qu'avant, vous deveniez invisible.

Oui, il me semble...
je sentais que je n'étais pas touchée, que j'étais préservée...
Je pleurais mais comme si je pleurais en rêve...
comme si l'effusion était autour de moi et je me disais que je devais m'arrêter.
Souvent je pensais que le choix, c'était de rester ou de partir...
mais si je me décidais à partir, ce serait l'autre partie de moi qui partirait...
Mais, quand je changeais de pays, à nouveau, je me retrouvais pareille.
La partie qui est en moi ne parle pas... elle regarde...
Je me dis, au fond, que c'est parce que je regarde que je ne parle pas..
Je regarde... je critique...

En fait, je pensais à une expérience précise.
C'était un texte à commenter, je n'ai pas pu le résumer parce que,
au lieu de simplement résumer,
je ne voyais que ce avec quoi je n'étais pas d'accord
et en même temps je ne le disais pas.

1. F. Dolto, *ibid.*, p. 148 : « Il ne suffit pas qu'il y ait réellement un miroir plan » ; p. 149 : « L'enfant entendant se connaît lui-même par qui lui parle. » Ce qui peut être dramatique, c'est qu'un enfant auquel fait défaut la présence de sa mère, ou d'un autre vivant, qui se reflète avec lui, en vienne à « se perdre » dans le miroir.

... Comme une réaction épidermique seulement (pas d'intimation de la parole)
comme si ça venait s'ajouter à quelque chose du même registre...
et qu'il y en avait assez,
que je ne voulais pas que ça existe,
mais que je ne pouvais pas le transformer.
Je ne voulais pas que ça existe
mais je ne pouvais pas dire : voilà ce que je propose à la place...
Ça n'a rien à voir (dénégation)...
mais j'ai pensé que j'avais une petite chienne...
Je suis toujours en décalage...
Je passerais des heures à la regarder...
À la campagne, je passais des heures entières à regarder les animaux...
et je me sens calme quand je la regarde...
Ce qui m'intrigue, c'est sa confiance...
C'est pas que ça m'intrigue... c'est que c'est merveilleux.
Elle est tranquille, mais pas toujours...
Tout ce qu'elle fait m'étonne... c'est pas que ça me surprend non plus...

D. V. : Petite, y avait un animal qui vous retenait plus spécialement ?

... J'ai pensé au chien des amis de mes parents...
mais je n'en ai pas de souvenir...
Je me rappelle que je l'aimais bien
et, qu'en fait, j'étais toujours avec lui.
Mais c'est comme si je m'en souvenais avec ma tête seulement...
Je me rappelle des chiens de B.
Ma mère dit que j'étais toujours avec le chat...
Quand il est mort, j'ai été malade.
Mes parents ne me l'ont pas dit
parce qu'ils avaient peur que ça me perturbe...
Il n'y a pas longtemps que ma mère m'a dit ça...

Dans cette primauté du regard où la brillance de l'objet occulte la lumière de la parole, l'homme *n'est* que s'il est visible et/ou voyeur, prisonnier de l'espace entre l'œil et le miroir, prisonnier de son regard. Il n'est plus « parlêtre », mais « apparêtre », être à part. Il est fasciné par les signes d'une vie sans parole qui le réassure dans une image. Cette assurance n'a rien à voir avec celle que prend le montagnard dans son ascension. Au contraire, c'est une fixation qui n'autorise pas le mouvement : elle fige l'homme et elle le fixe, elle l'épingle comme on épingle un papillon dans une collection sur un fond de honte où se dissimule soit le visage, soit le sexe. « Dans certains cas, les enfants se ressentent avec soit un visage correspondant à ce qu'ils sont, garçon ou fille, mais un sexe anatomique dont ils dénient les sensations (plus tard, ils les refoulent), en n'acceptant que le plaisir des fonctionnements de besoin — constipation, encoprésie, soi-disant cystite ou énurésie —, soit, au contraire, un sexe correspondant bien au leur, mais que leur façon de parler, de se comporter, n'assume pas. Ils ne peuvent pas, en société, accorder leur visage et leur sexe[1]. »

Cela se repère avec une grande et redoutable précision dans les cures :

> Quand je suis partie, l'autre jour, j'étais déprimée
> J'ai une voix qui dérape, qui se casse... une voix désagréable...
> Ce que j'appelle déprimée : c'est comme si mon corps se vidait.
> J'ai la sensation de ne plus avoir de jambes...
> Mais je me suis rendu compte
> que c'était parce que vous ne m'aviez pas parlé !

Bien plus tard :

> Je me demande si le contact avec ma mère va me rester toute ma vie.
> C'est un contact de l'extérieur
> et qui ne me met pas en rapport avec la vie.
>
> Comme si j'étais amputée de l'intérieur.
> Ce n'est pas que je n'ose pas en parler
> C'est que je ne veux pas !
> Je ne veux pas parler de ce qui se passe pendant les relations sexuelles avec P.
> Ce qu'il fait... ça correspond...
> je me suis dit que c'était comme avec ma mère !
> Avant, quand je pensais à ma mère, je pensais au contact avec ma mère :
> elle était comme une plante

1. F. Dolto, *ibid.*, p. 159-160. Ceux qui sont décrits dans cette note : L'identification à l'animal, si elle n'est pas compensée par la connaissance de soi en tant qu'enfant d'homme, va faire que les perceptions ressenties à son sexe s'érotisent selon la façon dont il lui est parlé, dont on répond à ses questions, et lui font associer son sexe positivement ou négativement au narcissisme de son image spéculaire. *Il y a des cas où l'enfant ne peut pas intégrer avec fierté la particularité de son sexe, garçon ou fille.* « Moi-Je » ne se sent pas valeureux d'être garçon ou d'être fille, à cause d'une référence au phallus particulière à sa famille, à cause de sa place dans la fratrie ou de l'importance relative du père ou de la mère dans la famille (si le parent de son sexe lui paraît dévalorisé par l'autre, ou par rapport à l'autre).

— j'aurais dû dire un animal tentaculaire —
mais je pense à une plante.
Je pensais que j'étais sur ses genoux
Elle me faisait sauter sur ses genoux...
Je n'ai plus de souvenir : je me vois comme une chose, un paquet
ou, plutôt, une poupée de chiffon...
Je repense à ce mot : contact avec ma mère.
Je pense à des mots comme son odeur... Je vous en ai déjà parlé...
et puis... ça n'entre plus dans mon corps !
...
Je me sens fermée.
Je me dis que mon corps est fermé,
mais je vais vivre...
et je me disais : est-ce que c'est possible ?

D. V. : C'est parce que le corps s'est fermé que votre voix s'est mise en place.

(Étonnée) Ma voix ? La voix qui s'entend ?
Mercredi, j'ai été à l'école avec X. Et il a rencontré un collègue.
J'ai dit bonjour et j'ai été chercher la voiture...
Tout de suite j'ai pensé que cet homme avait dû entendre ma voix...
et j'avais honte.
... Un jour, avec X, peut-être plusieurs fois... je ne sais pas comment dire ?
avec X, il m'a semblé que j'avais un corps nouveau !
J'attendais qu'il se lie à moi, qu'il prenne place...
Ça lui est impossible... sauf quand moi, je suis fermée...
Je sais pas si c'est...
De loin, je me dis que c'est ce qui se passait avec ma mère...
et quand je m'assois sur ses genoux,
les jambes écartées autour d'elle,
mon sexe sur son ventre...
— comme c'était avec mon père —
mais il ne me semble pas que je parle de moi,
je parle d'un volume, d'une masse.
À chaque fois que ça tapait, ça me faisait une carapace.
Je crois pas que j'en voulais toujours davantage...
et si j'avais ressenti (quelque chose), ça aurait été insupportable.
Mais je ne voulais pas qu'elle soit déçue... ni en colère.
Je ne la vois pas joyeuse.
Je la vois comme voulant m'obliger
et pourtant, ce n'est pas ce qu'elle semblait dire...
Je ne sais pas ce que je ressentais.
C'est la question que je me pose ! (annulation et/ou non symbolisation).

Aux prises avec des sensations sexuelles provoquées par la mère et par le père dans un contact incestueux sans rapport au visage et sans attention véritable, sans paroles vraies qui touchent à l'image inconsciente du corps, l'enfant est livré à une excitation provoquée de l'extérieur et qui va jusqu'au déclenchement de l'orgasme éprouvé comme une chute voisine de la mort. Mère qui fait sauter sur ses genoux sa fille comme un objet, père qui tous les soirs joue avec sa fille en la faisant mettre à cheval sur ses épaules... sans qu'ils puissent se regarder lorsqu'il la pose devant lui... alors que père et mère ne cessent de se dévaluer réciproquement quand ils ne participent pas à une sorte d'orgie avec des amis pendant laquelle l'enfant se réfugie dans les pattes et la compagnie du chien sous la table pour « se mettre à l'abri de leurs mots » et de leurs regards, tel est le *contact extériorisant* d'une jeune femme livrée aux sensations sexuelles dans une honte terrifiante de sa voix et de son visage.

Au lieu que la différence d'avec l'autre, d'avec la mère et/ou le père, se réalise dans l'unité de la parole originaire, c'est le corps sensuel, les sens, la sphère génitale, vu en tant qu'objet partiel (des sens) qui devient lien insupportable, constamment détruit, dont une partie est à séparer de sa propre chair pour l'offrir à l'autre afin que le sujet ne soit pas pris dans le mensonge, dépecé, dénié. Mensonge ici veut dire parole qui ne donne pas la vie attendue. Son corps est sans visage puisqu'il s'en est retiré. (On rencontre souvent une telle dissociation dans le viol et/ou dans l'inceste.) Il en résulte un « sentiment d'injustice » puisque ce dû charnel — une partie du corps prise comme objet partiel ou transitionnel — est pratiqué pour éviter la parole ! S'amputer imaginairement d'un morceau de soi, c'est finalement refuser la parole, c'est-à-dire éviter la castration : on peut *devoir donner* sa bouche à dévorer plutôt que de s'engager dans une relation de parole avec quelqu'un. Écoutez plutôt ce que cette femme disait un an plus tôt :

> Mon corps, je l'vis comme un objet à part,
> en tout cas, entre moi et les autres...
> (je fais tomber un stylo, elle sursaute)
> J'ai peur des bruits en ce moment. C'est un exemple.
> Mon corps a des réactions exagérées et j'en suis, moi, surprise.
> Je voudrais que mon corps ne fasse plus question

qu'il soit intégré à moi-même
Je pense à une chanson : c'est « le corps violent des fédérés »
Je ne me rappelle plus le reste.
Ce qui me fait peur, c'est que mon corps est autonome
Je me rends compte... après... que je me suis approchée de quelqu'un...
et avec mon corps... y a le son de ma voix... que j'ai posé ma main...
J'ai l'impression d'une injustice...
ça trahit le noir au fond de moi...
ou le dur de ma voix... ou le sans respect (du tact)
et j'ai l'impression que je ne le veux pas, l'impression d'une injustice...
Est-ce que le mensonge, c'est de fuir du fond de moi ?

Sentiment d'injustice, impression de décalage, sensation d'être « à côté de ses pompes » proviennent de ce que le langage a perdu sa référence à la parole et qu'il est devenu système de signes perturbé ou code détruit. La forclusion de la parole se laisse souvent entendre, cliniquement, dans la disparition du visage et, particulièrement du visage de la mère ou du visage de celle qui en a tenu lieu.

Le narcissisme basal et la cohérence du sujet

Le terme *narcissiser* que F. Dolto emploie touche bien davantage au fondement d'une identification subjective qui réfère inconsciemment le corps ressenti au nom reçu d'un visage illuminé par la parole et le désir. Même s'il n'est pas conceptualisé comme tel, le *visage* ne manque pas à l'articulation théorique de F. Dolto. Dès la naissance, l'enfant est pris dans le langage. Le langage est *ce qui donne droit à la vie symbolique de l'enfant*[1]. Il symbolise la *castration de la naissance* qu'elle appelle la *castration ombilicale*[2]. Au flux sanguin de l'ombilic en tant que lien à la vie et aux vivants par la médiation du corps de la mère se substitue le flux et le reflux de la respiration par la médiation de la voix qui éveille la parole. Répondre de la parole dans le champ du langage, c'est avoir un visage et c'est naître, prendre corps. « Les mots, pour prendre sens, doivent d'abord prendre

1. F. Dolto, *ibid.*, p. 90-98. C'est dès la castration ombilicale que l'angoisse ou la joie, dans la triangulation parents-enfant, où circule la vitalité dynamique de l'inconscient, marque de façon symboligène ou non le psychisme d'un être humain, quelle que soit son organicité, etc.
2. *Ibid.*, p. 93.

corps, être du moins métabolisés dans une image du corps relationnelle[1]. »

Le « visage » s'adresse au sujet par la médiation de l'image inconsciente du corps. Comme F. Dolto le souligne : « L'image du corps est du côté du désir, elle n'est pas à référer au seul besoin. » Elle est ouverte à la lumière invisible de la vie — le Réel — en même temps qu'au schéma corporel — l'Imaginaire. Il est dans la lumière du monde le reflet de la vie intérieure. En lui, la différence aspire à l'unité du nom. Il échappe à la captation de l'œil, à la réduction à une image ou à une sensation. Il inscrit le sujet dans un rapport d'altérité avec un autre corps. En même temps, il interdit de confondre l'homme avec autre chose que lui. La lumière ici, n'est-ce pas ce qui articule l'ordre des sensations à l'ordre du *nom, celui du Père des vivants* ? Le visage est ce qui articule l'ordre des sensations dans l'espace différencié du corps à l'ordre du *nom* dans le temps des générations. Il ouvre, d'un côté, sur ce qui se voit à la lumière du monde, de l'autre, sur ce qui s'entend à la lumière de la vie. Double face entre le visible et l'invisible, il est métaphore du sujet. F. Dolto en rend compte de manière inimitable[2].

Phallus anonyme ou visage.
L'identité désirante inconnue[3]

Le terme de narcissisme s'enrichit, chez F. Dolto, quand il s'agit du *narcissisme basal de l'image de base.* Il ne peut se réduire au processus selon lequel Narcisse est pris au reflet de sa propre image dans l'eau où il se noie lorsque sa femme, *Écho,* reflet sonore, ne substitue plus à cette image son visage. La lumière de la parole n'est pas le reflet de l'image. Elle est l'élément aérien, le souffle, par lequel le visage se distingue de l'image. La parole qui distingue l'image du visage en même temps qu'elle différencie les choses entre elles et les visages entre eux. Elle est tout à la fois *castratrice* — elle sépare — et *symboligène* — elle génère le sujet dans la différence. Elle parle à qui écoute dans cette lumière-là.

L'ouverture du visage est signifiante de la lumière d'un sujet *invisible* pour un autre visage. En elle s'établit une

1. *Ibid.*, p. 45.
2. *Ibid.*, p. 96-97.
3. *Ibid.*, p. 163.

différence entre la lumière des étoiles et celle du regard, différence qui se laisse entendre dans la phrase du rêve que F. Dolto analyse dans son livre : *Ma petite chérie dont les yeux sont plus beaux que les étoiles*[1].

C'est seulement dans la référence à ce qui parle, dans la référence au sujet — par ce qu'ils représentent, l'image ou les objets, pour quelqu'un — que les mots méritent l'appellation de « signifiants ». Lorsqu'un obstacle est mis à cette référence des mots à la parole, s'installe et prédomine un sentiment de « coupure » ou de « flottement ». L'homme en tant que sujet se trouve décalé, non symbolisé dans le langage. Il refuse alors de *prendre la parole qu'on ne lui a pas donnée.* Telle est la problématique infernale du *rejet-refus*. Elle consiste à refuser indéfiniment d'avoir été rejeté... au lieu de reconnaître dans le rejet la modalité d'une parole ou d'un désir perverti. (Dans un autre registre : comment « faire le deuil » d'une mère que l'on n'a jamais eue ? Faire « le deuil » vient justifier un mensonge : « faire *comme si* on en avait eu une ».) L'homme s'inscrit alors dans un code ou dans un système de signes non signifiants — c'est-à-dire qui ne représentent plus le sujet. Il s'y enferme et il se trouve manipulé par ce langage anonyme. Pris dans le dédoublement, il s'auto-manipule dans la mesure où il s'en sert, dans la mesure même où il parle. Quand le langage ne parle plus, qu'il n'est plus référé à la vérité qui parle, l'homme va jusqu'à perdre sa langue comme on perd un objet partiel. Il ne peut plus faire la vérité ni venir à la lumière, il demeure dans les ténèbres, dans le brouillard, dans le froid des mots qui l'emprisonnent sans autoriser à communiquer, à donner la parole. Il est prisonnier d'un fantasme de toute-puissance qui ne le réfère à rien d'autre qu'à lui-même.

Un homme très théoricien rêvait qu'on lui montrait une langue, un organe isolé, coupée en morceaux : chaque mor-

1. F. Dolto en vient à dire, à propos des traces verbales non compréhensibles provoquant, dans le rêve d'une de ses patientes, « une intensité de bonheur qui consolerait de tout si elle durait », que « son image du corps avait eu pour substrat la parole de celle qui la portait petite, une jeune indienne, et que cette parole faisait lien malgré la rupture » du schéma corporel survenue à l'occasion d'une métastase médullaire qui la rendait paraplégique. Ne pouvant plus se porter, elle était soutenue, portée, par ce qui l'avait déjà tenue debout et avait accompagné ses premiers pas : une petite phrase dite à ce moment-là avait dans l'inconscient la fonction d'un *viatique d'amour.* Les phonèmes entendus dans le rêve et traduits par quelqu'un qui en connaissait la langue signifiaient : *Ma petite chérie dont les yeux sont plus beaux que les étoiles.*

ceau était vivant comme une langue entière. Et, alors qu'il associait, sans comprendre, sur le fait que souvent il ne disait pas ce qu'il pensait et qu'ainsi il était « entraîné dans un système de compromission »... je prenais la balle de l'interprétation au bond en ajoutant « un système de compromission qui va jusqu'à prendre une langue morte pour une langue vivante ». Je signifiais ainsi l'ambiguïté des mots dans la métaphore onirique... puisqu'il y donnait justement « sa langue au chat ». Aux résonances provoquées par l'intervention, j'ai pu me rendre compte qu'il m'avait conduit sur le bon chemin pour que je lui indique la direction du mensonge ou, du moins, de la confusion entretenue.

Lorsque, dans les premiers mois de la vie, le visage de la mère et/ou du père a été confisqué par le désespoir et par la peur, il est alors fréquent d'entendre l'enfant se défendre d'avoir été nommé par elle : « Mon nom ne m'a pas été donné par mes parents. Il vient de moi. » Cette auto-nomination touche à une sorte de délire de filiation. Et un tel être n'a pas pu recevoir son nom de ce visage préoccupé ailleurs (triste et sidéré). Il ne vaut et n'a d'identité aux yeux des autres que relativement à ce qu'il fait. D'où la nécessité *surmoïque* de *se faire être*. Il se fait être par lui-même faute d'être inscrit par quelqu'un — fantasme ou réalité ? — dans la suite des générations. Comme s'il n'avait reçu la parole d'aucun visage souriant l'appelant par son nom, comme s'il était sans identité. « Cette identité inconnue de chacun de nous, garçon comme fille, est sans doute arrimée à la liminaire et lumineuse perception du premier visage penché sur le nôtre[1]. »

1. F. Dolto, *ibid.*, p. 163. Au cours de l'Œdipe et encore pendant toute la vie, nous nous plaisons à conquérir des identifications successives et à en poursuivre l'exaltation. Ces identifications successives à ce qui se donne à voir du moi font plus ou moins fi de l'identité sous-jacente du sujet désirant (image inconsciente du corps) pour ne pas s'exposer à des risques de rétorsion. *Ces identifications successives,* poursuit Françoise, *viennent tout simplement du déplacement de la valeur attribuée au phallus ; mais aucune de ces identifications ne peut répondre de notre identité désirante* inconnue qui est, elle, depuis la castration primaire, sans image inconsciente du corps ! Cette identité inconnue de chacun de nous, garçon comme fille, est sans doute arrimée à la liminaire et lumineuse perception du premier visage penché sur le nôtre. Ce regard brillait-il d'une expression d'amour en nous accueillant, nous, le nouvel hôte inconnu au foyer de nos parents ? Était-ce un visage de technicien professionnel d'accouchement ? En tout cas, c'est le regard de ce visage humain, le premier repère à notre identité-valeur.

Image du corps et féminin

MURIEL DJÉRIBI-VALENTIN*

Du maternel au féminin : l'écriture de Sexualité féminine

Chaque fois que F. Dolto évoque le moment qui fut à l'origine de l'écriture de *Sexualité féminine*[1], elle précise qu'alors, elle ne se sentait « pas prête » pour ce qu'elle désigne toujours comme « un travail de commande ». Cette commande d'un rapport sur la sexualité féminine pour le congrès international d'Amsterdam, prévu en septembre 1960, lui serait parvenue par la voix de Serge Leclaire, des instances de la SFP, la Société française de psychanalyse dont elle était cofondatrice depuis sa démission, en 1953, de la Société psychanalytique de Paris (SPP). En même temps, elle se souvient que la charge de ce rapport s'accompagna pour elle d'une grande inquiétude et s'en explique en disant qu'à l'époque, à en juger par les productions exclusives de ses collègues hommes, elle s'estimait tout à fait incapable de produire un tel travail théorique. Aussi, dans le texte ronéotypé du rapport, intitulé *La libido génitale et son destin féminin*[2], elle exprime l'idée qui nous paraîtra pour le moins rapide que cette « élaboration symbolique synthétique »

* Psychanalyste.

1. F. Dolto, *Sexualité féminine. La libido génitale et son destin féminin*, Gallimard, 1996.

2. Il s'agit d'un rapport de 118 pages, rédigé par F. Dolto, dans la perspective du congrès d'Amsterdam. On lira avec intérêt les précisions qui éclairent les circonstances de ce congrès, dans la préface de *Sexualité féminine, op. cit.* Dans ce même ouvrage, la note de l'éditeur rappelle les différentes éditions de ce texte.

qu'est la théorie lui semble être un « type de travail créatif conceptuel (qui) n'est pas du ressort de l'intelligence féminine » et elle ajoute, s'adressant à ses collègues et auditeurs d'Amsterdam : « J'attends de mes collègues masculins qu'ils s'y adonnent avec succès dans les autres rapports. » Provocation ironique ? Fausse humilité ? Au fond, il n'en est rien, car quelque dix années plus tard, alors qu'elle est déjà occupée au projet de transformer ce rapport pour l'offrir à un public plus large, cette pensée lapidaire se précise et prend des contours plus nets. Dans un « commentaire » sur *Sexualité féminine*, elle confie ce qu'elle estime être son propre apport en tant que psychanalyste et en tant que femme à la théorie : « La théorie m'aide à comprendre au cours d'une psychanalyse les processus de dégagement de la libido... c'est (cet) aspect rencontre, non pas pédagogique mais rencontre restructurante à certains moments clefs que je pense avoir saisi par ma théorie et qui demande de l'autre pour l'enfant (le psychanalyste) une certaine attitude (contre-transférentielle) pour les dépasser... attitude surtout nécessaire chez les jeunes (mais aussi) chez les adultes quand ils revivent dans l'analyse des périodes extrêmement archaïques. *C'est pourquoi j'ai mêlé là, la théorie et le transfert*[1], car je ne crois pas qu'on puisse faire une théorie de l'analyse sans que ce soit une théorie du contre-transfert. » Et elle ajoute : « Peut-être que les hommes sont capables de faire une théorie de l'analyse de façon abstraite, mais je ne crois pas qu'une femme puisse faire une autre théorie de la psychanalyse qu'une théorie du contre-transfert féminin dans l'analyse[2]. » En 1982, au moment de la première publication de ce qui deviendra *Sexualité féminine*, supprimant l'interjection lapidaire adressée à ses auditeurs d'Amsterdam, dans une introduction, elle développera et modulera cette idée, qui se révèle essentielle dans l'histoire de la question de la sexualité féminine, du lien qui unit la théorie au transfert. En effet, ce lien qui est au cœur de la découverte de l'inconscient, Freud ne l'a-t-il pas resserré quand, au début des années 30, en pleine révision de sa théorie de la sexualité féminine, il constate lui-même que le transfert paternel qu'il induit forcément en tant que fondateur de la psychanalyse, l'em-

1. Souligné par moi.
2. F. Dolto, « Commentaires », in *Sexualité féminine*, *op. cit.*, p. 330-332.

pêche d'entendre ce que les femmes analystes commencent à lui confier de ce qu'elles entendent dans les cures de femmes, concernant la période préœdipienne et l'attachement premier de la fille à la mère. Dans l'introduction de 1982, F. Dolto, renoue avec ce fil de la pensée freudienne, et va même jusqu'à envisager les conséquences du choix du sexe de l'analyste dans la cure.

Un autre élément va nous permettre d'étayer ce qu'il en fut de son inquiétude en 1960. Il nous vient d'un texte récent de W. Granoff, chargé alors, avec F. Perrier, du deuxième rapport français d'Amsterdam. Il y révèle une tension à l'intérieur de la SFP entre le groupe d'analystes travaillant autour de Lacan, et celui qui était plus proche de F. Dolto. Selon Granoff, dès les « Propos directifs[1] » rédigés par Lacan pour appeler au congrès, un défi aurait été lancé qui visait F. Dolto, dont l'audience était rendue responsable d'« une dérive [...] qui emmenait les choses de l'analyse vers un enveloppement absolu du féminin dans ce qui était considéré comme d'essence maternelle, vers une promotion, théoriquement exorbitante, du couple mère-nourrisson [...][2] ». Ce reproche, que W. Granoff reconnaît aujourd'hui lui avoir été adressé à tort, nous parvient comme la trace d'un malentendu existant à l'époque entre ces deux courants de pensée qui prenaient leur essor dans la fin des années 50, mais il atteste en même temps la liberté du déploiement de leur pensée respective dans une certaine distance qu'ils s'offraient l'un à l'autre. Nous savons aujourd'hui que, dans cette liberté et ce respect mutuel, ces deux enseignements ont assuré la grande richesse des dix années de la SFP. Les deux rapports présentés à Amsterdam, l'un par deux proches disciples de Lacan, l'autre par F. Dolto elle-même, deux écrits dont la longévité éditoriale est incontestable, étaient donc l'émanation de deux sensibilités, de deux transmissions qui, pour être différentes, n'en étaient pas moins complémentaires et fortement liées l'une à l'autre. Ainsi, l'une comme l'autre ne tardèrent pas à être mises à l'index par l'organisation psychanalytique internationale, leur mise à l'écart apparaissant même, en 1963, comme la condition d'une réintégration de la SFP à cette organisation.

1. J. Lacan, « Propos directifs pour un congrès sur la sexualité féminine, 1958 », in *Écrits*, Le Seuil, 1966, p. 725-736.

2. W. Granoff, postface à l'édition de 1991 pour W. Granoff et F. Perrier, *Le désir et le féminin*, Aubier-Montaigne, 1979.

Cependant en 1958, nous n'en sommes pas encore là et proposer la sexualité féminine comme thème d'un congrès, dans un moment où les enjeux politiques n'étaient pas des moindres, c'était prendre des risques d'affrontements dans le seul but de rouvrir quelques fissures dans l'épaisseur d'un dogmatisme qui, depuis la mort de Freud, avait complètement gelé la question. Que restait-il, en effet, du questionnement fécond de Freud, commencé en 1923 et poursuivi jusqu'en 1932 ? Il avait abouti, après sa mort, à un conformisme désolant de la pensée. À peine restait-il le vague souvenir d'un affrontement théorique dans ladite querelle anglo-viennoise, trop souvent réduite à un affrontement entre Freud et Jones et qui perd tout son sens dans le seul aspect polémique qui en est toujours privilégié. Dès 1957, revenant sur cette querelle dans son séminaire, Lacan désigne comme « divagations théoriques » cette inflation dans les années 20 des propos sur la sexualité féminine, dont il attribue l'émergence aux nombreux malentendus provoqués par le caractère abrupt des énoncés freudiens. Mais l'examen attentif qui s'impose de ce débat peut aussi nous en révéler le caractère d'incontestable ouverture théorique qui est due, non pas comme au début aux femmes hystériques inventant l'analyse avec Freud, mais, à en juger par les nombreux textes qu'il met à notre disposition, à la clinique des femmes analystes qui participent à ce débat comme partenaires de Freud. Plus encore, il apparaît évident que ce qui est sorti de ce moment qui aura été si près de la scission, c'est une tout autre ouverture, celle de la psychanalyse d'enfants qui a déplacé entre deux femmes (Anna Freud et Melanie Klein) la scission qui aura été évitée. L'histoire atteste ce lien entre la théorie de la sexualité féminine et la psychanalyse d'enfants. D'ailleurs, je ne rappellerai qu'un point de cet échange des années 20 : pour sortir des nombreuses contradictions que Freud attribuait à un manque de matériaux, rendant ses propos lacunaires et d'une incroyable complexité, il n'hésite pas à demander l'aide de ses disciples en leur suggérant d'aller chercher dans ce qu'il nomme « l'époque de la floraison précoce de la vie sexuelle », c'est-à-dire dans l'enfance. Des années après, c'est justement cette floraison, privilégiée dans sa clinique, que F. Dolto entend faire fructifier dans son rapport d'Amsterdam.

Après la défection de Marianne Lagache, dont la participation l'avait momentanément rassurée, la jugeant beaucoup plus capable qu'elle sur le plan de la théorie, F. Dolto, renvoyée à sa solitude, se résout enfin à penser qu'avec ses vingt ans de pratique, elle a « pas mal d'expérience et des choses à dire ». À elle, au moins, les matériaux ne manquent pas. Elle choisit de passer par sa clinique des enfants et par la description des différentes phases de leur développement, cette voie qu'elle avait déjà empruntée en 1939 dans sa thèse *Psychanalyse et pédiatrie*[1]. Sa clinique, dans la fin des années 50, on la sait déjà très riche, grâce à ses premières communications sur la théorie des images du corps, récemment publiées par les soins de G. Guillerault dans *Le sentiment de soi*[2], et qui couvrent justement la période allant de 1956 à 1958. À cause de cette proximité des temps de leur élaboration, on pourrait penser que la théorie de la sexualité féminine émane de celle de l'image inconsciente du corps, ce qui se vérifierait d'ailleurs tant dans la méthode d'exposition que par les matériaux utilisés. Mais il est tout aussi intéressant de remarquer qu'elle ne publiera *L'image inconsciente du corps*[3] qu'en 1984, c'est-à-dire après avoir mené à son terme, en 1982, la publication de *Sexualité féminine*, montrant ainsi que ce texte, dont elle disait qu'il n'avait pas été reçu à Amsterdam, gardait pour elle une priorité.

Or, comprendre cette priorité exige que nous ne lâchions pas le fil de l'inquiétude qu'elle ressent au moment où il lui est demandé de soutenir publiquement ce qu'il en est d'un destin féminin de la libido. Peut-être nous faudrait-il alors revenir sur ces énoncés de Freud dont Lacan soulignait le caractère abrupt et qui étaient alors les accords majeurs de toute la communauté analytique. Je suppose connue cette note des *Trois essais*[4] qui rappelle que « la libido est d'essence masculine » Quant au destin féminin, n'oublions pas non plus la frayeur avouée de Freud devant ce que la femme de trente ans lui renvoie de fatalement fixe, d'immuable, dans ses positions libidinales : « Là, aucun espoir de voir se réaliser une évolution quelconque; tout se passe comme si la pénible évolution vers la féminité avait suffi à épuiser les possibilités de l'individu. » De cette tonalité funèbre qui clôt le dernier texte de Freud sur la sexualité

1. F. Dolto, *Psychanalyse et pédiatrie*, Le Seuil, 1971.
2. F. Dolto, *Le sentiment de soi. Aux sources de l'image du corps*, Gallimard, 1997.
3. F. Dolto, *L'image inconsciente du corps*, Le Seuil, 1984.
4. S. Freud, *Trois essais sur la théorie sexuelle*, Gallimard, 1987.

féminine, F. Dolto n'entend pas faire son dernier mot. Elle annonce dès l'introduction qu'elle entend « dépouiller le mot destin de ses résonances fatales » et adjoint à la théorie de la libido la modulation essentielle d'un destin féminin. À côté du pôle masculin d'une libido active à visée d'émission, à l'origine d'un mouvement centrifuge, F. Dolto fait apparaître le pôle féminin d'une libido active à visée d'attraction, à l'origine d'un mouvement centripète mais aussi, à l'instar du pôle masculin, de valeurs d'une éthique et d'une esthétique centripètes. Elle y désigne un pôle de réceptivité et d'ouverture à partir duquel se développent toutes les modalités psychiques de ce qu'elle nomme « génie féminin ». Ce génie, je crois aujourd'hui qu'elle l'entendait non pas dans un sens qui pourrait prêter à une quelconque infatuation, mais au sens de genèse, comme naissance et développement, mouvement et devenir.

C'est toujours à partir de son observation des enfants qu'elle refuse l'inflation que connaît dans la pensée analytique la phase dite chez la petite fille de « déconvenue narcissique » liée à l'appréhension de la différence des sexes, et qui comme elle le dit avec force « avait fait penser que la sexualité des femmes s'était dépressivement construite sur ce moment ». Or, même si « l'envie du pénis » qu'elle précise « centrifuge » est pour elle repérable dans l'observation, sa phase de déconvenue s'avérera transitoire si la petite fille peut recevoir par la parole la confirmation valorisante des voies creuses de son sexe invisible, sensible qu'elle est depuis sa naissance à l'accueil qui lui est fait en tant que fille. La réception de cette parole qui nomme et valorise son pôle attractif — tant il est vrai pour F. Dolto que « ce qui n'est pas nommé, n'est rien » — non seulement lui permet de s'identifier à sa mère et aux autres femmes et d'investir son corps de sa curiosité libérée, mais lui donne également la possibilité d'une valorisation du corps phallique dans son pouvoir attractif puisque « dès lors conçu comme tel complet dans sa forme », l'intégrité de son corps lui est redonnée par la nomination essentielle de son sexe. Ce sont toutes ces motivations qui se mettent souvent en opposition dynamique et font de la phase phallique de la fille, pour F. Dolto, un carrefour de créativité et d'intelligence, d'ouverture dans tous les sens du terme. L'entrée dans l'Œdipe héritera également d'un conflit entre ce qui correspond pour la fille à l'angoisse de castration sous la forme de « viol éviscérant », issu des imaginations prégénitales cannibaliques de la sexualité précoce, et le « désir de viol » adressé au père, qui s'en dégage dans la période œdipienne. Si aucune condamnation ne vient de la mère pour l'expression de l'attirance envers le père, de qui la fille attend confirmation de son pouvoir de séduction, elle pourra, en se tournant vers lui, se dégager de son premier investissement homosexuel et, rassurée, s'engager dans la voie des sublimations. Dès lors, on la voit prendre une grande avance sur le garçon sur le plan du dire (oral) et du faire (anal). L'angoisse de castration sous sa forme de viol éviscérant sera donc surmontée dans la résolution œdipienne par un renoncement narcissique qui « porte le fruit » de la sublimation. Pour s'y engager, elle devra recevoir de son père l'assurance qu'elle attend, de la chasteté de leur rapport « d'aimance » dans la verbalisation toujours nécessaire pour F. Dolto de l'interdit de l'inceste qui les soumet l'un et l'autre, père et fille, à la loi commune de l'humanité. Ainsi cette phase qui pour Freud paraissait vouée au roc de la déconvenue apparaît-elle ici, et à ces seules conditions, comme le franchissement d'un passage.

Au contraire, dira-t-elle, le garçon connaît des risques bien plus grands, soit qu'il s'attarde à rester l'objet partiel de sa mère, soit qu'il est pris dans son narcissisme entre le souci de ce membre précieux et de son érectilité, et la nécessité où il se trouve en tant que garçon d'avoir à le risquer dans le corps à corps des combats : « C'est là, précise-t-elle, que se joue de façon compliquée le masochisme masculin dans le fait qu'il doit se refuser à une régression maternante alors qu'elle serait souvent tentante et surtout nécessaire à la restauration du morcellement auquel il est beaucoup plus soumis dans ses fantasmes que les filles. »

Pour apprécier aujourd'hui combien cette pensée se heurtait au conformisme ambiant de l'époque, il nous suffit de tendre l'oreille à une autre voix d'Amsterdam, celle déjà évoquée de W. Granoff. Dans la relecture de son rapport à laquelle il nous invite dans sa postface de 1991, il tente de définir ce qu'il nomme « le soubassement intemporel » des travaux avancés à Amsterdam. Se refusant à toute assertion, il formule sa pensée sous la forme d'une question : « Est-il si sûr que la traversée soit pour les femmes tellement plus dangereuse que pour les hommes ? Ne serait-il pas pensable que le complexe de castration soit plus grave et rende les hommes — les garçons — plus fragiles et plus dépendants encore dans leur sexualité que les filles du cours de leur complexe d'Œdipe et de son issue ? » Et plus loin, spéculant sur l'avenir de la théorie, il propose une hypothèse : « Peut-être sera-t-il donné de voir ou de mieux savoir que les femmes sont plus audacieuses "sexuellement" que les hommes, parce qu'elles ont à porter et à outrepasser en quelque sorte directement et dans leur être même ce qui est parfois fantasmatiquement si dur à côtoyer pour les hommes et qui à l'occasion les rend impuissants. » En ce sens, selon W. Granoff, la difficulté pour la femme semble tout autre : « Peut-être, nous dit-il, réside-t-elle dans la nécessité, pour les femmes, d'avoir à franchir elles-mêmes ce qui fait d'elles l'objet d'une répulsion sexuelle universellement discernable dans le mythe et le fantasme — revers du désir dont elles sont la cause[1]. »

Ce détour par le mythe, pressenti par W. Granoff pour sortir des impasses de la théorie de la sexualité féminine, est essentiel pour la théorie analytique. Nicole Belmont[2] nous fera entendre comment ces récits mythiques que sont les contes de tradition orale produisent leur propre théorie et leur propre interprétation dans la multiplication de leurs versions, à travers l'évocation de ce franchissement dans la trajectoire d'une héroïne.

Maintenant, j'aimerais montrer comment des textes inédits retrouvés aux Archives nous ont permis de retracer la genèse de la pensée de F. Dolto sur la sexualité féminine, qui nous semble justement avoir été pour elle un véritable franchissement. Ces textes nous ont permis de mettre au jour une séquence essentielle de sa pensée. Nous apprenons par eux que, préparant le congrès, elle aborda cette question par ses figures imposées, la frigidité et le masochisme, thèmes massivement traités dans la littérature analytique. En juin 1959, le masochisme fait justement l'objet d'un article de Mme Luquet, analyste de la SPP, publié dans la *Revue française de psychanalyse* sous le titre : « La place du mouvement masochique dans l'évolution de la femme[3]. » Cette analyste y prenait elle-même ses distances avec la

1. W. Granoff, postface, in *op. cit.*, p. 121-123.
2. Voir plus loin dans cet ouvrage, N. Belmont, « Image inconsciente du corps et contes : lecture croisée ».
3. C.-J. Luquet, « La place du mouvement masochique dans l'évolution de la femme », *Revue française de psychanalyse*, t. XXIII, n° 3, 1959, repris dans F. Dolto, *Le féminin*, Gallimard, 1998, p. 330-344.

méthodologie qui consistait alors à ne s'attacher qu'au registre pulsionnel sans tenir compte du déroulement dans le temps de la constitution du moi féminin, sans articuler le génital au prégénital, en privilégiant donc la notion d'un « masochisme féminin normal ». F. Dolto se lance dans une réflexion sur cet article et souligne aussitôt l'intérêt du rapprochement qu'il propose entre une cure de femme adulte et l'observation suivie d'une petite fille de la naissance à quatre ans. Cette réflexion se présente comme une lecture mot à mot des matériaux cliniques livrés dans cette observation. Elle relève les points sur lesquels, même si elle est d'accord avec la perspective générale de cet article — qu'elle développe dans un autre texte « À propos du soi-disant masochisme féminin normal[1] » — F. Dolto s'affirme en rupture avec l'observation de C.-J. Luquet. Ce sont, bien sûr, ces points de rupture qui vont creuser l'originalité de sa pensée. La patiente de Mme Luquet est une femme adulte qui va découvrir l'origine de sa frigidité dans la période préœdipienne grâce à la reviviscence, dans sa cure, de conflits très précoces. L'essentiel des matériaux produits consiste dans ce que cette patiente, elle-même, appelle ses « crises », constituées d'un matériel préverbal de monstration que l'analyste interprète immédiatement comme l'évocation d'une scène primitive, entendue, bien sûr, comme d'habitude comme scène vue ou imaginée du coït des parents. F. Dolto ne l'entend pas ainsi et interprète ces mêmes matériaux en les rapportant à une époque antérieure. Pour elle, cette antériorité va même se radicaliser, c'est une séquence originaire qui va apparaître : s'il s'agit d'une *scène primitive* pour cette femme, elle est celle de sa propre conception qui, pour y accéder, l'amène à jouer devant l'analyste celle de sa naissance, première dans la remontée, en lecture, des signes qu'elle présentifie. Cette traversée en amont lui permet d'accéder à la réparation narcissique qu'elle constitue toujours, selon F. Dolto, pour le sujet féminin, car elle accède ainsi à l'acceptation de sa sexuation en y recevant la confirmation de l'accueil dont elle a été l'objet, lors de sa naissance, en tant que fille. Pour cette patiente, il s'agissait d'abord de revivre une naissance traumatisante au point de vue symbolique, sans joie et donc dénarcissisante pour

1. F. Dolto, « À propos du soi-disant masochisme féminin normal », in *Le féminin*, *op. cit.*, p. 161-171.

le père, la mère et l'enfant, mais au-delà, il lui fallait revivre la scène primitive encore moins humanisée de sa propre conception, celle vécue par des parents infantiles et rarement satisfaits l'un de l'autre. Aussi F. Dolto soutient-elle, à propos de cette femme, que : « (Si ses parents) lui avaient donné ce qui émanait d'eux sans en avoir peur, c'est (un) don de meurtre et de mort qu'elle aurait reçu. C'est cela d'abord qu'elle doit intégrer puis pardonner, c'est-à-dire devenir le Je-Moi qui, détaché du besoin affectif de dédommager ses parents, les honorera d'une façon désintéressée[1]. » Dans *Sexualité féminine*, la traversée et la reviviscence de cette scène primitive vont s'avérer absolument nécessaires pour une véritable résolution œdipienne. Pour cette femme, elle est un don de vérité qui, confirmant son ressenti, lui permet de reprendre sa progression et de retrouver la valeur de son sexe dénié. Autrement, dira F. Dolto, elle est sans cesse appelée à régresser et à revivre « l'émoi attractif du vœu de ses parents » en le rejouant dans son transfert à son analyste, comme pour recréer « un contact qui soit conforme à ce qu'elle a ressenti du non-accueil et du vœu de mort de ses parents[2] ».

L'interprétation de F. Dolto prend également en charge le symptôme somatique présenté par la patiente en début de cure sous forme de douleurs lombaires dont l'origine semble en rapport avec un traumatisme vertébral. À ce propos, F. Dolto nous donne un aperçu de son génie d'observation, toujours en rapport très étroit avec un déploiement des représentations symboliques des images du corps qui lui permet de rejoindre très exactement la patiente dans son point de souffrance. Pour elle, c'est l'axe vertébral qui figure dans le corps ce point de souffrance et plus exactement ce qui se nomme la charnière lombo-sacrée, car au lieu de vivre cette scène primitive, comme il se doit dans « le plus ancien lieu narcissique imaginable » désigné ainsi par F. Dolto parce qu'il est le « lieu focal de la résultante de trois vecteurs des forces *convergentes* (des désirs) du père, de la mère et de l'enfant[3] », la patiente la revit corporellement dans le lieu focal de la résultante de trois vecteurs de forces *divergentes*, signifiantes d'un corps humain féminin :

1. *Ibid.*, p. 133-134.
2. *Ibid.*, p. 133.
3. *Ibid*, p. 136.

le disque vertébral focalise cette divergence en signifiant l'obstacle à la convergence, à l'unité articulée et harmonieuse entre la statique verticale, l'éthique sociale bivalorielle qu'illustre la fente de la marche et la complaisance sexuelle à l'attraction complémentaire. Ce passage me paraît une passerelle intéressante entre la théorie de l'image inconsciente du corps et celle de la sexualité féminine.

Pour conclure sur le cas de cette femme, une opération chirurgicale d'abord « envisagée et remise » puis « décidée et pratiquée » en fin de cure apparaît à F. Dolto comme la reviviscence, pour la patiente, de la scène primitive. Elle lui permet « d'abréagir de façon hystérique à la fois l'inceste sadique hétérosexuel avec le père, actif (le chirurgien), l'inceste homosexuel avec la mère, passive (la psychanalyste), et l'avortement par l'énucléation du disque, fétiche du fruit coupable qu'elle avait été et qu'elle réassumait d'être en y prenant, par acquiescement [...], un plaisir masochique, initiatique de sa santé rénovée[1] ». Elle accédait ainsi à ce que F. Dolto désigne comme le fruit émotionnel de la scène primitive.

Ces textes de préparation du congrès sur le masochisme, restés inédits jusqu'à la publication récente du *Féminin*[2], lui font prendre un tournant décisif. Ils dégagent une tonalité polémique assez rare dans son œuvre, en conservant la marque du difficile travail de dégagement qui s'impose à elle pour élaborer sa pensée sur la question de la sexualité féminine, hors du conformisme de l'époque. Elle ne reprendra jamais la matière de ces textes. Dans *Sexualité féminine*, il n'en demeure plus que quelques échos assourdis, bien que l'axe même de sa pensée en soit tracé et en reste imprégné. Le dépouillement des archives de F. Dolto nous a livré ce jalon essentiel qui manquait à la compréhension de la genèse de cette pensée si originale.

F. Dolto aura reçu de cette commande de travail sur le féminin une incitation majeure, en prenant le risque qui accompagne toute ouverture de la pensée. Des années après, il nous semble qu'elle en donne une interprétation lumineuse dans sa lecture des Noces de Cana[3]. Elle rappelle

1. *Ibid*, p. 137.
2. F. Dolto, *Le féminin, op. cit.*
3. F. Dolto, *Les Évangiles et la foi au risque de la psychanalyse*, Gallimard, 1996, p. 35-40.

que lorsque Marie commande à Jésus d'apporter aux convives le vin qui vient à manquer, il essaie d'abord de s'y soustraire. Or ce « non » de Jésus, dira F. Dolto, n'est pas une négation, mais une dénégation, révélatrice de son désir. À y regarder de plus près, il ne s'adresse pas à sa mère, mais plutôt au féminin qui, dans sa mère, vient susciter sa vocation : « Femme, dit-il, qu'y a-t-il entre toi et moi ? Mon heure n'est pas encore venue. » C'est dans ce rôle inaugural et unique que Marie est l'initiatrice. N'écoutant pas l'angoisse de celui qui tarde à « naître à sa vie publique », elle demande alors aux serviteurs de faire tout ce qu'il leur dira, incitant son fils à se mettre aux commandes. Ailleurs, F. Dolto désignera le féminin comme un « résonateur qui suscite » ; ici, il fait hâter la maturation d'une vocation. Cette interprétation se renouvelle dans les Évangiles, à propos de l'étrangère, la Cananéenne rencontrée par Jésus sur une frontière[1]. Elle s'y tient pour lui adresser une demande, de l'autre côté des frontières qu'il s'est lui-même fixées, se réservant aux seuls Enfants d'Israël. Appel pour qu'il sorte de ses frontières, appel de femme suscitant sa vocation universelle, auquel il tentera encore de résister avant de se laisser porter par son désir. Mais quelle est donc la demande de cette femme ? Celle de porter secours à sa fille, possédée par un démon. On croirait entendre l'appel irrésistible des femmes hystériques en mal de transmission, auquel une autre vocation, celle de Freud ne se dérobera pas. Ainsi, la question du féminin a-t-elle constitué, pour F. Dolto, un rendez-vous essentiel avec la transmission freudienne.

Je viens d'évoquer le cheminement d'une articulation théorique qui, comme toujours, fut le produit d'un combat intérieur. Mais, pour conclure, je préfère lui laisser la parole pour l'évoquer à sa manière dans un récit qu'elle fait dans *Le Nouvel Observateur*[2], deux ans avant sa mort. Elle y raconte justement une visite au Musée d'Amsterdam au cours de laquelle, suivant d'abord l'attroupement touristique qui se pressait autour de *La ronde de nuit* de Rembrandt qu'elle était spécialement venue admirer, son regard se déplaça et lui permit de découvrir la robe flam-

1. F. Dolto, *ibid*, p. 117-121.
2. F. Dolto, « L'hymne à l'amour », *Le Nouvel Observateur*, 3-9 janvier 1986.

boyante de *La fiancée juive* qu'elle n'avait jamais vue. Elle tente de décrire son émotion, la surprise qui lui fait monter les larmes aux yeux, sa pétrification même, puis elle se met à dire le tableau, les personnages, l'homme et la femme, les corps qui ne se touchent pas encore, les mains qui parlent à leur insu, puis le regard « sourcé en soi-même, présent [au] cœur ému, [qui] semble penser l'avenir, confiant dans l'autre ». Avec cette confiance qu'elle entend dans le mot « fiancée », elle imagine aussi les fonds du tableau assombris par le temps : la maison, l'arbre, les objets domestiques font de ce tableau, dit-elle, un « hymne profane à l'amour », qui pour elle signe ses retrouvailles avec « le plus ancien lieu narcissique imaginable », et rejoue le mystère de cet accord entre deux êtres qui les fait à la fois émetteur et récepteur en les modifiant, grâce auquel « chaque spectateur peut rêver, croire au mystère de sa propre naissance, célébré ici par le lien qui unit deux créatures ».

Cette confiance, qui demeure comme le trait d'union de toute son œuvre, traverse *Sexualité féminine*. Ainsi fut-elle appelée à en témoigner à Amsterdam.

NICOLE BELMONT*

Image inconsciente du corps et contes : lectures croisées

F. Dolto déclare dans le dialogue préliminaire à *Sexualité féminine* : « [...] moi [...] je parle de l'évolution de la petite fille telle qu'elle est, future névrosée ou non, je m'occupe de sa sensibilité à l'autre sexe, de sa sensibilité sexuelle locale, je m'intéresse à l'être au féminin, qu'il soit pathologique ou qu'il ne le soit pas[1]. » Il m'a semblé qu'il y avait là l'énoncé d'un projet qui pourrait se dire également des contes de tradition orale, de ceux, en l'occurrence, qui racontent des destins féminins. L'expression « de tradition orale » inclut les récits qui n'ont connu que la transmission « de bouche à oreille » et exclut, sinon à des fins de comparaison, les contes littéraires, écrits ou réécrits. Seuls les premiers en effet s'élaborent selon les mécanismes de formation du rêve. Ils racontent l'itinéraire d'un être immature, masculin ou féminin, comme étranger à lui-même, qui réussit à travers des difficultés, des entraves, des épreuves, à acquérir son identité et à conquérir un partenaire de l'autre sexe.

L'affinité de F. Dolto avec les contes est déjà manifeste dans certains de ses souvenirs d'enfance. Que l'on pense par exemple aux « babouches d'Aboukassem ». Que l'on pense aussi au jugement si juste qu'elle énonce concernant

* Directeur d'études à l'EHESS.

1. F. Dolto, *Sexualité féminine. La libido génitale et son destin féminin*, Gallimard, 1996, p. 34.

les contes de tradition orale dans *La cause des enfants*[1] : « Remettons les contes de fées dans leur contexte social. Étaient-ils faits pour les enfants ? Je ne crois pas. Les contes de fées étaient faits pour les veillées, autant pour les adultes que pour les enfants. C'était un message. Ça pouvait être entendu “par tous les âges”, mais pour apprendre de rudes vérités[2]. » Voilà en quelques mots les contes traditionnels définis par rapport à deux de leurs caractères essentiels : d'une part, ils ne sont pas pour les enfants, mais les enfants peuvent les entendre, d'autre part ils apprennent de « rudes vérités », écartant ainsi toute intention pédagogique.

J'insisterai un peu plus sur le récit qu'elle évoque dans *Autoportrait d'une psychanalyste*[3]. « [...] je pense à ce conte dans lequel on demande à un type de transporter je ne sais combien de faux. Il est très fatigué quand il arrive, car, alors qu'il avait sa charrette, il les a portées sur son dos. On lui a dit : “Mais tu n'avais qu'à les mettre sur le foin !” Et lui : “Qu'est-ce que je suis bête de n'avoir pas pensé à ça !” Et, la fois d'après, son maître l'envoie porter quelques aiguilles à sa dulcinée pour qu'elle fasse une broderie. Alors il met les aiguilles dans la charrette de foin et quand il arrive, on lui dit : “Qu'est-ce que tu es bête ! On ne peut plus les retrouver, maintenant qu'elles sont dans le foin !” [...] Je me souviens que j'étais comme ça ; Gros-Jean comme devant, à cause d'une logique qui était de faire confiance à ce qu'on m'avait dit[4]. » Ces histoires de Jean-le-Sot, innombrables, répétitives, s'enchaînant les unes aux autres, font partie d'un répertoire très populaire qui stigmatise l'enfant, le plus souvent un garçon, incapable d'accéder à la fonction symbolique. Il reste pris à la lettre des paroles maternelles, parfois jusqu'à la mort. Ce Jean-le-Sot qu'on classerait cliniquement comme débile ou schizophrène n'a pas réussi la coupure d'avec la mère, dont les paroles n'ont pas de portée symbolique. C'est dans *L'image inconsciente du corps* que F. Dolto décrit un tel sujet « en attente de symbolisation ». « Il ne peut rien exprimer de son image du corps, il ne peut rien en “mimiquer”. Il ne peut exprimer qu'une stupéfaction niaise ou alertée, en attente de sens[5]. » Sans faire

1. F. Dolto, *La cause des enfants*, Laffont, 1985.
2. F. Dolto, *ibid.*, p. 48.
3. F. Dolto, *Autoportrait d'une psychanalyste*, Le Seuil, 1989.
4. F. Dolto, *ibid.*, p. 25.
5. F. Dolto, *L'image inconsciente du corps*, Le Seuil, 1984, p. 41.

le lien avec l'histoire, évoquée ailleurs, de Gros-Jean, F. Dolto nous en donne la clé dans cette description où le conte rejoint la clinique en son point crucial. Mais pas n'importe quelle clinique : une clinique apparemment plus descriptive que théorique, mais dont la manière très particulière de décrire ouvre à la compréhension du cas. On tentera de le montrer avec un récit qui raconte un destin féminin très singulier.

La fille aux mains coupées est un conte répandu dans toute l'Europe et au-delà, et qui a inspiré un grand nombre de récits médiévaux dont le plus célèbre s'intitule *La manekine* de Philippe de Beaumanoir. On y suit l'itinéraire dramatique d'une fille mutilée soit par le diable, soit par son père, soit par son frère ou encore à l'instigation de sa mère ou de sa marâtre. Voici le résumé d'une version empruntée à la collecte faite par P. Sébillot en haute Bretagne. « Un homme qui avait six enfants n'avait plus de quoi les nourrir. Il rencontre un “monsieur” qui lui propose de lui vendre un de ses enfants. Le père consent, non pas pour un enfant déjà né, mais pour un enfant à naître. Le diable dicte ses conditions : il ne faudra pas le baptiser et il viendra le chercher quand il aura sept ans. La mère, mise au courant, se refuse à donner la fille dont elle accouche, elle la fait donc baptiser. Quand celle-ci approche de ses sept ans, une bête est tous les jours sur le chemin de l'école, qui lui dit : — Tu es à moi, je t'aurai. La religieuse qui est sa marraine lui conseille de faire le signe de croix, quand elle sera emmenée par le diable, de la main droite, puis de la gauche s'il lui coupe la droite, puis de la tête s'il lui coupe la gauche. Ce qui arrive en effet, mais le diable, ne pouvant plus exercer son pouvoir, ne l'emmène pas plus loin. Elle se réfugie dans un arbre creux, où elle est nourrie par un des chiens du seigneur voisin. Le chien maigrit et le seigneur le suit, découvre la jeune fille, qui a grandi, dont les vêtements se sont usés. Il l'enveloppe dans son manteau, elle est douce et jolie, il l'épouse contre l'avis de ses parents. Mais il est obligé de partir à la guerre. Elle accouche de deux enfants. Les parents du seigneur lui écrivent qu'elle a accouché de deux petites bêtes et ils chassent la jeune femme en lui attachant les enfants sur le dos. Elle rencontre successivement Notre-Seigneur, saint Paul, puis saint Pierre à qui elle demande en vain de détacher les enfants pour les faire boire. Ils lui répondent les uns après les autres : “Allez plus loin, vous trouverez qui vous les détachera." "Elle arriva à une fontaine, et, en se penchant pour y boire, un des enfants y tomba ; elle voulut le rattraper comme si elle n'avait pas été manchotte, et aussitôt il lui revint un bras ; en se penchant encore pour boire, elle laissa son autre enfant tomber à l'eau, il lui vint un autre bras, et elle était comme avant d'avoir été mutilée par le diable." Elle se réfugie dans une petite maison près d'une ferme. Le mari revenu de la guerre se met à sa recherche. Au bout d'un an de quête il arrive dans cette petite maison. Elle le reconnaît, mais ce n'est que le lendemain que lui la reconnaît. "Ils restèrent à demeurer ensemble et ils furent heureux jusqu'à la fin de leurs jours[1]." »

Les autres raisons qui justifient la mutilation se fondent sur la jalousie, soit que la mère ou la marâtre de l'héroïne soit envieuse de sa beauté et ordonne à des serviteurs de lui couper les bras et de l'abandonner, soit que l'épouse de son frère estime que celui-ci lui est trop attaché : elle tue alors son chien favori, son cheval favori, puis leur propre enfant en prétendant que c'est sa sœur qui est coupable. Son frère l'emmène au fond de la forêt et l'abandonne après l'avoir mutilée.

En dépit de ces variantes qu'il faudrait évidemment prendre en considération, le conte a été interprété en termes de conflit œdipien, sous l'influence des textes médiévaux où c'est en effet le cas, puisque le père devenu veuf désire épouser sa fille, seule à pouvoir succéder à sa mère, et que, pour échapper à cette demande détestable, elle se mutile elle-même en se coupant le bras gauche. C'est ainsi qu'un chercheur américain, Alan Dundes[2], y voit un effet d'« inversion projective ». C'est la fille qui désire épouser son père, mais l'interdit qui pèse sur l'inceste exige le renversement de la proposition : c'est mon père qui désire m'épouser. Il va jusqu'à supposer que la main coupée signifie le refus d'accorder sa main au père. L'interprétation générale n'est sans doute pas fausse, mais elle méconnaît tout ce qui différencie une version d'une autre version et risque de verrouiller la réflexion et d'empêcher

1. Paul Sébillot, *Contes populaires de la haute Bretagne*, 2e série. *Contes des paysans et des pêcheurs*, Charpentier, 1881, no XXXIX.

2. A. Dundes, « The Psychoanalytic Study of the Grimm's Tales with Special Reference to "The Maiden Without Hands" (AT 706) », *The Germanic Review*, no 62, 1987.

une analyse plus fine, en aveuglant par cette évidence. Les versions qui font intervenir les relations entre le diable et le père, peuvent suggérer par exemple un conflit qui se situe à la génération antérieure, celle du père et de son propre père, persécuteur toujours présent, à qui il faut donner sa propre enfant, conflit que la fille devra résoudre dans sa chair.

Obligée de quitter sa famille, la fille mutilée trouve un abri dans un arbre creux. Elle subit une régression considérable, pendant laquelle elle ne trouvera aucune aide humaine, abritée dans un végétal, nourrie par un animal. De cet arbre creux, abri métaphoriquement utérin dans lequel elle croît en taille et en beauté, elle sort parfois, comme le racontent les versions où ce n'est pas un chien qui la nourrit, pour venir mordre à même les fruits du verger du roi. C'est ainsi qu'elle est alors découverte après qu'on l'a prise pour un animal ou un être monstrueux. On pense au cas de cette petite fille de cinq ou six ans, qui n'avait depuis deux ans rien saisi avec les mains, qu'elle tenait repliées sur l'avant-bras et l'avant-bras sur le thorax. Elle mangeait à même les assiettes. F. Dolto lui désignant la pâte à modeler, lui dit : « Tu peux la prendre avec ta bouche de main », lui procurant, dit-elle, « la médiation fantasmée de la bouche, zone érogène gardée pour avaler et survivre, ce qui lui a permis l'usage du bras[1] ». Ce qui est ici phantasme individuel interdisant l'usage des mains et des bras est mis en scène par le conte comme mutilation infligée par le père ou à cause du père. De cette petite fille, F. Dolto commente : « Son schéma corporel et son image du corps avaient régressé quant à "prendre" (mais non pour "marcher") à une époque où ils n'étaient pas encore croisés au niveau de l'agir, du faire, qui appartiennent à l'érotique anale[2]. » L'héroïne du conte, si en effet elle peut marcher jusqu'au fin fond de la forêt, ne peut en revanche plus *prendre*. Sans doute est-elle devenue l'image inversée de son père qui, lui, *a pris* l'argent du diable et donné sa fille en échange. Elle est devenue sujet passif et non actif du verbe prendre. Signalons, pour montrer que cette image est insistante, qu'elle n'est pas le moins du monde fortuite, une version norvégienne où le diable ordonne au père de couper les mains de sa fille, car elle se signe et se purifie avec

1. F. Dolto, *L'image inconsciente du corps*, Le Seuil, 1984, p. 36-37.
2. *Ibid.*, p. 37.

de l'eau, puis avec ses propres larmes. Mais elle continue de se protéger en portant sous le bras un livre de psaumes. « La paix avait déserté la maison [...] ils devaient la nourrir, parce qu'elle n'avait plus de mains pour tenir la cuiller, ils devaient lui mettre le pain dans la bouche pour qu'elle le morde. Alors elle quitta la maison. » Le motif se répète à sa place narrative traditionnelle, lorsqu'elle se nourrit en mordant à même les fruits du jardin du roi[1].

Cette régression, où sa seule activité semble d'ordre oral, constitue un temps de latence au bout duquel elle sera découverte. C'est à ce moment que le récit signale sa beauté. Ce temps de latence n'a donc pas été que régression. Un prince, tombé amoureux d'elle, insoucieux de sa mutilation, la *prendra* en mariage, lui faisant fabriquer parfois des mains d'argent, « pour la parade » dit une version, insistant sur le caractère seulement esthétique, donc non fonctionnel, de cette prothèse. Elle lui donnera un ou plus souvent deux enfants — comme si le caractère double des membres que sont les bras et les mains entraînait presque nécessairement la mise au monde de deux enfants. Ces enfants, leur père ne les connaît pas puisqu'il est parti à la guerre. Bien que sa paternité ne fasse pas de doute, il n'a pu les reconnaître au moment de la naissance. Cette absence paternelle a de lourdes conséquences, en premier lieu le nouveau bannissement de la jeune femme. Disons auparavant, et pour montrer que le conte fait toujours preuve de beaucoup de mémoire, qu'au moment des retrouvailles entre les époux, à l'épilogue du récit, ce sont souvent les enfants qui reconnaissent leur père en le nommant ainsi, alors que le père n'a même pas reconnu son épouse. La carence du père à la naissance des enfants oblige ceux-ci à inverser le processus de reconnaissance.

Quel que soit l'auteur des lettres annonçant la naissance d'animaux, chiens ou chats[2] — ce peut être le diable qui continue de la poursuivre de sa haine, la belle-mère qui n'a pas accepté ce mariage, la belle-sœur jalouse ou encore le père toujours malveillant —, la jeune femme est de nouveau obligée de partir, portant ses enfants sur le dos, dans un

1. G. Herranen, « The Maiden without Hands (AT 706). Two Tellers, Two Versions », in *D'un conte à l'autre. La variabilité dans la littérature orale*, Éd. du CNRS, 1990.

2. A. Dundes voit dans la naissance supposée d'animaux une indication de la composante œdipienne du récit, puisque la descendance issue d'unions incestueuses ne pouvait qu'être monstrueuse.

double sac : elle les porte comme s'ils étaient encore en gestation, incapable de les tenir. Quelle que soit l'élaboration narrative justifiant les événements, on entend aussi qu'elle n'est toujours pas plus épouse — son mari est absent — que mère — elle ne peut porter ses enfants, car sa mutilation la prive encore et toujours de ses facultés de préhension. Elle retrouve ses mains, ses bras, dans un épisode qui prend des apparences de miracle, puisque ce sont des personnages surnaturels chrétiens qui, d'une manière ou d'une autre, les lui font recouvrer. Ils sont présents, non pas tellement comme des figures de la religion chrétienne[1], mais comme supports symboliques d'une parole capable de redonner à la jeune femme l'usage de ses mains. Dans la version résumée tout à l'heure, les saints se conduisent en véritables analystes, à l'instar de F. Dolto, qui revient sur cette autre petite fille sans mains, phobique du toucher, « qui put retrouver l'usage de la préhension par mon dire : "Prends avec ta bouche de main." Par cette parole, j'avais comme "feinté" l'image tactile ; l'enfant avait pris l'objet, l'avait rapté et l'avait immédiatement porté à sa bouche, avec son bras, qui, au lieu de rester replié sur le corps, avait pu s'étendre et permettre à la main de prendre, ce qu'elle ne savait plus faire depuis des mois, comme si elle ignorait qu'elle eût des mains[2] ».

Dans notre version de référence, la parole des trois personnages rencontrés est : « Allez plus loin, vous trouverez qui vous les détachera » (il s'agit des enfants attachés sur son dos et qui ont soif). Cette parole révoque la mutilation infligée par le père ou à l'instigation du père et permet à l'héroïne de rattraper les enfants tombés à l'eau. Le conte exprime en termes de récupération d'organes ce qui est récupération fonctionnelle pour la clinique. L'héroïne est donc devenue mère puisqu'elle peut porter ses enfants dans ses bras ; il lui faut attendre encore un peu pour devenir épouse capable également d'*embrasser* son mari, de le prendre dans ses bras, geste apparemment banal, mais qui témoigne d'une image du corps intègre et désirant celui de l'autre.

La scène qui décrit le moment où la jeune fille, cachée dans son arbre creux, est trouvée par le prince est rapide

1. Puisque en effet le récit ne quitte pas le genre narratif qui est le sien — conte merveilleux — pour devenir légende chrétienne.
2. F. Dolto, *L'image inconsciente du corps*, Le Seuil, 1984, p. 56.

mais elle comporte des éléments récurrents. L'héroïne, on l'a dit, est devenue très belle. D'autre part elle est quasiment nue puisque, avec le temps, ses vêtements se sont usés, ou même ont pourri. Une version précise qu'ayant grandi, elle n'est plus vêtue que d'une robe trop courte. Sa nudité, qu'elle signale au prince, est voilée du manteau de celui-ci. Elle signale également sa mutilation, qui l'empêche de mettre elle-même ce manteau. Elle exhibe donc alors un corps *phallique* à celui qui deviendra son époux, tombé amoureux d'elle instantanément. « Pour la fille, c'est son corps qui est phallique non pénien. Pour tout homme qui regarde une femme qu'il aime, elle représente son pénis haussé à la grandeur phallique [...] Mais il se trouve que, pour elle aussi, la femme, le corps, par sa substance même, est formellement phallique[1]. »

Le conte donne à voir une image de la femme d'autant plus phallique qu'elle n'a plus de bras. Jean-Paul Valabrega dit pour sa part : « La femme et plus encore la fille virginale, parce que la vierge est — si l'on peut dire — doublement démunie de pénis : une première fois par son appartenance originaire au sexe féminin ; et une seconde fois parce que, comme vierge, elle ne reçoit pas le pénis, fût-ce temporairement dans l'accouplement avec l'homme, et qu'elle ne l'a jamais reçu[2]. » Il fait appel aux représentations préhistoriques de femme-phallus, telle la Vénus de Sireuil, dépourvue de bras — mais la Vénus de Milo, qui en était pourvue, n'est-elle pas d'autant plus belle de les avoir perdus ? « [...] c'est la femme et non pas l'homme qui représente, qui *est* symboliquement, phantasmatiquement et mythiquement le phallus, précisément parce qu'elle n'a pas le pénis en tant qu'organe du corps[3]. »

Cette interprétation trouve un appui, sinon une preuve, dans les versions africaines de ce conte. Venu sans doute d'Europe, le conte s'est enrichi, chez les populations d'Afrique où on le trouve, de variantes narratives très intéressantes : le récit est alors réélaboré en fonction des sociétés d'accueil[4]. Ainsi pour une très belle version du Dahomey, où l'héroïne naît à une femme qui jusque-là voit

1. F. Dolto, *Sexualité féminine*, *op. cit.*, p. 353, n. 64.
2. J.-P. Valabrega, *Phantasme, mythe, corps et sens*, Payot, 1992, p. 19.
3. *Ibid.*, p. 334.
4. Suzanne Ruelland, *La fille sans mains. Analyse de dix-neuf versions africaines du conte type 706*, SELAF, 1973.

mourir tous ses nouveau-nés. La petite fille reçoit un bracelet — que le contexte ethnographique permet d'interpréter comme équivalent du cordon ombilical —, qu'elle ne peut enlever de son bras, alors qu'un jeu entre petites filles consiste à mettre, retirer, remettre, échanger son bracelet. Une de ses compagnes lui coupe le bras pour prendre la parure. Mariée à un roi, elle cache sa mutilation sous son pagne, puis, obligée de se soumettre à une séance collective de battage du mil impliquant toutes les coépouses, se voit donner par la Mort non seulement sa main, mais aussi une beauté plus grande encore et des richesses. Dans d'autres versions il s'agit d'une exhibition de toutes les coépouses mises à nu.

D'autres variantes révélatrices impliquent non pas une héroïne, mais un héros, un garçon tellement beau que le roi le prend pour une fille qu'il veut épouser. Le père accepte. Le comportement du garçon intrigue les autres coépouses, car, comme la fille sans main, il fait sa toilette à l'intérieur d'un enclos bien fermé. L'une d'elles l'épie, le dénonce au roi, qui ordonne une exhibition générale. Désespéré, il va jusqu'à un autre monde, où un personnage surnaturel, la Mort parfois également, ou un animal, le castre sans douleur. Certaines versions racontent que ce personnage transforme le pénis en nourriture, en manioc par exemple, que le garçon devra offrir à la coépouse dénonciatrice, qui mange goulûment et acquiert les attributs masculins : régression orale qui lui fait franchir dans le mauvais sens la frontière entre les sexes.

Les versions africaines confirment d'abord, dans une configuration narrative un peu différente, la conception du corps féminin comme phallique, exhibé quand les femmes pilent le mil[1] ou défilent nues devant le roi. Les versions qui mettent en scène la castration du garçon obligé, et désireux, de devenir fille démontrent par des voies autres mais convergentes, a contrario, qu'il faut transformer le corps pourvu de pénis en corps phallique pour qu'il devienne féminin.

1. Dans une version provenant également du Dahomey mais recueillie plus récemment, le roi, séduit par la beauté de la jeune femme pilant le mil, vient à elle et lui demande de le piler : « Pile-moi, ma reine. Pile-moi, ma reine, je te dis : pile-moi ma reine. » À quoi elle répond : « Je suis venue piler le mil, je ne suis pas venue te piler. » Mise en scène étonnante où la femme phallique, en possession des mains et des bras qui manœuvrent le pilon, inverse les rôles sexuels (S. Ruelland, *ibid.*, p. 28).

Que F. Dolto nous aide à comprendre plus finement les contes est un fait. Que sa manière propre de comprendre l'évolution de l'enfant en adulte, les avatars de cette transformation et ses nombreux ratés, failles et fourvoiements divers, en est un autre. C'est d'abord la qualité de son écoute — elle parle de *disponibilité* d'écoute — qui, fondamentalement, rend son approche comparable au discours des contes de tradition orale. L'analyse est une pratique qui fait appel à la parole et à l'écoute (et au dessin quand il s'agit d'enfants dont la parole n'est pas suffisante encore) : on retrouve le bouche à oreille des contes. Cette évidence est comme oubliée, comme si elle n'était plus qu'une convention, non pas dans la pratique analytique, mais dans la *transmission* analytique, c'est-à-dire au moment où l'analyste tente de faire la théorie de ce qu'il a entendu. Deviennent alors caducs les balbutiements, les phrases inachevées, les reprises, les soupirs, les non-dits, les gestes même qui font partie intégrante de la pratique vocale, et qui, en l'occurrence, ne relèvent pas de la fonction phatique du langage parce qu'ils sont signifiants : à condition, d'abord, qu'on y soit attentif et ensuite qu'on réussisse à les décrypter. Un phénomène analogue se produit lorsqu'on tente de transcrire les récits émanant de l'oralité. Si attentif que soit le transcripteur, il ne pourra faire autrement qu'élaguer la parole foisonnante et buissonnière du conteur pour obtenir un texte *lisible*, clair, dépourvu d'équivoques — je pense par exemple aux incertitudes de l'emploi oral des pronoms personnels, dont on ne sait pas toujours quel personnage du récit ils désignent —, un texte intelligible immédiatement. Alors que le conte raconté, oralisé, est souvent ambigu, énigmatique, non pour ce qui est du schéma narratif, qui suit son chemin, celui du héros ou de l'héroïne, mais pour ce qui est des façons de dire, des manières d'enjoliver, des à-côtés, des petits gauchissements narratifs propres à telle tradition ou à tel conteur ou telle conteuse, des lacunes, des ajouts éventuels. Cette disponibilité permet également de se laisser surprendre : par le patient, par le conte, sans qu'une théorie préexistante risque de produire une surdité au sens caché d'une parole, d'un geste ou d'un motif narratif. F. Dolto n'avait pas cette peur de se laisser surprendre par des paroles étonnantes ou, au contraire, trop anodines pour être non signifiantes.

Il s'ensuit, comme elle le dit elle-même, que sa théorie et

son travail de théorisation sont inséparables du contre-transfert et « du contre-transfert féminin dans l'analyse ». Ce n'est pas une théorie de l'analyse comme les hommes peuvent en proposer[1]. Ce sont des comptes rendus cliniques qui sont aussi des histoires de vie, même si, chez les enfants, il s'agit de courtes vies mais suffisamment perturbées pour en valoir de plus longues. Mais, comme les contes, ces *histoires* possèdent une efficacité symbolique, une efficacité thérapeutique.

Avec le récit de la Fille sans mains, nous avons bénéficié de l'observation de F. Dolto qui nous a aidés à comprendre le conte. Mais il serait nécessaire de poursuivre cette « lecture croisée », qui, ici, n'est qu'ébauchée. Pour finir j'aimerais mettre l'accent sur les deux points qui, à ce stade de ma réflexion, me paraissent importants. Il s'agit en premier lieu du statut de ces formules elliptiques, énigmatiques, déconcertantes et cependant percutantes, qu'on trouve à la fois chez F. Dolto et dans les contes de tradition orale — « Prends avec ta bouche de main », « Allez plus loin, vous trouverez qui vous les détachera ». Ces formules ne sont pas de l'ordre de l'interprétation, mais de la compréhension, peut-être même plus de l'ordre de l'*entendement* que de la compréhension. Quelque chose se fait alors *entendre*, c'est-à-dire quelque chose que l'inconscient peut saisir immédiatement à l'insu de la compréhension consciente. Les contes de tradition orale fonctionnent de cette manière : sous la narration manifeste se cache le sens latent, qui n'est pas décrypté consciemment par les auditeurs, mais qui entraîne un travail, une élaboration, une *réception*.

Le deuxième point qu'il me semblerait important de considérer avec plus d'attention, c'est l'usage que fait F. Dolto du terme « humanisant ». Dans *L'image inconsciente du corps*, elle parle des « effets humanisants » des castrations et particulièrement de la castration anale. « C'est grâce à cette autonomie conquise du fait de la castration anale, autonomie de l'enfant à l'égard de sa mère, mais surtout de sa mère à son égard, que l'enfant, fille ou garçon, se sent humain et peut, comme on dit, "se mettre à la place d'un autre", [...] et ainsi développer les soubassements d'une éthique humaine[2]. »

1. F. Dolto, *Sexualité féminine*, *ibid.*, p. 332.
2. F. Dolto, *L'image inconsciente du corps*, *ibid.*, p. 73.

Il est étonnant, quand on lit ce texte, de penser que le héros ou l'héroïne des contes se qualifie comme tel, au tout début de ses aventures, grâce à un geste de compassion, d'identification à un autre, souvent pauvre vieux ou vieille avec qui il partage son maigre repas, ou encore animal auquel il porte secours. Bien que défavorisé, niais, naïf, simplet, il est compatissant, capable d'identification, humanisé, déjà humain.

J'ai tenté de faire sentir les similitudes, les correspondances, entre ce que j'appelle le *langage du conte*, ses façons de s'exprimer, de dire ce qu'il a à transmettre sans jamais l'énoncer explicitement, et ce *langage en acte* qui me semble un des apports essentiels de F. Dolto. Mais l'exploration ne fait que commencer.

Image du corps
et psychanalyse d'enfant

WILLY BARRAL*

Le corps et la parole : la régression dans l'image du corps

L'image inconsciente du corps est entièrement axée sur le désir, lequel est à égalité de vie et de mort, mais dont la focalisation créatrice d'humanité est la communication avec un autre.

Si nous communiquons avec un être fiable, si nous régressons grâce à cet être fiable jusqu'aux images du corps les plus archaïques, et si celui avec lequel nous communiquons est un être de vie, alors tout se répare. C'est ainsi que s'expliquent les guérisons dites miraculeuses. La guérison que nous appelons surnaturelle n'est autre qu'un phénomène naturel dont la rapidité et l'ampleur sortent des règles habituelles. Peut-être même y a-t-il plus de guérisons là où il y a plus de paroles, car c'est la parole qui est le lien de l'espèce humaine.

Nous avons parlé théorie précédemment. Je vais maintenant vous parler clinique. Je vais m'attacher à développer un seul point, le plus central à mon sens : nous percevons et nous vivons notre corps à chaque instant, mais nous le percevons souvent sur un mode qui reste inconscient, et cela au point d'identifier notre vie au seul acte de penser.

Que l'image inconsciente du corps de F. Dolto puisse nous engager à sentir notre corps vivant est une dimension très importante de ce concept! C'est d'ailleurs pour cela

* Psychanalyste, président de l'association La Harpe-Enfant de droit.

que j'ai intitulé mon livre : *Françoise Dolto, c'est la parole qui fait vivre. Une théorie corporelle du langage*[1]. Vous retrouverez l'essentiel de mon propos dans cet ouvrage collectif que j'ai réalisé avec certains de mes collègues.

En effet, quand on entend dire un peu partout que la psychanalyse ne toucherait pas au corps, qu'elle ne s'intéresserait pas au corps, je me demande de quoi on parle. Puisque nous percevons, à travers ce concept d'image inconsciente du corps, à quel point F. Dolto considérait le sujet incarné dans un corps vivant, conçu comme le substrat relationnel du langage d'un sujet désirant communiquer dès sa conception, alors même qu'il ne dispose pas encore des mots permettant de le faire. Entendez par substrat relationnel du langage tout ce qui sous-tend un sujet : ses expériences de vie jusque dans ses ressentis de corps à l'éprouvé des relations premières avec son père et sa mère.

Je vais illustrer ce point à partir d'un cas clinique d'enfant que j'ai eu à traiter[2].

Samuel avait deux mois, à sa sortie de l'hôpital, quand ses parents l'ont amené à ma consultation. Il était né avec une grave malformation cardiaque qui avait fait dire aux médecins qu'il ne vivrait pas au-delà de deux ans. M'approchant du berceau de cet enfant qui respire difficilement, le visage plus bleu que rose, cyanosé, je me penche à trente centimètres de son visage pour qu'il puisse voir le mien, et je lui dis, très ému par cette histoire : « Bonjour, Samuel, je suis heureux de faire ta connaissance, parce que tes parents viennent de m'apprendre cette victoire merveilleuse qu'est la tienne à ta naissance. Tu es né avec un petit cœur bien fragile qui te donne des difficultés pour respirer, mais tu es né vivant alors que le docteur qui s'est occupé de toi a dit que tu aurais pu mourir. Mais toi, tu as décidé de vivre et tes parents sont émerveillés de ta grande victoire. Tu es très fort et tu as bien raison de vouloir vivre. Seulement voilà, tes parents sont aussi très inquiets à cause de ce que le docteur leur a dit. Ils se font tellement de soucis pour toi que leur cœur aussi est tombé malade. Alors voilà ce que je te propose pour que tu puisses aller mieux et respirer plus

1. W. Barral (sous la direction de), *Françoise Dolto, c'est la parole qui fait vivre. Une théorie corporelle du langage*, Gallimard, 1999.

2. Voir la description détaillée de cette vignette clinique dans W. Barral, « L'architecture conceptuelle du système de pensée de Françoise Dolto », in *Françoise Dolto, c'est la parole qui fait vivre*, *op. cit.*, p. 168 et suiv.

lentement : je vais m'occuper de tes parents et les soigner en leur parlant. Pendant ce temps-là tu pourras dormir tranquillement. » Peu de temps après, la mère me fait observer que Samuel respire mieux, qu'il a changé de couleur et est devenu rose comme un bébé bien portant. Elle ajoute : « C'est incroyable, on dirait qu'il a compris ce que vous lui avez dit ! »

J'explique aux parents que tous les bébés comprennent ce qu'on leur dit quand on leur parle des vérités qui sont vitales pour eux. Ils entendent le désir authentique de ceux qui les aiment et les respectent dans leur autonomie du désir, et ils réagissent positivement à toute parole vraie de leurs parents en ce qui concerne leur vie. La plupart des mères parlent spontanément à l'oreille de leur enfant qui vient de naître, avec des mots qui les font rêver et qui parlent aussi de leurs propres rêves. C'est toujours une erreur de séparer un nourrisson de sa mère à la naissance, cela produit un séisme psychique pour l'enfant si aucune parole vraie ne lui est donnée alors, pour lui proposer de dépasser l'épreuve de son ressenti douloureux en allant greffer autrement son désir de vivre. Dans *La difficulté de vivre*, F. Dolto écrit : « Il n'est jamais trop tôt pour parler à un être humain. C'est un être de parole dès la vie fœtale. » Elle disait encore dans son *Séminaire de psychanalyse d'enfants* : « Tout peut être dit à un bébé, de ce qui peut soutenir ses perceptions de la réalité, car un bébé c'est bien plus intelligent qu'on croit. » Autrement dit « parler vrai » n'est pas une question d'âge mais de respect du sujet !

Tandis que je parlais aux parents de manière à leur permettre à eux aussi de retrouver leur sécurité de base, le petit Samuel a dormi profondément pendant deux heures. Je m'occupais de materner sa mère et son père, et lui pouvait enfin se reposer : c'est épuisant, pour un bébé, de s'occuper de ses parents !

Ces perceptions sensibles, dont nous parlions tout à l'heure, opèrent en résonance avec les perceptions inconscientes. Qu'il s'agisse de perceptions conscientes ou inconscientes, ce qu'il faut bien voir, c'est que la perception ininterrompue des sensations de mon corps réel n'institue pas immédiatement et d'un seul coup l'image inconsciente du corps. Car celle-ci se constitue dans le temps, et reste une image temporalisée : une image toujours en mouvement. Voilà qui vient encore singulièrement compliquer la chose.

La perception que nous avons de notre corps est le produit d'images toujours fragmentaires et successives dans le temps. C'est donc une perception tamisée du corps, c'est-à-dire une perception toujours approximative dans l'espace, puisque toujours changeante, toujours en mouvement. Voilà ce qu'est pour moi une perception tamisée du corps. C'est un peu comme ce flou qu'utilisent les cinéastes quand ils font apparaître un personnage dans la brume. L'image du corps permet de percevoir le corps réel, mais cette perception est toujours filtrée. Nous n'avons aucun accès direct à notre propre image du corps. Elle est inconsciente. En d'autres termes, la perception que j'ai de mon corps, l'image que m'en donne mon cerveau dans le vaste miroir de mon propre psychisme, est une perception toujours imparfaite, indirecte, voilée par la multitude des images et autres représentations qui se forment constamment à l'intérieur de moi. Si nous saisissons cette caractéristique, nous comprenons à quel point ce concept doltoïen est fluide. Voilà pourquoi, en lisant *L'image inconsciente du corps*, on a le sentiment que c'est touffu, insaisissable. On prend ce concept par un bout et il vous échappe de l'autre. Il est comparable à l'image que l'on porte à l'intérieur de soi-même, toujours en mouvement, et comme si nous ne cessions jamais de nous construire. C'est une trame dans laquelle l'espace et le temps sont en perpétuelle compénétration!

Une mémoire dans laquelle l'espace et le temps se croisent comme la trame et la chaîne d'un tissu. C'est comme ça que F. Dolto concevait la croissance psychique de l'image du corps. Elle expliquait, par exemple, qu'au fil des années, des amants finissent par se ressembler. Elle disait : « Ils vont bien ensemble ceux-là. On ne sait pas pourquoi, mais ça respire, de ce côté, d'une image du corps qui s'est mariée. » Ce qui indique une chose, qu'au niveau de la perception de son corps, il y a un avant et un après le couple. Depuis qu'ils se connaissent, quelque chose a changé : leurs deux images du corps et la perception qu'ils en ont.

La perception de notre corps est une image réfléchie par toute la surface de notre psychisme, et si cette perception est inévitablement « filtrée », c'est qu'elle rend compte d'un corps vivant, pulsionnel, dont les mouvements ne sont pas indépendants de l'espace environnant. Ce qui fait qu'à tout moment, dans notre vie relationnelle, nous sommes corps parlant et corps ressentant, à tout moment nous sommes transformés par tout ce qui se vit *hic et nunc*, ici et maintenant. Pour F. Dolto, l'image du corps est substrat relationnel du langage parce qu'à tout moment, nous sommes sujet de désir, allant-devenant et désirant communiquer. Le langage lui-même se met ainsi en place, à partir du corps. L'image inconsciente du corps est une théorie corporelle du langage. À partir de là, F. Dolto, redéfinissant ce que Freud a appelé la régression, montre que chez l'enfant, la régression est la première pathologie du désir du sujet, une stagnation ou un retour à une image antérieure du corps actuel, qui jusque-là constituait le sujet. L'image inconsciente du corps conduit ainsi à ré-interroger autrement tout ce que la subjectivité doit au corps.

Pour illustrer ce point, je poursuivrai l'histoire de Samuel, car un an et demi plus tard, les parents sont revenus à ma consultation. Ils étaient livides, maigres, épuisés, et leur fils était allongé sur le corps de sa mère, jambes et bras ballants, sans tonus musculaire, respirant par saccades, le souffle court, geignant, tout bleu à nouveau. Le père me dit que Samuel est en train de mourir. Je lui demande comment il sait cela. Il se lance alors dans un récit catastrophe pour m'expliquer que, depuis bientôt trois mois, Samuel, qui avait acquis la marche à un an, ne marchait plus du tout, ses jambes ne pouvant plus le porter. Même assis, il pouvait tomber et n'avoir plus la force de se relever. Il était quasiment violet toute la journée, à l'hôpital on avait confirmé le diagnostic du cardiologue : le cœur de Samuel ne passerait pas le cap des deux ans ! Une opération ne pouvait être tentée sans d'énormes risques, c'était aux parents de décider s'ils voulaient risquer une telle épreuve qu'il faudrait de toute manière renouveler vers l'âge de sept, huit ans.

Les parents n'en pouvaient plus de leur isolement forcé : leurs parents, leurs amis, ni aucune crèche d'enfants ne voulaient prendre le risque d'être la cause du décès de Samuel par contamination infectieuse. Ce n'était plus une vie pour personne ; ils avaient cessé d'y croire et pensaient qu'effectivement, ce serait peut-être mieux pour tout le monde qu'on en finisse.

Alors la colère m'envahit, une de ces colères dont on ne sait pas pourquoi elles vous tombent dessus, et, regardant le père bien dans les yeux, je lui dis : « Mais enfin, monsieur, il ne vous est jamais arrivé de dire à votre fils : “Samuel, mon petit cœur, viens donc me voir!" » L'enfant, croyant que ces paroles lui sont adressées, quitte les bras de sa mère, se met debout et traverse l'espace dans ma direction. Il pose ses deux mains sur mes genoux et me regarde, tout étonné, et j'avais le sentiment de lire dans ses yeux cette question : « Et alors maintenant, qu'est-ce qu'on fait ensemble ? » Mais je n'ai pas le temps de réagir à ce que je crois être son appel à jouer, parce que le père s'exclame : « C'est incroyable, Samuel, tu marches à nouveau, tu es guéri ! » Et il ajoute : « J'avais lu des choses comme ça dans les livres de F. Dolto, mais que ça nous arrive à nous, c'est merveilleux ! »

Samuel, entendant la voix de son père, se précipite dans ses bras, puis dans ceux de sa mère, il a retrouvé son plaisir de vivre. La mère me dit : « Mais enfin, monsieur Barral, dites-nous ce qui se passe aujourd'hui. C'est un miracle, non ? » Je lui explique qu'il n'y a aucun miracle ni aucune magie là-dedans. Il y a seulement une dépression collective et familiale : « Vous étiez en train de cesser de croire en la vie et en Samuel vivant. Il comprend qu'il vous cause d'énormes problèmes de vie quotidienne, et il ne sait plus comment vous aider. Alors il fait à son tour un épisode dépressif; il est venu se loger dans votre dépression à vous, ses parents. Et cela s'est traduit par une régression pour son image du corps : inconsciemment, il voulait retourner dans votre ventre in utero, à l'époque où vous n'aviez pas encore tous ces soucis à cause de lui, à l'époque où vous pouviez encore le rêver vivant. Je vous avais déjà expliqué tout cela lors de notre première rencontre, lorsque Samuel avait deux mois, mais je crois que vous avez dû l'oublier tous les deux. Lui, Samuel, il s'en est souvenu, mais c'est trop lourd pour ses petites épaules de porter ses deux parents à la fois ! »

J'aimerais que vous entendiez bien ce que je rappelle là. Le corps de l'enfant est le langage de l'histoire de ses parents. « L'image du corps inconsciente est entièrement axée sur le désir, lequel est à égalité de vie et de mort, mais dont la focalisation créatrice d'humanité est la communication avec un autre. Si nous communiquons avec un être fiable, si nous régressons grâce à cet être fiable jusqu'aux images du corps les plus archaïques, et si celui avec lequel nous communiquons est un être de vie, alors tout se répare. C'est ainsi que s'expliquent les guérisons miraculeuses. » Ainsi la guérison que nous appelons surnaturelle n'est autre, pour F. Dolto, qu'un phénomène naturel dont la rapidité et l'ampleur sortent des règles habituelles. « Peut-être même, ajoutait-elle, y a-t-il plus de guérisons là où il y a plus de paroles, car c'est la parole qui est le lien de l'espèce humaine. »

Voilà qui illustre tout ce que la subjectivité doit au corps, dans la théorie de l'image inconsciente du corps, qui est, à mes yeux, une théorie corporelle du langage.

Il nous faut, très succinctement toujours, explorer un peu le mot « inconscient ». Ce que nous ferons en le reliant au concept de régression chez Freud, mais en restant dans la limite de notre propos qui est d'explorer le concept d'image inconsciente du corps de F. Dolto, et non pas reprendre la théorie de l'inconscient freudien.

Je viens d'évoquer qu'un enfant peut régresser dans son image du corps. Il me faut maintenant développer ce point, en expliquant ce phénomène inconscient et surtout la manière thérapeutique originale qu'a F. Dolto de concevoir ces phénomènes de régression.

L'image inconsciente du corps de l'enfant se construit en relation interactive dynamique avec l'image inconsciente du corps de ses parents ou de ses éducateurs tutélaires avant l'Œdipe.

Vous allez voir comment un enfant peut exprimer sa solitude et régresser dans une image inconsciente du corps, faisant alors le récit de son drame affectif à travers les dessins qu'il commente en psychothérapie analytique.

C'est d'ailleurs aussi une très bonne manière de montrer comment une mère peut apporter la castration à son enfant. J'ai revu Samuel une troisième et une quatrième fois, l'année de ses six ans, à deux mois d'intervalle. Il venait de subir sa première opération cardiaque avec succès, et manifestement se trouvait en plein conflit œdipien. Son père s'étonnait de constater qu'il ne lui obéissait plus, qu'il devenait infernal à la maison, sauf avec sa mère qu'il cajolait tout le temps. Je demande à Samuel de me dire comment il voit les choses à la maison, en me faisant trois dessins : un sur sa famille, un sur sa maison et un troisième sur son secret, puisqu'un psychanalyste c'est quelqu'un qui garde les secrets et n'en parle aux parents qui si l'enfant l'y autorise.

À travers les trois dessins que Samuel a faits à la première séance, on voit qu'il va très bien.

Sa famille

Le dessin de sa famille : sa représentation de l'image du corps en relation à sa famille est dynamique, équilibrée, juste quant aux proportions et bien en chair, les volumes sont corrects. Nous remarquons que Samuel et les siens sont dans leur verticalité, ils communiquent entre eux par la ligne horizontale. Le temps et l'espace sont croisés de manière très saine dans son image inconsciente du corps.

Sa maison

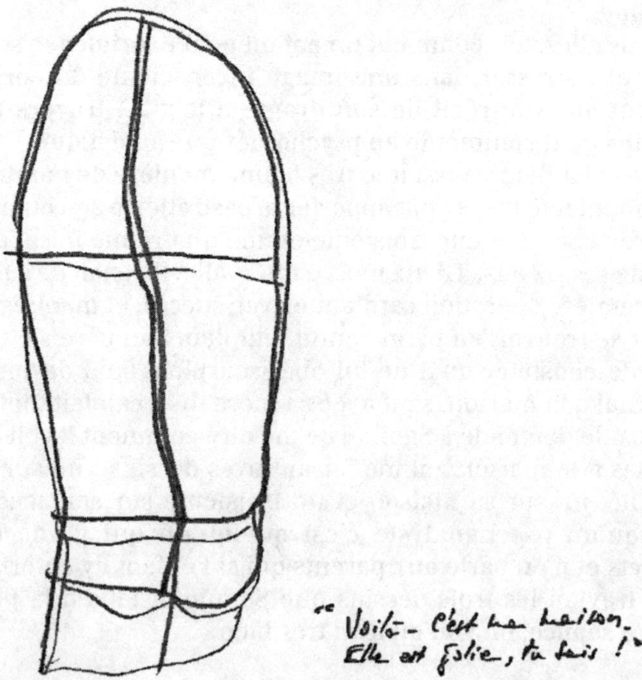

Le dessin de la maison : la maison est très investie par Samuel : elle est en forme d'église, c'est une maison-dieu, qui dit la dynamique pulsionnelle phallique d'un garçon de six ans, fier de lui.

Le secret

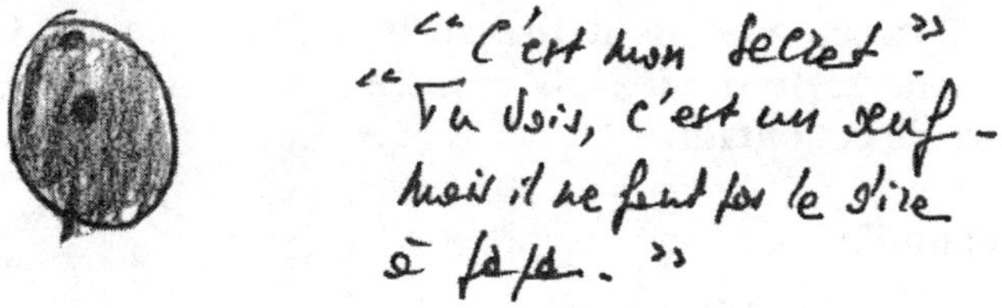

Le dessin du secret : « Tu vois, c'est un œuf, me dit-il, mais il ne faut pas le dire à papa ! » Le contenu fantasmatique de ces trois dessins est le même : Tu vois, ça va bien à la maison, j'ai fait un bébé à maman — mais papa ne doit pas le savoir !

Je ne fais aucun commentaire pour le moment, puisque ce n'est pas le fantasme incestueux qui doit être castré. Ce fantasme est d'ailleurs structurant pour le désir œdipien de l'enfant. Ce n'est pas « le dire » qui est à castrer, mais « le faire » !

Je promets donc à Samuel que je sais garder les secrets et qu'il n'a pas d'inquiétude à avoir. Il a le droit d'avoir des secrets, et son père en est d'accord. Je dis au père que son fils va très bien, qu'il n'y a pas lieu de s'inquiéter pour le moment, qu'il doit recevoir l'agressivité de son fils et son refus de lui obéir comme une preuve de son amour pour lui, une tentative de s'identifier à son père, ce qu'il a lui-même dû faire dans son enfance avec son propre père. C'est une phase dynamique de la vie sexuelle des enfants qui cherchent par là « à s'identifier au génie de leur sexe ». Samuel entend tout ce que je dis à son père. Le père et l'enfant repartent la main dans la main.

Deux mois plus tard, Samuel demande à revenir, avec ses parents, pour voir « le docteur qui fait du bien avec les mots ». Il ne veut plus se lever le matin pour aller à l'école, ni jouer avec ses camarades, il ne veut plus devenir un grand, il frappe son petit frère et sa mère, il perd l'appétit, et il devient si agressif que la maîtresse se demande si elle va pouvoir le garder en classe.

Lorsque je ne sais pas encore si je vais recevoir ou non un enfant en psychothérapie, je lui demande souvent de me faire trois dessins : sa famille, sa maison et son secret.

Je demande à Samuel de me faire à nouveau ces trois dessins. Il me rétorque, très en colère : « Mais je te les ai déjà dessinés l'autre jour ! » Je le félicite pour sa mémoire et lui dis : « Oui, mais aujourd'hui, tu n'as plus le même âge ! » Alors il accepte de se mettre au travail, en silence. Cette deuxième série de dessins montre la régression spectaculaire de cet enfant.

Sa famille

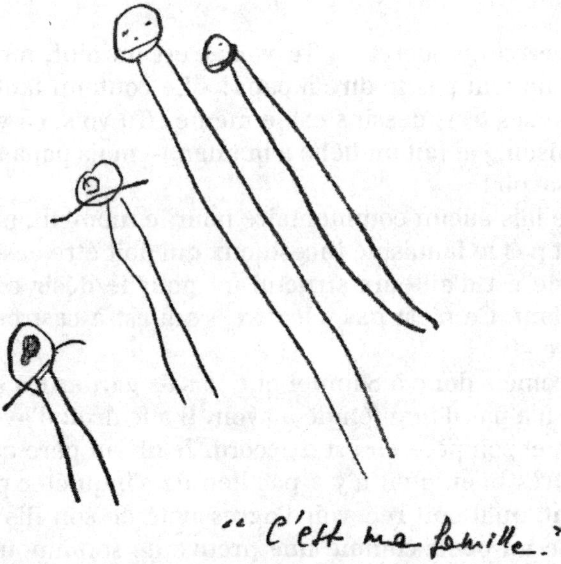

D'abord sa famille : tous les personnages retombent et ont perdu leur volume de corps en même temps que leur verticalité. Samuel dessine comme un enfant de deux ou trois ans des bonshommes têtards qui ne correspondent pas à une image du corps d'enfant de six ans.

La maison

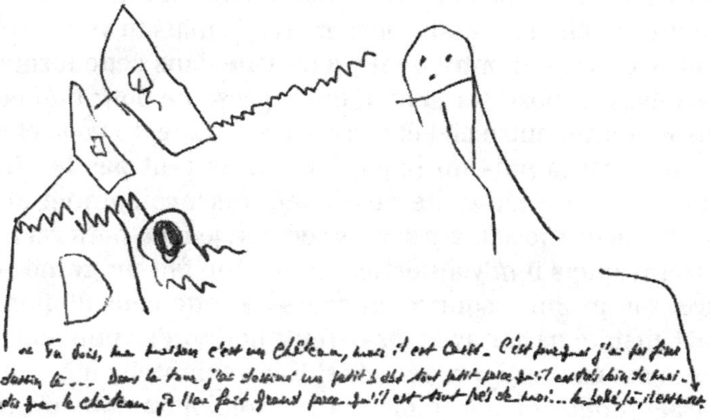

Ensuite sa maison : « C'est un château, me dit-il, je le fais grand parce qu'il est tout près de moi, mais tu vois il est cassé maintenant, c'est pourquoi je l'ai dessiné comme ça, et puis là, dans la tour, c'est un petit bébé mais il est mort. Ma maison est toute cassée maintenant. »

Le secret

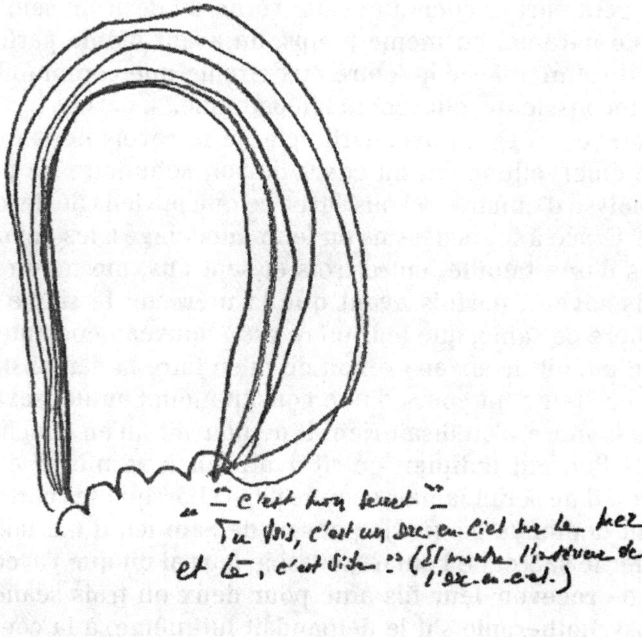

Son secret, maintenant : « Je vais te dessiner la mer(e), là c'est la vague de la mer(e). Maintenant je vais te dessiner un arc-en-ciel au-dessus de la mer(e)... mais tu vois, là c'est vide », et il me montre qu'il y a du vide dans cette forme de l'arc-en-ciel posé sur la mer, qui représente pour moi l'utérus maternel entre ciel et terre. « C'est triste, tu vois, et moi je ne serai jamais un papa. Mais il ne faut pas le dire à maman, elle sera triste aussi. » Je rassure Samuel et lui confirme que je sais garder les secrets ; je n'en parlerai à ses parents que s'il m'y autorise. Alors il me fait un grand sourire, son premier sourire au cours de cette consultation. Je vais ensuite parler avec ses parents pour qu'ils puissent eux aussi me confier leurs secrets s'ils le veulent. La mère, avec l'assentiment de son mari, dit : « Nous attendons un troisième enfant, mais nos deux fils ne le savent pas encore. » Je me souviens alors des premiers dessins de Samuel deux mois auparavant, et demande à la mère depuis quand elle sait qu'elle est enceinte. Elle l'a appris il y a seulement trois semaines, bien qu'étant enceinte depuis deux mois déjà. Samuel l'avait donc su avant sa mère, il m'avait dessiné son secret que son père ne devait pas savoir : « Tu vois, c'est un œuf, mais il ne faut pas le dire à papa. » C'est une vérité qui étonne toujours les parents quand ils l'apprennent, l'enfant aîné peut parfois connaître cette vérité du désir au sein du couple parental en même temps, ou avant même parfois, tant il est manifeste qu'entre eux circule une communication inconsciente, quasiment télépathique.

Lorsque F. Dolto découvrit cela, je la revois nous dire, avec émerveillement, au cours de son séminaire de psychanalyse d'enfants : « Vous savez ce que je viens de découvrir ? Grâce à leurs dessins ou leurs modelages, les enfants aînés d'une famille, entre trois et sept ans, me montrent qu'ils savent, parfois avant que la mère ne le sache de manière certaine, que leur mère est à nouveau enceinte ! »

Un enfant de six ans venait de m'en faire la démonstration éclatante au cours d'une consultation. Samuel savait, mais la mère n'en disait rien. Il ne pouvait qu'en conclure que « l'enfant œdipien qu'“il avait fait à sa mère” était mort ». Il ne serait jamais comme papa ! Lorsque ses parents m'ont demandé ce que je pensais de Samuel, il me fallait garder le secret de l'enfant, aussi je leur ai dit que j'acceptais de recevoir leur fils aîné pour deux ou trois séances de psychothérapie s'il le demandait lui-même, à la condition qu'ils disent à Samuel la vérité au sujet de la venue du troisième enfant. Ce qu'ils ont fait sur-le-champ, et Samuel, tout joyeux, a dit à sa mère : « Mais je savais, maman, pourquoi tu ne me l'as pas dit ? » Sa mère lui répondit alors : « Mais c'est avec ton papa que je veux cet enfant, et pas avec toi. Tu ne seras jamais mon mari, c'est comme fils que je t'aime ! » Samuel a retrouvé très vite sa confiance en lui. J'ai su depuis qu'il a repris normalement le chemin de l'école.

Cet enfant Samuel avait fait, transitoirement, une régression dans son image du corps, ne pouvant plus s'identifier au « génie de son sexe », comme disait F. Dolto, sa mère ne venant pas le conformer positivement dans son fantasme œdipien, en désir phallique, puisqu'elle lui taisait sa grossesse. À partir du moment où elle se reconnaît enceinte, elle peut du même coup lui transmettre très judicieusement l'interdit de l'inceste et le délivrer de sa position régressive. Elle donne la castration à son fils en le valorisant à sa vraie place. Le dire de cette façon est très important : à savoir, ne jamais confirmer le fantasme incestueux (comme le font de nombreuses mères en laissant croire à l'enfant qu'il ne peut pas être à cette place-là parce qu'il est trop petit, et donc qu'il pourrait y accéder devenu grand), mais lui représenter l'interdit de l'inceste en en parlant de manière qu'il l'intègre positivement grâce à une reconnaissance des places dans le désir de sa mère.

Dans les représentations graphiques de Samuel, ce n'est pas l'image du corps qui se trouve là directement représentée ou figurée en tant que telle par l'enfant. Il s'agit plutôt de son image du corps éprouvée, en lien avec son désir d'identification à la puissance paternelle, fruit de sa projection d'un ressenti du corps qui se met ainsi en image dans l'après-coup : « Il y a une affinité, une homogénéité entre ce qui, du corps, se réalise (inconsciemment) comme "image" — ce qui en advient pour le sujet — et ce qui, de cette image du corps, de ce mouvement de représentativité corporelle, se transfère, se duplique, se projette dans le même processus conduisant à la production plastique concrète de l'enfant [...] Cela veut dire que l'image du corps se façonne primordialement à partir du corps sur le même mode (de représentation) que celui manifesté ensuite par l'enfant dans sa figuration plastique, là où il donne représentation à ce qui fait de lui-même comme sujet le fruit d'une telle représentativité corporelle. »

LAURENCE NADAL-ARZEL*

L'image inconsciente du corps : l'invention d'un espace transférentiel et résolutif

« Qui se connaît quand elle sonne, n'être la voix de personne, tant que des ondes et des bois. »

PAUL VALÉRY

L'enjeu de l'image inconsciente du corps est ce que j'appellerai l'invention d'un espace transférentiel et d'interprétation dont l'intérêt réside dans la tentative de lier force et sens : l'image inconsciente du corps vient désigner cette tension dialectique, en constant réajustement entre la pulsion, ce qui vient la représenter (affect, dessin, fantasme, geste...) et la signification qui s'y noue dans le cadre de la cure analytique avec les enfants. L'image inconsciente du corps à ce titre peut être entendue comme moment résolutif dans la mesure où elle indique des moments de résolution entre transfert et interprétation.

Pourquoi souligner : dans la cure analytique avec les enfants? Parce qu'il me semble que l'image inconsciente du corps s'est révélée à travers un exercice thérapeutique avec les enfants, et qu'elle est une réponse tout d'abord technique à des modes d'être en séance des enfants, avec prédominance des passages à l'acte, des décharges pulsionnelles et nécessité, en conséquence, de fixer par la figuration une issue pulsionnelle qui ne soit plus seulement de

* Psychanalyste et psychologue.

l'agir, de la répétition, mais qui encourage le déploiement fantasmatique, la saisie du registre régressif de satisfaction libidinale recherchée par l'enfant et son interprétation. C'est un exercice qui favorise, pour l'enfant, une subjectivation de son histoire par la réflexion que lui permet la représentation graphique.

Le travail que j'ai réalisé sur l'œuvre de F. Dolto m'a permis de souligner son insistance à lier l'image et l'affect, à dire que l'abréaction par le dessin, qu'elle assignait d'ailleurs à des techniques jungiennes[1], n'était pas suffisante, qu'il fallait que la pulsion non seulement se décharge mais que l'interprétation lui restitue son lieu d'origine, son origine historique. L'insistance aussi à mettre l'accent sur la dimension transférentielle et contre-transférentielle au sens où, pour F. Dolto, c'est avec son contre-transfert que l'analyste interprète.

L'analyse de plusieurs cas cliniques permettra de préciser une définition possible de l'image inconsciente du corps. Ces différentes situations cliniques proviennent d'un texte de F. Dolto, publié en 1957 et intitulé « Cas cliniques de régression[2] », ainsi qu'à travers le récit d'une séance avec un enfant présenté par G. Pankow.

Dans les présentations que nous fait F. Dolto, les deux situations proposées auront pour objet l'image inconsciente du corps. Nous retrouvons, dans ces deux situations :

— Une problématique mère/nourrisson. « [...] ce cas d'une fillette de trois mois tombée sur la tête des bras de sa mère et qui présentait une angulation vertébrale, fracture dorsale en bois vert, perte du poids à une livre au-dessous du poids de naissance, perte du sommeil et cœur si rapide qu'il était indomptable. L'enfant ne savait plus téter, ne supportait plus l'approche de l'adulte sans crier; elle survivait cependant après quinze jours grâce à des piqûres d'eau de mer mais on restait sans espoir. Cependant, un essai de traitement kynésithérapique d'élongations vertébrales était conseillé. Une sage-femme kynésithérapeute qui me connaissait en avait été chargée et est venue me voir pour me demander conseil. Elle avait vu l'enfant. “Elle a le regard d'une enfant

1. F. Dolto, « Travaux sur l'expression par le dessin », in *La vie médicale*, nº spécial, Noël 1956.

2. F. Dolto, « Cas cliniques de régression », in *L'évolution psychiatrique*, vol. III, 1957, repris dans *Le sentiment de soi*, Gallimard, 1997, p. 257-284.

de douze mois et non de trois mois, des yeux angoissés d'un enfant affamé, disait-elle. Elle cherche les yeux de l'adulte, les suit et, dès qu'on s'approche, elle pleure en geignant comme un tout petit nouveau-né[1]." »

— Une séparation mère/enfant. « Une autre fois, je reçois un coup de téléphone venant de loin pour un bébé de quelques jours qui, séparé brusquement de sa mère nourrice partie en clinique, refusait de s'alimenter[2]. »

Avant tout commentaire, plusieurs remarques sont nécessaires. Ces deux situations concernent des nourrissons, sans médiation langagière et qui manifestent leur souffrance sur le plan somatique. Dans la première, l'accident traumatique est une chute des bras de la mère, ce qui laisse supposer une forte culpabilité de la part de cette dernière. Les deux situations sont hors du cadre spécifique de la cure.

Il y a une construction qui va découper les phénomènes observés et dont F. Dolto dit : « L'hypothèse s'est précisée de la régression du ressenti du sujet à une image archaïque de son corps, image qu'il n'arrive pas seul à dépasser de nouveau[3]. »

Plus précisément, il y a deux types de construction chez F. Dolto.

La première construction : « L'hypothèse de régression par rapport à l'objet de Freud et de régression par rapport au stade libidinal m'avait mise plusieurs fois sur la voie de l'hypothèse de la régression du ressenti du sujet à une image archaïque de son corps image qu'il n'arrivait pas à dépasser de nouveau parce que la satisfaction (passive ou active) non obtenue dans cette image du corps ne pouvait être renoncée sans que le sujet en perde sa notion de continuité, sa sécurité d'exister et ne pouvait pas être satisfaite non plus dans les conditions de sa réalité actuelle[4]. »

La deuxième construction : « Actuellement, ma conviction profonde et qui domine mon attitude contre-transférentielle — soulignons-le —, pourrait-on dire, est la suivante : c'est que la régression est un processus nécessaire à la conservation de la santé dans tous les cas où une épreuve est subie par un être humain qui n'a pas encore acquis des

1. *Ibid.*, p. 262.
2. *Ibid.*, p. 263.
3. *Ibid.*, p. 262.
4. *Ibid.*, p. 265.

moyens symboliques pour surmonter l'épreuve de mutilation partielle de soi ou celle de la mort d'un autrui qui lui est indispensable, entendons une épreuve de deuil ou une épreuve associée à l'angoisse de castration ou à l'angoisse de mort. Cette désorganisation ramène le sujet à la recherche d'investissements libidinaux antérieurement acquis et imaginairement conservés toujours sous-jacents, aux investissements plus récents, par la médiation de son image inconsciente du corps[1]. »

L'image inconsciente du corps se manifeste comme nécessité régressive à entendre, à partir d'une position contre-transférentielle. Elle suppose ainsi de la part du thérapeute une écoute, une adaptabilité au matériel fantasmatique archaïque, matériel saisi par le biais de ce qu'il réalise comme tentative de maintenir un type de satisfaction libidinale. En supposant que les investissements libidinaux antérieurs sont conservés et que le sujet part à leur recherche, F. Dolto nous dit que se conservent des modes de satisfactions libidinales de qualités différentes qui cohabitent et laissent supposer des niveaux différents d'écoute et d'interprétation de la part de l'analyste.

Le type d'écoute que formalise F. Dolto perçoit l'expression symptomatique de l'enfant au plus positif de ce qu'il réalise comme tentative de maintenir son existence dynamique libidinale. Cela la conduit à proposer, dans les deux situations précédentes, une construction qui matérialise, quasiment scéniquement, le type de fantasme régressif auquel l'enfant est supposé avoir régressé.

Dans le premier cas, elle ne se contente pas de faire dire à l'enfant « que maman est désolée, elle t'a fait tomber et maintenant tu n'as plus confiance en elle alors tu voudrais redevenir le bébé heureux que tu étais dans le ventre de maman, quand maman te portait », mais elle fait remettre l'enfant corporellement dans une position fœtale et elle lui procure manuellement par le biais de la kiné le mode de satisfaction supposé au stade fœtal ; elle fait masser par la kiné le nombril de l'enfant, en la nommant d'une voix monocorde, voix qui est censée imiter la voix maternelle intra-utérine. Il est important aussi de ne pas négliger l'effet transférentiel non seulement de la relation pulsionnelle

1. *Ibid.*, p. 265.

regard à regard de cette enfant avec la kiné[1], mais aussi de ne pas négliger le lien transférentiel que cette mère et cette kiné entretiennent avec F. Dolto. Lien qui donne sens à sa construction interprétative dans la mobilisation scénique des protagonistes. Peut-on penser qu'il y aurait eu, par de simples paroles adressées à l'enfant, le même résultat en dehors de cette mise en scène ?

Dans le deuxième cas on retrouve le même type de construction. La formulation à l'enfant de l'absence de sa mère est secondaire au regard d'une mise en scène qui privilégie la réalisation restitutive matérielle du lien mère/enfant, à travers un linge imprégné de l'odeur maternelle qui entoure le biberon. L'image inconsciente du corps n'est pas seulement l'objet olfactif comme médiation ; l'image inconsciente du corps est la construction interprétative qui réalise une signification d'absence maternelle, le fantasme de la retrouver régressivement et mobilise du pulsionnel dans la reviviscence olfactive du lien maternel pour les trois protagonistes de l'histoire. Au plus archaïque de la pulsion, nous retrouvons la voix, le regard, le toucher, l'odeur.

Nous avons, dans ces deux situations, explicité ce nouage entre la force et le sens. Ces deux vignettes cliniques nous montrent que le registre d'interprétation de F. Dolto ne joue favorablement que dans la mesure où la signification proposée entre en résonance émotionnelle avec le vécu des personnes concernées, jusqu'à leur faire construire et revivre une scène imaginaire.

De cette construction, nous allons donner un autre exemple. Il s'agit d'une situation de première séance de G. Pankow qui nous parle de la dynamique de l'image du corps. Elle rencontre pour la première fois un garçon de huit ans et demi qui présente une perte de langage qui coïncide avec une opération qu'il a subie pour un phimosis, et avec la naissance d'un petit frère. Après un contact très difficile, G. Pankow lui propose de la pâte à modeler de différentes couleurs et l'incite à produire pour elle ce dont il a envie. Devant l'impossibilité dans laquelle se trouve l'en-

1. On apprendra d'ailleurs, dans un texte que nous sommes actuellement dans l'incapacité de resituer, que l'enfant alors âgée de trois, quatre ans reverra lors d'une réception cette kinésithérapeute et que, la regardant, elle fera pipi sous elle et cherchera à l'éviter par la suite durant la soirée.

fant de saisir la pâte à modeler, G. Pankow prend l'initiative et perce la pâte à modeler rouge d'un coup de crayon, puis elle tend à l'enfant le crayon et observe qu'il attaque la pâte rouge et y perce plusieurs trous. Voici ce qu'elle nous dit : « Observant que l'expression de son visage changea brusquement, je lui ai demandé : "Comment s'appelle ton petit frère ?" L'expression perdue de rêveur céda à une expression normale et le garçon répondit : "Marcel." Après un petit silence je lui ai dit : "Ainsi, ils t'ont tourmenté et attaqué comme tu le fais avec la pâte[1]." »

Il existe de possibles rapprochements entre l'image du corps chez G. Pankow et l'image inconsciente du corps de F. Dolto. G. Pankow arrive en France en 1950[2] et débute un séminaire en 1958 concernant la psychothérapie des psychoses. Les recherches effectuées dans la correspondance de F. Dolto nous ont permis de dater le contrôle de pratique réalisée par G. Pankow avec F. Dolto, puisque l'on retrouve deux courriers, l'un du 19 mai 1957 et l'autre du 3 octobre 1958[3]. L'on peut à ce propos remarquer que le texte où apparaît pour la première fois le concept d'image inconsciente du corps chez F. Dolto date de 1957, et l'on peut s'interroger sur les effets de transmission de F. Dolto à G. Pankow. Indiscutablement il y a pour ces deux auteurs un intérêt contemporain porté au concept d'image du corps. On retrouve par ailleurs chez G. Pankow une figure dont les caractéristiques se rapprochent beaucoup de la poupée-fleur qui est celle de l'homme-fleur : « Il s'agit d'une tête qui n'a pas d'yeux, pas d'oreilles et pas de bouche. Le cou est posé sur un morceau de poitrine qui se prolonge dans une couverture blanche[4]... »

Mais le plus surprenant concerne la lecture du texte que je viens de citer longuement de G. Pankow, dont la construction ressemble à s'y méprendre aux élaborations de F. Dolto.

J'ai mis l'accent précédemment sur cette alliance entre force et signification, transfert et interprétation, articulation non seulement nécessaire mais aussi mouvement dialec-

1. G. Pankow, *L'homme et sa psychose*, Aubier-Montaigne, 1969, p. 36.
2. É. Roudinesco, *Histoire de la psychanalyse en France, 2, 1925-1985*, Fayard, 1994, p. 304.
3. L'intérêt de ces courriers réside dans le fait qu'ils permettent de préciser la période des rencontres entre G. Pankow et F. Dolto, puisqu'ils concernent des prises de rendez-vous.
4. G. Pankow, *L'homme et sa psychose*, *ibid.*, p. 131.

tique à partir duquel s'opère du changement. Nous avons constaté que F. Dolto « mettait en scène » au sens ou elle réalisait un moment de résolution, articulant transfert et interprétation. J'ai souligné que la résolution était non seulement signification mais aussi reviviscence. Or nous trouvons chez Pankow, dans la description proposée et l'argumentation associée, le même type de réalisation scénique qu'elle appelle image dynamique du corps.

Notons d'abord qu'elle décrit un enfant qui avait perdu tout contact avec autrui, et que cette absence de contact avait incité G. Pankow à lui proposer de la pâte à modeler. Remarquons que les manipulations que l'enfant réalise sont interprétées par G. Pankow de la même manière que par F. Dolto, c'est-à-dire comme étant l'expression d'une image du corps régressée et différenciée. La manipulation de la pâte à modeler vient ainsi dire indirectement le mode de la relation d'objet installée avec l'analyste, mais aussi avec l'entourage de l'enfant, relation d'objet régressive du stade fœtal. Il serait intéressant à cet égard de reprendre un texte de F. Dolto de 1947 qui s'intitule : « Hypothèse nouvelle concernant les réactions dites de jalousie à la naissance d'un puîné[1] », et dans lequel elle imagine qu'il y a régression de l'aîné à la naissance du puîné, régression par identification, et que G. Pankow semble ici reprendre point par point.

Les interventions de G. Pankow sont courtes et étroitement associées aux gestes de l'enfant. Quand G. Pankow demande à l'enfant comment s'appelle son petit frère, elle produit de la signification, mais cette interprétation n'est efficace que parce qu'elle s'inscrit sur le geste de l'enfant qui à cet égard répète, au sens pulsionnel du terme, un désir de tuer le petit frère jusqu'alors interdit. L'interprétation, la construction de l'analyste n'est pas seulement de dire mais suppose un réel pulsionnel qui ligature, pour reprendre un terme de P. Legendre, le corps et la parole.

L'accent est mis sur la couleur rouge de la pâte à modeler et, en l'occurrence, cela présente pour G. Pankow un caractère favorable. L'objet médiateur se construit de représenter tour à tour et projectivement le thérapeute, le frère et les autres ; il n'est à notre avis en aucun cas à réifier

1. F. Dolto, « Hypothèse nouvelle concernant les réactions dites de jalousie à la naissance d'un puîné », in *Psyché*, n°s 7, 9 et 10, 1947, republié sous le titre « La dynamique des pulsions et les réactions dites de jalousie à la naissance d'un puîné », in *Au jeu du désir*, Le Seuil, 1981, p. 96-132.

car il est strictement maintenu comme support transférentiel, là ou le contact avec l'enfant s'avère impossible. La surface projective que constitue la pâte à modeler est aussi entendue comme moment privilégié de réflexivité. L'image est dynamique car elle réalise une issue au conflit psychique de l'enfant, et G. Pankow nous dit : « Comme le garçon avait perdu son activité phallique, je procédais d'une manière indirecte : je lui donnais un crayon et je lui montrais combien il était facile de percer la pâte. Sous cette forme sublimée le garçon retrouva son activité phallique, tout en perdant son expression de rêveur, ce qui indiquait que quelque chose se passait en lui[1]... »

L'image du corps dans ce cas d'enfant présenté par G. Pankow, ainsi que nous l'avons vu chez F. Dolto, a fondamentalement à être située dans une logique transférentielle ; elle répond aux modalités à travers lesquelles F. Dolto lit le matériel qui lui est apporté. Elle répond non pas avec une définition positive d'un objet, d'une représentation mais en *passe essentiellement par la médiation de l'autre.* Elle a à être référée à l'invention d'un espace où se noue sens et force, l'image inconsciente du corps et ce moment privilégié de résolution.

Que G. Pankow et F. Dolto se rejoignent avec autant de proximité est sans doute peu étonnant si l'on prend la mesure du fait qu'il s'agit, dans la situation relatée, du cas d'un enfant et que, par ailleurs, G. Pankow était en contrôle avec F. Dolto ; dans les autres cas de G. Pankow, le rapprochement est moins évident, l'analogie plus incertaine. Nous pensons que le travail avec les enfants oblige indiscutablement les thérapeutes à inventer des médiations venant créer ces moments de réflexivité mais aussi de projectivité transférentielle. Le geste de l'enfant est omniprésent et nécessite de la part du thérapeute de maintenir un rapport dialectique à la représentation quelle qu'elle soit, faute de quoi la signification échoue à produire ses effets et la pulsion à se nouer.

Chercher à justifier une construction définissant l'image inconsciente du corps chez F. Dolto comme invention d'un espace transférentiel et résolutif présente l'intérêt de rendre explicite des aspects de sa cohérence clinique. Prenons par exemple pour finir ce cas d'un adulte cité par F. Dolto. Elle

1. G. Pankow, *L'homme et sa psychose*, *ibid.*, p. 39.

le décrit comme un « bon analysé », parlant « d'abondance », heureux de venir à ses séances, et elle évoque alors l'intervention qui déclencha chez cet homme la prise de conscience du vécu transférentiel : « Cet homme arrivait toujours les mains moites, de séance en séance de façon plus certaine jusqu'à me parler un jour de sa transpiration et à ne pas oser me serrer la main en me quittant parce qu'elle était, comme lui, entièrement moite[1]. »

Pour F. Dolto, il y a là image inconsciente du corps, car il y a une interprétation qui reconnaît un ressenti corporel, la transpiration, qui la reconnaît dans cette saisie métaphorique du *faire suer*, et qui engage une remémoration. Il y a donc ressenti, symbole et remémoration. Mais notons qu'il n'y a là image inconsciente du corps que dans la mesure où l'autre analyste est venu « re-connaître[2] » un mouvement pulsionnel et que cette reconnaissance métaphorique du lien incestueux à la mère s'est trouvée par le transfert authentifiée. Une rencontre s'est inventée. Il est ainsi notable que l'image inconsciente du corps opère dans le champ thérapeutique comme un moment privilégié d'invention d'une rencontre entre le thérapeute et le patient : c'est ce que j'ai appelé « moment résolutif et libido en situation ».

Nous retrouvons là aisément ce que nous avons ouvert à l'entendement de l'image du corps. Au sens où cette dernière n'est pas seulement langage corporel, mais qu'elle est ce nouage pulsionnel réalisé à partir d'une interprétation « je vous fais suer », interprétation qui permet une prise de conscience subjective d'une position fantasmatique incestueuse. L'image du corps dont parle F. Dolto n'est pas en conséquence le corps psychique, elle ne préexiste nullement à la signification qui la lie.

Alors image du corps du sujet et/ou du thérapeute ? Image du corps de l'enfant et/ou de la mère ? La question est-elle légitime ? Il me semble que non, car, qu'il s'agisse de l'espace analytique ou de l'espace maternel, l'image inconsciente du corps se révèle et s'invente dans une situation où l'inconscient du sujet ne peut être entendu que par un autre inconscient, situation ou les interactions émotionnelles restent très intenses.

Voilà qui me permet d'évoquer la question du transfert et

1. F. Dolto, « Personnologie et image du corps », *La psychanalyse*, vol. 6, PUF, 1961, p. 66-67, repris dans *Au jeu du désir*, Le Seuil, 1981, p. 68.
2. S'agit-il d'une re-construction ou d'une construction ?

du contre-transfert, et l'insistance de F. Dolto à aller chercher chez des auteurs comme R. Desoille une conception de la communication d'imaginaire à imaginaire, d'inconscient à inconscient mais aussi de résonance émotionnelle. Quand elle nous parle de la régression, du transfert, que nous dit-elle en effet : « La notion de régression habite l'observateur, lui-même conscient d'être en un certain point du cours de sa propre existence et pour qui des états ressentis par lui en tant que régressifs sont généralement éprouvés comme fâcheux et des états de progression ressentis comme désirables. Cette participation émotionnelle qui joue dans le contre-transfert dont on parle beaucoup, vous savez, en psychanalyse (avec aussi, je ne sais pourquoi, une mine un peu répréhensive ou critique) est aussi nécessaire dans une conférence où ce sujet est traité. Et aujourd'hui d'emblée, alors que je vais vous entraîner à l'audition des problèmes que pose la régression clinique, je sais que je vais vous imposer une participation émotionnelle et imaginaire que certains ressentiront régressivante et dont ils se défendront peut-être[1]. »

L'accent est ainsi mis sur le transfert et le contre-transfert entendu comme participation émotionnelle. « Il nous faut donc pour l'étude de l'être humain accepter de n'avoir jamais l'attitude de l'observateur froid, c'est-à-dire "instrument", "chose servant à percevoir", ou alors de savoir que plus nous tentons de l'avoir, plus nous sommes artificiels, c'est-à-dire aliénés à notre authenticité humaine. D'ailleurs, nous ne le savons que trop, cette attitude n'existe jamais quel que soit l'objet observé[2]. »

Pour conclure, le concept d'image du corps — formalisé par la question du transfert et du contre-transfert — est à percevoir comme dynamique résolutive, ligature interprétative dans l'espace de la cure. C'est en tout cas l'enseignement que je pense pouvoir dégager de cette période étudiée de l'œuvre de F. Dolto.

1. F. Dolto, *Le sentiment de soi*, *ibid.*, p. 258-259.
2. *Ibid.*, p. 260.

ALAIN VANIER*

Paradoxes du développement

De façon succincte et plus ou moins bien cousue, je voudrais introduire un argument pour un travail à poursuivre sur un point souvent abordé, mais généralement réduit à une alternative entre approche structurale et approche développementale, psychogénétique du sujet. Or, il n'est pas inutile d'y revenir en considérant la position de l'analyste dans les cures avec les enfants.

S'il est certain que « la psychanalyse d'enfant, c'est la psychanalyse[1] », et non un quelconque sous-produit de celle-ci, il n'en demeure pas moins qu'elle présente plusieurs particularités. D'une part, la question de sa fin est généralement conçue comme nécessairement inachevée. Qu'elle ne puisse aboutir comme les cures d'adultes est sans doute évident, mais peut-on concevoir son inachèvement de façon identique à celles-ci lorsque le traitement s'interrompt ? Car ce qui fait butée avec l'enfant est d'une nature spécifique qui tient aussi au réel du développement biologique que Freud ne méconnaissait pas. D'autre part, comme en a témoigné le débat initial de la psychanalyse d'enfant entre Melanie Klein et Anna Freud, il y a une position singulière et complexe de l'analyste dans ces cures.

L'une des difficultés tient sans doute à la façon dont on a identifié le temps au développement, annulant ainsi ce qui

* Psychanalyste.
1. M. Mannoni, *L'enfant, sa « maladie » et les autres*, Le Seuil, 1967, p. 7.

est en question. Nous le repérons de diverses manières : conception du temps dans la théorie psychanalytique, lié à la reconstitution, à la reconstruction de l'histoire du sujet par exemple, subjectivité du temps — comment le vivons-nous, nous situons-nous dans cette dimension — mais aussi statut du refoulement et du retour du refoulé, etc.

La question du développement n'est pas à exclure en tant que telle — il y a des effets de remaniement dans le réel du corps qui ne sont pas sans conséquences pour le sujet. Ces questions ont trouvé leur place dans le champ analytique avec la théorie des stades, perspective qui n'est pas apparue tout de suite chez Freud. C'est la notion de latence qui est première et pas seulement dans l'ordre chronologique d'apparition[1]. Freud l'emprunte à Fliess, et lui donne une place centrale dans la théorie du trauma : deux temps sont nécessaires, séparés par un temps de latence, le deuxième temps venant après la puberté. Le manque des mots du premier temps est un manque structural nécessaire — choc sexuel à un temps présexuel —, la réaction ne se produisant qu'au deuxième temps, lorsque quelque chose vient réactualiser ce temps premier.

Il y a donc d'emblée, dans la position freudienne, l'idée d'une rétroaction qui vient mettre en question l'impression spontanée, immédiate que nous avons d'une linéarité du temps, d'une flèche du temps. Ce qui prouve ou montre à quel point, pour la psychanalyse, le temps n'est pas uniforme mais multiple : temps intemporel qui ne bouge pas, inséré dans le flux manifeste, etc. La latence implique donc la notion d'après-coup et corrélativement celle d'anticipation entre lesquelles le temps même de l'événement se caractérise par son impossibilité à coïncider avec lui-même.

Les stades apparaissent dans un autre temps chez Freud, et seront développés ensuite par Abraham avec l'introduction de la notion d'objet partiel. Ils se présentent comme des étapes qui, une fois franchies, le sont sans reste et sans retour. Sinon, il y a fixation. Mais la notion de position, qu'introduira Melanie Klein, est différente. Celle-ci se maintient tout au long de la vie du sujet et peut être occupée à divers moments. L'objet partiel acquiert alors une dimension qui nous intéresse, parce qu'il devient explicitement

1. Voir S. Freud, *Trois essais sur la théorie sexuelle* (1905 *b*), trad. Koeppel, Gallimard, 1987, où le chapitre sur la période de latence précède l'exposé des différentes étapes du développement de la libido.

fantasmatique, c'est-à-dire imaginaire, et qu'il a, dès lors, une place privilégiée dans la structure.

Mais, à partir des stades du développement, a été promue, jusqu'à Lacan, une sorte de doxa évolutionniste qui a identifié et recouvert la spécificité de la temporalité psychique par celle du développement.

Je laisserai de côté l'autre versant en remarquant seulement que la temporalité subjective n'est rien d'autre que le temps de l'Autre. Ce qui n'est pas sans convergence avec le premier point car les stades sont toujours décrits dans une relation avec celui-ci. Cette inscription dans la temporalité s'effectue à partir de l'Autre. Dans cette approche, la dimension du temps apparaît liée au symbolique et à la symbolisation.

Je suis parti pour ces questions d'un bref échange entre F. Dolto et J. Lacan en 1964. Ce n'était pas le premier sur ce point, et c'est l'insistance répétitive de ce débat qui m'a retenu. Dolto interroge Lacan : « Je ne vois pas comment, pour décrire la formation de l'intelligence avant trois ou quatre ans, on se passerait des stades. Je pense que pour les fantasmes de défense et de voile de castration, de pair avec les menaces de mutilation, on a besoin de se référer aux stades[1]. » On notera, avant d'en venir à la réponse de J. Lacan, que F. Dolto donne toute une série de restrictions quant aux situations dans lesquelles l'analyste a besoin de se référer aux stades. Lacan répond que ces stades, « formateurs de la libido », ne s'éclairent pas d'une référence à une « maturation naturelle ». Ils « s'organisent autour de l'angoisse de castration. Le fait copulatoire de l'introduction de la sexualité est traumatisant [...] et il a une fonction organisatrice pour le développement. Ce qui se produit à partir de l'angoisse de castration a un effet rétroactif sur les étapes antérieures ». Elle les « oriente » en termes de « mauvaise rencontre ». « La mauvaise rencontre centrale est au niveau du sexuel. » En tant que tels, les stades ne prennent donc pas une valeur sexuelle après-coup, mais leur sens tente ou échoue à s'inscrire dans le sens phallique qui est celui qui s'instaure à partir de l'effectuation de l'Œdipe. L'ambiguïté qu'avance ici Lacan quant au terme de « sexuel » ouvre la question de la valeur traumatique, réelle de celui-

1. J. Lacan, *Les quatre concepts fondamentaux de la psychanalyse. Le Séminaire, Livre XI* (1964), Le Seuil, 1973, p. 62.

ci. Le sexuel, en termes de référence à l'Œdipe, est à la fois ce qui va fonder le sens mais aussi son point de butée — la mauvaise rencontre —, sa limite, qui laisse ouverte la référence que Lacan fait au traumatisme et à la scène primitive. Mais l'on retrouve cette ambiguïté chez F. Dolto lorsqu'elle choisit par exemple d'appeler castration — castration anale, castration orale, etc. — toutes les séquences de perte que subit le sujet dans son développement en fonction de l'image inconsciente du corps.

Cette opposition manifeste dans cet échange est-elle irréductible ou dialectisable ? Ne témoigne-t-elle pas d'une position subjective nécessaire — et peut-être est-ce pour cela que Lacan répond un peu à côté de la question —, position nécessaire et inévitable dans une certaine mesure dans la psychanalyse d'enfant.

Si le mouvement d'une cure est, par définition, régressif, s'oriente de l'avenir vers le passé, Freud montre aussi qu'il y a une limite à ce qui peut s'atteindre par la remémoration, c'est-à-dire par le biais du symbolique. C'est aussi cette dimension-là qui apparaît dans la réponse de Lacan.

« La notion d'image du corps nous est venue de la pratique de la psychanalyse avec des enfants névrosés[1] », écrit F. Dolto. Soulignons bien que ce sont les cures avec des enfants névrosés qui la conduisent à forger ce concept. Avec ces enfants, il n'est pas possible de mettre en place le cadre habituel de la cure analytique. L'enfant a besoin de voir l'analyste, et s'il est allongé sur le divan, indique-t-elle, il s'endormira ou agira en prenant son corps comme objet, jusqu'à se masturber directement. Elle ajoute ainsi : « Pour qu'apparaisse la recherche symbolique du complément alors que la structure n'est pas achevée (ce qui demanderait qu'ait été vécue la période post-œdipienne), il faut un matériau médiateur entre le corps de l'enfant et lui. Ce matériau s'est peu à peu montré d'un usage plus intéressant que ce qu'il était censé être au début : une occupation parallèle, permettant la relaxation et un discours facile non contrôlé[2]. »

Ainsi, ce que F. Dolto théorise avec l'image inconsciente du corps n'est pas supposé rendre compte d'un déficit dans la capacité associative de l'enfant, à quoi viendrait suppléer

1. F. Dolto, « Personnologie et image du corps » (1961), in *Au jeu du désir*, Le Seuil, 1981, p. 69.
2. *Ibid.*

le dessin ou le modelage. Le recours au dessin, au modelage, et pourrions-nous ajouter au jeu, s'il a pour fonction de relayer la difficulté à dire propre à l'enfant, implique une dimension supplémentaire qui n'est pas sans conséquences théoriques. S'il s'agit de mettre en jeu un objet pour que le corps de l'enfant ne soit pas l'objet à jouir dans la cure, comment la question même de l'objet est-elle alors traitée dans celle-ci ? N'y a-t-il pas là une difficulté propre à la mise en jeu de cette dimension dans les cures avec les enfants ? Winnicott se demandait comment et quand terminer ces cures des enfants lorsqu'elles se déroulent dans la période de latence, s'il faut les prolonger jusqu'à l'adolescence effective, par exemple[1]. La fin de la cure dans ce temps-là semble marquée d'indécidabilité.

Cet inachèvement de la structure est lié à la nécessité de l'après-coup de l'adolescence, pour que celle-là s'accomplisse. Ainsi F. Dolto peut-elle écrire : « Partie dans l'analyse d'enfant avec l'attitude a priori de l'analyse d'adulte, l'analyse de l'expression verbalisée des propos libres et l'analyse des rêves, tout apport représentatif nous paraissait parasitage inutile. Mais l'expérience nous a appris que l'expression verbale de l'enfant ne devait pas dans l'analyse être le seul médiateur admis[2]. »

Cette dimension de l'objet ne peut-elle s'atteindre dans la cure des enfants névrosés, qu'après ce deuxième temps que constitue l'adolescence[3] ? Il y aurait d'ailleurs un rapprochement à tenter entre l'objet chez Lacan, la question du réel primitif, et l'image inconsciente du corps telle que la promeut F. Dolto. Or cette image du corps, pour F. Dolto, est « *hors lieu et hors temps, pur imaginaire* et expression des investissements de la libido[4] ».

Cette perspective indique une articulation spécifique dans ce temps du sujet. Lacan donne une indication quand il souligne à quel point la parole pour l'enfant, « la parole admirable de l'enfant [...] ne l'engage à rien[5] ». Alors qu'avec l'adolescence, le sujet est conduit à en répondre parfois

1. D. W. Winnicott, « Analyse de l'enfant en période de latence » (1958), in *Processus de maturation chez l'enfant*, trad. J. Kalmanovitch, Payot, 1989.
2. F. Dolto, *Au jeu du désir, op. cit.*, p. 69.
3. A. Vanier, « Le deuxième temps de l'adolescence », in *Apertura*, n° 15, p. 149-163.
4. F. Dolto, *Au jeu du désir, op. cit.*, p. 73.
5. J. Lacan, *Les écrits techniques de Freud. Le Séminaire, Livre I* (1953-1954), Le Seuil, 1975, p. 255.

radicalement. Il y a une valeur de la parole qui n'est pas encore instaurée chez l'enfant. Il souligne les efforts parfois comiques des adultes pour obtenir cet engagement. F. Dolto aussi relève, sur un autre mode, cette dimension particulière de la parole suivant le temps comme chronologie, c'est-à-dire un certain type du rapport à l'objet, où l'enfant se trouve. C'est le lien non absolument abouti d'une séparation d'avec l'objet qui vient conditionner la dimension de la parole, c'est-à-dire la façon dont celui-ci est articulé au renoncement de jouissance propre à l'Œdipe, et à sa reprise après la puberté.

Car l'« accrochage premier » est celui « du langage et du corps[1] ». L'image du corps pose le problème du lien entre cette image et le langage, et celui de la possibilité de refoulement de cette image. Ainsi la confusion des langues entre l'adulte et l'enfant, telle qu'elle se manifeste dans l'échange verbal entre eux, se conçoit dans une discordance temporelle liée aux temps de cette articulation régulièrement remaniée. Il importe donc d'être attentif à ce que « les mots employés avec les enfants soient des mots qui correspondent à une expérience déjà symbolisée ou en train de l'être. Il est évident que le mot “aimer” n'exprime pas la même chose chez un enfant de six mois au stade oral et chez un adulte parvenu au stade génital[2] ». L'image du corps répond ainsi à une articulation du signifiant et de l'objet telle qu'elle peut se construire rétroactivement — « chez des enfants névrosés » — quand la séparation de l'objet et du corps n'est pas absolument accomplie.

Cet accomplissement est néanmoins ce qui ouvre la possibilité d'une fin d'analyse — chez les adultes — telle que Lacan a tenté de la repérer. Cette question reste entre parenthèses, semble-t-il, dans les cures jusqu'à la fin de la période de latence. L'image inconsciente du corps paraît une solution théorique, une hypothèse avancée par F. Dolto pour sortir en quelque sorte de ce paradoxe de la temporalité entre structure et développement. Elle renvoie à une autre question qui concerne la limite éventuelle à la symbolisation, au reste même de cette opération.

C'est peut-être la cure avec des enfants non névrosés qui

1. G. Guillerault, *Les deux corps du moi. Schéma corporel et image du corps en psychanalyse*, Gallimard, 1996, p. 202.

2. F. Dolto, *L'image inconsciente du corps*, Le Seuil, 1984, p. 36, citée par G. Guillerault, *op. cit.*, p. 202.

manifeste de la façon la plus sensible cet enjeu. Je voudrais évoquer ici une brève vignette clinique. Il s'agit d'un jeune garçon dont je parlais à F. Dolto en contrôle. Je l'avais reçu pour la première fois, quand il avait cinq ans environ, parce qu'il fuguait en permanence et se mettait sérieusement en danger. Plus tard, séparations et fugues ont pris un autre sens. Ainsi, lorsqu'il accompagnait les siens pour des courses au centre commercial, il s'échappait pour se cacher derrière un pilier d'où il épiait l'effet de sa disparition dans le groupe familial et jouissait littéralement de la panique qui saisissait celui-ci. C'est-à-dire qu'il avait accédé à la possibilité de jouer quelque chose de cette séparation sur un autre plan que celui où elle se situait auparavant. À peu près à cette période-là, F. Dolto, un jour, estima que le contrôle de cette cure pouvait s'arrêter là et qu'on parlerait désormais de quelqu'un d'autre. Elle conclut ainsi : « Vous l'avez guéri de sa psychose. » La guérison, telle que Dolto l'avançait à ce moment-là, pourrait faire l'objet d'une étude intéressante, puisqu'il ne semble pas que ce soit un type d'intervention si rare que cela dans les contrôles qu'elle pouvait pratiquer.

À partir de cette époque d'ailleurs, il se présentait dans les lieux sociaux où il fut amené à vivre plutôt comme un « délinquant », un enfant turbulent, que comme un enfant repérable comme psychotique. Je cessai de le voir et il ne reprit rendez-vous avec moi que beaucoup plus tard, à l'approche de la puberté. Ses parents s'étaient inquiétés de le voir passer de très longs moments dans la salle de bains sans savoir véritablement ce qu'il y faisait. Quand je le reçus, il me confia qu'il passait son temps, lorsqu'il s'enfermait ainsi, à examiner son corps d'une façon extrêmement précise en guettant l'apparition du premier poil pubien dont la perspective l'emplissait de terreur.

Comment comprendre cette attente terrifiante mais prédéterminée, si ce n'est comme le retour de quelque chose de réel, de non symbolisé, qui viendrait faire irruption dans le corps ? Et pourtant, dans ce temps d'avant la puberté, rien de sa psychose ne s'était manifesté à nouveau.

Dans cette conception qui souligne la place différente de l'objet suivant les âges de la vie, et ses conséquences sur le déroulement de la cure, il y a lieu d'évoquer le sort fait par F. Dolto à l'objet transitionnel. Est-ce un reste qui vient sur la trace de la séparation ou bien un phénomène qui ne se manifeste que parce que la mère en assure la pérennité ? Quelque chose qui ne se maintient qu'en défaut par rapport à ce qui constitue pour elle le meilleur objet transitionnel, à savoir le mot, c'est-à-dire la perspective d'une symbolisation sans reste. En quelque sorte, comme avait pu l'avancer Lacan, pour que l'enfant ne serve pas d'objet transitionnel à la mère, celui-ci en créerait un pour pouvoir se dégager de celle-ci. C'est de sa séparation de son corps comme objet pour celle-ci que l'objet transitionnel serait le témoin. On remarquera néanmoins, pour ne pas simplifier les choses, que la position de F. Dolto sur l'objet transitionnel n'a pas été univoque. Elle distingue par exemple ce qu'elle appelle l'objet transitionnel subtil, que sont les mots, de l'objet transitionnel substantiel qui serait constitué par la peluche.

Une dernière évocation clinique pour conclure : il s'agit d'un jeune enfant autiste pour qui la situation analytique, le fait de rester seul avec moi dans le bureau, était particulièrement difficile. Jusqu'au jour où est apparu, sortant de dessous le divan, le chat qui s'était laissé enfermer dans cette pièce à mon insu. À partir de là, les séances ne furent possibles que si le chat était présent, chat qu'il réclamait dès la montée de l'escalier. C'est lui, il faut bien le dire, qui devint le véritable psychothérapeute de cet enfant. Il y eut de très nombreux jeux de cache-cache, de comportements mimétiques où il regardait le chat les yeux dans les yeux en calquant son attitude sur celle de l'animal. Celui-ci fut le regard, la bouche qui lèche ou mord, la peluche animée, etc. Jusqu'au jour où surgit le mot « pain », avec lequel il m'apostrophait ainsi que ses parents, en désignant le chat. L'inadéquation de cet objet avec ce dont ce type d'animaux peut se nourrir souligne bien sa valeur paradigmatique pour la pulsion orale. Cette émergence témoigne aussi d'une modification de sa position par rapport à l'animal, celui-ci devenant peu à peu — ce que F. Dolto indiquait comme signification du temps de l'objet transitionnel — celui auprès duquel il pouvait être le grand par rapport à ce petit animal, dont il pouvait s'occuper.

Ce franchissement est repérable aussi du point de vue de l'évolution dans une perspective développementale. Ainsi — et les cures avec les enfants psychotiques le manifestent peut-être au plus haut point — l'analyste, dans ces situations, est nécessairement et radicalement divisé du point de vue de la temporalité. Cette division est à assumer comme deux positions distinctes mais articulées avant que l'adolescence ne règle ce problème d'une autre manière. Le développement peut alors se concevoir comme une fiction théorique néanmoins utile car la position que l'analyste ne peut pas ne pas soutenir, en tant que repère temporel dans la cure, est ici plus qu'ailleurs incontournable. L'analyste est divisé entre une dimension de l'objet nécessaire à son acte et la nécessité de soutenir, de sa place à lui, la supposition d'un savoir anticipé chez l'enfant articulable au mouvement de la cure, et imaginable en termes de développement, comme en témoigne, par exemple, le travail qu'effectua Melanie Klein avec Dick[1]. L'enjeu est alors pour l'analyste de donner un statut, fût-il de fiction — et peut-être ne peut-il en être autrement —, à ce qui affecte dans le réel et dans le temps le corps de l'enfant.

1. M. Klein, « L'importance de la formation du symbole dans le développement du moi » (1930), in *Essais de psychanalyse*, trad. M. Derrida, Payot, 1972 ; voir sur ce point A. Vanier, « Autisme et théorie », in *Hommage à Frances Tustin*, Audit, 1993.

Image du corps et psychose

COLETTE MANIER*

Pulsions de mort et image du corps dans la psychose chez F. Dolto

En 1970-1971, F. Dolto consacre un séminaire aux pulsions de mort (au pluriel). À ce jour, ce séminaire demeure inédit. Elle y analyse le concept psychanalytique de pulsion de mort tel que Freud l'a élaboré et Lacan l'a repris — lié à la logique de l'inconscient. Elle en fait, en outre, une adaptation personnelle destinée à lui permettre de pénétrer au plus profond de l'archaïque, c'est-à-dire de poser les questions de l'origine du langage et de la psychose.

En quoi consiste cette adaptation personnelle du concept de pulsion de mort par F. Dolto tel qu'il s'articule à l'image du corps ?

F. Dolto part de l'observation des tout jeunes enfants pour comprendre comment s'élabore la dynamique langagière. De ce point de vue, elle parcourt une trajectoire commandée par une visée différente de celle de Freud. En effet, si Freud a pu élaborer la théorie des stades libidinaux à partir de la logique de l'inconscient, F. Dolto, elle, relève dans l'inconscient les traces de l'histoire de la constitution de l'image du corps pour en élaborer la théorie. C'est, en partie, cette démarche décalée par rapport à celle de Freud, apport de la psychanalyste d'enfants à la psychanalyse, tout en restant dans la même problématique — F. Dolto aimait à dire que ce qu'elle analysait retrouvait ce qu'avait analysé

* Psychanalyste.

Freud — qui l'a incitée à élaborer ce concept d'image du corps, comme « origine archaïque du langage », chez tout humain.

Cependant, si elle retrouve les stades freudiens, elle en remonte le cours jusqu'à des périodes plus archaïques que celles envisagées par Freud, c'est-à-dire avant le stade oral qui marquait pour lui le début de la relation langagière. F. Dolto enracine dès le temps de la conception et de la vie in utero l'origine de la fonction symbolique qui, pour se structurer, a nécessité de l'Autre, principalement la mère, en tant qu'elle est prise dans la triangulation œdipienne et que son désir la porte vers un troisième sujet, qu'il s'agisse du père, d'autres enfants, de son être social, de son travail, ou de ses investissements culturels et sociaux.

Cette fonction symbolique qui se structure, c'est l'image du corps manifestée à chaque étape du développement subjectif, ce qui lui permet de repérer et de distinguer une image du corps fœtale, respiratoire, olfactive, du péristaltisme, orale, anale, urétrale, génitale.

L'image du corps est donc définie comme effet des événements qui marquent le schéma corporel du sujet désirant. F. Dolto la situe comme « l'incarnation symbolique inconsciente du sujet désirant[1] », si elle s'est structurée, et lui donne le statut de « substrat du langage », ajoutant que c'est la parole adressée à l'enfant « qui permet à l'image du corps de donner le code du langage[2] ».

L'explication théorique que donne F. Dolto est donc la suivante : la parole de l'Autre (parental, par exemple) marque, si tout va bien, le schéma corporel en l'articulant au langage, ce qui constitue l'image du corps qui, à son tour, donne le code qui permet au sujet de se constituer comme tel.

Cette logique de structuration de l'image du corps fonctionne chez l'enfant jusqu'au stade du miroir sur ce mode. Ensuite, l'image du corps devient inconsciente et c'est pour marquer cette altération que F. Dolto introduit le concept d'image inconsciente du corps. En effet, l'acquisition du code permet à l'enfant d'accéder à la dimension du spéculaire. Il entre ainsi dans la problématique de la différenciation sexuelle avec la castration primaire (mais non première car elle a été précédée des nombreuses castrations

1. F. Dolto, *Image inconsciente du corps,* Le Seuil, 1984.
2. F. Dolto, *Destins d'enfants.* Entretiens avec N. Hamad, Gallimard, 1995.

symboligènes à chaque image du corps) qui l'achemine vers l'Œdipe et la castration œdipienne. On peut retrouver là la reprise de la théorie des stades décrits par Freud et représentés par F. Dolto comme les effets de l'image inconsciente du corps dans le Réel, l'Imaginaire et le Symbolique, qui organisent les développements fantasmatiques que l'on peut entendre dans la cure et la logique du développement de l'infans confronté aux différentes épreuves, en fonction des castrations reçues.

Cette structuration de l'image du corps passe donc par le Grand Autre tel que Lacan l'a défini, car « le sujet dépend du signifiant et le signifiant est d'abord au champ de l'Autre »[1].

L'étude des pulsions de mort va être l'occasion pour F. Dolto d'analyser et de formuler plus précisément, non seulement au niveau fantasmatique mais aussi au niveau de l'être même en formation, les effets du détour par la parole de l'Autre sur la structuration ou non-structuration de l'image du corps, sur la reprise ou non dans le langage de l'attente de communication et de rencontre du petit d'homme.

Dans cette intervention centrée sur la psychose, je ne retiendrai que ce qui est lié à l'archaïque défini comme la période de la vie qui précède l'acquisition du spéculaire, donc uniquement ce qui concerne l'image du corps et non l'image inconsciente du corps, les pulsions de mort dans le corps propre et non les pulsions de mort dans l'imaginaire ou le symbolique qui ne sont repérables que dans les divers stades libidinaux.

Pour F. Dolto, « les pulsions de mort, autant que les pulsions de vie, sont le signe d'un être humain désirant ». L'être humain se structure à partir de deux éléments jumeaux : l'individu-spécimen de l'espèce, au travers de son schéma corporel ; le sujet désirant, présent dès la conception, du fait de la rencontre des désirs de ses parents. Dès la conception, il a donc déjà une histoire — mais qu'il lui faudra pouvoir subjectiver.

Le schéma corporel est entier dès la rupture du cordon ombilical, alors que le sujet du désir ne représente, au contraire, qu'un tiers de la triade œdipienne. Si, quelles qu'en soient les raisons conscientes ou inconscientes, le

1. Lacan, *Les quatre concepts fondamentaux de la psychanalyse*, Le Seuil, p. 186.

« pré-sujet » est de « valeur négative » pour les deux tiers de ce que F. Dolto nomme le triangle œdipien, si sa valeur symbolique est déniée, les pulsions de mort sont en position de l'emporter sur les pulsions de vie. La structuration langagière ne s'effectue pas, il n'y a pas d'image du corps, donc pas de représentations, ce qui laisse le schéma corporel sans médiation langagière. Cette situation conduit à la psychose. Ce propos donne à entendre que la psychose peut se révéler plus ou moins profonde et/ou plus ou moins précoce en fonction du moment et de la massivité des atteintes de l'image du corps. Ainsi, si une telle logique est à l'œuvre dès le stade fœtal et la naissance, on se trouve dans « le cas de la psychose infantile originelle ». Autre exemple donné par F. Dolto : quand la psychose se révèle vers dix-huit ans, alors qu'il y avait jusque-là une adaptation « apparente » à la société, c'est que cette adaptation ne l'était « qu'avec une toute petite part de possibilités pulsionnelles », donc une toute petite part de construction de l'image du corps.

Ce qui est donc déterminant dans la psychose, c'est la nature et la datation de ce qui ne s'est pas élaboré. Cette analyse, d'une très grande originalité, ouvre ainsi la voie à ce que l'on pourrait nommer une logique prédictive des formes de psychose.

De même, l'attitude bien connue, et jamais démentie, de F. Dolto[1] de refuser de considérer la psychose comme une structure psychique, radicalement différente de la névrose, découle logiquement de sa théorie de l'image du corps. En effet, interroge-t-elle, « si la psychose est une structure, quelle image du corps a été atteinte ? ». En fait, F. Dolto n'envisage pas une atteinte de l'image du corps qui produise de la psychose comme structure psychique en général et différenciée. En revanche, à telle atteinte d'une image du corps correspond tel type de psychotique, mettant en œuvre une représentation théorique des psychotiques plutôt que de la psychose.

Ces développements permettent donc de comprendre la portée réelle du propos : « C'est par l'étude des psychotiques et des enfants qu'on appréhende les pulsions de mort. »

La fonction des pulsions de vie est d'être, dit F. Dolto, « l'allant-devenant dans le génie de son sexe ». À l'opposé, les pulsions de mort entraînent un « désallant-dédevenant ».

1. F. Dolto, *Autoportrait d'une psychanalyste*, Le Seuil, 1989.

Il s'ensuit que, pour elle, les pulsions de vie sont des pulsions agressives. Peut-être faut-il rappeler ici l'étymologie d'agresser : *aggredi*, marcher vers, c'est-à-dire aller au-devant de l'autre, entrer en relation avec lui. À l'inverse, les pulsions de mort sont définies comme « a-pulsions agressives », à entendre comme effet de coupure de la relation à l'Autre et du symbolique. Ces pulsions agressives sont toujours partielles, orales ou anales. Si le désir ne les soutient pas, elles dérivent, dit-elle. Ainsi, si la mère ne peut expulser son fœtus, il en meurt; si l'enfant nouveau-né ne peut s'exercer à cannibaliser la mère, il en meurt; si l'enfant ne peut expulser ses excréments, il en meurt. En revanche, elles fondent un mode de relation toujours progressif et dynamique lorsqu'elles sont liées aux pulsions libidinales.

Donc, si les pulsions de vie, agressives, ne sont pas soutenues et valorisées, dans leur expression dynamique, elles laissent le champ libre aux pulsions de mort. « Les pulsions de mort, dit F. Dolto, sont à la fois pulsions non libidinales et pulsions non agressives. Elles sont de ce fait non imaginables, non représentables, sans médiations. »

Ainsi, si la mère n'est pas narcissisée par le sexe de son enfant, et, de ce fait, ne le narcissise pas sexuellement en retour, il ne peut investir ses « génitoires ». Il s'ensuit que l'image du corps génitale ne peut s'élaborer pour lui, les pulsions de mort le laissant dans l'ignorance de son identité sexuelle. L'enfant ne connaît alors qu'un corps langagier de bébé, sexuellement neutralisé. « Un corps qui n'est que bouche dévorante », dit F. Dolto, car l'enfant est conduit, par une attitude de surcompensation, à renforcer l'agressivité d'objet partiel de la bouche cannibale à défaut d'investissement narcissique possible de son sexe. Il reste, ainsi, fixé à une image du corps orale, archaïsme qui viendra faire trace dans les expressions de sa subjectivité langagière.

Dans ce cadre théorique, il s'ensuit que les pulsions de mort ouvrent à des destins différents suivant le moment de leur prévalence. Et de ce point de vue, deux cas fondamentaux sont pris en considération par F. Dolto : ou bien les pulsions de mort se trouvent en position de domination avant la structuration de l'image du corps, ou bien leurs marques décisives n'interviennent qu'après que l'image du corps est constituée, c'est-à-dire après l'acquisition du spéculaire.

Ces destins psychiques, elle en note ainsi la différenciation : « S'il n'y a pas d'image du corps, le corps est dans les pulsions de mort » et : « Les pulsions ne sont de vie que si elles passent dans une image du corps, dans le langage, à travers la relation à l'Autre. »

En ce qui concerne l'état du psychisme de l'enfant avant la constitution de l'image du corps, F. Dolto fait remarquer que « la prévalence des pulsions de mort sur les pulsions de vie est prise en charge par les parents » et qu'alors « les pulsions de mort jouent dans le corps propre ».

Cette observation organise et règle une scène complexe de la relation parents-enfant dans laquelle l'enfant vient, dans un premier temps, à faire fonction de miroir de l'archaïque parental. Sa seule présence, à n'importe quel moment de son développement, peut réactualiser chez ses parents des pulsions de mort touchant les images inconscientes du corps par écho déclenché par l'état de développement où se trouve l'enfant. Ses parents subissent alors l'effet de retour du refoulé, de manière d'autant plus massive qu'ils y sont pris conjointement, et se trouvent ainsi, dans un deuxième temps, constitués à leur tour en miroir qui réfléchit, selon un angle de réflexion réglé, la trajectoire des pulsions de mort, s'en déchargeant simultanément sur l'enfant transformé alors en cible qui ne peut éviter les impacts — et leurs conséquences à venir. L'enfant se trouve dans ce cas porteur de ces pulsions de mort, tel un corps étranger par l'autre infligé. Il s'ensuit que la relation avec l'Autre tutélaire est court-circuitée, interrompue, génératrice d'angoisse, enclenchant un processus inhibiteur de la constitution de l'image du corps, donc de la représentation. Le travail des pulsions de mort aboutit ainsi à la non-inscription du symbolique des zones érogènes qui étaient destinées à être sublimées : la relation bouche-sein ne se sublime pas en désir de paroles ; la relation anus-fèces ne conduit pas à la maîtrise musculaire et à la créativité ; les « génitoires » ne donnent pas accès à la génitalité ; telle « image de base » se coupe de son évolution vers la conscience d'appartenance à l'humanité ; telle zone fonctionnelle ne parvient pas à établir de relation entre l'intérieur et l'extérieur, etc.

La conséquence majeure de ce rapport de forces qui se donne à entendre comme un jeu de miroirs dont l'archaïque est à la fois l'objet et l'enjeu est que les pulsions de mort ont un effet dévitalisant sur le désir de l'enfant qui se trouve empêché de vampiriser, de cannibaliser, de mordre, de bouger, d'exprimer son dynamisme d'allant-devenant car ces pulsions ne sont ni valorisées ni symbolisées par les parents, leur enfant étant bloqué à être objet partiel d'eux-mêmes et non humain en devenir.

Les pulsions de mort peuvent donc atteindre l'enfant dans ses différentes images du corps, à des moments de structuration différents, plus ou moins précocement, par effet de projection du Réel parental, de ce qu'ils n'ont pu sublimer par rapport à leur enfant. C'est par ce détour par la parole de l'Autre dont dépend l'humanisation du petit d'homme qu'intervient chez F. Dolto la dimension du Réel, du côté parental.

La fécondité et la nouveauté de la position de F. Dolto, c'est de fournir à la fois une étiologie, une genèse et une nosologie non empirique des troubles psychiques, parce que chacun de ces troubles est ainsi référable à un moment de structuration d'une image du corps qui a échoué totalement ou en partie à articuler le schéma corporel au langage.

Ainsi, en fonction de l'image du corps atteinte avant la structuration complète, F. Dolto distingue « deux niveaux de psychotiques » : 1. Celui qui n'a pas valorisé son corps en tant qu'humain, qui reste objet partiel d'un humain parental ; 2. Celui qui n'a pas valorisé son sexe au moment de l'Œdipe.

1. Pour F. Dolto, l'image du corps ne se construit pas nécessairement comme humaine. « L'enfant est humain par contact de paroles, par cooptation à la mère qui le parle comme un humain. Mais, si elle le parle comme un chien, il ne sait pas s'il est humain ou chien[1]. »

Dans un tel cas, l'image du corps de base, dès la vie in utero et la naissance, semble atteinte par une non-symbolisation de la gestation et de l'accouchement par des parents pouvant se sentir dévalorisés par ce qu'ils vivent comme une fonction mammifère du schéma corporel à laquelle s'associe une image inconsciente du corps animale, représentation parentale de chienne gestante, de signe de copulation bestiale, de vélage ou de mise bas, quand la grossesse est vécue de façon mammifère, occultant la dimension de l'humain qui se trouve, de ce fait, non reconnue. Le « porter fruit », comme l'énonce souvent F. Dolto, reste, de ce fait, sans représentation langagière humanisante. Ce qui s'ex-

1. F. Dolto, *Destins d'enfants*, *op. cit.*, p. 67.

prime dans l'inconscient parental de l'ordre du « comme si » (comme si c'était une grossesse mammifère) laisse dans le corps propre de l'enfant un pur Réel, schéma corporel sans médiation, corps chose comme l'évoque F. Dolto, quand les premières images du corps fœtale, respiratoire, olfactive, ne sont pas symbolisées par l'Autre de l'enfant.

2. Quant aux psychotiques n'ayant pas valorisé leur sexe au moment de l'Œdipe : « Il y a confusion de leur génitalité ; le père est une mère phallique [...] devenir homme c'est avoir le comportement maternel [...] le sexe est confondu avec le sein perfuseur. »

Le fœtus, puis nouveau-né a pu être investi comme humain mais il est resté étranger à lui-même dans une confusion de sexe et d'identité, mais sans confusion d'espèce. L'expression symbolique n'a pas été fauchée aussi radicalement que dans le cas précédent, mais elle a manqué précocement, empêchant la subjectivation de son identité — trait qui est sans doute à l'origine de l'indifférence de sexuation et apparente homosexualité de nombreux psychotiques adultes.

Ainsi, tout en se refusant à faire de la psychose et de la névrose deux structures différentes, F. Dolto forge cependant des outils pour comprendre qu'avec les psychoses, s'il n'y a pas constitution de l'image du corps, il n'y a pas accès au spéculaire, que la fonction symbolique n'est pas codée par l'image du corps puisque c'est l'« image du corps (qui) donne le code du langage » et que si « tout est langage », ce n'est cependant pas du langage reconnu, compréhensible par un autre semblable.

À ce point, F. Dolto, à mon sens, donne toutes les clés pour entendre psychose et névrose comme deux structures différentes. Si elle rejette cette représentation, c'est que cette partition en deux structures renvoie à la pathologie et que F. Dolto aborde le problème non directement de la pathologie constituée mais du sujet en devenir dans son élaboration même, avec une optique de prévention à une époque archaïque de mise en place du rapport au langage qui ne se conçoit pas encore en termes de structure.

Ainsi, un bébé de trois jours ayant perdu le réflexe de la succion, ce qui empêchait de le nourrir alors que sa mère venait d'être hospitalisée, F. Dolto se représente que s'il a perdu ce réflexe c'est parce qu'il avait perdu sa « mêmeté d'être » liée à l'olfaction de sa mère. Et c'est ainsi qu'elle lui permet, en retrouvant l'odeur de la mère à partir d'un linge lui appartenant accompagné de paroles la concernant, de retrouver sa sécurité, puis le réflexe de succion. Cette logique de l'image du corps en cours de constitution n'est ni psychotique ni névrotique. Elle est en deçà de toute notion de structure, laquelle est en cours d'élaboration.

De même pour un bébé de trois mois qui perd ce même instinct de déglutition, après une chute avec fracture du crâne. Il est toujours nourri par perfusion trois semaines après l'accident, est tellement angoissé que personne ne peut le toucher et hurle de terreur dès que quelqu'un l'approche. Ce sont des paroles apaisantes sans aucun geste vers lui qui permettront petit à petit une approche pour le mettre en position fœtale, tout en continuant à lui parler de ce qui lui est arrivé, de ce que l'on va lui faire. F. Dolto émet l'hypothèse que ce bébé a régressé à une image du corps fœtale pour y retrouver la sécurité de l'image de base qu'il a perdue par ce traumatisme. Elle suggère de réactiver le schéma corporel de l'époque fœtale : l'ombilic par des massages et la déglutition par l'absorption d'eau salée rappelant la saveur du liquide amniotique. Il s'agit de permettre à l'enfant de retrouver le sentiment de sécurité qui lui donnera accès à la capacité de surmonter l'épreuve terrorisante de perte complète de tous ses repères antérieurs. Après plusieurs incitations de cet ordre, appuyées de paroles rassurantes, l'enfant put, petit à petit, accepter d'être touché puis se remit à téter ses biberons de lait.

Ce sont ces observations de nourrissons à la lumière du concept d'image du corps et la primauté de la prévention qui situent l'apport essentiel de F. Dolto à la psychanalyse, en deçà du destin de la fonction symbolique de l'humain dans ou hors le langage, donc en deçà de la névrose ou de la psychose, dans la genèse même de l'élaboration langagière. Et c'est cette démarche même qui l'a particulièrement sensibilisée au monde psychotique, même si elle préférait parler de « grandes arriérations » plutôt que d'inscription structurale. Elle a ainsi ouvert un accès à l'univers psychotique en approfondissant, à travers la clinique, l'étude de l'archaïque pour analyser les cas de désorganisation du stade oral, ce que n'avait pu faire Freud car « il ne soignait pas de psychoses d'enfants » et il « avait toujours affaire à des personnes qui avaient conservé les potentialités libidinales du stade d'organisation orale ». Or, « ce stade ne se désorganise pas de façon observable dans les névroses[1] ». Au niveau théorique, ses observations l'ont conduite à forger les concepts d'image du corps dans sa structuration dès l'époque fœtale et d'image inconsciente du corps telle qu'elle se retrouve dans l'inconscient, après le stade du miroir.

En outre, cette détermination à ne pas faire de la psychose une structure mais une névrose précocissime, qu'elle assimile fréquemment à « une grande phobie », s'enracine aussi à la fois dans la logique de la théorie de la régression et dans la place de la psychanalyse par rapport à la psychose.

Quel que soit l'état de régression ou de fixation d'un humain à un niveau archaïque, F. Dolto voit toujours en lui la possibilité du chemin à parcourir ou les raisons des obstacles qui l'empêchent d'avancer. Elle cherche à estimer si ces obstacles peuvent être levés ou pas par le travail analytique, et jusqu'à quel point ils peuvent l'être. Et, qu'ils puissent être levés ou qu'ils ne puissent l'être que peu, elle y voit la marque de la fonction symbolique d'un humain qui s'est fourvoyé, qui s'est leurré dans le délire ou l'hallucination, qui tourne à vide sans possibilité de communiquer. Elle peut respecter son enkystement au nom du respect de l'autre, s'il ne souffre pas de son état, s'il est sans demande pour lui-même ; signes du respect d'un thérapeute qui n'a pas à vouloir plus que ne désire un autre humain.

La régression lui a été nécessaire à un moment donné pour trouver de la sécurité. C'est un « processus sain de repli » dans lequel le sujet est resté piégé, mais dont les « virtualités progressives potentielles (sont restées) intactes[2] ». C'est ce que F. Dolto déduit de l'analyse célèbre d'une enfant schizophrène à l'aide de la poupée-fleur en constatant que les très jeunes enfants non schizophrènes reproduisaient les mêmes types de comportement avec cette même poupée dans le temps de leur évolution, ce qui pour elle est la preuve que la désorganisation psychotique peut être réversible. Affirmer cela, c'était s'opposer à la psychiatrie qui pense les régressions pathologiques psychogènes frappées d'un caractère d'irréversibilité.

1. F. Dolto, *Le sentiment de soi*, Gallimard, 1997, p. 27.
2. F. Dolto, *ibid.*, p. 23.

Quant aux psychanalystes, F. Dolto craignait qu'ils refusent de s'occuper de psychotiques si ceux-ci étaient étiquetés tels, ce qu'elle m'a explicitement formulé au cours d'une séance de contrôle, à propos d'un cas de psychose : « Si on dit de quelqu'un qu'il est psychotique, les psychanalystes ne voudront plus s'en occuper. » Crainte qui se réfère peut-être aussi à une étape du mouvement psychanalytique lacanien où il se dit qu'il n'y a pas d'analyse possible quand il y a « forclusion du Nom-du-Père ». Crainte aussi qu'un diagnostic concernant la structure psychotique n'enferme l'être même du psychotique dans sa structure, le fige et le condamne à l'isolement et à l'abandon, sans plus de possibilité d'Autre. Est-ce là aussi le constat d'un moment du développement psychanalytique où, à être diagnostiqué psychotique, il n'y aurait plus d'Autre possible, y compris chez les psychanalystes ?

Ne peut-on pas cependant tenter de déployer la logique même qu'elle met à l'œuvre en tirant les conséquences de ses observations cliniques et élaborations théoriques, pour les radicaliser, notamment en ce qui concerne le problème de l'inconscient ?

Reprenons une de ses définitions de l'image du corps dans *L'image inconsciente du corps*[1] : « L'élaboration de l'image du corps ne peut s'étudier que chez l'enfant, au cours de la structuration de son schéma corporel, en relation avec l'adulte éducateur. L'image du corps est ensuite refoulée, en particulier par la découverte de l'image scopique du corps, puis par la castration œdipienne. » Si cela se passe ainsi, l'image du corps devient inconsciente, le sujet est structuré dans le langage et se situe dans la logique de l'inconscient élaborée par Freud et déployée par Lacan. Les images inconscientes du corps recoupent alors les différents stades libidinaux psychanalytiques.

Cependant, à travers l'étude des pulsions de mort au cours de la structuration de l'image du corps avant le spéculaire, F. Dolto laisse entendre que cette élaboration de l'image du corps peut ne pas se faire, ce qu'elle énonce de différentes façons : « Les mots, pour prendre sens, doivent d'abord prendre corps, être du moins métabolisés dans une image du corps relationnelle[2]. » « L'image du corps est la

1. F. Dolto, *L'image inconsciente du corps*, *op. cit.*, 1984, p. 38.
2. *Ibid.*, p. 45.

trace *structurale* de l'histoire émotionnelle d'un être humain[1] »... « dans certains cas, l'image du corps d'un sujet peut se chosifier[2] ».

Quand les pulsions de mort ont été dominantes au temps de l'élaboration de l'image du corps, elles empêchent la symbolisation en relation à l'Autre dans la communication, obligeant l'enfant à une symbolisation tournant à vide sur elle-même « dans un code qui n'est plus communicable[3] » car les mots qui lui ont été adressés ne le parlaient pas, n'étaient pas « conformes aux émois qu'ils étaient censés exprimer », ils « étaient des mots-bruit » et, à défaut d'être en communication avec les humains dont le langage ne le portait pas et ne le parlait pas, c'est « le monde entier des choses [qui] est en conversation avec lui » car le « sens symbolique du mot » n'a pas été introduit par « la castration sur le plan oral et anal ». Je ne m'étendrai pas sur ce terme de castration qui est repris par Ginette Michaud dans sa contribution.

Mais, quand il y a non-structuration de l'image du corps avant le stade du miroir, car l'infans a été piégé dans sa régression ou fixation à des images du corps archaïques, le laissant dans une impossibilité de communication, qu'en est-il du refoulement, de l'inconscient, des stades libidinaux, du langage ? N'est-ce pas un moment où cette non-structuration psychique fait structure pour l'infans ?

Pour Lacan, « l'inconscient est le discours de l'Autre » et « l'inconscient est structuré comme un langage ». Donc, pour qu'il y ait inconscient, encore faut-il qu'il y ait langage et que le discours de l'Autre en permette l'accès. Si le discours de l'Autre n'inclut pas le petit d'homme auquel il s'adresse, le discours de l'autre reste alors parole sans langage, donc sans inconscient en raison de l'absence de structuration langagière. Dans la psychose, quand un patient dit : « C'est ma mère qui parle en moi », ce n'est pas une métaphore, ce n'est pas une représentation du discours de la mère, mais le Réel du discours de la mère qui s'imprime, étranger à sa personne, faisant écran à toute autre expression ou formulation possible émanant de lui car il se vit « bande magnétique », « disque dur dont la mémoire est saturée, qu'il faudrait effacer pour qu'autre chose puisse s'imprimer ». La bande magnétique n'est pas l'inconscient,

1. *Ibid.*, p. 48.
2. F. Dolto, *Le sentiment de soi*, *op. cit.*, p. 129.
3. F. Dolto, *L'image inconsciente du corps*, *op. cit.*, p. 42.

il n'y a pas de refoulement, de déplacement ni de condensation. Seul, reste l'envahissement par l'autre.

Pouvoir tirer les conséquences de la non-structuration de l'image du corps revient à en faire une structure en soi où le discours de l'autre s'inscrit sans médiation, sans possibilité de subjectivation, en langue étrangère intraduisible, en pur Réel, sans représentation, sans inconscient. Cette scansion pose alors le problème de l'interprétation car, que voudrait dire interpréter ce qui n'est pas dans la logique de l'inconscient ? Si, sur le plan théorique, F. Dolto n'effectue pas ce pas radical, elle est sans ambiguïté sur le plan clinique, où elle envisage de façon tout à fait différente, dans les cures de psychotiques et dans les cures de névrosés, les conséquences de cette non-structuration sur le transfert et l'interprétation.

« Le rôle du psychanalyste, dit-elle, est de neutraliser les pulsions de mort en comprenant ce qui se passe et en les intégrant pour que les pulsions de vie puissent s'exprimer. » Sachant que ces pulsions de mort ont joué différemment avant et après la constitution de l'image du corps — dans le corps propre avant, dans l'imaginaire et le symbolique après —, cela induit un maniement différent du transfert.

« Le transfert des psychotiques sur l'analyste est un transfert terrorisant étant donné qu'il se croit dévoré. Donc... il faut que l'analyste parle, sinon il renforce en lui l'angoisse d'être dévoré. »

Si le discours de l'autre est pur Réel qui a barré l'accès au langage dans la communication interhumaine, toute parole ou simplement « présence » de l'autre peut faire intrusion, menace, « signal de danger vital ». Il s'agit alors pour l'analyste d'arriver à exprimer ce qu'il perçoit du psychotique du patient dans un langage qui le représente et le signifie, structurant ainsi « un champ de communication[1] ».

Si le psychanalyste interprète silence ou dire du psychotique dans une problématique qui n'est pas la sienne, en s'appuyant sur la logique de l'inconscient quand elle n'est pas à l'œuvre, il reproduit l'intrusion et risque de confirmer, une fois de plus, que l'autre est bien un être menaçant.

« Le psychanalyste doit avoir des jalons pour guider l'évolution du psychotique et ne jamais analyser les résistances.

1. F. Dolto, *Le cas Dominique*, Le Seuil, 1974, p. 192.

Non seulement les tolérer, mais les comprendre comme nécessaires. » Si ce qui est psychotique est hors langage communicable, hors inconscient, hors représentation, qu'y a-t-il à interpréter ? Il ne s'agit donc pas d'interpréter mais de « traduire » langagièrement ce qui est perçu du patient, les jalons étant pour F. Dolto l'image du corps, telle qu'elle s'est structurée par endroits, telle qu'elle est marquée de pulsions de mort et telle qu'elle doit être parlée par le psychanalyste. Un exemple de travail analytique est particulièrement éclairant sur ce point. À une fillette qui n'utilisait pas ses mains mais prenait les objets directement avec sa bouche, par carence de capacité de préhension manuelle et de créativité manipulatrice, mais laissant percevoir qu'une image du corps orale a permis que la bouche soit investie de capacité d'absorption, de préhension significative, F. Dolto dit en lui tendant de la pâte à modeler : « Prends avec ta bouche de main. » L'enfant réagit tout de suite à ce dire en attrapant la pâte à modeler avec sa main et non plus avec sa bouche, ce qu'elle commenta ainsi : « Tandis qu'elle n'avait de mains que dans sa bouche, je lui ai mis par la parole une bouche dans sa main. »

Cette lecture de F. Dolto se donnait pour objectif de clarifier son apport à la psychanalyse des psychotiques, en rendant compte des concepts qu'elle a élaborés pour décrire tant le développement langagier sans problème marquant de l'infans que les difficultés de développement des enfants névrosés, en faisant paraître la logique qu'elle met à l'œuvre dans l'étude de l'archaïque, défini comme la période de la vie s'étendant entre la conception et l'acquisition du spéculaire.

Je rappelle que la référence centrale de mon interprétation est le séminaire inédit consacré aux « pulsions de mort ».

Or, c'est précisément l'élaboration de ce concept, toujours au pluriel — « pulsions de mort » — et bien éloigné en cela du principe régulateur de la vie psychique qui ramène les tensions vers zéro que Freud introduisit en 1923, qui est l'élément fondamental et novateur sur lequel repose toute la théorisation du destin psychique. Car, comme nous l'avons vu, la place et le rôle particulier qu'elle fait jouer à ces pulsions de mort avant l'établissement de la structuration langagière permet d'établir une étiologie de la psychose constituée avant le stade du miroir, avant que les images du corps deviennent inconscientes. La prise en compte de cette étiologie permet de précisément distinguer le destin des images du corps aux temps archaïques, du destin de l'image inconsciente du corps à travers les différents stades libidinaux, comme renvoyant à deux moments significativement différenciés de l'élaboration du développement psychique de l'humain.

Par ailleurs, l'étude des pulsions de mort ouvre à la compréhension des multiples expressions pathologiques de cette période archaïque, en fonction des images du corps qui en sont marquées, dans une problématique dynamique plutôt que structuraliste permettant d'établir ainsi une logique des cures de psychotiques, quel que soit le chaos non structuré dans lequel, selon elle, ils se trouvent. Là s'enracine la nécessité de ce qu'était pour elle « entendre l'archaïque ».

L'importance du concept d'image inconsciente du corps dans la psychanalyse des psychotiques : l'apport de F. Dolto à la pratique de Gisela Pankow

L'auteur a essayé d'indiquer la dette théorique de G. Pankow par rapport à F. Dolto, aussi bien en ce qui concerne la technique qui utilise la pâte à modeler dans les séances de psychanalyse avec des patients où la question du refoulement primaire est centrale, ainsi que la théorie de F. Dolto sur l'image inconsciente du corps que G. Pankow connaîtra avant d'organiser la sienne.

Le texte intégral de cette communication est publié dans : H. O'Dwyer de Macedo, « Approche historico-clinique d'un dialogue possible entre Françoise Dolto et Gisela Pankow sur la théorie de l'image inconsciente du corps », in *Françoise Dolto, c'est la parole qui fait vivre*, publié sous la direction de Willy Barral, Gallimard, 1999, p. 91-105.

HEITOR O'DWYER DE MACEDO*

* Psychanalyste.

Dynamique des castrations symboligènes dans la cure de psychotiques

Je voudrais montrer, par la projection d'un matériel clinique, comment la notion de castration symboligène permet la reprise du développement de l'image du corps, par réorientation de l'énergie pulsionnelle partielle dans l'évolution de la cure. Cette réorientation permettra à cette patiente adulte d'éviter la psychose qui lui était pourtant « promise » par le diagnostic des spécialistes. Cette patiente était fixée à une image du corps pour partie sadique anale par incapacité perverse de son père de lui avoir donné accès à la vérité de son histoire. Elle grandit dans un leurre où la castration symbolique n'avait aucune chance d'advenir. À travers un transfert où elle lutta contre l'idée de l'abandon de sa mère, elle put me constituer comme une mère possible dont la parole pouvait faire sens. Ce qui lui permit d'agir pour rétablir la vérité de son histoire, d'advenir à une image du corps de femme sexuée et d'échapper à une pathologie grave.

Le texte de la communication donnée lors du colloque reprend pour l'essentiel la réflexion développée dans l'ouvrage de G. Michaud, *Figures du réel. Clinique des psychoses*, préface de Jean Oury, Denoël, « L'espace psychanalytique », 1999.

GINETTE MICHAUD*

* Psychanalyste.

QUATRIÈME PARTIE

Sujet et spiritualité

WILLY BARRAL*

La psychanalyse est-elle une Bonne Nouvelle ?

Nous aborderons ici la question du Sujet en son rapport avec la Spiritualité ! Il n'était pas possible en effet de concevoir ce colloque sans évoquer les deux textes princeps que F. Dolto nous a légués autour de cette question, dont l'un s'appelle *Les Évangiles au risque de la psychanalyse* et l'autre *La foi au risque de la psychanalyse*[1]. L'on ne peut d'ailleurs rien comprendre à la théorie de F. Dolto sur l'image inconsciente du corps, qui fait l'objet d'un chapitre précédent de ce volume, si l'on refuse d'intégrer sa notion d'incarnation du sujet dès la conception, concept d'incarnation qui est pour elle la clé de voûte de sa théorie analytique. Je vous en rappelle l'affirmation qu'elle-même nous en donnait : « L'être humain est incarnation symbolique de trois désirs, celui de son père, celui de sa mère et le sien, en tant que tous trois "êtres de langage". »

Mais, vous le savez tous ici, et c'est pourquoi vous êtes si nombreux inscrits à cette journée, ces deux termes « Sujet » et « Spiritualité » cohabitent mal dans notre culture en cette fin de siècle, tant dans le discours analytique que dans le discours religieux. Si d'ailleurs j'ai choisi comme titre à mon propos « La psychanalyse est-elle une Bonne Nouvelle ? », c'est pour rappeler le débat violent qu'avaient ouvert cer-

* Psychanalyste, président de l'association La Harpe-Enfant de droit.

1. Ces deux textes sont réunis dans le volume de F. Dolto, *Les Évangiles et la foi au risque de la psychanalyse*, Gallimard, 1996.

tains psychanalystes à l'époque de la publication des *Évangiles au risque de la psychanalyse*, sous le titre précisément *La psychanalyse n'est pas une Bonne Nouvelle!*

Si vous attendez de moi aujourd'hui que je prenne le contrepoint de cette affirmation vous ne pourrez qu'être déçus, car je ne vous dirai pas ici que la psychanalyse est une Bonne Nouvelle, puisque répondre par oui ou par non à cette question mettrait la question elle-même en péril, alors que c'est la question seule qui peut maintenir vivant le désir, mettre en œuvre un Sujet, non sa réponse qui n'aurait alors pour fonction que de venir boucher la question!

Par contre, et par souci de rigueur intellectuelle à l'égard de F. Dolto, je peux vous faire entendre ce qu'elle en disait *pour elle-même*, lorsque Gérard Séverin l'interrogeait sur cette question précisément, question formulée ainsi : « Pourquoi appelez-vous Dieu ces "ressorts fondamentaux", pourquoi ne pas parler tout simplement de désir ou de qualités vitales ? » Et F. Dolto de lui répondre : « Pourquoi pas... Je dis Dieu ou Esprit parce que je ne vois pas comment je peux éviter de parler ainsi depuis que Jésus, Fils de Dieu, et les Évangiles ont fait rupture dans notre histoire et dans mon histoire, apportant la révélation d'un art de diriger ma vie avec amour au-delà de la raison et de l'échec humain, comme le font les enfants. Avec Jésus, la justification du désir se mute en amour. La tendresse infinie du cœur de Dieu — je parle bien sûr en mots humains — a explosé chez nous. Son fils Jésus nous l'a montrée et initie qui le veut au désir libéré par l'amour. » Voilà le passage qu'il me fallait vous citer pour que vous entendiez au moins la réponse que F. Dolto apportait elle-même à notre question « La psychanalyse est-elle une Bonne Nouvelle ? » : « C'est la psychanalyse qui m'a donné cette foi. Je ne l'avais pas avant. C'est le fait de rencontrer mon unité intérieure par-delà mes morcellements, de m'accepter telle que je suis, qui m'a fait accepter Dieu en disant : "Si je suis, c'est qu'Il est. La preuve qu'Il est, c'est que je suis." »

Mais aujourd'hui, il ne s'agira pas de théologie, rassurez-vous, mais bien de psychanalyse, et la psychanalyse c'est une question que se pose tout être humain dès lors qu'il se pose en tant que sujet de son désir.

C'est la probabilité de la question, le fait même de la poser et de la soutenir toujours comme ouverte qui fait exister le sujet, ce que Marc Alain Ouaknin appelle d'un concept fabriqué par lui-même : « La Quoibilité », pour nous faire entendre que l'homme est un « Quoi ? ». F. Dolto le formulait déjà ainsi, au sein d'un colloque de philosophie, en affirmant que, de sa naissance à sa mort, tout être humain portait en lui une seule question, qu'elle ramassait dans un raccourci saisissant, sous la forme suivante : « Où-est-ce-par-quoi-j'aurai l'être ? »

C'est d'ailleurs pourquoi, à propos de la spiritualité, elle pouvait affirmer, à partir toujours de sa pratique d'analyste, c'est-à-dire à partir de ce qu'elle entendait du « parler-inconscient » de ses patients : « Tout être humain a une vie spirituelle mais il ne le sait pas, c'est aussi inconscient que la vie affective ! »

En effet, F. Dolto nous parle de la psychanalyse et de la prévention des névroses en ces termes : « On m'a souvent posé la question de savoir si la psychanalyse peut tout expliquer. Pour ma part, je crois qu'elle est là non pas pour tout expliquer, mais pour aider ceux qui se sont enlisés dans la répétition par le refoulement de leurs désirs : les aider à sortir du même sillon du disque de la vie, qui est en train de tourner sur place. Elle est là pour que la vie reprenne ses droits. »

C'est cela la « Bonne Nouvelle » chez F. Dolto, psychanalyste : l'éthique y est une éthique du désir. Elle attend une croissance psychique du sujet et « un progrès dans la spiritualité », pour reprendre l'expression de Freud à propos de la psychanalyse. Elle maintient que le désir vise toujours un au-delà de lui-même et de l'objet de plaisir.

En des termes voisins de ceux de J. Lacan lorsqu'il met en exergue le désir pervers, elle affirme : « Il n'y a qu'une sorte de péché à mon sens : "le péché contre son désir" », et elle appelle péché : « ne pas se risquer pour vivre son désir ». De la même manière, lorsqu'on lui demande « quel est ton Dieu ? », elle répond : « Le désir en infinitude de développement ! »

Mais pourquoi alors, me direz-vous, appeler le désir « Dieu » et maintenir le pouvoir de la croyance ? « Parce qu'il y a de l'Autre », pourrait-on répondre avec J. Lacan ; une histoire de Grand Autre !

Un autre point qu'il nous faut explorer pour comprendre F. Dolto c'est l'articulation qu'elle fait entre désir et loi, à travers sa lecture des Évangiles. Pour elle l'essentiel est de manifester un Dieu réconciliant le sujet du désir et la loi.

En effet, dans « Les Évangiles au risque de la psychanalyse », nous trouvons cette affirmation : « Jésus n'annule pas la loi, il est venu lui donner sens... Il veut que non seulement une loi soit en mesure d'être appliquée mais qu'elle aille dans le sens du désir de chacun. Il met de l'humain dans tout. » Quant à maintenir le pouvoir de la croyance, elle nous dit dans « La foi au risque de la psychanalyse » : « La foi, pour moi, c'est la foi en Jésus-Christ... Mais rien de ce que l'Église du XXe siècle enseignait à ceux qu'elle formait ne me paraissait contenu ni dans la Bible ni dans les Évangiles. » Elle précise encore : « Ces textes des Évangiles, ces suites de mots, comment se fait-il donc qu'ils fassent choc à notre conscience et onde de choc jusque dans l'inconscient, y ressourcent joie et désir... *La lecture des Évangiles*, je le répète, produit d'abord un choc en ma subjectivité, puis, au contact de ces textes, je découvre que Jésus enseigne le désir et y entraîne. »

Alors venons-en maintenant au cœur de l'enseignement de F. Dolto, psychanalyste, lorsqu'elle nous laisse entendre que « Jésus est le premier psychanalyste » ; en tant que celui qui fait advenir un sujet à son désir, le libérant des chaînes qui brisent l'élan de son désir inconscient : « Il est là lui le Maître du désir que tout humain porte en soi. » F. Dolto nous a légué sa lecture des Évangiles en héritage. Je lui emprunterai donc sa démonstration spirituelle à partir d'une interprétation exemplaire qu'elle nous donne d'un récit évangélique qui concerne l'une des trois résurrections opérées par Jésus.

J'ai choisi la résurrection de la fille de Jaïre, parce qu'elle illustre parfaitement la démarche psychanalytique de F. Dolto. Elle affirmait que ces textes de deux mille ans n'étaient pas en contradiction avec l'inconscient des hommes d'aujourd'hui, et qu'ils illustraient en les éclairant les lois de l'inconscient découvertes par Freud au siècle dernier. Je la citerai ici : « Il y a dans l'Évangile, pour un psychanalyste, une concordance absolue entre ce que Jésus dit du Royaume de Dieu et ce que nous trouvons en étudiant l'énergie inconsciente, la libido. Le désir, dans un être humain, à son insu, le soutient, soutient son être, le suscite à agir et lui sert de ressort pour réaliser sa vie. C'est ça, à mon avis, qu'on trouve dans l'Évangile quand on est psychanalyste. »

Ainsi donc de quoi s'agit-il dans le récit qui nous est fait dans l'Évangile de la résurrection de la fille de Jaïre ? Il s'agit ni plus ni moins d'un lien imaginairement incestueux entre un père et sa fille ! L'évangéliste du nom de Marc nous raconte l'histoire et la douleur d'un homme nommé Jaïre, un des chefs de la synagogue, qui vient de perdre sa fille. Mais dans le même récit l'on trouve une étrange interférence avec un autre récit, celui d'une femme hémorragique qui perd son sang depuis plus de douze ans. Vous ne pourriez pas suivre la pertinence de la démonstration de F. Dolto si je me contentais de faire du commentaire ici, et loin de moi l'idée du comment-taire ou du faire taire, c'est pourquoi il me faut vous lire d'abord ce petit récit de Marc, au risque d'en amuser plus d'un.

« Quand Jésus eut regagné en barque l'autre rive, nombreuse fut la foule qui se rassembla autour de lui. Il se tenait au bord de la mer. Arrive un des chefs de synagogue nommé Jaïre, qui, le voyant, tombe à ses pieds et le supplie avec insistance : “Ma petite fille est à toute extrémité, viens lui imposer les mains pour qu'elle puisse guérir et qu'elle vive.” Jésus partit avec lui, une foule nombreuse le suivait et le pressait de tous côtés. »

Or, une femme atteinte d'une hémorragie depuis douze ans et qui avait beaucoup souffert du fait de nombreux médecins et qui avait dépensé tout son avoir sans aucun résultat avait entendu parler de Jésus — elle allait plutôt de mal en pis — commente l'évangéliste. (Vous entendez bien sûr comme ce petit récit biblique est toujours d'une grande actualité ; car il en va toujours ainsi lorsque la médecine ne s'attache qu'à la dimension symptomatique organique dans le corps en refusant de prendre en compte le sujet dans son histoire et la dimension symbolique de ce que la psyché en l'homme tente de vouloir dire ; cette médecine n'est plus alors qu'une médecine vétérinaire !) Je ne suis pas sûr d'avoir trouvé ce passage dans l'évangile de Marc... Mais revenons à notre récit évangélique.

« Venant par-derrière dans la foule, elle toucha le pan de son manteau. Elle se disait : “Si je touche au moins son vêtement, je serai sauvée.” Aussitôt, la source d'où elle perdait le sang fut tarie et elle sentit dans son corps qu'elle était guérie de son infirmité. Jésus sentit qu'une force était sortie de lui, il se retourna dans la foule et demanda : “Qui a touché mes vêtements ?” Ses disciples lui dirent : “Tu vois les gens qui te pressent de tous côtés, et tu demandes : ‘Qui m'a touché ?’” Mais Jésus regardait autour de lui pour voir celle qui avait fait cela. La femme, toute craintive et tremblante, sachant bien ce qui venait de lui arriver, vint se jeter à ses pieds et lui dit toute la vérité. “Ma fille, lui dit-il, c'est ta foi qui t'a sauvée, va en paix et sois guérie.” Il parlait encore quand, de chez le chef de la synagogue, des gens arrivent et disent à Jaïre : “Ta fille est morte, pourquoi déranger le Maître ?” Mais Jésus, qui avait surpris ces mots qu'on venait de prononcer, dit au chef de la synagogue : “ N'aie pas peur, crois seulement !” Il ne laissa personne l'accompagner, sauf Pierre, Jacques et Jean le frère de Jacques. Arrivé à la maison du chef de la synagogue, il entend du vacarme, des gens qui pleurent et poussent de grands cris. Il entre et leur dit : “Pourquoi tout ce vacarme et ces pleurs ? L'enfant n'est pas morte, elle dort.” Mais ils se moquaient de lui. Les ayant tous mis dehors, il emmène le père et la mère de l'enfant. Et, prenant l'enfant par la main, il lui dit : “Talitha koum”, ce qui veut dire : “Ma petite fille, debout, je te l'ordonne.” Aussitôt la fillette se leva et elle se mit à marcher car elle avait douze ans. Ils furent saisis aussitôt d'une très grande stupeur. Il leur recommanda vivement que personne ne le sût ; et il dit de donner à manger à l'enfant. »

Il m'est apparu que l'interprétation qu'en donne F. Dolto est celle d'un psychanalyste qui interpréterait un mauvais rêve pour l'un de ses patients ! Car c'est bien évidemment en psychanalyste que se situe F. Dolto pour transmettre le message de la castration symbolique qui se trouve contenu dans ce récit d'une résurrection qui est double puisqu'il y a aussi l'histoire de la femme hémorragique. Au sens où l'entend la psychanalyse, la castration a toujours valeur de symbolisation des pulsions auxquelles le Sujet doit renoncer pour pouvoir faire muter en lui ses pulsions de mort en pulsions de vie, son « jouir mourir » en « jouir vivre » si vous voulez bien entendre qu'il est toujours question de jouissance archaïque dans l'inconscient infantile. Et c'est précisément dans la mesure où Jésus, pour F. Dolto, vient constamment relancer la dynamique du désir qu'il est pour elle « le Maître du désir » et donc aussi à ses yeux le premier psychanalyste !

Comme le psychanalyste, Jésus réamorce le désir en l'autre sans lui assigner un contenu ; c'est au sujet qu'il appartient de le trouver. Ainsi par exemple, dans ce récit de la fille de Jaïre, il s'agit d'un lien imaginairement incestueux père-fille, puisque, nous dit-elle, Jaïre commet totalement l'omission de mentionner son épouse dans sa plainte. Par ailleurs, les Évangiles ne séparent jamais l'histoire de la résurrection de la fille de Jaïre de celle de la femme qui perd du sang. Et si ces deux récits sont liés, nous dit-elle encore, « c'est parce qu'ils sont liés par un enchaînement inconscient, organique et spirituel ». En effet, c'est une même histoire : il y a d'un côté une femme au destin féminin arrêté (puisque depuis douze ans elle est hémorragique), et de l'autre côté il y a un homme au destin paternel faussé (puisqu'il perd sa fille âgée de douze ans aussi!)... Douze années, un signifiant que ne manque pas d'entendre F. Dolto ni de le relever, et qu'elle met en relation avec l'omission du père à mentionner sa femme dans sa plainte. Quand Jaïre vient trouver Jésus, c'est pour lui dire « ma » petite fille, au lieu de lui dire « notre » petite fille est à toute extrémité. Il se pose comme le seul éprouvé. F. Dolto commente alors : « Écoutez sous quelle loi vivait cette femme-hémorragique. Il est écrit, en effet, dans le livre du Lévitique : "Si un homme couche avec elle (la femme qui a ses règles), l'impureté de ses règles l'atteindra..." Vous imaginez, pour cette femme, la tragédie qui dure depuis douze ans ? Par contre, pour la fille de Jaïre, c'est apparemment le bonheur! Oui, car son père l'aime, poursuit Dolto. Depuis douze ans, elle est la fierté, la joie de son entourage, de sa famille et des gens qui ont une certaine révérence pour son père, notable du lieu (il est chef de la synagogue). Mais ce père apparaît fixé inconsciemment et incestueusement à "sa" fille. Ce père est un nourrisson géant accouplé au sein de sa mère ou de sa grand-mère que représente inconsciemment pour lui sa fille. Il la maintient "petite" dans sa sphère à lui, il la veut, sans le savoir, dépendante de son amour possessif paternel. Jaïre ne fait pas mention de sa femme, la mère de l'enfant. C'est tout de même étonnant, non? » Poursuivant sa démonstration, F. Dolto nous explique que la fille de Jaïre est ainsi maintenue, depuis douze ans, dans un « statut d'objet partiel d'amour dévorant et d'amour infantilisant » par son père. Seule et sans aide extérieure à sa famille, elle ne peut que se dévitaliser... « Son père l'aime d'un amour qu'il faut bien dire incestueux inconscient, d'un amour de style libidinal oral et anal qui fait d'elle sa prisonnière en cage dorée. » Et nous le savons tous ici, je pense, la sexualité féminine de cette enfant ne peut croître et se développer que loin de son père!

Quant à la femme hémorragique, c'est la même chose, nous dit F. Dolto : « Cette femme a achevé la croissance adulte de son corps, mais son sang s'écoule inutilement, sa sexualité féminine, hors circuit des échanges du désir et de l'amour, s'écoule et meurt : elle ne peut se reconnaître femme dans le regard d'un homme. » Ainsi, conclut F. Dolto : « Au moment même où la femme adulte se guérit — grâce à la parole de Jésus, le Maître du désir —, la fillette se meurt. Il y a un lien évident. Cette enfant ne vivait qu'en état de négation, de perte de désir. Elle était vampirisée par l'amour de ce père. » F. Dolto nous présente à nouveau Jésus comme un psychanalyste-Maître du désir ! C'est en effet toujours une question de foi, nous dit-elle. *Mais en fait aujourd'hui*, nous dirions *une question de transfert*. À la femme, Jésus dit en effet : « Tu as toujours eu de quoi avoir un sang cyclé, mais tu ne le savais pas. La foi en toi-même, c'est un homme qui peut te la donner. » Cet homme ce fut Jésus, car une femme ne se sait et ne se sent féminine que par un homme qui croit en elle. C'est dans les yeux d'un homme, dans son attitude, qu'une femme se sait ou se sent féminine. Et quant à Jaïre, Jésus lui dit : « Aie foi en toi, en ta force d'homme et en ta force d'époux, tu pourras dire à ta fillette : "Ma petite fille, tu es féminine, mais pas pour moi." Et elle pourra vivre par et pour un autre. » Jésus est cet autre, mais ce que nous appelons l'Autre du Transfert, c'est-à-dire, non pas le psychanalyste en tant que tel mais celui grâce à qui un sujet peut retrouver les chemins de son désir inconscient profond ; son désir à vivre en être pacifié avec lui-même. Car, comme dans une cure analytique, c'est le transfert seul et lui seul qui est opérant. La foi ici c'est la foi dans le transfert que font ces personnes qui abordent Jésus avec confiance. Il est, pour F. Dolto, le chemin et la vie en ceci précisément qu'il ne cherche pas à retenir à lui, par son humanité, ce qui serait une séduction leurrante. Il est homme, il a des affects positifs, il donne donc de son amour humain à un être humain. Il aime les hommes dans leur devenir et non dans une fixation interpersonnelle narcissique. Il y aurait sinon échec possible de sa mission si on l'aimait pour lui-même.

Alors, je le sais bien, il y a eu certaines protestations, soit dans la communauté religieuse, soit dans la communauté psychanalytique pour accuser F. Dolto de vouloir récupérer le christianisme par la psychanalyse ou de vouloir récupérer la psychanalyse par le christianisme. Mais c'était là ne rien vouloir entendre du message subversif d'une grande fraîcheur à l'endroit où, précisément, elle voulait réintroduire la question ontologique du « Où-est-ce-par-quoi-j'aurai l'être ? » que j'évoquais en ouverture.

D'ailleurs, au risque d'aggraver encore ce même malentendu, je vais raconter maintenant une autre histoire de résurrection, mais cette fois-ci accomplie par F. Dolto elle-même ! Car, pour elle, chaque être humain est un texte sacré à décoder. Vous trouverez ce récit dans le tome 1 de son *Séminaire de psychanalyse d'enfants*.

F. Dolto voit donc débarquer un beau matin un de ses anciens analysants, un homme totalement à bout, exténué. Sa femme vient d'accoucher depuis peu d'une petite fille, mais elle est entrée dans un coma profond dès l'annonce de la nouvelle que c'était une petite fille qu'elle venait de mettre au monde ! Il semble, d'après les médecins, qu'il est peu probable qu'elle puisse revenir de ce coma prolongé, ou tout au moins qu'elle ne pourrait en revenir que handicapée à vie par des lésions cérébrales irréversibles qui la laisseraient paralysée. L'homme ne supporte pas cette idée et a aussitôt déclaré qu'il préférerait la tuer plutôt que de la voir survivre diminuée. À la clinique, les parents de la jeune femme sont alors arrivés et la mère n'a pas pu entrer dans la chambre de sa fille. Désespéré, le père a alors avoué à son gendre qu'à la naissance de chacune de leurs deux filles (mais pas à la naissance de leurs deux fils), il avait fallu interner quelque temps son épouse, celle-ci devenant folle à la seule vue d'un bébé de sexe féminin. À présent, le jeune père rapporte donc à son ex-psychanalyste, F. Dolto, le récit de son beau-père sur cet événement jusque-là tenu secret. F. Dolto conseille à son client de commencer par se reposer, puis d'aller tout raconter à sa femme, sans tenir compte de son coma. Ce qu'il fait. À peine a-t-il achevé son récit, assis au chevet de sa jeune épouse inconsciente, que celle-ci se réveille, aussi fraîche que la Belle au bois dormant ! Quelques jours plus tard, la rescapée va voir F. Dolto pour la remercier. Elle lui dit qu'elle a compris pourquoi il lui avait soudain semblé impossible d'accepter cette petite fille à qui elle venait de donner le jour, préférant plutôt disparaître. Elle explique que le récit de son mari est venu tout éclairer, la libérant de la prison mentale qui l'avait précipitée dans le coma. Mais comment a-t-elle entendu son mari, puisqu'elle se trouvait dans le coma (un coma si grave que les médecins la croyaient condamnée) ? Eh bien, elle explique qu'elle a vécu toute cette histoire, consciemment, mais depuis son poste d'observation très étrange : elle se trouvait « hors de son corps » et collée dans un coin du plafond ! De là-haut, elle voyait son corps inanimé, autour duquel on s'affairait et cette pauvre forme humaine lui semblait « aussi plate qu'une feuille de papier ». Plus tard, quand son mari l'a délivrée de ce qui la retenait prisonnière — le secret de sa propre naissance, qui la liait inconsciemment à sa mère —, la jeune femme raconte qu'elle a réintégré son corps par le sommet du crâne, regonflant cette « forme raplapla », comme l'écrit F. Dolto, et se retrouvant dans une obscurité très douloureuse.

Alors comment F. Dolto interprétait-elle cette histoire ? Pour elle, une telle expérience faisait forcément référence à ce qu'elle appelait « l'image inconsciente du corps », cette sorte d'armature immatérielle, en permanent mouvement, qui coordonne toutes nos fonctions psychiques et nous permet d'entrer en contact avec autrui. L'image inconsciente du corps de la jeune femme était parasitée par la « présence d'un fantôme », pour reprendre l'expression de Didier Dumas, c'est-à-dire ce qui fait retour avec insistance, dans une lignée, d'un non-dit traumatique. Il s'agissait pour F. Dolto d'un non-dit transgénérationnel, dont avait déjà souffert sa mère et probablement sa grand-mère.

F. Dolto s'interrogeait sur la perception que cette femme, hors de son corps, avait eue d'elle-même. Elle se demandait si la perception de platitude du corps observé depuis le plafond ne pouvait s'expliquer par le fait que la jeune femme aurait pu entendre, malgré son coma, le médecin prononcer les mots « électroencéphalogramme plat ». À l'époque où avaient lieu ces événements, nul ne connaissait les expériences appelées NDE (*Near Death Experience*), c'est-à-dire les expériences proches de la mort, ou les OBE (*Out of Body Experience*), c'est-à-dire les expériences de sorties du corps, autrement dit nul ne connaissait encore les scénarios de « mort clinique ».

Les analystes freudiens ne disposaient d'aucune grille de lecture où faire entrer une telle expérience. On savait que, poussées dans des états de conscience proches de la mort, en particulier pendant et après la déportation dans les camps nazis, certaines personnes avaient vu défiler toute leur vie en un éclair; mais le reste, les expériences de mort imminente, les voyages hors du corps, tout cela n'existait tout simplement pas. Il s'agissait de sujets scabreux, réservés aux parapsychologues, que les psychanalystes considéraient, injustement d'ailleurs, avec le plus grand mépris. Pourtant F. Dolto a changé radicalement les modes de compréhension de l'individuation et introduit une conception inédite de la subjectivité.

C'est d'ailleurs pourquoi, par cet exemple, je voulais vous faire entendre combien F. Dolto a su ouvrir le champ de la psychanalyse aux confins de la clinique du Sujet! Rendons-lui cette élémentaire justice.

Mais, à la décharge des railleurs de l'époque, sans doute faut-il se rappeler que la raillerie est aussi une résistance à l'angoisse. Pour mémoire, quand, à l'Académie des sciences, Edison a présenté son phonographe, les académiciens sont tous sortis en se moquant : « On ne va pas nous prendre pour des gogos de minable sorcellerie! » Or, à l'âge de la communication par Internet, sommes-nous pour autant à l'abri de nos angoisses du lendemain, de nos « résistances au changement »? « Tout ce qui est nouveau provoque une réaction, une résistance, disait F. Dolto, Freud, encore de nos jours, suscite opposition et refus. Le Christ, encore de nos jours!... La nouveauté, l'aventure, l'imprévu, la nouvelle, la Bonne Nouvelle, angoissent d'abord avant de donner paix et joie. »

Un dernier point avant de passer la parole à mes collègues, pour évoquer la question de la culpabilité. Jésus initie l'homme à la découverte de la vérité de son désir, qui procède du sens et de l'essence de la parole : « Il convoque, nous dit-elle, au symbole d'une société qui doit arriver à se polariser vers son désir. » Or la culpabilité entrave le désir, elle est sous-tendue par des enjeux de prestance moïque, de dépendance à des idéaux moraux de comportements. Les institutions sociales et religieuses, en jouant sur cette corde, endiguent et confisquent la voie de la parole créatrice en l'homme; elles déforment le sens de l'Évangile : « Jésus, nous dira-t-elle encore, a donné une clef du désir qui est complètement déculpabilisé. Mais que n'a-t-on pas fait au nom de l'Évangile? »

Si donc vous m'avez suivi jusque-là, nous pouvons nous avancer à dire que, chez Jésus, la guérison de l'angoisse s'opère, comme dans la thérapie analytique, par une Rédemption de la faute sans compensation et sans expiation (contrairement à l'enseignement doctrinal des Églises), rédemption appuyée sur la plus haute autorité qui soit : la foi de celui qui demande à Dieu : « Qu'il vous soit fait selon votre foi », dira Jésus !

Chez F. Dolto, on trouve de même cette idée de la foi, ainsi formulée : « Un psychanalyste n'est bon à rien ! Ce sont les gens qui font eux-mêmes le travail — grâce au transfert, nous faut-il entendre, c'est-à-dire grâce à la foi qu'ils portent à leur analyste —, ils doivent être convaincus qu'il y a en eux un esprit qui cherche, et nous sommes là pour comprendre, avec eux-mêmes, où ont été leurs épreuves. Mais nous ne pouvons pas servir de prothèse à leurs épreuves. »

Nous ne pouvons qu'être d'accord avec elle, si nous avons quelque expérience humaine, car celui qui souffre espère et quiconque espère croit. L'homme croit toujours à ce qu'il désire. C'est un besoin psychologique et le supprimer mène au déséquilibre. La vertu créatrice de la foi donne à la réalité ce qu'on espère. C'est sans doute ainsi qu'il nous faut entendre cet autre propos de F. Dolto : « Sans la foi je ne pourrais pas faire ce métier ! »

J'espère vous avoir fait entendre que c'est à travers la question elle-même que l'homme s'invente, se renouvelle et se construit infiniment. Pour le dire avec le poète Rainer Maria Rilke : « Le seul courage est de faire face à l'énigme, à l'inconnu... Celui-là seul ira au bout de sa propre vie. »

Nous avons bien l'intention de risquer notre désir de vous faire entendre cette affirmation de F. Dolto selon laquelle « Dieu c'est la parole ! » et de poser en ouverture l'éthique qui devrait présider à nos débats : « C'est pendant le passage de la parole, nous disait-elle, dans la rencontre authentique des êtres, que Dieu passe, jamais autrement. »

JEAN-PIERRE WINTER*

De la métaphysique à la métapsychologie. Dieu profane, sujet divin

Ne nous voilons pas la face : en tant que praticien de la psychanalyse héritée de ce « juif détaché de la tradition de ses pères », selon la juste expression de Lacan, le rapport de F. Dolto à Jésus, aux Évangiles et à la foi ne peut pas ne pas nous poser d'importantes et d'angoissantes questions. Freud était athée, c'était son affaire, mais il pensait la psychanalyse comme discipline, voire comme science *profane*. Il désirait que la psychanalyse ne tombe ni aux mains des médecins ni surtout dans la sébile des prêtres et là, dans la mesure où il s'agit du désir de Freud, c'est notre affaire.

Dès lors, la foi affirmée et assumée par F. Dolto, incontestable psychanalyste freudienne, nous oblige à rouvrir l'épineux dossier des rapports de la psychanalyse à la spiritualité. Ce qui demanderait une longue et difficile exégèse dont vous ne douterez pas qu'elle soit impossible à réaliser dans le temps qui nous est imparti. Aussi me contenterai-je d'en signaler quelques têtes de chapitres, posant ainsi quelques jalons pour un travail à venir.

Ce que F. Dolto nous a transmis dans le registre de la spiritualité est littéralement subversif. Subversif d'abord et avant tout pour ceux qui proclament avoir la foi. En ce sens, son propos vivifiant s'inscrit dans une longue tradition au sein même du christianisme dont il serait nécessaire de

* Psychanalyste.

déployer l'histoire mais que j'illustrerai ce matin, en hommage à Boris Dolto son mari, d'une référence à Dostoïevski. Ainsi, le Jésus de F. Dolto ressemble-t-il étrangement à celui qui apparaît inopinément au chapitre cinq des *Frères Karamazov* sous la forme d'un poème, le poème du Grand Inquisiteur. Au XVIe siècle, à Séville, Jésus revient, non pour accomplir la promesse de son Retour tant attendu, mais pour « visiter ses enfants, au lieu où crépitaient précisément les bûchers des hérétiques ». Il revient, dit Dostoïevski, sous « la forme qu'il avait durant les trois ans de sa vie publique ». Alors que tous le reconnaissent et se pressent autour de lui, surgit un vieillard au bord du tombeau, entouré de ses sbires, et dont seul le regard témoigne pour le reste de vie qui l'anime. C'est le Grand Inquisiteur. Il reconnaît lui aussi le Christ, mais il vient pour l'arrêter. Le peuple qui se pressait devant Jésus, tellement habitué à se soumettre, s'incline dans un silence de mort, « comme un seul homme » devant le vieil inquisiteur, qui bénit la foule et passe son chemin. L'ayant enfermé en un sombre cachot, il vient lui rendre visite et intimant au Christ l'ordre de ne rien dire, il lui assène ces mots : « Pourquoi es-tu venu nous déranger ? Car tu nous déranges tu le sais bien ?... demain je te condamnerai et tu seras brûlé comme le pire des hérétiques, et ce même peuple qui aujourd'hui te baisait les pieds se précipitera demain, sur un signe de moi, pour alimenter ton bûcher. [...] Tout a été transmis par toi au pape, tout dépend donc du pape, ajoute-t-il, ne viens pas nous déranger, avant le temps du moins. »

Plus tard, parlant au nom de l'Inquisition il poursuivra son propos, disant : « Les hommes ont peur d'être libres. Mais nous leur dirons que nous sommes tes disciples, que nous régnons en ton Nom. Nous les tromperons de nouveau, car alors nous ne te laisserons pas approcher de nous. Et c'est cette imposture qui constituera notre souffrance, car il nous faudra mentir... [les hommes] nous leur dirons que tout péché sera racheté, s'il est commis avec notre permission ; c'est par amour que nous leur permettrons de pécher et nous en prendrons la peine sur nous. » « Je suis, dira le Grand Inquisiteur s'adressant à Jésus, revenu me joindre à ceux qui ont corrigé ton œuvre. Je te le répète, demain sur un signe de moi, tu verras ce troupeau docile apporter des charbons ardents au bûcher où tu monteras, pour être venu entraver notre œuvre. Car si quelqu'un a mérité plus que tous le bûcher, c'est toi. Demain, je te brûlerai. *Dixi.* »

Eh bien, savez-vous pourquoi le Grand Inquisiteur peut tenir de tels propos selon Dostoïevski ? Parce que, tout représentant de la Sainte Église apostolique et romaine qu'il soit, son secret c'est qu'il est athée. Son athéisme est une résistance à la vie, c'est le visage satanique de l'Institution. « Satan », premier nom dont est affublé Pierre après que Jésus lui a confié l'édification de son Église. C'est précisément en ce point que F. Dolto vient insérer son propos.

Pour F. Dolto, le Grand Inquisiteur c'est tout ce qui contribue à détourner le sujet de son désir. Ainsi, avance-t-elle : « Si nous prenons les maîtres des religions comme représentants fiables de Dieu, c'est une grande erreur qui nous vient de notre éducation quand nos parents ne nous disaient pas : "Tu es Dieu autant que nous" ; quand ils ne nous éveillaient pas à la critique, en nous révélant que, sur les questions essentielles de l'amour, de la vie, de la mort, de Dieu, etc., ils n'en savaient pas plus que nous ; quand nos parents confondaient obéissance à leurs consignes et obéissance à Dieu ; quand ils mélangeaient dans un méli-mélo accusateur désobéissance à leurs ordres et péchés contre Dieu ; quand ils confondaient la sensation de danger avec le mal, la sensation de sécurité avec le bien ; quand nos imprudences, manifestations de nos désirs étaient par eux condamnées comme des fautes ; quand nos critiques, nos jugements concernant leurs dires et leurs actes nous étaient rentrés dans la gorge. Hélas, ajoutait F. Dolto, les religions agissent toujours ainsi... Elles sont des institutions politico-sociales coiffées d'une hiérarchie qui inculque aux gens le sentiment de culpabilité de n'être pas en harmonie avec elles[1]. »

Ce moment de la pensée de F. Dolto est décisif. Il fonde une grande partie de sa pratique, ce qui se lit par exemple dans sa métaphore du chef comme cerveau. Cette perversion culpabilisante, dit-elle, en somme, est rendue possible par l'utilisation métaphorique du corps. Ainsi, avance-t-elle, « ne dit-on pas qu'un état-major est le cerveau des bataillons ? ».

Ce moment est décisif parce qu'il pose aux psychanalystes la question de l'éradication possible ou impossible de

1. F. Dolto, *Les Évangiles et la foi au risque de la psychanalyse*, Gallimard, 1996, p. 284.

notre culpabilité. Car, de deux choses l'une, ou la culpabilité habite l'homme en l'inconscient et dès lors la civilisation, la religion, les chefs, etc., en sont la conséquence ; ou l'homme est rendu coupable par ce que Dostoïevski appelle « souffrance du mensonge et de l'imposture » qui s'imposent à l'homme de l'extérieur.

Je penche pour la première solution parce que je pense la culpabilité comme résultat du conflit infini et interne entre le réel de la Mort et son impossible imaginarisation et symbolisation. Ou pour le dire en termes freudiens, je pense la culpabilité comme expression du conflit insoluble entre Éros et Thanatos.

F. Dolto avait foi dans la deuxième solution. Et cela parce qu'elle croyait qu'il était possible de donner un sens à la mort, sens advenu lors de la résurrection. La résurrection[1], pour F. Dolto, dissocie la mort du péché. La mort dès lors ne sera plus vécue par l'homme comme une punition mais comme « épreuve initiatique à l'immortalité ». Elle pense ou elle croit[2] que l'angoisse du désir est possiblement déliable de notre sentiment de culpabilité. Car, pour elle, mais à ce niveau je la suis, la culpabilité n'est pas le fait du sujet spirituel et quasi divin qu'elle suppose mais le fait du sujet psychologique, autant dire Moïque.

Le sujet psychologique est lié au moi et il s'ensuit que la notion catholique de « péché » qui ne s'adresse qu'à la conscience de l'individu n'est de ce fait ni une notion chrétienne ni une notion spirituelle. Selon F. Dolto, c'est une idée laïque, c'est-à-dire, pour elle, moïque. L'acte psychanalytique de F. Dolto suppose de rejoindre à la lettre la thèse évangélique selon laquelle le Rédempteur est advenu. Quitte, comme dans le poème de Dostoïevski, à admettre cette thèse — elle n'aurait pas aimé que j'emploie ce mot — contre l'Église ou les Églises qui continuent à user du péché pour maintenir leurs fidèles en état de transfert culpabilisé infini. Son raisonnement est limpide : si nous croyons que le Rédempteur est venu pour racheter nos fautes, comment pourrions-nous soutenir dans le même mouvement que nous sommes toujours fautifs ? Au plan spirituel, quelqu'Un a payé de sa vie pour nous libérer du poids de la faute, notre tâche dès lors consistera à refuser, à résister à ce qui s'oppose intérieurement de déploiement de notre désir.

1. *Ibid.*, p. 277.
2. *Ibid.*, p. 272.

Cela étant, ajoutons un bémol. Car pour F. Dolto il n'en reste pas moins que la culpabilité est un instrument indispensable pour « sauvegarder les lois qui nous régissent en société ». Cette culpabilité donc est articulée aux nécessités de la vie collective, elle a une fonction pragmatique. Mais alors qu'est-ce que le sentiment inconscient de culpabilité que tout psychanalyste rencontre dans sa pratique comme principale résistance à la cure ? Sur ce point, F. Dolto répond d'une certaine façon comme Lacan. Là où Lacan dit : « le sujet n'est coupable que d'avoir cédé sur son désir », Dolto interprète la formule christique : « Tes péchés te seront remis », en énonçant : « Ce qui peut vouloir dire : De tes erreurs de désir (dont ton état actuel est le résultat), je te délie. De tes sentiments de culpabilité, je te délivre. Retrouve la joie de te savoir aimé de Dieu. Aime-toi à nouveau, mais autrement, en t'acceptant. Je te délie de ton mal moral[1]. » Quiconque a approché F. Dolto sait combien cette conviction nourrissait concrètement sa pratique, dans la mesure où la geste dans laquelle elle s'est inscrite était celle qui mettait en acte « la puissance de la Parole sur chacun de nous[2] ».

En ce sens, le Jésus de F. Dolto est profane en tant qu'Il incarne ce par quoi tout humain passe pour accéder à la transcendance de la parole qui l'habite et en laquelle il demeure. Transcendance intérieure devant laquelle Freud, l'athée, ne pouvait que se demander à l'heure de sa mort toute proche si le mysticisme, en son fond, n'était pas « l'obscure auto-perception du royaume extérieur au moi [et], au ça ».

De tout cela, F. Dolto a tiré nombre de conséquences pratiques. Je n'ai pas le temps de toutes les dire mais au moins celle-ci : « Il ne s'agit pas dans notre rapport à l'enfant d'*éduquer* mais d'éveiller. Éduquer, dit-elle, c'est rendre conforme à soi, c'est prendre du pouvoir sur les autres. Nous en sommes tous victimes, nous avons tous reçu une éducation[3]. » L'éducation et la morale bien que nécessaires n'ont finalement d'autre but que de permettre à ceux qui ont le pouvoir de le garder.

Mais *éveiller* c'est bien autre chose et F. Dolto dégage de sa lecture des Évangiles une morale qu'elle dit « révolu-

1. *Ibid.*, p. 305.
2. *Ibid.*, p. 336.
3. *Ibid.*, p. 366.

tionnaire » en ce qu'elle vise « à ce que chaque individu devienne totalement sujet de ses paroles et de ses actes, même s'ils ne sont pas conformes à son milieu. [...] Ceci, dit-elle, cette totale réconciliation avec lui-même lui donne, tenez-vous bien, la force... d'un kamikaze !!![1] ».

Voilà qui relativise opportunément ce qui sinon apparaîtrait comme un optimisme béat, voire comme un déni du Réel. C'est précisément en ce point que dans les Évangiles mêmes, la route du Christ se sépare de celle de Freud. Car si tel n'était pas le cas, Jésus ne serait rien d'autre qu'une figure tutélaire de plus visant à délier le désir de la mort, alors qu'il ne saurait s'accomplir hors de leur articulation.

Pour finir, je voudrais revenir sur l'interprétation que F. Dolto donnait du récit de la Sainte Famille et plus particulièrement des conditions dans lesquelles il est raconté comment fut conçu le Christ. J'y reviens parce qu'ici mon interprétation diverge de la sienne.

Rappelant l'ange qui dit à Marie : « Dieu te recouvrira de son ombre », F. Dolto admet sans sourciller que « tout homme est l'ombre de Dieu pour une femme qui aime son homme[2]. » Pour tout être qui « aime » et qui vit d'aimer, Dieu, disait-elle, tous les autres êtres, s'il les aime et dans l'amour qu'il leur porte, il le porte à des ombres de Dieu pour lui. Cela peut se comprendre comme cela. Et ajouta-t-elle comme en passant, comme si elle s'apercevait subitement des conséquences de ce qu'elle avance : « Je parle ici d'amour, non de désir ! » Or oui, c'est bien le problème ! C'est bien le problème et elle a raison de le souligner car il s'agit bien d'une conception de l'amour qui marginalise le désir. Or le paradoxe de notre humanité tient en ceci qu'il nous faut tenter d'aimer et de désirer, ce qui ne peut pas se faire si l'amour est désarrimé de la haine ni si le désir, comme elle le reconnaît elle-même, est délié de la mort. Aussi, me semble-t-il plus juste, c'est-à-dire plus conforme à l'observation analytique, de remarquer que c'est justement quand un homme jouit de ce que sa femme le confond ou avec Dieu ou avec Son ombre, que leur relation cesse de fonctionner. Car plus un homme croit que sa femme le prend pour Dieu moins il la hait et moins il la hait, puisqu'il n'y a pas d'amour sans haine, moins il la hait moins il l'aime[3]. Or cette haine

1. *Ibid.*, p. 366.
2. *Ibid.*, p. 18.
3. J. Lacan, *Encore*, Le Seuil, 1975, p. 81.

qui, quoi qu'il en soit, appelle l'Autre tout autant que l'Amour, d'être refoulée instaure le règne de la culpabilité qui en est le règlement. Que Jésus ait pu ne pas l'éprouver en fait justement un dieu, soit comme le disait Empédocle cité par Lacan dans *Encore* : « quelqu'un qui en sait moins que les mortels[1] ». Ce qui n'était pas le cas de F. Dolto que je ne confonds pas avec Jésus.

Pour conclure, je dirai qu'en affirmant sa foi comme elle le faisait, F. Dolto démontrait dans sa vie, dans sa pratique, dans ses métaphores cette liberté sans laquelle il n'est pas concevable d'être psychanalyste. Elle montrait qu'à tout prendre le type d'adhésion qui fut le sien à Jésus est préférable (du point de vue de la disponibilité à l'inconscient) à la soumission aux chefs ou aux doctrinaires, si courante dans les associations analytiques qui regroupent tant de praticiens faisant profession d'athéisme.

La morale de l'histoire pourrait être : méfiez-vous de ceux qui se proclament athées, ils vouent leur désir à un dieu terrestre qui n'incarne pas la face vivante et vivifiante du Verbe mais sa face meurtrière.

En faisant ce choix, F. Dolto réalisait le projet voulu par Freud dans la *Psychopathologie de la vie quotidienne* et qu'il formulait en ces termes : « L'obscure connaissance (la perception pour ainsi dire endopsychique) de l'existence de facteurs et de faits psychotiques propres à l'inconscient se reflète... dans la construction d'une réalité suprasensible, que la science a pour tâche de retransformer en psychologie de l'inconscient. [...] Bref, il s'agit de transformer la métaphysique en métapsychologie[2]. »

Dans le cas de Dolto : dont acte !

1. *Ibid.*, p. 81
2. S. Freud, *Psychopathologie de la vie quotidienne*, Gallimard, 1997, p. 412.

JACQUES SÉDAT*

Les origines corporelles de l'esprit

Je propose d'aborder cette question, « Sujet et spiritualité » chez F. Dolto, à partir d'un texte, *Les sensations cœnesthésiques de bien-être et de malaise, origines du sentiment de culpabilité*, présenté aux Journées d'études de Royaumont du 31 décembre 1947 au 4 janvier 1948, organisées par Maryse Choisy et la revue *Psyché,* parce qu'elle y témoigne de sa foi au sujet.

Il y a de multiples entrées possibles à la question du statut du sujet dans la psychanalyse et dans le champ de la religion : l'incidence du religieux sur la conception et sur la construction du sujet, l'importation de cette catégorie du religieux dans la théorie psychanalytique, la confrontation des systèmes de représentations religieuses avec les systèmes de représentations psychanalytiques, soit qu'on mette l'accent sur leur opposition ou bien au contraire sur leurs concordances possibles. Pour rendre hommage à F. Dolto, je reprends ce texte ancien (janvier 1948), où dans une démarche et selon une méthode strictement psychanalytique, elle nous présente l'origine de la culpabilité au sein de la relation à autrui.

Pour faire sentir l'originalité de sa position, je rappelle celle de Freud sur le sentiment de culpabilité, en citant une de ses lettres à Martha, datée du 23 juillet 1882 : « Jéru-

* Psychanalyste, membre d'Espace analytique, secrétaire général de l'Association internationale de l'histoire de la psychanalyse (AIHP).

salem est détruite mais ma petite Martha et moi vivons et sommes heureux. Et les historiens disent que si Jérusalem n'avait pas été détruite, nous autres juifs aurions disparu comme tant d'autres peuples avant et après nous. Ce ne fut qu'après la destruction du temple visible que l'invisible édifice du judaïsme put être construit. » De cette phrase il ressort que ce qui caractérise le judaïsme est l'arrachement à la terre, au sol, comme Abraham quittant sa terre pour l'ailleurs : c'est le passage de l'homme comme fragment du cosmos auquel il appartient — microcosme dans le macrocosme —, à l'homme qui s'arrachant au cosmos, à l'espace, s'ouvre sur une autre dimension qui est celle de la temporalité. Cette temporalité introduit plusieurs dimensions neuves pour le sujet. L'historicité du sujet le sort de la répétition du temps cyclique du monde grec et des sociétés dites primitives et par là même l'ouvre sur l'altérité. Cette altérité du sujet provient du fait que l'arrachement à la terre commune, au sol, à la nature, nous constitue comme séparés les uns des autres : nous n'appartenons plus à une foule grégaire, compacte, mais nous sommes des individualités séparées qui ne peuvent se rencontrer que dans la reconnaissance de cette altérité, qui peut même nous rendre l'autre énigmatique, voire parfois trop énigmatique au point de le considérer comme inquiétant et étranger.

C'est sur ce fond d'anthropologie judaïque — si j'ose dire — que Freud élabore le sentiment inconscient de culpabilité. Tout particulièrement dans le chapitre VII du *Malaise dans la culture*, la *Kultur*, relation de l'homme à l'autre, s'opposant à la *Natur*, relation de l'homme à la nature, comme tâche à organiser et non comme cosmos où je suis situé, assigné, voire assujetti. Pour Freud, ce qui fait l'essence du sentiment de culpabilité, c'est l'incapacité de se séparer : « La relation entre surmoi et moi est la reproduction de relations ayant réellement existé jadis entre le moi encore indivis et l'objet extérieur *(noch ungeteilten Ich und einem aüsseren Objekt*[1]*)* ». Le sentiment de culpabilité est donc le lien subtilement entretenu avec l'objet extérieur que peuvent être une personne, un parti, un idéal, toutes causes qui empêchent le Moi d'exister sans prothèse, qui en font un Moi prothétique, un Moi sur un modèle mélancolique qui, à force de prendre appui, est phagocyté par ce sur

1. S. Freud, *Le malaise dans la culture* (1930), PUF, Quadrige, p. 73; GW XIV, p. 489.

quoi il prend appui. On trouve ici un modèle spatial, géographique d'indivision du Moi, opposé à un modèle temporel du sujet séparé, en relation d'altérité avec autrui. Cela engage également une position théorique spécifique de la relation initiale, originaire, mère/enfant.

Pour Freud, la relation initiale, telle qu'on peut la dégager des *Trois essais sur la théorie sexuelle*[1], est une relation bouche/sein. Le premier objet d'amour n'est pas la représentation globale d'un objet extérieur (celui-ci reste à construire), mais le sein.

Pour Melanie Klein, la relation initiale est la mère toute-puissante qui informe, organise ce faisceau de pulsions qu'est le corps de l'enfant, ensemble de fonctions pulsionnelles non coordonnées.

Pour F. Dolto, d'entrée de jeu, et c'est là une originalité considérable, le bébé est une personne.

Aussi on peut considérer son texte *Les sensations cœnesthésiques du bien-être et du malaise, origines des sentiments de culpabilité*, non seulement comme novateur, mais comme proposant une véritable refonte de la théorie sexuelle infantile.

F. Dolto dans ce texte se présente comme psychanalyste d'enfant et part de l'observation clinique des premières manifestations chez l'enfant du sentiment de culpabilité. Elle confronte et oppose deux ordres de réalité : la genèse du bon et du mauvais et la genèse du bien et du mal chez l'enfant. Cette genèse, dans les deux registres, est marquée par le ressenti, le vécu corporel de l'enfant, et F. Dolto retrouve « les sources du sentiment de culpabilité dans les premières sensations de malaise à vivre ». Je cite deux passages de ce texte illustrant son point de vue.

Premier extrait. « Lorsqu'un enfant décrète qu'une chose est "bonne" ou qu'elle est "mauvaise", il ne demande pas son avis à l'adulte et peut même s'opposer sans trouble (sauf dans le cas d'une éducation très méprisante de la liberté de l'individu) aux jugements esthétiques, gustatifs ou sensoriels des adultes. Il y a donc une échelle de valeurs d'élaboration "Bien-Mal" qui ne subit pas dans la psychologie les mêmes règles d'élaboration que les échelles de valeurs "Bon-Mauvais", "Agréable-Désagréable", "Beau-

1. S. Freud, *Trois essais sur la théorie sexuelle* (1905), Gallimard, 1987, p. 165.

Laid". Celles-ci sont des perceptions directes, inhérentes à la nature de chacun et, bien que relatives et dépendant de chaque individu, elles sont ressenties par le sujet comme des absolus. Ce que je trouve mauvais, ce qui m'est désagréable, moi seul en suis juge. L'échelle "Bien-Mal", au contraire, servant un but exécutoire est conçue comme absolue parce qu'il s'agit d'un concept partagé par les adultes ; et cependant elle s'élabore en chacun par la succession d'expériences vécues au contact des autres, c'est-à-dire d'une façon relative. L'enfant n'est jamais sûr de ce qui est bien ou mal. Il est seulement sûr de ce qui lui apporte du bon, ou du mauvais à vivre, c'est-à-dire à ressentir[1]. »

Second extrait. « Gricha, deux ans et demi, mord au sang le doigt de la petite sœur de cinq mois et s'effraie aussitôt de découvrir chez elle une expression de douleur. Il me regarde d'un air inquiet et buté à la fois, prêt à se révolter. Je prends les deux bébés ensemble dans mes bras et dis : "La petite sœur est bien contente d'avoir un frère si fort." La mimique de Gricha se dilate, mais il ajoute : "Peut-être aussi elle a un peu mal ?" (la petite sœur hurle en effet) et Gricha, tendre grand frère, l'embrasse alors, compatissant, en disant : "C'est rien du tout, ma petite Katinka, c'est fini. — Mais oui, on va la consoler", approuvai-je. Et depuis, jamais plus l'enfant n'a mordu ni sa petite sœur, ni quiconque. Un geste issu d'une bonne intention au point de vue végétatif a été ressenti comme mauvais parce qu'il a fait souffrir la petite sœur à laquelle il s'intéresse (une identification en chemin). Si je m'étais fâchée, ce geste désagréable, mais parti d'une incitation bonne, eût été associé à l'idée qu'il apporte du danger réel : "Je suis méchant." En fait, l'enfant s'est senti malheureux, mais non "coupable". Il voulait la manger. Mais alors que Jean s'était contenté de l'imaginer, Gricha avait besoin d'une tentative d'exécution. Avoir fait mal à sa sœur lui a fait mal en retour[2]. »

Le point de départ de F. Dolto étant le postulat de l'autonomie du bébé, du bébé comme personne, a pour conséquence cette liberté du jugement cœnesthésique, du res-

1. F. Dolto, *Les sensations cœnesthésiques de bien-être et de malaise, origines des sentiments de culpabilité*, in *Psyché* n° 18 et n° 19, avril-mai 1948, repris dans *Au jeu du désir*, Le Seuil, 1981, p. 19-20.
2. *Ibid.*, p. 51-52.

senti corporel, somato-psychique du bon et du mauvais. Cela entraîne en même temps le fait que l'autre n'est pas aussi énigmatique et étranger au moi, parce que l'atténuation ou l'évitement du sentiment de culpabilité permet une plus grande capacité de s'identifier à autrui, et de se sentir « malheureux » plutôt que « coupable ». Cela nous conduit à penser que plus on est coupable, en indivis avec autrui, moins on a la possibilité éthique de se sentir malheureux du malheur que l'on cause à l'autre.

F. Dolto opère ici un renversement par rapport à Freud, en postulant au départ l'autonomie du bébé, en le constituant comme sujet séparé et comme interprète de son propre vécu. Elle n'a pas besoin d'user de la haine comme élément séparateur mère/enfant, et l'enfant n'a plus besoin de se dégager de l'emprise interprétative parentale. Elle n'a pas besoin non plus de dégager l'enfant et l'adulte ultérieur de ce sentiment de culpabilité inconscient, le « S.I.C » qui est né théoriquement chez Freud du besoin d'emprise de l'enfant à l'égard des parents, de prendre appui sur lui et de le constituer comme prothèse de lui-même.

Cette foi en l'homme, en cette capacité d'autonomie et de liberté du sujet de vouloir son propre bien, lui permet de relativiser les théories, de ne pas déplacer sa foi en l'homme sur la croyance qu'on dépose, qu'on déporte souvent dans une théorie, comme les idéologies totalitaires. Je cite ici Freud à propos de la pulsion de mort dont il précise dans *Au-delà du principe de plaisir* qu'il s'agit là, non d'une théorie psychanalytique, mais d'une spéculation liée à sa croyance (*Glaube*, foi) à effacer la mort de l'horizon du sujet en la réduisant à une nécessité interne de l'organisme : « En tout cas, il n'était pas possible de poursuivre cette idée sans combiner à plusieurs reprises ce qui est de l'ordre des faits avec ce qui est le *pur produit de la pensée*[1], et sans nous éloigner par là beaucoup de l'observation. On sait que, plus on procède ainsi en construisant une théorie, moins on peut se fier au résultat final, sans qu'il soit possible d'indiquer le degré de l'incertitude. On a pu aussi bien tomber juste, que tomber honteusement dans l'erreur. Dans des travaux de ce genre, je ne me fie guère à "l'intuition" ; d'après ce que j'ai pu en voir, ce qu'on appelle ainsi m'apparaîtrait plutôt comme la conséquence d'une certaine impartialité de l'in-

1. C'est moi qui souligne.

tellect. Mais, malheureusement, on est rarement impartial lorsqu'il s'agit des choses dernières, des grands problèmes de la science et de la vie. Je crois que chacun de nous est alors sous l'emprise de préférences profondément enracinées que nous ne faisons que servir à notre insu dans nos spéculations. Avec d'aussi bonnes raisons de nous méfier, nous ne pouvons guère, à l'endroit des produits de notre propre réflexion, que faire preuve d'une bienveillance des plus tempérées[1]. »

Dans ce passage, Freud a l'honnêteté de reconnaître que certaines spéculations élaborées par les analystes ne relèvent pas d'une théorisation analytique mais ont un statut idéologique au service de la méconnaissance d'une certaine réalité qui leur est insupportable. Dans le cas présent pour Freud : pouvoir penser la mort, et plus précisément la mort de sa fille survenue l'année de l'écriture d'*Au-delà du principe de plaisir*.

Dans *Les sensations cœnesthésiques*, l'un des premiers textes psychanalytiques français d'après-guerre, F. Dolto témoigne d'un style théorique lié à une éthique du sujet. Un sujet n'est pas assujetti à l'autre ou à des idéaux, mais un sujet, déjà à l'œuvre dans le bébé, dans son propre mouvement autonome de subjectivation, dans son individuation. De cette leçon de liberté intellectuelle et éthique, rendons-lui hommage, car elle permet une conception nouvelle de la pratique psychanalytique.

1. S. Freud, *Au-delà du principe de plaisir* (1920), in *Essais*, Payot, 1972, p. 108 et 109.

DIDIER DUMAS*

Entre l'inconscient freudien et l'inconscient biblique, l'inconscient en construction de l'enfant

J'ai connu F. Dolto assez tardivement. Après qu'elle ait préfacé mon premier livre et qu'une amitié se soit nouée. Mais comme j'étais le seul auteur à avoir exposé dans mes livres de quelle façon j'avais repris son concept d'image inconsciente du corps dans ma propre clinique, et que je n'avais aucun lien transférentiel avec elle, nos échanges ont été fort riches. Tardivement, car j'ai commencé mon analyse enfant, et que je jugeais très sévèrement tout ce qui s'était fait jusqu'alors en psychanalyse d'enfants. Je ne rêvais pas comme Catherine Dolto-Tolitch de faire un club des enfants d'analystes. Je pensais que la seule chose à faire était la constitution d'un syndicat d'enfants-analysant. Je me sens, de ce fait, assez bien placé pour affirmer que F. Dolto est la première psychanalyste d'enfants. La première, car elle est la première à avoir pris en compte quelque chose qui, bien qu'apparemment évident, ne l'était pas du tout à l'époque où elle l'a fait, à savoir que la théorie freudienne ne s'est pas constituée à partir de l'écoute des enfants, mais à partir de celle des adultes.

Qu'est-ce qu'était la psychanalyse d'enfants avant que F. Dolto ne s'en mêle ? À la génération de Freud, le modèle qui la met au monde est, curieusement, totalement paternel. C'est la cure du petit Hans, dans laquelle Freud écrit

* Psychanalyste.

qu'« aucune autre personne » que le père de l'enfant ne lui semble aussi bien placée pour résoudre les « insurmontables » difficultés « techniques d'une psychanalyse » menée « à un âge si tendre ». Conséquent avec lui-même, il analyse sa fille Anna et ses disciples font de même.

Dans *Le petit Hans*, publié en 1909, Freud écrit que « seule la réunion de l'autorité paternelle et de l'autorité médicale en une seule personne », le père de l'enfant, peut résoudre les « difficultés techniques[1] » que pose l'analyse de l'enfant. En 1913, Karl Abraham, qui a entrepris d'analyser sa fille Hilda alors âgée de quatre ans, note dans son journal qu'en « sa qualité de médecin[2] », il l'a mise en garde contre les dangers de la masturbation.

À la génération suivante, les choses se renversent. L'on passe, sans autre formule, d'un totalitarisme paternel occulte à un totalitarisme maternel institué. Invitée par Ernest Jones à venir s'installer à Londres, Melanie Klein reprend à son compte le flambeau de la psychanalyse d'enfants. Analysée par Karl Abraham, elle l'a pris pour modèle et a analysé son fils. Elle postule que le bébé en passe obligatoirement par une phase sadique à l'endroit du sein. Nul ne voit là une théorie « materno-délirante ». Et ce n'est que quelques décennies plus tard que l'on découvrira sous la plume de Melitta Schmideberg, sa fille, la violence du totalitarisme maternel de celle qu'elle appelle alors « Mme Klein[3] ».

Melanie Klein a ainsi fait passer la psychanalyse d'enfants d'une religiosité du père à une religiosité de la mère, dont Donald Winnicott en sera l'un des plus brillants fleurons. Winnicott est, certes, un auteur appréciable en psychanalyse d'enfants. Sa conception du développement de l'enfant n'en est pas moins assez curieuse. Puisque, pour lui, ce n'est pas l'identification au père qui, permettant à l'enfant de dupliquer les structures mentales de son papa, le sépare de sa maman. C'est l'affection qu'il porte à son nounours.

Telle est, grossièrement esquissée, la situation de la psychanalyse d'enfants au moment où F. Dolto entre en scène. Rompant avec tout ce qui s'est fait avant elle, son travail ne fétichise pas plus le père, la mère, que le nounours. Il part

1. S. Freud, *Cinq psychanalyses*, PUF, 1954.
2. H. C. Abraham, *Karl Abraham. Bibliographie inachevée*, PUF, 1976.
3. M. Schmideberg, « Contribution à l'histoire du mouvement psychanalytique en Angleterre », *Confrontation*, n° 3, Aubier, 1980.

de l'enfant lui-même et s'enracine dans son dire. Elle ne défend pas plus les couleurs paternelles que maternelles. Elle se positionne comme le porte-parole de l'enfant. Mais, à l'époque où elle l'a fait, il s'agissait de quelque chose d'à ce point inhabituel, nouveau et étranger aux pratiques des fondateurs de la psychanalyse d'enfants, que nul ne l'a comprise.

Pourquoi ne l'a-t-on pas comprise ? Parce que son travail partait, non seulement de ce que l'enfant disait et exprimait à travers ses dessins, mais il prenait aussi en compte ce qu'il disait avec son corps. Aucun des analystes de sa génération ne comprenant cette dimension de son travail, cela lui a valu les critiques les plus amères. Elle a tenu bon. Elle a théorisé cette dimension du parler de l'enfant en créant un concept : l'image inconsciente du corps. Mais le geste n'étant ni un signifiant ni une pulsion, aucun de ses confrères n'arrivait à comprendre qu'au lieu de se contenter de travailler avec ses oreilles, comme le leur avait enseigné Freud, elle puisse aussi travailler avec ses yeux. C'est-à-dire que l'image du corps soit, tout simplement, pour elle, ce qu'exprime, à nos yeux, la gestuelle de l'enfant. Lacan, lui-même, considéra son concept avec dérision. Ce qui fit que les analystes d'enfants lacanniennes, Maud Mannoni en porte-drapeau, firent que son travail ne fut pas mieux accueilli à l'École freudienne qu'il ne l'avait été à l'IPA.

Une des toutes premières fois où nous nous sommes rencontrés, je l'interrogeai sur son exclusion de l'Internationale : « J'ai longuement expliqué, à cet analyste anglais, m'a-t-elle répondu, comment je travaillais, juqu'au moment où il me demande : “Mais ces pulsions orales que vous prétendez analyser, vous les voyez comment ?” Comme il m'avait demandé comment je les voyais, je lui ai répondu : “Ben, dans les yeux, Monsieur !” » Les conclusions de cet entretien sont connues : « Sur la question de la psychanalyse d'enfants, tout reste à faire en France. »

Aujourd'hui où l'amour des maîtres ne nous interdit plus de savoir travailler avec nos yeux, nous pouvons caractériser l'œuvre théorique de F. Dolto par une triple ouverture :

Premièrement. Une modification du cadre et de la technique, dont la première règle consiste à ne jamais analyser l'enfant en dehors de la présence de ses parents. Ce qui est la façon la plus simple de réintroduire le généalogique dans la dynamique de vie de l'enfant. F. Dolto n'a certes pas théorisé le généalogique, mais elle est la première à avoir dit qu'il fallait trois générations pour faire un psychotique. Pour elle, le généalogique était, comme nous allons le voir, une « évidence biblique ».

Deuxièmement. L'élaboration d'une théorie de la psyché du nourrisson entièrement nouvelle. Celle des *images archaïques du corps* qui est une théorie, non seulement indispensable dans la compréhension des jeunes enfants et des bébés, mais qui, de plus, débouche sur une théorie des mécanismes de la jouissance sexuelle qui, comme je l'ai montré dans le livre de Willy Barral qui vient de sortir[1], était impensable avant elle.

Troisièmement. L'ouverture d'un champ sur lequel Freud était, pour des raisons politiques, resté prudent : la mythanalyse des religions actuelles. Ce que nous allons maintenant approfondir.

Considérer, comme on a eu tendance à le faire, le travail de F. Dolto sur les Évangiles[2] comme une « bulle » décollée du reste de son œuvre clinique ou, pire, une « résurgence religieuse » est la première erreur à ne pas commettre dans l'abord de ce texte. Ce n'est pas au nom de ses « croyances personnelles » que F. Dolto a ouvert ce champ, mais au nom de la psychanalyse de l'enfant.

Il est incontournable que la mythologie de la culture dans laquelle l'enfant s'incarne joue un rôle tout à fait important dans sa construction mentale. Tant au niveau de son système de représentations que de la construction de ses idéaux. Cette mythologie installe le cadre cosmologique dans lequel il lui faut se construire et donner sens à sa vie. En publiant *Les Évangiles au risque de la psychanalyse,* F. Dolto a donc ouvert un champ de recherche indispensable à la psychanalyse de l'enfant, et elle l'a fait, de plus, d'une façon tout à fait freudienne.

Qu'arrive-t-il à Freud au moment où il divulgue sa théorie de l'Œdipe ? Il écrit à Lou Andreas-Salomé qu'il a terriblement peur qu'on fasse de lui un prêtre de la haute Antiquité, qu'on le prenne pour un mystagogue et qu'on n'accorde de ce fait aucun crédit scientifique à sa théorie. Il n'ignorait donc pas que, en prenant comme il l'a fait l'ana-

1. W. Barral (sous la dir. de), *Françoise Dolto, c'est la parole qui fait vivre*, Gallimard, 1999.

2. F. Dolto, G. Sévérin, *Les Évangiles et la foi au risque de la psychanalyse ou la vie du désir*, Gallimard, 1996.

lyse du mythe pour théorie, il reprenait à son compte une méthode d'élaboration qui, loin d'être scientifique, a de tout temps été celle des religieux.

Qu'il s'agisse des druides, des chamans, des mystagogues grecs ou des prêtres des religions bibliques, les cliniciens de l'âme ont tous, de tout temps et dans toute société, justifié leurs actes ou leurs pouvoirs à l'aide de théories fondées sur l'analyse des mythes religieux. Mais, s'il est temps d'admettre que la psychanalyse a repris à son compte un domaine qui, avant que Charcot ne s'en mêle, était celui des religieux, il faut de plus pouvoir l'expliquer. Willy Barral vous a situé en quoi Jésus était, pour F. Dolto, un grand « maître du désir ». Considérons donc maintenant la théorie à laquelle se réfère Jésus. Ouvrons l'Ancien Testament, en comparant deux traductions : la traduction œcuménique qui est commune à toutes les religions chrétiennes, et celle d'André Chouraqui, l'une des plus proches du texte originel hébreu.

Prenons tout d'abord la traduction œcuménique : « Lorsque Dieu commença la création du ciel et de la terre, la terre était déserte et vide, et la ténèbre à la surface de l'abîme ; le souffle de Dieu planait à la surface des eaux, et Dieu dit : "Que la lumière soit." Et la lumière fut. Dieu vit que la lumière était bonne. Dieu sépara la lumière de la ténèbre. Dieu appela la lumière "jour" et la ténèbre il l'appela "nuit". Il y eut un soir. Il y eut un matin : premier jour. »

Ce qui donne chez Chouraqui : « Entête Elohîm créait les ciels et la terre, la terre était tohu-bohu, une ténèbre sur les faces de l'abîme, mais le souffle d'Elohîm planait sur les faces des *eaux*. Elohîm dit : "Une lumière sera." Et c'est la lumière. Elohîm voit la lumière : quel bien ! Elohîm sépare la lumière de la ténèbre. Elohîm crie à la lumière : "jour". À la ténèbre il avait crié : "nuit". Et c'est un soir et c'est un matin : jour un. »

Plusieurs choses ici divergent. Tout d'abord le mot désignant Dieu, *Elohîm*, qui est le premier terme qui le désigne dans le texte hébreu ; le second étant *IHVH* ou Yahvé, qui est le nom sous lequel il apparaît au chapitre suivant, au jardin d'Éden. Chouraqui ne traduit pas ce terme. Il s'oppose au fait qu'on le traduise habituellement par « Dieu », car, en hébreu, *Elohîm* est un pluriel. Au singulier « dieu » se dit *El*. Ce qui fait que la traduction littérale de ce verset n'est pas : « Lorsque Dieu commença la création du ciel et de la terre... » Mais : « Lorsque les dieux commencèrent... »

« Commença » est la traduction du mot hébreu, *béréshit*, qui est aussi celui que l'on a traduit par « Genèse ». Chouraqui le traduit par « entête ». Car, pour un grand nombre de commentateurs, ce mot est la clef du texte. Une clef qui en offre une double lecture :

« En tête... au moment où les *Elohîm* créaient, dans leur tête, le ciel et la terre, la terre était tohu-bohu... »

Et : « au moment ou les *Elohîm* créaient, en tête, le ciel et la terre (créaient, dans la tête de l'homme, ses structures mentales), la terre était tohu-bohu... »

Voilà qui précise ce dont traite la mythologie d'Adam et de sa famille. Elle traite de la construction mentale de l'individu en l'abordant sous l'angle du rapport au père. Si ce n'est qu'ici, le père est celui d'Adam et, à travers lui, de tout homme : Dieu. L'image du souffle de Dieu planant à la surface des eaux le souligne. Référé à l'homme en gestation qu'est Adam, elle évoque les relations du fœtus à son père. Elle illustre ainsi ce que nous apprend l'haptonomie : Que le fœtus reconnaît les souffles de son père, sa voix, ses mains, mais donc aussi ce que F. Dolto appelait le « visiteur » : son sexe.

Le pluriel d'*Elohîm* laisse entendre la même chose. Référé au « tohu-bohu » de la terre, il évoque les ébats d'un couple parental et il renvoie à la façon dont l'homme et la femme vont être créés « à l'image » des *Elohîm* ou de Dieu. « Dieu créa l'homme à son image, à l'image de Dieu il le créa, mâle et femelle il les créa[1] » : Ce verset laisse entendre que Dieu est lui-même « mâle et femelle ». Ce qui justifie le pluriel qui, ici, le désigne.

Ce que j'avance peut paraître outrancier. Considérons donc le texte à un endroit où Dieu ne s'appelle plus *Elohîm*, mais *IHVH* ou Yahvé, c'est-à-dire les versets qui suivent l'expulsion d'Adam et Ève du jardin d'Éden. Dieu sort de sa colère et, soudainement calmé, le voilà qui s'exprime en disant « nous » et qui dit : « Voici que l'homme est devenu comme l'un de nous, par la connaissance de ce qui est bon ou mauvais. Maintenant qu'il ne tende pas la main pour prendre aussi de l'arbre de vie, en manger et vivre à jamais[2] ! »

Chassant les enfants du jardin-utérus où ils ont pris corps, il se présente comme l'un des membres d'un couple parental qui constate que son fiston a grandi : « Il est comme

1. Genèse 1, 27, trad. œcuménique.
2. Genèse 3, 22, trad. œcuménique.

nous ! dit-il. Il a découvert le bon et le mauvais ! On ne peut plus l'empêcher de vouloir vivre sa vie et de partir ! »

Ce verset est le seul de toute l'histoire d'Adam et Ève dans lequel Dieu s'exprime à la première personne du pluriel. Cela arrive à un moment très précis, celui de la séparation définitive du monde de Dieu et de celui de la terre. Ce « nous » est, de ce fait, une clef qui indique que ce qui arrive là, à Adam et Ève, est la répétition du second jour de la Création au cours duquel ces deux mondes ont été séparés.

Je vous en lis le texte, en le prenant dans la traduction de Chouraqui : « Elohîm dit : “un plafond sera au milieu des eaux : il est pour séparer entre les eaux et entre les eaux. Elohîm fait le plafond. Il sépare les eaux sous le plafond des eaux sur le plafond. Et c'est ainsi. Elohîm crie au plafond “Ciels”. Et c'est un soir et c'est un matin : deuxième jour. »

Cette symbolique qui raconte comment les Elohîm ont séparé le ciel où ils résident du monde terrestre où vivent les hommes est fort belle. S'effectuant au sein des eaux, elle évoque, elle aussi, la vie fœtale, celle de l'homme en gestation, d'Adam. Mais elle renvoie, de plus, au niveau du corps de l'homme, de son image inconsciente du corps, aux eaux du visage : aux yeux.

Dans l'image du corps, les yeux sont, en effet, des miroirs d'eau qui trônent au milieu du visage. Ce sont des lacs réfléchissants, des miroirs qui s'intercalent entre la réalité extérieure et la réalité mentale, intérieure, de l'être et qui, de plus, ont a la particularité de les refléter toutes deux.

Passons maintenant des eaux du visage, des yeux, au sexe et à la sexualité d'Adam et Ève. L'une des choses les plus frappantes de ce mythe est que la sexualité de l'homme et de la femme n'y est présentée qu'à partir d'un seul organe : les yeux.

Prenons le texte dans la traduction œcuménique : « Le serpent était la plus astucieuse de toutes les bêtes des champs que le Seigneur Dieu avait faites. Il dit à la femme : “Vraiment ! Dieu vous a dit : ‘vous ne mangerez pas de tout arbre du jardin’...” La femme répondit au serpent : “Nous pouvons manger du fruit des arbres du jardin, mais du fruit de l'arbre qui est au milieu du jardin, Dieu a dit : ‘Vous n'en mangerez pas et vous n'y toucherez pas afin de ne pas mourir’.” Le serpent dit à la femme : “Non, vous ne mourrez pas, mais Dieu sait que le jour où vous en mangerez, vos yeux s'ouvriront et vous serez comme des dieux possédant la connaissance de ce qui est bon ou mauvais." La femme vit que l'arbre était bon à manger, séduisant à regarder, précieux pour agir avec clairvoyance. Elle en prit un fruit dont elle mangea, elle en donna aussi à son mari qui était avec elle et il en mangea. Leurs yeux à tous deux s'ouvrirent et ils surent qu'ils étaient nus. Ayant cousu des feuilles de figuier, ils s'en firent des pagnes. »

Des pagnes que Chouraqui traduit, lui, par « des ceintures ». Ce qui modifie considérablement le sens de ce dernier verset. L'ouverture des yeux, en effet, ne renvoie pas ici à la nudité extérieure du corps. À une époque où le mot fantasme n'existe pas, elle symbolise l'ouverture des yeux d'Adam et Ève sur la nudité de leurs jardins intérieurs.

Ève est présentée comme une jeune adolescente qui ne sait que ce que son papa lui a dit : Que la sexualité est irrémédiablement liée à la mort. C'est ce qu'elle déclare au serpent qui lui répond : « Mais non, vous ne mourrez pas. Ton papa le sait très bien. Il sait que si vous goûtez au fruit de l'arbre, vos yeux s'ouvriront et vous serez comme des dieux. Vous vous sentirez dégagés du poids du corps et de la gravité terrestre, hors temps et hors espace. Et, percevant ainsi le monde des *Elohîm* dont vous êtes issus, vous comprendrez ce qui est "bon", ce qui perpétue la vie et l'arbre des générations, et ce qui est "mauvais", ce qui l'entrave et y met terme. »

Le serpent, il n'a rien d'un diable. C'est un initiateur qui présente la sexualité telle que les femmes du peuple parlaient encore récemment de leurs règles : « J'ai vu ! » « J'ai pas vu ! » Et qui, de plus, annonce la suite de l'histoire : Ce qu'Adam et Ève vont devoir découvrir avec leurs trois premiers enfants, Caïn, Abel et Seth.

Dans la symbolique de l'arbre, il n'est question ni de faute ni de péché. La sexualité n'est pas présentée comme un « mal ». Elle est présentée comme l'un des lieux privilégiés de la rencontre des deux mondes dont l'homme est constitué. Celui des dieux dont il a hérité le souffle et la pensée, et celui de la terre d'où est issu son corps. Dire, comme le disait F. Dolto, que la pornographie est une invention des curés n'est donc pas qu'une aimable plaisanterie.

La seule chose qui différencie la sexualité humaine de celle des autres mammifères est d'être langagière, et tout le monde sait qu'à défaut de pouvoir s'exprimer autrement, le désir se perçoit dans les yeux. Tout le monde, sauf, bien sûr, l'examinateur anglais de l'Internationale...

Accélérons et passons à la conception des enfants. Je reprends le texte dans la traduction de Chouraqui : « Adâm pénètre Hava, sa femme. Enceinte, elle enfante Caîn. Elle dit : "J'ai eu un homme avec IHVH." Elle ajoute à enfanter son frère, Ebel. Et c'est Ebel, un pâtre d'ovins. Caîn était un serviteur de la glèbe. »

D'une façon excessivement concise, en deux versets, ce texte nous présente ce qu'on pourrait appeler aujourd'hui une double forclusion du Nom-du-père.

Adam pénètre sa femme et disparaît. À la naissance de Caïn, Ève est seule à fêter l'heureux événement. Or que dit-elle ? « J'ai eu un homme avec IHVH. » « J'ai procréé un homme, avec le Seigneur », traduit l'œcuménique. Il est clair que, dans ses fantasmes, Ève n'a pas fait cet enfant avec Adam. Avec qui l'a-t-elle fait ? Avec ses parents ! Répond le texte : Avec Dieu. Ève a donc conçu fantasmatiquement Caïn, au mieux avec son papa, au pire avec sa maman. Voilà, nous dit ce texte, ce qui détermine un destin d'intégriste, d'assassin ou de paranoïaque.

Avec Abel, c'est exactement l'inverse. À sa naissance, Ève ne dit plus rien, elle est dans la répétition. Que dit le texte ? « Elle ajoute à enfanter son frère. » Avec Caïn, Ève a éprouvé un plaisir inouï, un plaisir où elle s'est vue l'égale de Dieu. Avec le second, elle n'éprouve plus rien. Elle met bas sans un mot, sans un affect. Et c'est bien cela que veut dire Abel.

En hébreu, Abel est un mot qui désigne tout à la fois le rien et la buée. Abel, c'est donc, non seulement du rien, mais c'est surtout du rien dans le langage, de la buée. C'est une bouche qui, bâillant, n'a produit aucun mot. C'est celui qui arrive alors que nul ne le désirait : l'enfant-accident, l'enfant imprévu dans l'ordre familial, l'enfant de la honte, l'enfant hors-mots. En bref, c'est le descendant sacrificiel, le bouc émissaire ou le schizophrène.

Ni Caïn, ni Abel ne sont conçus « à l'image » d'Adam, dans son désir et son nom. Si l'on en doute, il n'y a qu'à se reporter, au chapitre suivant, au livret de famille d'Adam. Ils n'y sont même pas mentionnés. Seth est le seul des trois garçons qu'Adam conçoit « à sa ressemblance, selon sa réplique[1] » et en criant son nom.

1. Genèse 5, 3, trad. André Chouraqui.

C'est, en conséquence, pour l'amour du père, de Dieu, que Caïn va assassiner son frère. Poursuivons le texte : « Et c'est au terme des jours, Caîn fait venir des fruits de la glèbe en offrande à IHVH. Ebel fait venir, lui aussi, des aînés de ses ovins et leur graisse. IHVH considère Ebel et son offrande. Caîn et son offrande, il ne les considère pas. Cela brûle beaucoup Caîn, ses faces tombent, IHVH dit à Caîn : "Pourquoi cela te brûle-t-il, pourquoi tes faces sont-elles tombées ? N'est-ce pas, que tu t'améliores à porter ou que tu ne t'améliores pas, à l'ouverture la faute est tapie ; à toi sa passion. Toi, gouverne-la." Caîn dit à Ebel, son frère... (trois petits points) Et c'est quand ils sont au champ, Caîn se lève contre Ebel, son frère, il le tue. »

Voyant Caïn se décomposer, Dieu lui dit : « Que tu t'améliores à porter ou que tu ne t'améliores pas, à l'ouverture la faute est tapie. » En d'autres termes : « Vu l'état où cela te met, que tu décides ou refuses à aller voir un thérapeute, de toute façon le mal est en toi. » Or qu'est-ce que ce mal, appelé faute, dont on a fait le péché ? La question est d'autant plus importante que c'est le seul endroit de toute l'histoire d'Adam et de sa famille où le mot « faute » apparaît.

La faute, c'est l'acte passionnel, irréfléchi ou hystérique : — c'est l'acte sans parole. Caïn ne tue pas son frère en parlant avec lui comme le laissent entendre les traductions chrétiennes. Il dit à son frère, trois petits points : Il se lève et le tue. Incapable de parler, Caïn ne peut attribuer, ni à sa parole ni à sa pensée, le pouvoir de gouverner ses actes. C'est son corps qui, parlant à sa place, fait qu'il en oublie sa filiation divine, le langage.

La faute est ainsi définie, dans ce mythe, comme un défaut de parole. Ce qui n'est pas sans importance, puisque cela permet de comprendre ce que l'on trouve à l'entête des Dix Commandements, lorsqu'il y est dit que les fautes des pères se transmettront sur trois ou quatre générations. Les fautes des pères sont leurs manques à parler. Et, sur le mode où F. Dolto disait qu'il fallait trois générations pour faire un psychotique, ce sont leurs manques à parler qui se transmettent ainsi sous forme de *fantômes*, dans la succession des générations.

C'est, là encore, l'histoire de Caïn qui nous l'illustre. « Le Seigneur dit à Caïn : "Où est ton frère Abel ?" — Je ne sais, répondit-il. Suis-je le gardien de mon frère ? — Qu'as-tu fait ? reprit-il. La voix du sang de ton frère crie du sol vers moi. Tu es maintenant maudit du sol qui a ouvert la bouche pour recueillir de ta main le sang de ton frère. Quand tu cultiveras le sol, il ne te donnera plus sa force. Tu seras errant et vagabond sur la terre." Caïn dit au Seigneur : "Ma faute est trop lourde à porter. Si tu me chasses aujourd'hui de l'étendue de ce sol, je serai caché à ta face, je serai errant et vagabond sur la terre, et quiconque me trouvera me tuera." Le Seigneur lui dit : "Eh bien ! Si l'on tue Caïn, il sera vengé sept fois." Le Seigneur mit un signe sur Caïn pour que personne en le rencontrant ne le frappe. Caïn s'éloigna de la présence du Seigneur et habita dans le pays de Nod à l'orient d'Éden[1]. »

La clef de cette histoire est ici le chiffre Sept. Dans la Genèse, la symbolique du Sept symbolise la créativité terrestre et renvoie aux sept jours de la Création. Alors que celle du Dix symbolise la créativité céleste en référence aux Dix Commandements. Suit la descendance de Caïn, qui engendre Hénok, qui engendre Irad. Et ainsi de suite jusqu'à la septième génération, où son descendant, Lamek, met au monde un enfant appelé Toubal-Caïn et délire en déclarant à ses femmes : « Ada et Cilla, écoutez ma voix ! Femmes de Lamek, tendez l'oreille à mon dire ! Oui, j'ai tué un homme pour une blessure, un enfant pour une meurtrissure. Oui, Caïn sera vengé sept fois, Mais Lamek soixante-dix-sept fois. »

Avec le retour du nom de l'ancêtre meurtrier, on nous présente un père qui souffre d'une psychose puerpérale. Voilà comment est présentée, dans ce mythe, la façon dont les fantômes, les fautes ou les manques à parler des pères se transmettent dans la succession des générations. J'ajouterai à cela que, n'ayant reçu aucune éducation religieuse, je n'aurais peut-être jamais ouvert la Bible si le travail de F. Dolto ne m'y avait engagé.

1. Genèse 4, 9 à 16, trad. œcuménique.

ALAIN DIDIER-WEILL*

Un désir d'infinitude

Je vais tenter de mettre l'accent sur un point qui me paraît constamment en action dans la pensée de F. Dolto : point dialectique par lequel une articulation ne cesse d'être produite entre la dimension de ce qui, dans l'homme, est fini, et celle de ce qui, dans l'homme, est appelé à advenir comme infini. C'est dire que je parlerai moins de la façon dont la spiritualité est abordée par F. Dolto dans ses livres sur les Évangiles que de la façon dont cette spiritualité est présentifiée dans sa pratique clinique.

Le premier exemple sur lequel je m'appuierai pour initier cette question vient de cette remarque, apparemment anodine mais très profonde, faite par F. Dolto : en naissant le nouveau-né découvre ce qu'il ne pouvait pas savoir quand il baignait comme un petit poisson dans l'eau amniotique : il a un poids par lequel il est soumis à la loi de la chute des corps.

Dès lors nous voyons le regard de F. Dolto se faire attentif pour saisir la transmutation par laquelle le sujet soumis à la finitude de son corps pesant qui tend à chuter de façon monotone vers ce lieu d'attraction qu'est la terre est poussé, dans la conquête motrice, à s'arracher à cette finitude pour exulter dans un monde où la pesanteur n'est plus la seule loi, à l'instant où il cesse d'être le monde de la chute pour devenir le monde dans lequel il se relève indéfiniment.

* Psychanalyste.

Ce monde du relèvement où l'ascensionnel relaie la chute n'est pas étranger pour F. Dolto à ce royaume qui, pour elle, est le royaume de Dieu qu'elle définira comme champ du réel.

Les observations que F. Dolto développe à ce sujet, par exemple sur ces enfants de la Maison Verte qui recherchent paradoxalement la compagnie des petits costauds qui les feront justement tomber par terre, sont extraordinairement enseignantes pour comprendre en quoi nous sommes tous comme ces deux clowns éternels qui nous font rire car ils nous remémorent que l'expérience de la chute peut n'être pas si traumatique puisqu'elle est l'occasion de nous révéler la capacité détenue par notre corps de se soustraire à la pesanteur en convertissant sa matérialité pesante en corps acquérant une immatérialité rendant possible l'acte de se relever et de s'envoler dans un mouvement de danse.

Cette conversion vers le sens pose cette question : comment s'arracher au non-sens de la solitude traumatique ? Comment l'enfant va-t-il être guidé pour s'arracher à l'état d'objet auquel l'a réduit la chute traumatique pour se mettre en mouvement vers le monde des objets ? Qu'est-ce qui rend l'objet cause de cette attraction suscitant le mouvement humain ?

Ce n'est pas sa présence comme telle, c'est le fait que cet objet n'acquiert de la « présence » que parce qu'il est donné par la mère :

— don contemporain de la parole, c'est-à-dire don de ce qui introduit la symbolisation de l'absence, de cet *ex nihilo*, de cette coulisse, à partir de laquelle, comme l'acteur surgit sur scène en s'arrachant aux coulisses, l'objet surgit *ex nihilo* comme création de la parole ;

— don du regard également, de l'éclat du regard qui, en brillant, transmet la révélation de la lumière, en éclairant le monde, le soustrait à son caractère amorphe et chaotique en faisant apparaître sa structure discontinue, c'est-à-dire la discontinuité des objets.

Dans le même mouvement, F. Dolto, en situant la main humaine comme substitut de la bouche et de l'anus, est fidèle à cette vision qui lui fait saisir le développement de la vie comme passage d'un objet monotone, en tant que défini par un sphincter, à un objet de caractère foisonnant puisque, avec la main, c'est la multitude des objets qui se mettent en perspective pour entrer dans le circuit de l'échange.

Pour F. Dolto, le spirituel n'est pas étranger à cette observation clinique puisqu'elle saisit l'Esprit comme ce qui introduit la dimension de l'excès, de la surabondance. Le mouvement qui arrache l'objet à une place unique, sphinctérienne, pour le démultiplier en un excès foisonnant n'est ainsi pas étranger à l'action de l'esprit. Cette conquête de l'objet foisonnant implique la conquête d'un « je » dont l'autonomisation implique que l'infans puisse se dessaisir du caractère surmoïque du langage qui tend à priver le sujet de son rapport à l'infinitude en le réduisant à une place unique. À cet égard elle nous apprend à reconnaître comment elle lit dans la syntaxe de l'enfant qui, disant « Toto fait ça », emploie une troisième personne qui, en fait, voilerait ce commandement de caractère surmoïque émis à la deuxième personne : « Toto, *tu* fais ça. »

Obéissant à la contrainte surmoïque d'un « tu », il est prédisposé à un faire qui, en tant que circonscrit et limité, s'oppose radicalement au faire articulé à un « je » : en effet, aussitôt l'enfant dira-t-il « je fais ça », aussitôt sera-t-il en rapport avec cette disposition à assumer un désir d'infinitude ; ce désir ne pouvant jamais se satisfaire de l'objet qui est « là » est structurellement poussé à se diriger vers un point « au-delà » qui, n'étant jamais atteignable, indique la dimension de l'infinitude.

Cette dialectique dans laquelle F. Dolto s'emploie à mettre en évidence comment l'infinitude peut se déployer à partir de la finitude humaine peut se penser comme question de surgissement du sens à partir du non-sens : qu'originairement, nous soyons portés au monde comme un corps pesant dénué de signification, que dans l'expérience traumatique nous fassions l'expérience d'une expérience du non-sens qui pour F. Dolto est expérience du mal, que le langage originaire puisse tendre à nous objectiver comme un « tu » sans nous donner, en même temps, le mode d'emploi pour que nous advenions comme « je » aux possibilités illimitées, nous instruit de l'expérience d'une solitude souffrante qui a deux faces : la première est liée *au manque de rencontre avec l'objet sexuel*, la seconde est liée à un tout autre type de manque qui est le *manque de sens* dont nous pouvons reconnaître avec F. Dolto que, par lui, nous sommes renvoyés au manque d'une certaine signifiance, manque d'esprit ou manque spirituel.

Ce manque qui n'est pas tout à fait sans rapport avec le

manque sexuel — ne serait-ce que par le fait que la satiété sexuelle est ce par quoi il peut se faire particulièrement ressentir — n'a pas été abordé frontalement par Freud. Il l'a été par Lacan à ceci près que s'il l'a questionné il ne lui a pas apporté la même réponse que F. Dolto : la notion de « joie » qui, pour elle, est ce par quoi un humain peut accéder à une réponse à la question du manque spirituel a une dimension panthéiste s'avouant dans le fait que, pour elle, la matière — le pain, le vin et le Boursin — est habitée par l'esprit.

Comme Freud, Lacan ne fait état d'aucun rapport immédiat avec une nature vivante et inspirée. Peut-être aurait-il pu répondre comme Freud dans son pessimisme le fit à Lou Andreas-Salomé : « Je n'arrive pas à me réjouir comme vous de la lumière et de la chaleur du soleil. »

Cependant, en ce domaine où affleure la question d'un rapport mystique au signifiant, Lacan fait un pas que ne fait pas Freud : il ne ramène pas, comme Freud, la mystique à une affaire de sexualité refoulée car il retient l'hypothèse d'un possible rapport mystique à l'Autre qui serait propre au féminin. Si ce rapport de jouissance à l'Autre a un certain rapport avec la « joie » dont parle F. Dolto, il s'en éloigne cependant par le fait que l'Autre évoqué par Lacan n'a pas le caractère d'immanence qu'il a chez elle et ne se prête pas à cette « absolue rencontre » que F. Dolto évoque plusieurs fois, en particulier dans un petit texte de deux pages : « Au-delà de la solitude, la méditation » que Marie-Emmanuelle Didier-Weill m'a fait découvrir. Il est écrit avec l'accent d'une prière. Je vous en lis quelques extraits : « Quand notre vivre se dépouille de toute quête, sûr de Qui veille quand nous dormons, et que notre esprit sait s'y conjoindre sans céder au sommeil [...] Alors, sans plus rien demander, homme ou femme que vous êtes, femme que je suis ; alors, mais alors seulement, parfois, peut-être, accédons-nous, le temps d'un éclair, aux délices ineffables de l'Absolue Rencontre. Tout manque-à-être enfin ignoré[1]. »

La force de la question que nous recevons du témoignage mystique de cette « absolue rencontre » tient à ce que, en parlant ainsi, F. Dolto ne dissocie pas son expérience de psychanalyste et son expérience de croyante. La question qui nous requiert est dès lors celle-ci : cette « absolue ren-

1. F. Dolto, « Au-delà de la solitude, la méditation », *Solitude*, Gallimard, 1994, p. 408-409.

contre » ferait-elle, ou pas, partie de l'expérience psychanalytique ?

En ce point où l'« absolue rencontre » avec le Réel qui est, au dire même de F. Dolto, une rencontre avec le divin, le psychanalyste qui s'affilie au laïcisme de Freud peut hésiter à la suivre.

Peut-être la suivra-t-il néanmoins s'il est amené à reconnaître que l'« absolue rencontre » dont elle parle est lisible comme rencontre avec cet excès de signifiance qui est, de façon incompréhensible, à notre disposition pour transmuter tout ce qui, en nous, tend à être limité, défini par une finition définitive, en un mouvement indéfini et infini rendu possible par l'énigmatique désir d'infinitude.

Étrangeté de ce désir : il n'autorise jamais notre solitude traumatique à trouver guérison par l'entremise de ce qui rassure, de ce qui est doué d'une rassurante stabilité. Notre désir le plus profond n'est-il pas en effet ce désir d'infinitude qui cherche tout autre chose que la conquête de la sécurité, qui cherche au contraire cette sainte insécurité par laquelle chacun de nous est guidé, au-delà de l'appétit des honneurs, des biens, des savoirs rassurants, par ce que F. Dolto nomme une « soif ».

Soif d'être dessaisi de ce qui peut être saisi, d'être dépris de ce qui peut se prendre, pour autant qu'il s'agit d'une soif fondamentale sans objet, soif d'être étonné, c'est-à-dire d'être désapproprié de tout ce que je savais déjà pour être soudain confronté à ce que je ne sais pas encore et, au-delà, à ce que je ne peux pas savoir, à l'inconnaissable.

J'oppose cet appétit libidinal pour l'objet à cette soif spirituelle pour la signifiance pour autant que si le premier tend à retrouver toujours le même fantasme, la soif de signifiance ne peut s'abreuver que dans la rencontre d'un réel structurellement étonnant du fait de n'être jamais le même, jamais identique à lui-même, comme s'il ne pouvait se rencontrer à chaque fois que pour la première fois : dans un commencement qui est recommencement n'ayant rien à voir avec la monotonie de la répétition.

Je suppose que le transfert que nous pouvons avoir, les uns et les autres, pour F. Dolto tient à l'appel qu'entend en nous le sujet qui, au-delà de notre moi fini et défini par l'image, est assoiffé de cette infinitude qui, excédant et l'image et le savoir, nous confronte à ce qui transcende.

CONCLUSION

Françoise Dolto dix ans après : Et maintenant ?

Je ne reprendrai pas le parcours de F. Dolto si finement décrit par Yannick François : simplement quelques points. Mais il faut rappeler qu'elle n'a pu entreprendre des études de médecine que tardivement, ses parents s'y étant opposés au départ. C'est d'ailleurs en raison de ses difficultés avec eux, sa mère surtout, qu'elle entreprit une cure analytique en février 1934 avec René Laforgue. Ce choix d'analyste paraît, pour qui a connu le personnage et F. Dolto, fort judicieux... malgré les critiques qui ont pu être faites à l'homme Laforgue pour ses options politiques. Ce choix m'apparaît comme allant de soi : chaleur, esprit d'invention, passion, courage, et « qui appelle un chat, un chat » comme le souligne Élisabeth Roudinesco. Ainsi il n'hésite pas à parler de sexualité à une époque (1924) où un maître comme Charles Blondel traite la psychanalyse d'« obscénité scientifique ». En 1923, La Presse *publie un article « À propos du freudisme; les théories d'un savant boche ». En juillet 1924,* Patrie *publie un article dénonçant les dangers du freudisme « agent d'obscénité et de démoralisation... en Amérique les jeunes filles ont un manuel pour trouver la signification sexuelle de leurs rêves. On crée ainsi des névrosés qui finissent par être en proie au désir érotique ». Même le gouvernement de Poincaré émet cette opinion péremptoire : « Le freudisme est un phénomène nordique. En France, il ne peut réussir. Le freudisme achè-*

vera au-delà du Rhin l'œuvre de dissolution commencée par la guerre[1]*.* »

Ajoutons que Laforgue fut analysé par Eugénie Sokolnicka (Gide tracera son portrait dans Les Faux-Monnayeurs*). Connue pour sa pratique de cures de courte durée, elle publie, dès 1920, « Analyse d'une névrose obsessionnelle infantile », cure dont le succès avait été extrêmement rapide. Pichon, son traducteur, souligne le mérite de cette biologiste de formation qui n'hésite pourtant pas à dénoncer la vanité des explications des phénomènes psychologiques par des considérations anatomo-physiologiques prétendument scientifiques. Lors de la IV*e *Conférence des psychanalystes de langue française à Sainte-Anne en 1929, elle souligne l'influence du psychique sur l'organique... que la médecine est encore loin d'avoir étudiée.*

Laforgue (né à Thann, donc Alsacien tantôt français, tantôt allemand) jouera un rôle majeur dans la reconnaissance de la psychanalyse en France. Cet inoubliable « gourou » avait découvert la Traumdeutung *à dix-neuf ans dans une famille juive à Berlin. Une anecdote décrit bien son style : étudiant en médecine à l'hôpital psychiatrique de Strasbourg, il rencontre un schizophrène à qui il demande : « Qui es-tu ? » Le malade, interné depuis douze ans et n'ayant jamais parlé à quiconque, répond : « Je suis le cheval de Nancy avec la femme dessus. » « Spontanément, raconte Laforgue, je lui dis : Bonjour Jeanne d'Arc, je suis heureux de te rencontrer. » Le malade sort de son coin, larmes aux yeux et dit : « Enfin, Dieu merci, je ne suis plus seul sur terre. » C'était un trait de génie, de ceux qui ont dû tracer un lien dense entre l'analyste Laforgue et l'analysante Françoise Dolto-Marette.*

Celle-ci, affectée à l'hôpital Bretonneau en avril 1936, adhère à la Société psychanalytique de Paris dès 1938 et passe sa thèse de médecine en juillet 1939 : Psychanalyse et Pédiatrie, *avec une préface d'E. Pichon, qui lui-même exerçait la psychanalyse depuis quelques années.*

Dans son introduction, elle semble s'adresser au médecin qui, embarrassé par ces divers symptômes assez banals : insomnies, dépressions physiques, asthénies, spasmes, angoisses à traductions digestives ou cardiaques, ne peut que constater l'échec des thérapeutiques médicamenteuses. Sa méthode ? la clinique ; ici l'histoire de Josette, qui, à trois ans et demi,

1. Pour la biographie des différents personnages clés cités ici, consulter É. Roudinesco et M. Plon, *Dictionnaire de la psychanalyse*, Fayard, 1997.

souffre d'anorexie, et de cauchemars... C'est le prototype du travail tel qu'il nous a été rendu familier avec les observations de Caroline Eliacheff : raconter à l'enfant ce qui s'est passé, énoncer le lien probable entre des actes, des événements et les symptômes de l'enfant, en d'autres termes rétablir pour lui, avec lui un sens, celui de son histoire.

Pour F. Dolto : « L'interrogatoire poussé, guidé par la connaissance des mécanismes névrotiques, mène à leur origine : le traumatisme psychologique. Or, de même que pour conduire l'anamnèse d'un cas somatique, il faut prévoir ce qu'on cherche, tout en ayant l'oreille à ce que nous apprend le malade, de même, pour l'étude des troubles du comportement, il faut connaître le fonctionnement général du psychisme[1]. » (Ajoutons : « avoir l'œil » : cet œil, ce regard si alerte que nous avons retrouvé chez Vasse ces jours-ci et autrefois chez Lacan.) Elle insiste : « Privé de la connaissance de la physiologie mentale, le médecin fait penser à un chirurgien qui, devant un abcès chaud, tenterait de cacher la tuméfaction et l'enduirait de topiques analgésiques au lieu de vider l'abcès : tels sont les "calmants nerveux", les "changements d'air"[2]. » Vous constatez qu'elle ne mâchait déjà pas ses mots ! Bien que, pour elle, les notions théoriques ne soient pas nécessaires pour comprendre et suivre sa clinique, elle propose un résumé des grandes notions de la psychanalyse, telles qu'elles étaient enseignées à l'époque, dans les années 40. Admirons la précision ou concision de cette première partie, en particulier la « Nomenclature » et en fin de thèse le « Lexique sommaire à l'usage du livre ».

Je passe rapidement sur ce qui apparaît maintenant comme une de ses premières idées géniales, « la poupée-fleur » qui date d'octobre 1949. Il n'en a guère été fait état lors de notre colloque... Est-elle tombée en désuétude ? Sa couleur, cependant, va se transmettre dans un autre champ, celui de la « Maison Verte ».

F. Dolto ne participe pas au Colloque organisé par Maud Mannoni « Enfance aliénée », mais publie la même année la cure d'un enfant « fou » : Dominique. Yannick François nous en a rappelé les hypothèses fondatrices. J'ajouterai simplement un rappel à propos de l'image du corps : en décembre 1956, après un exposé de F. Dolto, Lacan a situé ce concept, tel qu'elle l'avait présenté, par rapport à son séminaire de

1. F. Dolto, *Psychanalyse et pédiatrie*, Le Seuil, 1976.
2. *Ibid.*

l'année sur la relation d'objet[1]. *Il commente : « L'image du corps n'est pas un objet... et ne saurait devenir un objet... Il s'agit de constructions qui ordonnent, organisent, articulent un certain vécu. Mais le plus frappant est l'usage qui en est fait — et dont on ne doute pas un instant qu'il soit efficace — par l'opératrice, Mme Dolto en l'occurrence. C'est là certainement un fait qui ne trouve à se situer qu'à partir des notions de signifié et de signifiant... cette image, Mme Dolto en use comme d'un signifiant. »*

Avec le jeune enfant, précisément, elle n'interprétait pas mais re-formulait avec les mêmes mots que l'enfant. Quant au dessin, il fait partie intégrante du système constitué par le thérapeute et son patient, il en est la représentation graphique et plastique. L'apparition d'un symbole ne suffit pas en elle-même pour permettre de conclure « il s'agit inconsciemment de »; il faut le contexte, la situation affective du sujet au moment où il l'apporte, les propos dont il l'entoure, le rôle que joue ce symbole dans le jeu, le dessin, le rêve, l'histoire racontée...

Un constat : nous sommes tous des orphelins. On peut lire Dolto, essayer de faire du Dolto, mais quoi qu'on veuille, il reste toujours un intransmissible, celui de sa pensée immédiate, son intuition, son « mode d'être avec » loin de toute fusion et confusion.

Ce colloque fait-il office de rituel? Les débats, discours, cette intensité des échanges, des paroles... (j'ai envie d'ajouter cette courtoisie quasi générale), bref cette manifestation ne présente-t-elle pas une analogie avec les cérémonies diverses, selon cultures et croyances, que nous reconnaissons (pour la plupart) comme nécessaires lors de la disparition d'un être cher? Ces quatre journées ne sont-elles pas l'équivalent du Rituel dont l'effet (le but?) est de resserrer le réseau des survivants autour du trou incontournable créé par la disparition d'un des acteurs clés de ce réseau humain? Ici, pendant ces journées, s'est resserré un fil autour de ce qui risquait de rester tel un tissu troué. Et cela a pu se réaliser grâce à Catherine Dolto-Tolitch et à l'équipe des organisateurs et organisatrices.

La reconnaissance d'un statut commun, celui d'orphelin, devrait nous permettre de faire le point et de reprendre cer-

1. J. Lacan, *Le Séminaire. Livre IV La relation d'objet*, Le Seuil, 1994.

tains fils à la lumière de notre expérience et de l'actualité dans laquelle nous sommes immergés : d'importantes transformations socio-politico-culturelles sont là devant nous, nous en dépendons, nous ne pouvons ni les ignorer ni les négliger. Le mystérieux processus souterrain du deuil peut aboutir à une dépression tenace, fixée, figée soit dans la mélancolie, soit dans le respect obsessionnel des rites, ou aboutir à une résurgence libidinale donnant libre cours aux capacités créatrices du sujet : tel est mon souhait.

Que sommes-nous devenus ? Quel âge avons-nous ? Qu'avons-nous fait de son héritage ? Ce n'est pas un héritage de tout repos : il n'est pas univoque. Il exige réflexion critique, innovation... il nous faut rester dans le droit fil tracé par Freud que la psychanalyse soit une science spécifique et disponible pour tout être humain dans la culture et la fabrication de ce que nous appelons aujourd'hui « lien social ».

Tout être humain manifeste, dès la naissance, un appétit de rencontrer, palper, regarder, goûter, écouter, bref con-naître, *créer. Il nous faut approfondir l'héritage de F. Dolto, et créer en le respectant hors de tout conformisme, hors de tout psittacisme.*

Connaître dès la naissance ? Sans doute même avant, à en croire Catherine Dolto-Tolitch et autres comparses qui s'engagent dans une relation bien particulière, interdite jusqu'à présent, relation avec le fœtus : la vie à l'intérieur du ventre maternel et son rapport avec un extérieur sonore, « tactile », sans doute aussi odoriférant (?). La relation entre le fœtus et le monde dans lequel il est déjà inséré — ne serait-ce que par le désir de ses parents —, la lignée humaine langagière qui l'attend, partie constituante du sujet en ad-venir, cette relation était, jusqu'à il y a peu, quasi inconnue ou cantonnée à des effets de croyance, aux mythes, aux « histoires de bonnes femmes ». Cette relation était si ignorée, si exclue du monde du savoir, de la science, que l'on ne pouvait pratiquement en parler, donc la reconnaître qu'en termes de « traumatisme » de la naissance : en soulignant ainsi l'aspect douloureux de cette première séparation, première castration ? *Mot quelque peu terrifiant pour le commun, et dont F. Dolto a changé la portée affective en l'intégrant dans le parcours humanisant.*

Nous avons le choix... dans le domaine de l'approfondissement théorique *: la théorie, vision d'un spectacle entraînant* *une construction spéculative dont François Jacob reconnaît la présence immédiate chez le nourrisson ; ce qui suppose une* clinique *rigoureuse et inventive, laquelle suppose à son tour une* transmission *libérée de toute inféodation à sa pensée, son style, comme elle-même a su le faire et le vivre.*

Transmission au plus près de la vérité, hors secte, hors « savoir ». Dans sa dernière lettre aux familles[1]*, le pape se centrait sur la « crise de la vérité », paradigme de la crise de notre société, soit la crise des concepts qu'expriment les termes tels que amour, liberté, personne et droits de la personne...*

Que sont devenus ces concepts aujourd'hui ? Nous participons d'une Civilisation où les progrès scientifiques et technologiques nous sont présentés de manière unilatérale, positiviste, source d'utilitarisme dans les domaines éthiques et pratiques. Cet utilitarisme serait générateur d'un monde où production et jouissance seraient les valeurs les plus cotées. Civilisation des « choses » et non des « personnes », celles-ci étant utilisées comme des objets-choses[2]*.*

Un exemple entre autres : la satisfaction du désir d'enfant peut être assouvie grâce au recours à la technique dite médicale... cela est déjà passé dans nos mœurs. Aujourd'hui, nous sommes confrontés à une nouvelle technique, celle du « clonage » et des parents désespérés devant la progression fatale de la maladie chez leur enfant demandent si — et quand — cette pratique sera applicable à l'être humain. De quel prix cet « enfant-clone de remplacement » et ses parents seront-ils débités ? Quelle sera l'attitude du Comité national d'éthique devant ces nouvelles possibilités ?

Autre exemple imaginable grâce aux progrès incontestables des neuro-sciences : l'homme neuronal[3]*. Il ne s'agit pas d'un artefact. Pas plus que Freud, F. Dolto ne cherchait à discréditer ce champ. Au contraire, elle aurait essayé de comprendre, traduire dans son langage à elle, intégrer dans sa réflexion sur le sujet humain les données nouvelles sur la structure et le fonctionnement de notre organisme et son entourage, ces « interactions », fruit de la capacité inventive de notre système symbolique.*

On sait que F. Dolto avait pour ami Rostand, le biologiste, et qu'ils aimaient à échanger sur les questions spécifiques de

1. Le pape Jean-Paul II, *Lettre aux familles*, Fides, 1994.
2. Le pape Jean-Paul II, *La splendeur de la vérité*, Fides, 1994.
3. J.-P. Changeux, *L'homme neuronal*, Hachette littérature, 1998.

leurs champs respectifs (dont on peut dire qu'il s'agissait du même : l'être humain)

Pour François Dagognet, le « philosophe des objets », les choses sont pleines de puissance symbolique qui se révèle dès qu'on veut bien se donner la peine de les interroger. Le monde des objets lui paraît finalement plus révélateur de l'esprit que l'esprit lui-même, et il souligne les possibilités de libération qu'offre l'expansion croissante des savoirs scientifiques et de leurs applications. Il en est ainsi des techniques médicales qui touchent à la reproduction, car elles donnent à l'homme de nouvelles libertés. Ainsi du diagnostic prénatal qui, en cas d'atteinte du fœtus, permet aux parents de prendre « en toute liberté » une décision conforme à leur désir. Pour cet auteur, les techniques médicales ne font pas pression : elles permettent à chacun de décider en son nom propre. Le philosophe des objets revient donc au « sujet » pour reprendre une valeur constamment défendue par F. Dolto : « Ce qui est condamnable, c'est de ne pas informer, de refuser d'informer. »

Mais qui, quel analyste pourrait proposer au législateur une échographie de la psyché à laquelle il serait possible d'avoir recours pour élucider à quel désir inconscient correspond la demande d'enfant adressée à la société par le biais des tenants du savoir? Ou encore quel est le désir qui décide de la réponse apportée à cette demande? Reprenant cette question, Piera Aulagnier soulignait (voici maintenant une dizaine d'années — elle aussi) la vigilance nécessaire afin qu'un tel élargissement du champ du possible n'aboutisse pas à rendre impossible un fonctionnement psychique encadré par des défenses que nous sommes encore capables de qualifier de psychopathologiques *mais qui, pour ceux qui nous suivront, seront la preuve de la* bonne adaptation du sujet *à sa réalité future. C'est contre un tel risque que les héritiers de F. Dolto peuvent et devraient se mobiliser.*

En son temps, Freud regrettait que la psychanalyse ne soit pas accessible pour tous. Mme Dolto, elle, a osé et a su introduire dans la pensée des parents, des éducateurs, des enfants, bref de tout un chacun ce qu'elle avait acquis dans sa formation analytique — acquis, repris et travaillé avec son génie propre.

J'ai lu quelque part — à propos du livre Pour expliquer Dolto aux parents[1] *— que l'avenir de l'apport de F. Dolto*

1. J. C. Liaudet, *Pour expliquer Dolto aux parents*, J'ai lu, 2000.

était lié à l'avenir de la psychanalyse, avenir qui serait incertain. Cet argument s'appuie sur une confusion entre psychiatrie et psychanalyse. Cette assimilation n'est-elle pas abusive ou restrictive ? Dans une récente émission télévisée, André Green dénonçait le recul d'intérêt des jeunes psychiatres pour la psychanalyse. Possible : nous n'allons pas faire de statistiques. Mais ces arguments ne me paraissent pas s'appliquer à l'œuvre de F. Dolto — qui, comme celle de Lacan, dépasse le champ de la psychiatrie pour s'adresser au mode de vie des humains, M. et Mme Tout-le-monde, soit aux valeurs humaines dans notre civilisation.

Autre raison mise en avant par les critiques pour douter de l'avenir de l'apport de F. Dolto : elle n'aurait pas fondé une école psychanalytique, comme Lacan s'y est essayé. Ses ouvrages théoriques sont peu nombreux, les autres étant des retranscriptions de dialogues et de conférences, c'est-à-dire « des œuvres qui s'adressent au public plutôt qu'aux techniciens de la psychanalyse » (entendez le mépris pour le public : parents et enfants !). Eh bien, il nous appartient de prouver que c'est précisément là que se joue l'apport de la pensée psychanalytique, en parfaite continuité avec le désir de Freud. Théoricien de génie, il se préoccupait avant tout de cet apport de la psychanalyse pour les hommes, hors des cercles ésotériques. À quoi bon une « révolution » de la pensée si elle reste enclose dans le monastère des « happy few » ?

Il paraît que F. Dolto disait qu'elle serait oubliée après sa mort. Mais on sait toute la valeur qu'elle accordait à la transmission orale, son principal outil de travail. Médecin de l'éducation des enfants, elle avait trouvé dans la psychanalyse ce qui lui a permis de devenir ce qu'elle avait désiré *être et dont un des aspects, majeurs, peut être formulé comme Guite Guérin le propose aux médecins : « Pour un médecin, ne pas essayer d'entendre ce qui se dit, c'est supposer que le corps biologique est sans rapport avec le corps souffrant. C'est ne pas reconnaître les rapports entre le monde de la parole et le réel. Ce rapport existe. Mais pour chacun, seule une parole vraie a des effets sur son corps. Autrement dit, les rapports entre le monde de la parole et le réel sont toujours particuliers et ne sont pas enseignables. À partir du moment où ils passent dans l'enseignement, ils deviennent des paroles vides, inutilisables, inefficaces. »*

Communiquer, ce n'est pas dialoguer. Il ne s'agit pas de comprendre... il ne s'agit pas de s'entendre... mais d'entendre.

Entendre c'est reconnaître le réseau symbolique dans lequel l'autre est pris. Quelle meilleure démonstration de cette vérité que ces consultations de nourrissons présentées par Caroline Eliacheff et son équipe ?

On sait également le respect de F. Dolto pour le cycle de la vie, de la naissance à la mort, et après la mort. À chacun d'entre nous de poursuivre les différentes voies qu'elle a tracées mais aussi d'innover : creuser, inventer, féconder, et fertiliser sans craindre le fumier toujours nécessaire dont elle avait reconnu l'indispensable richesse au grand dam des avides d'une pureté trop bien embrigadée.

Ne pourrions-nous pas essayer d'entendre ce que cache cet embrigadement par ou dans le silence ? ce que veut dire *la violence ou la haine ?*

Ginette Raimbault*

* Psychiatre-Psychanalyste, directeur de recherche honoraire à l'INSERM.

Bibliographie de Françoise Dolto

AUX ÉDITIONS GALLIMARD
dans la même collection

Articles et conférences :

1 — Les étapes majeures de l'enfance
2 — Les chemins de l'éducation
3 — Tout est langage
4 — La difficulté de vivre
5 — Le féminin

Essais :

Solitude
Sexualité féminine. La libido génitale et son destin féminin
Le sentiment de soi. Aux sources de l'image du corps

Entretiens :

1 — Destins d'enfants — Adoption, Familles d'accueil, Travail social (Entretiens avec Nazir Hamad)
2 — Les Évangiles et la foi au risque de la psychanalyse ou La vie du désir (en collaboration avec Gérard Sévérin)
3 — L'enfant, le juge et la psychanalyste (Entretiens avec Andrée Ruffo)

dans la collection « Folio essais » :

Les chemins de l'éducation
Les étapes majeures de l'enfance
Sexualité féminine. La libido génitale et son destin féminin

dans la collection « Le Petit Mercure » :

Le dandy, solitaire et singulier
L'enfant dans la ville
L'enfant et la fête
Parler de la mort
Jeu de poupées

Ouvrages sur Françoise Dolto, hors collection :

Les Deux Corps du Moi. Schéma corporel et image du corps en psychanalyse, Gérard Guillerault.
Françoise Dolto, c'est la parole qui fait vivre. Une théorie corporelle du langage. Sous la direction de Willy Barral, et la participation de Marie-Claude Defores, Didier Dumas, Yannick François, Gérard Guillerault, Heitor O'Dwyer de Macedo, Juan David Nasio.

AUX ÉDITIONS GALLIMARD JEUNESSE

Paroles pour adolescents ou Le complexe du homard (avec Catherine Dolto-Tolitch, en collaboration avec Colette Percheminier).

CHEZ D'AUTRES ÉDITEURS

Le cas Dominique, *Le Seuil*, coll. « Le champ freudien », 1971 ; coll. « Points Essais », 1974.
Psychanalyse et Pédiatrie, *Le Seuil*, 1971 ; coll. « Points Essais », 1976.
Lorsque l'enfant paraît, tomes 1, 2, 3, *Le Seuil*, 1977, 1978, 1979 ; tomes 1, 2, 3 reliés, *Le Seuil*, 1990.
Au jeu du désir. Essais cliniques, *Le Seuil*, 1981 ; coll. « Points Essais », 1988.
La difficulté de vivre, *InterÉditions*, 1981 ; *L.G.F.*, 1988.
Séminaire de psychanalyse d'enfants, tome 1 (en collaboration avec Louis Caldaguès), *Le Seuil*, 1982 ; coll. « Points Essais », 1981.
L'image inconsciente du corps, *Le Seuil*, 1984 ; coll. « Points Essais », 1992.
La cause des enfants, *Laffont*, 1985 ; *Pocket*, 1995.
Séminaire de psychanalyse d'enfants, tome 2 (en collaboration avec Jean-François de Sauverzac), *Le Seuil*, 1985 ; coll. « Points Essais », 1991.
Enfances (photographies Alecio de Andrade), *Le Seuil*, 1986 ; coll. « Points Actuels », 1988.
Dialogues québécois (en collaboration avec Jean-François de Sauverzac), *Le Seuil*, 1987.
L'enfant du miroir, Françoise Dolto, Juan David Nasio, *Rivages*, 1987 ; *Payot*, 1992.
Tout est langage, *Vertiges-Carrère*, 1987 ; *L.G.F.*, 1989.
La cause des adolescents, *Laffont*, 1988 ; *Pocket*, 1997.
Inconscient et Destins, Séminaire de psychanalyse d'enfants, tome 3 (en collaboration avec Jean-François de Sauverzac), *Le Seuil*, 1988 ; coll. « Points Essais », 1991.
Quand les parents se séparent (en collaboration avec Ines Angelino), *Le Seuil*, 1988.

Autoportrait d'une psychanalyste (1934-1988) (en collaboration avec Alain et Colette Manier), *Le Seuil*, 1989 ; coll. « Points Actuels », 1992.
L'échec scolaire : essais sur l'éducation, *Presses-Pocket*, 1990.
Correspondance (1913-1938) (en collaboration avec Colette Percheminier), *Hatier*, 1991.

Table des matières

Composition CMB Graphic.
Reproduit et achevé d'imprimer
sur Roto-Page
par l'Imprimerie Floch
à Mayenne, le 21 septembre 2000.
Dépôt légal : septembre 2000.
Numéro d'imprimeur : 49600.

ISBN 2-07-075824-9 / Imprimé en France.

95038

01.02.04 2023 brocante de Colombes (Ecole)